金融借款纠纷案件胜诉实战指南

——典型案例办案思路和实务要点详解

主　编　李　舒　唐青林

编委会成员

李　舒（北京云亭律师事务所合伙人）　唐青林（北京云亭律师事务所合伙人）
瞿永山（中国政法大学法学硕士）　孙莉珉（中央财经大学法学硕士）

GUIDELINES FOR
WINNING FINANCIAL
LOAN DISPUTES

中国法制出版社
CHINA LEGAL PUBLISHING HOUSE

序

金融借贷纠纷案件，意味着相关争议中至少有一方当事人是金融机构，由于金融机构较之大多数其他市场主体而言，在法律合规和风控方面的制度和措施完善得多，故，相关交易文件和合同也较为完备。正因如此，以至于一些朋友，甚至不少法律同仁和司法实务界人士，认为金融借贷争议业务案件各方争议空间不大、诉讼技术难度不高、专业含金量不高，甚至完全不重视相关领域法律问题和裁判规则的梳理、分析和研究。我们发现，除我们的客户外，很多人存在上述认识误区。

笔者从事金融领域业务尤其是从事金融领域诉讼相关业务多年来，服务过各类金融机构，也服务过与之相关的其他各方。我们除处理过常规的金融借款合同纠纷案件外，也处理过各类名为其他合同但实为金融借贷合同纠纷的案件。此外，也有实为其他特殊业务如贸易融资、押汇、保理等诉争案由，以及法院往往为管理方便按照金融借贷纠纷处理的其他各类看似复杂的各类金融业务。

但是，无论哪种争议案件，当我们真正面对客户和具体争议案件时，银行业金融机构、信托资管证券等通道方、最终融资方、担保方等才可能对金融借贷纠纷领域各类疑难复杂案件的真实性、相关交易基础安排以及文件存在的漏洞和法律问题有更深刻和真切的认识。也正是由于前述认识上的误区，导致很多案件当事人在纠纷发生、诉讼不利乃至被强制执行陷入困境后才意识到，即使是金融借贷类业务和争议案件也存在大量经常被忽略的“坑”。

我们不希望大家踩过“坑”后事后积累“教训”。我们认为，在金融借贷领域，这些常见的、多发的、疑难的法律问题，很多是有答案的，很多是可以通过提前防范措施解决的。就我们的经验而言，还有一些是可以通过诉讼技巧、策略和经验解决的。换言之，是可以通过梳理、总结、分析和研究，通过别人踩过的

“坑”来积累“经验”的。

在我们的日常研究和业务办理中，也正是由于大量客户对相关业务中常见的疑难争议问题的司法实践、裁判规则和解决方案建议的迫切需求，以及大量法官朋友、法务朋友以及律师同仁的鼓励，我们自2018年初开启了金融借贷纠纷裁判规则的研究和梳理工作。我们在尽可能穷尽最高人民法院、各省高级人民法院以及重要地区的中级人民法院最近几年所有金融借贷类案件的基础上，以最高人民法院裁判的案件为主干，梳理出几百个重要的裁判观点，再根据相关问题的集中程度、重要性、相关性进行分类整理和逐一解析，而后形成一百余个重要法律问题的系统解答。我们并不生产裁判规则，我们只是裁判规则的搬运工。

我们力求站在案件当事人角度，以专业分析为基础，对每一个重要问题进行原滋原味、生动、准确地解析，归纳总结案件胜败的关键因素和经验教训，努力让参与到金融借贷纠纷案件的每一方当事人都能从“如何胜诉”的视角，快速汲取于己有用的养分。我们在本书写作过程中，得到了包括法院法官、律师、企业法务、法律研究者和当事人的诸多有价值的建议，在此一并感谢。由于我们都是在一线办案的律师，在高强度的律师业务和办案之余从事写作和研究，无论时间和精力，还是案例的选取角度，即使我们精益求精，都难免有失之偏颇甚至错讹之处。为此，我们也真心希望读者朋友们不吝指正和赐教。欢迎与我们联系和交流，我们的联系邮箱是：lish@yuntinglaw.com

李舒　唐青林

2019年11月25日

目 录
Contents

第五章 与抵押担保有关的法律问题

第六章　与质押担保有关的法律问题

第七章　与利息、复利有关的法律问题

第八章　与公证、执行、管辖有关的法律问题

第九章 与债权转让有关的法律问题

第十章 其他与金融借款合同纠纷有关的法律问题

第一章　与借款合同效力及借款合同约定条款相关的法律问题

第一节　与借款合同的效力有关的法律问题

001 借款人骗取贷款，能否以“以合法形式掩盖非法目的”认定借款合同无效？（上）

《商业银行法》第三十五条规定：“商业银行贷款，应当对借款人的借款用途、偿还能力、还款方式等情况进行严格审查。”但实践中，借款人提供虚假材料“成功”骗取贷款的案例屡见不鲜。反映到诉讼中，就涉及当借款人出于“非法目的”，甚至借款人最终被法院认定构成刑事犯罪时，借款合同是否有效的问题。

最高法院针对《合同法》第五十二条第（三）项“以合法形式掩盖非法目的”认定合同无效的适用，存在两种截然不同的裁判观点。第一，只要一方怀有“非法目的”，即使另一方不知情，合同也无效；第二，只有当事人对“非法目的”达成“合意”，合同才无效。

采取何种裁判思路，从法律适用角度，引出的是《合同法》第五十二条第（三）项合同无效和第五十四条第二款合同可撤销两种制度之间的分界和衔接问题，以及如何准确理解和适用《民法总则》第一百四十六条。**从当事人角度，合同是否有效则直接影响权利人切身利益的损失在多大程度上能够得到法院的支持和恢复。**

本文将引述和梳理最高法院2009年的公报案例，并结合最高法院分别于2013年、2016年、2018年作出的判决，梳理法院的第一种裁判观点：**只要合同当事人一方存在非法目的，即使另一方对此不知情，也可以认定合同无效。**

裁判要旨

借款人伪造贷款文件、虚构贷款用途，以非法占有的目的签订借款合同的行

为是诈骗银行信贷资产的形式和手段，符合《合同法》第五十二条第（三）项规定的“以合法形式掩盖非法目的”的合同无效情形，故借款合同应属无效。

案情简介

1. 2002年10月，崔某（时任深圳机场公司总经理、董事会董事，主持日常工作）使用公章以公司名义与民生银行广州分行签订了1.3亿元的银行承兑合同。而后将贷款转入由张某任董事长的西北亚奥公司。2003年3月，崔某以公司名义与浦发银行广州分行签订1.6亿元贷款合同，以该贷款偿还了前笔借款本息。在1.6亿贷款到期时，崔某与兴业银行广州分行商谈贷款，并谎称西北亚奥公司出纳员李某为深圳机场公司会计师，使用私刻的公章于2003年7月11日与签订《基本授信合同》，约定向深圳机场公司提供3亿元的授信额度。

2. 2003年7月14日和12月9日，李某按崔某的授意代表深圳机场公司与兴业银行广州分行签订了2亿和2500万元的两份贷款合同。贷款材料均加盖私刻的深圳机场公司公章。贷款发放后，1.6亿元用于偿还浦发银行广州分行的借款，余款转入西北亚奥公司等处。2004年7月5日，2.25亿元贷款即将到期时，崔某用私刻的假公章与兴业银行广州分行签订了三份各7500万元的借新还旧合同。2004年8月11日和2005年1月4日，兴业银行广州分行向深圳机场公司发出贷款核数函和直接追收函，崔某拟函、签名并使用私刻的公章行文答复。

3. 已生效的刑事判决书认定崔某、李某构成贷款诈骗罪，张某构成合同诈骗罪、贷款诈骗罪。

4. 2005年原告兴业银行广州分行起诉被告深圳机场公司，诉请：（1）解除案涉借款合同。（2）深圳机场公司返还借款本息。

5. 一审广东省高院判决案涉借款合同无效，深圳机场公司和兴业银行广州分行依各自的过错承担相应的责任。原被告均不服判决，向最高法院提起上诉，二审驳回上诉，维持原判。

裁判要点及思路

最高法院认为本案的争议焦点是：案涉借款合同是否有效。依据已经生效的刑事判决认定的崔某等人构成贷款诈骗罪的事实，通过私刻公章、伪造贷款文件、虚构贷款用途等方式，崔某等人以非法占有的目的与兴业银行签订数份授信合同和借款合同。**崔某等人的真实目的是通过上述虚假行为骗取银行信贷资产，签订**

借款合同只是实现犯罪目的的形式和手段，最高法院据此认定案涉借款合同因崔某等人骗取贷款的“非法目的”而无效。

第一种裁判观点实务经验总结

前事不忘，后事之师。结合本案的判决，我们对最高法院以借款人单方存在“非法目的”为由否定借款合同效力的裁判观点梳理如下：

1. 借款人单方以非法占有的目的骗取银行信贷资金，符合《合同法》第五十二条第（三）项规定的“以合法形式掩盖非法目的”的合同无效情形，所签订的借款合同因违反了《合同法》的禁止性规定无效。具体到本案，崔某以其担任深圳机场公司总经理、董事的特殊身份，制作了开户和贷款所需的营业执照、税务登记证、法定代表人身份证明、授权委托书、董事会决议等一系列资料，全部由崔某提交并加盖私刻的深圳机场公司公章。李某、张某在崔某的指示下参与骗取贷款，以深圳机场公司的名义与兴业银行广州分行签订了多份授信合同和借款合同。以上情形足以认定崔某等人存在《合同法》规定的“非法目的”，进而利用签订借款合同这一外在的“合法形式”，骗取了巨额的银行资金。

2. 银行对借款人的“非法目的”是否知情，并不在法院认定案情事实时的考虑范围之内。（结合后文［延伸阅读］部分：案例一）具体到本案，最高法院在认定案涉借款合同是否有效时，仅论证了崔某等人存在非法占有的目的和骗取贷款的行为等事实，而就银行对崔某等人骗取贷款的目的是否知情，或者双方是否达成合意则只字未提，就以借款人单方的“非法目的”否定了借款合同的效力。直至认定借款合同无效后，就本案最终的责任分配，法院才论及银行的主观状态。最高法院认为银行“未尽审慎的注意义务”，“在贷款的审查、发放、贷后跟踪检查等环节具有明显疏漏”，据此认定就本案的损失银行存在一定过错，“应承担相应的民事责任”。显然，最高法院认为银行在此次放贷时对崔某等人的犯罪目的并不知情，更遑论双方就“非法目的”存在合意。这里的“过错”应当理解为银行在签订案涉借款合同时存在过失，并应承担与此过失程度相对应的责任。

3. 综上，最高法院认为只要合同一方存在“非法目的”就足以否定与此相关联的民事法律关系的效力，而不要求相对方是否知情，更不要求双方就该“非法目的”达成合意。具体到本案，崔某等人伪造申贷材料以深圳机场公司的名义签订借款合同骗取了银行的信贷资金，即使银行不知情（甚至可以不考虑银行是否知情的因素），案涉借款合同也当然的失去效力。

相关法律法规

《合同法》

第五十二条 有下列情形之一的，合同无效：

（一）一方以欺诈、胁迫的手段订立合同，损害国家利益；

（二）恶意串通，损害国家、集体或者第三人利益；

（三）以合法形式掩盖非法目的；

（四）损害社会公共利益；

（五）违反法律、行政法规的强制性规定。

第五十八条 合同无效或者被撤销后，因该合同取得的财产，应当予以返还；不能返还或者没有必要返还的，应当折价补偿。有过错的一方应当赔偿对方因此所受到的损失，双方都有过错的，应当各自承担相应的责任。

《最高人民法院关于在审理经济纠纷案件中涉及经济犯罪嫌疑若干问题的规定》（法释［1998］7号）

第三条 单位直接负责的主管人员和其他直接责任人员，以该单位的名义对外签订经济合同，将取得的财物部分或全部占为已有构成犯罪的，除依法追究行为人的刑事责任外，该单位对行为人因签订、履行该经济合同造成的后果，依法应当承担民事责任。

以下是本案判决书中的"本院认为"部分，最高法院就案涉借款合同是否有效问题的论述：

最高法院认为，"本案二审的焦点问题为：深圳机场公司和兴业银行广州分行签订的基本授信合同和相关借款合同的效力。

根据本案查明的事实，本案所涉贷款系崔某等人伪造文件，虚构贷款用途，通过私刻公章以深圳机场公司的名义与兴业银行广州分行签订借款合同诈骗而来，所骗款项全部由张某控制的公司非法占有，张某、崔某、李某正在接受国家司法机关的刑事追究。**崔某等人的真实目的是骗取银行信贷资产，签订本案所涉基本授信合同及相关贷款合同只是诈骗银行信贷资产的形式和手段。上述行为符合《中华人民共和国合同法》第五十二条第（三）项规定的合同无效情形，原审判决根据上述规定认定本案所涉基本授信合同及相关贷款合同系以合法的形式掩盖非法目的，上述合同无效并无不妥**，本院予以维持。"

案件来源

《最高人民法院公报》2009年第11期（总第157期）：兴业银行广州分行与

深圳市机场股份有限公司借款合同纠纷上诉案［最高人民法院（2008）民二终字第 124 号］

延伸阅读

有关法院以合同当事人“单方虚假”行为否定合同效力的问题，以下是我们在写作中检索到与该问题相关的，最高法院分别于 2013 年、2016 年、2018 年作出判决的案例及裁判观点，以供读者参考。

1.《合同法》第五十二条第（三）项规定的“非法目的”不以合同当事人同谋为必要。因此，即使已有的案情事实不能认定银行对借款人掩盖犯罪行为的目的知情或者存在双方同谋，借款合同也当然无效。

案例一：再审申请人中国长城资产管理公司大连办事处与被申请人营口市老边区交电公司、营口光金服装有限公司、营口市向阳化工总厂，一审第三人中国工商银行股份有限公司营口分行借款合同纠纷申请再审案［最高人民法院（2013）民申字第 235 号］

最高法院认为：“1. 450 万元借款合同的效力。营口市老边区人民法院（2008）营边刑初字第 104 号刑事判决和营口市中级人民法院（2008）营刑二终字第 182 号刑事裁定认定，交电公司法定代表人李某向工行营口分行骗取 1225 万元承兑汇票的行为，构成票据诈骗罪，李某为偿还上述诈骗款项，又以交电公司的名义于 2002 年 8 月 2 日至 2003 年 3 月 25 日向工行营口分行分六次贷款共计 1330 万元。本案争议的 450 万元借款即是上述借新还旧的 1330 万元借款中的一笔。在不涉及刑事犯罪时，借新还旧的借款合同并不认定为无效合同，但本案情况有所不同。

李某以交电公司名义与工行营口分行签订 450 万元借款合同，名义上是将借款用于‘购家电’，实际是通过虚构家电采购的交易关系，获取新贷款以偿还票据诈骗犯罪所涉的承兑汇票欠款，其行为方式与刑事裁判所认定的票据诈骗犯罪基本一致，故该借款行为是票据诈骗犯罪行为的延续，目的是通过一个新的合法借贷形式来掩盖李某的票据诈骗犯罪行为，使李某不仅免受刑事处罚，也将不能偿还诈骗款项的不利后果转嫁给债务人之外的担保人。工行营口分行分两笔将 450 万元款项从交电公司存款账户转到该公司承兑账户的行为表明，该行对该笔借款为借新还旧是明知的。**尽管不能据此认定该行对李某掩盖犯罪行为的目的是明知的或者与李某通谋，但因合同法第五十二条第（三）项所规定的‘以合法形式掩盖非法目的’的构成并不以合同当事人通谋为必要，法学理论界有不少学者认为**

单方虚假行为也可构成以合法形式掩盖非法目的，且司法实践中也有相当数量的判例援引合同法第五十二条第（三）项的规定来认定涉及刑事诈骗犯罪的合同无效，故二审判决认定450万元借款合同构成以合法形式掩盖非法目的的无效合同并无不当。”

2.《同业存款协议》是张某、刘某实施犯罪而采取的通道和手段，尽管银行主观上不存在犯罪目的，但客观上该《协议》构成了犯罪链条中不可分割的一部分，据此法院认定案涉《协议》因签订目的不具备合法性，系以合法形式掩盖非法目的，应当无效。

案例二：招商银行股份有限公司无锡分行、中国光大银行股份有限公司长春分行合同纠纷上诉案［最高人民法院（2016）最高法民终800号］

最高法院认为："二、关于《同业存款协议》的效力及双方应承担的责任问题。招商无锡分行上诉主张，《同业存款协议》因双方意思表示不一致未成立，即使成立，也应认定无效。案涉资金损失应通过刑事追赃程序予以弥补，或适用混合过错责任由双方承担。本院认为，根据本案查明的事实，案涉《同业存款协议》系招商无锡分行和光大长春分行在张某、刘某某的欺骗下签订的。尽管《同业存款协议》上加盖了光大长春分行和招商无锡分行的公章，客观上双方达成了合意。但是，案涉生效刑事裁决已经认定在张某、刘某某的犯罪行为中，招商无锡分行承担着犯罪通道职责，与光大长春分行承担的出资、平安银行深圳分行承担的放款职责在犯罪链条中缺一不可。江苏高院53号刑事裁定中也已明确认定光大长春分行为被害单位。案涉生效刑事裁决也判令已追缴的赃款赃物发还给被害单位，尚未追缴的赃款继续予以追缴，无法追缴的责令张某、刘某某予以退赔，并发还被害单位。**据此，可以认定本案《同业存款协议》系张某、刘某某为实施非法侵占光大长春分行案涉3.5亿元资金的犯罪目的而采取的手段或通道，《同业存款协议》的签订构成案涉刑事案件法律事实的一部分，张某、刘某某也因此触犯了刑法，构成犯罪。尽管光大长春分行和招商无锡分行主观上不存在以该协议进行违法犯罪的目的，但客观上该协议是被张某、刘某某利用进行犯罪所签订，并因此构成张某、刘某某犯罪链条中不可分割的一部分，据此，应认定《同业存款协议》的签订目的不具备合法性，系以合法形式掩盖非法目的，根据合同法第五十二条第一款第三项以合法形式掩盖非法目的的合同应认定无效的规定，《同业存款协议》应属无效。**故光大长春分行依据《同业存款协议》提起本案诉讼，要求招商无锡分行根据《同业存款协议》约定给付3.5亿元本息并承担违约责任缺乏其享有合法请求权的基础，其诉讼请求不能成立，应予驳回。一审判决对光大长春分行的诉请予以支持，认定事实及适用法律均有错误。招商无锡分行上诉主张《同业存款协议》无效，理由成立，本院予以支持。由于本案并非是基于案涉3.5亿元资金损失提起的侵权损害赔偿之诉，故对招商无锡分行上诉主张的本案是否应适用混合过错责任，光大长春分行及招商无锡分行是否对资金损失存在过错并应如何承担责任，本院不予审理认定。”

3. 借款人的犯罪行为足以证明签订案涉合同系以合法形式掩盖非法目的，信用社工作人员未尽审慎注意义务构成违法放贷罪在客观上帮助了借款人犯罪目的的实现，故应认定借款合同无效。

案例三：长春发展农村商业银行股份有限公司、长春市金达机械设备有限公司金融借款合同纠纷再审审查与审判监督民事裁定书［最高人民法院（2018）最高法民申61号］

最高法院认为：“一、关于《借款合同》是否合法有效，金达公司是否应归还借款本息及数额如何确定的问题。合同法第五十二条规定：“有下列情形之一的，合同无效：（一）一方以欺诈、胁迫的手段订立合同，损害国家利益；（二）恶意串通，损害国家、集体或者第三人利益；（三）以合法形式掩盖非法目的；（四）损害社会公共利益；（五）违反法律、行政法规的强制性规定。”本案中，根据已经生效的吉林省长春市中级人民法院（2015）长刑二初字第26号刑事判决书和吉林省高级人民法院（2017）吉刑终71号刑事裁定书的查明和认定，金达公司在办理案涉贷款过程中虚构贷款用途，伪造虚假采购合同和其他经济合同，提供了虚假财务报表以虚构公司经营收入和利润，伪造圣鑫公司收取金达公司股权转让款的收据，使用伪造的圣鑫公司印章与长春市环城农村信用合作联社（以下简称环城信用社，后更名为发展农村银行）签订抵押合同、担保合同，用圣鑫公司的财产为金达公司的贷款提供抵押担保，最终骗取贷款4000万元。**金达公司骗取贷款的行为已被上述生效刑事裁判书认定构成骗取贷款罪，金达公司实际控制人庞某系单位犯罪直接负责的主管人员，应对金达公司的犯罪形成承担相应的刑事责任。同时，环城信用社的信贷人员杨某在办理金达公司贷款过程中，没有仔细审核金达公司提供的相关合同的真伪；没有仔细核实圣鑫公司出具的收取股权转让款收据的真伪；在办理案涉贷款担保时，未对抵押人圣鑫公司是否盖章进行核实，也未对圣鑫公司人员不在场的情况下，抵押人圣鑫公司委托债务人金达公司的人员作为公证事项的代理人进行公证提出合理怀疑。杨某违反国家规定，违法发放贷款4000万元，数额特别巨大，亦被上述生效刑事裁判书认定构成违法发放贷款罪。金达公司及其实际控制人庞某的上述犯罪行为足以证明金达公司构成以‘签订《借款合**

同》' 这一合法形式，掩盖其“骗取银行贷款”之非法目的。杨某的行为属于发展农村银行的职务行为，在杨某已经构成违法发放贷款罪的情况下，足可认定发展农村银行在案涉贷款合同签订和履行过程中存在明显过错，并因此导致金达公司在采取多种违法行为之后以‘签订《借款合同》’之合法形式进而掩盖“骗取银行贷款”的非法目的得以实现。根据以上事实和法律，二审法院认定案涉《借款合同》明显构成合同法第五十二条第三项关于‘以合法形式掩盖非法目的’的合同无效情形，金达公司和发展农村银行签订的《借款合同》应当被认定为无效合同，该认定并无不当，本院予以维持。”

002 借款人骗取贷款，能否以“以合法形式掩盖非法目的”认定借款合同无效？（下）

阅读提示

前文《借款人骗取贷款，能否以“以合法形式掩盖非法目的”认定借款合同无效？（上）》（以下简称《（上）》文）引述和梳理了最高法院的裁判观点：只要借款人一方存在非法目的，即使银行对此不知情，也认定借款合同无效。但在最高法院的判决中，却存在另外一种截然相反的裁判观点。

与第一种观点不以银行是否知情或者双方通谋为要件，最高法院的第二种裁判观点认为：即使借款人出于骗取贷款的目的签订借款合同，如借款人和银行未事先同谋，或者银行对此并不知情，则不能以借款人单方存在“非法目的”为由认定借款合同无效。

本文将引述和梳理最高法院2013年的案例（以下简称本案），并结合最高法院（第四巡回法庭）于2017年6月就一起储蓄存款合同纠纷案作出的（2017）最高法民终311号判决（以下简称第311号判决），详细展开最高法院的第二种裁判观点。

裁判要旨

借款合同形成过程中，借款人伪造申贷材料，银行工作人员收受贿赂，逐级上报虚假材料。双方当事人明显以合法形式掩盖非法目的，侵犯了国家的金融制度，构成犯罪，依据《合同法》第五十二条第（三）项的规定关于“以合法形式掩盖非法目的”的规定，案涉借款合同应当认定无效。

案情简介

1. 2006 年 3 月 20 日至 2008 年 7 月 9 日间，农行岫岩支行与岩田木业公司签订《借款合同》共计 31 份。2006 年 12 月 23 日和 12 月 25 日，岩田木业公司分三笔从银行获得 1800 万贷款。岩田木业公司未按合同约定用途使用贷款。

2. 已生效的刑事判决认定，岩田木业公司董事长蓝某明知本公司不符合申贷条件，指使工作人员制作虚假的贷款材料，并向银行工作人员行贿骗取贷款，已构成骗取贷款罪、单位行贿罪。

3. 农行岫岩支行中心库副主任江某收受贿赂，明知岩田木业公司不符合申贷条件，仍为贷款提供便利，做出虚假调查报告，且江某明知岩田木业公司未按合同约定使用贷款，江某已构成非法发放贷款罪、受贿罪。

4. 原告农行岫岩支行起诉被告岩田木业公司，诉请偿还借款本息。一审辽宁省高院判决案涉借款合同合法有效，岩田木业公司应按约返还借款本息。但因岩田木业公司采用欺诈手段，骗取兰某担保，故兰某不应承担担保责任。

5. 农行岫岩支行不服提起上诉，辩称兰某应当承担担保责任。最高法院判决：（1）案涉借款合同无效；（2）借款合同无效担保合同也无效，兰某不应承担担保责任。

裁判要点及思路

1. 本案一审辽宁省高院认为案涉借款合同有效。尽管法院已经认定借款人岩田木业公司存在提交虚假申贷材料，银行工作人员在收受贿赂后为贷款提供便利的事实，且已经生效的刑事判决书认定双方当事人通谋骗贷，均已构成刑事犯罪。但是，一审法院仍然认为案涉借款合同"形式要件齐备"，符合双方"真实意思表示"，银行如约发放了贷款，借款人实际取得借款，故借款合同应当有效。借款人和银行均未对一审判决借款合同有效提出异议。

2. 启动二审程序的原因是银行对一审法院判决的第（三）项提出异议，认为对本案担保人兰某的抵押物享有优先受偿权。最高法院基于借款合同与抵押合同的主从关系（主合同无效，从合同也无效），主动审查案涉借款合同的效力。**最高法院认为，借款人明知不具备贷款条件，通过提交虚假申贷材料和行贿的方式骗取贷款，银行工作人员非法收受贿赂后为放贷提供便利，可以认定"双方当事人明显以合法方式掩盖非法目的，侵犯了国家的金融制度，构成犯罪"，符合《合同法》第五十二条第（三）项"以合法形式掩盖非法目的"的规定，应当认定案涉**

借款合同无效。

3. 抵押合同是借款合同的从合同，主合同无效的，担保合同也无效。同时，最高法院认定担保人兰某对导致借款合同无效的事由不存在过错，对借款人和银行之间通谋骗贷、改变贷款通途的事实并不知情，故判决银行对兰某的抵押物不享有优先受偿权。

第二种裁判观点实务经验总结

前事不忘，后事之师。结合本案以及第 311 号案例，我们对最高法院须以当事人双方对“非法目的”均明知才能认定合同无效的裁判观点梳理如下，以供实务参考：

1.“以合法形式掩盖非法目的”认定合同无效，需要合同双方当事人对“非法目的”达成“合意”，仅有一方存在“非法目的”，即使当事人已经构成刑事犯罪的，也不能构成否定合同效力理由。具体到本案中，借款人明知不符合银行的放贷条件却提交伪造的申贷材料，银行工作人员收受贿赂之后将虚假材料逐级上报。同时，负责主管贷款账户的银行中心库副主任江某明知贷款未被用于约定的用途，仍然为借款人骗取贷款提供便利。虽然最高法院判决中并未明确说明借款人和银行存在非法骗取贷款的合意，但结合上述案情事实和法院的措辞“双方当事人明显以合法形式掩盖非法目的”，可以推出借款人和银行存在“非法目的”合意的事实。

2. 如果说本案还不足以说明最高法院的裁判尺度的话，第 311 号判决则直观地展现了最新的裁判思路。**最高法院认为，现有证据不能表明存款人知晓或参与了银行工作人员的犯罪行为，不能认定存款人与银行工作人员订立合同时存在“以合法形式掩盖非法目的”的合意，故案涉存款储蓄合同应合法有效。**同时，就本案合同的效力最高法院还指明另一种认定路径，认为，第 311 号判决的案情符合《合同法》第五十四条第二款合同可撤销、可变更的规定，一方以欺诈手段使对方在违背真实意思的情况下订立的合同，受损害方有权请求人民法院变更或者撤销。故存款人有权请求法院撤销案涉存款储蓄合同，但存款人并未要求撤销，因此该合同对双方仍有拘束力。

3. 合同一方已被生效的刑事判决认定构成刑事犯罪的，与该犯罪行为相关联的民事行为并不当然无效，应当注意严格区分两种法律关系的范畴，不可肆意逾界。本文引述和梳理的两个最高法院的判例中，合同一方或者双方的“非法目的”均被已生效的判决书认定构成刑事犯罪，所不同的是本案中合同双方均构成刑事犯罪且案涉借款合同无效，第 311 号案例仅有一方构成刑事犯罪且案涉存款储蓄合同有效。**应当着重强调的是合同一方或者双方当事人构成刑事犯罪，均不是判定与之相关联的合同是否合法有效的前提和条件，并不能当然免除当事人的合同责任。判断合同是否有效应当遵循《合同法》第五十二条的规定。**具体到本文梳理的两个案例，尽管当事人的“非法目的”以及后续的犯罪行为已被认定构成刑事犯罪，但并不是说与之相关联的合同就当然无效。**以“以合法形式掩盖非法目的”为由否定合同效力最核心的要件是合同当事人对该“非法目的”达成“合意”，构成通谋，而与该“非法目的”以及随后的犯罪行为是否最终被认定构成刑事犯罪没有任何关系。也只有以非法的“合意”才能否定以真实意思“合意”为基础成立的合同的效力。**这也就揭示了为什么本文的两个案例均有当事人涉及刑事犯罪，但只有本案中的借款合同被认定无效。第311号判决中，虽然法院判决邱某、高某等人以“高息揽储”为名骗取潘某到银行存款后非法占有的行为已构成刑事犯罪，但该“合法形式”的存款储蓄合同背后隐含的邱某等人“非法目的”（犯罪意图）对潘某而言是不可察觉的。银行履行了合乎一般标准的存款程序，潘某以真实、合法的意思存入相关款项，应当认定案涉存款储蓄合同合法有效。银行不能提出证据证明潘某也存在非法的目的，或者潘某与邱某等人事先通谋达成“合意”的，应当承担不利的后果，并按约向潘某支付存款本息。

最高法院两种裁判观点的对比和梳理

如果两种裁判观点仅是纯学理的探讨，如果无论采纳哪一种裁判观点对实务中当事人的利益调整都没有任何差别或者影响微乎其微，那么这样的探讨就是没有意义的，是假问题。但“遗憾”的是，认定合同无效的“非法目的”是否需要合同当事人同时知情，甚至需要双方达成合意，对当事人的实体权利有着深刻的影响。

1. 仅以合同一方存在“非法目的”为由认定合同无效损害了不知情一方当事人的可得利益，限制了可以行使的权利的范围，在实质上降低了对善意一方当事人权利的保护强度。具体到《(上)》文中的第124号案例，最高法院认为“崔某等人的真实目的是骗取银行信贷资产，签订本案所涉基本授信合同及相关贷款合同只是诈骗银行信贷资产的形式和手段”，并以此为由适用《合同法》第五十二条第（三）项，认定案涉借款合同无效。也就是说，基于借款人和银行双方合意签订的合同因借款人一方的“非法目的”丧失了效力。**实践中为了避免出现合同因单方原因无效，就要求合同一方（银行）在订立合同时必须探求合同另一方（借款人）的“真意”，获知外在的“合法形式”（借款合同）背后的“非法目的”（骗取贷款的目的）**。就一般的社会经验来讲，要求一个人在作出一定行为时必须探求另一个人的主观目的和真意，如果没能猜对就必须承担不利的后果，这在实践中显然是不可行的，也是不公正的。

根据《合同法》第五十八条规定，合同无效后，因该合同取得的财产应当予以返还。依照该条主张返还财产的权利在性质上属于不当得利请求权，从借款合同无效后银行可要求借款人承担责任的范围来看，银行只能主张返还本金和支付依照同期人民银行贷款利率的资金占用利息。而合同有效情况下，银行可要求借款人依照合同约定返还本金并支付利息、罚息、复利、违约金和其他费用等。如果签订有担保协议的，不论是借款人自己担保还是第三方提供担保，银行还可要求保证人、抵押人承担担保责任，执行担保财产。因此从整体上讲，合同合法有效对更好的实现商业银行的债权有极大的益处。可见，以借款人一方的“非法目的”否定合同效力，在实质上降低了对银行债权的保护范围和强度，减少了怀有“非法目的”一方的违法代价，也有悖于任何人不得从自己的过错中获益的基本法理。

2. 合同法建构了合同无效和合同可撤销、可变更两种制度。合同可撤销、可变更制度给当事人提供选择合同是否有效的权利，目的就是要限制可导致合同无效的五种强制性、终局性的否定合同效力的情形。从整体的立法和司法倾向来看，各方均主张不宜过多的、轻易地否定合同的效力，给当事人之间通过自主选择的方式实现权利义务关系增加不必要的困难。

根据《合同法》第五十二条规定，违反法律、行政法规的强制性规定或者损害国家、社会公共利益的合同被强制性、终局性的认定为无效。但若仅是合同当事人之间意思表示的瑕疵，则赋予当事人选择合同是否有效的权利，受欺诈、胁迫一方可依照《合同法》第五十四条请求法院撤销或者变更合同。

第311号判决中，法院认为潘某在银行的存款行为本身是合法的，现有证据不能表明潘某知晓或参与了泗县农商行工作人员的犯罪行为，不能认定潘某与泗县农商行工作人员订立合同时存在“以合法形式掩盖非法目的”的合意。**“合意”二字很重要，即仅有其中一方怀有“非法目的”而另一方不知情或者没有证据证明其知情的，所签订的“合法形式”的合同不宜直接适用无效制度否定合同的效力。“非法目的”应当是合同双方共同的目的，或者最起码双方应当均对此知情。也只有以双方“非法目的”的通谋或者“合意”，才可以正当的否定以真实意思“合意”为基础成立的合同的效力。**最高法院在认定民间借贷合同的效力时也认为，“出借人事先知道或者应当知道借款人借款用于违法犯罪活动仍然提供借款的”才能否定借款合同的效力，虽然民间借贷关系与金融借款关系存在一定差别，但本质上同为借款关系，在法律适用上仍然具有极大的借鉴和参考意义。**最高法院就第 311 号判决适用合同可撤销、可变更制度认定合同并不无效，而是认定被欺诈方享有撤销权，可以说为多年来迥异的裁判路径指明了一条坦途。**

3. 最高法院的两种裁判观点的冲突，体现的是法官在《合同法》第五十二条第（三）项合同无效和第五十四条第二款合同可撤销、变更两种制度之间的无所适从，而在体系性选择上顾此失彼。新近生效的《民法总则》第一百四十六条摒弃了《合同法》第五十二条第（三）项模糊、宽泛的叙述形式，规定“行为人与相对人以虚假的意思表示实施的民事法律行为无效”，明确了以“虚假意思（非法目的）”认定合同无效的，需要并列的“行为人与相对人”双方达成“合意”。就此而言，311 号案例裁判观点更符合新的立法思路，也更满足合同法体系解释的要求。

相关法律法规

《民法总则》（2017 年 10 月 1 日起施行）

第一百四十六条　行为人与相对人以虚假的意思表示实施的民事法律行为无效。

以虚假的意思表示隐藏的民事法律行为的效力，依照有关法律规定处理。

《合同法》

第五十二条　有下列情形之一的，合同无效：

（一）一方以欺诈、胁迫的手段订立合同，损害国家利益；

（二）恶意串通，损害国家、集体或者第三人利益；

（三）以合法形式掩盖非法目的；

（四）损害社会公共利益；

（五）违反法律、行政法规的强制性规定。

第五十八条　合同无效或者被撤销后，因该合同取得的财产，应当予以返还；不能返还或者没有必要返还的，应当折价补偿。有过错的一方应当赔偿对方因此所受到的损失，双方都有过错的，应当各自承担相应的责任。

《最高人民法院关于在审理经济纠纷案件中涉及经济犯罪嫌疑若干问题的规定》（法释［1998］7 号）

第三条　单位直接负责的主管人员和其他直接责任人员，以该单位的名义对外签订经济合同，将取得的财物部分或全部占为已有构成犯罪的，除依法追究行为人的刑事责任外，该单位对行为人因签订、履行该经济合同造成的后果，依法应当承担民事责任。

《最高人民法院关于审理民间借贷案件适用法律若干问题的规定》（法释［2015］18号）

第十三条 借款人或者出借人的借贷行为涉嫌犯罪，或者已经生效的判决认定构成犯罪，当事人提起民事诉讼的，民间借贷合同并不当然无效。人民法院应当根据合同法第五十二条、本规定第十四条之规定，认定民间借贷合同的效力。

第十四条 具有下列情形之一，人民法院应当认定民间借贷合同无效：

（一）套取金融机构信贷资金又高利转贷给借款人，且借款人事先知道或者应当知道的；

（二）以向其他企业借贷或者向本单位职工集资取得的资金又转贷给借款人牟利，且借款人事先知道或者应当知道的；

（三）出借人事先知道或者应当知道借款人借款用于违法犯罪活动仍然提供借款的；

（四）违背社会公序良俗的；

（五）其他违反法律、行政法规效力性强制性规定的。

以下是本案判决书中“本院认为”部分，最高法院就案涉借款合同是否有效问题的论述：

最高法院认为：“根据本案查明的事实，岩田木业公司与农行岫岩支行在办理涉案固定资产贷款业务时存在犯罪行为，已经生效的盘锦市双台子区人民法院作出的（2010）双刑初字第183号刑事判决书和盘锦市中级人民法院作出的（2012）盘中刑二终字第18号刑事裁定书查明和认定，为获得涉案固定资产贷款，岩田木业公司制作虚假财务报告等文件申请贷款，并向农行岫岩支行工作人员江某等人行贿财物，为此，农行岫岩支行工作人员江某等人将虚假材料逐级上报，致使不符合贷款条件的岩田木业公司获得涉案贷款，其分别构成骗取贷款犯罪、单位行贿罪和非法发放贷款罪及受贿罪。**因该《固定资产借款合同》的形成过程中，农行岫岩支行工作人员存在上述刑事判决书和裁定书认定的犯罪行为，双方当事人明显以合法形式掩盖非法目的，侵犯了国家的金融制度，构成犯罪，依据《合同法》第五十二条第（三）项的规定关于‘以合法形式掩盖非法目的’的规定，农行岫岩支行与岩田木业公司签订的《固定资产借款合同》应当认定无效，原审判决书在该院认为部分认为该合同合法有效不妥，本院予以纠正。**岩田木业公司与农行岫岩支行之间的合同关系虽然应当认定无效，但其间仍实际存在民事债权债务关系，原审判决书主文并未涉及合同效力，仅对其间偿还借款本金、利息及抵押担保的内容作出判决，双方当事人对此均未提出上诉，本院对原审判决书该判项主文予以维持。”

案件来源

中国农业银行股份有限公司岫岩满族自治县支行与兰翎、鞍山万兴隆岩田木业有限公司借款、抵押合同纠纷上诉案［最高人民法院（2013）民二终字第51号］

延伸阅读

有关只有合同双方对“非法目的”达成合意才能认定合同无效的问题，以下是我们在写作中检索到与该问题相关的最高法院（第四巡回法庭）第311号以及其他最高法院案例，以供读者参考。

1. 潘某在银行的存款行为本身是合法的，现有证据不能表明潘某知晓或参与了银行工作人员的犯罪行为，不能认定潘某与银行工作人员订立合同时存在“以合法形式掩盖非法目的”的合意。因此案涉存款储蓄合同属可撤销合同，潘某不主张撤销的，银行应按约支付存款本息。

案例一：（1）安徽泗县农村合作银行与潘某储蓄存款合同纠纷上诉案［最高人民法院（2014）民一终字第238号］

最高法院认为：“（一）关于案涉储蓄存款合同的效力问题。本院认为，本案中，潘某为证明其与泗县农合行之间存在存款关系，提供了泗县农合行开具的个人定期存单、《客户回单》等证据，泗县农合行并未提供足以反驳的相反证据，个人定期存单、《客户回单》的证明力依法应予以确认。从个人定期存单、《客户回单》等证据内容看，泗县农合行与潘某之间存在真实的存款关系。**泗县农合行上诉主张某、高某等人以“高息揽储”为名，与潘某订立的储蓄存款合同是以合法形式掩盖非法目的的无效合同，但并未提供证据证明潘某明知邱某、高某等人涉嫌犯罪活动乃至泗县农合行办理账户设立、存款手续，泗县农合行工作人员的涉嫌犯罪行为不影响其对外承担的民事责任。**泗县农合行上诉主张双方订立的储蓄存款合同属以合法形式掩盖非法目的的无效合同的请求，不能成立。”

（2）安徽泗县农村合作银行与潘某储蓄存款合同纠纷上诉案［最高人民法院（2017）最高法民终311号］

最高法院（第四巡回法庭）认为：“一、关于案涉储蓄存款合同的效力问题。1. 本院（2014）民一终字第238号民事判决已经认定本案储蓄存款合同合法有效。而且该判决认定储蓄存款合同合法有效已经考虑了泗县农商行工作人员存在涉嫌违法犯罪的行为。2. 安徽省高级人民法院（2014）皖刑终字第00369号刑事判决对泗县农商行工作人员的犯罪行为予以查实认定，该认定与本院（2014）民一终字第238号民事判决所依据的事实基本一致。泗县农商行上诉主张本院（2014）民一终字第238号民事判决在前，安徽省高级人民法院刑事判决在后，应当依据刑事判决认定储蓄存款合同无效的理由不成立。**3.双方当事人对潘某将5000万元款项存入泗县农商行的事实没有争议。潘某在银行的存款行为本身是合法的，本案现有证据不能表明潘某知晓或参与了泗县农商行工作人员的犯罪行为，不能认定潘某与泗县农商行工作人员订立合同时存在“以合法形式掩盖非法目的”的合意。**4.即使潘某有获取高息的企图，但只能导致超出法律规定的高息约定无效，并非储蓄存款合同全部无效。**5.潘某受泗县农商行工作人员的欺诈将款项存入泗县农商行，依照《中华人民共和国合同法》第五十四条第二款的规定，一方以欺诈手段使对方在违背真实意思的情况下订立的合同，受损害方有权请求人民法院变更或者撤销。故潘某有权请求人民法院撤销该合同，但潘某并未要求撤销，因此该合同对双方仍有拘束力。”**

2.借款人申请贷款存在造假行为，仅是借款合同的可撤销事由，银行未主张撤销的，借款合同应合法有效。

案例二：山西鑫源兄弟实业集团有限公司、中国民生银行股份有限公司总行营业部金融借款合同纠纷再审案［最高人民法院（2017）最高法民申1664号］

最高法院认为：“本案再审争议焦点有二：一是是否有新的证据证明昌鑫公司在申请贷款过程中存在虚构造假行为，并导致《综合授信合同》无效、保证合同无效；二是原审法院适用法律是否有误。

关于是否有新的证据证明昌鑫公司在申请贷款过程中存在虚构造假行为，并导致《综合授信合同》无效、保证合同无效。鑫源公司再审申请称，其有新的证据证明昌鑫公司在申请贷款过程中存在虚构造假行为，但并未提交相应证据。**即使鑫源公司存在虚构造假行为，该事实亦仅是《综合授信合同》的撤销事由，民生银行营业部未主张撤销《综合授信合同》，《综合授信合同》合法有效。**鑫源公司关于有新的证据证明昌鑫公司在申请贷款过程中存在虚构造假行为、并导致《综合授信合同》无效、保证合同无效的主张，缺乏事实和法律依据，本院不予支持。”

3.在银行未涉及犯罪且履行了正常放贷程序的情况下，借款人的员工涉及合同诈骗犯罪的行为属于另一法律关系，不能因此认定借款合同无效，也不能免除因此借款人的合同责任。

案例三：李某与平安银行股份有限公司深圳坪山新区支行金融借款合同纠纷再审案［最高人民法院（2015）民申字第996号］

最高法院认为:“三、本案《贷款合同》和《贷款保证担保合同》的效力问题。本院认为，判断本案《贷款合同》和《贷款保证担保合同》的效力首先需审查合同本身是否违反了法律、行政法规的强制性规定。经审查，案涉合同并不存在违反法律、行政法规强制性规定的情形。其次，针对本案所签合同涉嫌犯罪行为的情形，合同效力问题应具体分析。本案平安银行坪山支行与科瑞德公司签订的《借贷合同》由中房海外公司提供担保，**在出借人平安银行坪山支行未涉嫌合同犯罪的情况下，其向科瑞德公司发放贷款均按银行正常放贷程序操作，双方是作为平等的民事主体进行的交易活动，科瑞德公司的员工涉嫌合同诈骗行为属于另一法律关系，不能因此而直接认定双方签订的《借贷合同》无效**。因此，综合民事法律行为的价值判断以及对各方权利义务的平衡与调整，对于类似涉嫌刑事犯罪的民事行为的效力，不宜采取一概否定的态度。故本案中的《贷款合同》与《贷款保证担保合同》均应认定为有效合同。

四、其他问题。李某认为一审法院因刑事案件而中止民事案件的审理，在刑事案件作出合同诈骗的性质认定后，民事案件未以此作为民事责任分配的依据。本院认为，一审法院因本案涉嫌合同诈骗行为而中止审理并无不当。**而刑事案件最终认定科瑞德公司的员工构成合同诈骗行为，并被判处相应刑罚，但此并不当然导致科瑞德公司民事合同责任的免除，不影响本案《贷款合同》和《贷款保证担保合同》的效力**。故在平安银行坪山支行与科瑞德公司签订的《贷款合同》项下贷款不能按约偿还时，违约方科瑞德公司应承担还款责任，担保人中房海外公司应承担保证责任，中房海外公司的抽逃出资股东应承担补充赔偿责任，协助抽逃出资的董事、高管等人员应对抽逃出资股东的补偿赔偿责任承担连带责任，一审法院认定事实清楚，适用法律正确。”

4. 借款人使用虚假审计报告骗取贷款，在合同法上该行为构成单方欺诈，银行据此享有合同撤销权。

案例四：中国建设银行股份有限公司鸡西分行与葫芦岛宏达钼业有限公司、鸡东县金场沟矿业开发有限责任公司等金融借款合同纠纷二审民事判决书［最高人民法院（2016）最高法民终 655 号］

最高法院认为:“(一)关于案涉借款合同及保证合同的效力问题。宏达钼业公司认为因生效刑事判决认定金场沟公司及其法定代表人那某构成骗取贷款罪，故涉及刑事犯罪的借款合同应当无效，担保合同作为从合同也应当无效。**本院认为，金场沟公司及其法定代表人那某使用虚假审计报告提高信用等级，骗取案涉借款，在刑法上，因其欺诈手段和非法目的构成骗取贷款罪，应当据此承担刑事责任；**

但在合同法上，其行为构成单方欺诈。根据《合同法》第五十四条第二款‘一方以欺诈、胁迫的手段或者乘人之危，使对方在违背真实意思的情况下订立的合同，受损害方有权请求人民法院或者仲裁机构变更或者撤销’之规定，鸡西建行享有撤销权。因鸡西建行未按照该条规定主张撤销案涉借款合同，故原审判决认定借款合同有效并无不当。至于宏达钼业公司认为鸡西建行在发放贷款过程中存在违规操作以及相关工作人员与金场沟公司恶意串通骗取贷款一项因其并未提供相关证据予以证明，且案涉刑事判决并未认定鸡西建行的相关工作人员亦参与犯罪的事实，**本案中并不存在借贷双方恶意串通损害国家利益的情形，案涉借款合同亦不存在《合同法》第五十二条规定的其他导致合同无效的情形。**本院对宏达钼业公司的该项上诉主张不予支持。”

003 银行放贷时未尽严格审查义务，不当然导致借款合同无效

阅读提示

《商业银行法》第三十五条规定，商业银行贷款，应当对借款人的借款用途、偿还能力、还款方式等情况进行严格审查。本条是关于商业银行贷款审查的规定。

借款人申请贷款，需按要求向商业银行提交申贷材料，包括但不限于借款人基本情况、财务状况、拟担保情况、项目情况等。商业银行接收材料后，需对贷款目的和用途、贷款数额和期限、借款人资信状况、贷款担保情况等进行贷前审查，符合规定要求的可发放贷款。

那么如果银行未履行或者未严格履行贷前审查义务和贷后的跟踪、检查义务，是否会影响借款合同以及与之关联的保证合同的效力？答案是否定。**法院认为，即使银行未尽到审慎的注意义务，并不当然对借款合同、担保合同的效力以及借款人的还款责任、担保人的担保责任产生影响。**

裁判要旨

《商业银行法》第三十五条不属于影响合同效力的强制性规范，性质上属于银行业内部的风险控制条款，即使银行未进行相关的审查，没有尽到审慎的注意义务，不影响借款合同和保证合同的效力以及借款人应承担的偿还责任。

案情简介

1. 2013 年 6 月 20 日，吉林银行沈阳分行与达顺源公司签订《人民币借款合同》。同日，银行按约提供 700 万元借款。吉林银行沈阳分行分别与王某、铁某、金鑫盛博公司、永惠公司、亿丰公司签订《保证合同》四份，约定保证方式为连带责任保证。

2. 此后达顺源公司以保证金账户 210 万元冲抵本金及利息。截至 2014 年 11 月 24 日，尚欠借款本金 5379600.21 元及 2014 年 11 月 25 日之后的罚息。

3. 一审：原告吉林银行沈阳分行起诉被告达顺源公司及五个保证人，请求偿还借款本息。沈阳市中院判决案涉借款合同、保证合同有效，借款人应当履行还款义务，保证人应当承担连带保证责任。

4. 二审：保证人亿丰公司不服一审判决，提起上诉，称：银行未严格履行贷前审查义务和贷后管理义务，案涉借款关系违法，其不应承担保证责任。辽宁省高院判决驳回上诉，维持原判。

裁判要点及思路

本案一审法院判决案涉借款合同、保证合同符合各方真实意思，不违反法律、法规的强制性规定，具有法律约束力。保证人亿丰公司以银行与借款人恶意串通，违反了贷前的审查义务，未尽到贷后的跟踪、检查义务为由提起上诉，主张保证合同无效，不应承担保证责任。**辽宁省高院的裁判思路有两点：1. 认定《商业银行法》第三十五条不属于导致合同无效的法律、法规的强制性规范，违反该条规定的义务，不当然导致借款合同和保证合同无效；2. 亿丰公司未能提供证据证明银行和借款人之间存在恶意串通骗取保证人担保的情形，不能以恶意串通为由认定借款合同无效。**结合上述两点，法院认定案涉借款合同、保证合同合法有效，保证人亿丰公司应承担担保责任。

实务经验总结

前事不忘，后事之师。结合本案判决，我们就银行未履行或者未全面履行贷款审查义务是否影响借款合同效力的问题梳理如下，以供实务参考：

1. 虽然违反《商业银行法》第三十五条并不当然导致借款合同、保证合同无效，但这并不是说银行可以放松贷前的审查和贷后的跟踪、检查。借款合同、保证合同合法有效并不意味着银行可以高枕无忧，枕着两份纸面上有效的合同，无法保证银行能够如期收回贷出去的真金白银。借款人、保证人真实的资信状况和还款能力才是保证权利不落空的最终保障。这就要求银行建立完善的内控体系，只有严格执行贷前的审查和贷后的跟踪、检查才是商业银行防范不良信贷风险的根本措施，也才能防止合同上的权利最终不仅仅落于纸面。

2. 银行是否履行了贷前审查义务不影响保证人的保证责任，保证人主张不承担保证责任应当证明签订保证合同是否违反了保证人的真实意思，是否因保证人真实意思以外的原因加重了保证责任。本案中，保证人亿丰公司以借款人和银行恶意串通骗取其担保，且银行未全面履行贷前审查义务和贷后的跟踪、检查义务为由主张保证合同无效，不承担保证责任。在法院已经认定银行违反《商业银行法》第三十五条的规定不当然导致借款合同无效的情况下，保证人就其最重要的，也是直接指向合同有效性的上诉理由（主张借款人和银行恶意串通骗取保证）未能提供证据证明，故应承担败诉的不利后果。在实务中主张恶意串通骗取保证因涉及对借款人和银行主观目的举证，具有相当难度。这也就要求保证人不能不经调查，凭着一股子江湖义气随意签署保证合同，同时应在保证条款中尽量限缩保证责任的范围，明确在何种情形下不承担保证责任，创业尤艰，守业更难，要时刻保持警醒。

相关法律法规

《商业银行法》(2015年修订)

第三十五条 商业银行贷款，应当对借款人的借款用途、偿还能力、还款方式等情况进行严格审查。

商业银行贷款，应当实行审贷分离、分级审批的制度。

《合同法》

第一百九十九条 订立借款合同，借款人应当按照贷款人的要求提供与借款有关的业务活动和财务状况的真实情况。

以下是本案判决书中“本院认为”部分，辽宁省高院就案涉借款合同效力问题的论述：

辽宁省高院认为：“吉林银行沈阳分行与达顺源公司签订的《人民币借款合同》以及与金鑫盛博公司、永惠公司、亿丰公司、王某、铁某签订的《保证合同》均系各方当事人的真实意思表示，其内容不违反法律、行政法规的强制性规定，合法有效，各方当事人均应依约履行。

关于亿丰公司上诉提出‘一审法院认定亿丰公司保证合同有效错误。吉林银行沈阳分行没有审查达顺源公司及其他保证人公司的资产状况、经营状况以及偿还能力就发放贷款。且没有进行贷后跟踪调查和检查，明知达顺源公司改变贷款用途仍发放贷款，吉林银行沈阳分行与达顺源公司恶意串通，损害亿丰公司的合法利益，保证合同应认定无效，亿丰公司不应承担保证责任’的理由。**虽然《中华人民共和国商业银行法》第三十五条规定：“商业银行贷款，应当对借款人的借款用途、偿还能力、还款方式等情况进行严格审查。”但该条款并不是关于合同效力的强制性规范。**《中华人民共和国合同法》第一百九十九条规定：“订立借款合同，借款人应当按照贷款人的要求提供与借款有关的业务活动和财务状况的真实情况。”此条款也是规范借款人的义务，而不是贷款人的义务。**银行是否存在违规贷款的情形及其发放贷款之后是否履行了按照规定对借款人执行借款合同的情况包括贷款资金的流向、用途等及借款人的经营及财务状况等进行跟踪调查和检查等，对于贷款人即银行而言，性质上属于风险控制条款，即使贷款人银行未进行相关的审查，没有尽到相关义务，对借款合同和保证合同的效力以及借款人的偿还责任不应产生影响。**故本案中亿丰公司没有提供证据证明吉林银行沈阳分行与达顺源公司公司恶意串通，明知借款人改变贷款用途仍发放贷款，违背了亿丰公司提供保证时的真实意思表示，仅主张吉林银行沈阳分行没有履行进行贷前调查、贷中审查和贷后检查的义务，违反商业银行法而主张保证合同无效的观点没有事实依据和法律依据，本院不予支持。”

案件来源

辽宁亿丰钢铁有限公司与吉林银行股份有限公司沈阳分行、沈阳达顺源贸易有限公司、沈阳市永惠钢材有限公司、沈阳市金鑫盛博商贸有限公司、王某、铁某金融借款合同纠纷上诉案［辽宁省高级人民法院（2015）辽民二终字第 00372 号］

延伸阅读

有关不能以银行未尽贷前审查义务和贷后跟踪、检查义务否定借款合同效力的问题，以下是我们在写作中检索到与该问题相关的最高法院和部分省高院的案例及裁判观点，以供读者参考。

1.《商业银行法》第三十五条系严格审查条款，是从商业银行风险控制角度加以规范，属管理性规范，即使违反该规定，不影响借款合同和担保合同的效力。

案例一：中国农业银行股份有限公司徽县支行与徽县华宇建筑工程有限公司、陇南市大华商贸有限责任公司等金融借款合同纠纷申诉案［最高人民法院（2016）最高法民申 3618 号］

最高法院认为："首先，法律并不禁止多个债权在同一物上设定抵押权，不存在重复抵押无效的问题。其次，法律并不禁止借新贷还旧贷。就本案而言，认定'借新还旧'证据并不充分。借新贷还旧贷，除了客观上要求存在借款人用新贷款偿还旧贷款的行为，主观上需要借方和贷方有合意。《流动资金借款合同》中并无借新贷还旧贷的合意内容。即使华宇公司所称'借新还旧'成立，也并不影响华宇公司作为抵押人的权益从而导致抵押无效。无论 2013 年的贷款，还是 2014 年的贷款，华宇公司均以其房产抵押为农行徽县支行的债权提供担保。大华公司以新借款偿还旧借款，其后果系减轻华宇公司抵押物上承担的清偿数额，并不加重华宇公司作为抵押人的责任。**再次，即使农行徽县支行违反《中华人民共和国商业银行法》第三十五、三十六条的规定，也并不影响本案《流动资金借款合同》《保证合同》《抵押合同》的效力。该法第三十五、三十六条规定系严格审查条款，是从商业银行风险控制角度加以规范，属管理性规范，即使违反该规定，亦不影响借款合同和担保合同效力，何况华宇公司未提交证据证明农行徽县支行违反了该规定。**综上，华宇公司提交的新的证据不足以推翻原判决。"

2. 借款人申请贷款时存在造假行为，仅是借款合同的可撤销事由，银行未主张撤销的，借款合同应合法有效。

案例二：山西鑫源兄弟实业集团有限公司、中国民生银行股份有限公司总行营业部金融借款合同纠纷再审案［最高人民法院（2017）最高法民申 1664 号］

最高法院认为："本案再审争议焦点有二：一是是否有新的证据证明昌鑫公司在申请贷款过程中存在虚构造假行为，并导致《综合授信合同》无效、保证合同无效；二是原审法院适用法律是否有误。

关于是否有新的证据证明昌鑫公司在申请贷款过程中存在虚构造假行为，并导致《综合授信合同》无效、保证合同无效。鑫源公司再审申请称，其有新的证据证明昌鑫公司在申请贷款过程中存在虚构造假行为，但并未提交相应证据。**即使昌鑫公司存在虚构造假行为，该事实亦仅是《综合授信合同》的撤销事由，民生银行营业部未主张撤销《综合授信合同》，《综合授信合同》合法有效。**鑫源公司关于有新的证据证明昌鑫公司在申请贷款过程中存在虚构造假行为、并导致《综合授信合同》无效、保证合同无效的主张，缺乏事实和法律依据，本院不予支持。"

3.《商业银行法》第三十五条只是商业银行加强内部风险控制的管理性规定，

并不是对合同效力的强制性规定，即使商业银行没有尽到相关义务，并不当然对借款合同、担保合同的效力及借款人还款责任、保证人担保责任的承担产生影响。

案例三：中国信达资产管理股份有限公司山东省分公司、青岛安桥国际物流有限公司金融借款合同纠纷上诉案［山东省高级人民法院（2016）鲁民终 2342 号］

山东省高院认为："关于安桥公司、同济祥公司是否可以涉案 16 笔进口托收押汇业务无真实交易背景为由免除保证责任的问题。本院认为，首先，安桥公司提供的证据尚不足以证实涉案交易背景不真实。二审中，安桥公司提交公证书一份，主张叁陆玖公司涉案 16 笔进口押汇的贸易相对方为四个香港公司，这四个公司均由叁陆玖公司法定代表人孙某及其家属任董事，受孙某掌控。叁陆玖公司及孙某在没有真实贸易业务的情况下，利用四个公司互开单据，从光大银行青岛分行以进口押汇形式套现。因该公证内容仅系安桥公司工作人员登录某网站查询得出的四个香港公司的工商登记信息，除香港顺延投资有限公司董事孙某与参陆玖公司法定代表人孙某名字相同外，其他三个公司的董事是否与参陆玖公司法定代表人孙某存在近亲属关系，安桥公司并未举证证实。且即使该四个香港公司与叁陆玖公司系关联公司，也并不必然没有真实的贸易背景。

第二，商业银行对交易背景审查并不必然导致合同无效。**虽然《中华人民共和国商业银行法》第三十五条规定，'商业银行贷款，应当对借款人的借款用途、偿还能力、还款方式等情况进行严格审查。'但该规定只是商业银行加强内部风险控制的管理性规定，并不是对合同效力的强制性规定，即使商业银行没有尽到相关义务，并不当然对借款合同、担保合同的效力及借款人还款责任、保证人担保责任的承担产生影响。**且根据青岛银监局复函中载明的事实，光大银行青岛分行办理涉及进口代收押汇业务时，通过单据表面真实性和一致性核查，核查了贸易背景。"

4.《商业银行法》第三十五条有关贷款审查、审批的相关管理制度和要求系金融系统行政管理性质的法律规定，银行违规贷款系权利人疏于防范风险的行为，属于银行内部行政处罚的范畴，不属于《合同法》第五十二条有关合同无效的法定情形，不影响借款合同的效力。

案例四：四川远景实业集团有限公司与四川远景实业集团蚕业有限公司、四川远景实业集团青神米业有限公司借款抵押合同纠纷上诉案［最高人民法院（2009）民二终字第 124 号］

最高法院认为："关于借款合同的效力问题。涉案十六份借款合同均为当事人真实意思表示，不违反法律、行政法规的禁止性规定，原审判决认定合法有效正确。从借款合同签订的背景看，借贷双方均明知贷款主要用于远景集团公司下属子公司酒业公司的技改项目，但双方仍同意以短期流动资金贷款名义进行发放，并以‘还旧借新’的方式达到‘短贷长用’的目的。**眉山农行采用该种贷款方式，违反了《中华人民共和国商业银行法》第三十五条有关贷款审查、审批的相关管理制度和要求；而该法的这类规定系金融系统行政管理性质的法律规定，眉山农行违规贷款系权利人疏于防范风险的行为，属于银行内部行政处罚的范畴，不属于《中华人民共和国合同法》第五十二条有关合同无效的法定情形，不影响借款合同的效力。**原审判决认定借款合同合法有效正确，应予维持。本案借贷双方以此种方式进行贷款，系双方真实自愿的结果，上述借款合同对双方当事人均具有拘束力。远景集团公司认为一审法院对上诉人、被上诉人长期习惯性做法和双方当事人其他形式的约定等事实均未查明，主张借款合同无效，进而免除其担保责任的上诉理由，缺乏法律依据，不能成立，本院不予支持。”

004 银行履行主要义务后，借款人、保证人以签章不真实为由主张合同不成立的不予支持

阅读提示

《合同法》第三十二条规定，当事人采用合同书形式订立合同的，自双方当事人签字或者盖章时合同成立。可见，采取书面形式订立合同的，各方当事人的签字盖章十分重要，直接决定合同是否成立。但从本质上讲，签字盖章只是形式问题，判断合同成立与否应探究当事人之间有没有就合同约定的各项事实达成真实的意思合意。也就是说，如果合同各方意思表示真实，且已经自愿、充分的履行了合同约定的主要义务，仅仅只是合同没有签章或者签章不真实，不能否认合同已经成立并生效的事实。

同理，在借款关系中银行已经履行了放款、承兑等主要义务，借款人也已自愿履行了缴纳保证金、支付利息等部分义务之后，借款人、保证人仅以合同签字、盖章不真实为由主张合同无效的，法院不予支持。

裁判要旨

银行已经履行了借款合同约定的放款义务，借款人也自愿履行了部分合同义务后，根据《合同法》第三十七条的规定，无论案涉合同上借款人的公章和签章是否真实，所涉合同均已成立并生效。保证人以签章不真实借款合同无效为由主

张免除保证责任的，不予支持。

案情简介

1. 2012 年 1 月 10 日，重庆银行贵阳分行与鑫贵成公司签订《(最高额)授信业务总合同》。同日，重庆银行贵阳分行与姚某、李某签订了《最高额保证合同》，约定对授信合同项下产生的债务承担连带责任保证，本金余额不超过 5000 万元。

2. 2012 年 12 月 14 日，双方签订额度 3000 万元的《承兑汇票合同》，约定在汇票签发前鑫贵成公司应在指定的保证金专户内存入 1500 万元的承兑（质押）保证金。同日保证金汇入。重庆银行贵阳分行按约承兑，由于鑫贵成公司未按期交存票款，银行将保证金专户中的 1500 万元保证金及 1233432.31 元予以扣划。

3. 2013 年 1 月 7 日，双方签订额度 3000 万元的《流动资金贷款合同》。1 月 8 日，双方在借据上签字盖章确认，同日银行发放贷款。截至 5 月 20 日，重庆银行贵阳分行扣划利息共 770199.56 元，从 5 月 21 日起，鑫贵成公司未再支付利息。鑫贵成公司尚有 29989293.04 元本金未偿还。

4. 另查明，2012 年 1 月至 2013 年 1 月期间，除案涉争议合同之外，双方曾签订多份汇票承兑合同和贷款合同，双方均按约履行各自义务。鑫贵成公司开户时的预留印鉴是：公章、财务专用章、法定代表人姚某个人章。2012 年 1 月 13 日，法定代表人变更为杨某，2012 年 2 月 20 日，法定代表人变更为李某，并延续至今，但未办理留存印鉴变更。

5. 原告重庆银行贵阳分行起诉被告鑫贵成公司，诉请返还借款本息，并要求保证人承担保证责任。一审贵州省高院判决支持原告诉讼请求。保证人李某不服一审判决提起上诉，以案涉合同的签字、盖章不真实为由，主张合同无效，并不承担保证责任。二审最高法院判决驳回上诉，维持原判。

裁判要点及思路

最高法院在本案的裁判中不拘泥于合同的形式问题，而是直接从合同的实质，**即银行和借款人是否就合同约定的各项权利义务达成真实的合意，是否已经自愿、充分的履行了合同项下的主要义务切入，同时结合保证人李某与银行签订保证合同，李某作为公司的法定代表人不应当对汇入公司账户的借款不知情等因素，**认定保证人李某仅以案涉借款合同的签字、盖章不真实为由，主张借款合同无效，并进而达到不承担连带保证责任目的的上诉理由不予支持。

本案中，法院认定银行已经履行主要义务包括：1. 按约在总授信合同框架下与借款人签订一系列承兑合同、贷款合同；2. 按约承兑出票人签发的汇票；3. 按约足额发放贷款等。借款人已经履行的部分义务包括：1. 按约缴纳承兑（质押）保证金；2. 支付部分借款利息等；3. 保证人签订保证合同等。以上事实足以证明银行和借款人签订借款合同的真实性。

实务要点总结

前事不忘，后事之师。结合本案的判决，我们对最高法院作出的不能仅以签章不真实为由否定借款合同效力的裁判观点梳理如下，以供实务参考：

1. 虽然最高法院认为不能仅以合同签字、盖章不真实为由认定借款合同无效，但是法院作出该判决的前提是银行履行了主要义务，借款人也自愿履行了部分义务，借由这些辅助性事实可以认定存在形式瑕疵的借款合同符合各方当事人的真实意思，应当成立并生效。但现实中并不是所有的合同都能依靠这样的路径解释出实质上的有效性，由各方当事人真实的签字、盖章才是以书面形式订立的合同能够成立并生效的常态，缺少当事人签章或者签章不真实却承认合同的有效性只能是当中的少数和例外情形。结合本案的情形，就要求不论是银行还是借款人都应当从一开始就注重合同的形式合理性，防微杜渐。

2. **银行在签订借款合同时，应要求借款人签字并盖章。**盖章应当与公司事先在银行留存的印鉴一致，签字应当由能够代表公司对外行使缔约权的个人签署。这里的“个人”一般是指公司法定代表人（一般由总经理、董事长担任）或者经公司授权的其他人，这又要求银行在放贷前应查阅并留存公司就本次借款作出的公司决议和授权行为的证明文件，起码做到不缺少形式上的合理性。

3. **公司法定代表人变更后应当及时到工商局、银行等部门办理变更手续。**本案中涉案公司经历了两次法定代表人的变更，但都未到银行变更预留的法定代表人个人印鉴，存在极大的风险。实务中有相当多的案件，因为公司法定代表人变更后没有及时到工商局、银行办理登记变更手续，已经被撤换的法定代表人恶意代表公司对外签订借款合同，进行重大资产交易，损害公司和股东利益，因此产生的纠纷和损失最终都将由公司买单。

相关法律法规

《合同法》

第三十二条 当事人采用合同书形式订立合同的，自双方当事人签字或者盖章时合同成立。

第三十七条　采用合同书形式订立合同，在签字或者盖章之前，当事人一方已经履行主要义务，对方接受的，该合同成立。

第四十四条　依法成立的合同，自成立时生效。法律、行政法规规定应当办理批准、登记等手续生效的，依照其规定。

以下是本案判决书中“本院认为”部分，最高法院就案涉合同是否有效问题的论述：

最高法院认为：“本案中的主合同包括《总合同》《承兑合同》以及《贷款合同》，（2011）年（重银黔保）字第1350号《最高额保证合同》为从合同。李某称鑫贵成公司时任法定代表人姚某并未在《总合同》上签字，且《贵州鑫贵成矿业有限公司股东会决议》、（2011）年（重银黔保）字第1350号《最高额保证合同》以及《核保书》中姚某的签名也是不真实的，故上述合同均未成立生效，进而主张不应承担连带保证责任。本院认为，李某该上诉理由不能成立。理由如下：

第一，**《总合同》《承兑合同》以及《贷款合同》上均加盖了鑫贵成公司公章，鑫贵成公司原审中虽提出上述合同上鑫贵成公司的公章系伪造，但并未进一步提供证据证明，一审判决后，鑫贵成公司未提起上诉。根据《中华人民共和国合同法》第三十二条、第四十四条之规定，应当认定上述合同成立并生效。**

第二，《总合同》《承兑合同》以及《贷款合同》已经实际履行。（一）重庆银行贵阳分行与鑫贵成公司在《总合同》签订后，分别于2012年1月11日、2012年3月19日、2012年7月17日签订了编号为（2012）年（重银黔承）字第0051号、第0469号以及（2012）年（黔三承）字第0016号的《（最高额）授信业务项下银行承兑汇票承兑合同》，上述承兑汇票垫付款都已结清。（2012）年（重银黔承）字第0051号、第0469号《（最高额）授信业务项下银行承兑汇票承兑合同》均载明是根据《总合同》的约定签订。原审中，鑫贵成公司虽称对上述三份承兑合同均不知情，但并未提供相反证据证明。而在二审中，鑫贵成公司又表示，其曾经使用过一笔贷款（3月19日）且已经归还。李某主张姚某未签字，《总合同》未成立生效的说法不能成立。**并且，李某自2012年2月20日即开始担任鑫贵成公司的法定代表人并延续至今，其称对《总合同》项下发生的银行承兑汇票及贷款情况均不知情，亦与常理不符。**（二）重庆银行贵阳分行与鑫贵成公司签订《承兑合同》后，重庆银行贵阳分行依约签发了以鑫贵成公司作为出票人的3000万元的汇票并履行了承兑、付款义务。**鑫贵成公司虽称对于该合同的签订履行并不知情，但在合同签订同日，鑫贵成公司即依约将1500万元保证金存入其在重庆银**

行贵阳分行的保证金专户，实际履行了《承兑合同》约定的合同义务。鑫贵成公司认可该保证金账户为鑫贵成公司账户，且认可在其与重庆银行贵阳分行的授信业务中曾使用过该账户，虽称该1500万元款项并非鑫贵成公司打入，但未能对该1500万元款项的来源作出合理解释。对于鑫贵成公司所称其对《承兑合同》的签订履行均不知情的抗辩理由，本院不予采信。（三）重庆银行贵阳分行与鑫贵成公司于2013年1月7日签订《贷款合同》，**同日，重庆银行贵阳分行将3000万元贷款发放至合同约定的鑫贵成公司8601040014792账户上，履行了《贷款合同》约定的主要义务。**本案证据材料显示，鑫贵成公司总经理李某1曾于2012年9月19日向该账户打款70万元，二审庭审中，李某1亦对此事实表示确认。鑫贵成公司辩称其对该8601040014792账户并不知情，与上述事实相互矛盾，对于该抗辩理由，本院不予采纳。上述贷款发放后，重庆银行贵阳分行从鑫贵成公司账户上扣划款项偿还部分本金及利息。

根据以上事实可知，重庆银行贵阳分行已经履行了《总合同》《承兑合同》《贷款合同》约定的主要义务，鑫贵成公司也履行了部分合同义务。根据《中华人民共和国合同法》第三十七条的规定，无论案涉合同上鑫贵成公司的公章以及姚某的签章的真实性如何，本案所涉主合同均已成立并生效。鉴于此，对鑫贵成公司公章进行鉴定并无必要，原审法院对鑫贵成公司的鉴定申请予以驳回，并无不当。

第三，本案中，为保障《总合同》的履行，重庆银行贵阳分行与锅泥沟煤矿、蒋某、姚某、李某、李某1分别签订了《最高额保证合同》，与蒋某签订了《最高额质押合同》，并办理了股权出质设立登记。李某所称《总合同》未成立生效的说法与上述一系列担保合同签订并办理质押登记的客观事实存在矛盾，与常理不符。

因此，本案所涉《总合同》《承兑合同》以及《贷款合同》均系双方真实意思表示，不违反法律、行政法规的强制性规定，已成立并生效。李某以主合同未成立生效以及无效为由，主张其不应承担担保责任的上诉理由不能成立，本院不予支持。”

案件来源

重庆银行股份有限公司贵阳分行与李某、贵州鑫贵成矿业有限公司等金融借款合同纠纷案［最高人民法院（2015）民二终字第306号］

延伸阅读

有关签章不真实时借款合同的问题，以下是我们在写作中检索到与该问题相关的最高法院案例及裁判观点，以供读者参考。

1. 虽然借款合同上的印章与公司现使用的印章不一致，但其法定代表人身份和签字是真实的。法定代表人任职期间持有的公司印章与任职前、免职后的公章是否一致，必须经过鉴定机关的鉴定方能识别，将此全部归属于贷款人的审查义务范围，已超出贷款人合理审查范围。

案例一：阳朔一尺水实业投资开发有限公司、王某与阳朔一尺水实业投资开发有限公司、王某等民间借贷纠纷申请再审民事裁定书［最高人民法院（2016）最高法民申 206 号］

最高法院认为："二、关于时任一尺水公司法定代表人的丁某对外所签订的借款合同对一尺水公司是否有约束力的问题。

首先，王某与一尺水公司、红树林公司、丁某签订的《借款合同》《借款担保合同》《还款计划协议》，当事人主体适格，意思表示真实，未违反法律、行政法规的强制性规定，属有效合同，王某与一尺水公司、红树林公司、丁某、汇荣公司之间设立的民间借贷关系及担保关系合法有效，受法律保护。其次，《中华人民共和国民法通则》第三十八条规定：'依照法律或者法人组织章程规定，代表法人行使职权的负责人，是法人的法定代表人。'第四十三条规定：'企业法人对它的法定代表人和其他工作人员的经营活动，承担民事责任。'《中华人民共和国合同法》第五十条规定：'法人或者其他组织的法定代表人、负责人超越权限订立的合同，除相对人知道或者应当知道其超越权限的以外，该代表行为有效。'根据以上规定，**虽然一尺水公司提交的广西司法鉴定中心《文书司法检验鉴定意见书》表明，涉案《借款合同》《借款担保合同》《委托担保合同》中一尺水公司的印章与一尺水公司现在使用的印章样本不一致，但其法定代表人丁某的签字是真实的，丁某时任该公司的法定代表人的身份是真实的，王某有理由相信作为一尺水公司法定代表人的丁某履行职务行为的真实性，丁某的行为代表了一尺水公司的行为。法定代表人任职期间持有的公司印章与任职前、免职后的公章是否一致，必须经过鉴定机关的鉴定方能识别，若将此全部归属于贷款人的审查义务范围，则已超出贷款人合理审查范围，亦有违合同法保护交易安全和交易稳定的立法初衷。王某基于对丁某的法定代表人身份真实性的信赖，已尽到合理的审查义务，主观上构成善意。**再次，一尺水公司认为丁某的涉案行为损害了其利益，属于另外的法律关系，不属于本案的审理范围。在另案中，一尺水公司已经对丁某、刘三姐公司、王某、汇荣公司提起损害公司利益责任纠纷之诉，南宁中院经审理，作出（2014）南市民二初字第 1 号判决，判令丁某向一尺水公司偿还 1 亿元及该 1 亿元有关的利息、罚息、担保费等，该判决已经发生法律效力。”

2. 出借人未签字或者并非本人所签，但出借人均按约将款项汇入借款人账户，履行了约定的出借义务，虽然签字存在瑕疵但并不影响借款合同成立及生效。

案例二：深圳市建安（集团）股份有限公司、陈某企业借贷纠纷再审审查与审判监督民事裁定书［最高人民法院（2017）最高法民申 3322 号］

最高法院认为：“关于案涉《借款协议》是否成立生效，以及陈某、深圳建安公司的责任范围是否应当据此计算的问题。**虽然原审认定龙某并未在《借款协议》中签字，刘某的签字亦非其本人所签，但刘某、龙某均按照《借款协议》约定的金额将款项足额实际汇入刘某某的银行账户，履行了《借款协议》中约定的出借义务。**根据《中华人民共和国合同法》第三十七条关于“采用合同书形式订立合同，在签字或者盖章之前，当事人一方已经履行主要义务，对方接受的，该合同成立”，以及第二百一十条关于“自然人之间的借款合同，自贷款人提供借款时生效”的规定可知，**虽然刘某、龙某的签字存在瑕疵，但是由于其已经按照合同约定提供了借款，所以不影响《借款协议》的成立及生效。**陈某作为《借款协议》项下还款义务的承担者，应当按照《借款协议》的约定承担偿还借款本息的义务。因此原审根据《借款协议》约定计算陈某和深圳建安公司的责任范围，事实依据充分。深圳建安公司主张《借款协议》未成立生效的申请理由，与事实不符，本院不予支持。”

005 未明确约定借款用途，实际用途与申贷时拟用途不一致的借款合同并不无效

阅读提示

贷款用途并不是贷款合同的必备条款，但银行出于防止借款人滥用贷款导致偿还能力丧失或者降低的考虑，会根据《商业银行法》第三十五条的要求，主动审查借款人的借款用途，并在借款合同中进行明确约定。

相较于银行，出于限缩担保责任范围的考虑，担保人对约定贷款用途条款的需求更加迫切，如借款合同约定了特定的借款用途，担保合同也会相应地予以明

确。一旦借款人未按约定用途滥用贷款导致不能按期还款或者偿债能力显著下降的，担保人可以借款人用款行为超出担保范围为由主张免除担保责任。

作为可选择条款，如借款合同、担保合同中没有明确约定借款用途，即使实际用途与借款人申贷时拟定的借款用途不一致，也不能据此否定借款合同和担保合同的效力。

裁判要旨

借款合同并未明确约定借款用途，抵押合同中也未就借款用途进行限定，故即使借款人实际借款用途与申请时拟定的用途不一致，也不影响借款合同及担保合同的效力。

案情简介

1. 2013 年 6 月 26 日，中信银行与宜昌农资公司签订《综合授信合同》，约定给予宜昌农资公司 3000 万的综合授信额度。同日，中信银行分别与供销联营公司和吉信资产公司签订《最高额抵押合同》，约定为《综合授信合同》项下的债权本金 3000 万提供担保。同日，中信银行又与宜昌农资公司法定代表人陈某签订《最高额保证合同》，保证责任方式为连带保证责任。

2. 同年 7 月 9 日，中信银行与宜昌农资公司签订《流动资金贷款合同》，额度 3000 万。同日，中信银行宜昌分行将贷款 3000 万转入宜昌农资公司账户。合同未明确约定贷款用途。贷款到账后，被宜昌农资公司董事长陈某及案外人谭某挪用不能归还。

3. 一审：原告中信银行起诉宜昌农资公司，诉请法院判决借款人偿还贷款本息，并要求担保人承担担保责任。宜昌市中院判决贷款合同、担保合同均合法有效，抵押人、保证人应当承担约定的担保责任。

4. 二审：抵押人供销联营公司、吉信资产公司不服一审判决提起上诉，称借款人未按照申贷时拟用途使用贷款，贷款实际被借款人董事长陈某挪用。中信银行对贷款被挪用有过错，故担保人不应承担担保责任。湖北省高院判决驳回上诉，维持原判。

5. 再审：两上诉人不服二审判决申请再审，最高法院裁定驳回再审申请。

裁判要点及思路

本案的争议焦点是，案涉借款合同及担保合同是否有效，担保人是否应承担担保责任。最高法院认为，案涉借款合同、担保合同符合各方当事人的真实意思，并未违反法律法规的强制性规定，应合法有效。

首先，借款用途条款不是必备条款。现行法律并未规定借款合同必须约定借款用途，缺少该条款的借款合同并不违反法律法规的强制性规定，应当有效。其次，案涉借款合同并没有明确约定贷款的用途，借款人申贷时声称的拟用途并不是合同的组成部分，因此实际用途与拟用途不一致的不影响借款合同的效力。最后，案涉担保合同也未明确约定借款用途，因此即使借款人公司的法定代表人陈某挪用借款，导致贷款严重损失，明显加重了担保人的责任的，也不能成为担保人免除担保责任的理由。故法院认为案涉借款合同和担保合同合法有效，借款人的还款责任和担保人的担保责任不应免除。

实务要点总结

前事不忘，后事之师。结合本案的判决，我们就最高法院作出的未约定借款用途的合同有效的裁判观点梳理如下，以供实务参考：

1. 企业贷款按照基本流向的不同可以分为流动资金贷款和固定资产贷款。流动资金贷款是指企业用于日常生产经营周转的贷款，一般为一年期以内的短期贷款。固定资产贷款是指用于企业固定资产投资建设的贷款，一般为 1 至 5 年的中期贷款和 5 年以上的长期贷款。

银监会发布的《固定资产贷款管理暂行办法》和《流动资金贷款管理暂行办法》都规定银行应当在借款合同中约定明确、合法的贷款用途，并要求银行应当按照合同约定检查、监督流动资金贷款的使用情况。流动资金贷款更是被严格限制不得用于固定资产、股权等投资，不得用于国家禁止生产、经营的领域和用途。**因此，为了防止贷款被不当使用影响企业最终的偿还能力，一般来说银行都会在借款合同中明确约定贷款用途，并约定企业挪用借款与约定用途不符的，银行有权停止发放贷款、宣布贷款提前到期或者解除贷款合同，并要求借款人承担违约责任。**但上述银监会对贷款资金的管理和限制属于银行业内部的管理性规定，性质上是部门规章，不属于《合同法》第五十二条第（五）项规定的法律、行政法规的强制性规定，即使借款人违约使用贷款，银行或者担保人也不能否认借款合同的效力。

2. 相较于银行，担保人对贷款用途条款的需求更加迫切。如果说银行作为借款方，作为有公权力背书的强势机构，有权利也有能力在借款人使用贷款过程中以检查、监督的方式施加更多的影响的话，担保人则处于相对被动的地位。**担保合同约定贷款用途的根本目的是为了限制担保责任的范围，明确担保人只在借款人符合约定的用款范围内承担担保责任。**现实中相当多的案例表明，借款人总是有违规使用贷款的冲动的，因此对担保人而言为借款人不可知的用款行为戴上紧箍咒就显得相当必要。本案中，正是由于抵押人未在合同中明确限制借款人的借款用途，即使借款人发生了明显的挪用行为，也不能因此免除抵押人的担保责任。

相关法律法规

《合同法》

第八条　依法成立的合同，对当事人具有法律约束力。当事人应当按照约定履行自己的义务，不得擅自变更或者解除合同。依法成立的合同，受法律保护。

第二百零三条　借款人未按照约定的借款用途使用借款的，贷款人可以停止发放借款、提前收回借款或者解除合同。

第二百零六条　借款人应当按照约定的期限返还借款。对借款期限没有约定或者约定不明确，依照本法第六十一条的规定仍不能确定的，借款人可以随时返还；贷款人可以催告借款人在合理期限内返还。

《固定资产贷款管理暂行办法》（中国银行业监督管理委员会令 2009 年第 2 号）

第三条　本办法所称固定资产贷款，是指贷款人向企（事）业法人或国家规定可以作为借款人的其他组织发放的，用于借款人固定资产投资的本外币贷款。

第七条　贷款人应与借款人约定明确、合法的贷款用途，并按照约定检查、监督贷款的使用情况，防止贷款被挪用。

《流动资金贷款管理暂行办法》（中国银行业监督管理委员会令 2010 年第 1 号）

第三条　本办法所称流动资金贷款，是指贷款人向企（事）业法人或国家规定可以作为借款人的其他组织发放的用于借款人日常生产经营周转的本外币贷款。

第九条　贷款人应与借款人约定明确、合法的贷款用途。

流动资金贷款不得用于固定资产、股权等投资，不得用于国家禁止生产、经营的领域和用途。

流动资金贷款不得挪用，贷款人应按照合同约定检查、监督流动资金贷款的使用情况。

以下是本案判决书中“本院认为”部分，最高法院和湖北省高院就贷款实际用途与申贷时拟用途一致的借款合同效力问题的论述：

最高法院认为:“本院经审查认为，本案争议焦点主要是案涉《综合授信合同》《人民币流动资金贷款合同》及《最高额抵押合同》是否合法有效，吉信资产公司、供销联营公司应否承担担保责任。**经审查，中信银行与宜昌农资公司签订的《综合授信合同》《人民币流动资金贷款合同》以及与吉信资产公司、供销联营公司签订的《最高额抵押合同》，均是各方当事人的真实意思表示，内容不违反法律、法规的强制性规定，应认定为有效合同。**吉信资产公司、供销联营公司主张陈永和及宜昌农资公司以欺骗手段贷款，上述合同均应无效，其不承担担保责任的再审理由不能成立。**首先，陈某挪用资金的行为系其个人行为，不影响宜昌农资公司向中信银行贷款意思表示的真实性以及借款合同的效力。**吉信资产公司、供销联营公司应借款人宜昌农资公司的要求提供案涉借款的担保，是否受宜昌农资公司欺骗亦不影响其向中信银行所作担保的意思表示真实性。**其次，本案借款合同并未约定借款用途，《最高额抵押合同》中也未就借款用途进行限定，故即使宜昌农资公司实际借款用途与申请时拟定的用途不一致，也不影响借款合同及担保合同的效力。吉信资产公司、供销联营公司的担保责任并不因此免除。**吉信资产公司、供销联营公司认为宜昌农资公司与中信银行、陈某之间存在恶意串通情形，但未提供任何证据予以证明，对该主张本院不予支持。因此，原审判决吉信资产公司、供销联营公司应当依照《最高额抵押合同》的约定承担抵押担保责任，适用法律并无不当。”

湖北省高院认为:“本院认为，中信银行与宜昌农资公司签订的《综合授信合同》、《人民币流动资金贷款合同》，以及与吉信资产公司、供销联营公司签订的《最高额抵押合同》，均是各方当事人的真实意思表示，内容不违反法律、法规的禁止性规定，应认定为有效合同。**吉信资产公司、供销联营公司上诉认为借款合同涉嫌欺诈，属无效合同或可撤销合同。但本案的借款合同并未约定借款用途。即便借款人宜昌农资公司未按照合同约定的用途使用贷款，中信银行亦有权自主决定是否行使解除或撤销合同的权利，吉信资产公司、供销联营公司的担保责任并不因此免除。**吉信资产公司、供销联营公司上诉称宜昌农资公司骗取其担保，不应承担担保责任。本院认为，吉信资产公司、供销联营公司应借款人宜昌农资公司的要求提供本案的担保，其是否受宜昌农资公司欺骗并不影响向中信银行所作担保的意思表示真实性。吉信资产公司、供销联营公司上诉认为借款合同约定的借款期限是2013年7月9日至2014年7月8日，超过《最高额抵押合同》的担保期限，吉信资产公司、供销联营公司不应承担担保责任。根据本案查明的事实，吉信资产公司、供销联营公司签订的两份《最高额抵押合同》约定的担保债权为 2013 年 6 月 26 日至 2014 年 6 月 26 日期间，本案债权的实际发生日为 2013 年 7 月 9 日，属于约定的抵押担保范围内的债权。因此，吉信资产公司、供销联营公司应当依照《最高额抵押合同》的约定承担抵押担保责任。”

案件来源

宜昌市吉信资产经营有限公司、宜昌市供销联营批发公司金融借款合同纠纷上诉案［湖北省高级人民法院（2016）鄂民终 1390 号］；宜昌吉信资产经营有限公司、宜昌市供销联营批发公司金融借款合同纠纷申请再审案［最高人民法院（2017）最高法民申 1498 号］

006 “通谋虚伪表示”第一案：各方通谋无真实交易的票据交易活动无效，以真实的借款关系认定

阅读提示

在金融交易中，各类盘旋于合法与非法边缘的，名不副实的交易关系广泛存在，在过去十余年宽松的金融监管环境下，从尊重当事人意思自治和促进金融创新的角度，这类交易行为较少被法院直接否定。但自中央三令五申整顿金融界乱象，防止发生系统性金融风险的总目标下，越来越多原本处于灰色地带的交易行为将被纳入法律强制监管范畴，层层交织的交易结构将被不断穿透，直达当事人的核心目标。拨开由“有心人”精心设计的看似复杂、精巧的交易关系，隐匿于背后的往往是一个再简单不过的法律关系。

《民法总则》第 146 条规定，基于双方通谋的虚假意思表示成立的民事法律行为无效，以隐藏的民事法律行为认定法律关系的效力。本文引述的案例中，银行、出票人、持票人之间通谋，开展的无真实交易基础的名为票据交易，实为借款的行为，应以当事人真实意思表示的借款关系认定案件的性质，票据交易活动因各当事人“通谋虚假表示”无效。针对本案，最高法院在“本院认为”部分进行了超过 4000 字的论述说理，拨开重重迷雾直达核心，体现了今后一段时期内金融领域司法审判的“新常态”。

裁判要旨

当事人的真实意思表示是借款，票据活动无真实交易基础，是各方的通谋虚

伪行为，所涉民事行为无效，应按虚假意思表示所隐藏的真实法律关系处理，即本案应认定为借款纠纷而不是票据追索权纠纷。案涉票据形式上符合票据法的规定，是有效票据，但因以非法手段取得的，银行不享有票据权利。

案情简介

1. 2012 年底，正拓公司欠付与民生银行南昌分行 7000 余万元的逾期贷款。正拓公司实际控制人罗某（同时为色金属公司法定代表人）与民生银行南昌分行金融市场部副总严某商议，由有色金属公司向红鹭公司购买阴极铜，有色金属公司以承兑汇票的形式支付货款，再由红鹭公司持该票据到民生银行南昌分行申请贴现，并承诺将贴现款用于归还正拓公司的逾期贷款。

2. 罗某亦与红鹭公司总经理房某协商，由正拓公司、有色金属公司分别与红鹭公司签订无实物交割的阴极铜连环贸易合同，红鹭公司将钱款转手并从中赚取差价。

3. 2012 年 12 月 28 日，有色金属公司作为付款人开具票面金额为 1.1 亿元的承兑汇票，收款人为红鹭公司。同日，红鹭公司作为贴现申请人与民生银行南昌分行作为代理人及贴现银行、有色金属公司作为汇票前手持票人签订《贴现宝合作协议》。

4. 2012 年 12 月 28 日，红鹭公司向民生银行南昌分行出具《贴现宝申请表》，确认将票据贴现款项划入户名红鹭公司指定账户。同日，有色金属公司《商票贴现额度占用确认函》，同意红鹭公司向民生银行南昌分行办理商业承兑汇票贴现业务时，占用其贴现额度。

5. 12 月 28 日 16 时许，民生银行南昌分行将贴现款划入红鹭公司账户。红鹭公司扣除差价后，将余款汇入正拓公司账户，其中 7500 万元用于归还民生银行南昌分行贷款，剩余钱款被罗某用于归还其他欠款、买卖期货等。

6. 一审：因正拓公司未能按约支付票款，2013 年 7 月 22 日，原告民生银行南昌分行起诉被告有色金属公司、红鹭公司，请求两公司偿还票款。江西省高院认为，本案为票据追索权纠纷，民生银行南昌分行作为合法票据权利人有权要求有色金属公司、红鹭公司承担票据责任，判决红鹭公司应承担贴现款的支付责任。

7. 二审：红鹭公司不服一审判决提起上诉，称民生银行南昌分行不是善意持票人，不享有票据权利，本案属借款合同纠纷非票据追索权纠纷，故不应承担支付票款的责任。最高法院认为本案属借款纠纷，民生银行南昌分行主张的票据权利不应支持，判决红鹭公司无须承担偿还责任。

裁判要点及思路

本案的争议焦点是，**本案纠纷的性质是票据追索权纠纷还是借款纠纷，以及不同性质下各当事人之间的权利义务关系为何？**最高法院的认为，**民生银行南昌分行与有色金属公司在本案中的真实意思表示是借款，票据活动是各方通谋虚伪行为，所涉民事行为无效，应按虚假意思表示所隐藏的真实法律关系处理，民生银行南昌分行主张本案票据权利依法不应支持，红鹭公司不应承担本案票据责任。**最高法院的具体分析如下：

1. **本案中的真实意思表示是借款。**已经生效的刑事判决中及有色金属公司的法定代表人罗某的主张均表明，本案是先有正拓公司的逾期贷款后有红鹭公司的票据贴现。基于正拓公司逾期贷款的前提，罗某与民生银行南昌分行严某商定以开具承兑汇票支付的货款方式由有色金属公司向红鹭公司采购货物，并承诺由红鹭公司持该票据向民生银行南昌分行申请贴现，将所得贴现款用于归还正拓公司的逾期贷款。此后，正拓公司的逾期贷款也确实用本次贴现款予以偿还，可见民生银行南昌分行与有色金属公司在本案中的真实意思表示是借款。同时，双方约定所借款项必须保证归还正拓公司所欠民生银行南昌分行逾期贷款，票据贴现只是双方商定的具体融资方式。

2. **票据活动是各方通谋虚伪行为。**有色金属公司法定代表人罗某与民生银行南昌分行商定以票据贴现形式借款并保证以所借款项归还正拓公司逾期贷款的同时，亦与红鹭公司总经理房某协商，由正拓公司、有色金属公司分别与红鹭公司签订无实物交割的连环贸易合同，红鹭公司将钱款转手并从中赚取差价。有色金属公司与民生银行南昌分行均明知本案票据开立、贴现及系列合同签订的真实意思表示是借款。即使认定红鹭公司并不知晓有色金属公司与民生银行南昌分行借新还旧、转嫁风险的真实意图，但是红鹭公司至少明知其与正拓公司、有色金属公司对于本案票据的签发、取得和转让不具有真实的交易关系，红鹭公司账户收到的票据贴现款的用途亦非用于向正拓公司支付票据项下货款，对此有色金属公司、民生银行南昌分行、红鹭公司均属明知。**故三方虽然明知本案票据项下无真实交易关系，但出于不同真实目的，相互合谋实施了该票据行为，属于通谋虚伪行为，根据《民法总则》第146条的规定，本案通谋虚伪的票据活动所订立一系列合同应属无效。**

3. 承兑汇票属有效票据，但银行不享有票据权利。虽然票据活动所涉及的合同均无效，但该票据形式上符合《票据法》第二十二条的规定，应属有效票据。但由于民生银行南昌分行取得该票据，系出于实现正拓公司能够归还所欠其逾期贷款的目的，而在明知该票据的签发、转让均无真实交易关系的情况下，与有色金属公司及其法定代表人罗某以通谋虚伪行为取得，属于《票据法》第十二条第一款及《票据纠纷司法解释》第十五条第二项规定的以非法手段取得的情形，因此民生银行南昌分行不享有票据权利。

4. 本案应按虚假意思表示所隐藏的真实法律关系，即借款关系认定。民生银行南昌分行与有色金属公司之间通谋虚伪行为隐藏的真实意思表示是借款，因此双方之间形成的真实法律关系应是借款关系。由于双方之间的借款真实意思表示真实，且不违反法律和行政法规的禁止性规定，应属有效。故有色金属公司应当向民生银行南昌分行偿还欠款本金及利息。

5. 红鹭公司不应承担责任。基于民生银行南昌分行不享有票据权利，红鹭公司不应承担本案票据责任。案涉三方《贴现协议》无效后红鹭公司应将收取有色金属公司的款项返还给该公司，双方之间就该款项的返还可另行解决，不必也不应经由借款纠纷。同时红鹭公司并非本案真实借款关系的当事人，无须承担偿还借款的责任。

实务要点总结

前事不忘，后事之师。我们就最高法院有关本案的判决涉及的实务要点梳理如下，以供实务参考：

1. 现实中通谋虚假表示行为广泛存在，被称之为“阴阳合同”“黑白合同”“抽屉协议”，在《民法总则》接纳通谋虚假表示制度之前，法院大多适用《合同法》第52条“以合法形式掩盖非法目的”，特别是当隐藏的交易行为涉及刑事犯罪时，大多将被强制性的认定合同的效力。虽然近年来最高法院的很多判决已经不再简单地以涉及刑事犯罪为由否定民事交易行为的效力，但是仍然没有很好的区分表面上虚假交易行为和背后隐藏的真实交易关系，以及两个法律关系产生的不同的权利义务边界，而是在笼统的否定或者肯定整个交易关系的基础上，界定当事人的权利义务，这不可避免地带来责任混淆的后果。新制度的纳入意味着在明确区分表层虚假的交易关系和隐藏真实的交易关系基础上，以无效的表面关系和可能无效也可能有效的隐藏关系逐个界定当事人的责任性质、范围和边界。

2. 在不断推进金融领域强监管的背景下，银行（特别是国有大型商业银行）作为我国金融市场内最主要的间接融资来源，应主动适应已经开始的金融监管风暴，应当意识到在中央政府划定的防止发生系统性金融风险的总目标，也是最后的红线之下，任何心存侥幸的顶风作案行为都将被毫无悬念的扼杀。

相关法律法规

《民法通则》

第五十八条　下列民事行为无效：

（一）无民事行为能力人实施的；

（二）限制民事行为能力人依法不能独立实施的；

（三）一方以欺诈、胁迫的手段或者乘人之危，使对方在违背真实意思的情况下所为的；

（四）恶意串通，损害国家、集体或者第三人利益的；

（五）违反法律或者社会公共利益的；

（六）经济合同违反国家指令性计划的；（2009年8月27日删除）

（七）以合法形式掩盖非法目的的。

无效的民事行为，从行为开始起就没有法律约束力。

《民法总则》

第一百四十六条　行为人与相对人以虚假的意思表示实施的民事法律行为无效。

以虚假的意思表示隐藏的民事法律行为的效力，依照有关法律规定处理。

《合同法》

第五十二条　有下列情形之一的，合同无效：

（一）一方以欺诈、胁迫的手段订立合同，损害国家利益；

（二）恶意串通，损害国家、集体或者第三人利益；

（三）以合法形式掩盖非法目的；

（四）损害社会公共利益；

（五）违反法律、行政法规的强制性规定。

《票据法》

第十二条　以欺诈、偷盗或者胁迫等手段取得票据的，或者明知有前列情形，出于恶意取得票据的，不得享有票据权利。

持票人因重大过失取得不符合本法规定的票据的，也不得享有票据权利。

第二十二条 汇票必须记载下列事项：

（一）表明“汇票”的字样；

（二）无条件支付的委托；

（三）确定的金额；

（四）付款人名称；

（五）收款人名称；

（六）出票日期；

（七）出票人签章。

汇票上未记载前款规定事项之一的，汇票无效。

《最高人民法院关于审理票据纠纷案件若干问题的规定》（2008年12月16日）

第十五条 票据债务人依照票据法第十二条、第十三条的规定，对持票人提出下列抗辩的，人民法院应予支持：

（一）与票据债务人有直接债权债务关系并且不履行约定义务的；

（二）以欺诈、偷盗或者胁迫等非法手段取得票据，或者明知有前列情形，出于恶意取得票据的；

（三）明知票据债务人与出票人或者与持票人的前手之间存在抗辩事由而取得票据的；

（四）因重大过失取得票据的；

（五）其他依法不得享有票据权利的。

以下是本案判决书中“本院认为”部分，最高法院就本案纠纷的性质以及各当事人之间权利义务关系问题的详细说理和论述，值得仔细品读：

最高法院认为：“民生银行南昌分行与有色金属公司在本案中的真实意思表示是借款；案涉票据活动是各方通谋虚伪行为，所涉相关民事行为应属无效，民生银行南昌分行依法不享有票据权利；本案应按虚假意思表示所隐藏的真实法律关系处理。

一、民生银行南昌分行与有色金属公司在本案中的真实意思表示是借款。首先，根据已生效828号刑事判决所认定的事实，本案商业承兑汇票开立、贴现源于正拓公司对民生银行南昌分行负有7000余万元的逾期贷款未还。基于此，同为正拓公司与有色金属公司实际控制人的罗某，向民生银行南昌分行金融市场部副总经理严某提出，由有色金属公司向红鹭公司购买阴极铜，有色金属公司以商业承兑汇票形式支付货款，再由红鹭公司持该票据向民生银行南昌分行申请贴现，罗某并承诺会确保红鹭公司将所得贴现款用于归还正拓公司的逾期贷款。之后，上述协商过程经双方操作实际发生，正拓公司所欠民生银行南昌分行的逾期贷款已用本案票据贴现款归还，其余贴现款亦被罗某实际使用。为实现上述协商事宜，民生银行南昌分行还向有色金属公司单笔授信本案票据票面金额的商业承兑汇票贴现额度。可见，民生银行南昌分行与有色金属公司在本案中的真实意思表示是借款，并且双方约定所借款项必须保证归还正拓公司所欠民生银行南昌分行逾期贷款，票据贴现只是双方商定的具体融资方式。其次，本案原一审中，民生银行南昌分行系依民法通则及合同法规定，以借款合同纠纷案由提起本案诉讼，请求有色金属公司和红鹭公司支付民生银行南昌分行垫付的资金。该事实表明，民生银行南昌分行亦认为其与有色金属公司之间实为借款关系。再次，有色金属公司的法定代表人罗某不论是在案涉刑事案件中还是在本案诉讼中，一直主张本案是先有逾期贷款再有票据贴现，其与民生银行南昌分行之间就是借新还旧的借款关系，而且亦陈述双方之前的借贷都是以与本案相同的票据贴现方式进行。而罗某这一陈述与原审判决认定的2012年9月14日，民生银行南昌分行与正拓公司及有色金属公司之间签订《商业汇票贴现协议》后所发生的以票据贴现方式融资的事实相印证，可以证明罗某所述有事实依据。最后，生效的828号刑事判决亦认定有色金属公司及罗某在本案中的行为属于以欺骗手段骗取银行贷款，给银行造成特别重大损失，其行为已构成骗取贷款罪。据此，根据上述双方当事人协商过程、事实发生结果、诉讼中双方陈述以及生效刑事判决的认定，民生银行南昌分行与有色金属公司之间在本案中的实际法律关系应为借款关系，票据贴现只是双方商定的具体融资方式。

二、本案票据活动是各方通谋虚伪行为，所涉民事行为无效，民生银行南昌分行主张本案票据权利依法不应支持。本案中，有色金属公司的法定代表人罗某为达到向民生银行南昌分行借款之目的，在与该行协商以票据贴现形式借款并保证以所借款项归还正拓公司逾期贷款的同时，亦与红鹭公司总经理房某协商，由正拓公司、有色金属公司分别与红鹭公司签订无实物交割的阴极铜连环贸易合同，红鹭公司将钱款转手并从中赚取差价。罗某与民生银行南昌分行及红鹭公司商妥后，各方即开始实施并在同一天完成了上述协商的所有事宜，即2012年12月28日早晨，有色金属公司的法定代表人罗某与其公司员工，及民生银行南昌分行员工严某等人先一同前往红鹭公司，由红鹭公司在没有真实交易内容的《阴极铜购销合同》、有色金属公司开立的商业承兑汇票、《贴现宝合作协议》、《贴现申请表》等一系列材料上盖章。之后，民生银行南昌分行员工立即携带上述材料赶回该行办理贴现手续。当日下午，民生银行南昌分行将贴现款转入红鹭公司账户，红鹭公司在扣除其所述的差价款后将余款全部转入正拓公司在民生银行南昌分行开立的账户，民生银行南昌分行即扣划收回了正拓公司所欠的逾期贷款。上述行为中，首先，有色金属公司与民生银行南昌分行均明知本案票据开立、贴现及系列合同签订的真实意思表示是借款，只是就民生银行南昌分行而言，其上述行为的主要目的在于能够实现正拓公司归还其逾期贷款，而有色金属公司的目的则除了用该笔借款归还正拓公司的逾期贷款外，还能够再继续获得一部分借款以解决其资金困难问题。其次，对于红鹭公司而言，虽按其所述，其系出于赚取差价签订了案涉合同及相关文书，红鹭公司并不知晓有色金属公司与民生银行南昌分行借新还旧、转嫁风险的真实意图，但是红鹭公司至少明知其与正拓公司、有色金属公司分别签订的《阴极铜购销合同》没有真实交易内容。故对于本案票据的签发、取得和转让不具有真实的交易关系，红鹭公司账户收到的票据贴现款的用途亦并非用于向正拓公司支付票据项下《阴极铜购销合同》的货款，有色金属公司、民生银行南昌分行、红鹭公司均属明知。三方虽然明知本案票据项下无真实交易关系，但出于不同真实目的，相互合谋实施了该票据行为，属于通谋虚伪行为。因此，本案票据活动是各方伪装行为，所掩盖、隐藏的真实行为实际是借款。根据《中华人民共和国民法通则》第五十五条规定及2017年10月1日起施行的《中华人民共和国民法总则》第一百四十六条规定，民事法律行为应当意思表示真实，行为人与相对人以虚假的意思表示实施的民事法律行为无效，以虚假的意思表示隐藏的民事法律行为的效力，依照相关法律规定处理。据此，本院对本案通谋虚伪的票据活动所订立的《阴极铜购销合同》及其《补充协议》《贴现宝合作协议》、《贴现申请书》《担保合同》，均确认无效。虽然上述票据活动所涉合同均因属各方伪装行为而应认定为无效，但是，民生银行南昌分行持有的本案票据在形式上符合《中华人民共和国票据法》第二十二条规定，应属有效票据。只是，由于民生银行南昌分行取得该票据，系出于实现正拓公司能够归还所欠其逾期贷款的目的，而在明知该票据的签发、转让均无真实交易关系的情况下，与有色金属公司及其法定代表人罗某以通谋虚伪行为取得。而且，为取得该票据，作为有色金属公司和正拓公司的开户行，民生银行南昌分行亦在明知有色金属公司并不具有支付该票据项下款项能力的情况下，为其单笔授信了该票据票面金额的贴现额度，而本案票据贴现占用的亦正是该贴现额度。因此，民生银行南昌分行取得本案票据属于《中华人民共和国票据法》第十二条第一款及《最高人民法院关于审理票据纠纷案件若干问题的规定》第十五条第（二）项规定的以非法手段取得的情形，据此，民生银行南昌分行依法不得享有票据权利。退一步说，即便民生银行南昌分行享有票据权利，但因其在取得票据时，明知票据债务人红鹭公司与出票人有色金属公司之间并无真实的交易关系，因此，红鹭公司以此抗辩其不应承担本案票据义务，亦符合《中华人民共和国票据法》第十三条第一款‘票据债务人不得以自己与出票人或者与持票人的前手之间的抗辩事由，对抗持票人。但是，持票人明知存在抗辩事由而取得票据的除外’的规定，依据《最高人民法院关于审理票据纠纷案件若干问题的规定》第十五条第（三）项规定，对于红鹭公司的抗辩，本院应予以支持。

三、本案应按虚假意思表示所隐藏的真实法律关系处理。本案中，民生银行南昌分行与有色金属公司之间通谋虚伪行为隐藏的真实意思表示是借款，因此双方之间形成的真实法律关系应是借款关系。由于双方之间的借款为其真实意思表示，且不违反法律和行政法规的禁止性规定，该借款行为应属有效。民生银行南昌分行通过票据贴现形式向有色金属公司借出款项时，在扣除了部分借款利息后，实际借出款项为104438888.89元。根据《中华人民共和国合同法》第二百条‘借款的利息不得预先在本金中扣除。利息预先在本金中扣除的，应当按照实际借款数额返还借款并计算利息’的规定，本案的借款本金应为104438888.89元。本案诉讼中，民生银行南昌分行认可有色金属公司已经归还了4490万元，加上民生银行南昌分行已扣划的1919.70元，有色金属公司尚欠借款本金为59536969.19元。故有色金属公司应当向民生银行南昌分行归还上述欠款本金及利息。

四、关于红鹭公司的责任问题。首先，基于民生银行南昌分行不享有本案票据权利或红鹭公司关于不应承担票据责任的抗辩理由成立，红鹭公司不应承担本案票据责任。其次，民生银行南昌分行、有色金属公司、红鹭公司签订的《贴现宝合作协议》因属三方通谋虚伪意思表示而应认定为无效合同，合同无效后，红鹭公司应将基于罗某的承诺而收取有色金属公司的款项返还给该公司，双方之间就该款项的返还可另行依法解决。再次，红鹭公司对于有色金属公司不能归还本案借款不应承担责任。本案借款系民生银行南昌分行与有色金属公司之间主动协商发生，且借款实际发生的前提是民生银行南昌分行向有色金属公司提供了本案借款金额的授信额度，民生银行南昌分行作为有色金属公司的开户行，明知有色金属公司的资信状况，在此情形下，民生银行南昌分行对向有色金属公司出借款项后，该款不能归还的风险，应自行承担。红鹭公司在本案中的行为，仅是属于配合民生银行南昌分行与有色金属公司实现以票据贴现方式借款的目的，而通过红鹭公司的行为，民生银行南昌分行与有色金属公司均实现了各自的目的，当然红鹭公司亦收取了其所述的价差。但是，红鹭公司在本案中的行为与本案借款不能归还的风险之间并无因果关系。本案借款不能归还，完全是由于民生银行南昌分行出于自己目的的考虑，在未尽基本审查义务的情形下出借款项造成，风险应由其自行承担。

五、关于罗某、陶某应承担的责任。本案民生银行南昌分行与有色金属公司之间的真实意思表示是借款，票据活动系各方虚假意思表示，因此，罗某、陶某分别与民生银行南昌分行签订的《担保合同》，约定为主债权《贴现宝合作协议》及《贴现申请表》提供担保，亦为双方虚伪意思表示，其真实意思表示是为民生银行南昌分行向有色金属公司的借款提供担保。故虽然上述《担保合同》无效，但基于罗某、陶某对有色金属公司本案借款提供担保的意思表示真实，因此，罗某、陶某应当按其承诺对有色金属公司的本案债务承担连带保证责任。

综上，本案票据活动为各方通谋虚伪行为，所涉相关合同应认定为无效，民生银行南昌分行主张本案票据权利不应予以支持。本案票据活动虚假行为隐藏的真实意思表示是民生银行南昌分行与有色金属公司之间的借款关系，该借款关系及罗某、陶某为该借款提供连带责任保证，均属各方真实意思表示，应属有效。有色金属公司获得案涉借款后，尚欠59536969.19元未还，故民生银行南昌分行上诉请求有色金属公司、罗某、陶某应对该欠款本金及其正常银行利息承担责任的理由成立，本院予以支持。本案借款系民生银行南昌分行与有色金属公司之间出于各自目的主动协商发生，民生银行南昌分行在明知有色金属公司资信状况下向该公司提供借款，应对该借款未能归还的风险自行承担责任。红鹭公司在本案中的行为与该借款的发生及还款不能的风险无因果关系，不应对此承担民事责任。红鹭公司关于其不应承担案涉借款的还款责任的上诉理由成立，本院予以支持。”

案件来源

中国民生银行股份有限公司南昌分行、上海红鹭国际贸易有限公司票据追索权纠纷二审民事判决书［最高人民法院（2017）最高法民终41号］

第二节　银行宣布贷款提前到期中的法律问题

007 贷款提前到期条件和合同解除条件同时满足时，银行应如何行使权利？

阅读提示

履约期限是借款合同的核心条款，一般都会在合同中明确约定。金融借款合同因标的额普遍较高，出于防范风险的目的，**实务中金融机构会经常在合同中约定当借款人未能按期还款付息，或者出现某些可能影响借款人偿还能力的重大事项时，金融机构有权宣布贷款提前到期。**最高法院的大量判决也认可该种“宣布提前到期”的条款的效力。

但是，当借款合同中同时约定贷款提前到期条件和合同解除条件，且导致贷款提前到期的条件同时满足合同解除条件时，银行应如何行使权利？两种权利的法律性质有何不同？行使权利的效果上是否存在实质性差别？以上问题将在后文中详细展开。

裁判要旨

双方在借款合同中明确约定借款人未按约履行还本付息义务，银行有权采取宣布贷款和其他融资款项立即到期。在案涉借款人未按约还款的情况下，应自贷款人（银行）送达《贷款提前到期通知》之日起，借款人应履行还本付息的义务。

案情简介

1. 2012 年 3 月 20 日，中东集团与由代理社三亚农商行和成员社万宁农信社、定安农信社、东方农信社、乐东农信社、儋州农信社组成的社团签订《固定资产社团贷款合同》，贷款金额为 5 亿元，**合同约定借款人如果连续 2 次未能按约还款，贷款社有权视借款到期提前收回贷款本息。**

2. **关于合同解除，合同约定借款人未按期归还贷款或未按约定用途使用贷款，存在贷款欠息或其他严重违约行为的，贷款人有权解除合同，并要求借款人提前归还贷款本息，赔偿损失。**

3. 2012 年 3 月 28 日至 2013 年 3 月 28 日，三亚农商行等六借款人向中东集团发放 40 笔贷款共计 5 亿元。此后，自 2014 年 12 月起中东集团未能按约还本付息。2015 年 3 月 30 日，三亚农商行等六贷款人向中东集团发出《关于宣布贷款提前到期的通知》，截至 3 月 30 日借款人中东集团连续拖欠利息、诚信保证金已超过 2 期，根据借款合同约定，宣布贷款提前到期。因中东集团拒绝接收，遂予以留置送达。

4. 一审：2015 年 6 月 29 日，三亚农商行等六原告起诉被告中东集团，请求判决:（1）案涉社团贷款合同提前到期;（2）借款人中东集团应偿还借款本息。海南省高院判决案涉合同应提前到期，借款人应当返还借款本息。

5. 二审：被告中东集团不服一审判决提起上诉，称三亚农商行等借款人宣布贷款提前到期不当。最高法院判决驳回上诉，维持原判，认定原告有权依照贷款合同约定宣布贷款提前到期，被告应当偿还借款本息。

裁判要点及思路

本案的争议焦点是，银行是否有权宣布贷款提前到期。借款人中东集团主张欠付 2 个月贷款利息数额很小，可以协商解决，银行仅以此为由主张贷款提前到期，不符合公平原则。最高法院认为，鉴于借贷双方合意达成的借款合同已明确约定借款人不得拖欠利息等合同义务及相应违约责任，则不论欠付利息数额大小，只要借款人中东集团违反合同义务即应当承担违约责任。因此银行宣布贷款提前到期并无不当，借款人应当按约偿还借款本息。

实务经验总结

前事不忘，后事之师。我们就本案中最高法院的判决所涉及的实务要点梳理如下，以供实务参考：

1. 宣布贷款“提前到期”条款合法有效。本案中银行和借款人约定“**借款人如果连续 2 次未能按合同约定还款，贷款方有权视借款到期提前收回贷款本息**”，该种权利在合同法中并没有直接的法律依据,《合同法》第二百零三条仅规定借款人不按约定的借款用途使用的，贷款人有权提前收回。但是，合同作为当事人意思自治，处分自己权利的“法律”，只要不涉及《合同法》第五十二条规定的五种合同无效的情形，就没有理由否定双方约定的合同的效力。最高法院的判决也认为约定贷款提前到期条件的合同符合当事人的真实意思，不违反法律的强制性规定，合法有效。实务中，借款合同甚至约定担保人涉及重大诉讼，即视为贷款提前到期，银行有权提前收回已经发放的部分或全部贷款，最高法院对该约定的效力也予以认可（详见［**延伸阅读**］案例二）。

2.“提前到期”条款实质上属于还款期限的变更。贷款提前到期条件成就时，依据具体约定的不同可产生两种不同的效果：第一，约定的条件成就时贷款视为自动到期；第二，约定的条件成就时银行有权宣布贷款到期或者有权视为贷款到期。差别在于第二种约定赋予了银行选择是否主张贷款提前到期的权利，同时银行行使该权利时必须履行向借款人通知的前置程序，本文引述的案例即属于第二种情形。银行向借款人宣布贷款提前到期后，除非当事人另行约定（如签订补充协议废除提前到期条款，或宣布到期后又签署展期协议），将不可逆的否定合同中有关借款期限的约定，在实质上构成对还款期限条款的变更，自银行宣布提前到期的通知到达借款人之日起，借款人应当履行还款付息的义务。

3. 该类型条款在法律性质上属于附生效条件的合同变更。根据《合同法》第七十七条的规定“当事人协商一致，可以变更合同”，第七十八条规定“当事人对合同变更的内容约定不明确的，推定为未变更”。综合两个条文的规定，当事人变更合同的，应当明确约定变更的内容并达成一致。有一种观点认为《合同法》第四十五条仅规定了合同的生效情形可以附条件，没有规定合同可以附条件变更。但是结合《民法总则》第 158 条的规定“民事法律行为可以附条件，但是按照其性质不得附条件的除外。附生效条件的民事法律行为，自条件成就时生效”，本文引述的案例中双方附条件变更还款期限的约定，并不属于“按照其性质不得附条件”不可变更的民事法律行为，故此本案中的该种约定属合法有效。

4. 银行宣布提前到期和解除合同存在实质区别。本文引述的最高法院案例的贷款合同中同时约定了贷款提前到期的条件和合同解除的条件：“借款人如果连续 2 次未能按合同约定还款”的，银行“有权视借款到期提前收回贷款本息”；“借款人未按期归还贷款”或者“存在贷款欠息”的，“贷款人有权解除合同”。即，当借款人连续 2 次未按期还款的，银行同时享有宣布贷款提前到期和解除合同的权利。二者最显著的区别是宣布贷款提前到期后贷款合同仍然有效，但行使合同解除权后合同将失去效力。**而合同是否有效，直接影响银行行使权利的法律依据以及可主张权利和利益的范围。**

（1）“宣布提前到期”后，仅是原合同中有关履行期限的条款发生变更，并不影响合同中有关金额、利息、罚息、支付结算方式等条款的效力，借款人仍需按约履行还款义务，还款行为也是基于有效的合同产生的合同内的义务。银行可以依据合同约定的计息标准、支付方式等条款，要求借款人在银行宣布到期之日起还本付息。借款人逾期不还款的，还将触发合同中约定的逾期罚息等惩罚性条款。

从另一个角度讲，宣布提前到期可以认为是当事人约定的违约责任的一种救济方式，实务中约定的提前到期的条件绝大部分都是借款人未按期还款付息的情形，借款人正常履约时享有期限利益，在履约期限届满之前银行无权向借款人主张还本付息。“宣布提前到期”条款实际上是赋予银行否定借款人期限利益的权利，体现了对借款人不当违约行为的惩罚。

（2）银行主张合同解除后，原合同约定的权利义务关系终止，银行只能通过《合同法》第九十七条主张“恢复原状”的权利，这样的权利在法律性质上是一种不当得利返还请求权。虽然《合同法》第九十八条规定，“合同的权利义务终止，不影响合同中结算和清理条款的效力”，实务中也有部分裁判观点认为利息条款、违约责任条款等在性质上属于合同清理条款，合同解除后该类条款应继续有效，但不可否认的是实务中也存在大量相反的判例，认为合同解除后违约金条款将无法适用。为了避免不必要的诉累，从银行主张权利的便利程度和保护范围上看，有效合同框架内的还款请求权比合同解除后的资金返还请求权更加直接、有效。

5. 诉讼策略的选择，不以解除合同为必要。本案中银行同时享有宣布贷款提前到期和解除合同的权利，由于实际诉讼中对宣布贷款提前到期的性质认识不明确，对两种权利的效果和区别没有准确地把握，有些法院会要求当事人一并主张或者先主张解除合同，**那么在诉讼中银行主张贷款提前到期是否应当以解除合同为必要和前提呢？**答案是否定的。基于两种权利在性质和效果上的根本性差别，贸然的要求当事人必须主张解除合同才可宣布贷款到期在实质上有损当事人的利益，在法律上也缺乏明确的依据。

上海市高院《关于审理借款合同纠纷案件若干问题的解答》第五个问题：**贷款人依据借款合同关于提前收贷的约定，诉请借款人提前还款，是否必须提前解除合同诉请的问题。**解答称：**借款合同关于贷款人提前收贷有约定的，该约定只要不违反法律、法规的强制性规定，应认定有效。在贷款人主张借款人提前还款的条件成就时，贷款人据此诉请要求借款人提前还款的，法院应予支持。该诉请不以解除合同为前提，故贷款人无须主张解除合同诉请。**上海市高院的解答具有重要的参考和适用价值。

相关法律法规

《合同法》

第八条　依法成立的合同，对当事人具有法律约束力。当事人应当按照约定履行自己的义务，不得擅自变更或者解除合同。

第九十七条 合同解除后，尚未履行的，终止履行；已经履行的，根据履行情况和合同性质，当事人可以要求恢复原状、采取其他补救措施，并有权要求赔偿损失。

第九十八条 合同的权利义务终止，不影响合同中结算和清理条款的效力。

第二百零三条 借款人未按照约定的借款用途使用借款的，贷款人可以停止发放借款、提前收回借款或者解除合同。

上海市高级人民法院《关于审理借款合同纠纷案件若干问题的解答》(沪高法民二[2006]12号)

五、贷款人依据借款合同关于提前收贷的约定，诉请借款人提前还款，是否必须提解除合同诉请的问题

借款合同关于贷款人提前收贷有约定的，该约定只要不违反法律、法规的强制性规定，应认定有效。在贷款人主张借款人提前还款的条件成就时，贷款人据此诉请要求借款人提前还款的，法院应予支持。该诉请不以解除合同为前提，故贷款人无须主张解除合同诉请。

以下是本案判决书中的“本院认为”部分，最高法院就案涉借款合同是否有效问题的论述：

最高法院认为：“三亚农商行等六被上诉人是否有权宣布涉案贷款提前到期并要求中东集团清偿贷款本息。

三亚农商行等六被上诉人与中东集团之间签订的涉案《固定资产社团贷款合同》系当事人的真实意思表示，合法有效。根据《固定资产社团贷款合同》中所载的第9.2条，中东集团应按合同之约定清偿本合同项下的贷款本金及利息，不得采取任何方式逃避债务；第12.7条，借款人违反该合同第九条规定，贷款人有权采取宣布贷款和其他融资款项立即到期，立即收回未偿还款项，不能收回的，有权按约定上浮利率计收利息等措施；**第18.7条，借款人如果连续2次未能按合同约定履行还款义务，贷款人有权视借款到期提前收回贷款本息，处置抵押物等合同约定内容，三亚农商行等六被上诉人针对中东集团自2014年12月起连续拖欠涉案贷款利息等违约行为，宣布涉案贷款提前到期，要求中东集团返还借款本金并支付利息，该项主张依据充分、正当合法，应予支持。**在此情况下，海南高院基于三亚农商行等六被上诉人于2015年3月30日向中东集团发出《关于宣布贷款提前到期的通知》，因中东集团拒绝签收，遂进行留置送达的事实，认定涉案贷款到期日为2015年3月30日，并无不当。”

案例来源

三亚农村商业银行股份有限公司、万宁市农村信用合作联社等与海南中东集团有限公司、钟兆强等金融借款合同纠纷案［最高人民法院（2016）最高法民终219号］

延伸阅读

有关银行宣布贷款提前到期的问题，以下是我们在写作中检索到与该问题相关的最高法院案例及裁判观点，以供读者参考。

1. 借款人出具承诺函，确认第一笔到期借款尚未偿还，并承诺以相应公司股权和应收账款等为所负债务提供质押担保。如违反该承诺，银行有权要求其承担包括加速到期所有信贷安排在内的违约责任。而后借款人违反承诺，银行履行了告知义务，案涉贷款已全部到期。

案例一：德意志银行（中国）有限公司天津分行与天津宝迪农业科技股份有限公司、毕国祥金融借款合同纠纷案［最高人民法院（2016）最高法民终439号］

最高法院认为："**本案二审的争议焦点在于，德意志银行天津分行对于第二笔贷款73000000元加速到期是否已履行告知义务，贷款加速到期的条件是否成就。**对此，2015年10月12日，**宝迪公司向德意志银行天津分行出具《承诺函》，确认其未能全部偿还于2015年10月10日到期的第一笔贷款77000000元本金及利息，并承诺以相应公司股权和应收账款等为所负债务提供质押担保。如违反该承诺，德意志银行天津分行有权要求其承担包括加速到期所有信贷安排在内的违约责任。2015年10月20日、10月28日，德意志银行天津分行两次函告宝迪公司履行《信贷协议》及《承诺函》的约定，如未能在2015年11月1日前全额偿还第一笔贷款，则《信贷协议》将于2015年11月2日立即终止，但宝迪公司始终未能履行《信贷协议》、《承诺函》的约定。**2015年11月3日，德意志银行天津分行通过公证送达方式，函告宝迪公司和毕某，认为宝迪公司的违约行为已致《信贷协议》于2015年11月2日终止，要求宝迪公司、毕某偿还全部未付款项以及承担相应损失等。据此，德意志银行天津分行已就第二笔贷款73000000元加速到期履行了告知义务，贷款加速到期的条件已经成就。此外，第二笔贷款73000000元的合同约定到期时间为2016年1月27日，已于一审判决前届满，不论贷款是否加速到期，宝迪公司、毕某均应承担相应还款义务。"

2. 借款合同约定借款人或者担保人涉及重大诉讼的，即视为贷款提前到期。

该约定应视为双方合同中约定了附条件的合同变更条款，当约定的条件成就时，还款期限变更为银行主张提前收回贷款之日。

案例二：盛京银行股份有限公司沈阳市民主支行与天津钢管公司东油销售处、沈阳中油天宝（集团）物资装备有限公司等金融借款合同纠纷案［最高人民法院（2016）最高法民终146号］

最高法院认为：“关于天津钢管公司支付逾期利息及罚息起算点的确定问题，本院认为，依法成立的合同，自成立之日起，对合同各方具有拘束力。各方当事人权利义务的确定，亦要依据合同约定。**盛京银行民主支行与天津钢管公司于2014年7月24日签订《授信合同》，于2014年7月25日签订《14号借款合同》《15号借款合同》，均约定天津钢管公司或担保人涉及重大诉讼，即视为贷款提前到期，盛京银行民主支行有权提前收回已经发放的部分或全部贷款；未能收回的，视为贷款逾期，盛京银行民主支行有权按逾期贷款计收逾期利息并加收罚息；**两份借款合同另约定逾期贷款利率及罚息利率为合同执行利率的1.5倍。**上述约定应视为双方在合同中约定了附条件的合同变更条款，即当约定的条件成就时，还款期限变更为盛京银行民主支行主张提前收回贷款之日。**本案中，虽然天津钢管公司在盛京银行民主支行起诉前一直按约支付借款利息，未有违约行为，但担保人沈阳中油公司、上海中油公司及其法定代表人刘新发、担保人鞍山中油公司自本案借款合同签订不久后即卷入多起诉讼，资产被多次查封，查封总值巨大，依照合同约定，盛京银行民主支行有权要求提前收回已经发放的贷款，未能收回的，视为贷款逾期，盛京银行民主支行有权按合同执行利率的1.5倍计收逾期利息及罚息。一审判决基于此，以盛京银行民主支行向法院起诉的时间即2014年10月8日作为天津钢管公司支付逾期利息及罚息的起算点，有合同依据，并无不当。”

008 银行宣布解除借款合同，以解除通知到达借款人时发生效力

阅读提示

银行根据合同约定行使合同解除权的，应当以《合同法》第九十六条规定的的方式行使，自解除借款合同的通知到达借款人时发生合同解除的效果，并可在以该日期起至借款人偿还全部借款止的期间内，收取逾期还款的利息。

作为一种程序性事项，银行申请诉前财产保全并不具有固定当事人之间权利

义务关系的效果，并不能以法院准予诉前财产保全的日期作为借款合同解除的日期。银行应当依照《合同法》规定的“通知—到达”模式行使合同约定的解除权。因借款人一方违约，银行宣布借款提起到期的，以银行送达《解除合同通知书》的日期为合同解除日，

裁判要旨

银行依照合同约定主张解除借款合同的，应当通知借款人，自银行解除合同的通知到达借款人时即发生合同解除的法律后果，以此时间为起点，银行可计收逾期利息。虽然银行在提起诉讼之后又向法院撤回解除借款合同的诉讼请求，但该请求并不影响借款合同已经解除的事实。

案情简介

1. 2014 年 3 月 15 日，锦州银行天津分行与上海华冶签订《借款保证合同》，约定为天津华冶流动资金借款提供担保。

2. 2014 年 3 月 16 日，锦州银行天津分行与天津华冶签订《借款合同》，合同金额 6500 万，期限自 2014 年 3 月 17 日至 2015 年 3 月 16 日。并约定，**如天津华冶未按期偿还本息或者财产遭查封，锦州银行天津分行有权宣布合同提前到期。借款人的违约情形包括，财产被扣押或冻结，可能使贷款人债权遭受严重损失的。**

3. 2014 年 3 月 17 日，锦州银行天津分行向天津华冶发放 6000 万元贷款。同日，锦州银行天津分行即发现天津华冶和上海华冶存在不能偿还到期债务的不良信用记录，遂向法院申请对天津华冶、上海华冶的财产进行诉前保全。

4. 2014 年 4 月 14 日，锦州银行天津分行分别向天津华冶、上海华冶邮寄《解除合同通知书》，载明：自 2014 年 3 月 18 日起，解除《借款合同》，天津华冶、上海华冶立即偿还《借款合同》项下借款本金、利息及有关费用，并按逾期借款利率按日计收违约金。2014 年 4 月 15 日，天津华冶签收该通知书。

5. 一审：2014 年 4 月 17 日，原告锦州银行天津分行以天津华冶、上海华冶为被告提起诉讼，诉请偿还欠款，并以 3 月 18 日申请诉前财产保全之日为界承担逾期利息。天津市高院判决支持原告诉请，

6. 二审：被告天津华冶不服一审判决，提起上诉。诉称，2014 年 3 月 19 日至 4 月 17 日为借款合同期限内，并未逾期，因此不应适用罚息利率计算逾期利息。最高法院认定以 4 月 15 日天津华冶签收《解除合同通知书》的日期作为借款到期

日，4 月 16 日之后可收取逾期利息。

裁判要点及思路

本案的争议焦点是，**案涉欠款的逾期利息从何时起算，其实质是案涉借款合同何时解除**。原告锦州银行认为应当以申请诉前财产保全日为借款提前到期的日期，并以此为界分别计收合同期内利息和逾期利息，即 2014 年 3 月 18 之后将产生逾期利息。**最高法院认为，根据《合同法》第九十六条的规定，当事人一方依照合同约定主张解除合同的，应当通知对方；合同自通知到达对方时解除。因此，锦州银行分行与天津华冶签订的《借款合同》在 2014 年 4 月 15 日解除合同通知到达天津华冶时即已发生解除的法律后果。也就是说，自 4 月 16 日起借款人天津华冶应按照约定的利率承担逾期利息。**

实务要点总结

前事不忘，后事之师。我们就最高法院关于本案的判决所涉及的实务要点梳理如下，以供实务参考。

1. 金融借款关系对利息的划分标准中，以借款到期日为界，可分为合同借期内的利息和逾期利息（实务中多称为逾期罚息）。一般而言，银行和借款人都会在合同内载明期内利息和逾期利息的计算标准。如对期内利息约定不明，一般按照人民银行同期贷款利率认定，如逾期利率约定不明，依据中国人民银行发布的《关于人民币贷款利率有关问题的通知》第三条规定，可按照借款合同载明的贷款利率水平上加收 30%—50%，但不得违反最高法院关于民间借贷最高 24% 年利率的规定。

2. 一般来讲借款到期日是固定的，银行和借款人会在合同中明确约定借款期限的起始日和到期日，构成借款期间。该期间内银行对借款人使用借款的行为收取正常的期内利息。但实务中借款到期日并不都是固定的，银行和借款人除了在合同中约定固定的借款期间以外，还会约定发生何种情形时，银行有权宣告解除借款合同。具体到本案，就是当发生“财产被扣押或冻结，可能使贷款人债权遭受严重损失的”等有可能导致借款人还款能力下降的情形出现时，银行有权通知借款人解除借款合同。根据《合同法》的规定，当事人一方依照合同约定主张解除合同的，应当通知对方；合同自通知到达对方时解除，且从解除之日起至还款之日应当计算逾期利息。

3. 本案中银行主张以申请诉前财产保全的日期为界计算逾期利息，并未能得到最高法院的支持。**因为诉前财产保全从其制度价值和意义上是为了在紧急情况下固定相对人现有的财产状况，保障申请人以后可能的合法权益的顺利实现，它是一种程序性事项，不具有确定当事人之间权利义务关系的效果。**故本案中，最高法院并不以银行申请诉前财产保全的日期作为确定银行和借款人最终的权利义务关系的时间点，而是以借款人最终签收合同解除通知书的时日认定案涉借款合同已经解除，并以此为界判决借款人承担逾期利息。这也就要求银行在紧急情况下行使合同解除权时，应当以符合合同法要求的方式通知借款人，并以适当的方式（如当面送达、公证送达等）保证送达并要求借款人签收，避免权利落空。

相关法律法规

《合同法》

第九十六条 当事人一方依照本法第九十三条第二款、第九十四条的规定主张解除合同的，应当通知对方。合同自通知到达对方时解除。对方有异议的，可以请求人民法院或者仲裁机构确认解除合同的效力。

法律、行政法规规定解除合同应当办理批准、登记等手续的，依照其规定。

以下是本案判决书中“本院认为”部分，最高法院就逾期利息起算时间认定的问题的论述：

最高法院认为：“二、原审法院认定的利息是否正确。借款利率以借款是否逾期为界限分为合同期内利率和逾期利率。因此，本案借款何时逾期是首先需要明确的问题。锦州银行天津分行主张以其向原审法院申请诉前财产保全的时间即2014年3月18日作为本案借款提前到期的时间，该日及之前的3月17日为合同期内，利息应按合同约定利率7.8%计算，3月19日之后即为逾期，利息应按合同约定的逾期利率即7.8%上浮50%计算。对此，天津华冶上诉提出，《借款合同》为格式合同，其中利率条款系锦州银行天津分行自行添加，并非其真实意思表示，对其无约束力。但从《借款合同》的形式要件看，该合同盖有天津华冶的公章、法定代表人印鉴，天津华冶亦不否认该公章、印鉴的真实性，应当视为双方对于利率问题达成一致。同时，《借款合同》约定的7.8%的执行利率亦未超出法律保护的利率范围。因此，天津华冶主张本案借款不应适用《借款合同》约定利率而应适用中国人民银行同期同类贷款基准利率的主张，与合同约定不符，本院不予支持。天津华冶上诉还提出，本案借款并未逾期，不应适用《借款合同》约定的逾期利率。**根据二审查明的事实，锦州银行天津分行于2014年4月14日向天津华冶寄送了《解除合同通知书》，宣布借款提前到期，并依据双方所签《借款合同》的约定行使合同解除权。天津华冶于次日即4月15日签收了该通知书。根据《中华人民共和国合同法》第九十六条规定，当事人一方依照合同约定主张解除合同的，应当通知对方；合同自通知到达对方时解除。因此，锦州银行天津分行与天津华冶签订的《借款合同》在2014年4月15日解除通知到达天津华冶时即已发生解除的法律后果。虽然锦州银行天津分行在提起本案诉讼之后又向原审法院撤回解除《借款合同》的诉讼请求，但该请求并不影响《借款合同》已然解除的状态。《借款合同》解除同时意味着合同项下借款提前到期，提前到期的时间应为天津华冶签收《解除合同通知书》的2014年4月15日。因此，本案借款发放之日即2014年3月17日至4月15日的利息应当按照合同约定利率即7.8%计算，4月16日之后的逾期利息应当按照逾期利率即7.8%上浮50%计算。**原审法院按照锦州银行天津分行主张的诉前财产保全的时间3月18日的次日作为逾期利率计收的起点，有所不当，本院予以纠正。同时，因2014年3月27日天津华冶归还了72351.85元本金，在计算利息时该数额应在本金基数中相应扣除，并在利息总计数额中扣除锦州银行天津分行于2014年3月26日已经扣收的利息52000元。”

案件来源

锦州银行股份有限公司天津分行与天津华冶钢材加工有限公司、上海华冶钢铁集团有限公司金融借款合同纠纷上诉案［最高人民法院（2015）民二终字第349号］

延伸阅读

有关逾期利息的起算时间的问题，以下是我们在写作中检索到与该问题相关的部分法院案例及裁判观点，以供读者参考。

1. 银行向借款人发出《借款催收函》载明了欠款本金和利息数额，借款在回函上明确表示确认催收函所述之债务，该确认应视为对债务总额、构成和利息计算标准的确认，因此，应当依照其确认承担返还本金和支付利息的责任，并以催收函确认的时间为界收取期内利息和违约利息。

案例一：香港上海汇丰银行有限公司上海分行与万轩置业有限公司、景轩大酒店（深圳）有限公司金融借款合同纠纷案［（2009）沪高民四（商）初字第2号］

上海市高院认为：“本案系金融借款合同纠纷，汇丰上海分行提交的与万轩置业签订的贷款合同实际是由四份银行授信函和一份贷款催收函及确认回函构成，是有缔约能力的人自由订立的，按照查明的香港特别行政区法律，这些法律文件所构成的完整合同合法有效，签约各方应当严格恪守。根据2002年6月14日的银行授信函，汇丰上海分行与万轩置业之间的贷款合同内容最终确定为一笔总额为港币126337000元期限为5年的重组定期贷款，贷款利息按照每年港币最优惠利率上浮2%计收，还款为自2002年9月30日起按季度还款，而提款方式等未作修订，仍按之前的银行授信函处理。万轩置业作为借款人理应按照贷款合同的约定支付利息、按期返还本金，但万轩置业未实际履行，显属违约，应承担相应的违约责任，包括支付违约利息。**汇丰上海分行在给万轩置业的贷款催收函中明确指出，截至2008年10月8日，欠款本金为港币118354000元，利息港币57336389.93元，**同时指出，在万轩置业欠款清偿完毕前，汇丰上海分行计息按照贷款基准年利率［即港元最优惠利率（5.25%）加收2%］再加收2%的违约利率计算，**万轩置业在给汇丰上海分行回函上明确表示确认催收函所述之债务，该确认应视为万轩置业对债务总额、构成和利息计算标准的确认，因此，应当依照其确认承担返还本金和支付利息的责任。万轩置业应返还的贷款本金为港币118354000元，支付利息分两段计算：截至2008年10月8日的利息，按万轩置业确认的金额即港币57336389.93元支付；2008年10月9日起至万轩置业实际偿付之日的利息，以本金港币118354000元为基数，年利率按照汇丰银行港元最优惠利率上浮2%再加收2%的违约利率计算。**关于10万元律师费，根据香港特别行政区法律，法院有权判决败诉方承担讼费，讼费包括胜诉方应支付的部分律师费。本案纠纷是由于万轩置业未按约返还贷款本金和相应利息引起的，而且在2008年10月8日的贷款催收函中，汇丰上海分行明确告知万轩置业不立即返还欠款可能会采取必要措施包括提起诉讼，一切费用将由万轩置业承担，万轩置业表示收悉上述信函并确认上述之债务，可见万轩置业应当知道不及时还款可能给对方造成的损失和产生的费用。因此，万轩置业应承担汇丰上海分行因提起涉案诉讼而产生的部分律师费损失。”

009 银行以起诉方式宣布贷款提前到期的，以借款人收到应诉通知书之日作为提前到期日

阅读提示

借款合同约定，借款人出现未按期支付借款本息等情形时银行有权宣布借款

全部或者部分到期的条款合法有效。基于该特殊约定，银行可直接向借款人单方主张解除借款合同或者要求提前还款，不以征得借款人同意为必要。银行行使该权利需要向借款人发出有效通知，以借款人收到该通知之日作为借款提前到期日。银行未向借款人发出通知，而以起诉的方式主张借款提前到期的，以借款人收到法院发出的应诉通知书之日作为提前到期日。

裁判要旨

银行以向法院起诉的方式行使宣布借款提前到期的权利，而未向借款人发出有效的通知，借款人并不知晓银行是否已宣布借款提前到期，亦不知晓应如何履行义务，故法院酌定以银行起诉后，借款人收到应诉通知书的时间作为借款提前到期日。

案情简介

1. 2015 年 3 月 13 日，兴业银行绵阳支行与绵阳裕都公司签署《借款合同》，借款金额 10 亿元，借款期限为 60 个月，合同约定“如借款人未履行本合同任一条款约定的，贷款人有权单方决定全部或部分债务提前到期”。

2. 截至 2015 年 3 月 20 日，绵阳裕都公司按约支付了借款合同项下的应付利息；2015 年 3 月 21 日起，绵阳裕都公司按约未支付借款本金及利息共计 500 万元。

3. 一审：原告兴业银行绵阳支行起诉被告绵阳裕都公司，请求法院判决借款合同提前到期。四川省高院认为借款人未按期支付本息，已构成违约，根据合同约定兴业银行绵阳支行有权宣布贷款提前到期，并以借款人收到应诉通知书之日为借款提前到期日，故判决支持原告诉讼请求。

4. 二审：借款人绵阳裕都公司不服一审判决，提起上诉，诉称未清偿的本息仅有 500 万元，不构成合同的根本违约，不应判决其余 9.95 亿元未到期借款提前到期并支付罚息。最高院判决驳回上诉，维持原判。

裁判要点及思路

本案的争议焦点是：银行是否有权宣布借款提前到期以及如何确定贷款提前到期日。最高法院认为，借款人未按约定的还款付息期限支付本息，已构成违约，根据借款合同约定，银行有权宣布案涉借款全部到期。关于借款到期日，因银行是以向法院起诉的方式行使宣布借款提前到期的权利，而未依据合同法的规定向借款人发出有效的通知，借款人并不知晓银行是否已宣布借款提前到期，亦不知晓应如何履行义务。结合本案情况，以银行起诉后，借款人收到应诉通知书的时间作为借款提前到期的时间。

实务要点总结

前事不忘，后事之师。我们就最高法院有关本案的判决涉及的实务要点梳理如下，以供实务参考。

1. 借款合同约定借款人出现未按期支付借款本金、利息等违约情形时，银行有权宣布贷款提前全部到期或者部分到期。该种约定性质上属于附条件的合同变更条款，当约定的条件成就时，银行有权单方行使变更还款期限的权利，宣布借款部分或者全部到期。既往的法院判决和银行的实务操作中，银行往往依照“提前到期”条款直接宣布解除借款合同，并基于合同解除之后的返还请求权要求借款人偿还借款本金。应当明确的是，银行行使宣布提前借款到期的权利并不以主张解除借款合同为必要和前提，可直接基于合同的特殊约定，要求借款人提前还款，而无须征得借款人同意。

2. 不论银行是依据“提前到期”条款解除借款合同或者要求借款人提前还款，均以已向借款人发出有效通知为必要。根据《合同法》第九十六条规定，银行主张解除借款合同的，应当通知借款人，自通知到达借款人时合同解除，而无须征得借款人同意。同理，银行基于合同的特殊约定要求借款人提前还款，亦应当以合理方式通知借款人为前提，只有借款人接到通知，因其违约行为产生的潜在的提前还款义务才能转变为现实的、需要履行的义务。

3. 确定提前到期日尤为重要，以提前到期日为界，借款人应当向银行清偿本金以及借期内利息，如借款人未能如期还款，则以提前到期日起至清偿全部债务为止的期间内计算逾期还款的利息和借期内利息的复利。实践中存在很多银行虽然向借款人发出了提前还款的通知，但因邮寄地址错误、由借款人以外的他人签收等原因，导致发出的通知不能对债务人产生效力，而无谓的浪费期限利益的情形。因此建议银行应事先在借款合同中确认借款人的送达地址，如果借款人是企业，最好是以其工商登记地址为准。同时，结合邮寄送达、电子邮件送达、公证送达等方式，并要求借款人出具签收确认书，以此确保送达的有效性。

相关法律规定

《合同法》

第九十三条　当事人协商一致，可以解除合同。

当事人可以约定一方解除合同的条件。解除合同的条件成就时，解除权人可以解除合同。

第九十六条　当事人一方依照本法第九十三条第二款、第九十四条的规定主张解除合同的，应当通知对方。合同自通知到达对方时解除。对方有异议的，可以请求人民法院或者仲裁机构确认解除合同的效力。

法律、行政法规规定解除合同应当办理批准、登记等手续的，依照其规定。

以下是本案判决书中“本院认为”部分，最高法院、四川省高院就银行是否有权宣布贷款提前到期以及提前到期日如何确定问题的论述：

最高法院二审认为：“关于借款到期日的确定，因兴业银行绵阳支行未提交其书面通知到达绵阳裕都公司的相关证据，一审将兴业银行绵阳支行起诉后，绵阳裕都公司收到应诉通知书的时间认定为借款到期日，并无不妥。绵阳裕都公司有关应该给其合理的准备期限、利率过高再收罚息不合理的相关主张，亦缺乏依据。根据《借款合同》第二十三条第六款第（五）项‘借款人未按期还款且又未就展期事宜与贷款人达成协议，即借款逾期的，贷款人有权对逾期的借款计收罚息，罚息利率为借款利率上浮50%’的约定，**涉案10亿元借款于2016年1月29日提前到期，故应以10亿元为基数，以年息13.5%计算罚息，从2016年1月30日起至付清之日止。**对于绵阳裕都公司主张借款合同约定的借款利率为浮动利率，计算罚息不应以固定的9%作为基数的请求。**如前所述，本案全部借款加速到期日为2016年1月29日，此时基准利率尚未发生调整，一审法院据此利息标准来计算罚息并无不当。**综上，绵阳裕都公司有关不应收取罚息的上诉请求和理由，本院不予支持。”

四川省高院一审认为：“合同履行过程中，绵阳裕都公司除支付完毕2015年3月21日以前的合同项下应付利息外，在2015年3月21日以后的结息日，绵阳裕都公司未再支付借款利息，亦未偿还已到期的500万元借款本金，已构成违约，兴业银行绵阳支行有权依约提前收回已发放借款。兴业银行绵阳支行要求绵阳裕都公司提前偿还未到期借款的诉讼主张，符合合同约定，亦不违反法律、行政法规的禁止性规定，应予以支持。关于借款到期日的确定问题。涉案借款合同约定，借款人出现未按期付息等违约情形后，**贷款人可采取包括宣布借款提前到期等多**

种救济措施，故在贷款人未有效通知借款人其行使权利的内容以前，借款人并不知晓贷款人是否已宣布借款提前到期，亦不知晓应如何履行义务。本案中，兴业银行绵阳支行系以向法院提起诉讼的方式宣布借款提前到期。结合本案实际情况，一审法院认为以兴业银行绵阳支行起诉后，绵阳裕都公司收到应诉通知书的时间，即 2016 年 1 月 29 日作为未到期借款合同的到期日，较为公允。”

案件来源

绵阳裕都实业有限公司、兴业银行股份有限公司绵阳支行金融借款合同纠纷二审民事判决书［最高人民法院（2017）最高法民终 355 号］

延伸阅读

有关借款提前到期日的确定问题，以下是我们在写作中检索到与该问题相关的部分法院的案例及裁判观点，以供读者参考。

1. 银行虽向借款人发出了书面通知，但该通知并未按借款人法定住所地送达，不能证明借款人知晓银行已宣布贷款提前到期的事实，故法院以借款人收到应诉通知书的时间为借款合同的到期日

案例一：中国农业银行股份有限公司成都经济技术开发区支行与四川川眉特种芒硝有限公司、成都华通博物馆、阿拉善盟空天飞行器科技有限公司金融借款合同纠纷一审民事判决书［四川省高级人民法院（2014）川民初字第 36 号］

四川省高院认为：“关于借款到期日的确定问题。成都经开区农行主张，川眉特种公司在 2014 年 4 月 20 日的结息日因未付息构成违约后，借款合同立即到期，之后应按逾期借款计收罚息、复利。**本院认为，案涉借款合同均约定，借款人出现未按期付息等违约情形后，贷款人可采取包括宣布借款提前到期等多种救济措施，故在贷款人未有效通知借款人其行使的权利内容以前，借款人并不知晓其应承担何种义务，亦不知晓应如何履行义务。**成都经开区农行主张以川眉特种公司未付息日作为借款合同的到期日，事实依据和法律依据不足。**本案中，成都经开区农行宣布借款提前到期，虽向川眉特种公司发出了书面通知，但该通知并未按川眉特种公司法定住所地送达，不能证明该公司知晓成都经开区农行已行使该项权利，其应履行提前还款的合同义务。结合本案实际情况，本院认为，以成都经开区农行起诉后，川眉特种公司收到应诉通知书的时间，即 2014 年 6 月 16 日作为借款合同的到期日，较为公允。”**

2. 银行向借款人发出通知书未按照借款合同所列的地址，且邮件由他人签收，不能确定借款人是否收到，故该通知书对借款人不生效力。故法院酌定以银行向借款人充分说明借款全部到期的开庭审理之日作为本案借款到期日。

案例二：中国光大银行股份有限公司南京分行与南通康海船务有限公司、黄林根船舶抵押合同纠纷一审民事判决书［武汉海事法院（2016）鄂72民初89号］

武汉海事法院认为：“**对于借款到期日的确定，原告光大银行南京分行主张其已向被告康海公司发出了《通知书》，宣布借款提前到期，但并未提出某一具体日期为借款到期日。**被告康海公司则抗辩称未收到原告光大银行南京分行发出的《通知书》。本院认为，根据借款合同的约定，原告光大银行南京分行与被告康海公司之间的文书往来，如以信件形式，应邮寄至被告康海公司在借款合同所列地址‘南通港闸经济开发区永通路3号’，原告光大银行南京分行将《通知书》邮寄时至‘南通市濠西路华泰大厦五楼’，与借款合同所列被告康海公司通信地址不符，且该邮件由他人签收，不能确定被告康海公司是否收到，故该《通知书》不能对被告康海公司发生效力。**因原告光大银行南京分行于2016年1月11日向本院提起诉讼，本院于2016年1月25日开庭审理本案，在庭审中，原告光大银行南京分行当庭向两被告就涉案借款全部到期作出了充分说明，且原告光大银行南京分行已将被告康海公司所欠借款利息（含罚息、复利）按照借款合同约定的正常利率标准计算至2016年1月25日，故本院酌定涉案借款到期日为2016年1月25日。**借款合同约定，对于逾期偿还的借款本金，按照罚息利率计收利息，对未按时支付的利息，按照罚息利率计收复利。前述约定符合《人民币利率管理规定》［银发（1999）77号］第二十条第二款的规定，本院依法予以支持。故被告康海公司应自2016年1月26日起，按照借款合同约定的罚息利率标准，对前述所欠借款本金支付利息，对所欠借款利息支付复利。”

010　非还款账户中的资金足够支付欠款数额，银行可否要求合同提前到期？

阅读提示

金融借款合同的双方当事人在订立合同时往往会订立违约救济条款，以此抵御潜在发生的风险。有时双方当事人会约定在借款人怠于履行欠款之情形时，银行可以直接从借款人在该银行的非还款账户中扣划相应数额的资金来充抵欠款。

但需要注意此种约定仅仅为银行提供了一种违约救济方式，是否行使该种权利完全在于银行一方的自主选择。借款人是否因未按期偿付构成违约与银行是否行使了该权利不存在必然联系，不影响借款人已经构成违约的事实。

裁判要旨

借款人欠付流动资金贷款利息已经构成违约，银行是否自行扣划承兑汇票保证金账户中的款项属于在借款人违约后为保证借款收回，可以采取的一种救济措施，银行是否采取该措施与借款人是否违约没有必然联系，不影响已经构成违约的事实。因此银行有权宣布借款合同提前到期。

案情简介

1. 2013 年 4 月 28 日，民生银行镇江支行与中江公司签订《综合授信合同》，当年 11 月 5 日，民生银行镇江支行与中江公司签订三份《流动资金贷款借款合同》，为借款人提供 3 笔借款共计 5000 万元，上水公司为该借款提供最高额抵押担保。

2. 双方在《流动资金贷款借款合同》中约定若发生借款人迟延履行债务的情形，贷款人有权宣布贷款部分或者全部提前到期，收回已发放的贷款，并停止继续发放贷款。至 2013 年 11 月下旬，中江公司未依照借款合同约定按月给付利息。

3. 一审：原告民生银行镇江支行起诉被告中江公司、上水公司，请求判决合同提前到期，借款人偿还借款本息，担保人承担担保责任。中江公司辩称其在银行办理汇票承兑业务的保证金账户存有足额资金，足够支付当前欠付利息，故银行无权主张贷款提前到期。镇江市中院认定中江公司构成违约，故判决借款合同提前到期，上水公司应承担担保责任。

4. 二审：担保人上水公司不服一审判决提起上诉，诉称借款人中江公司向银行存入的保证金已产生 100 多万元利息，银行可以自行扣划，不存在欠付利息的情况，银行无权宣布贷款提前到期。江苏省高院判决驳回上诉，维持原判。

5. 再审：上水公司不服二审判决以相同的理由申请再审，最高法院裁定驳回再审申请。

裁判要点及思路

本案的争议焦点是：借款人因流动资金贷款欠付利息，能否以其在银行办理承兑汇票业务时存入的保证金已产生的利息足以偿付流动资金贷款的欠付利息为由，主张不存在违约？本案的一审、二审和再审判决的论述角度存在差异：

1. 一审镇江市中院认为，借款人中江公司基于与银行的承兑汇票业务而存入的保证金账户的款项及其产生的利息是属于中江公司的财产，不能自动变为银行的利益。因此，专用于流动资金贷款业务的还款账户资金不足以偿付贷款利息即为未按期偿还借款利息构成违约，因此银行有权宣布贷款提前到期。

2. 二审江苏省高院认为，借款人对未按期支付借款利息的事实并无异议，因此根据合同约定中江公司已构成违约，银行有权宣布贷款提前到期。而银行是否自行扣划保证金账户中的款项属于在借款人中江公司已经违约后为保证借款收回，可以采取的一种救济措施，银行是否采取该措施与中江公司是否违约没有必然联系，不影响借款人已经构成违约的事实。故银行有权宣布贷款提前到期。最高法院再审维持二审裁判观点。

实务要点总结

前事不忘，后事之师。我们就最高法院有关本案的判决涉及的实务要点梳理如下，以供实务参考。

1. 银行提前收贷就是指金融借款合同中约定的加速到期条款，在借款人怠于履行还款义务之时，使借款合同提前到期，停止发放贷款，并要求借款人偿还已发放的贷款或单方面扣划借款人银行存款、保证金等行为。究其实质，提前到期是借款人和银行双方在合同中约定的对履行期限的附条件的变更条款，当约定的条件满足时银行有权单方宣布借款合同提前到期。

2. 经检索既往判例，所附的条件一般指向借款人的未按期的还款的情形，如约定分期还本付息的借款人未按期支付本金或利息，但也有少数案例是指向担保人，如约定担保人涉及诉讼或者抵押物遭受重大损害、价值减损等担保能力出现显著下降时，银行有权宣布借款提前到期。产生不同指向的原因在于银行是基于对借款人还是担保人的资信水平的信赖而向借款人发放贷款。实践中存在一种倾向，即不考虑借款人本身的资信水平只要担保人具备足够的偿付能力，银行就愿意发放贷款，而一旦担保人也失去偿付能力，银行将不可避免陷入泥潭。应当明确，从合规操作的角度，银行对外发放贷款一定是基于对借款人的偿还能力和担保人的担保能力双重信赖的基础上才可发放贷款，避免不必要的风险。

相关法律规定

《合同法》

第七十七条第一款 当事人协商一致，可以变更合同。

第一百零七条 当事人一方不履行合同义务或者履行合同义务不符合约定的，应当承担继续履行、采取补救措施或者赔偿损失等违约责任。

第一百零九条 当事人一方未支付价款或者报酬的，对方可以要求其支付价款或者报酬。

第一百一十九条 当事人一方违约后，对方应当采取适当措施防止损失的扩大；没有采取适当措施致使损失扩大的，不得就扩大的损失要求赔偿。

当事人因防止损失扩大而支出的合理费用，由违约方承担。

以下是本案判决书中“本院认为”部分，一审、二审、再审法院就银行是否有权宣布贷款提前到期问题的论述：

镇江市中院一审认为：“中江公司辩称认为，中江公司因其银行承兑汇票业务在原告开设的其他保证金账户中形成较多利息金额，当中江公司还款账户资金不足以清偿借款本息时，原告有权扣收此类保证金的利息偿还涉案借款利息。对此，**本院认为，中江公司就其他银行承兑汇票业务所汇入保证金账户之款项以及在汇票到期日前所产生的利息应属于中江公司之财产利益，不可能自动变成原告的利益。故‘当中江能源还款账户资金不足以清偿借款本息’，即为中江公司‘不按本合同约定的还款期限偿还到期应付款项’而构成违约**，且在本院审理期间，发生涉及被告中江公司欠款的多起诉讼，故原告据此主张权利并无不当。”

江苏省高院二审认为：“三、关于民生银行镇江支行是否有权宣布案涉借款提前到期的问题。本院认为，案涉《流动资金贷款借款合同》第九章违约责任部分第15条约定：中江公司不按合同约定的还款期限偿还到期应付款项，视为中江公司违约。第16条约定：中江公司发生上述违约事件时，民生银行镇江支行除有权按照合同约定行使相应的权利外，有权宣布本合同项下全部或部分贷款立即到期，提前收回已发放的贷款，并停止继续发放贷款。第五章借款的偿还部分第11.5条约定中江公司还款账户中资金不足清偿借款本息时，民生银行镇江支行有权直接从中江公司在民生银行所有营业机构开立的账户中扣收依本合同约定中江公司应偿付的借款本金、利息、罚息、复利、违约金及其他应付费用。**本案中，中江公司、上水公司对于中江公司未按期支付借款利息的事实并无异议，因此，根据上述条款约定，中江公司构成违约，民生银行镇江支行有权宣布贷款提前到期，民**

生银行镇江支行是否扣收中江公司在民生银行所有营业机构开立的账户中款项，属于民生银行镇江支行在中江公司违约后，为保证出借款项能够及时收回，而约定的有权采取的救济方式。但民生银行镇江支行是否行使该权利并不影响中江公司是否构成违约的认定。故上水公司所称民生银行镇江支行无权宣布案涉借款提前到期的上诉理由无事实依据，本院不予采信。"

最高法院再审认为："（四）关于中江公司是否违约的问题。**尽管中江公司在民生镇江支行的非还款账户中仍有资金，该笔资金也超过了案涉借款利息，但从非还款账户中扣划资金属于双方约定的违约责任的救济方式之一，与判断中江公司是否违约无关。因中江公司并未按照约定向还款账户支付到期利息，原判决认定中江公司违约并无不当。**江苏上水有关中江公司根本不构成违约的再审申请理由不成立。"

案件来源

中煤科技集团有限公司、江苏上水创业园开发有限公司等与中煤科技集团有限公司、江苏上水创业园开发有限公司等金融借款合同纠纷申请再审民事裁定书［最高人民法院（2015）民申字第 2014 号］；中国民生银行股份有限公司镇江支行与江苏上水创业园开发有限公司、中煤科技集团有限公司等金融借款合同纠纷二审民事判决书［江苏省高级人民法院（2014）苏商终字第 00479 号］；中国民生银行股份有限公司镇江支行与张迎梅、田金华等金融借款合同纠纷一审民事判决书［江苏省镇江市中级人民法院（2013）镇商初字第 95 号］

延伸阅读

有关借款人违约银行宣布借款合同提前到期的问题，以下是我们在写作中检索到与该问题相关的最高法院案例及裁判观点，以供读者参考。

1. 出现合同约定的，借款人或保证人违约，借款人或者保证人还款能力可能发生重大不利变化，抵押物、质押物可能遭受重大损害或者价值减损等情形时，银行可以停止发放借款，提前收回已发放借款。

案例一：北京长富投资基金与武汉中森华世纪房地产开发有限公司等委托贷款合同纠纷案［最高人民法院（2016）最高法民终 124 号］

最高法院认为："二、关于长富基金对《委托贷款合同》的解除是否存在违约责任问题。中森华房地产公司主张，长富基金违反双方合同约定，没有向中森华房地产公司发放第二期 2.3 亿元借款，致使项目资金出现困难，给中森华房地产公司造成重大损失，对《委托贷款合同》的解除也应承担责任。长富基金认为，长富基金按照《委托贷款合同》第2.1.3.1（1）条的规定发放了4亿元贷款，但中森华房地产公司未按照约定办理抵押登记，导致未达到《委托贷款合同》第2.1.3.1（1）条约定的发放第二期2.3亿元贷款的条件，长富基金不存在违约情形，相反是中森华房地产公司违约造成本案《投资合作协议》及《委托贷款合同》的解除，责任完全在中森华房地产公司。本院认为，首先，长富基金已经按照《委托贷款合同》第2.1.3.1（1）条的约定发放了4亿元贷款，因中森华房地产公司未将其拥有的位于湖北省武汉市洪山区徐东村K2地块、K3地块和K4地块及在建工程进行抵押登记，未达到《委托贷款合同》第2.1.3.1（1）条约定的发放第二期2.3亿元贷款的条件，长富基金和兴业银行武汉分行未发放第二期2.3亿元贷款并不构成违约。其次，《委托贷款合同》第2.1.5.1条约定，'借款按自然季结息，结息日为每季度末月的20日后的第一个工作日…借款人须于每一结息日当日付息'；第2.1.7.2条约定，'借款人未按合同约定的期限归还借款本金及利息的，委托人对逾期的借款从逾期之日起在约定的借款利率基础上上浮50%计收罚息，直至本息清偿为止'；《委托贷款合同》第4.1条约定借款人构成违约的行为包括：未履行本合同第一条所作的承诺；明确表示或者以行为表明不愿清偿其已到期或未到期债务；未履行或者未完全履行借款人与委托人签订的其他合同项下义务的；委托人宣布借款人构成违约的；借款人不履行或者不完全履行合同的其他情形。**中森华房地产公司未按约定办理K2地块、K3地块和K4地块及在建工程的抵押登记，属于'未履行或者未完全履行借款人与委托人签订的其他合同项下义务'；中森华房地产公司支付2014年第一季度利息后，自2014年3月22日起未付利息，未按合同约定按季度支付利息，属于'明确表示或者以行为表明不愿清偿其已到期或未到期债务'；原审法院在实施本案诉讼保全时，中森华房地产公司已涉及多起诉讼，合同约定应向长富基金提供的抵押物已被其他债权人查封。因此，中森华房地产公司构成根本违约，长富基金请求终止合同履行、提前收回贷款符合《投资协议》、《委托贷款合同》中'借款人或保证人违约，借款人或者保证人还款能力可能发生重大不利变化，抵押物、质押物可能遭受重大损害或者价值减损等，可以停止发放借款，提前收回已发放借款'的约定。**综上，中森华房地产公司应当对案涉《委托贷款合同》的解除承担相应的违约责任，而长富基金没有责任。"

2. 借款合同约定"借款人或担保人违反与银行或其他银行签订的其他合同或其发行的任何债务性质的证券"即构成违约，本案借款人存在对其他金融机构欠息的事实，故借款人构成违约，银行有权宣布借款提前到期，收回已经发放的贷款。

案例二：田某、邢某、山西楼俊矿业集团有限公司、柳林联盛能源投资有限公司、李某与平安银行股份有限公司青岛分行保证合同纠纷二审民事判决书［最高人民法院（2014）民二终字第139号］

最高法院认为：“一、关于借款人是否存在违约行为、原告是否有权提前收回贷款的问题。原审法院认为：根据原告与借款人山西联盛公司签订的综合授信额度合同、贷款合同，原告已依约向借款人山西联盛公司发放贷款人民币4亿元。原告与借款人签订的《综合授信额度合同》《贷款合同》第7.1条约定，‘下列任一事件均构成本条款所称违约事件……**乙方或担保人违反与甲方或其他银行签订的其他合同或其发行的任何债务性质的证券’**；第7.2条明确约定，‘有违约事件发生时，甲方有权采取下列措施……宣布本额度项下的授信全部或部分立即到期，要求乙方立即偿还部分或全部授信本金、利息及费用，并自违约事件发生之日起，对已发放的全部授信本金按罚息利率计收罚息，直至乙方清偿全部授信本金’。因青岛市市中公证处出具的公证书已明确载明：**截至本案原告起诉前，即2013年12月1日前，本案借款人山西联盛公司存在对其他金融机构欠息的事实，故借款人山西联盛公司已构成对原告青岛平安银行的违约，原告有权宣布本案借款提前到期，收回已经发放的贷款。**”

011 贷款展期合同没有约定的事项可以适用原借款合同的约定

阅读提示

在借款人无力偿还借款时，可以与贷款人签订贷款展期合同，变更借款合同的约定，延长贷款期限。那么贷款展期合同与原借款合同之间是什么关系？对于订立在后的贷款展期合同没有约定的事项是视作当事人之间没有达成约定还是直接适用原借款合同的约定呢？

裁判要旨

借款期限届满后，银行和借款人签订展期合同，约定将展期合同作为借款合同的补充合同，此时就该债权的权利义务关系应当通过两份合同共同确定，展期合同没有约定的内容仍应当适用借款合同的约定。

案情简介

1. 2012年9月28日，中行石河子分行与借款人新疆江海三泰公司签订《流动资金借款合同》, 2013 年 8 月 20 日，借款人归还了该合同项下的 500 万元借款本金，合同履行期内，借款人又支付了部分借款利息。

2. 2013 年 9 月 27 日，中行石河子分行与新疆江海三泰公司及保证人签订《贷款展期合同》，该合同为《流动资金借款合同》的补充合同。借款人到期未归还借款，贷款人向新疆高院兵团分院提起诉讼。新疆江海三泰公司以《展期合同》未约定罚息及复利为由，因此请求减少款项数额。

3. 一审：新疆高院兵团分院认为《贷款展期合同》未约定罚息和复利，应当适用原合同的约定，因此仍应当继续执行罚息和复利，判决借款人应当按约还款付息。

4. 二审：保证人经济建设总公司不服原审判决，以《贷款展期合同》没有约定罚息及利息应当扣减借款数额为由提起上诉。最高院以与一审相同的观点作出判决，借款人应当承担罚息及利息相应的数额，保证人应当承担担保责任。

裁判要点及思路

1. 法院首先对《流动资金借款合同》及《贷款展期合同》的关系做出了认定。法院认为，涉诉《流动资金借款合同》约定的借款期间届满时，借款人与贷款人签订《贷款展期合同》，同时在后合同中明确约定该《贷款展期合同》系《流动资金借款合同》的补充合同。因此，足以确定后合同系作为前合同的补充。

2. 债权债务当事人的权利义务应当由双方订立的合同确定，因此本案中借贷双方的权利义务应当由前述两份合同共同确定。对《贷款展期合同》没有规定的内容，仍应当适用《流动资金借款合同》中各相关约定。

实务要点总结

前事不忘，后事之师。我们就最高法院有关本案的判决涉及的实务要点梳理如下，以供实务参考。

1. 贷款展期指借款人在借款合同约定的借款期限不能偿还贷款，在征得贷款银行同意的情况下延长原借款的还款期限，使借款人得以继续使用借款。贷款展期实际上是对借款合同还款期限的变更，属于借款合同变更的范畴。

2. 贷款展期以征得银行同意为前提，银行对借款人提出的展期申请应当进行审查，具体的审查内容包括:（1）是否因受国家价格、税率、利率等因素调整的影响，借款人的经济效益明显降低，从而造成还款能力下降不能按期归还贷款的;（2）是否因不可抗力或意外事故导致不能按期偿还贷款;（3）是否因受国家经济、金融、财政、信贷政策的影响，商业银行未能按借款合同约定发放贷款，从而影响借款人的生产经营致使其不能按期还款的；（4）是否原定贷款期限过短，不能适应借款人正常生产经营周期需要的；（5）是否借款人按借款合同约定返还借款，本金无逾期。

3. 在合同签订后需要签订补充协议的情况有两种：一种是就合同中未约定的事宜，需要进行补充约定；另一种是合同中约定的事宜经双方协商认为需要进行更改（银行与借款人签订展期协议即属于该种情形，是对原借款合同还款期限的变更）。如为第一情况，则应在补充协议中约定，如出现两者的约定不一致时，以原合同的内容为准。如为第二种情况，则应在补充协议中约定，在补充协议签订并生效后，当两者的约定不一致时，以补充协议的约定为准。如同时为了以上两种情况的需要而签订补充协议，则应分别在补充协议中说明两者约定的效力。因此，签订合同的当事人务必要在签订补充协议时，明确约定补充协议与原合同之间的效力情况，以免造成不必要的纠纷。

相关法律规定

《合同法》

第七十七条　当事人协商一致，可以变更合同。法律、行政法规规定变更合同应当办理批准、登记等手续的，依照其规定。

第七十八条　当事人对合同变更的内容约定不明确的，推定为未变更。

第二百零九条　借款人可以在还款期限届满之前向贷款人申请展期。贷款人同意的，可以展期。

《贷款通则》（中国人民银行令［1996年2号］）

第十二条　贷款展期：不能按期归还贷款的，借款人应当在贷款到期日之前，向贷款人申请贷款展期。是否展期由贷款人决定。申请保证贷款、抵押贷款、质押贷款展期的，还应当由保证人、抵押人、出质人出具同意的书面证明。已有约定的，按照约定执行。短期贷款展期期限累计不得超过原贷款期限；中期贷款展期期限累计不得超过原贷款期限的一半；长期贷款展期期限累计不得超过3年。国家另有规定者除外。借款人未申请展期或申请展期未得到批准，其贷款从到期日次日起，转入逾期贷款账户。

以下是本案判决书中“本院认为”部分，最高法院就借款合同和展期合同如何适用问题的论述：

最高法院认为：“涉诉《流动资金借款合同》约定的借款期间届满时，中行石

河子分行与新疆江海三泰公司签订《贷款展期合同》约定了五个月展期期间以及展期期间的借款利率，同时约定该《贷款展期合同》系《流动资金借款合同》的补充合同。所以，中行石河子分行与新疆江海三泰公司间就涉诉贷款债权的权利义务应当通过上述两份合同共同确定。对《贷款展期合同》没有规定的内容，仍应当适用《流动资金借款合同》。经济建设总公司主张《贷款展期合同》签订后涉诉贷款债权的权利义务均应按照该合同而不能再适用《流动资金借款合同》，既缺乏事实依据，也会因《贷款展期合同》未对其他事项进行规定而无法确定借款当事人的权利义务。所以，本院对经济建设总公司的上述主张不予支持。

《贷款展期合同》未对逾期借款利率作约定，《流动资金借款合同》第四条第四款规定对逾期借款应按照罚息利率计收罚息，所以新疆江海三泰公司应按照该规定支付2014年2月28日展期届满后未清偿的本金至2015年3月21日所拖欠之罚息。信达公司新疆分公司计算该数额为4439531.25元，因经济建设总公司对计算公式和计算结果无异议，故本院对上述本金所产生的逾期罚息予以确认。**因上述合同第四条第四款同时规定对不能按期支付的利息，按照罚息利率计收复利，所以对借款期限届满前新疆江海三泰公司应付而未付的利息以及借款期限届满后新疆江海三泰公司应付而未付的利息，均应当按照罚息利率计收复利。**

信达公司新疆分公司计算出上述数额分别为46308.46元、369233.04元，因经济建设总公司对该计算公式和计算结果无异议，故本院对上述数额予以确认。新疆江海三泰公司未及时清偿本金、利息所产生的罚息合计为4855072.75元。原审判决判令债务人及经济建设总公司等保证人向债权人支付上述逾期罚息，事实依据充分，应予维持。

另外，因《流动资金借款合同》第四条第四款亦规定对借款人不能按期支付的罚息，可按罚息利率计收复利。所以，对上述债务人未按时支付的利息罚息46308.46元、369233.04元，可以计收复利。信达公司新疆分公司计算该数额为15611.14元，因经济建设总公司对计算公式和计算结果无异议，故本院对上述数额予以确认。原审判决判令债务人及经济建设总公司等保证人向债权人支付上述罚息之复利，亦应维持。”

案件来源

中国信达资产管理股份有限公司新疆维吾尔自治区分公司与新疆石河子开发区经济建设总公司、新疆江海三泰番茄制品股份有限公司等金融借款合同纠纷二

审民事判决书［最高人民法院（2015）民一终字第 425 号］

延伸阅读

有关原借款合同和展期合同如何适用的问题，以下是我们在写作中检索到与该问题相关的最高法院案例及裁判观点，以供读者参考。

1. 贷款展期合同没有约定管辖法院的，适用原借款合同的约定确定管辖法院。

案例一：西本新干线电子商务有限公司、交通银行股份有限公司北京西单支行金融借款合同纠纷二审民事裁定书［最高人民法院（2017）最高法民辖终 138 号］

最高法院认为："本案争议焦点为北京市高级人民法院对本案是否具有管辖权。鉴于借款人西本电商公司（甲方）与委托人中国铁路物资股份有限公司（乙方）、贷款人交行西单支行（丙方）签订《公司客户委托贷款合同》（以下简称贷款合同）第十四条约定：本合同项下争议向丙方所在地有管辖权的法院起诉，争议期间，各方仍应继续履行未涉争议的条款。2015 年 12 月 2 日，三方当事人又签订《公司客户委托贷款展期合同》（以下简称展期合同），该合同未对争议管辖进行约定。**展期合同是贷款合同的补充，丙方交行西单支行的住所地位于北京市城区，故北京市法院享有管辖权。**"

2. 除贷款展期合同变更事项外，原借款合同条款仍有效。

案例二：恒丰银行股份有限公司烟台分行与甘肃建新实业集团有限公司、内蒙古中西矿业有限公司等金融借款合同纠纷二审民事裁定书［最高人民法院（2016）最高法民辖终 276 号］

最高法院认为："涉案的《流动资金借款合同》《股权质押合同》《保证合同》均约定，如发生争议向贷款人、质权人、债权人所在地人民法院起诉。该约定符合《中华人民共和国民事诉讼法》第三十四条关于协议管辖的规定，应为合法有效。**2015 年 5 月 4 日，本案当事人又签订《贷款展期合同》，其中第十条约定本协议与原合同（包括《流动资金借款合同》和《保证合同》）是不可分割的整体，除本协议变动的有关条款外，原合同有关条款仍然有效，未尽事宜，由原合同调整和解释。故依据上述合同约定，原合同协议管辖条款继续有效。**本案中贷款人、质权人、债权人是恒丰银行烟台分行，其住所地在山东省烟台市，山东省人民法院享有对本案的管辖权。鉴于本案诉讼标的额为 204092342.08 元，依照《最高人民法院关于调整高级人民法院和中级人民法院管辖第一审民商事案件标准的通知》（法发［2015］7 号）第（二）项关于'当事人一方住所地不在受理法院所处省级行政辖区的第一审民商事案件：天津、河北、山西、内蒙古、辽宁、安徽、福建、山东、河南、湖北、湖南、广西、海南、四川、重庆高级人民法院，管辖诉讼标的额1亿元以上一审民商事案件，所辖中级人民法院管辖诉讼标的额2000万元以上一审民商事案件’之规定，属山东省高级人民法院受理范围，山东省高级人民法院依法对本案具有管辖权。”

3. 贷款展期合同约定了新的担保方式，原担保方式即不再适用。

案例三：中国农业银行股份有限公司鞍山市汇安支行与海城市西洋镁矿有限公司、海城市西洋钢铁有限公司等金融借款合同纠纷二审民事判决书［最高人民法院（2014）民二终字第45号］

最高法院认为：“本案中汇安支行与耐火公司签订的二十六笔借款合同，汇安支行与西洋镁矿、西洋钢铁、西洋鼎洋签订的相应抵押合同，以及与周某甲、周某乙、周某丙签订的保证合同均是当事人的真实意思表示，且不违反法律法规的禁止性规定，应当认定为合法有效。周某甲虽然在答辩状中称其在保证合同上的签名不是真实的，不应承担保证责任，但其并未就此主张提出上诉，且本院已在庭审中向其释明，故对其该项主张本院不予审查。各方均应根据合同的约定履行有关还款义务，承担相应担保责任。**关于汇安支行提出的案涉第六笔借款展期部分的担保责任问题，该《借款展期协议》第四条和第五条明确约定了对于该笔展期300万元借款的担保形式以另行签订的担保合同为准，即由（鞍汇）农银高抵字（2006）第21906200600171号《最高额抵押合同》提供最高额担保。该展期协议签订的时间发生在上述《最高额抵押合同》约定的担保期间内，且西洋镁矿对此亦无异议，因此，该300万元借款展期后的担保责任应属于第21906200600171号《最高额抵押合同》所担保的范围，原第六笔借款合同中约定的担保对其不再适用，**故汇安支行的该项上诉主张成立，原审判决此节认定有误，应予纠正。”

4. 担保人未在贷款展期合同上签章，仍应对原担保期限内承担担保责任。

案例四：资兴浦发村镇银行股份有限公司与湖南省资兴焦电股份有限公司、郴州湘阴建筑有限公司资兴分公司等金融借款合同纠纷二审民事判决书［湖南省高级人民法院（2016）湘民终588号］

湖南省高院认为：“金塑管业公司、何某、易某、资兴焦电公司、陈某为本案借款提供连带保证担保，应当对本案借款本金及利息、罚息承担连带偿还责任。易某虽未在2014年7月25日《贷款展期协议书》担保人处签字，因易某应在原担保期限内承担本案保证责任，因此易某未在2014年7月25日《贷款展期协议书》担保人处签字不影响其担保责任的承担。”

第三节　其他与借款合同有关的法律问题

012 银行内部平账行为不能产生代借款人清偿的效果，还款责任不能免除

阅读提示

银行内部平账是指银行通过自行筹款，或者银行、借款人以及外部第三人签署三方协议的方式，向借款人的贷款账户存入资金，达到从账面上将借款人尚未清偿的借款清零的目的。内部平账行为与第三人代为清偿有一定的相似性，最终都可以导致借款人的贷款账户清零，不同点在于第三人代为清偿可以直接发生消灭借款关系的法律效果，但银行的内部平账行为如果没有代借款人清偿债务的意思表示，即使账面上借款人债务已经消灭，并不能免除借款人最终的还款义务。

裁判要旨

银行的内部平账行为并无代借款人清偿债务的意思表示，与借款人之间亦无其他债权债务关系，应认定该平账行为（还款行为）并不产生代借款人清偿债务的法律效果，借款人仍应履行还款义务。

案情简介

1. 2006 年至 2007 年，双台子信用社向恒泰物流发放 400 万元借款后，本金以倒据形式直接在账户上转账，即双台子信用社对 2008 年 9 月 5 日、2009 年 1 月 7 日的贷款并未实际发放，而是将 2006 年、2007 年的借款以倒据方式重新签订 2008 年、2009 年借款合同。

2. 双台子信用社与于某、郑某签订抵押合同，约定以房屋为上述借款提供抵押担保并办理了登记。

3. 2010 年 12 月 30 日，双台子信用社单位工作人员陈某从个人账户内取出 3899645.5 元偿还了恒泰物流借款本金，恒泰物流自行偿还利息 762263.7 元，贷款账户借款本息为零。2014 年 1 月 15 日，恒泰物流撤销银行结算账户。

4. 恒泰物流、于某、郑某提供双台子信用社出具的证明，内容为“盘锦恒泰物流有限公司在我信用社账户贷款本金及利息全部还清”，并加盖公章。庭审中，恒泰物流自认未支付借款本金。

5. 一审：原告法院双台子信用社起诉被告恒泰物流、于某、郑某，要求偿还借款本金，承担担保责任。恒泰物流辩称根据双台子信用社出具的证明借款本息已还清，故不应承担还款责任。盘锦市中院判决恒泰物流应偿还借款，于某、郑某应承担抵押担保责任。

6. 二审：恒泰物流、于某、郑某一审判决提起上诉，诉称结算账户本金为零的事实表明借款已全部偿还，而不是双台子信用社所称的内部平账行为。湖北省高院认为信用社内部平账的行为只是消灭了抵押担保关系，借款关系依然有效，故判决恒泰物流应履行还款义务，于某、郑某不应承担抵押担保责任。

7. 再审：恒泰物流不服二审判决申请再审，最高法院裁定驳回再审申请。

裁判要点及思路

本案的争议焦点是：银行内部平账行为导致贷款结算账户归零，是否意味着借款人的还款义务已经履行完毕？最高法院认为，银行工作人员受银行指派，将其个人银行卡中的款项存入借款人在银行开立的结算账户中，致使贷款结算账户归零，借款人对此项事实予以认可，且借款人自认其未向银行偿还欠付本金。因该工作人员并无代借款人清偿债务的意思表示，与借款人之间亦无其他债权债务关系，故认定该工作人员的清偿行为系银行的内部平账，并不产生代借款人清偿债务的法律效力，借款人仍应承担还款责任。

实务要点总结

前事不忘，后事之师。我们就最高法院有关本案的判决涉及的实务要点梳理如下，以供实务参考。

1. 银行出于对内部业绩的考虑，通过与案外第三人签订《平账协议》，由案外第三人向借款人贷款账户中存入资金，以达到在账面上核销借款人未能及时履行的呆账坏账的目的。此种《平账协议》本质上是银行与第三人之间的借款合同，是由银行向案外第三人借款存入借款人账户，从而实现该笔债务表面上的清偿。由于第三人并无代借款人还款的意思表示（即不存在第三人代为清偿的行为），且借款人也并未实际还款，因此即使账面上借款人的债务已经核销，但并未在本质上消灭借款人的债务，借款人仍应履行还款义务。

2. 银行内部平账行为多数都是针对长期未得到清偿的呆账、坏账，债务收回较难，因此提供资金平账的第三人风险较大，虽基于银行的偿还能力，第三人与银行签订平账协议风险较小，但仍然建议签订书面合同。应当重点注意的是，第三人不应当与借款人单独签署平账协议，基于合同的相对性，该协议对银行并不具有约束力，而极有可能被认定是为借款人代为清偿债务，而最终承担资金无法从借款人处收回的风险。因此从第三人防范风险的角度，该平账协议应当是借款人、银行、第三人三方同时签署的，且该协议中不能包含第三人为借款人清偿债务的意思表示，防止糊里糊涂背负巨额债务。

相关法律规定

《合同法》

第六十四条 当事人约定由债务人向第三人履行债务的，债务人未向第三人履行债务或者履行债务不符合约定，应当向债权人承担违约责任。

第六十五条 当事人约定由第三人向债权人履行债务，第三人不履行债务或者履行债务不符合约定，债务人应当向债权人承担违约责任。

以下是本案判决书中“本院认为”部分，最高法院就案涉借款是否已经清偿问题的论述：

最高法院认为：“（二）恒泰物流公司未履行3899465.50元本金的还款义务。本案一、二审查明，**双台子信用社职工陈某受双台子信用社领导的指派，将其个人银行卡中的款项存到恒泰物流公司在双台子信用社的账户中，用以偿还案涉借款本金，恒泰物流公司对此项事实予以认可，且恒泰物流公司自认其未向双台子信用社偿还欠付本金3899465.50元。因陈某并无代恒泰物流公司清偿其对双台子信用社的欠付债务的意思表示，陈某与恒泰物流公司之间亦无其他债权债务关系，故二审判决认定双台子信用社职工陈某的行为系双台子信用社的内部平账，而并不产生陈某代恒泰物流公司清偿其对双台子信用社的欠付债务的法律效力，有事实依据，并无不当。**

二、关于二审判决适用法律是否有误的问题。案涉恒泰物流公司与双台子信用社之间的借款合同有效，双台子信用社按约履行了放款义务，恒泰物流公司偿还了案涉借款的利息及部分本金，尚欠3899465.50元本金未予偿还，二审判决据此判令恒泰物流公司向双台子信用社偿还欠付本金3899465.50元并无不当。本案情形不符合《中华人民共和国合同法》第九十一条第一项有关合同因债务已经按照约定履行而终止的规定，对恒泰物流公司有关二审判决适用法律错误，本案应当适用《中华人民共和国合同法》第九十一条规定的主张，本院不予支持。”

案件来源

盘锦恒泰物流有限公司、盘锦市双台子区农村信用合作联社与盘锦恒泰物流有限公司、盘锦市双台子区农村信用合作联社等金融借款合同纠纷申请再审民事裁定书［最高人民法院（2015）民申字第 378 号］；盘锦恒泰物流有限公司、于某、郑某与盘锦市双台子区农村信用合作联社金融借款合同纠纷二审民事判决书［辽宁省高级人民法院（2014）辽民二终字第 00141 号］

延伸阅读

有关银行内部平账行为是否产生清偿债务效果的问题，以下是我们在写作中检索到与该问题相关的最高法院案例及裁判观点，以供读者参考。

1. 银行与资产管理公司之间的平账协议应认定为二者间形成借款关系，资产管理公司并无代借款人履行债务的意思表示，故借款人仍应履行还款义务。

案例一：中国农业发展银行沈阳市辽中区支行、辽中县裕来精米有限公司金融借款合同纠纷执行审查类执行裁定书［最高人民法院（2017）最高法执监 142 号］

最高法院认为："（一）法库资产公司履行其与辽中支行、宏昌达公司达成的有关协议，能否视为宏昌达公司已履行了生效判决确定的义务。经查，本案签订相关协议存在特殊背景。辽宁省人民政府办公厅与沈阳市人民政府办公厅于 2012 年相继印发了《辽宁省人民政府办公厅关于帮助农发行清收不良贷款问题的通知》与《沈阳市人民政府办公厅关于印发沈阳市帮助农发行清收不良贷款实施方案的通知》，对政府帮助农发行清收不良贷款的工作提出了具体要求。根据上述通知精神以及省政府的部署，法库资产公司作为地方性国有资产经营管理机构为帮助辽中支行做好清收不良贷款工作，与辽中支行签订了《协议书》，与辽中支行及宏昌达公司签订了《减免表外欠息协议》。

从协议的内容看，《协议书》首先明确了辽中支行对宏昌达公司的债权数额以及沈阳中院强制执行情况，并表明该《协议书》是双方自愿达成的。协议约定，法库资产公司同意暂时为宏昌达公司向辽中支行偿还宏昌达公司应当偿还的借款本金及利息，双方同意辽中支行在沈阳中院执行程序终结、取得宏昌达公司执行款后，将执行回款支付给法库资产公司。**《协议书》的当事人为辽中支行与法库资产公司，法库资产公司在协议中表示暂时为宏昌达公司向辽中支行偿还宏昌达公司应当偿还贷款，是根据辽中支行的筹划安排，为了辽中支行的利益而向辽中支行作出承诺，而不是作为宏昌达公司的关系人，为了宏昌达公司的利益而代替宏**

昌达公司履行债务，辽中支行则对法库资产公司承担从宏昌达公司取得执行款后向法库资产公司偿还的义务。因此，该协议实质上是在辽中支行与法库资产公司之间形成了借款关系，只是借款的支付方式是由法库资产公司先向宏昌达公司账户支付，再由辽中支行从宏昌达公司账户扣收贷款。结合本案的背景情况，采取该种做法实际上只是为了达到辽中支行实现表面上已经从宏昌达公司收回部分贷款的目的。

从协议之间的关系看，《协议书》是《减免表外欠息协议》的前提和基础，对《减免表外欠息协议》的解释应当结合法库资产公司与辽中支行签订的《协议书》的约定内容。法库资产公司与辽中支行及宏昌达公司三方签订的《减免表外欠息协议》第五条其他条款第（二）项也明确约定，'本协议仅作为与偿还贷款挂钩的表外欠息减免协议，当债务承担人按约定偿还宏昌达公司积欠辽中支行债务后，辽中支行据以减免贷款表外欠息，除本协议另有约定外，原借款合同和担保合同等借款手续继续有效。'此表明辽中支行并未放弃对宏昌达公司减免利息之外的债权，宏昌达公司仍要按照原借款合同的约定履行。综合考虑两份协议的约定，宏昌达公司应没有理由据以认为法库资产公司是为了宏昌达公司的利益而实际为其承担债务，《减免表外欠息协议》中虽然用了'债务承担人'的措辞并指向法库资产公司，但并非各方认可法库资产公司具有法律上的债务承担人的真实地位。尽管沈阳中院关于本案事实构成债权转让的认定有错误，但并不等于可以认定辽中支行对宏昌达公司的相应部分债权消灭，不能将法库资产公司依照相关协议约定向宏昌达公司账户支付 19316299.23 元以及辽中支行扣收此款的行为，视为宏昌达公司已在该数额的范围内履行了判决确定的偿还借款义务，进而将其从宏昌达公司对辽中支行的债务总额中予以扣除。由此，裕来公司作为借款合同的保证人继续承担的保证责任数额，也不能相应扣除该数额。"

2. 银行内部平账行为并未消灭借款债务，借款人仍应履行还款义务。

案例二：齐鲁石油化工工程公司与中国银行淄博分行借款合同纠纷上诉案［最高人民法院（1999）经终字第 95 号］

最高法院认为："齐鲁工程公司与淄博中行于 1993 年 5 月 4 日签订的周转贷款借款合同，是由齐鲁工程公司向淄博中行提出贷款申请，淄博中行经审查同意后签订的，双方的意思表示真实，内容不违反法律规定，应确定为合法有效，淄博中行于签订合同的当天，按齐鲁工程公司的指示，将所贷款项电汇至招商（蛇口）进出口贸易公司，已实际履行了合同约定的义务。齐鲁工程公司未依合同约定的贷款期限偿还贷款的本金和利息，构成违约，应依法承担违约责任。**1993 年 5 月 10 日，淄博中行拆借山东省分行外汇款 300 万美元，以中国银行特种转账传票划**

转到齐鲁工程公司账号上，是对淄博中行于1993年5月4日用自有资金垫付300万美元电汇至招商（蛇口）进出口贸易公司的内部平账。9174是淄博中行用其自有资金偿还山东省分行拆借外汇款表明其身份的联行的代码。上述行为并未对齐鲁工程公司进行误导。上诉人齐鲁工程公司上诉称贷款合同无效，淄博中行不具备300万美元的贷款权，淄博中行违规操作，私设账号，发特种转账传票误导贷款已回笼导致贷款无法收回，理由不能成立，本院不予支持。”

013 银行要求借款人缴纳诚信保证金是否属于从借款本金提前扣除的情形？

阅读提示

为了担保借款人按约还款能力，金融借款合同的贷款人往往会要求借款人提供各种形式的担保，在新近的合同中常常出现“诚信保证金”条款的规定，该种保证金并不要求一次性交齐，而是每年按照一定费率缴纳给贷款人银行，并在合同期满，借款人按约还本付息之后予以返还。由此便产生了一定的争议，该种保证金条款是否合法有效？是否存在预先扣除了借款本金的问题？最高法院认为缴纳“诚信保证金”条款不属于从借款本金中提前扣除的情形，不违反法律的强制性规定，应属合法有效。

裁判要旨

诚信保证金是合同履行期限内借款人为保证如约还本付息而支付给银行的定金，在贷款合同期满、借款人如约结清贷款本息后应予以返还，不属于在贷款本金中提前扣除的情形，并不违反法律、行政法规强制性规定，应属有效。

案情简介

1\. 2012年3月20日，中东集团与三亚农商行等六家银行签订了《固定资产社团贷款合同》，六家银行实际发放5亿元贷款。自2014年12月21日起，中东集团未能每月向三亚农商行等六家银行足额清偿利息。2015年3月30日，六家银行向中东集团发出《关于宣布贷款提前到期的通知》。

2\. 一审：2015年6月29日，三亚农商行等六家银行将借款人诉至法院，请求判决合同提前到期，借款人及时归还借款本息。海南省高院判决合同到期，中东集团应按约偿还借款本息。

3. 二审：中东集团等不服一审判决，提起上诉，诉称案涉《固定资产社团贷款合同》中有关诚信保证金的约定违法无效。最高法院认为该诚信保证金条款合法有效，故判决驳回上诉，维持原判。

裁判要点及思路

本案的争议焦点是：银行与借款人约定的“诚信保证金”条款是否因违反法律的强制性规定而无效。

最高法院认为，诚信保证金应定性为借款人为保证如约还本付息而支付的定金，该诚信保证金并非在贷款本金中预先扣除，而是与利息区分比率一同计付，且该笔款项在案涉贷款合同期满借款人如约结清贷款本息的情况下应予以返还，该约定并没有违反法律、行政法规等强制性规定，并未损害国家、集体或第三人的利益，因此该诚信保证金条款合法有效。

实务要点总结

前事不忘，后事之师。我们就最高法院有关本案的判决涉及的实务要点梳理如下，以供实务参考。

1. 诚信保证金条款是一种担保借款合同继续履行的担保条款，其通常按照一定的比例每年收取，若借款人到期偿还借款本息，则贷款人应当归还该保证金；若借款人到期未归还该借款本息，则贷款人有权不予归还该保证金。

2. 诚信保证金具有定金的性质，因此也应当遵照我国《合同法》及《担保法》对定金条款的规定。定金条款应当以书面形式约定，并明确约定定金条款的期限，该定金条款从实际交付定金之日起生效，同时该定金的数额不得超过主合同标的额的 20%。

3. 基于平等的民事主体之间签订的金融借款合同中的诚信保证金条款，其与政府招投标过程中要求投标企业缴纳的诚信保证金条款并不相同。后者作为一种行政手段，具有行政处罚的性质，是为了保证中标人及时履行中标文件的规定，保证项目建设的秩序，若中标人未按期履行，则政府部门收取该诚信保证金不予返还。

相关法律规定

《合同法》

第一百一十五条 当事人可以依照《中华人民共和国担保法》约定一方向对

方给付定金作为债权的担保。债务人履行债务后，定金应当抵作价款或者收回。给付定金的一方不履行约定的债务的，无权要求返还定金；收受定金的一方不履行约定的债务的，应当双倍返还定金。

第二百条 借款的利息不得预先在本金中扣除。利息预先在本金中扣除的，应当按照实际借款数额返还借款并计算利息。

《担保法》

第八十九条 当事人可以约定一方向对方给付定金作为债权的担保。债务人履行债务后，定金应当抵作价款或者收回。给付定金的一方不履行约定的债务的，无权要求返还定金；收受定金的一方不履行约定的债务的，应当双倍返还定金。

以下是本案判决书中“本院认为”部分，最高法院就“诚信保证金”条款的效力问题的论述：

最高法院认为：“三、三亚农商行等六被上诉人依照涉案《固定资产社团贷款合同》的约定收取诚信保证金的行为是否违法无效？

根据涉案《固定资产社团贷款合同》的约定，**诚信保证金是合同履行期限内借款人为保证如约还本付息而支付给贷款人的定金；涉案诚信保证金并非在贷款本金中提前扣除，而是与利息区分比率一同计付；该笔款项在涉案贷款合同期满、借款人如约结清贷款本息后予以返还。上述约定体现了当事人的真实意思，且不违反法律、行政法规强制性规定，也未损害国家、集体或第三人利益，应予尊重认可**。海南高院鉴于三亚农商行等六被上诉人已依约向中东集团足额发放了5亿元贷款，中东集团未如约还本付息，亦未在本案中提起反诉主张返还诚信保证金的情况，作出中东集团可于本息结清后另行主张的处理，并无不当。中东集团关于三亚农商行等六被上诉人收取诚信保证金的行为违法无效的主张，事实和法律依据不足，本院亦不予支持。”

案件来源

三亚农村商业银行股份有限公司、万宁市农村信用合作联社等与海南中东集团有限公司、钟兆强等金融借款合同纠纷二审民事判决书［最高人民法院（2016）最高法民终219号］

延伸阅读

有关借款合同中诚信保证金的性质问题，以下是我们在写作中检索到与该问

题相关的部分法院的案例及裁判观点，以供读者参考。

1. 政府将招投标过程中投标企业缴纳的诚信保证金收归国有，并不是在行使合同当事人的民事权利，“诚信合同”虽具有民事合同的外在形式，但其实质却是政府部门对招投标活动的监管，不予返还诚信保证金具有行政处罚的性质，故本案不属于民事诉讼的受案范围。

案例一：安徽亚坤建设集团有限公司与芜湖市政府第一招标采购代理处合同纠纷二审民事裁定书［安徽省高级人民法院（2013）皖民四终字第00258号］

安徽省高院认为：“本案双方争议的焦点虽是亚坤建设公司请求芜湖招标代理处返还500万元诚信保证金是否有事实和法律依据，但鉴于案件性质的特殊性，首先应解决本案是否属于人民法院审理民事案件的受理范围问题。对此，具体分析如下：

第一，从《诚信制度》的制定机关及其功能看，其是政府部门行使监督管理职能的一种具体方式。该制度是由芜湖市招标办制订，并经该市招标委员会通过后对外发布，目的是规范市场主体的投标行为，促进招投标活动公开、公平、公正地开展，发挥招投标活动的有效功能。第二，从‘诚信合同’签订过程看，双方当事人地位不平等。投标企业虽有是否参与投标的选择权，但只要参加投标，就必须接受交纳诚信保证金及相应数额的条件，并无协商的余地，不符合《民法通则》规定的民事活动应当遵循自愿、公平和等价有偿的原则。第三，从收取诚信保证金的主体看，并非合同相对人。《诚信制度》规定，如果投标企业有该制度规定的不诚信行为之一，其交纳的诚信保证金归国家所有，即合同当事人一方违约，并不是向合同的相对方承担合同责任，而是向合同外的第三人承担责任。虽然芜湖招标代理处称其代理的是财政资金或国有控股企业投资建设的建设工程项目招标事务，但与诚信保证金归国家所有，两者利益主体不完全一致。第四，从《收款通知书》内容看，具有处罚性。该《收款通知书》虽由芜湖招标代理处出具，但其清楚表明收款依据是其上级主管机关取消亚坤建设公司预中标资格的行政处理决定，处罚的是‘亚坤建设公司的项目经理有在建项目的管理任务，违反了诚信制度有关条款’的行为，并未提及双方订立的‘诚信合同’。第五，从投标不诚信行为所侵害的客体看，并非‘诚信合同’相对方的利益，而是建筑市场招投标活动秩序。据此，芜湖招标代理处将亚坤建设公司交纳的诚信保证金收归国有，并非其行使合同当事人的民事权利，而是代其主管机关行使行政监管职能。而诚信保证金归国家所有，其实质是没收，属行政处罚的范畴。”

综上，**本案所涉“诚信合同”虽具有民事合同的外在形式，但其实质却是政**

府部门对招投标活动的一种监管方式，不予返还诚信保证金具有行政处罚的性质。故本案当事人之间的争议应属行政争议，不属民事法律调整的范围。

2. **返还贷款诚信保证金的前提是“合同期满且贷款本息结清”，且合同约定诚信保证金与利息一同计付，并非在贷款本金中提前扣除。上述约定体现了当事人的真实意思，且不违反法律、行政法规的强制性规定，也未损害国家、集体或第三人利益，应予认可。**

案例二：三亚农村商业银行股份有限公司与三亚热植农业科技有限公司、三亚环球智力开发有限公司、钟兆强、钟海军、钟月娣、胡亚丽、谭伟翔金融借款合同纠纷一审民事判决书［三亚市中级人民法院（2016）琼02民初19号］

三亚市中院认为：“**一、关于三亚农商行收取诚信保证金是否合法。**热植科技公司辩称三亚农商行收取其贷款诚信保证金违法，使其不能全额使用贷款。根据《贷款合同》约定：‘贷款诚信保证金是合同履行期限内借款人为保证如约还本付息而支付给贷款人的定金。在合同履行期间内，如果借款人如约归还贷款本息及支付贷款诚信保证金的，则贷款人在合同期满且贷款本息结清后将已收取的贷款诚信保证金全额返还给借款人；如果借款人未如约归还贷款本息或未如约支付贷款诚信保证金的，从违约之日起至借款人重新履约之日止，贷款年利率按合同第3.1条约定的年率执行’。**返还贷款诚信保证金的前提是‘合同期满且贷款本息结清’，且合同约定该贷款诚信保证金系与利息一同计付，并非在贷款本金中提前扣除。上述约定体现了当事人的真实意思，且不违反法律、行政法规的强制性规定，也未损害国家、集体或第三人利益，应予认可。鉴于三亚农商行已依约向热植科技公司足额发放了5000万元贷款，热植科技公司未如约还本付息，亦未提起反诉主张返还诚信保证金。对此，热植科技公司可于本息结清后另行主张。**热植科技公司关于三亚农商行收取其贷款诚信保证金违法的主张，事实和法律依据不足，本院不予支持。”

014 第三人出具的还款计划未经银行认可仍应由借款人履行偿还义务

阅读提示

区分真实借款人和名义借款人的目的在于确定应由何者承担最终的还本付息义务。在隐名代理的情形，受托人以自己的名义与银行签订借款合同，如银行在签订合同时知道委托人和受托人之间的代理关系，则该借款合同直接约束委托人和银行。也即是说，该种情形下将由委托借款人直接承担还本付息的义务。但如银行在签订借款合同时不知道受托人与委托人之间的代理关系，因委托人（实际借款人）不及时履行还款义务，导致受托人（名义借款人）产生违约情形的，名义借款人应向银行披露实际借款人，并由银行选择向名义借款人还是实际借款人要求还款。如银行选择由名义借款人还款的，名义借款人履行偿还义务后，可依据代理合同向真实借款人主张赔偿损失。

裁判要旨

借款人提交的落款为案外第三人的《还款计划》系第三人的单方陈述，银行并未签章，也并未表示认可，因此无法证明该笔借款的真实借款人是该案外第三人，故仍应由借款人履行偿还义务。

案情简介

1. 2006 年至 2007 年，双台子信用社向恒泰物流发放 400 万元借款后，本金以倒据形式直接在账户上转账，即双台子信用社对 2008 年 9 月 5 日、2009 年 1 月 7 日的贷款并未实际发放，而是将 2006 年、2007 年的借款以倒据方式重新签订 2008 年、2009 年借款合同。

2. 双台子信用社与于某、郑某签订抵押合同，约定以房屋为上述借款提供抵押担保并办理了登记。2010 年 12 月 30 日，双台子信用社单位工作人员陈某从个人账户内取出 3899645.5 元，偿还了恒泰物流的借款本金，恒泰物流自行偿还利息 762263.7 元，贷款账户借款本息为零。2014 年 1 月 15 日，恒泰物流撤销银行结算账户。

3. 恒泰物流、于某、郑某上诉状中主张恒泰物流为借款法律关系的名义借款人，实际借款人是赵某、江某，并提交了提交的落款为赵某、江某的《还款计划》，但在一审法院重审时又放弃追加赵某、江某为案件当事人。

4. 一审：原告法院双台子信用社起诉被告恒泰物流、于某、郑某，要求偿还借款本金，承担担保责任。盘锦市中院判决恒泰物流应偿还借款本金，于某、郑某应承担担保责任。

5. 二审：恒泰物流、于某、郑某一审判决提起上诉，诉称实际借款人是赵某、江某，且双台子信用社对此明知。辽宁省高院判决驳回上诉维持原判。

6. 再审：恒泰物流不服二审判决申请再审，辩称时任双台子信用社理事长梁某知晓该借款的实际用款人并组织起草一份协议送交赵某、江某及担保人签字。最高法院以证据不足以认定赵某、江某是借款实际用款人为由，裁定驳回再审申请。

裁判要点及思路

本案的争议焦点是：应如何认定案涉借款的真实借款人。最高法院首先认定以倒据形式签订的借款合同及担保合同真实有效，借款人恒泰物流公司与双台子信用社之间存在真实金融借款合同关系，银行实际发放了贷款，故借款人应按约履行还款责任。其次，借款人恒泰物流公司虽主张其不是真实借款人，但并未提供证据证明赵某、江某与双台子信用社之间存在借款关系，其提交的落款为赵某、江某的《还款计划》系赵某、江某的单方陈述，双台子信用社并未签章，也并未表示认可，因此无法证明该笔借款的真实借款人是江某与赵某，因此应由借款人恒泰物流公司履行偿还义务。

实务要点总结

前事不忘，后事之师。我们就最高法院有关本案的判决涉及的实务要点梳理如下，以供实务参考。

1. 书面的合同是证明法律关系存在的重要文件，在无相反证据的情况下，借款合同足以证明合同载明的双方当事人之间存在真实借款关系。同时，认定真实借款人应当根据借款合同及担保合同当事人的情况、合同履行的情况、是否存在委托代理关系、是否存在职务代理关系及当事人的真实意思表示情况综合判断，不能仅仅根据资金流向直接得出流入方与流出方之间存在借款关系。

2. 名义借款人作为与银行实际签订借款合同的相对方需要承担因实际借款人无力还款而产生的巨大风险，因此建议民事主体不应轻易为别人充当名义借款人，如不得已需要代替他人借款，应当首先评估实际借款人的还款能力，与真实借款人签订委托代理合同，必要时在签订借款合同时向银行披露真实借款人。

3. 如因真实借款人未能按约还款使得名义借款人被起诉，名义借款人应当向法院申请追加名义借款人为案件当事人，并主张拒绝履行该还款义务，以表征真实的权利义务关系。

相关法律规定

《合同法》

第四十四条第一款　依法成立的合同，自成立时生效。

第四百零二条　受托人以自己的名义，在委托人的授权范围内与第三人订立的合同，第三人在订立合同时知道受托人与委托人之间的代理关系的，该合同直接约束委托人和第三人，但有确切证据证明该合同只约束受托人和第三人的除外。

第四百零三条　受托人以自己的名义与第三人订立合同时，第三人不知道受托人与委托人之间的代理关系的，受托人因第三人的原因对委托人不履行义务，受托人应当向委托人披露第三人，委托人因此可以行使受托人对第三人的权利，但第三人与受托人订立合同时如果知道该委托人就不会订立合同的除外。

受托人因委托人的原因对第三人不履行义务，受托人应当向第三人披露委托人，第三人因此可以选择受托人或者委托人作为相对人主张其权利，但第三人不得变更选定的相对人。

委托人行使受托人对第三人的权利的，第三人可以向委托人主张其对受托人的抗辩。第三人选定委托人作为其相对人的，委托人可以向第三人主张其对受托人的抗辩以及受托人对第三人的抗辩。

以下是本案判决书中“本院认为”部分，最高法院就如何认定真实借款人问题的论述：

最高法院：“二审判决认定恒泰物流公司为案涉借款合同借款人并应承担还款义务有事实依据。本案一、二审查明，双台子信用社与恒泰物流公司签订盘双农信联2008年流贷01字第040号、盘双农信联2009年流贷01字第001号《借款合同》后，履行了相应的贷款手续，对2006年、2007年的贷款予以借新还旧。《借款合同》合法有效，双台子信用社向恒泰物流公司实际发放了400万元贷款，恒泰物流公司在本案一审期间主动偿还了777436.31元的借款利息，尚有3899465.50元借款本金未予偿还。恒泰物流公司对上述事实予以认可。二审判决据此认定恒泰物流公司是借款合同债务人，应当按照偿还3899465.50元借款本金有事实依据。

恒泰物流公司主张赵某、江某系案涉借款的实际用款人，但恒泰物流公司并未提供证据证明赵某、江某与双台子信用社之间存在借款合同关系。恒泰物流公司认可案涉400万元借款系由双台子信用社支付给恒泰物流公司，而未提供证据证明案涉借款系由双台子信用社支付给赵某、江某；其提交的落款为赵某、江某的《还款计划》系赵某、江某的单方陈述，无双台子信用社及其工作人员的签章，

双台子信用社对此亦不予认可，不能据此认定双台子信用社与赵某、江某之间存在借款合同关系。恒泰物流公司在本案一审期间亦主动放弃了其要求追加赵某、江某为本案当事人的申请，故恒泰物流公司以赵某、江某为案涉借款合同的实际用款人为由，主张免除恒泰物流公司的还款责任，无事实和法律依据，本院不予支持。”

案件来源

盘锦恒泰物流有限公司、于某、郑某与盘锦市双台子区农村信用合作联社金融借款合同纠纷二审民事判决书［辽宁省高级人民法院（2014）辽民二终字第00141号］；盘锦恒泰物流有限公司、盘锦市双台子区农村信用合作联社与盘锦恒泰物流有限公司、盘锦市双台子区农村信用合作联社等金融借款合同纠纷申请再审民事裁定书［最高人民法院（2015）民申字第378号］

延伸阅读

有关如何认定真实借款人的问题，以下是我们在写作中检索到与该问题相关的最高法院案例及裁判观点，以供读者参考。

1. **真实借款人和名义借款人在庭审中自认并提供出借人的相关电话录音足以证明存在真实的借款关系。**

案例一：邝某、彭某借款合同纠纷再审审查与审判监督民事裁定书［最高人民法院（2017）最高法民申3219号］

最高法院认为：“（一）关于杨某与邝某订立的股权质押合同效力问题。经查，杨某与邝某订立股权质押合同，约定邝某以其持有的恒意公司32%的股权作为案涉4000万元借款的质押担保，双方意思表示真实，且该股权质押合同经恒意公司股东会决议同意，并办理了股权质押登记手续，股权质押合同合法有效，质权依法设立。**彭某在二审时提供的邝某的哥哥邝某某与杨某的手机通话录音及彭某在二审庭审中的自认，均证明彭某系案涉借款的实际借款人，杨某对此亦予以认可。二审法院据此认定邝某就案涉借款合同所作意思表示系代替实际借款人彭某作出，并判令由实际借款人彭某承担还本付息责任，并无不当。案涉借款合同虽然由邝某代彭某签订，实际借款人为彭某，但并不能据此认定借款合同无效。**邝某以其持有的恒意公司股权为借款提供质押担保，系其真实意思表示，二审法院判令其承担质押担保责任，亦无不当。邝某关于案涉借款合同无效，作为借款合同从合同的股权质押合同也无效的主张，无事实和法律依据，本院不予支持。”

2. 银行向账户付款后，账户所有人占有并支配使用，并偿还了部分本息，且在诉讼中承诺愿意继续履行还款义务的行为，足以认定该用款人为真实借款人。

案例二：无锡汇源投资担保有限公司与陆某某、崔某、陆某、中国银行股份有限公司无锡惠山支行、无锡富民置业有限公司借款合同纠纷审判监督民事判决书［江苏省高级人民法院（2014）民抗字第67号］

江苏省高院认为：“惠山中行起诉陆某、陆某某要求其偿还涉案借款本息的依据主要是贷款合同、借款借据、商品房买卖合同等，但陆某在一审中明确辩称，其未在贷款合同、借款借据、房屋买卖合同上签过字，对贷款买房并不知情。经一审法院委托鉴定单位对有关陆某的签名进行笔迹鉴定，结论为：惠山中行提供的贷款合同和借款借据上的陆某的签名均非陆某本人所写。陆某、陆某某、富民公司、崔某、汇源公司等对鉴定结论均无异议。因此，原审判决认定涉案贷款合同、借款借据非陆某本人所签，该借款合同未成立，并驳回惠山中行对陆某、陆某某的诉讼请求并无不当。**鉴于惠山中行发放的贷款进入富民公司账户，由富民公司取得并支配使用，富民公司也实际向惠山中行偿还了部分本息，且富民公司在本案诉讼中也愿意继续履行还款义务，故原审判决认定惠山中行与富民公司之间存在事实借款关系，并判决富民公司偿还借款本息、崔某按其承诺对富民公司债务承担连带清偿责任亦无不当。**”

3. 借款由实际用款人实际使用的并支付利息，但实际用款人并未委托名义借款人签订借款合同，不能认定其为实际借款人。

案例三：南通市通州区东升小额贷款有限公司与赵某、马某等企业借贷纠纷申诉、申请民事裁定书［最高人民法院（2016）最高法民申1479号］

一、关于南京通洋公司是否系本案实际借款人问题。案涉借款合同系赵某与东升公司所签订，合同签订后，东升公司向赵某发放了贷款300万元。对此，赵某并无异议，但认为其只是名义借款人，南京通洋公司是本案实际借款人。从原审法院查明的事实看，赵某等东升公司系列案件中的借款人均系王某担任法定代表人的南通市通州区通洋纺织品有限公司（以下简称南通通洋公司）或其妻子刘某担任法定代表人的南通新三维公司的职工，该系列案件中赵某等借款人所借款项均由王某担任法定代表人的南京通洋公司实际使用，利息也均由南京通洋公司实际支付。上述事实表明，南京通洋公司是本案借款的实际使用人。**虽然本案借款是由南京通洋公司实际使用的，利息也是由其实际支付的，但因其并未委托赵某以个人名义为公司借款，东升公司也不认可南京通洋公司是本案实际借款人，**

故不能因此认定其是本案实际借款人。赵某关于南京通洋公司是本案实际借款人的申请再审理由没有事实依据，不能成立。

4. 认定真实借款人应当根据借款合同及担保合同当事人的情况、合同履行的情况、是否存在委托代理关系、是否存在职务代理关系及当事人的真实意思表示情况综合判决，不能仅仅根据资金流向直接判断。

案例四：莫某与张某、枣庄市道桥工程有限公司等企业借贷纠纷二审民事判决书［最高人民法院（2015）民一终字第69号］

最高法院认为："一、关于借款合同的主体。本案争议的主要法律关系是借款合同关系。综合本案证据，根据查明的事实，应当认定刘某是借款人而非受道隧集团公司、枣庄道桥公司委托向莫某借款。理由如下：1. **从合同签订看，**《借款协议》系莫某与刘某签订，协议上明确载明出借人是莫某、借款人是刘某。2009年8月6日莫某与刘某签订的《补充协议》仍然明确载明借款人系刘某。2. **从合同履行看，**出借款项系由莫某直接支付到刘某银行账户，刘某以其个人名义向莫某出具了收款收据，还款180万元也是以刘某的名义偿还。3. 张某出具的《担保函》，也明确载明系为刘某向莫某借款提供连带责任担保，而非为道隧集团公司和枣庄道桥公司向莫某借款提供担保。4. 刘某向莫某借款时，没有充分证据证明道隧集团公司和枣庄道桥公司对刘某有向莫某借款的明确授权，没有充分证据证明莫某知道刘某代理道隧集团公司和枣庄道桥公司向其借款，不符合《中华人民共和国合同法》第四百零二条的适用条件。莫某举示的道隧集团公司、枣庄道桥公司向刘某出具的授权委托书，其内容是委托刘某就施工问题与工程发包方协商、谈判、组建项目经理部、支付工程保证金，并没有代道隧集团公司、枣庄道桥公司向莫某借款的意思表示。刘某出具的《情况说明》虽说明代道隧集团公司借款，但该《情况说明》出具时间在借款近两个月后，又无其他证据印证，而且2009年8月6日莫某与刘某签订的补充协议仍明确借款人为刘某，故该《情况说明》不足以认定系刘某代道隧集团公司借款。莫某举示的枣庄道桥公司付款委托书的真实性该公司不认可，即使真实也只是委托工程发包方将应退还的保证金支付给莫某，指示付款的行为不足以认定枣庄道桥公司认可其委托刘某向莫某借款。5. 刘某与道隧集团公司、枣庄道桥公司之间属另一法律关系，即便刘某挂靠施工、将借入的资金以道隧集团公司、枣庄道桥公司名义向工程发包方交纳工程保证金，仅以该资金用途、资金走向不能认定刘某是名义借款人，道隧集团公司、枣庄道桥公司是实际借款人。6. 莫某向公安机关报案时，认为借款人系刘某，要求刘某承担法律责任。莫某提起民事诉讼到第一次变更诉讼请求前，也认可刘某系借款人，要求刘某承担偿还借款的民事责任。在一审法院释明后，莫某再次认可刘某系借款人。7.《借款协议》上将枣庄道桥公司列为担保人，说明莫某在签订《借款协议》出借款项时，其主观认知是枣庄道桥公司系为刘某借款提供担保的保证人，而不是借款人。8. 刘某与道隧集团公司、枣庄道桥公司均无劳动关系，其向莫某借款的行为不是履行职务的行为。刘某向莫某借款的法律后果不能当然由道隧集团公司、枣庄道桥公司承担。”

015 借款合同条款存在多种解释时，应作出有利于借款人的解释

阅读提示

金融借款关系中借款合同一般采用银行提供的标准文本，除涉及借款金额、期限、利率等关键条款外，特别是违约条款、合同解除条款等能够允许借款人磋商和变更的余地很小，属于典型的格式条款。根据《合同法》第三十九条规定，银行应对格式条款尽到必要的提示和说明义务，并不得单方免除己方责任、加重对方责任、排除对方主要权利等。

银行和借款人就合同中格式条款的含义应如何解释发生争议时，根据《合同法》第四十一条规定，应当作出不利于提供格式条款一方的解释，即采取不利于银行的解释方法。

裁判要旨

借款合同是由银行提供的格式条款，银行和借款人就合同中约定的逾期罚息是否计收复利的条款发生争议时，应当作出不利于格式条款提供一方（银行）的解释，即支持借款人的诉请，逾期利息不应计收复利。

案情简介

1. 2013 年 7 月 10 日，招商银行重庆高新区支行与耀威经贸公司签订《授信协议》，约定提供 8000 万的授信额度。

2. 2013 年 7 月 12 日，招商银行重庆高新区支行与耀威经贸公司签订《借款合同》。合同约定：借款金额 8000 万，为期一年。未按期偿还贷款的，对未偿还部分从逾期之日起改按在原利率基础上加收 50% 计息。**借款人未按时付息的，银行**

有权按同期贷款利率就未付利息加收复息。另查明，中国人民银行公布的 2013 年一年期金融机构人民币贷款基准利率为 6%。

3. 招商银行重庆高新区支行在庭审中陈述，耀威经贸公司已偿还截至 2014 年 6 月 21 日的利息，但贷款本金 8000 万元和其余利息、罚息、复利均未偿还。

4. 一审：原告招商银行重庆高新区支行起诉被告耀威经贸公司，重庆市高院判决被告耀威经贸公司应偿还借款本息，并按照合同约定支付利息、罚息以及利息、罚息的复利。

5. 二审：被告耀威经贸公司不服一审判决提起上诉，称逾期罚息不应计收复利。原告招商银行重庆高新区支行主张逾期罚息应当计收复利。最高法院认定，格式条款有两种以上解释时应作出不利于条款提供方（银行）的解释，故判决逾期罚息不应计入收取复利的利息基数。

裁判要点及思路

最高法院认为本案的争议焦点是，**逾期罚息是否应当计收复利，对借款合同中有关计收复利的格式条款应作何理解？**

1. 本案中银行和借款人在合同中约定“乙方未按时付息，甲方有权按同期贷款利率就未付利息加收复息”，但并未明确“未付利息”是否包含逾期罚息。一审法院在没有明确当事人约定的情况下，判决“对不能支付的利息和逾期罚息，按年利率 6% 的标准计算复利”，即将逾期罚息计入收取复利的利息基数。

2. 二审中银行主张借款合同约定的收取复利的“利息”应当包括逾期罚息，借款人认为该“利息”仅指正常的借期内利息，不包括逾期罚息。双方当事人就格式条款的理解发生争议。**最高法院认为，根据《合同法》第四十一条规定，对格式条款有两种以上解释的，应当作出不利于提供格式条款一方的解释，本案应作出不利于银行的解释，即认定银行和借款人约定的计收复利的“利息”基数不包括逾期罚息。**

实务要点总结

前事不忘，后事之师。我们就本案最高法院的判决所涉及的实务要点梳理如下，以供实务参考。

1. **银行提供借款合同格式文本的，负有向借款人必要的提示、说明义务。**银行借款合同一般由借款人基本信息、借款金额、期限、利息及计算方法、放款方式和条件、还款时间和方式、担保条款、违约事项、违约责任、解除条件、解决争议条款等部分构成。其中的违约事项、违约责任、解除条件、利息计算方法等部分能够允许借款人磋商的空间是很小的，是典型的格式条款，也是经常发生争议的热点。**实务中经常采取的操作方式是，对免除或者限制借款人责任的条款加粗、下划线，由银行工作人员逐一提示借款人注意，借款人有疑问的，应按其要求予以详细说明。**

从银行的角度，借款合同、保证合同还应设置“知情和承诺条款”，典型约定如“某某公司（借款人）已阅读合同及主合同所有条款。应某某公司要求，某某银行已经就合同及主合同做了相应的条款说明。某某公司对合同及主合同条款的含义及相应的法律后果已全部通晓并充分理解”，为可能的风险关上一道闸门。

2. **即使银行尽到了必要、合理的提示和说明义务，并不是说格式条款就当然的合法有效，还要面临《合同法》其他条文的重重考验。**《合同法》第五十二条规定了“一方以欺诈、胁迫的手段订立合同，损害国家利益”、“恶意串通，损害国家、集体或者第三人利益”、“以合法形式掩盖非法目的”、“损害社会公共利益”、“违反法律、行政法规的强制性规定”等五种合同法定无效的情形。《合同法》第五十三条规定了“造成对方人身伤害的”、“因故意或者重大过失造成对方财产损失的”等两种单方免责条款无效的情形。借款合同违反上述七种情形，或者格式条款单方免除银行一方的责任、加重借款人责任、排除借款人主要权利的，会被法院强制性的认定无效并由银行承担合同无效的不利后果。

3. **即使格式条款经过重重考验合法有效，但并不是当然能够发生银行一方预想中的效力。实务中，因合同条款拟定不当，没有达到明确性的要求，银行和借款人的理解方式很有可能天差地别。**根据《合同法》第三十九条的规定，格式条款存在两种以上解释的，应当作出不利于提供格式条款一方的解释。具体到本案中，借款合同中并没有明确规定收取复利的“利息”是否包含逾期罚息，因此法院基于有利于借款人的原则，认定该“利息”仅指正常的借期内利息，不应包括逾期罚息。这也就要求银行在拟定条款时要达到明确、详细、具体的标准，避免发生不必要的争议。

相关法律法规

《合同法》

第三十九条 采用格式条款订立合同的，提供格式条款的一方应当遵循公平原则确定当事人之间的权利和义务，并采取合理的方式提请对方注意免除或者限制其责任的条款，按照对方的要求，对该条款予以说明。

格式条款是当事人为了重复使用而预先拟定，并在订立合同时未与对方协商的条款。

第四十条 格式条款具有本法第五十二条和第五十三条规定情形的，或者提供格式条款一方免除其责任、加重对方责任、排除对方主要权利的，该条款无效。

第四十一条 对格式条款的理解发生争议的，应当按照通常理解予以解释。对格式条款有两种以上解释的，应当作出不利于提供格式条款一方的解释。格式条款和非格式条款不一致的，应当采用非格式条款。

以下是本案判决书中“本院认为”部分，最高法院就逾期罚息是否应当计收复利问题的论述：

最高法院认为：“本案二审**争议焦点是案涉借款产生的逾期罚息是否应当计收复利**。

关于银行贷款产生的逾期罚息是否应当计收复利的问题，现行法律、行政法规并无明确规定。中国人民银行《人民币利率管理规定》第二十条第二款规定，短期贷款按季结息的，每季度末月的二十日为结息日；按月结息的，每月的二十日为结息日。具体结息方式由借贷双方协商确定。对贷款期内不能按期支付的利息按贷款合同利率按季或按月计收复利，贷款逾期后改按罚息利率计收复利。最后一笔贷款清偿时，利随本清。**该规定仅对贷款期内不能按期支付的利息计收复利以及贷款逾期后计收复利的利率标准作出规定，并未对逾期罚息是否计收复利作出规定。**

根据《中国人民银行关于进一步推进利率市场化改革的通知》，目前我国已经全面放开金融机构贷款利率管制。在现行法律、行政法规无禁止性规定的情况下，金融机构可以与借款人对逾期罚息是否计收复利作出约定。故本案所涉借款逾期罚息是否计收复利，应当根据《借款合同》的内容确定。案涉《借款合同》第5.3条约定，乙方须于每一计息日当日付息，甲方可以从乙方存款账户直接扣收。乙方未按时付息，甲方有权按同期贷款利率就未付利息加收复息。**就逾期罚息是否应当计收复利的问题，双方当事人对该条款的理解产生争议。耀威经贸公司认为，根据该条约定，招商银行重庆高新区支行仅有权对合同期内未付利息计收复利，无权对逾期罚息计收复利。而招商银行重庆高新区支行则主张根据该条约定其有权就期内利息及逾期罚息加收复利。案涉《借款合同》第5.3条系债权人招商银行重庆高新区支行提供的格式条款，应当适用格式条款的解释规则。根据《中华人民共和国合同法》第四十一条关于‘对格式条款有两种以上解释的，应当作出不**

利于提供格式条款一方的解释'的规定，就《借款合同》第 5.3 条的理解应当作出对条款提供方招商银行重庆高新区支行不利的解释，认定该条约定中的'未付利息'不包括逾期罚息，招商银行重庆高新区支行无权就逾期罚息计收复利。耀威经贸公司关于案涉借款复利的计算基数应仅为合同期内未按期支付的利息的上诉理由成立，本院予以支持。"

案件来源

重庆市耀威经贸有限公司、招商银行股份有限公司重庆高新区支行金融借款合同纠纷上诉案［最高人民法院（2016）最高法民终 495 号］

延伸阅读

有关借款合同格式条款发生争议时应如何解释的问题，以下是我们在写作中检索到与该问题相关的最高法院和部分省高院的案例及裁判观点，以供读者参考。

1. 借款合同是由银行一方提供的格式合同，银行和借款人就逾期利息是否应计收复利的格式条款的解释发生争议时，应作出不利于银行一方的解释。

案例一：中国农业银行股份有限公司沈阳和平支行与沈阳假日大厦有限公司金融借款合同纠纷上诉案［最高人民法院（2016）最高法民终 340 号］

最高法院认为："《中华人民共和国合同法》第四十一条规定，对于格式合同中'格式条款的理解发生争议的，应当按照通常理解予以解释。对格式条款有两种以上解释的，应当作出不利于提供格式条款一方的解释'。**本案中的《借款合同》是银行一方提供的格式合同，在法律法规和相关金融管理规章并没有就逾期利息应否计算复利作出明确规定的情况下，双方当事人亦没有约定逾期利息应当计算复利，按照对于格式合同或者格式条款的理解发生争议的解释原则，本案应当作出对上诉人农行和平支行一方不利的解释，即《借款合同》第五条第五项约定的应当计收复利的'应付未付利息'不包括逾期利息。**"

2. 案涉保证条款属于通常的约定，并不存在两种以上解释的可能，且银行已经尽到了必要、合理的提示和说明义务，保证人也已按约履行了部分义务，故应认定保证合同合法有效。

案例二：安徽盛运新能源投资有限公司、甘肃银行股份有限公司酒泉分行金融借款合同纠纷上诉案［最高人民法院（2016）最高法民终 752 号］

最高法院认为："**二、格式条款的解释及甘肃银行酒泉分行是否应尽而未尽说**

明义务。（一）安徽盛运公司上诉主张案涉《最高额保证合同》第六条‘保证责任’第二项为格式条款，现对上述条款理解发生争议，应当采取对格式条款提供方甘肃银行酒泉分行不利的解释。《中华人民共和国合同法》第四十一条规定，对格式条款的理解发生争议的，应当按照通常理解予以解释。对格式条款有两种以上解释的，应当作出不利于提供格式条款一方的解释。**如上所述，上述条款的约定，按照通常理解系为对保证责任承担顺序的明确约定，并不存在两种以上的解释，故不存在需要对该条款作出不利于格式条款提供方解释的适用前提。**安徽盛运公司此项上诉理由不成立，本院不予支持。（二）安徽盛运公司上诉主张甘肃银行酒泉分行未对上述案涉《最高额保证合同》第六条‘保证责任’第二项进行充分的说明。**本院认为，该条款约定了保证责任承担的顺序，属于保证合同关系的主要权利义务内容，保证人安徽盛运公司在签订合同时对此应当有必要的注意，且该《最高额保证合同》第九条‘甲方的陈述与保证’第二项明确约定：‘安徽盛运公司已阅读合同及主合同所有条款。应安徽盛运公司要求，甘肃银行酒泉分行已经就合同及主合同做了相应的条款说明。安徽盛运公司对合同及主合同条款的含义及相应的法律后果已全部通晓并充分理解’。并且，在本案起诉前，安徽盛运公司在债权人甘肃银行酒泉分行尚未对债务人甘肃吉隆公司提供的物的担保主张权利时，已自行代偿了部分本金和利息。**综上，应认定安徽盛运公司知道且应当知道上述条款的约定意思，其此项上诉理由不成立，本院不予支持。”

3. 银行和借款人就有关“提前收款条件”和“逾期罚息”收取对象等条款发生不同理解，应支持借款人的诉请，作出不利于银行一方的解释。

案例三：中国农业银行股份有限公司陕县支行与三门峡惠能热电有限责任公司、方大炭素新材料科技股份有限公司金融借款合同纠纷上诉案［河南省高级人民法院（2013）豫法民三初字第7号］

河南省高院认为：“三、关于陕县农行主张的利息数额应如何认定的问题。根据《中华人民共和国合同法》第六十条第一款‘当事人应当按照约定全面履行自己的义务’，第二百零五条‘借款人应当按照约定的期限支付利息’，第二百零七条‘借款人未按照约定的期限返还借款的，应当按照约定或国家有关规定支付逾期利息’的规定，陕县农行依照合同约定履行了发放借款的义务，惠能热电公司作为借款使用方，应按照借款合同约定支付相应利息。08001号借款合同第八条约定‘利率调整以壹个月为一个周期。如遇中国人民银行人民币贷款基准利率调整，自基准利率调整的下一周期首月的借款对应日起，贷款人（陕县农行）按调整后相应期限档次的基准利率上浮10%，确定新的借款执行利率，不另行通知借款人

（惠能热电公司）。基准利率调整日与借款发放日或该周期首月的借款对应日为同一日的，自基准利率调整日起确定新的借款执行利率。无借款对应日的，该月最后一日视为借款对应日'，12002号借款合同第一条第五款约定借款利率在利率基准上上浮30%，上述约定系陕县农行与惠能热电公司真实意思表示，也不违反法律禁止性规定，对双方当事人具有约束力。除按照上述利率标准计算的利息外，对于是否应该加收罚息，根据08001号借款合同第五条第3款、12002号借款合同第六条第2款的约定，陕县农行加收罚息的条件均是惠能热电公司未按本合同约定的期限归还借款本金的，陕县农行有权对逾期贷款从逾期之日起在合同约定的借款执行利率水平上上浮百分之50%计收罚息，直至本息清偿为止，**从上述约定的字面意思理解，陕县农行加收罚息的对象是针对逾期贷款，同时根据《中华人民共和国合同法》第四十一条'对格式条款的理解发生争议的，应当按照通常理解予以解释。对格式条款有两种以上解释的，应当作出不利于提供格式条款一方的解释。格式条款和非格式条款不一致的，应当采用非格式条款'的规定，陕县农行作为本案借款合同格式文本的提供方，在对相关条款的理解发生争议时，应当作出不利于陕县农行的解释，即在惠能热电公司没有按约付息时，依据合同约定提前收回借款，并对截至2012年11月15日已经逾期的贷款加收罚息具有合同依据，但对截至2012年11月15日尚未到期的贷款加收罚息则没有合同依据。**方大炭素公司关于陕县农行只能按照合同约定的利率计算利息、不应按宣布贷款提前到期即计算罚息的抗辩理由成立，本院予以采信。"

016 银行应承担已按约发放贷款的证明责任

阅读提示

按照借款合同约定向借款人发放贷款是银行在借贷法律关系中最核心的义务。银行和借款人、保证人就银行是否已按约发放贷款发生争议的，按照民事诉讼主张积极事实的一方，应就该积极事实承担举证责任的证明规则，银行应当承担证明已经按约发放贷款的责任。从举证的角度，应结合贷款发放的时间、数额、支付方式等方面综合认定。

实务中，银行可以证明借贷关系已发生且贷款已实际发放的证据主要有：借款合同及相关附件、抵押合同、委托支付合同（如果有）、提款通知书、对账单、转账凭证、贷款发放凭条、银行流水单、债权确认函以及借款人出具的或者银行出具并由借款人签字确认的与借贷关系相关的各类函件、文书等。

裁判要旨

根据银行提供的委托支付协议、对账单、购销合同、特种转账凭证、提款通知书、贷款电子许可证等证据，可认定银行已向借款人发放了贷款，借款人和保证人应按约承担还款责任。

案情简介

1. 2012 年 9 月 27 日，沭阳工行与腾盛公司、黄某、中宝公司分别签订《最高额保证合同》，约定为宝日公司 400 万的授信提供连担责任担保。2012 年 10 月 12 日，沭阳工行与宝日公司签订《借款合同》，约定：宝日公司因购买材料所需，向沭阳工行借款 400 万元。

2. 二审另查明，2012 年 8 月 29 日，聚吉公司与宝日公司签订《钢材购销合同》，约定宝日公司向聚吉公司购买钢材，价款为 414 万元。2012 年 9 月 27 日，宝日公司与沭阳工行签订《委托支付协议》，约定：沭阳工行向宝日公司提供融资。合同项下单笔提款达到或超过 100 万元的，应采用受托支付方式。该《委托支付协议》的附件《受托支付对象和账户清单》载明支付对象为聚吉公司、付款金额为 400 万元。落款借款人处由宝日公司盖章。2012 年 10 月 12 日，沭阳工行向宝日公司账户发放贷款 400 万元。同日，沭阳工行依据《委托支付协议》将 400 万元转账至聚吉公司账户。

3. 一审：原告沭阳工行起诉被告宝日公司和三个保证人，要求偿还借款本息。宿迁市中院判决案涉借款关系真实有效，被告应按约偿还借款本息，保证人应承担连带保证责任。

4. 二审：中宝公司、黄某不服一审判决提起上诉。诉称：沭阳工行在保证人不知情的情况下，通过闭合循环的转账流程，违规操作虚假放贷，骗取担保。沭阳工行提交委托支付协议、对账单、《钢材购销合同》、特种转账凭证、提款通知书等证据，证明已按约发放贷款。江苏省高院驳回上诉，维持原判。

5. 再审：中宝公司、黄某不服二审判决，申请再审。最高法院依据二审认定的事实，认定沭阳工行已按约发放贷款，并驳回再审申请。

裁判要点及思路

本案一审法院认定沭阳工行已将案涉400万元借款支付至借款人宝日公司控制的账户，银行已按约完成了付款义务。但二审中，保证人诉称银行并未实际支付贷款，而是通过循环转账的方式违规操作虚假放贷，骗取保证。根据保证人的主张，银行提供了委托支付协议、对账单、购销合同、特种转账凭证、提款通知书、贷款电子许可证等一系列证据，用以证明已实际发放了贷款，不存在骗保行为。

最高法院再审认为，尽管一审和二审认定的事实不一致，但根据沭阳工行二审提供的一系列证据，可以认定沭阳工行先将案涉贷款划至借款人宝日公司账户，又于同日依照《委托支付协议》将该款转至借款人贸易对象聚吉公司账户的事实符合客观实际，保证人申请再审中亦认可案涉贷款由宝日公司转至聚吉公司的事实。故此，最高法院认定二审判决是在一审判决认定事实的基础上进一步认定款项的转账过程及款项用途，与一审判决并不矛盾。根据现有证据综合判断，银行已按约发放贷款，借款人应履行还款义务，保证人应对此承担连带保证责任。

实务经验总结

前事不忘，后事之师。我们就本案最高法院的判决所涉及的实务要点梳理如下，以供实务参考：

1. 银行和借款人就借贷关系是否成立，贷款是否按约发放产生争议，在举证时银行具有先天的优势，同时也应承担更多的举证责任。实务中，银行的贷款部门有严格的贷款流程管理，因此从借款人申请贷款到银行发放贷款，再到借款人偿还贷款都会产生和留下一系列的材料和痕迹，而这些材料也是银行和借款人形成真实借贷关系，并已按约发放贷款最有利的证明。

2. 申请贷款时，银行会要求借款人提交申贷款材料，包括但不限于借款人基本情况、财务状况、拟担保情况、项目情况等。审核通过后，双方将签署正式的贷款合同、担保合同等。发放贷款的一般流程是，借款人申请提款，银行根据申请将相应的款项发放至合同约定的或借款人要求的账户。这个过程中会产生提款申请书、提款（放款）通知书、交易流水单、转账凭证、对账单、收款确认书等材料。如果借款人按合同约定还款或者分阶段还本付息的，也会在银行系统中留存大量的交易信息和底单。

3. 当银行和借款人发生争议时，综合上述的材料就足以证明和认定银行和借款人之间的借贷关系是否成立，以及银行何时、以何种方式、向谁发放了多少贷款，已经收回多少贷款本息、尚欠多少，利息如何计算等问题。当然，银行拥有证据上的优势也意味着要承担更多的举证责任，如果诉讼中不能提出证据证明诉讼主张（包括证明己方的主张以及反驳对方的主张），将承担不利的诉讼后果，带来资金的重大损失。这也就要求银行建立、遵循严格的贷款审批流程，并保存好相关资料，不可掉以轻心。

相关法律法规

《合同法》

第六十条 当事人应当按照约定全面履行自己的义务。

当事人应当遵循诚实信用原则，根据合同的性质、目的和交易习惯履行通知、协助、保密等义务。

第二百零六条 借款人应当按照约定的期限返还借款。对借款期限没有约定或者约定不明确，依照本法第六十一条的规定仍不能确定的，借款人可以随时返还；贷款人可以催告借款人在合理期限内返还。

以下是本案判决书中“本院认为”部分，最高法院就案涉贷款是否已经发放问题的论述：

最高法院认为：“本案争议的焦点是：沭阳工行是否按照其与宝日公司签订的《小企业借款合同》履行了交付400万元借款义务；本案是否存在虚构交易，虚假放贷，以新贷还旧贷问题。

（一）关于沭阳工行是否履行了交付借款义务。一审判决认定，2012年10月12日，沭阳工行与宝日公司签订的《小企业借款合同》，同日，沭阳工行将约定借款400万元交付至宝日公司在沭阳工行开设的1116060009002×××35账户内，宝日公司在沭阳工行出具的借据上签章。二审判决认定，2012年8月29日，聚吉公司与宝日公司签订的《钢材购销合同》，约定宝日公司向聚吉公司购买钢材，价款为414万元。2012年9月27日，宝日公司与沭阳工行签订《委托支付协议》。2012年10月12日，沭阳工行依据《委托支付协议》将400万元转账至聚吉公司账户。**一审判决认定沭阳工行直接将400万元贷款划至宝日公司账户，二审判决认定沭阳工行按照《委托支付协议》将款项转至聚吉公司账户，一、二审判决对该事实的表述不尽一致，但从沭阳工行提交的提款通知书、贷款电子许可证以及《委托支付协议》等证据综合分析，认定沭阳工行按照其与宝日公司签订的《小企业借款合同》，先将400万元贷款划至宝日公司账户，又于同日依照《委托支付协**

议》将该款转至聚吉公司账户的事实符合客观实际，中宝公司、黄某申请再审中亦认可 400 万元贷款由宝日公司转至聚吉公司的事实。故二审判决在一审判决认定事实的基础上，进一步认定款项的转账过程及款项用途，与一审判决并不矛盾。中宝公司、黄某还提出沭阳工行二审中提交的补充证据中账户位数不对及没有聚吉公司的账户等理由，不足以证明该证据系伪造，称宝日公司没有实际收到 400 万元贷款没有相应证据予以证实。因此，一、二审判决认定沭阳工行履行了交付借款义务并无不当。

（二）本案是否存在虚构交易，虚假放贷，以新贷还旧贷情形。**二审判决基于沭阳工行提供的《委托支付协议》、宝日公司与聚吉公司签订的《钢材购销合同》、《小企业借款合同》、宝日公司账户明细及特种转账凭证等证据，否定了本案存在虚构交易，虚假放贷，以新贷还旧贷问题，在证据使用上亦对中宝公司、黄某的此项诉求予以回应和论证。**中宝公司、黄某申诉主张案涉借款系借新还旧，沭阳工行又将聚吉公司账上 400 万元转至其他公司账上，用于偿还旧贷的事实，未提供相应证据予以证实，没有事实依据。”

案件来源

中国工商银行股份有限公司沭阳支行与宿迁市中宝投资集团有限公司、黄某等金融借款合同纠纷上诉案［江苏省高级人民法院（2014）苏商终字第 00412 号］；中国工商银行股份有限公司沭阳支行与沭阳宝日贸易有限公司、宿华鼎信用担保有限公司、沭阳腾盛钢材现货交易市场有限公司与宿迁市中宝投资集团有限公司、黄某金融借款合同纠纷申请再审案［最高人民法院（2015）民申字第 2076 号］

延伸阅读

有关认定银行是否已发放贷款的问题，以下是我们在写作中检索到与该问题相关的最高法院案例及裁判观点，以供读者参考。

1. 法院以银行提供的借款合同、保证合同、贷款发放凭条等证据认定已经发生真实的借贷关系，并已按约发放贷款。

案例一：大田县仙峰房地产置业有限公司、泉州银行股份有限公司石狮凤里支行金融借款合同纠纷申请再审案［最高人民法院（2016）最高法民申 1425 号］

最高法院认为：“再次，对于仙峰公司申请再审主张泉州银行凤里支行未提供贷款发放凭条、借款本息计算、他项权利证书的原件，未尽到有效的举证责任的问题。本院调阅了本案一、二审卷宗，经查明，**一审期间，泉州银行凤里支行提供了《泉州银行人民币委托贷款借款合同》、《委托贷款合同最高额保证合同》、《委托贷款合同最高额抵押合同》、泉州银行借款凭证及他项权利证书的复印件，经一审法院核实，该复印件与原件核对无异，由书记员吴钟敏盖章、签字确认。虽然泉州银行凤里支行提交的贷款发放凭条为复印件，但可以与仙峰公司二审期间提交的证据二“查询吴玉洲的银行汇款凭证及泉州银行凤里支行的贷款发放凭条”相互印证，证明贷款发放凭条的真实性。**关于借款本息计算单，是泉州银行凤里支行依据《泉州银行人民币委托贷款借款合同》约定，综合实际欠款天数计算出的借款本金和利息，该证据是否系原件，与认定借款关系无必然联系。综上，泉州银行凤里支行已经尽到了举证证明义务，原审法院依据上述证据，认定贷款已经实际发放，案涉土地抵押权已经成立并无不当”。

2. 法院以银行提供的核定贷款额通知书、贷款发放明细表（流水账）、贷款转存凭证（借款借据）、银行流水等证据认定已经发生真实的借贷关系，已依约履行了约定的贷款义务。

案例二：刘某、中国建设银行股份有限公司三明梅列支行金融借款合同纠纷申请再审案［最高人民法院（2017）最高法民申 3752 号］

最高法院认为：“本院经审查认为，根据原审查明的事实，2013 年 9 月 30 日，建行梅列支行与昀洋公司签订案涉《人民币流动资金贷款合同》，约定昀洋公司因流动资金周转需要向建行梅列支行借款 870 万元。双方约定昀洋公司在建行梅列支行开立尾号为 xxxx 的账户用于贷款的发放和支付。同日，案外人王某代理刘某与建行梅列支行签订《抵押合同》，约定刘某为上述《人民币流动资金贷款合同》提供抵押担保。2013 年 9 月 30 日，建行梅列支行转款 870 万元至昀洋公司尾号为 yyyy 的贷款账户，后转账至昀洋公司尾号为 xxxx 的存款账户。**原审中，建行梅列支行提供核定贷款额通知、贷款发放卡明细表（流水账）、贷款转存凭证（借款借据）等证据，证明其已依约向昀洋公司尾号为 xxxx 的存款账户发放贷款 870 万元，原审法院亦根据刘某的申请，调取了银行流水，证明案涉 870 万元贷款的走向为先转入昀洋公司尾号为 yyyy 的贷款账户，再转入尾号为 xxxx 的存款账户等。据此，原审判决认定建行梅列支行已依约履行了本案《人民币流动资金贷款合同》约定的贷款义务，有事实依据。**刘某申请再审认为案涉贷款未实际发放，以及建行梅列支行提供的贷款转存凭证（借款借据）系伪造，缺乏证据证明。”

3. 法院以信用社提供的抵押借款合同、存款凭条、贷款凭证等证据，以及借款人不能提出相反证据的事实，认定贷款已经实际发放。

案例三：绵阳市游仙区农村信用合作联社与绵阳市天圆生物技术有限公司、周某金融借款合同纠纷案［最高人民法院（2016）最高法民申3415号］

最高法院认为：“**在本案中，游仙信用联社主张其向天圆生物公司支付了案涉200万元借款，并提交了《抵押借款合同》、《信用社存款凭条》及《贷款凭证》加以证明。**在《抵押借款合同》中，绵阳市虹声音响电子厂（改制后系天圆生物公司，以下简称虹声电子厂）与游仙信用联社之间就案涉200万元借款约定了借款支付时间、期限、利息等事项。《抵押借款合同》的约定与游仙信用联社提交的《信用社存款凭条》中款项来源一栏记载为‘贷款’以及《贷款凭证》的内容相一致。此外，《信用社存款凭条》《贷款凭证》记载的贷款日期、贷款数额均与《抵押借款合同》相关借款的约定一致，且贷款单位均为虹声电子厂。**在游仙信用联社提交了上述证据的情况下，天圆生物公司虽然否认收到游仙信用联社的贷款并在原审中主张案涉200万元款项来自乌鲁木齐惠东城市信用社，但并未就此提交证据加以证明，对于游仙信用联社提交的证据亦未提供证据加以反驳，应当承担相应的不利后果。**由此，一、二审法院认定游仙信用联社向虹声电子厂支付了案涉200万元借款并无不当。”

4. 法院依据银行提供的交易流水以及流水单备注“放贷款”等证据，并结合贷款已进入借款人账户的事实，认定案涉贷款已发放。

案例四：平安银行股份有限公司天津分行与中房联合集团山东能源有限公司、温某等金融借款合同纠纷案［最高人民法院（2016）最高法民终126号］

最高法院认为：“关于案涉《贷款合同》是否已经实际履行的问题。

落款时间为2014年5月26日、编号为0574102的平安银行《借款借据》载明：中房山东公司向平安银行天津分行借款1.16亿元，中房山东公司收到该笔贷款，中房山东公司、温瑛财均盖章确认。**平安银行天津分行营业部出具的账户为中房山东公司、账号为11×××05的2014年5月26日的交易流水单，该流水单载明：当日有1.16亿元进入中房山东公司的该账户，备注为“放贷款”。上述证据相互印证，能够证明案涉1.16亿元贷款已经实际发放，进入中房山东公司账户，中房山东公司已经实际收到该笔贷款。**温瑛财主张该笔贷款被用于借新还旧，偿还平安银行天津分行以承兑汇票方式发放的2亿元贷款，但其未提供证据证明，故对温瑛财的该项主张，本院不予采信。中房山东公司以不知道该笔款项的去向、未收到该笔款项为由，主张未收到该1.16亿元的贷款，与本院已查明的事实不符，亦与其盖章确认的《借款借据》相矛盾，故对中房山东公司的该项主张，本院亦不予采信。”

第二章　与“借新还旧”有关的法律问题

017 借款人和银行明确约定“借新还旧”的借款合同有效，担保人不能以此主张免除担保责任

阅读提示

“借新还旧”是商业银行在收、放贷过程中常见的操作方式，本质上是对原贷款合同约定的借款期限、利率等条款的变更，效果上表现为借款期限的延长。以新贷款偿还前一笔到期借款后，借款人只需支付新贷款借期内的利息，而无须承担旧贷款可能产生的高额逾期罚息和违约金。

《中国银监会关于当前调整部分信贷监管政策促进经济稳健发展的通知［银监发（2009）3号］》（以下简称《通知》）明确规定“项目贷款不得借新还旧”，该《通知》已于2014年12月6日废止。但即使不废止，该规定也仅是银监会针对银行业内部，出于管控不良信贷的目的发布的管理性规定。违反该规定约定“借新还旧”并不当然导致贷款合同无效。判断合同是否有效仍应当遵循《合同法》第五十二条的规定。

裁判要旨

关于“项目贷款不得用于借新还旧”的规定是银监会针对银行业内部的管理性规定，不属于《合同法》第五十二条第（五）项规定的法律、行政法规，银行和借款人违反该部门规章，明确约定借款“用于借新还旧”的，并不当然导致《借款合同》无效，担保人据此主张免除担保责任的，不予支持。

案情介绍

1. 2014年5月7日，民生银行武汉分行与焱鑫公司签订《综合授信合同》，约定在2014年4月28日至2015年4月28日期间焱鑫公司可向民生银行武汉分行

申请使用1.8亿元最高授信额度用于贷款、票据承兑。

2. 同日，民生银行武汉分行与美盛公司签订《最高额抵押合同》，为前述《综合授信合同》项下发生的债务提供担保，并约定主合同项下借款可用于借新还旧。

3. 2014年9月5日，焱鑫公司与民生银行武汉分行签订上述《综合授信合同》项下具体业务编号为ZH1400000151229的《流动资金贷款借款合同》，约定民生银行武汉分行向焱鑫公司提供短期贷款425万元用于借新还旧。

4. 2014年9月5日，民生银行武汉分行向焱鑫公司发放425万元贷款。焱鑫公司仅支付截至2014年12月21日的借款利息，此后的利息及本金均未予偿还。2015年4月21日，民生银行武汉分行向焱鑫公司、美盛公司发出《贷款提前到期及还款通知函》，宣布贷款提前到期。

5. 原告民生银行武汉分行起诉被告焱鑫公司和抵押人美盛公司，请求偿还贷款本息。一审武汉市中院判决借款人应按合同约定返还借款本息，抵押人应承担担保责任。

6. 抵押人美盛公司不服一审判决提起上诉，诉称银行放贷行为违法、借款合同无效，应当免除其担保责任，二审湖北省高院驳回上诉，维持原判。

7. 抵押人美盛公司不服二审判决，以案涉借款合同违法借新还旧为由申请再审，最高法院驳回其再审申请。

裁判要点及思路

1. 抵押人美盛公司援引的“项目贷款不得借新还旧”的规定是银监会针对银行业内部的管理性规定，不属于《合同法》第五十二条第（五）项规定的“法律、行政法规的强制性规定”，最高法院认为银行和借款人明确约定贷款用于借新还旧的，不当然导致合同无效。

2. 抵押人美盛公司在抵押合同中承诺为银行和借款人焱鑫公司的《综合授信合同》提供担保，且约定“主合同项下借款可用于借新还旧”。案涉贷款是银行和借款人在《综合授信合同》项下发生的债务，因此该部分借款在抵押人的担保范围之内。同时，银行和借款人明确约定案涉贷款用于借新还旧，也没有超出抵押人承诺的承担担保责任的范围。故最高法院认为，抵押人美盛公司自愿承诺为案涉贷款承担担保责任后，又主张免除担保责任的，不予支持。

实务经验总结

前事不忘，后事之师。我们就本案中最高法院的判决所涉及的实务要点梳理

如下，以供实务参考：

1. **银行和借款人明确约定“借新还旧”的贷款合同有效。借款人在银行和担保人不知情的情况下将新贷款用于偿还旧贷款的，属于擅自改变借款用途的行为，银行可据此要求借款人承担违约责任，担保人可据此主张免除担保责任。**实践中，银行和借款人一般会在前一笔贷款到期后，在新的借款合同的借款用途部分明确约定新贷款用于偿还旧债。也有情形，商业银行为了“规避”内部贷款审核程序或者借款人企图隐瞒用于“借新还旧”的目的，通过将贷款在多个民事主体（包括法人、自然人）的多个账户之间来回转账，试图隐藏已经构成的“借新还旧”的事实。但只要银行、借款人、担保人对“借新还旧”的目的和行为均知情，即使未在合同条款中明确约定“借新还旧”，借款合同仍然有效，担保责任也不能免除。

2. **判断合同是否有效应当遵循《合同法》第五十二条的规定。最高法院已经明确能够导致合同无效的“法律、行政法规”是指效力性强制性规定，违反管理性强制性规定并不影响合同的效力。**本案中所涉的银监发（2009）3号《通知》是典型的有关银行业内部的管理性规定，违反该规定约定“借新还旧”的，并不当然导致借款合同无效。但银监会发布的行业管理性规定不导致借款合同无效并不是说违反该规定不会产生任何的法律后果。商业银行违反银监会的规定违规放贷，将面临银监会的行政处罚。但作为两种不同性质的法律关系应当严格区分，该行政处罚行为不影响作为民事法律关系的借款合同的效力。

3. “借新还旧”是实务中常见的操作方式。中国人民银行在《不良贷款认定暂行办法》第九条中，将满足“**借款人生产经营活动正常，能按时支付利息；重新办理贷款手续；贷款担保有效；属于周转性贷款**”等四项要求的“借新还旧”行为视为正常贷款，不计入银行不良贷款。尽管该文件已经被废止，但仍然可以从侧面佐证“借新还旧”的借款合同并不当然无效。

相关法律法规

《合同法》

第五十二条 有下列情形之一的，合同无效：

（一）一方以欺诈、胁迫的手段订立合同，损害国家利益；

（二）恶意串通，损害国家、集体或者第三人利益；

（三）以合法形式掩盖非法目的；

（四）损害社会公共利益；

（五）违反法律、行政法规的强制性规定。

《最高人民法院关于适用〈中华人民共和国担保法〉若干问题的解释》（法释〔2000〕44号）

第三十九条　主合同当事人双方协议以新贷偿还旧贷，除保证人知道或者应当知道的外，保证人不承担民事责任。

新贷与旧贷系同一保证人的，不适用前款的规定。

《最高人民法院关于适用〈中华人民共和国合同法〉若干问题的解释（二）》（法释〔2009〕5号）

第十四条　合同法第五十二条第（五）项规定的“强制性规定”，是指效力性强制性规定。

《中国银监会关于当前调整部分信贷监管政策促进经济稳健发展的通知》（银监发〔2009〕3号）（已于2014年12月6日废止）

五、拓宽项目贷款范围。对以下符合国家产业政策导向、已列入国家发展改革委制定的发展规划且有紧迫融资需求的项目，银行业金融机构应予以积极的信贷支持：已批准开工，相关担保措施和资金来源已落实；有稳定现金流或预期收入作为还款来源；项目股东资信状况良好。对符合国家宏观经济政策导向、项目业主信誉良好、相关政府部门已同意开展项目前期工作或已列入国家发展改革委规划的项目，在项目资本金能按期按比例到位、各类风险可控及贷款回收安全的前提下，允许银行业金融机构在一定额度内向非生产性项目发起人或股东发放搭桥贷款。对政府类项目或涉及大额风险集中度超限的其他类较大型项目，应鼓励组成银团或通过信贷资产买卖等方式导入中小银行在内的各类银行业金融机构，通过银团贷款分散集团客户风险和贷款集中度风险。同时明确项目贷款不得借新还旧。

《不良贷款认定暂行办法》（银发〔2000〕303号）（已于2012年1月4日废止）

第九条　贷款到期（含展期后到期）后未归还，又重新贷款用于归还部分或全部原贷款的，应依据借款人的实际还款能力认定不良贷款。对同时满足下列四项条件的，应列为正常贷款：

（一）借款人生产经营活动正常，能按时支付利息；

（二）重新办理贷款手续；

（三）贷款担保有效；

（四）属于周转性贷款。

以下是本案判决书中“本院认为”部分，最高法院就“借新还旧”的贷款合

同效力问题的论述：

最高法院认为："二、**中国银监会的银监发（2009）3号文件不属于《中华人民共和国合同法》第五十二条规定的法律、行政法规。违反该文件关于项目贷款不得用于借新还旧的规定，并不导致案涉借款合同及其担保合同无效。**《最高人民法院关于适用担保法若干问题的解释》第三十九条规定，主合同当事人双方协议以新贷偿还旧贷，除保证人知道或者应当知道的外，保证人不承担民事责任。**本案中，美盛公司签订的案涉《最高额抵押合同》《最高额保证合同》中均明确约定借款可以用于借新还旧，美盛公司自愿承担担保责任。**故案涉借款合同项下的贷款用于归还此前借款合同项下的贷款，符合案涉担保合同的约定，不属于保证人不承担民事责任的情形。"

案件来源

中国民生银行股份有限公司武汉分行与湖北美盛置业有限公司、湖北焱鑫冶金炉料有限公司金融借款合同纠纷上诉案［湖北省高级人民法院（2016）鄂民终674号］；湖北美盛置业有限公司、李某、杨某、中国民生银行股份有限公司武汉分行、湖北焱鑫冶金炉料有限公司金融借款合同纠纷申请再审案［最高人民法院（2017）最高法民申676号］

延伸阅读

有关"借新还旧"的贷款合同的效力问题，以下是我们在写作中检索到与该问题相关的最高法院案例及裁判观点，以供读者参考。

1. 银行和借款人明确约定以新贷款偿还旧贷款的，不违反法律、行政法规的强制性规定，也不属于《合同法》第五十二条规定的合同无效的情形，借款人是否具备偿债能力也不影响出借人与借款人之间签订的借款合同的效力。

案例一：靖宇县隆鑫矿业有限公司、辽中县农村信用合作联社与靖宇县隆鑫矿业有限公司、辽中县农村信用合作联社等金融借款合同纠纷申请再审案［最高人民法院（2016）最高法民申2009号］

最高法院认为："原判决认定辽中县信用社的放贷行为合法有效并已经实际履行并无不当。**皇家公司与辽中县信用社签订的编号为20081243-03的《借款合同》，属于金融机构与借款人约定以新贷款偿还旧贷款的'以贷还贷'、'借新还旧'行为。该《借款合同》并不违反法律、行政法规的强制性规定，也不存在《中华**

人民共和国合同法》第五十二条规定的合同无效的情形。借款人是否具备偿债能力不影响出借人与借款人之间签订的借款合同的效力。本案中，辽中县信用社与皇家公司对合同已经实际履行的事实均予以认可，辽中县信用社原审提交的2008年的借款凭证、进账单、收贷收息凭证能够证明辽中县信用社已于2008年6月30日向皇家公司发放了500万元贷款，并且该笔款项直接用于偿还皇家公司1999年的500万元贷款，双方《借款合同》约定的‘转贷、落实债务’的合同目的已经实现，《借款合同》已经实际履行。隆鑫公司主张原审法院认定《借款合同》有效并已经实际履行缺乏证据证明，理由不成立。”

2. 借款人收到贷款后将贷款在不同的民事主体的不同账户之间多次转账，且从银行发放新贷款到收回新贷款前后不到两个小时，基本可以认定案涉贷款属于以新还旧。

案例二：九江银行股份有限公司洪城支行、江西四能实业有限公司金融借款合同纠纷申请再审案［最高人民法院（2017）最高法民申2177号］

最高法院认为：“关于九江银行洪城支行与蓝海公司之间的1100万元贷款是否属于以新贷偿还旧贷的问题。以贷还贷是指金融机构在债务人旧贷款未归还的情况下，与债务人签订新贷款合同，以新贷出的款项清偿旧贷款的行为。首先，从本案中蓝海公司1100万元新贷使用的客观情况来看，根据原审判决查明的事实，2014年6月30日16时42分，九江银行洪城支行向蓝海公司账户发放1100万元贷款。17时06分，蓝海公司账户向天鼎公司账户转账1100万元。随后，天鼎公司账户向王艳云、周文强、罗玲玲三位自然人账户共转款1100万元。17时38分，王艳云、周文强、罗玲玲账户向蓝海公司账户共转款1100万元。18时30分至18时38分，九江银行洪城支行从蓝海公司账户分三笔扣款共计1100万元，并备注为贷款回收。其次，从九江银行洪城支行和蓝海公司的主观认识来看，蓝海公司作为借款人对其账户资金使用的实际情况当属知情，而九江银行洪城支行不仅在贷款发放当日即在扣款凭证上记载‘贷款回收’，且其代理人也在原审中认可案涉贷款属于借新还旧。故原审判决根据九江银行洪城支行发放新贷至收回旧贷前后不到两个小时的基本事实，**结合九江银行洪城支行的记账凭证和代理人在庭审中的陈述，认定案涉1100万元贷款属于以发放给蓝海公司的新贷偿还蓝海公司所欠的旧贷，并非日常合同贸易资金结算的认定，事实依据充分。九江银行洪城支行关于该笔资金用途为购买电脑，主张其与蓝海公司之间并不存在以新还旧合意的申请理由，**与本案实际情况不符，本院不予采信。”

018 银行和借款人擅自将贷款用于"借新还旧"，抵押人不知情的可比照保证担保的规定免除担保责任

阅读提示

《最高人民法院关于适用〈中华人民共和国担保法〉若干问题的解释》（以下简称《担保法解释》）第三十九条规定，"主合同当事人双方协议以新贷偿还旧贷，除保证人知道或者应当知道的外，保证人不承担民事责任。新贷与旧贷系同一保证人的，不适用前款的规定"，该条解释明确规定其适用对象是保证担保，但实务中大量的普通抵押担保、最高额抵押担保也面临借款人和银行擅自改变借款用途以新贷还旧贷的情形。

抵押和保证均是法定的担保情形，无论对保证担保还是抵押担保，借款人和银行擅自改变贷款用途都会改变担保人在提供担保时对担保风险的预期，加重其担保责任。**经最高法院审判委员会讨论认为，《担保法解释》第三十九条有关保证担保的规定同样应适用于抵押担保的情形，故，借款人和银行擅自改变贷款用途借新贷还旧贷，抵押人对此不知情的，可免除抵押人的担保责任。**

裁判要旨

在法律未对借新还旧中抵押人的责任承担问题作出明确规定的情形下，《担保法解释》第三十九条关于保证担保的规定可比照适用于抵押担保，借款人和银行擅自改变借款用途借新贷还旧贷，抵押人对该借新还旧事实不知情的，可免除抵押人的担保责任。

案情简介

1. 2005 年 7 月 29 日，农行博州分行下属的阿拉山口支行与天任公司签订了两份《借款合同》，借款金额分别为 500 万元和 284 万元。约定：借款种类为短期流动资金；**借款用途为解付信用证。**

2. 同日，农行阿拉山口支行与新诚基公司签订《最高额保证合同》，约定为上述债务提供保证担保，在红山路 8 号房产办理完抵押手续后，本担保合同自行解除。同日，农行阿拉山口支行向天任公司发放了 500 万元和 284 万元贷款。

3. 2005 年 8 月初，农行阿拉山口支行与天任公司、新诚基公司三方共同签订

《最高额抵押合同》。2005 年 8 月 8 日，农行阿拉山口支行与新诚基公司签订《房产抵押合同》，作为新诚基公司贷款的保证。上述两份合同抵押物均为红山路 8 号房产，已办理抵押登记。另查明，新诚基公司与农行阿拉山口支行之间未发生任何贷款项目。

3. 2007 年 3 月 17 日，农行阿拉山口支行向天任公司发出《债务逾期催收通知书》，要求天任公司偿还上述两笔借款，天任公司于当日签收该通知书。

4. 一审：原告农行阿拉山口支行起诉被告天任公司，诉请偿还借款本息，并要求抵押人新诚基公司承担担保责任。博尔塔拉蒙古自治州中院判决支持原告诉请。

5. 二审：抵押人新诚基公司不服一审判决，提起上诉。称不应为案涉借款承担担保责任。新疆省高院认为案涉借款用于借新还旧，没有证据证明担保人对此知情，故判决抵押人新诚基公司不应承担担保责任。

6. 再审：农行博州分行不服二审判决申请再审，诉称案涉抵押合同有效，抵押人应承担担保责任。最高法院提审本案，认为案涉借款属借新还旧，没有证据证明抵押人新诚基公司对此知情，故参照《担保法解释》第三十九条，判决维持二审判决。

裁判要点及思路

最高法院认为本案的争议焦点是：**抵押人新诚基公司是否应承担担保责任**。此争议焦点可分解为四个问题：

1. 案涉担保合同是否合法有效。本案涉及《最高额保证合同》《最高额抵押合同》《房产抵押合同》等三份担保合同。其中《最高额保证合同》满足合同约定的解除条件，故该合同自动解除。《房产抵押合同》约定为抵押人新诚基公司的贷款提供担保，但经法院查明新诚基公司与银行未发生任何贷款，因不存在有效的借款合同，故从属性的抵押合同也不成立。《最高额抵押合同》符合当事人真实的意思表示，应合法有效，是认定抵押人新诚基公司与农行阿拉山口支行之间担保法律关系的依据。

2. 案涉借款是否构成借新还旧。借款人天任公司与农行阿拉山口支行之间的借款合同明确约定借款用途为"解付信用证"，实质上是天任公司通过借新贷用以偿付在信用证法律关系中所欠农行的融资垫款。**从形式上看，为解付信用证而贷款与为偿还旧贷而借新贷略有不同，但从法律关系的性质上看，二者均属于借新**

债偿还旧债，且新贷的款项未实际支付给借款人，而是直接用以冲抵旧债，故二者在本质上并无差异，均属于借新还旧的范畴。

3. 抵押人对借新还旧的事实是否知情。从合同成立的时间先后顺序看，案涉《最高额抵押合同》成立时间晚于《借款合同》，但庭审中农行博州分行自认签订《最高额抵押合同》时未向抵押人新诚基公司提供《借款合同》，也未能提供证据证明银行曾将借新还旧的事实告知抵押人，因此最高法院认定抵押人不应当对借款用于借新还旧的事实知情。

4. 抵押担保可否参照《担保法解释》第三十九条规定，免除本案抵押人的担保责任。单纯从文义上看，本条司法解释是对保证担保所设，但在以第三人财产设定抵押的情形下，抵押担保法律关系在主体、内容、目的、效果等方面与保证担保的特征相近似，**在司法解释未对借新还旧中抵押人的责任承担问题作出明确规定的情形下，《担保法解释》关于保证的相关规定可比照适用于抵押。**

经最高法院审判委员会讨论，认为抵押人新诚基公司对案涉价款用于借新还旧的事实不知情，如让其承担担保责任显然超出了抵押人签订抵押合同时的预期，加重了担保责任。故参照《担保法解释》第三十九条的规定，免除抵押人新诚基公司的担保责任。

实务要点总结

前事不忘，后事之师。我们就本案最高法院的判决所涉及的实务要点梳理如下，以供实务参考：

1. **本案银行败诉的原因是未能证明抵押人知晓借款被用于借新还旧的事实。**从最高法院认定的事实看，案涉抵押合同的成立时间早于抵押合同，并非同日签订。同时，庭审中银行自认未向抵押人提供、出示借款合同。因此在没有其他证据的情况下，根据合同的相对性原则抵押人无从知晓借款人和银行之间达成的有关改变借款用途的合意。抵押人限定借款人借款用途的根本目的是为了限制担保责任的范围，明确抵押人只在借款人符合约定的使用范围内承担责任。未经抵押人同意，银行和借款人擅自约定将新贷款用于偿还旧贷款的，应当认定该种行为超出了抵押人提供担保时的预期，抵押人可据此主张免除担保责任。《担保法解释》第三十九条虽是针对保证担保情形，但基于保证担保和抵押担保的制度价值和效果上的相似性，抵押担保情形可参照该条解释适用。

2. 为了避免银行无从证明的不利局面，银行应注意几个要点：（1）不要轻易同意借款人改变借款用途的要求；（2）如需变更应同步征得担保人的同意，并签署变更协议或者重新订立抵押合同，留存相应的文件材料；（3）如变更借款用途后回款风险可能增加的，应要求借款人增加担保人或者担保财产；（4）签订抵押合同时应向抵押人出示借款合同，抵押合同应写明为哪一份借款合同（一般写明借款合同编号）提供担保。

3. 最高法院对本案的判决具有重要的参考意义。本案判决书末尾写到**“本院经审判委员会讨论，根据……判决如下”，**根据《人民法院组织法》第三十七条规定，审判委员会的任务是总结审判经验，讨论重大的或者疑难的案件和其他有关审判工作的问题。可见，并非所有案件都能由审委会讨论。显然，本案在最高院属于“重大或疑难的案件”。同时，本案的裁判观点当然也不仅仅是承办法官或合议庭的意见，更是代表了最高法院对这个问题的看法。相应地，即使本案将来不被列入“指导性案例”，在同类案件中，本案所形成的裁判规则应会具有较强的参照价值。在可预期的时间内，生效于1990年10月1日的《担保法》和2000年12月8日的《担保法解释》也将迎接必要的修正。

相关法律法规

《最高人民法院关于适用〈中华人民共和国担保法〉若干问题的解释》［法释〔2000〕44号］

第三十九条　主合同当事人双方协议以新贷偿还旧贷，除保证人知道或者应当知道的外，保证人不承担民事责任。

新贷与旧贷系同一保证人的，不适用前款的规定。

以下是本案判决书中“本院认为”部分，最高法院就抵押人是否承担担保责任问题的论述：

最高法院认为：**“本案再审争议的焦点问题是新诚基公司是否应以抵押财产在800万元最高限额内对农行博州分行承担担保责任。**

根据查明的事实，农行博州分行下属的阿拉山口支行与新诚基公司先后于2005年7月29日、8月初、8月8日签订了《最高额保证合同》《最高额抵押合同》和《房产抵押合同》共计三份担保合同。《最高额保证合同》中约定‘在红山路8号房产办理完抵押手续后，本担保合同自行解除。’2005年8月8日，新诚基公司将红山路8号的房产在乌鲁木齐市房屋产权交易管理中心办理了抵押登记，故《最高额保证合同》约定的解除条件已经成就，《最高额保证合同》自此自动解除。《房产抵押合同》约定新诚基公司为贷款而向农行阿拉山口支行提供抵押，但事实上新诚基公司与农行阿拉山口支行之间并未发生任何贷款项目，即抵押担保的主债权并未成立，根据抵押合同的从属性原则，《房产抵押合同》亦不成立。《最高额抵押合同》系新诚基公司与农行阿拉山口支行之间的真实意思表示，合同内容不违反法律规定，故《最高额抵押合同》合法有效，是认定新诚基公司与农行阿拉山口支行之间担保法律关系的依据。

《最高额抵押合同》约定：抵押人新诚基公司自愿为天任公司自2005年7月29日起至2006年7月29日止，在农行阿拉山口支行处办理约定的各类业务形成的债务在最高额800万元以内提供担保。在抵押期间内，天任公司与农行阿拉山口支行之间共计发生了两笔借款业务，即在2005年7月29日，天任公司分别向农行阿拉山口支行借款500万元和284万元。**天任公司借款的用途表述为'解付信用证'，实质上是天任公司通过借新贷用以偿付在信用证法律关系中所欠农行的融资垫款。从形式上看，为解付信用证而贷款与为偿还旧贷而借新贷略有不同，但从法律关系的性质上看，二者均属于以新债偿还旧债，且新债中的款项均不实际支付给借款人，而是直接用以冲抵旧债，故二者在本质上并无差异，均属于借新还旧的范畴，可以适用同一法律规则。**

从时间上看，天任公司与农行阿拉山口支行之间的两份借款合同订立时间早于《最高额抵押合同》，但农行博州分行自认，在签订《最高额抵押合同》时，并未向新诚基公司提供借款合同，农行阿拉山口支行亦未有证据证明曾以其他方式将其与天任公司之间借新还旧的事实告知了新诚基公司。故新诚基公司主张对案涉借款用途并不知情，本院予以认可。根据合同的相对性原则，农行阿拉山口支行与天任公司的借款关系仅发生在双方当事人之间，在合同当事人不对外披露的情况下，第三人从外部实难察知借款关系的存在，对借款的用途更难知情，故新诚基公司不知道农行阿拉山口支行与天任公司之间的借款用途，主观上难谓存在过错。

《担保法解释》第三十九条规定：'主合同当事人双方协议以新贷偿还旧贷，除保证人知道或者应当知道的外，保证人不承担民事责任。'**单纯从文义上看，该条规定是对保证担保所设，但在以第三人财产设定抵押的情形下，抵押担保法律关系在主体、内容、目的、效果等方面与保证担保的特征相近似，在司法解释未对借新还旧中抵押人的责任承担问题作出明确规定的情形下，《担保法解释》关于保证的相关规定可比照适用于抵押。**故二审法院根据《担保法解释》关于保证章的相关规定对本案进行判决并无不当，农行博州分行关于原二审判决适用法律错误的再审主张不能成立，本院不予支持。

综上，**农行阿拉山口支行与新诚基公司签订《最高额抵押合同》时，并未告知新诚基公司关于天任公司借新还旧的事实，农行博州分行亦没有证据证明新诚基公司系在知道或应当知道天任公司借新还旧的情形下自愿提供抵押，这无疑会影响新诚基公司在提供抵押时对担保风险的预期判断，加重其担保责任，进而导致不公平的结果，根据《担保法解释》第三十九条的规定，新诚基公司应免于承担担保责任。**原二审判决认定事实清楚，适用法律正确，应予维持。**本院经审判委员会讨论，**根据《中华人民共和国民事诉讼法》第一百七十条第一款第一项、第二百零七条之规定，判决如下：维持新疆维吾尔自治区高级人民法院（2012）新民二终字第1号民事判决。本判决为终审判决。”

案件来源

中国农业银行股份有限公司博尔塔拉分行与新疆新诚基饮服培训商贸有限责任公司、阿拉山口天任贸易有限公司金融借款合同纠纷审判监督民事判决书［最高人民法院（2014）民提字第136号］

延伸阅读

有关抵押担保是否可参照适用《担保法解释》第三十九条的问题，以下是我们在写作中检索到与该问题相关的最高法院案例及裁判观点，以供读者参考。

1. 无论对保证担保还是抵押担保，主债务双方在以固定资产投资为借款用途而设定担保后，又以借新还旧的真实用途发放并收回贷款，同样会改变担保人在提供担保时对担保风险的预期，加重其担保责任，同样会导致对担保人不公平的结果。故此，本案参照《担保法解释》第三十九条作出判决并无不当。

案例一：中国长城资产管理公司哈尔滨办事处与黑龙江华夏造纸有限公司、佳木斯金地造纸股份有限公司借款担保合同纠纷案［最高人民法院（2010）民二终字第72号］

最高法院认为：“关于华夏公司是否知道金地公司和工行佳木斯分行将借款用途变更为借新还旧以及华夏公司是否应当承担抵押担保责任问题。金地公司与工行佳木斯分行在《固定资产借款合同》中约定的借款用途是8.5万吨牛皮箱板纸项目，华夏公司为上述借款提供了最高额抵押担保。《固定资产借款合同》签订之后，金地公司与工行佳木斯分行并未实际履行。**其后，双方又分别签订六份《流**

动资金借款合同》，并已实际履行，上述六份《流动资金借款合同》约定的借款用途是借新还旧，对于借款用途的变更，华夏公司一直坚称其并不知道，也无证据证明其应当知道。因金地公司与工行佳木斯分行变更借款用途的结果实际上加重了担保人华夏公司的担保责任，根据担保法解释第三十九条关于'主合同当事人双方协议以新贷偿还旧贷，除保证人知道或应当知道的外，保证人不承担民事责任。新贷与旧贷系同一保证人的，不适用前款的规定'的规定，华夏公司不应当承担抵押担保责任。虽然华夏公司与工行佳木斯分行在《最高额抵押合同》中约定除展期和增加贷款金额外，工行佳木斯分行与金地公司协议变更主合同，无须经华夏公司同意，华夏公司仍承担抵押担保责任。但是，上述约定不能对抗因主合同变更导致担保人法定免责的情形。原审法院认定华夏公司不知道借款用途变更为借新还旧，判决华夏公司在本案中不应承担抵押担保责任并无不当，本院予以维持。长城公司哈尔滨办事处关于华夏公司知道金地公司的借款用途，并且同意金地公司与工行佳木斯分行任意变更借款用途，因此，华夏公司在本案中应当承担抵押担保责任的上诉主张不能成立，本院不予支持。

抵押是担保的法定方式之一。**在以第三人财产设定抵押的情形下，抵押担保法律关系在主体、内容、目的、效果等方面与保证担保的特征相近似。**借贷关系的双方关于借款用途的约定，亦是担保人判断其风险责任所考虑的重要因素。**无论对保证担保还是抵押担保，主债务双方在以固定资产投资为借款用途而设定担保后，又以借新还旧的真实用途发放并收回贷款，同样会改变担保人在提供担保时对担保风险的预期，加重其担保责任，同样会导致对担保人不公平的结果。**据此，原审法院根据担保法司法解释关于保证章的相关规定对本案进行判决并无不当，本院予以维持。长城公司哈尔滨办事处关于一审判决对最高额抵押适用保证的规定属于适用法律错误的上诉主张不能成立，本院不予支持。"

2. 案涉大部分借款系借款人和银行合意借新还旧并已经履行，且该事实并未告知抵押人。因此，参照《担保法解释》中有关保证人部分的规定，抵押人对借新还旧部分的借款不应承担担保责任。

案例二：中国农业银行股份有限公司永州冷水滩支行与湖南南华大酒店有限公司金融借款合同纠纷申诉案［最高人民法院（2015）民提字第 178 号］

最高法院认为："**一、二审判决认为本案第三人提供抵押物的问题可以参照适用《最高人民法院关于适用〈中华人民共和国担保法〉若干问题的解释》关于保证人部分的规定，该认定并无不当。**《最高人民法院关于适用〈中华人民共和国担保法〉若干问题的解释》第三十九条第一款规定：'主合同当事人双方协议以新贷偿还旧贷，除保证人知道或者应当知道的外，保证人不承担民事责任。’**本案中，结合百草公司原法定代表人刘岳泉在公安机关的陈述、涉案借款的流向及使用情况、南华大酒店提供的录音等证据，可以认定涉案借款中，大部分借款系百草公司与农行冷水滩支行合意借新还旧并已经履行，只有少部分为新建项目借款。而该事实百草公司、农行冷水滩支行并未告知南华大酒店。因此，对于百草公司与农行冷水滩支行约定借新还旧的部分即 14434929.91 元，南华大酒店不应就此承担抵押担保责任。**但是，涉案借款并非全部用于“借新还旧”，对于未用于借新还旧的部分，即 12895070.09 元，应当在本金及利息（计算至本金清偿之日止）范围内承担担保责任。结合案外人已经取得抵押、涉案房产价值以及担保债权的情况等因素，农行冷水滩支行应就涉案查封房产（即原抵押房产），在本金 12895070.09 元及利息范围内，享有优先受偿权，顺位在涉案房产已经设定的抵押权之后。在实际承担担保责任后，南华大酒店可以向百草公司追偿。

农行冷水滩支行还提出，《最高额抵押合同》是为一段时间内发生的不特定债务提供担保，故不应限制借款用途。该主张不能成立。首先，涉案《最高额抵押合同》与涉案《借款合同》之间是主合同与从合同的关系，主合同约定的借款用途为项目用款，《最高额抵押合同》的借款用途，应当与主合同一致。其次，《最高额抵押合同》与《借款合同》约定的债务数额均为 2733 万元，可以侧面印证借款、抵押的真实意思是用于涉案项目。第三，百草公司、农行冷水滩支行合意将大部分借款用于借新还旧，但未告知南华大酒店，此用途显然侵害了南华大酒店的合法权益。故对农行冷水滩支行该主张，本院不予支持。”

反例：

3. 虽然抵押人对借款用于借新还旧的事实并不知情，但是《担保法解释》第三十九条的规定仅适用于担保人承担保证责任的情形。《最高额抵押合同》是当事人依法设立的有关不动产物权的合同行为。不动产物权的设立，经依法登记即发生效力。因此，无论抵押人是否知道所抵押担保的借款改变了用途，不影响抵押权的效力。

案例三：十堰利华丰商贸有限公司、中国农业银行股份有限公司十堰市张湾支行与中国农业银行股份有限公司十堰市张湾支行、十堰环都工贸有限公司等金融借款合同纠纷申请再审案［最高人民法院（2015）民申字第 2592 号］

最高法院认为：“（二）关于利华丰公司是否应对环都公司与农行张湾支行 2007 年 12 月 6 日和 2008 年 6 月 18 日签订的二份借款合同承担抵押担保责任的问题。2007 年 12 月 6 日，农行张湾支行与环都公司签订《借款合同》，约定农行张湾支行向环都公司发放贷款1000万元，借款用途为购买钢材。2007年12月7日，农行张湾支行向环都公司发放了贷款1000万元。当日，环都公司将该笔借款中的806.3920万元用于偿还环都公司担保的十堰中纺东风汽车专营有限公司在农行张湾支行处的到期贷款。农行张湾支行与环都公司于2008年6月18日签订的《借款合同》约定借款用途为购买钢材，亦被环都公司用于偿还其在农行张湾支行的到期贷款。**虽然利华丰公司与农行张湾支行签订《最高额抵押合同》时不知道环都公司改变贷款用途的情形，但本院《关于适用〈中华人民共和国担保法〉若干问题的解释》第三十九条的规定，只适用于担保人承担保证责任的情形。本案中，《最高额抵押合同》是当事人依法设立的有关不动产物权的合同行为。不动产物权的设立，经依法登记即发生效力。因此，无论利华丰公司是否知道所抵押担保的借款改变了用途，不影响抵押权的效力。农行张湾支行与环都公司于2007年12月6日签订的借款合同属于《最高额抵押合同》约定的担保范围。**农行张湾支行与环都公司于2008年6月20日签订《借款合同》，在百隆公司对该借款合同依法不承担保证责任的情况下，该借款合同也属《最高额抵押合同》约定的担保范围。此外，农行张湾支行与利华丰公司在《最高额抵押合同》中，并未对利华丰公司免除抵押担保责任的情形加以明确约定，也未约定借款人改变借款用途《最高额抵押合同》无效。故利华丰公司关于其不应承担上述抵押担保责任的再审申请理由也不能成立。”

019 银行应承担担保人对“借新还旧”事实是否知情的举证责任

阅读提示

实务中典型的“借新还旧”是指对于期限届满无力偿还的借款，银行和借款人双方通过签订虚假用途的借款合同，并将新贷款用于偿还之前旧贷款的行为。根据《担保法解释》第三十九条规定，“主合同当事人双方协议以新贷偿还旧贷，除保证人知道或者应当知道的外，保证人不承担民事责任。”主张担保人知道或者应当知道“借新还旧”，属于主张某项事实存在的积极事实，根据民事诉讼法的举证责任分配规则，银行应为此承担举证责任，否则将承担举证不能的不利后果。

裁判要旨

借款合同和保证合同明确约定了借款用途，因此保证人有理由相信合同和相关票据载明的贷款用途，除非银行举证证明对借新还旧的事实作了说明，或保证人知道或应当知道借新还旧仍提供担保，否则应承担举证不利之后果。

案情简介

1. 2003 年 4 月 16 日、4 月 17 日，天歌集团与工行锦江支行签订《流动资金借款合同》两份，分别借款 2000 万元、1900 万元，用途为购买原材料，借款期限一年。合同签订当日，工行锦江支行即向天歌集团支付了贷款。天歌集团未按期还款。

2. 2004 年 4 月 29 日，天歌集团归还工行锦江支行借款本金 1000 万元。同日，工行锦江支行与天歌集团签订《流动资金借款合同》，借款 1000 万元，用于购原材料。天歌集团在收到贷款后，又立即归还工行锦江支行旧贷 1000 万元。

3. 2004 年 4 月 30 日，工行锦江支行与天歌集团签订两份《流动资金借款合同》，借款金额均为 1000 万元，用于购原材料。天歌集团在收到 2000 万元贷款后，又立即将其中的 1900 万元用于归还工行锦江支行旧贷。至此，天歌集团归还了 3900 万元旧贷。

4. 2004 年 12 月 16 日，汇源光通信公司与工行锦江支行签订三份金额各为 1000 万元的《保证合同》，分别为天歌集团与工行锦江支行签订的《流动资金借款合同》中天歌集团所借的三笔 1000 万元借款提供连带责任保证。

5. 一审：原告工行锦江支行起诉被告天歌集团、汇源光通信公司，要求天歌集团偿还借款，汇源光通信公司承担保证担保责任。四川省高院判决天歌集团应偿还借款本息，案涉借款用于借新还旧，没有证据证明保证人汇源光通信公司对此知情，故判决不应承担担保责任。

6. 二审：工行锦江支行不服一审判决提起上诉，诉称保证人汇源光通信公司负有审查贷款实际用途的义务，且汇源光通信公司与天歌集团存在贷款互保关系，对贷款的使用应当清楚。故即使贷款被用于借新还旧，也不能免除其保证责任。最高法院判决驳回上诉，维持原判。

裁判要点及思路

本案的争议焦点是：保证人汇源光通信公司对借新还旧的事实是否知道或应

当知道，其是否应承担担保责任。最高法院认为，本案借款及担保合同的真实目的是借新还旧并保证新贷款的偿还。借款合同载明借款用途为“购买原材料”，银行对账单和借款支取凭证均载明借款用途为“流动资金周转”。因此，汇源光通信公司有理由相信借款合同和相关票据载明的贷款用途，除非银行举证证明对借新还旧的事实作了说明，或保证人知道或应当知道借新还旧仍提供担保，否则应承担举证不利之后果。本案中，在借款合同签订时隔 8 个月之后，汇源光通信公司与工行锦江支行就签订保证合同，与保证人是否知道借新还旧没有必然因果关系。因此，保证人不知情的情况下其担保责任应当免除。

实务要点总结

前事不忘，后事之师。我们就最高法院有关本案的判决涉及的实务要点梳理如下，以供实务参考。

1. 实践中“借新还旧”存在三种类型：

第一种，银行和借款人明确约定借款用途为借新还旧，且担保人在签订担保合同时知晓借款的真实用途并承诺为此提供担保。该种情况下，基于担保人事先知情和明确的承诺，应当为此承担担保责任。

第二种，银行和借款人明确约定了借款用途，担保人承诺为该借款提供担保后，银行与借款人合意将该借款用于偿还旧贷，担保人对此不知情。这是实践中“借新还旧”的典型，银行未能举证证明担保人对该借新还旧的事实知情的，担保人的责任应予免除。

第三种，银行和借款人仅笼统的约定借款用途（如用于资金周转或者企业日常经营等）或者未约定借款用途，而后银行和借款人合意将借款用于偿还旧贷。该种情况下因担保人未明确限定借款用途，即使借款被用于借新还旧，也不能当然认定借款人的用款行为超出了担保人承诺的担保范围，因此不必然免除担保人的担保责任。

2. 根据民事诉讼的举证责任分配规则，主张积极事实的一方应当为此承担举证责任，否则应承担举证不能的不利后果。银行主张担保人知晓“借新还旧”的事实，或者已经尽到了向担保人的通知义务，担保人应当知情的，属于主张事实存在的积极诉讼主张，应当对此承担举证证明责任，未能证明的将承担免除担保责任的不利后果。

3. 根据《担保法解释》第三十九条第二款的规定，“新贷与旧贷系同一保证人的，不适用前款的规定。”该款规定的内在逻辑在于，即使保证人对银行和借款人协议将借款用于“借新还旧”的事实不知情或者不应当知情，但以新贷偿还旧贷后旧贷将消灭，相应的保证人应对旧贷承担的保证责任也一并消灭，一增一减情况下，并未加重保证人的担保责任，因此不构成担保责任的免责事由。

相关法律法规

《最高人民法院关于适用〈中华人民共和国担保法〉若干问题的解释》[法释〔2000〕44号]

第三十九条　主合同当事人双方协议以新贷偿还旧贷，除保证人知道或者应当知道的外，保证人不承担民事责任。

新贷与旧贷系同一保证人的，不适用前款的规定。

以下是本案判决书中“本院认为”部分，最高法院就“借新还旧”的举证责任及保证人是否免责问题的论述：

最高法院认为：“本案上诉人工行锦江支行与被上诉人汇源光通信公司之间对债权人工行锦江支行与债务人同人华塑公司于2004年4月29日、30日分别签订三份《借款合同》，系以贷还贷的事实不持异议，亦不存争议，本院不再评判。**本案上诉人与被上诉人之间争议的焦点是，案涉担保人汇源光通信公司对以贷还贷事实是否知道或应当知道，其是否应承担担保责任。**

《担保法解释》第三十九条规定：“主合同当事人双方协议以新贷偿还旧贷，除保证人知道或者应当知道的外，保证人不承担民事责任。新贷与旧贷系同一保证人的，不适用前款的规定”。上诉人工行锦江支行的上诉请求及理由能否成立关键在于被上诉人汇源光通信公司是否知道或应当知道同人华塑公司与工行锦江支行签订的三份编号为2004年国际字第0157、0158、0159号《流动资金借款合同》的实际用途是以新贷还旧贷。

汇源光通信公司是否知道或应当知道其所担保的同人华塑公司的3000万元借款实际用途是以新贷偿还旧贷，债权人工行锦江支行就此事实负有举证责任。本案担保行为是在旧贷到期且没有担保的情况下，债权人为解决债务人偿还旧贷的目的而重新签订的借款合同，同时为保证新的贷款偿还不至落空，与担保人汇源光通信公司签订的担保合同。因此，本案借款及担保合同的真实目的是借新还旧，并保证新贷款的偿还。但2004年4月29日、4月30日同人华塑公司与工行锦江支行签订2004国际字第0157、0158、0159号资金借款合同，明确载明借款用途为“购原材料”。汇源光通信公司提供的2004年4月30日中国工商银行客户存款对账单及工行锦江支行提供的三份借款支取凭证，显示贷款用途为“流动资金周转”。通常情形下，汇源光通信公司有理由相信借款合同和相关票据载明的“购原材料”、“流动资金周转”的贷款用途，除非有证据证明债权人工行锦江支行在签订担保合同时已经明确告知以贷还贷的事实，在以新贷还旧贷而新增加担保人或前后两份贷款合同不是同一个保证人的情况下，实际增加了担保人的负担。因此除非担保人完全出于自愿，否则不承担相应的民事责任。因此，贷款银行应当举证证明对以贷还贷已经作出了说明，或担保人知道或应当知道以贷还贷仍提供担保，否则，其应承担举证不利之后果。本案中，在借款合同签订时隔8个月之后，汇源光通信公司与工行锦江支行就同人华塑公司的3000万元贷款签订担保合同，与担保人是否知道以贷还贷没有必然因果关系。同人华塑公司与担保人汇源光通信公司存在互保关系属于正常的商业交易行为，亦不足以因此推定保证人明知以贷还贷仍提供担保的事实。上诉人工行锦江支行关于担保人汇源光通信公司知道或应当知道以贷还贷没有证据支持，其要求判令担保人承担担保责任的上诉理由不能成立，本院不予支持。”

案件来源

中国工商银行股份有限公司成都锦江支行与同人华塑股份有限公司、兰宝科技信息股份有限公司借款担保合同纠纷上诉案［最高人民法院（2006）民二终字第211号］

延伸阅读

有关“借新还旧”举证责任及保证人责任的问题，以下是我们在写作中检索到与该问题相关的最高法院案例及裁判观点，以供读者参考。

1. 贷款合同明确写明借款用途为“借新还旧”，保证人在签订《保证合同》时系借款人的股东，应当认定保证人对所担保贷款为“借新还旧”是知情的，故保证责任不应免除。

案例一：常某、刘某金融借款合同纠纷再审审查与审判监督民事裁定书［最高人民法院（2018）最高法民申558号］

最高法院认为：“第三，原审判决适用法律并无不当。最高人民法院《关于适用〈中华人民共和国担保法〉若干问题的解释》第三十九条规定，主合同当事人双方协议以新贷偿还旧贷，除保证人知道或者应当知道的外，保证人不承担民事责任。新贷与旧贷系同一保证人的，不适用前款的规定。根据本案事实，涉案《保证合同》第一条明确写明主合同为吉明冶金公司与广发银行签订的《贷款合同》，《贷款合同》第二条明确写明借款用途为偿还《授信合同》项下债务，即“借新还旧”。常某在签订涉案《保证合同》时系吉明冶金公司的股东，对吉明冶金公司与广发银行所发生的保理业务是知情的，应当认定常某、刘某对所担保贷款为‘借新还旧’是知情的，其关于原审判决适用法律错误的申请再审理由不能成立。”

2. 根据银行提交的借款人的账户流水，用于偿还旧贷的资金并非新贷款合同项下的资金，且《结算业务委托书》及借款人的交易明细也表明新贷款合同项下的借款已实际支付给交易相对人，故不构成“借新还旧”，不应免除保证人保证责任。

案例二：平顶山煤矿机械有限责任公司管理人、平安银行股份有限公司青岛分行金融借款合同纠纷二审民事判决书［最高人民法院（2017）最高法民终 454 号］

最高法院认为：“三、关于是否免除平煤机公司案涉贷款中的 1 亿元担保责任问题。本院认为，平煤机公司关于因案涉贷款中的 1 亿元系以旧贷还新贷而应免除相应担保责任的上诉主张不能成立。首先，平安银行青岛分行提交的普大公司 2014 年 6 月 1 日至 8 月 31 日账户流水，证明 2013 年 6 月 9 日贷款合同项下 1 亿元贷款的还款，系来源于 2014 年 8 月 27 日徐某向普大公司账户转入的 1 亿元，而非案涉 2014 年 8 月 28 日贷款合同项下资金；其次，平安银行青岛分行提交的 2014 年 8 月 28 日普大公司与乌金公司《结算业务委托书》及乌金公司《单位活期交易明细》，证明案涉 2014 年 8 月 28 日贷款合同项下 1 亿元贷款已按普大公司委托实际支付给乌金公司，平煤机公司以此主张其系被骗取担保缺乏事实和法律依据；第三，《最高人民法院关于适用〈中华人民共和国担保法〉若干问题的解释》第三十九条规定，‘主合同当事人双方协议以新贷偿还旧贷，除保证人知道或者应当知道的外，保证人不承担民事责任。新贷与旧贷系同一保证人的，不适用前款的规定。’平煤机公司既是 2013 年 6 月 9 日贷款合同的保证人，又是 2014 年 8 月 28 日贷款合同的保证人，一审判决中关于即使存在贷新还旧平煤机公司亦不能免责的认定并无不当。”

3. 重组贷款性质上全部属于借新还旧，保证人对于其知道的借新还旧以外的贷款并不承担保证责任，亦不负有举证责任，而银行不仅要对新贷款发放负举证责任，也应对旧贷款合同的发放及余额负举证责任。

案例三：中国农业发展银行乾安县支行与江苏索普（集团）有限公司、上海儒仕实业有限公司保证合同纠纷二审民事判决书［最高人民法院（2016）最高法

民终 40 号]

最高法院认为:“更为重要的是，本案主债权属于重组贷款性质，全部属于借新还旧，重组贷款所对应的全部旧贷款均在本案 0022 号《流动资金借款合同》中明确列出，索普公司、儒仕公司提供担保的主债权实际因所对应的旧贷款已经特定化，担保债权范围已经明确并限定。根据本院《关于适用〈中华人民共和国担保法〉若干问题的解释》(以下简称《担保法司法解释》) 第三十九条的规定:‘主合同当事人双方协议以新贷偿还旧贷，除保证人知道或应当知道的外，保证人不承担民事责任。’因此，索普公司、儒仕公司对于其知道的本案借新还旧以外的贷款并不承担保证责任，亦不负有举证责任；而乾安支行不仅要对新贷款发放负举证责任，也应对旧贷款合同的发放及余额负举证责任，同时因索普公司、儒仕公司对旧贷款余额提出抗辩，故亦应就此负相应举证责任。但一审判决却要求索普公司、儒仕公司逐笔提供证据证明乾安支行与天安公司之间的原债务范围及债务金额不足 17670.7 万元，这显然超越本案借新还旧举证范畴，属举证责任分配不当。所以，因乾安支行本案主张的主债权金额实质取决于旧贷款的实际金额或余额，故乾安支行仅仅提供重组贷款时新借款的发放证据尚不足以证明旧贷款项下的实际金额或余额，而索普公司、儒仕公司现提出抗辩且已提供系列相关证据，请求对贷款重组之前明确对应的旧贷款项下实际余额情况予以查明，应予支持；原审法院对此不予查明，应予纠正；但索普公司、儒仕公司主张的非属于本案主债权所对应的旧贷款合同，因超越本案审理范围，则不予审查。”

4. 结合借款人法定代表人的陈述、借款的流向及使用情况、保证人提供的录音等证据，可以认定大部分借款系借款人与银行合意借新还旧并已经履行，只有少部分为新建项目借款，而该事实并未告知担保人。因此，保证人不应就用于借新还旧部分借款承担抵押担保责任。

案例四：中国农业银行股份有限公司永州冷水滩支行与湖南南华大酒店有限公司金融借款合同纠纷申诉、申请民事判决书 [最高人民法院（2015）民提字第 178 号]

最高法院认为:“一、二审判决认为本案第三人提供抵押物的问题可以参照适用《最高人民法院关于适用〈中华人民共和国担保法〉若干问题的解释》关于保证人部分的规定，该认定并无不当。《最高人民法院关于适用〈中华人民共和国担保法〉若干问题的解释》第三十九条第一款规定:‘主合同当事人双方协议以新贷偿还旧贷，除保证人知道或者应当知道的外，保证人不承担民事责任。’**本案中，结合百草公司原法定代表人刘岳泉在公安机关的陈述、涉案借款的流向及使用情况、**

南华大酒店提供的录音等证据，可以认定涉案借款中，大部分借款系百草公司与农行冷水滩支行合意借新还旧并已经履行，只有少部分为新建项目借款。而该事实百草公司、农行冷水滩支行并未告知南华大酒店。因此，对于百草公司与农行冷水滩支行约定借新还旧的部分即14434929.91元，南华大酒店不应就此承担抵押担保责任。但是，涉案借款并非全部用于“借新还旧”，对于未用于借新还旧的部分，即12895070.09元，应当在本金及利息（计算至本金清偿之日止）范围内承担担保责任。结合案外人已经取得抵押、涉案房产价值以及担保债权的情况等因素，农行冷水滩支行应就涉案查封房产（即原抵押房产），在本金12895070.09元及利息范围内，享有优先受偿权，顺位在涉案房产已经设定的抵押权之后。在实际承担担保责任后，南华大酒店可以向百草公司追偿。”

020 “借新还旧”属于“流动资金贷款”的范围，担保人不能免责

阅读提示

根据《担保法解释》第三十条规定，“保证期间，债权人与债务人对主合同数量、价款、币种、利率等内容作了变动，未经保证人同意的，如果减轻债务人的债务的，保证人仍应当对变更后的合同承担保证责任；如果加重债务人的债务的，保证人对加重的部分不承担保证责任。”在担保合同中约定借款用途是担保人用于规范借款人用款行为，限制自身承担担保责任范围的主要措施，担保人只应当在自已承诺提供担保的范围内承担担保责任。应当注意的是，流动资金贷款是极为宽泛的概念，担保人仅约定为企业流动资金贷款提供担保，不足以有效限制借款人的用款行为，即使该借款被用于借新还旧，并不能以此为由主张免除担保责任。

裁判要旨

流动资金主要用于企业支付工资、购买原材料、偿付债务等。抵押人同意为借款人的“流动资金”借款提供担保，借款人将借款用于向银行支付到期债务借新还旧，并未超出抵押人承诺的担保范围，不能免除抵押人的担保责任。

案情简介

1. 2001年12月29日，金帆公司与农行先锋支行签订《借款合同》，借款金

额4000万元，借款种类“短期借款”，借款用途“借新还旧”。同日，农行先锋支行、金帆公司、金霞公司签订《最高额抵押合同》，约定以金霞公司的两块土地使用权为自2001年12月30日起至2003年12月31日止的最高余额5238万元提供担保，并办理登记。

2. 2002年12月31日，金帆公司与农行先锋支行签订《借款合同》，借款金额4000万元，借款种类为“流动资金”，用途为“借新还旧”。金霞公司向农行先锋支行出具《抵押担保承诺书》，以金霞公司的两块土地使用权为该借款提供抵押担保。

3. 2003年12月31日，金帆公司与农行先锋支行签订《借款合同》，借款金额3995万元，借款种类为“流动资金贷款”。关于“借款用途”，农行先锋支行提供的《借款合同》约定借款用途为“流动资金贷款借新还旧”（手写）；而金霞公司提供的《借款合同》约定借款用途仅为“流动资金”（手写）。同日，农行先锋支行与金霞公司签订两份《抵押合同》，以金霞公司的两块土地使用权为该借款提供抵押担保，并办理登记。

4. 一审：原告农行先锋支行起诉被告金霞公司，要求金霞公司承担担保责任。金霞公司辩称其担保的借款用途为流动资金贷款，借款人将其用于借新还旧，故不应承担担保责任。湖南省高院以担保人对借新还旧知情且新贷旧贷均是同一担保人为由判决金霞公司应当承担担保责任。

5. 二审：金霞公司不服一审判决提起上诉，诉称对银行与借款人故意隐瞒借新还旧事实，且借款合同存在多处不一致，因此不应承担担保责任。最高法院认为案涉借款用于借新还旧并未超出约定的借款用途，不应免除担保责任，故判决驳回上诉维持原判。

裁判要点及思路

本案的争议焦点是：银行提供的借款合同载明的借款用途“流动资金贷款借新还旧”，抵押人提供的借款合同载明的借款用途“流动资金贷款”，该借款被实际用于借新还旧是否应认定超出了担保人承诺担保的借款用途。最高法院认为，企业流动资金主要用于支付工资、购买原材料、偿付债务等的现金款项。担保人同意为“流动资金”借款提供担保，借款人将借款用于支付到期债务，并未超出担保人承诺的担保范围。同时，担保人、银行、借款人此前已经签订过其他抵押贷款合同，担保人在明知借款人存在未清偿借款的情况下，未明确限制借款用途，仍笼统的承诺为“流动资金”贷款提供担保，故不应免除担保人的责任。

实务要点总结

前事不忘，后事之师。我们就最高法院有关本案的判决涉及的实务要点梳理如下，以供实务参考。

1. 根据《流动资金贷款管理暂行办法》，流动资金贷款是指贷款人向借款人发放的用于借款人日常生产经营周转的本外币贷款，主要用于企业支付工资、购买原材料、偿付债务等的现金款项。流动资金贷款更是被严格限制不得用于固定资产、股权等投资，不得用于国家禁止生产、经营的领域和用途。**因此，为了防止贷款被不当使用影响企业最终的偿还能力，一般来说银行都会在借款合同中明确约定贷款用途，并约定企业挪用借款与约定用途不符的，银行有权停止发放贷款、宣布贷款提前到期或者解除贷款合同，并要求借款人承担违约责任。**但上述银监会对贷款资金的管理和限制属于银行业内部的管理性规定，性质上是部门规章，不属于《合同法》第五十二条第（五）项规定的法律、行政法规的强制性规定，即使借款人违规使用贷款，银行或者担保人也不能否认借款合同的效力。

2. 流动资金贷款的使用范围当然的包括清偿债务，因此银行、借款人约定贷款用途为“流动资金贷款”，担保人承诺为此提供担保的情况下，银行和借款合意将该等借款用于借新还旧，并未超出担保人承诺提供担保的范围，不能以此为由主张不承担担保责任。因此，担保人如要限制借款人的用款行为，应当作出具体明确的限制，如在借款合同和担保合同中写明未经担保人同意将借款用于借新还旧的，不承担担保责任。

相关法律法规

《最高人民法院关于适用〈中华人民共和国担保法〉若干问题的解释》［法释〔2000〕44号］

第三十九条　主合同当事人双方协议以新贷偿还旧贷，除保证人知道或者应当知道的外，保证人不承担民事责任。

新贷与旧贷系同一保证人的，不适用前款的规定。

《流动资金贷款管理暂行办法》［中国银行业监督管理委员会令〔2010〕第1号］

第三条　本办法所称流动资金贷款，是指贷款人向企（事）业法人或国家规定可以作为借款人的其他组织发放的用于借款人日常生产经营周转的本外币贷款。

第九条　贷款人应与借款人约定明确、合法的贷款用途。

流动资金贷款不得用于固定资产、股权等投资，不得用于国家禁止生产、经营的领域和用途。

流动资金贷款不得挪用，贷款人应按照合同约定检查、监督流动资金贷款的使用情况。

以下是本案判决书中“本院认为”部分，最高法院就将流动资金贷款用于借新还旧是否免除担保责任问题的论述：

最高法院认为：“本案当事人分别持有的借款合同中虽然部分内容有出入，但当事人对各自持有的合同本身的真实性不持异议，不妨碍合同成立的事实认定。金霞公司主张免除其担保义务的主要理由是其持有的借款合同中借款用途系“流动资金”贷款，与农行先锋支行持有的借款合同上借款用途为“流动资金贷款借新还旧”不同。**企业流动资金系相对固定资产而言的企业资产，包括企业用于支付工资、购买原材料、偿付债务等的现金款项。金霞公司同意为金帆公司“流动资金”借款提供担保，金帆公司将借款用于支付到期债务，并未超出金霞公司的担保范围。金霞公司、金帆公司与农行先锋支行之间在本案合同签订之前已签订过其他的借款抵押合同，金霞公司对于金帆公司在农行先锋支行是否存在尚未偿还的债务是明知或者应当知道的。如果金霞公司不愿意为金帆公司用于偿还债务的借款提供抵押，应当在合同中明确加以限制。金霞公司在本案合同中笼统地承诺为金帆公司“流动资金”借款提供担保，未对金帆公司的借款用途加以限制，现在诉讼中提出不同意借款人将借款用于偿还债务有违诚实信用原则。**

最高人民法院《关于适用〈中华人民共和国担保法〉若干问题的解释》第三十九条的规定，主合同当事人双方协议以新贷偿还旧贷，除保证人知道或者应当知道外，保证人不承担民事责任。新贷与旧贷系同一保证人的，不适用前款的规定。**本案中金霞公司就同一抵押物先后为金帆公司的新旧贷款提供抵押担保，金帆公司以新贷偿还旧贷，并未加重金霞公司的担保责任，金霞公司要求免除其担保责任的上诉主张与上述规定不符。**金霞公司关于本案利息计算有误的上诉主张，亦没有相应的事实和法律依据，本院不予支持。”

案件来源

《最高人民法院公报》2009 年第 1 期（总第 147 期）：长沙金霞开发建设有限公司与中国农业银行长沙市先锋支行、湖南金帆投资管理有限公司合同纠纷上诉案［最高人民法院（2007）民二终字第 33 号］

延伸阅读

有关没有约定具体的借款用途时担保责任如何认定的问题，以下是我们在写作中检索到与该问题相关的最高法院案例及裁判观点，以供读者参考。

1. 保证人承诺为借款人生产经营需要发生的贷款向银行提供担保，即使借款人未将借款用于借款合同约定的具体用途，但是也不能当然否定该款项被用于公司的其他生产经营，不属于加重了保证人负担的情形，保证责任不因此免除。

案例一：中国信达资产管理股份有限公司新疆维吾尔自治区分公司与新疆石河子开发区经济建设总公司、新疆江海三泰番茄制品股份有限公司等金融借款合同纠纷上诉案［最高人民法院（2015）民一终字第425号］

最高法院认为：“**涉诉《流动资金借款合同》签订前，2012年9月25日经济建设总公司《会议纪要》载明的新疆江海三泰公司因生产经营需要向中行石河子分行借款、经济建设总公司同意提供保证担保之内容，可以表明经济建设总公司系为新疆江海三泰公司生产经营需要向债权人提供保证。即使新疆江海三泰公司未将涉诉借款用于收购番茄、支付包装物款，也不能当然否定该款项用于该公司其他生产经营。**经济建设总公司以新疆江海三泰公司未将涉诉借款用于收购番茄、支付包装物款为由主张中行石河子分行存在欺诈，事实依据并不充分。另一方面，涉诉款项在原借款期限即将届满时，**经济建设总公司2013年9月18日《会议纪要》载明的新疆江海三泰公司因当年资金紧张、经济建设总公司同意继续提供连带保证之内容，以及经济建设总公司2013年9月23日向中行石河子分行出具《告知函》载明的因债务人经营困难无力归还借款、经济建设总公司愿意继续履行保证责任之内容，可以表明，经济建设总公司是为债务人新疆江海三泰公司无力清偿的涉诉借款提供连带保证。**在债务人新疆江海三泰公司未清偿涉诉借款款项的情况下，经济建设总公司应当承担相应保证责任。经济建设总公司以债务人未将款项用于合同约定用途故债权人存在欺诈为由主张免除保证责任，缺乏事实和法律依据，对其主张本院不予支持。债务人新疆江海三泰公司及经济建设总公司等保证人应当向信达公司新疆分公司承担相应责任。”

021 “借新还旧”未重新办理抵押登记，银行不得基于原抵押权向抵押人主张优先受偿

阅读提示

《物权法》第一百七十七条第一款第一项规定，“有下列情形之一的，担保物权消灭：(一)主债权消灭”，《担保法》第五十二条规定，“抵押权与其担保的债权同时存在，债权消灭的，抵押权也消灭”。银行与借款人协议借新贷还旧贷，将不可逆的发生旧贷款（主债权）清偿的法律效果，原抵押权也一并消灭，新贷款所对应的抵押权应自重新办理抵押登记之日起设立，未重新办理设立登记的，新贷款应视为没有抵押担保的普通债权，银行不得基于原抵押权主张优先受偿。

裁判要旨

借贷双方协议“借新还旧”，应当认为原贷款合同项下的主债务已经履行完毕，相应的抵押权也一并消灭。此时，银行基于新贷款合同对案涉房屋享有的抵押权应当视为自重新办理抵押登记之日起设立。

案情简介

1. 2002 年 12 月 26 日、27 日，淄博商行与晟欣公司签订两份抵押担保借款合同，借款金额 1600 万元、2400 万元，抵押物为 62 号土地使用权及地上整体在建工程，2002 年 12 月 30 日办理了抵押登记。2003 年 4 月 18 日，淄博商行与晟欣公司签订格式的抵押担保借款合同，借款金额 2000 万元，抵押物为 2 号房产，并办理了抵押登记。

2. 2004 年 12 月 24 日，淄博商行与晟欣公司就上述 6000 万元借款签订展期协议，约定在建工程竣工取得房屋所有权证后应办理抵押变更。2004 年 5 月 19 日，淄博商行与晟欣公司签订保证担保借款合同，借款金额为 1000 万元。

3. 2005 年 6 月 2 日晟欣公司取得房屋所有权证。2005 年 11 月 28 日，办理在建工程抵押登记转换至房屋他项权利登记手续，担保金额为 7000 万元，该 7000 万元借款用途为贷新还旧，原抵押于 2005 年 11 月 28 日注销，同日办理了新的抵押登记。

4. 2007 年 5 月 31 日，淄博中院于作出判决，判令：晟欣公司偿还借款本金

7000万元及利息，淄博商行对案涉抵押物享有优先受偿权。

5. 执行异议：执行过程中，案外人利群公司提出执行异议，称对案涉抵押物享有租赁权且租赁权先于抵押权设立。淄博中院认为前后多次设立的抵押权具有连续性，因此抵押权先于租赁权设立，故裁定利群公司之租赁权不能对抗抵押权。

6. 执行复议：利群公司不服异议裁定申请执行复议，称案涉7000万元借款属借新还旧，原抵押权已消灭，因此租赁权先于抵押权设立。山东省高院裁定驳回复议申请。

7. 执行监督：利群公司不服复议裁定申请执行监督，最高法院认定案涉借款属借新还旧，原抵押权已经消灭，新设立的抵押权晚于租赁权，故裁定利群公司之租赁权可对抗银行的抵押权。

裁判要点及思路

本案的争议焦点是：原抵押权是否因银行与借款人约定“借新还旧”而消灭，使得新贷款合同所对应的第二次登记设立的抵押权晚于利群公司对抵押物享有的租赁权的设立时间。最高法院认为，借贷双方再次签订借款合同，以新贷出的款项清偿旧的贷款应当认为原贷款合同已经履行完毕。根据《担保法》第五十二条的规定“抵押权与其担保的债权同时存在，债权消灭的，抵押权也消灭”，故随着原贷款合同的主债务履行完毕，相应的抵押权也一并消灭。此时，银行对涉案房屋的抵押权应当视为自第二次办理抵押登记之日起重新设立，晚于利群公司租赁权的设立时间，即租赁在先，抵押在后。因此利群公司享有的租赁权可对抗银行享有的抵押权。

实务要点总结

前事不忘，后事之师。我们就最高法院有关本案的判决涉及的实务要点梳理如下，以供实务参考。

1. 根据《物权法》第一百七十七条和《担保法》第五十二条的规定，银行与借款人签订借新还旧合同后将不可逆的导致旧的主债务因履行而消灭，相对应的抵押权也随之一并消灭，尽管实际判决中尚存在些许嘈杂之音，但主流的裁判观点已趋向于一致。旧贷款对应的抵押权消灭后，如果银行未重新办理抵押登记，即使银行与抵押人约定将原未注销登记的抵押权继续为新贷款合同提供抵押担保，也不能发生抵押权重新设立的法律效果，新贷款将陷入脱保的境地。

2. 银行在具体办理原抵押权注销登记和新抵押权设立登记时，应先行解除原贷款合同对应的抵押登记，再重新办理对应新贷款合同项下主债权的抵押登记。应当特别注意注销登记与重新登记的衔接问题，至少应做到同时向抵押登记机关递交注销手续和新设手续，以避免原抵押登记解除后抵押人拒绝配合办理重新抵押登记或者原抵押登记接触后抵押物被第三方债权人查封的情形出现。

相关法律法规

《物权法》

第一百七十七条 有下列情形之一的，担保物权消灭：

（一）主债权消灭；

（二）担保物权实现；

（三）债权人放弃担保物权；

（四）法律规定担保物权消灭的其他情形。

《担保法》

第五十二条 抵押权与其担保的债权同时存在，债权消灭的，抵押权也消灭。

以下是本案判决书中“本院认为”部分，最高法院就借新还旧原抵押权是否消灭问题的论述：

最高法院认为：“一、关于租赁权的设立时间。2004年11月6日的《房屋及设备租赁合同》并非2002年11月8日的《房屋及设备租赁合同》的延续和补充，二者是独立的两份合同，本案租赁权设立的依据应当认定为2004年11月6日的《房屋及设备租赁合同》。租赁权作为物权化的债权，应以租赁人对租赁物实际占有、使用作为设立的时间，本案中，根据利群公司提交的证据，可以推定租赁权设立的时间应为2005年4月利群集团淄博购物广场开业前。二、关于抵押权的设立时间。淄博中院（2007）淄民二初字第14号民事判决中确认的2005年12月28日的7000万元贷款，与当事人2005年11月24日办理抵押登记备案的7000万元贷款应当为同一笔贷款。**虽然在一定意义上此笔贷款与之前的晟欣公司与齐商银行双方债权债务关系及抵押关系有连续性，但对该笔贷款的用途，应根据淄博中院（2007）淄民二初字第14号民事判决，认定为‘贷新还旧’。贷新还旧是在旧贷款尚未清偿的情况下，借贷双方再次签订贷款合同，以新贷出的款项清偿旧的贷款。对这种安排下的法律后果，应当认为原贷款合同已经履行完毕，即7000万元新贷款合同签订并履行后，其所涵盖的先期四份贷款合同已经履行完毕。**根

据《中华人民共和国担保法》第五十二条的规定‘抵押权与其担保的债权同时存在，债权消灭的，抵押权也消灭’。故随着原四份贷款合同的主债务履行完毕，相应的抵押权也一并消灭。此时，齐商银行对涉案房屋的抵押权，应当视为自 2005 年 11 月 28 日起重新成立，晚于利群担保公司租赁权的设立时间，即租赁在先，抵押在后。三、关于利群担保公司租赁权的保护。《中华人民共和国合同法》第二百三十条规定‘出租人出卖租赁房屋的，应当在出卖之前的合理期限内通知承租人，承租人享有以同等条件优先购买的权利’。《中华人民共和国担保法》第四十八条规定‘抵押人将已出租的财产抵押的，应当书面告知承租人，原租赁合同继续有效’。《最高人民法院关于适用〈中华人民共和国担保法〉若干问题的解释》第六十五条规定‘抵押人将已出租的财产抵押的，抵押权实现后，租赁合同在有效期内对抵押物的受让人继续有效’。本案中，利群担保公司的租赁权先于齐商银行抵押权设立，故有权要求买受人继续履行租赁合同，但该权利不应与对租赁物的优先购买权同时行使，否则过分保护了承租人的权益，亦对申请执行人和被执行人的权益造成影响。因此，执行法院应当在拍卖前告知利群担保公司对优先购买权和继续履行租赁合同的权利择一行使。”

案件来源

青岛利群投资有限公司等申请监督案执行裁定书［最高人民法院（2013）执监字第 67 号］

延伸阅读

有关借新还旧是否需要重新办理抵押登记的问题，以下是我们在写作中检索到与该问题相关的部分省高院的案例及裁判观点，以供读者参考。

1. 借款人用新贷款偿还了旧贷款，旧的贷款消灭，相对应的抵押权也随之消灭。

案例一：中国农业发展银行咸阳市分行与被执行人咸阳瑞雪面粉有限公司、侯选民、边耀贤、咸阳秦文融资担保有限公司借款合同纠纷执行裁定书［陕西省高级人民法院（2017）陕执复 79 号］

陕西省高院认为：“本院认为，本案焦点问题是，咸阳中院将 270 台（套）案涉设备抵偿给农发行是否侵害农信社的抵押优先受偿权。

一、农信社对案涉设备的抵押登记在农发行之前。农信社对设备的抵押登记时间是 2011 年 10 月 28 日，这不仅有咸阳市工商行政管理局出具的咸工商财抵登字（2011）第027号动产抵押登记书为证，也被渭城区法院（2015）渭城民初字第00946号民事判决书所确认。而农发行与主债务人瑞雪面粉公司从2010年6月10日到2013年10月10日签订的四次借款合同和抵押合同，前三次的借款均被随后的贷款所清偿，只有2013年10月10日的贷款未偿还，因而农发行才以此贷款合同、抵押合同为据提起诉讼，咸阳中院作出了（2015）咸中初字第00174号民事调解书。依据《中华人民共和国物权法》第一百七十七条规定，主债权消灭，担保物权也随之消灭。瑞雪面粉公司用新贷款偿还了农发行的旧贷款，旧的贷款消灭，相对应的抵押权也随之消灭，所以，2010年6月10日的抵押权已消灭。农发行有效的抵押权应依据咸阳市工商行政管理局向农发行出具的咸工商财抵登字（2013）第40号动产抵押登记书载明的抵押登记时间，即2013年10月10日。综上，农信社的抵押登记在农发行之前。

二、咸阳中院将270台（套）案涉设备抵偿给农发行，侵害了农信社的抵押优先受偿权。《中华人民共和国物权法》第一百九十九条第一款第（一）项、《中华人民共和国担保法》第五十四条第一款第（一）项规定，抵押合同以登记生效的，按照抵押物登记的先后顺序受偿。本案中，农信社的抵押登记在农发行之前，依照上述法律规定，咸阳中院在执行中应优先清偿农信社的债权。咸阳中院（2015）咸中执字第00063-2号执行裁定，将270台（套）的设备抵偿给农发行，侵害了农信社的优先受偿权，应予纠正。咸阳中院（2017）陕04执异第24号执行裁定对案涉抵押设备的数量、抵押登记设立的先后顺序认定错误，应予撤销。”

2. 银行与借款人重新签订借款合同用以偿还旧的贷款，主债权已因获得清偿而消灭，抵押权也随之消灭。双方重新签订抵押合同但未办理登记的，应认定抵押权未设立，银行不在享有抵押权。

案例二：原告兰州银行股份有限公司兴兰支行与被告兰州居正房地产有限公司等金融借款合同纠纷一审民事判决书［甘肃省高级人民法院（2015）甘民二初字第13号］

甘肃省高院认为：“关于兰州银行兴兰支行能否就其与居正公司签订的抵押合同约定的抵押物优先受偿。经审查，兰州银行兴兰支行与居正公司在2011年7月15日签订借款合同及抵押合同并办理抵押登记，该份借款合同因2014年9月16日双方重新签订借款合同，用以偿还2011年7月15日借款合同所涉借款，至此，2011年7月15日签订的借款合同已经履行完毕，主债权已因获得清偿而消灭，根据《中华人民共和国物权法》第一百七十七条第（一）项之规定：主债权消灭的，担保物权消灭，兰州银行兴兰支行不再就抵押物享有抵押权。2014年9月16日，双方重新签订抵押合同，按照《中华人民共和国物权法》第一百八十七条之规定，抵押权自登记时设立。而双方签订抵押合同后，未办理抵押登记，因此抵押权未设立。兰州银行兴兰支行就抵押物优先受偿的诉讼请求不能成立，本院不予支持。”

022 旧贷款偿还后又借出相同金额的新贷款的不属于“借新还旧”

阅读提示

“借新还旧”和“还旧借新”在法律效果上存在显著差别。“借新还旧”要求在旧贷款尚未偿还的情况下，银行和借款人签订新的借款合同，并将新贷出的款项用于偿还旧贷款。“还旧贷新”是指旧贷款偿还后，签订新的借款合同，即使两次贷款的数额相同，时间仅差几日，但因旧贷清偿在先，新贷借出在后，法律效果上与“借新还旧”存在显著差别。

裁判要旨

“借新还旧”应当是债权人与债务人在旧的贷款尚未清偿的情况下，再次签订贷款合同，以新贷出的款项清偿部分或者全部旧的贷款。借款人偿还旧贷款后，又向银行借与旧贷款数额相同的款项，不属于贷新还旧，保证人的担保责任不应免除。

案情简介

1. 2003年12月25日，万力公司向农行河北支行借款人民币4000万元；2004年1月8日，万力公司向农行河北支行偿还人民币4000万元。

2. 2004年1月13日，农行河北支行与万力公司《借款合同》，借款本金4000万元。同日，农行河北支行与迎宾公司、祥和公司、飞龙公司、游乐港公司签订《保证合同》，约定为4000万元借款提供连带责任保证。

3. 上述合同签订后，农行河北支行依约发放了贷款，但万力公司未能偿还本息，各保证人亦未履行保证义务。

4. 一审：原告农行河北支行起诉借款人万力公司及各保证人，要求偿还借款本息，承担保证担保责任。保证人迎宾公司称案涉借款系借新还旧，其对此不知情，故不应承担保证责任。天津市高院认为，案涉借款不属于借新还旧，故判决保证人迎宾公司承担保证担保责任。

5. 二审：迎宾公司不服一审判决提起上诉，诉称借款人偿还原4000万元的目的是为了能够获得案涉借款，故应属于借新还旧。最高法院认为，迎宾公司的上诉理由系对借新还旧的概念理解错误，故判决驳回上诉请求。

裁判要点及思路

本案的争议焦点是：案涉40000万元借款是否因构成借新还旧而免除保证人迎宾公司的担保责任。“借新还旧”应当是债权人与债务人在旧的贷款尚未清偿的情况下，再次签订贷款合同，以新贷出的款项清偿部分或者全部旧的贷款。本案中借款人于2004年1月8日偿还了4000万元借款后，又于2004年1月13日借款4000万元，不属于借新还旧。最高法院、天津市高院认为保证人迎宾公司的答辩理由和上诉理由系对“借新还旧”概念的理解错误，故判决保证人迎宾公司仍应承担担保责任。

实务要点总结

前事不忘，后事之师。我们就最高法院有关本案的判决涉及的实务要点梳理如下，以供实务参考。

1. 本案中最高法院通过认可天津市高院一审裁判观点的方式，明确界定了“借新还旧”的概念。认定“借新还旧”首要的在于认定新贷和旧贷发生的时间节点，只有在旧贷款尚未偿还情况下，银行与借款人签订新的借款合同，并将新借款用于偿还旧借款方能构成借新还旧。本案恰恰是借款人首先偿还了旧贷款，而后又签订了新的借款合同，尽管在时间上二者仅差数日，且新贷与旧贷数额均为4000万元，本质上也未增加借款人可以实际支配的资金总额，但基于该种技术性的法律规定，导致了两种截然不同的法律效果，不能构成“借新还旧”而是“还旧借新”。担保人以不知情为由主张免除担保责任的，将不予支持。

2. 如存在《担保法》第三十条的规定的银行与借款人恶意串通骗取担保的情形，保证人可主张免责。但从实际诉讼中证明事实的难易程度来看，保证人作为银行和借款人关系之外的第三人，要证明二者恶意串通骗取其保证的事实是极其困难的，本案中也因保证人万力公司未能提出有效证据其主张未获法院支持。

相关法律法规

《担保法》

第三十条　有下列情形之一的，保证人不承担民事责任：

（一）主合同当事人双方串通，骗取保证人提供保证的；

（二）主合同债权人采取欺诈、胁迫等手段，使保证人在违背真实意思的情况下提供保证的。

《最高人民法院关于适用〈中华人民共和国担保法〉若干问题的解释》[法释〔2000〕44号]

第三十九条　主合同当事人双方协议以新贷偿还旧贷，除保证人知道或者应当知道的外，保证人不承担民事责任。

新贷与旧贷系同一保证人的，不适用前款的规定。

以下是本案判决书中“本院认为”部分，一审天津市高院和二审最高法院就案涉借款是否构成借新还旧问题的论述：

天津市高院认为：“迎宾公司提出本案借款系借新还旧，事实是万力公司2003年12月25日向农行河北支行借款人民币4000万元。2004年1月8日已还款人民币4000万元，系另一笔贷款。**所谓借新还旧，应当是债权人与债务人在旧的贷款尚未清偿的情况下，再次签订贷款合同，以新贷出的款项清偿部分或者全部旧的贷款。本案借款发生在2004年1月13日，不属借新还旧。**迎宾公司其他关于本案涉嫌刑事犯罪及借款合同和保证合同无效的抗辩，没有提供相应证据，不予支持”。

最高法院认为：“本院认为，农行河北支行与万力公司2004年1月13日签订的《借款合同》以及与被告迎宾公司、祥和公司、飞龙公司、游乐港公司在同日签订的《保证合同》，与盛发公司2004年12月7日签订的《保证合同》，魏立明2004年1月10日签署的承诺函，是各方当事人的真实意思表示，不违反法律规定，应当认定有效。《借款合同》签订后，农行河北支行如约履行了放款4000万元义务。借款期限届满，万力公司没有履行偿还本息的义务，各担保人也未履行担保义务，均属于违约行为，应当承担还本付息的违约责任。**迎宾公司提出本案贷款是贷新还旧的上诉理由，属于其对贷新还旧概念的理解错误，没有事实依据，本院不予支持。**其上诉还认为本案借款属于借款双方恶意串通的诈骗行为，没有证据支持，虽经本院调查取证，也未发现有关证据，故本院不予支持。原审判决认定事实清楚、适用法律得当，判决正确，应予维持。”

案件来源

天津迎宾广场有限公司与天津市万力钢结构工程有限公司、天津祥和投资发展有限公司等借款合同纠纷上诉案［最高人民法院（2005）民二终字第162号］

延伸阅读

有关如何认定“借新还旧”和“还旧借新”的问题，以下是我们在写作中检索到与该问题相关的最高法院案例及裁判观点，以供读者参考。

1. 该借款属于“还旧借新”不构成“借新还旧”，并未损害保证人的利益。

案例一：中国工商银行股份有限公司扬州江都支行与黄静、扬州爱丽佳家用化学品有限公司等金融借款合同纠纷二审民事判决书［江苏省高级人民法院（2016）苏民终195号］

江苏省高院认为：“爱丽佳公司2013年12月10日归还江都工行400万元是针对2012年12月20日的400万元贷款，该笔贷款于当日偿还后江都工行才向爱丽佳公司发放案涉400万元贷款，此并不属于借新还旧，并未损害黄静的合法权益。”

2. 银行更换贷款凭证新贷款并未实际贷出，其真实用途为“借新还旧”，以贷还贷。

案例二：交通银行股份有限公司沈阳南湖支行与沈阳市建设投资有限公司、沈阳和光集团股份有限公司借款合同纠纷上诉案［最高人民法院（2012）民二终字第71号］

最高法院认为：“关于沈阳建投是否应当承担沈交银2004年公司保字032号《借款保证合同》项下的保证责任问题。**本院认为，虽然交通银行南湖支行在诉讼中主张该笔借款为“还旧借新”，并提供了加盖银行转讫章的2004年3月19日《还款凭证（回单）》和2004年3月22日《（临时贷款）借款凭证》，但因其未能提供沈交银2004年公司贷字032号《借款合同》项下1500万元借款划至和光集团账户后资金去向的相关证据，故应当认定该借款合同项下的资金没有实际贷出，交通银行沈阳分行制作的相关凭证仅是更换了贷款凭证，该笔借款的真实用途为以贷还贷，系为了归还沈交银2003年公司贷字008号《借款合同》项下和光集团的还款义务。**一审判决关于该笔贷款为‘还旧借新’的认定，与事实不符，本院予以纠正。由于沈阳建投亦是沈交银2003年公司贷字008号《借款合同》的保证人，根据《最高人民法院关于适用〈中华人民共和国担保法〉若干问题的解释》

第三十九条的规定，主合同当事人协议借新还旧，新贷和旧贷系同一保证人的，保证人仍应承担民事责任。故沈阳建投关于交通银行沈阳分行与和光集团恶意串通，其不应承担保证责任的上诉理由不能成立，本院不予支持。”

023 连续“借新还旧”以达到“短贷长用”目的的借款合同有效

阅读提示

本文中的“短贷长用”，是指将原本约定借款种类为短期流动资金贷款的资金，通过连续“借新还旧”的方式，用于企业长期投资或建设，变成事实上的中长期借款。《商业银行法》第三十五条规定，银行应当对借款人的借款用途、偿还能力、还款方式等进行严格审查，借贷双方协议“短贷长用”应认定银行未严格审查监管义务违反了该条规定，但并不构成《合同法》第五十二条规定的导致合同无效的法定情形，借款合同仍然有效。

裁判要旨

借贷双方合意将名为短期贷款的资金通过“借新还旧”的方式达到“短贷长用”的目的，违反了《商业银行法》第三十五条的规定，但该法属于银行业内部的行政管理性质的法律规定，不属于《合同法》第五十二条有关合同无效的法定情形，不影响借款合同的效力。

案情简介

1. 2005 年 4 月至 2006 年 4 月，眉山农行与远景公司分别签订 14 份借款合同，借款种类均为短期流动资金贷款，借款期限一年，借款用途除其中 3 份借款合同载明为购原材料外，其余 11 份借款合同的借款用途载明为“还旧借新”。

2. 2005 年 8 月 5 日、2006 年 1 月 4 日，眉山农行与远景公司签订《借款合同》2 份，借款金额分别为 1000 万元、800 万元。上述 16 份借款合同，借款共计本金 9150 万元。另查明，借款主要被用于远景公司下属酒业公司改造项目，而非短期流动资金贷款。

3. 2006 年 6 月 23 日，眉山农行向农业发展银行眉山市分行出具《说明》，载明：将对远景公司短贷长用资金 5200 万元 拟作期限调整。2006 年 10 月 10 日，农行省分行对眉山农行发出《批复》，将远景集团公司 9147 万元贷款风险分类调整为可疑类贷款。

4. 一审：2008 年 4 月 2 日，原告眉山农行起诉被告远景公司，要求偿还借款本息。远景集团提出反诉，诉称案涉借款合同均属无效。四川省高院认为，借贷双方合意将短期贷款以“借新还旧”达到“短贷长用”的目的，不属于《合同法》第五十二条规定的导致合同无效的情形，故判决驳回远景公司的反诉请求。

5. 二审：远景公司不服一审判决提起上诉，诉称一审法院未查明其与银行长期以来“短贷长用”的习惯性做法等事实，案涉借款合同应属无效，不应承担保证责任。最高法院判决驳回上诉，维持原判。

裁判要点及思路

本案的争议焦点是：银行与借款人连续“借新还旧”将短期流动资金贷款达到长期使用的目的，是否构成合同无效的法定事由。最高法院认为，借贷双方均明知贷款主要用于借款人远景公司下属酒业公司的技改项目，但双方仍同意以短期流动资金贷款名义进行发放，并以“借新还旧”的方式达到“短贷长用”的目的。银行采用该种贷款方式，违反了《商业银行法》第三十五条有关贷款审查、审批的相关管理制度和要求，但《商业银行法》属于金融系统行政管理性质的法律规定，属于银行内部行政处罚的范畴，不属于《合同法》第五十二条有关合同无效的法定情形，不影响借款合同的效力。

实务要点总结

前事不忘，后事之师。我们就最高法院有关本案的判决涉及的实务要点梳理如下，以供实务参考。

1. 短期流动资金贷款，是指贷款期限在一年期以下的，主要用于借款人日常生产经营周转的本外币贷款，主要用于企业支付工资、购买原材料、偿付债务等的现金款项。本案中借款合同虽然约定借款种类为短期流动资金贷款，但实际上却通过连续“借新还旧”的方式，将资金用于企业技术改造项目，变为投入类的中长期借款，应当认定银行违反了《商业银行法》第三十五条的规定，未尽严格的审查监管义务。

2. 违反《商业银行法》的规定并不当然导致借款合同无效。《合同法》第五十二条规定了五种可以导致合同无效的法定事由，其第五项“违反法律、行政法规的强制性规定”对能够导致合同无效的规范性法律文件的类型和层级作了严格限定,《商业银行法》作为银行业系统内部的管理性规定，违反该法的规定仅能导致银行业内部的行政处罚（如本案中银行负责人被行政记过），并不影响借款合同的效力。

相关法律法规

《合同法》

第五十二条 有下列情形之一的，合同无效：

（一）一方以欺诈、胁迫的手段订立合同，损害国家利益；

（二）恶意串通，损害国家、集体或者第三人利益；

（三）以合法形式掩盖非法目的；

（四）损害社会公共利益；

（五）违反法律、行政法规的强制性规定。

《商业银行法》

第三十五条 商业银行贷款，应当对借款人的借款用途、偿还能力、还款方式等情况进行严格审查。

商业银行贷款，应当实行审贷分离、分级审批的制度。

以下是本案判决书中“本院认为”部分，最高法院就借贷双方“借新还旧”达到“短贷长用”目的的借款合同是否有效问题的论述：

最高法院认为:“关于借款合同的效力问题。涉案十六份借款合同均为当事人真实意思表示，不违反法律、行政法规的禁止性规定，原审判决认定合法有效正确。**从借款合同签订的背景看，借贷双方均明知贷款主要用于远景集团公司下属子公司酒业公司的技改项目，但双方仍同意以短期流动资金贷款名义进行发放，并以‘还旧借新’的方式达到‘短贷长用’的目的。眉山农行采用该种贷款方式，违反了《中华人民共和国商业银行法》第三十五条有关贷款审查、审批的相关管理制度和要求；而该法的这类规定系金融系统行政管理性质的法律规定，眉山农行违规贷款系权利人疏于防范风险的行为，属于银行内部行政处罚的范畴，不属于《中华人民共和国合同法》第五十二条有关合同无效的法定情形，不影响借款合同的效力。**原审判决认定借款合同合法有效正确，应予维持。本案借贷双方以此种方式进行贷款，系双方真实自愿的结果，上述借款合同对双方当事人均具有拘束力。远景集团公司认为一审法院对上诉人、被上诉人长期习惯性做法和双方当事人其他形式的约定等事实均未查明，主张借款合同无效，进而免除其担保责任的上诉理由，缺乏法律依据，不能成立，本院不予支持。”

案件来源

四川远景实业集团有限公司与四川远景实业集团蚕业有限公司、四川远景实业集团青神米业有限公司借款抵押合同纠纷上诉案［最高人民法院（2009）民二终字第124号］

024 “借新还旧”重新办理第二次抵押登记设立的抵押权不能对抗成立在先的租赁权

阅读提示

不同主体之间不同性质的权利冲突是民事法律世界的常态，也是民法这一冲突处理规则得以存在和延续的现实基础。权利冲突时总的处理原则是尊重时效，即成立在先的权利优先于成立在后的，或者成立在先的权利可以对抗成立在后的权利。基于同一财产设立的抵押权和租赁权之间并不是你死我活，有你无我的状态，因分别指向财产的交换价值和使用价值，两种权利事实上是可以共存的。因此，设立了租赁权的财产可以同时设立抵押权，设立了抵押权的财产也同样可以出租。如租赁权设立在先，抵押权设立在后，出于对承租人信赖利益的保护，原租赁关系不受该抵押权的影响，即使执行法院将抵押物拍卖变现，买受人仍应继续履行租赁合同。

裁判要旨

银行与借款人协议“借新还旧”，应当认定原贷款合同已经履行完毕，相应的抵押权也一并消灭。银行对新贷款享有的抵押权应当视为自第二次办理抵押登记之日起重新设立。如该日期晚于租赁权的设立时间（即租赁在先，抵押在后），即使抵押物被执行法院拍卖，买受人仍应继续履行该租赁合同。

案情简介

1. 关于抵押借款的事实

（1）2002年12月26日、27日，淄博商行与晟欣公司签订两份抵押担保借款合同，借款金额1600万元、2400万元，抵押物为62号土地使用权及其上整体的在建工程，2002年12月30日办理了抵押登记。2003年4月18日，淄博商行与晟欣公司签订格式的抵押担保借款合同，借款金额2000万元，抵押物为2号房产，并办理了抵押登记。

（2）2004年12月24日，淄博商行与晟欣公司就上述6000万元借款签订展期协议，约定在建工程竣工取得房屋所有权证后办理抵押变更。

（3）2004年5月19日，淄博商行与晟欣公司签订保证担保借款合同，借款金额为1000万元。2005年6月2日晟欣公司取得房屋所有权证。2005年11月28日，办理在建工程抵押登记转换至房屋他项权利登记手续，担保金额为前述7000万元借款。

2. 关于抵押物出租的事实

（1）2002年11月8日晟欣公司与利群公司签订《房屋及设备租赁合同》，但出租房屋在合同签订后方才开始施工建设，利群公司未按约定支付定金。2003年9月建成后，2003年9月26日，晟欣公司与淄博惠尔玛商业有限公司签订租赁合同，租赁期限为20年，2004年5月该合同终止。

（2）2004年11月6日，晟欣公司与利群担保公司就涉案抵押建筑又签订《房屋及设备租赁合同》，2004年12月29日签订的《交接协议》，经装修后于2005年4月营业并经营至今。

3. 最高法院另查明，2005年12月28日的7000万元借款未借新还旧，原抵押于2005年11月28日注销，同日办理了新的抵押登记。淄博中院于2007年5月31日判决淄博商行提供的抵押房产享有优先受偿权。

4. 执行异议：利群公司主张其对抵押房产租赁在先，租赁关系不受影响。淄博中院认为抵押权成立在先，利群公司享有的租赁权不得对抗抵押权，但基于租赁权利群公司仍享有优先购买权。

5. 执行复议：利群公司不服异议裁定申请复议。山东省高院认为抵押权设立在先，故裁定驳回复议申请。

6. 执行监督：利群公司不服复议裁定申请执行监督。最高法院认为，案涉借款系借新还旧，原抵押权已消灭，租赁成立在先，故利群公司有权要求抵押房产的买受人继续履行租赁合同，但继续履行租赁合同和优先购买权只能选一行使。

裁判要点及思路

本案的争议焦点是：关于案涉抵押房产上附着的租赁关系和抵押权何者成立在先，以及如租赁关系成立在先其是否可对抗成立在后的抵押权。最高法院在另行查明事实的基础上作出改判裁定，其论述如下：

1. 关于抵押权的设立时间。最高法院认定案涉 2015 年 11 月 28 日办理抵押登记的 7000 万元借款为借新还旧，该 7000 万元新贷款合同签订并履行后，其所涵盖的旧的贷款合同已经履行完毕，相应的抵押权也一并消灭，因此本案中仍然有效存续的抵押权设立时间为 2015 年 11 月 28 日。

2. 关于租赁权的设立时间。利群公司分别于 2002 年和 2004 年签署的两份租赁合同不具有连续性，应为互相独立的合同。同时由于 2002 年的租赁合同并未实际履行，因此本案中有效的租赁关系成立时间应为 2004 年 11 月 6 日。

3. 因此，利群公司享有的租赁权应先于抵押权设立，基于该优先性，即使该抵押房产被拍卖，买受人应继续履行该租赁合同，同时利群公司享有对该抵押房产的优先购买权。但执行法院应当在拍卖前告知利群公司对优先购买权和继续履行租赁合同的权利择一行使。

实务要点总结

前事不忘，后事之师。我们就最高法院有关本案的判决涉及的实务要点梳理如下，以供实务参考。

1. 根据《物权法》第一百七十七条第一款第（一）项规定，主债权消灭的担保物物权一并消灭。尽管实践中银行与借款人约定借新还旧后，银行并不会向借款人实际发放贷款，而仅做账面上的调整，但从法律效果上看，自银行与借款人签署借新还旧的协议之日起，如无特殊约定，将同时发生新贷款发放以及旧贷款清偿的法律效果，旧贷款附着的抵押权也将一并消灭。如银行与借款人未重新办理抵押权设立或者变更登记，原抵押权的效力范围无法涵盖新贷款。

2. 根据《物权法》第一百九十条、《担保法》第四十八条以及《担保法解释》第六十五条的规定，针对同一财产，租赁权成立在先，抵押权成立在后的，租赁关系不受抵押权的影响。即使在实现抵押权的程序中，执行法院将抵押物拍卖，买受人仍应继续履行租赁合同。从银行角度来看，成立在先的租赁权得以对抗成立在后的抵押权，相当于抵押权自设立之初就负担了一定的权利瑕疵，同时，基于租赁权人享有的对抵押权的优先购买权，将直接导致抵押权变现时效下降和交易价值贬损，而使得银行享有的抵押权不能顺利、足额的实现。因此，银行在接受时应当审慎的考察抵押物是否负担了租赁权，同时在借款合同中要求借款人保证其所提供的抵押物不应负担任何权利瑕疵，否则应就此承担赔偿责任。

相关法律法规

《合同法》

第二百三十条　出租人出卖租赁房屋的，应当在出卖之前的合理期限内通知承租人，承租人享有以同等条件优先购买的权利。

《物权法》

第一百七十七条　有下列情形之一的，担保物权消灭：（一）主债权消灭；（二）担保物权实现；（三）债权人放弃担保物权；（四）法律规定担保物权消灭的其他情形。

第一百九十条　订立抵押合同前抵押财产已出租的，原租赁关系不受该抵押权的影响。抵押权设立后抵押财产出租的，该租赁关系不得对抗已登记的抵押权。

《担保法》

第四十八条　抵押人将已出租的财产抵押的，应当书面告知承租人，原租赁合同继续有效。

第五十二条　抵押权与其担保的债权同时存在，债权消灭的，抵押权也消灭。

《最高人民法院关于适用〈中华人民共和国担保法〉若干问题的解释》[法释〔2000〕44号]

第六十五条　抵押人将已出租的财产抵押的，抵押权实现后，租赁合同在有效期内对抵押物的受让人继续有效。

以下是本案判决书中“本院认为”部分，最高法院就租赁权和抵押权何者成立在先问题的论述：

最高法院认为：“一、关于租赁权的设立时间。2004年11月6日的《房屋及设备租赁合同》并非2002年11月8日的《房屋及设备租赁合同》的延续和补充，二者是独立的两份合同，本案租赁权设立的依据应当认定为2004年11月6日的《房屋及设备租赁合同》。租赁权作为物权化的债权，应以租赁人对租赁物实际占有、使用作为设立的时间，本案中，根据利群公司提交的证据，可以推定租赁权设立的时间应为2005年4月利群集团淄博购物广场开业前。二、关于抵押权的设立时间。淄博中院（2007）淄民二初字第14号民事判决中确认的2005年12月

28日的7000万元贷款，与当事人2005年11月24日办理抵押登记备案的7000万元贷款应当为同一笔贷款。虽然在一定意义上此笔贷款与之前的晟欣公司与齐商银行双方债权债务关系及抵押关系有连续性，但对该笔贷款的用途，应根据淄博中院（2007）淄民二初字第14号民事判决，认定为“贷新还旧”。**贷新还旧是在旧贷款尚未清偿的情况下，借贷双方再次签订贷款合同，以新贷出的款项清偿旧的贷款。对这种安排下的法律后果，应当认为原贷款合同已经履行完毕，即7000万元新贷款合同签订并履行后，其所涵盖的先期四份贷款合同已经履行完毕。根据《中华人民共和国担保法》第五十二条的规定‘抵押权与其担保的债权同时存在，债权消灭的，抵押权也消灭’。故随着原四份贷款合同的主债务履行完毕，相应的抵押权也一并消灭。此时，齐商银行对涉案房屋的抵押权，应当视为自2005年11月28日起重新成立，晚于利群担保公司租赁权的设立时间，即租赁在先，抵押在后。**三、关于利群担保公司租赁权的保护。《中华人民共和国合同法》第二百三十条规定‘出租人出卖租赁房屋的，应当在出卖之前的合理期限内通知承租人，承租人享有以同等条件优先购买的权利’。《中华人民共和国担保法》第四十八条规定‘抵押人将已出租的财产抵押的，应当书面告知承租人，原租赁合同继续有效’。《最高人民法院关于适用〈中华人民共和国担保法〉若干问题的解释》第六十五条规定‘抵押人将已出租的财产抵押的，抵押权实现后，租赁合同在有效期内对抵押物的受让人继续有效’。本案中，利群担保公司的租赁权先于齐商银行抵押权设立，故有权要求买受人继续履行租赁合同，但该权利不应与对租赁物的优先购买权同时行使，否则过分保护了承租人的权益，亦对申请执行人和被执行人的权益造成影响。因此，执行法院应当在拍卖前告知利群担保公司对优先购买权和继续履行租赁合同的权利择一行使。

综上，淄博中院（2007）淄执异字第207-1号执行裁定及山东高院（2013）鲁执复议字第5号执行裁定关于抵押权设立时间的认定错误，进而驳回利群公司、利群担保公司异议和复议请求不当，应予撤销。利群担保公司对涉案房产享有的承租权利和相应租赁合同关系应予保护，不受抵押房屋拍卖的影响，但利群担保公司应当在继续履行租赁合同和优先购买租赁物之间作出选择。”

案件来源

青岛利群投资有限公司等申请监督案执行裁定书［最高人民法院（2013）执监字第67号］

延伸阅读

有关执行过程中租赁权对抗抵押权的问题，以下是我们在写作中检索到与该问题相关的最高法院案例及裁判观点，以供读者参考。

1. 虽然第一次设立的抵押权已经注销，但银行和抵押人又与当事人重新办理了抵押登记，该两次抵押权设立具有连续性，不涉及借新还旧导致抵押权消灭的情形，应认定该抵押权已先于租赁权设立，租赁权不得对抗抵押权。

案例一：陈某、中国建设银行股份有限公司漳平支行案外人执行异议之诉再审审查与审判监督民事裁定书［最高人民法院（2018）最高法民申 1711 号］

最高法院认为：“《中华人民共和国物权法》第一百九十条规定：‘订立抵押合同前抵押财产已出租的，原租赁关系不受该抵押权的影响。抵押权设立后抵押财产出租的，该租赁关系不得对抗已登记的抵押权。’黄某、黄某与建行漳平支行就案涉房产于 2012 年 11 月 23 日签订了《最高额抵押合同》并办理了抵押登记，虽然该抵押登记于 2014 年 10 月 23 日被注销，但黄某、黄某与建行漳平支行又于当日重新签订了《最高额抵押合同》，并再次就案涉房产办理了抵押登记。二审判决据此认定建行漳平支行就案涉房产享有的抵押权自 2012 年 11 月 23 日起从未间断，即便案涉租赁合同签订于陈某主张的 2014 年 10 月 19 日且真实有效，也因该租赁关系产生于抵押权之后，不能对抗抵押权，并无不妥。”

2. 案涉主债权发生于 2015 年 9 月 30 日，此前的债权因本次借新还旧均已消灭，原抵押权也一并消灭。现银行所享有的抵押权系变更登记后才生效，不能对抗此前已经设立的租赁权。

案例二：温州市凯朗眼镜有限公司、中信银行股份有限公司温州分行、温州市意凯迪光学有限公司案外人执行异议之诉二审民事判决书［浙江省高级人民法院（2017）浙民终 706 号］

最高法院认为：“（一）中信银行温州分行现对案涉厂房和土地所享有的抵押权能否对抗 2015 年 1 月 23 日抵押变更登记之前依法成立的租赁权。抵押权作为担保物权，是为担保主债权实现而存在的从权利。根据《中华人民共和国物权法》第一百八十七条、第一百七十七条之规定，不动产抵押采取登记成立主义，抵押权自登记时设立；主债权消灭，抵押权消灭。2010 年 1 月 25 日，中信银行温州分行与意凯迪公司签订《最高额抵押合同》，约定意凯迪公司将其坐落于温州市创荣路 209 号的厂房作为抵押物，担保债权期间为 2010 年 1 月 25 日至 2015 年 1 月 25 日，担保债权最高额为 5038 万元，并于 2010 年 1 月 27 日、2 月 3 日分别办理了房产和土地使用权抵押登记手续；2015 年 1 月 21 日，双方签订补充协议，约定将担保债权期间变更为 2010 年 1 月 25 日至 2017 年 1 月 25 日，担保债权最高额变更为 6000 万元，并于同年 1 月 23 日办理了房产抵押变更登记手续。因此，在 2015 年 1 月 23 日抵押变更登记之前，中信银行温州分行已经登记公示的抵押权的主债权期间为 2010 年 1 月 25 日至 2015 年 1 月 25 日，担保债权最高额为 5038 万元；2015 年 1 月 23 日抵押变更登记之后，中信银行温州分行所享有的抵押权的主债权期间才延至 2017 年 1 月 25 日，担保债权最高额才变更为 6000 万元。**二审庭审中，中信银行温州分行确认案涉主债权发生于 2015 年 9 月 30 日，金额为 5565 万元，之前 2010 年 1 月 25 日发生的 5038 万元主债权与 2015 年 1 月 23 日发生的 5195 万元主债权因以新贷还旧贷均已清偿。因此，中信银行温州分行现对案涉厂房和土地所享有的抵押权系于 2015 年 1 月 23 日变更登记后才生效，原审认为可以对抗 2015 年 1 月 23 日变更登记之前成立的租赁权，适用法律不当。**”

025 约定借款合同变更除展期和增加借款外无须担保人同意，后将借款用于“借新还旧”的效力

阅读提示

《担保法解释》第三十九条第一款规定，“主合同当事人双方协议以新贷偿还旧贷，除保证人知道或者应当知道的外，保证人不承担民事责任”。实践中担保合同经常约定，“债权人与借款人协议变更主合同的，除展期或增加贷款金额外，无须经担保人同意，担保人仍在原担保范围内承担担保责任”。

由此带来一个潜在的隐患，当银行和借款人协议变更借款用途用于借新还旧，担保人不知情时，基于担保人的事先承诺，借款用途的变更无须经其同意，即使借款被用于借新还旧担保人仍应承担担保责任。而若认定《担保法解释》第三十九条性质上属于强制性法律规范，则当事人之间的合同约定不能对抗导致担保人免责的法定情形，即银行与借款人协议将借款用于借新还旧且担保人不知情的情形，将导致担保人免责的法定后果。

本文主文引述的最高法院于 2011 年作出的［（2010）民二终字第 72 号］判决，以及［**延伸阅读**］部分最高法院分别于 2008 年、2012 年作出的［（2007）民二终字第 233 号］、［（2011）民提字第 321 号］判决清晰地展示了两种裁判观点的冲突。

裁判要旨

抵押合同约定除展期和增加贷款金额外，银行与借款人协议变更主合同，无须经抵押人同意，抵押人仍承担抵押担保责任。但是，上述约定不能对抗《担保法解释》第三十九条规定的因主合同变更导致担保人免责的法定情形。银行与借款人合意将借款用途变更为借新还旧，抵押人不知情的应免除其担保责任。

案情简介

1. 2003年12月15日，佳木斯造纸公司（后更名为金地公司）与工行佳木斯分行签订《固定资产借款合同》，约定借款用途为牛皮箱板纸项目，借款金额为195569827元。同日，与华夏公司签订《最高额抵押合同》，在195569827元最高额贷款余额内提供抵押担保，约定：华夏公司完全了解主合同借款人的借款用途；除展期和增加贷款金额外，银行与主合同借款人协议变更主合同，无须经华夏公司同意。

2. 2003年12月28日至2004年2月24日期间，造纸公司与工行佳木斯分行签订六份《流动资金借款合同》，本金合计1.2亿元，借款用途均为借新还旧，担保方式为抵押。

3. 2005年7月，工行黑龙江省分行与长城公司哈尔滨办事处签订《债权转让协议》，9月1日发布债权转让暨催收公告。

4. 一审：2008年6月20日，长城公司哈尔滨办事处提起诉讼，要求金地公司偿还借款，华夏公司承担抵押担保责任。黑龙江省高院认为，金地公司应偿还借款，但六份流动资金借款不属于最高额抵押担保的范畴，故判决华夏公司不应承担担保责任。

5. 二审：长城公司哈尔滨办事处不服一审判决提起上诉，诉称华夏公司在抵押合同中承诺银行与借款人变更借款合同无需经华夏公司同意，故即使借款被用于借新还旧，华夏公司仍应承担担保责任。最高法院认为，华夏公司不应承担担保责任，判决驳回上诉维持原判。

裁判要点及思路

本案的争议焦点是：抵押人与银行事先在担保合同中约定，“除展期和增加贷款金额外，银行与主合同借款人协议变更主合同，无须经抵押人同意”，而后银行与借款人合意变更了借款用途，抵押人的担保责任是否因“借新还旧”而免除。最高法院从法定和约定两个角度进行了论述：

1. 本案中并无证据证明抵押人华夏公司知晓案涉借款被用于借新还旧，借款人金地公司与银行变更借款用途的结果实际上加重了抵押人华夏公司的担保责任，根据《担保法解释》第三十九条，华夏公司不应承担担保责任。

2. 从抵押人与银行之间的约定来看，虽然《最高额抵押合同》约定除展期和增加贷款金额外，银行与借款人金地公司协议变更主合同，无须经抵押人华夏公司同意，华夏公司仍承担抵押担保责任。但是，上述约定不能对抗因主合同变更导致担保人法定免责的情形。也即是说最高法院认为《担保法解释》第三十九条在规范性质上属于强制性规定，是主合同变更导致担保人免责的法定情形，不允许当事人约定的形式进行变更。因此，抵押人华夏公司不应承担担保责任。

实务要点总结

前事不忘，后事之师。我们就最高法院有关本案的判决涉及的实务要点梳理如下，以供实务参考。

1. 最高法院的两种裁判观点最显著的差别在于对《担保法解释》第三十九条规范属性的判断。[（2010）民二终字第 72 号] 判决认为该条解释属于法定的担保责任免除情形，因此银行与借款人协议将借款用于借新还旧，如不能证明担保人对此知道或者应当知道的，将直接发生担保责任免除的法定效果，担保人与银行之间的合同约定不能对抗该法定免责的规定。[（2011）民提字第 321 号] 判决未直接涉及《担保法解释》第三十九条规范属性的认定，而是直接从担保人与银行的合同约定入手，既然担保人已经承诺除借款展期和增加借款金额外，涉及主借款合同变更的其他事项无需经其同意，担保人仍在原担保范围内承担连带担保责任，则表明担保人放弃了对借款用途的限制。即使借款被用于借新还旧，且担保人对该事实知情，基于担保人事先的承诺，均不能构成担保责任免除的事由，也因此该案中最高法院以是否构成借新还旧并不影响担保人承担责任的认定为由，对借新还旧等事实未予审查。

2. 关于担保合同约定主借款合同变更除何种事项外，其余事项无需经担保人同意，担保人仍在原担保范围内承担责任的约定是否有效的问题，即使在最高法院层面还存在截然不同的判决，在最高人民法院未出台明确的司法解释或者指导案例前，该约定能否对抗担保人法定免责情形仍无法确定。建议担保人和银行应规避该种约定方式，避免因不确定的裁判规则导致不必要的诉讼风险。

3. 笔者倾向性认为，《担保法解释》第三十九条的适用前提是借款人与银行约定了经担保人认可的借款用途，担保人仅在该约定的借款用途范围内承担担保责任，如银行与借款人协议变更借款用途用于借新还旧，不能证明担保人对此知情的，将发生免除担保责任的法律效果。如银行与担保人事先未约定具体的借款用途，或者担保人事先承诺主借款合同变更“除展期和增加贷款金额外无须经其同意，仍在原担保范围内承担责任”的情况下，应当认为担保人放弃对借款特定用途包括借新还旧作为免除担保责任条件的限制，即使借款被用于借新还旧，也应当认定未超出担保人签订担保合同时可以预知的担保范围，担保责任不能免除。

相关法律法规

《担保法解释》

第三十九条　主合同当事人双方协议以新贷偿还旧贷，除保证人知道或者应当知道的外，保证人不承担民事责任。

新贷与旧贷系同一保证人的，不适用前款的规定。

以下是本案判决书中“本院认为”部分，最高法院就案涉借款被用于“借新还旧”抵押人是否免责以及《担保法解释》第三十九条的规范属性问题的论述：

最高法院认为：“**关于华夏公司是否知道金地公司和工行佳木斯分行将借款用途变更为借新还旧以及华夏公司是否应当承担抵押担保责任问题。**金地公司与工行佳木斯分行在《固定资产借款合同》中约定的借款用途是8.5万吨牛皮箱板纸项目，华夏公司为上述借款提供了最高额抵押担保。《固定资产借款合同》签订之后，金地公司与工行佳木斯分行并未实际履行。其后，双方又分别签订六份《流动资金借款合同》，并已实际履行，上述六份《流动资金借款合同》约定的借款用途是借新还旧，对于借款用途的变更，华夏公司一直坚称其并不知道，也无证据证明其应当知道。**因金地公司与工行佳木斯分行变更借款用途的结果实际上加重了担保人华夏公司的担保责任，根据担保法解释第三十九条关于‘主合同当事人双方协议以新贷偿还旧贷，除保证人知道或应当知道的外，保证人不承担民事责任。新贷与旧贷系同一保证人的，不适用前款的规定’的规定，华夏公司不应当承担抵押担保责任。虽然华夏公司与工行佳木斯分行在《最高额抵押合同》中约定除展期和增加贷款金额外，工行佳木斯分行与金地公司协议变更主合同，无须经华夏公司同意，华夏公司仍承担抵押担保责任。但是，上述约定不能对抗因主**

合同变更导致担保人法定免责的情形。原审法院认定华夏公司不知道借款用途变更为借新还旧，判决华夏公司在本案中不应承担抵押担保责任并无不当，本院予以维持。长城公司哈尔滨办事处关于华夏公司知道金地公司的借款用途，并且同意金地公司与工行佳木斯分行任意变更借款用途，因此，华夏公司在本案中应当承担抵押担保责任的上诉主张不能成立，本院不予支持。

抵押是担保的法定方式之一。在以第三人财产设定抵押的情形下，抵押担保法律关系在主体、内容、目的、效果等方面与保证担保的特征相近似。借贷关系的双方关于借款用途的约定，亦是担保人判断其风险责任所考虑的重要因素。无论对保证担保还是抵押担保，主债务双方在以固定资产投资为借款用途而设定担保后，又以借新还旧的真实用途发放并收回贷款，同样会改变担保人在提供担保时对担保风险的预期，加重其担保责任，同样会导致对担保人不公平的结果。据此，原审法院根据担保法司法解释关于保证章的相关规定对本案进行判决并无不当，本院予以维持。长城公司哈尔滨办事处关于一审判决对最高额抵押适用保证的规定属于适用法律错误的上诉主张不能成立，本院不予支持。”

案件来源

中国长城资产管理公司哈尔滨办事处与黑龙江华夏造纸有限公司、佳木斯金地造纸股份有限公司借款担保合同纠纷案［最高人民法院（2010）民二终字第 72 号］

延伸阅读

有关担保合同中约定“债权人与借款人协议变更主合同的，除展期或增加贷款金额外，无须经其同意，其仍在原保证范围内承担连带保证责任”，借款被用于借新还旧担保人是否免责的问题，以下是我们在写作中检索到与该问题相关的最高法院案例及裁判观点，以供读者参考。

1.《保证合同》约定，债权人与借款人协议变更主合同的，除展期或增加贷款金额外，无须经其同意，其仍在原保证范围内承担连带保证责任，因此，即使存在借款人未将贷款用于合同约定的用途的，也不影响保证人的连带保证责任。基于《保证合同》的特殊约定，最高法院对案涉借款是否涉及借新还旧的事实未予审查。

案例一：中国长城资产管理公司郑州办事处与河南中轴集团有限公司、河南

中轴控股集团股份有限公司借款担保合同纠纷再审案［最高人民法院（2011）民提字第321号］

最高法院认为：“中轴集团公司与焦东支行和焦南支行签订《保证合同》，为陶瓷总厂的贷款提供连带责任保证，不违反法律法规的强制性规定，应为有效。**虽然陶瓷总厂所涉几笔借款在操作上存在先筹措资金还款，再以所贷款项偿还筹措的资金等情节，与陶瓷总厂在借款合同中载明的‘用于维持正常生产经营周转’、‘购买原材料、燃料’等借款用途有所不同，但鉴于中轴集团公司在《保证合同》中明确约定，债权人与借款人协议变更主合同的，除展期或增加贷款金额外，无须经其同意，其仍在原保证范围内承担连带保证责任，因此，即使存在陶瓷总厂将所贷款项用于偿还所筹措资金而未用于合同约定的维持正常生产经营周转或者购买原材料、燃料等用途的，也不影响中轴集团公司对其所担保债务承担连带保证责任。中轴集团公司主张贷款人焦东支行、焦南支行与陶瓷总厂恶意串通，在其违背真实意思的情况下提供担保，缺乏事实和法律依据。原审判决以陶瓷总厂的几笔贷款系以技术性手段将旧贷变为新贷，骗取中轴集团公司的保证，中轴集团公司对此并不知道等为由，认定中轴集团公司不承担担保责任，于法无据，本院依法予以改判。**鉴于长城资产郑州办事处再审申请中主张的陶瓷总厂与陶瓷三厂、纸箱厂、陶瓷股份公司实际是一家企业，用以偿还旧贷的资金系自筹而非拆借；中轴集团公司与陶瓷总厂系互保单位，其应当知道陶瓷总厂的真实情况；**陶瓷总厂收回再贷的行为是否为以新贷偿还旧贷等，因不影响本案认定中轴集团公司承担担保责任，因此，本院对上述事实不予审查。**长城资产郑州办事处关于不存在串通欺诈事实、中轴集团公司应当承担担保责任的申请再审请求，本院予以支持。”

2.《保证合同》约定，借款合同双方协议变更合同的内容，除展期或增加借款金额外，无须征得保证人同意，保证人仍在变更后的保证范围内承担保证责任。即使认定借款用于借新还旧，其变更了借款用途，但此变更并不违反保证合同的约定，保证人仍应承担担保责任。

案例二：河南省煤气（集团）有限责任公司义马气化厂、河南省煤气（集团）有限责任公司、河南富达电力集团有限公司与中国银行股份有限公司义马支行、河南省义马热电厂借款担保合同纠纷上诉案［最高人民法院（2007）民二终字第233号］

最高法院认为：“关于义马气化厂与煤气公司认为义马热电厂与义马中行签订的借款合同实际上是以新还旧，违反了合同约定的流动资金周转的问题。**本院认**

为：义马中行与义马气化厂签订的保证合同第二条第三款约定，'借款合同双方协议变更合同的内容，除展期或增加借款金额外，无须征得保证人同意，保证人仍在变更后的保证范围内承担保证责任。'这说明义马气化厂在签订保证合同时就清楚，义马中行与义马热电厂变更主合同需经其同意的事项仅限于'展期或增加借款金额'，而变更主合同的其他内容不必经其同意。义马热电厂将义马气化厂为其担保的借款用来偿还旧贷款，并不能当然认定其为违反流动资金周转用途的约定。即使认定其变更了借款用途，但此变更并不违反保证合同的约定。况且，义马热电厂变更了借款用途，没有增加义马气化厂承诺的保证金额和延长贷款期限，也未加重其担保的责任。故义马气化厂和煤气公司以此作为主张担保合同无效，不承担2000万元连带清偿责任的上诉理由，没有法律依据，本院对此不予支持。"

第三章　与保证责任有关的法律问题

026 贷款人明知借款人改变借款用途仍然放款的，保证责任应当免除

阅读提示

保证人承担的责任并不是也不应当是无限的，界定担保责任范围的标准是，产生担保责任的原因是否在保证人承诺愿意承担责任的真实意思表示的范围之内。如果超出这个范围，因担保人不可知、不可控的事由和风险产生的担保责任，保证人可主张免除。

如果贷款合同、保证合同明确约定了借款用途，贷款人明知借款人可能或者存在改变贷款用途的行为，不仅未及时介入和监督，甚至与借款人主动配合，仍然不经保证人书面同意继续放款的，应当认定贷款人和借款人的行为超出了保证人可以合理预见的范围，保证人可据此主张免除担保责任。

裁判要旨

贷款人应当预见到依据借款人委托付款指示采取的付款行为，明显与约定的贷款用途不符。贷款人知道或应当知道借款人改变了贷款用途，但其并没有停止发放贷款，事后未向借款人提出异议，亦没有告知保证人并征得其同意，构成对保证人的欺诈，保证责任应当免除。

案情简介

1. 1993 年 11 月至 1994 年 4 月，贷款人京华公司与借款人高登公司签订八份贷款合同，借款用途均为购买原材料聚乙烯。京华公司全称为北京京华信托投资公司，属非银行金融机构。

2. 第一份合同额度 300 万美元。第二份合同额度 100 万美元。第三份合同额

度 480 万美元。均已按约直接支付给高登公司。

3. 第四份合同额度 2000 万港币，京华公司依据高登公司委托书的指令，付给澳门新通利有限公司港币 1250 万元、北京首都实业股份有限公司港币 750 万元；第五份合同额度 500 万美元，京华公司依据高登公司委托书的指令，全部付给北京成基房地产发展有限公司；第六份合同额度 500 万美元，京华公司依据高登公司委托书的指令，全部付给中国农业银行北京分行国际业务部，受益人为上海利达行房地产顾问有限公司北京分公司；第七份合同额度 700 万美元，京华公司依据高登公司委托书的指令，全部付给中国农业银行北京分行国际业务部；第八份合同额度 800 万美元，京华公司依据高登公司委托书的指令，付给香港国陆发展有限公司 280 万美元，付给中国农业银行北京分行国际业务部 520 万美元。

4. 光大公司出具《不可撤销的担保书》，为上述八份贷款合同提供担保。

5. 贷款到期后，高登公司未能按约还款。原告京华公司起诉被告高登公司，诉请求偿还借款本息，并要求光大公司承担担保责任。一审北京市一中院判决支持原告的诉讼请求。高登公司、光大公司不服一审判决提起上诉，二审北京市高院判决驳回上诉，维持原判。二审判决生效后，光大公司向最高法院申请再审，最高法院判决光大公司应当对第一、二、三份贷款合同承担担保责任，对第四、五、六、七、八份贷款合同的担保责任免除。

裁判要点及思路

1. **保证人的担保行为是否符合其真实意思是认定保证人是否承担保证责任，且在多大范围内承担保证责任的核心要件。**本案中贷款人和借款人在八份贷款合同中明确约定贷款用途为“购买原材料聚乙烯”，保证人基于上述贷款合同的内容，决定为债务提供担保。故应当认定，案涉《不可撤销担保书》对贷款人京华公司和借款人高登公司均具有约束力。

2. 案涉第一、二、三份借款合同签订后，贷款人将贷款直接支付给借款人，因保证人未提供相关证据，该部分贷款用途是否符合合同约定已无法认定，故最高法院判决不免除光大公司就该部分贷款的保证责任。

3. 第四、五、六、七、八份贷款合同涉及的贷款，贷款人京华公司均依据借款人高登公司出具的委托支付指示，全部支付给房地产公司和境外公司，与用于“购买原材料聚乙烯”的合同约定明显不符。**最高法院认为，贷款人接受借款人委托支付贷款时应当明知借款人未按约定使用贷款，但贷款人未及时停止发放贷款，**

事后也未向借款人提出异议，亦没有通知并征得保证人的同意。应当认定上述改变贷款用途的行为超出了保证人提供保证时的真实意思，构成欺诈，保证人光大公司就该部分贷款的保证责任应当免除。

实务经验总结

前事不忘，后事之师。结合本案判决，我们就最高法院作出的保证人对改变借款用途不知情的应免除保证责任的裁判观点梳理如下，以供实务参考：

1. 担保人基于借款合同约定的内容做出的，为金融机构和借款人之间的债权债务关系提供担保的承诺，对担保人、金融机构、借款人三方均具有约束力。未经担保人同意，金融机构和借款人擅自变更借款合同内容，偏离担保人真实意思，加重担保人责任的，在加重的范围内担保人可主张免责。

2. **保证人在签订保证合同时，应首先明确对金融机构和借款人之间的债权债务关系在多大范围、多长时限、以何种方式、为谁的债务承担担保责任，并在担保合同明确约定。**案涉《不可撤销担保书》中载明：根据京华公司与高登公司签订的《外汇贷款合同》的规定，担保方光大公司经充分研究，同意就上述合同进行担保。该约定的核心意思是担保协议是以贷款合同约定的内容成立，既然如此，担保人也只在金融机构和借款人行为均符合贷款合同约定时承担担保责任。如果越出了贷款合同的约定，例如本案中金融机构明知借款人委托支付的指示将改变合同约定的借款用途，在并未征得担保人同意的前提下，仍然发放了贷款，显然加重了担保人的责任。也基于此，本案保证人光大公司要求免除保证责任的主张得到了最高法院的支持。

3. **贷款合同、担保合同对金融机构有强制性的约束力，也是金融机构主张权利的根本依据。现行法律、行政法规并不限制借款人的贷款用途，如合同中没有明确约定，金融机构不能以借款人用款行为不当为由主张违约责任。**因此为了防止因借款人的肆意使用行为导致贷款回收困难，金融机构应在合同中明确约定贷款用途。同时，合同还应约定贷后检查、监督条款，为金融机构放贷后的介入和管理行为提供合理、合法的通道。

4. 金融机构一旦发现借款人可能违反合同约定的情形，应当及时介入和监督。本案正是由于金融机构明知借款人违反合同约定，不仅未及时采取措施，甚至放纵借款人的违约行为，最终造成无法从借款人处要回贷款本息，更失去了保证人的兜底担保，教训深刻应当警醒。

相关法律法规

《担保法》

第二十四条 债权人与债务人协议变更主合同的，应当取得保证人书面同意，未经保证人书面同意的，保证人不再承担保证责任。

第三十条 有下列情形之一的，保证人不承担民事责任：

（一）主合同当事人双方串通，骗取保证人提供保证的；

（二）主合同债权人采取欺诈、胁迫等手段，使保证人在违背真实意思的情况下提供保证的。

《最高人民法院关于审理经济合同纠纷案件有关保证的若干问题的规定》（法发〔1994〕8号）

19. 主合同债权人一方或者双方当事人采取欺诈、胁迫等手段，或者恶意串通，使保证人在违背真实意思情况下提供保证的，保证合同无效，保证人不承担责任。

以下是本案判决书中“本院认为”部分，最高法院就光大公司是否承担担保责任问题的论述：

最高法院认为：“在本案八份《外汇贷款合同》的实际履行中，京华公司依据第一、二、三份贷款合同约定，分别将其项下的300万、100万、480万美元贷款如约付给了高登公司，而高登公司没有按照合同约定用于购买原材料聚乙烯。但在本案中没有证据证明京华公司在发放上述三笔贷款时即知道或应当知道高登公司已经或将改变该贷款的用途，故认定债权人京华公司就此欺诈了保证人光大公司证据不足。此外，在2007年3月7日北京市高级人民法院的《质证笔录》中，记载了京华公司原法定代表人王某陈述其与高登公司当时的法定代表人吕某签订贷款合同的过程，亦不能证明本案借贷双方在缔约过程中及发放该三笔贷款时即存在恶意串通、损害保证人光大公司利益的事实。因此，光大公司关于其为上述三笔贷款提供的保证无效的诉讼主张，因证据不足，不予支持。对于高登公司未清偿的上述三笔贷款共计880万美元的本金及利息，光大公司应向债权人京华公司承担连带清偿责任。关于该三笔贷款的利息计算问题，合同期内利息应按照约定的年利率9.5%计算，逾期罚息按照一审判决第一项确定的“逾期加收20%罚息”执行较为合理，本院予以采纳。

在履行本案第四、五、六、七、八份《外汇贷款合同》时，借款人高登公司向京华公司发出了划款《委托书》，指示京华公司将上述合同项下的款项分别付给澳门新通利有限公司港币1250万元、首都实业公司港币750万元、北京成基房地产发展有限公司500万美元、中国农业银行北京分行国际业务部500万美元（受益人为上海利达行房地产顾问有限公司北京分公司）、中国农业银行北京分行国际业务部700万美元（高登公司在1994年4月1日的《委托书》中，指示京华公司将该笔700万美元付给北京利达玫瑰园别墅有限公司，开户银行：中国建行北京分行东四支行）、香港国陆发展有限公司280万美元、中国农业银行北京分行国际业务部520万美元（上海利达行房地产顾问有限公司北京分公司）。**上述《委托书》的'付款指示'表明，高登公司请求将上述款项直接付给房地产公司及境外，显然与《外汇贷款合同》约定的'只限使用在购买原材料聚乙烯'不符，京华公司本应秉承诚实信用原则和按合同约定履行尽职调查，进而知道或应当知道高登公司改变了贷款用途，但其并没有停止发放上述贷款，事后亦未向高登公司提出异议。对上述改变贷款用途的行为，京华公司亦没有告知保证人光大公司并征得其同意，其市场风险明显超出了保证人的预先设定，亦违背了光大公司提供保证时的真实意思，对光大公司构成了欺诈。**本院依据1994年4月15日颁布实施的《关于审理经济合同纠纷案件有关保证的若干问题的规定》第十九条的规定，应认定光大公司为上述五份《外汇贷款合同》提供的担保无效。申请人光大公司关于其不应对该部分贷款资金的清偿承担保证责任的诉讼请求，理由充分，本院予以支持。"

案件来源

中国光大（集团）总公司与北京京华信托投资公司清算组、北京高登企业有限公司借款合同纠纷案［最高人民法院（2010）民提字第87号］

延伸阅读

有关银行明知借款人改变贷款用途仍然放款时担保人的责任问题，以下是我们在写作中检索到与该问题相关的最高法院案例及裁判观点，以供读者参考。

1. 借款人以贷还贷，改变了合同约定的贷款用途，银行对贷款用途改变的事实明知。没有证据证明担保人对改变贷款用途的事实事先知道或者事后知道并表示异议，因此借款合同应有效，但担保人对以贷还贷部分借款所提供的抵押担保无效，其不应对此部分贷款承担抵押担保责任。

案例一：中国农业银行南阳市卧龙区支行与河南省南阳市卧龙滨河水泥厂、

河南省南阳市摩托车销售总汇借款合同纠纷二审案［最高人民法院（2000）经终字第60号］

最高法院认为："1997年8月5日和1998年1月23日，摩托总汇所借的980万元和300万元，分别于当日被信贷部扣收了摩托中心和摩托总汇所欠旧贷910万元、300万元，故**本案1210万元借款性质是以贷还贷，改变了合同约定的贷款用途。没有证据证明水泥厂对改变贷款用途的事实，事先知道或者事后知道并未表示异议，同时水泥厂也非所偿还的旧贷的担保人。**而建材公司与摩托总汇之间的用资协议证明，水泥厂为本案借款提供抵押担保的基础是信贷部贷出1500万元并由水泥厂使用其中800万元。**信贷部在扣收旧贷时，对水泥厂所担保的贷款用途的改变是明知的，其行为损害了水泥厂的权益，应认定信贷部与摩托总汇对以贷还贷具有共同的意思表示。故本案借款合同有效，而水泥厂对摩托总汇以贷还贷部分借款所提供的抵押担保无效，其不应对此部分贷款承担抵押担保责任。**卧龙支行上诉称水泥厂对改变贷款用途是明知的，不应免除水泥厂对1210万元借款的担保责任，因无事实依据，本院不予支持。水泥厂主张摩托总汇以贷还贷，只要提供摩托总汇所贷款项没有用于合同约定的用途，而是在当天被信贷部扣收的证据，即可成立。原审法院经公告送达后，摩托总汇仍未到庭，但不影响其在押的原法定代表人贾某对本案事实作证。摩托总汇未年检，虽已歇业，但只要工商行政管理机构未吊销或注销其营业执照，则其应当具有诉讼主体资格。虽然水泥厂的一审代理人卢某具有法律规定的回避情节，但是梅溪支行一审时并未提出，且并未因此影响案件正确判决。卧龙支行关于原审判决程序违法、请求撤销原审判决予以改判的上诉请求，无事实依据，本院亦不予支持。"

2. 借贷双方改变借款用途有义务通知并征得担保人的书面同意，未征得保证人同意，银行和借款人合意改变专项贷款用途，担保人对借款人不能偿还的贷款不承担担保责任。

案例二：白银铜城商厦集团股份有限公司与中国农业银行白银市白银区办事处借款担保合同纠纷上诉案［最高人民法院（1999）经终字第506号］

最高法院认为："永生化工厂在贷款申请书及其与农行白银办事处1995年12月30日贷款合同中，明确载明贷款1500万元是用于粗铜提炼金银技术改造项目，且铜城商厦也是为永生化工厂粗铜提炼金银技术改造项目贷款而提供的担保，因此，该1500万元应当用于该项目。农行白银办事处在发放该笔贷款的次日，即扣收了依据11月30日借款合同而贷给永生化工厂流动资金名目发放的1000万元中的834.5万元。且在签订11月30日借款合同时，农行白银办事处和永生化工厂即口头约定待专项贷款到位后，即偿还1000万元贷款。**故12月30日借款合同名义是技术改造专项贷款，而实质是以新还旧的借款合同。其余465.5万元也未用于粗铜提炼金银技术改造项目。另外1996年7月10日贷出的200万元，农行白银办事处当日即以特种转账贷方传票收回180万元，转账原因为收未付利息。**《中华人民共和国担保法》第二十四条规定：'债权人与债务人协议变更主合同的，应当取得保证人书面同意，未经保证人书面同意的，保证人不再承担保证责任。'**本案借贷双方改变贷款用途，有义务通知并征得担保人的书面同意。但是，铜城商厦在为12月30日的借款合同提供担保以后，无证据证明其知道11月30日借款合同的发生以及12月30日借款合同项下借款用途发生改变。因此，在永生化工厂和农行白银办事处改变专项贷款用途以后，铜城商厦对永生化工厂不能偿还的贷款不承担担保责任。**铜城商厦上诉请求免除其担保责任，具有事实和法律依据，本院予以支持。农行白银办事处称1000万元贷款是三方口头约定、由农行白银办事处先期介入的技术改造资金，因无证据佐证，本院不予采纳，其要求维持永生化工厂破产后由铜城商厦直接承担担保责任的一审判决的答辩请求，本院不予支持。"

027 签订保证合同时保证人明知借款实际用途的，不能免除保证责任

阅读提示

在金融借款关系中，借款用途是合同必备条款，若实际借款用途与合同约定用途不符，一般情况下保证人可主张免除担保责任。但应当注意，并不是所有借款人或者银行擅自改变借款用途的行为都足以免除保证人的担保责任。即使实际借款用途与约定的用途不符，如结合其他案情事实足以认定保证人在签署保证合同前明知贷款的实际用途，或者在借款人擅自改变贷款用途，抑或借款人和银行串通合意改变贷款用途，保证人知晓该情况后，未明确表示反对甚至表示继续提供担保的，保证人又以实际借款用途与合同约定用途不符为由主张免除保证责任的，法院不予支持。

裁判要旨

银行已按约将贷款发放至借款人账户，又根据借款人的委托付款指令将该款项划入借款人的交易对象账户，应当认定银行完成了借款合同约定的放款义务。

保证人主张银行和借款人擅自改变借款用途用于借新还旧，但未能提交证据，且即使案涉借款未被用于约定用途，结合案情事实足以认定保证人在签订保证合同时明知贷款实际用途的，不应免除保证人的保证责任。

案情简介

1. 2012 年 8 月 30 日，江苏银行沭阳支行与华鑫公司签订《流动资金借款合同》，借款金额 300 万元，用途为购买钢材，支付方式为银行将贷款资金通过华鑫公司账户支付给符合合同约定用途的交易对象。华鑫公司贷款时向江苏银行沭阳支行提交了《钢材购销合同》，交易对象为腾盛公司。

2. 同日，江苏银行沭阳支行与中宝公司签订《保证担保合同》，黄某向江苏银行沭阳支行出具《个人连带责任保证书》，为华鑫公司的上述借款提供连带责任保证。

3. 2012 年 8 月 31 日，江苏银行沭阳支行将 300 万元借款发放至华鑫公司账户。同日，华鑫公司向江苏银行沭阳支行出具受托支付委托书，委托江苏银行沭阳支行将该款项汇入腾盛公司账户。

4. 2013 年 1 月 21 日起，华鑫公司未按约定支付借款利息，江苏银行沭阳支行要求提前收回贷款。借款到期后，华鑫公司及各保证人均未按约定偿还借款本息。

4. 一审：原告江苏银行沭阳支行起诉被告华鑫公司、中宝公司、黄某，请求华鑫公司偿还借款，中宝公司、黄某承担连带保证责任。宿迁市中院判决华鑫公司应偿还借款，中宝公司、黄某应承担连带保证责任，对保证人主张的借款人擅自改变借款用途，借新还旧的主张不予支持。

5. 二审：中宝公司、黄某不服一审判决提起上诉，诉称华鑫公司与银行恶意串通，改变借款用途用于借新还旧，故保证人不应继续承担担保责任。江苏高院判决驳回上诉，维持原判。

6. 再审：中宝公司、黄某不服二审判决申请再审，称江苏银行沭阳分行未实际发放贷款，故保证人无须承担担保责任。最高法院裁定驳回再审申请。

裁判要点及思路

本案的争议焦点是：案涉借款是否已实际发放？如已发放，是否被用于合同约定的借款用途？如未被用于约定的用途，保证人是否可主张免责？结合最高法院的再审裁定和江苏省高院的二审判决，法院认为：

1. 保证人对一审法院查明的银行将300万元贷款发放至借款人华鑫公司账户的事实并无异议，保证人虽主张银行未发放贷款但未能提出证据证明，故应认定银行按约履行了放款义务。

2. 保证人主张借款未被用于约定的用途，而是被借款人和银行恶意串通用于借新还旧，但未能提出证据证明该事实。同时，即使认定案涉借款未按约定用途使用，结合保证人黄某与借款人的交易对象腾盛公司的法定代表人黄某2系父子关系，且黄某系腾盛公司的股东等事实，足以认定如借款人通过腾盛公司周转案涉借款用于偿还旧贷，改变借款用途，基于保证人的身份应当明知借款的实际流向和用途，故法院认定不应免除保证人的担保责任。

实务要点总结

前事不忘，后事之师。我们就最高法院有关本案的判决涉及的实务要点梳理如下，以供实务参考。

1. 借款用途是金融借款合同的重要条款，从银行的角度看，约定借款用途是为了限制借款人的用款行为，如借款人擅自改变借款用途，肆意用款，银行有权以借款人违约为由提前收回借款。从保证人的角度，约定借款用途是为了限制自身保证责任的范围，如果发生借款人擅自改变借款用途，甚至发生借款人和银行恶意串通改变借款用途骗取保证时，保证人可以自己不知情或者超出其保证范围、增加保证责任为由主张免除保证责任。

2. 金融借款关系中，整体的立法目的是倾向于保护债权人银行的利益，因此即使借款人擅自改变借款用途，也并不是直接的、当然的就可以免除保证人的保证责任，在实际的司法裁判中，判断保证人能够免责的核心在于是否在保证人不知情的情况下增加了保证人最终承担保证责任的风险。也就是说，借款实际用途与约定用途不符，并不当然的免除保证人的责任，最高法院的既往判例中存在以下几种情形：

（1）银行发放贷款后，借款人单方变更借款性质与用途，不属于银行与借款人串通变更主合同内容加重担保人担保责任的行为，担保人仍应承担担保责任；

（2）银行发放贷款后，借款人将相关款项挪作他用，是借款人对己方资金的处分行为，并不影响保证人基于其对借款人履约能力的信任所作出的保证承诺，不应免除保证责任；

（3）银行与借款人协议改变借款用途，及即使保证人不知情，在未加重债务人债务负担的情况下，保证人仍需要承担保证责任；

（4）银行已经按约发放贷款情况下，即使借款人改变了借款用途，有证据证明保证人在签订保证合同时明知借款实际用途的，不能免除保证责任。

相关法律规定

《合同法》

第一百九十七条 借款合同采用书面形式，但自然人之间借款另有约定的除外。借款合同的内容包括借款种类、币种、用途、数额、利率、期限和还款方式等条款。

第一百九十八条 订立借款合同，贷款人可以要求借款人提供担保。担保依照《中华人民共和国担保法》的规定。

第二百零三条 借款人未按照约定的借款用途使用借款的，贷款人可以停止发放借款、提前收回借款或者解除合同。

《商业银行法》

第三十五条 商业银行贷款，应当对借款人的借款用途、偿还能力、还款方式等情况进行严格审查。

《贷款通则》（中国人民银行令［1996年2号］）

第七十一条第一项 借款人有下列情形之一，由贷款人对其部分或全部贷款加收利息；情节特别严重的，由贷款人停止支付借款人尚未使用的贷款，并提前收回部分或全部贷款：一、不按借款合同规定用途使用贷款的……

《担保法》

第五条第一款 担保合同是主合同的从合同，主合同无效，担保合同无效。担保合同另有约定的，按照约定。

第三十条 有下列情形之一的，担保人不承担民事责任：

（一）主合同当事人双方串通，骗取担保人提供保证的；

（二）主合同债权人采取欺诈、胁迫等手段，使担保人在违背真实意思的情况下提供保证的。

《最高人民法院关于适用〈中华人民共和国担保法〉若干问题的解释》（法释〔2000〕44号）

第三十条 保证期间，债权人与债务人对主合同数量、价款、币种、利率等内容作了变动，未经担保人同意的，如果减轻债务人的债务的，担保人仍应当对变更后的合同承担担保责任；如果加重债务人的债务的，担保人对加重的部分不承担担保责任。

债权人与债务人对主合同履行期限作了变动，未经担保人书面同意的，保证期间为原合同约定的或者法律规定的期间。

债权人与债务人协议变动主合同内容，但并未实际履行的，担保人仍应当承担担保责任。

第三十八条第一款　同一债权既有保证又有第三人提供物的担保的，债权人可以请求担保人或者物的担保人承担担保责任。当事人对保证担保的范围或者物的担保的范围没有约定或者约定不明的，承担了担保责任的担保人，可以向债务人追偿，也可以要求其他担保人清偿其应当分担的份额。

以下是本案判决书中"本院认为"部分，最高法院和江苏省高院就是否免除保证人责任问题的论述：

最高法院再审认为："关于江苏银行沭阳支行是否已向华鑫公司发放300万元贷款问题。首先，根据一审庭审情况及《流动资金借款合同》、借款借据等证据，一审法院对江苏银行沭阳支行向借款人华鑫公司发放贷款的事实作出认定。中宝公司、黄某上诉中称：一审判决仅对江苏银行沭阳支行向借款人华鑫公司发放贷款的事实作出认定，对于江苏银行沭阳支行改变贷款用途，以新贷偿还旧贷的事实不予认定。江苏银行沭阳支行利用其银行优势，改变贷款应用于企业实际经营的用途，在其开立的企业账户和个人账户之间通过闭合循环转账，暗箱操作，将贷款迅速收回本行，属于骗保行为。二审庭审中，中宝公司、黄某对一审法院查明的江苏银行沭阳支行将300万元贷款发放至华鑫公司账户的事实并无异议，中宝公司、黄某也未提交华鑫公司不认可江苏银行沭阳支行未发放贷款证据，故二审判决认定江苏银行沭阳支行已向华鑫公司发放案涉贷款并无不当。其次，中宝公司、黄某提出华鑫公司2012年8月31日入账300万元系黄向忠汇款而不是江苏银行沭阳支行向华鑫公司发放贷款问题，但该主张仅涉及黄向忠是否曾向华鑫公司汇款300万元，中宝公司、黄某没有提供充分证据证明黄向忠汇款与本案的关联性，其提交的证据不足以推翻二审判决的认定。最后，中宝公司、黄某提出江苏银行沭阳支行伪造《钢材购销合同》和《受托支付委托书》进行虚假放贷，但其未提交充分证据证明其主张。**根据双方在《流动资金借款合同》中约定的借款支付方式，江苏银行沭阳支行应根据借款人华鑫公司的提款申请和支付委托，将贷款资金通过华鑫公司账户支付给符合合同约定用途的借款人交易对象。本案江苏银行沭阳支行根据华鑫公司出具的《受托支付委托书》将案涉贷款转入华鑫公司指定的收款人腾盛公司账户有合同依据，也不违反法律规定，未损害担保人中宝公司、黄某的实际利益。综上，中宝公司、黄某关于江苏银行沭阳支行未向**

华鑫公司发放案涉贷款、江苏银行沭阳支行伪造证据，中宝公司、黄某不应承担担保责任等申请理由因缺乏事实和法律依据不能成立。江苏银行沭阳支行将案涉贷款转入腾盛公司账户即已完成案涉《流动资金借款合同》约定的出借款项的义务，腾盛公司在江苏银行沭阳支行预留印鉴是否变更并不能否定江苏银行沭阳支行发放贷款义务已完成的事实，腾盛公司将款项如何流转以及资金最终流向问题，不影响本案中宝公司、黄某担保责任的承担。”

江苏省高院二审认为：“一、关于案涉借款是否存在以新贷偿还旧贷，且中宝公司、黄某不知情的情形的问题。本案中，中宝公司、黄某认为江苏银行沭阳支行在要求其提供保证担保时，故意告知中宝公司、黄某贷款用途为购买钢材，而案涉贷款实际用于偿还华鑫公司之前向江苏银行沭阳支行的贷款，故中宝公司、黄某不应承担保证责任。对此，本院认为，**首先，根据江苏银行沭阳支行提交的相关证据证实，江苏银行沭阳支行已按《流动资金借款合同》的约定，将案涉贷款300万元，划入华鑫公司指定的收款人腾盛公司账户。之后该款项由腾盛公司打入他人账户，中宝公司、黄某所提交的证据并不能证明华鑫公司的贷款用于偿还华鑫公司之前向江苏银行沭阳支行的借款。其次，从华鑫公司贷款时向江苏银行沭阳支行提交的《钢材购销合同》看，该合同系华鑫公司与腾盛公司签订。而黄某2系腾盛公司法定代表人，与黄某系父子关系，同时，黄某系中宝公司法定代表人，二人均系腾盛公司、中宝公司的股东。因此，即使按中宝公司、黄某所称，案涉贷款不是用于购买钢材，而是与其他数十家公司的贷款共同用于交叉归还旧贷，中宝公司、黄某在提供担保时亦是明知案涉贷款的实际用途，故中宝公司、黄某应承担保证责任。**最后，江苏银行沭阳支行将案涉贷款划入腾盛公司即已完成出借款项的义务，腾盛公司在江苏银行沭阳支行预留印鉴是否变更并不能否定江苏银行沭阳支行发放贷款义务已完成的事实，且黄某系腾盛公司和中宝公司的股东，黄某2系腾盛公司和中宝公司的股东及腾盛公司的法定代表人，现并无证据证明其无法了解腾盛公司银行账户资料，故中宝公司、黄某要求调取证据的申请不符合法律规定，其要求调取的证据亦与本案处理无关，对其申请本院不予准许。”

案件来源

江苏银行股份有限公司沭阳支行与江苏昊晟中小企业融资担保有限公司、沭阳华鑫物资有限公司、宿迁市华鼎信用担保有限公司与黄某、宿迁市中宝投资集团有限公司借款合同纠纷申请再审民事裁定书［最高人民法院（2015）民申字第

1277 号］；江苏银行股份有限公司沭阳支行与宿迁市中宝投资集团有限公司、黄某等借款合同纠纷、保证合同纠纷二审民事判决书［江苏省高级人民法院（2014）苏商终字第 0277 号］

延伸阅读

有关借款人变更银行贷款用途，担保人是否继续承担担保责任的问题，以下是我们在写作中检索到与该问题相关的最高法院案例及裁判观点，以供读者参考。

1. 银行发放贷款后，借款人单方变更借款性质与用途，不属于银行与借款人串通变更主合同内容加重担保人担保责任的行为，担保人仍应承担担保责任。

案例一：中国农业发展银行灯塔市支行与辽阳宾馆有限责任公司、辽阳罕王湖农业集团有限公司金融借款合同纠纷二审民事判决书［最高人民法院（2015）民二终字第 251 号］

最高法院认为："辽阳宾馆主张农发行灯塔支行与罕王湖公司擅自变更借款的性质及用途，无限加重其担保责任，依照《最高人民法院关于适用〈中华人民共和国担保法〉若干问题的解释》第三十条的规定，其不应承担担保责任。本院认为，首先，辽阳宾馆未能举证证明农发行灯塔支行与罕王湖公司就借款性质及用途的变更达成合意。按照合同约定的借款性质及用途使用借款是罕王湖公司负有的合同义务，如果借款被挪作他用，应属罕王湖公司的违约行为。**其次，借款在发放后，由罕王湖公司实际掌控，罕王湖公司对借款性质及用途的变更不同于《最高人民法院关于适用〈中华人民共和国担保法〉若干问题的解释》第三十条所规定的借款数量、价款、币种、利率等内容的变更，并未加重罕王湖公司的债务，辽阳宾馆的担保责任亦不能因该条法律规定而免除。**故辽阳宾馆的此项抗辩事由亦不能成立。"

2. 借款合同约定的借款性质及用途使用借款是借款人负有的合同义务，如果借款被挪作他用，亦是借款人对己方资金的处分行为，并不影响保证人基于其对借款人履约能力的信任所作出的保证承诺。

案例二：交通银行股份有限公司黑龙江省分行与中荣建投控股集团有限公司、哈尔滨龙商投资集团股份有限公司等金融借款合同纠纷二审民事判决书［最高人民法院（2015）民二终字第 338 号］

最高法院认为："从交通银行举示的证据看，《借款申请书》《受托支付委托书》《转账支票》《工矿产品销售合同》及钢材入库单、增值税专用发票等证据形成完整的证据链条，指向龙商公司所贷款项用于向经纬公司购买钢材。交通银行对于借款用途已尽到合理的注意义务，且案涉四笔借款的发放时间及发放金额均系经龙商公司的申请而发生，交通银行依其申请发放借款符合《借款合同》的约定。**另外，按照《借款合同》约定的借款性质及用途使用借款是龙商公司负有的合同义务，如果借款被挪作他用，亦是龙商公司对己方资金的处分行为，并不影响担保人中荣公司基于其对龙商公司履约能力的信任所作出的保证承诺。**”

3. 银行与借款人协议改变借款用途，且担保人不知情，只要未加重债务人债务负担，担保人仍需要承担担保责任。

案例三：三门峡瑞丰混凝土有限公司、卫华山金融借款合同纠纷再审审查与审判监督民事裁定书［最高人民法院（2017）最高法民申 3173 号］

最高法院认为：“经审查，会兴支行与砥柱公司签订的借款合同明确约定借款用途为‘流资’，支付方式是‘受托支付’，砥柱公司在借款发放当日向会兴支行出具了‘客户提款申请书（受托支付）’，委托会兴支行将借款自该公司账户划转至张某账户。而案涉 600 万元借款的发放正是从砥柱公司账户转入了张某账户，而后又从张某账户转入宁寸果、吕某个人账户。从上述转账过程来看，会兴支行系按照合同约定以及砥柱公司的支付申请将 600 万元转账给了张某，不构成违约，亦不能据此即认定双方恶意串通形成合意改变了约定的借款用途。**退一步讲，即便会兴支行与砥柱公司未经瑞丰公司与卫华山同意变更了借款用途，根据《最高人民法院关于适用若干问题的解释》第三十条关于‘保证期间，债权人与债务人对主合同数量、价款、币种、利率等内容作了变动，未经担保人同意的，如果减轻债务人的债务的，担保人仍应当对变更后的合同承担担保责任；如果加重债务人的债务的，担保人对加重的部分不承担担保责任’的规定，只要没有加重债务人债务的，担保人仍应承担担保责任。**”

4. 借款人与银行恶意串通合谋骗取担保，改变借款用途，增加资金回笼风险，担保人无须承担担保责任。

案例四：山东东平农村合作银行与山东隆腾建筑安装有限公司、山东东平奥洁纸业有限公司金融借款合同纠纷申诉、申请民事裁定书［最高人民法院（2016）最高法民申 729 号］

最高法院认为：“东平合作银行与奥洁公司合谋以贷款购买房地产的行为，未取得担保人隆腾公司同意，担保人以本案借贷双方合谋骗保予以抗辩符合本案客观实际。**因剩余款项没有用于经营，被挪作个人使用，加大了资金回笼的风险，以致该款至今未能偿还，客观上增加了担保人承担责任的风险。**”

028 借款人变更借款用途但未加重保证人责任的，不免除保证责任

阅读提示

判断保证人承担责任与否的基本标准是，导致保证责任产生的事由是否符合保证人承诺为借款人的债务提供担保的真实意思表示的范围，是否超出了保证人能够预见的市场风险，或者是否因保证人不可控、不可知的事由加重了保证人的保证责任。

那么借款人在保证人不知情的情况下，变更贷款性质和具体用途是否当然构成保证人的免责事由呢？答案是否定的。**最高法院认为，如果借款人的实际借款用途没有超出保证人承诺提供担保的范围，没有加重保证人责任的，保证责任不能免除。**

裁判要旨

保证人承诺为借款人生产经营需要发生的贷款向银行提供担保，即使借款人未将借款用于借款合同约定的具体用途，但是也不能当然否定该款项被用于公司的其他生产经营，不属于加重了保证人负担的情形，保证责任不因此免除。

案情简介

1. 2012 年 9 月 25 日经济建设总公司《会议纪要》载明：新疆江海三泰公司因生产经营需要，向中行石河子分行申请流动资金贷款 5000 万元，经济建设总公司同意为上述贷款提供保证担保。2013 年 9 月 23 日，经济建设总公司向中行石河子分行出具《告知函》载明：经济建设总公司已知悉新疆江海三泰公司因经营困难无力归还涉诉 4500 万元贷款，经济建设总公司愿意继续履行保证责任。

2. 2012 年 9 月 28 日，中行石河子分行与新疆江海三泰公司签订《流动资金借款合同》，额度 5000 万。约定借款用途为“收购番茄、支付包装物款”，未经贷款人书面同意，借款人不得改变借款用途。合同签订后银行按约发放全部贷款。

3. 借款合同中约定由宁波五洲星公司、经济建设总公司、吴某提供连带责任担保。而后，银行又与宁波五洲星公司、浙江江海公司、吴某及杨某、经济建设总公司签订《保证合同》，保证合同内容一致。

4. 2013 年 8 月 20 日，新疆江海三泰公司归还 500 万元借款本金。2013 年 9 月 27 日，中行石河子分行与新疆江海三泰公司及前述五个保证人签订《贷款展期合同》，约定贷款展期五个月。原保证人和保证责任不变。

5. 原告中行石河子分行起诉被告新疆江海三泰公司及经济建设总公司等五个保证人，要求偿还借款本息，一审新疆高院兵团分院支持原告诉讼请求。保证人经济建设总公司不服一审判决提起上诉，称借款人擅自变更借款用途且银行对此知情，故保证人不应承担保证责任。二审最高法院驳回上诉，维持原判。

裁判要点及思路

保证人经济建设总公司在《会议纪要》中载明，为借款人新疆江海三泰公司因生产经营需要向中行石河子分行的流动资金贷款提供担保。在借款人发生违约不能按期还本付息后，保证人又向银行出具《告知函》载明，为借款人经营困难无力归还的涉诉贷款继续履行保证责任。**最高法院据此认定，即使借款人未按照借款合同约定的具体的贷款用途使用贷款（约定借款用途为“收购番茄、支付包装物款”），但因保证人未能提出有效证据，不能当然的认定借款人的用款行为超出了保证人承诺的，为借款人“因生产经营需要”发生的贷款承担连带保证责任的范围。保证人以借款人的用款行为加重了保证责任，且银行对此明知未尽到审慎的管理义务构成欺诈为由，主张免除保证责任的，法院不予支持。**

实务经验总结

前事不忘，后事之师。我们就本案最高法院的判决所涉及的实务要点梳理如下，以供实务参考：

1. 保证合同（条款）应当明确约定承担保证责任的范围、期限、方式和对象，对保证人自身应当承担责任的情形做出明确的限制。本案导致保证人败诉最重要的原因是，保证人承诺的保证责任的范围与借款合同中的约定不一致，没有达到明确性的要求。保证人承诺为企业“因生产经营需要”发生的贷款提供担保不是一个严谨、明确的约定。根据企业性质的不同，“因生产经营需要”发生的贷款完全可以衍生出相当多的具体形式，企业的流动资金贷款绝大部分都是用于企业的日常经营（未用于买番茄而用于其他企业经营活动不能认为超出了“因生产经营需要”的范围），这极大地增加了保证人承担责任的未知性和举证的难度。因此，本案中即使借款人未按照借款合同约定的具体用途使用贷款，因保证人无法证明借款人的实际用款行为超出了企业的生产经营需要，法院也不能当然的认定加重了保证人的责任而做出免除保证责任的判决。

2. **保证人发现借款人的用款行为可能导致自身承担责任的风险增加时，应及时介入，并留存相关证据。**本案中，在借款人已经发生偿债危机，且未将贷款用于借款合同约定的具体用途的情况下，保证人不仅未在第一时间提出异议，却向银行出具了继续承担保证责任的告知函。依照该告知函，有理由相信保证人认可了借款人先前的用款行为，对自己的利益做出了处置，因此法院对保证人免除保证责任的主张不予支持。

3. 银行和借款人协商变更贷款用途，是一种变更主合同内容的行为。根据《担保法》及其司法解释的规定，主合同内容发生非根本性变更，如果未加重保证人的责任，无需征得保证人的同意，保证人仍然要依其对债权人的承诺承担保证责任。但是如果主合同的内容发生了根本性的变更，则必须征得保证人的同意，否则保证人不承担保证责任。借款合同当事人约定变更贷款用途，是对合同必要条款的重大变更，或者可以说是对合同内容的根本性变更。因为贷款用途的改变，违背了保证人的意志，因此，如果贷款银行与借款人协商改变贷款用途，未经保证人同意，保证人不再承担保证责任。其次，若贷款用途由借款人单方改变，未经保证人同意的，保证人不能免除保证责任。贷款银行一旦将贷款发放到借款人账户中，借款人即有权自行支配，贷款人并无监督义务。借款人单方改变贷款用途，因贷款银行并未参与协商，故不构成主合同当事人协商变更主合同的内容。此种情况下保证人仍应对债权人承担保证责任。

相关法律法规

《担保法》

第二十四条　债权人与债务人协议变更主合同的，应当取得保证人书面同意，未经保证人书面同意的，保证人不再承担保证责任。保证合同另有约定的，按照约定。

《最高人民法院关于适用〈中华人民共和国担保法〉若干问题的解释》（法释〔2000〕44号）

第三十条　保证期间，债权人与债务人对主合同数量、价款、币种、利率等内容作了变动，未经保证人同意的，如果减轻债务人的债务的，保证人仍应当对变更后的合同承担保证责任；如果加重债务人的债务的，保证人对加重的部分不承担保证责任。

债权人与债务人对主合同履行期限作了变动，未经保证人书面同意的，保证期间为原合同约定的或者法律规定的期间。

债权人与债务人协议变动主合同内容，但并未实际履行的，保证人仍应当承担保证责任。

以下是本案判决书中“本院认为”部分，最高法院就保证人是否承担保证责任问题的论述：

最高法院认为：“**涉诉《流动资金借款合同》签订前，2012 年 9 月 25 日经济建设总公司《会议纪要》载明的新疆江海三泰公司因生产经营需要向中行石河子分行借款、经济建设总公司同意提供保证担保之内容，可以表明经济建设总公司系为新疆江海三泰公司生产经营需要向债权人提供保证。即使新疆江海三泰公司未将涉诉借款用于收购番茄、支付包装物款，也不能当然否定该款项用于该公司其他生产经营。**经济建设总公司以新疆江海三泰公司未将涉诉借款用于收购番茄、支付包装物款为由主张中行石河子分行存在欺诈，事实依据并不充分。另一方面，涉诉款项在原借款期限即将届满时，**经济建设总公司 2013 年 9 月 18 日《会议纪要》载明的新疆江海三泰公司因当年资金紧张、经济建设总公司同意继续提供连带保证之内容，以及经济建设总公司 2013 年 9 月 23 日向中行石河子分行出具《告知函》载明的因债务人经营困难无力归还借款、经济建设总公司愿意继续履行保证责任之内容，可以表明，经济建设总公司是为债务人新疆江海三泰公司无力清偿的涉诉借款提供连带保证。**在债务人新疆江海三泰公司未清偿涉诉借款款项的情况下，经济建设总公司应当承担相应保证责任。经济建设总公司以债务人未将款项用于合同约定用途故债权人存在欺诈为由主张免除保证责任，缺乏事实和法律依据，对其主张本院不予支持。债务人新疆江海三泰公司及经济建设总公司等保证人应当向信达公司新疆分公司承担相应责任。”

案件来源

中国信达资产管理股份有限公司新疆维吾尔自治区分公司与新疆石河子开发区经济建设总公司、新疆江海三泰番茄制品股份有限公司等金融借款合同纠纷上诉案［最高人民法院（2015）民一终字第 425 号］

延伸阅读

有关借款人改变贷款用途保证责任是否免除的问题，以下是我们在写作中检

索到与该问题相关的最高法院案例和裁判观点，以供读者参考。

1. 没有证据证明各方当事人事先就借款用途和性质达成合意，借款人变更借款性质和用途，未加重借款人债务的，保证人的责任不能免除。

案例一：中国农业发展银行灯塔市支行与辽阳宾馆有限责任公司、辽阳罕王湖农业集团有限公司金融借款合同纠纷案［最高人民法院（2015）民二终字第251号］

最高法院认为："辽阳宾馆主张农发行灯塔支行与罕王湖公司擅自变更借款的性质及用途，无限加重其保证责任，依照《最高人民法院关于适用〈中华人民共和国担保法〉若干问题的解释》第三十条的规定，其不应承担保证责任。**首先，辽阳宾馆未能举证证明农发行灯塔支行与罕王湖公司就借款性质及用途的变更达成合意。**按照合同约定的借款性质及用途使用借款是罕王湖公司负有的合同义务，如果借款被挪作他用，应属罕王湖公司的违约行为。**其次，借款在发放后，由罕王湖公司实际掌控，罕王湖公司对借款性质及用途的变更不同于《最高人民法院关于适用〈中华人民共和国担保法〉若干问题的解释》第三十条所规定的借款数量、价款、币种、利率等内容的变更，并未加重罕王湖公司的债务，辽阳宾馆的保证责任亦不能因该条法律规定而免除。**故辽阳宾馆的此项抗辩事由亦不能成立。"

029 过渡性保证解除条件未全部成就时保证责任不能免除

阅读提示

过渡性保证是指，保证人与借款人、银行在主借款合同或保证合同中约定，由保证人为借款提供保证，当三方约定的保证解除条件成就时，保证人的保证责任得以免除的一种保证形式。

该种保证形式多被用于借款人急需用款，但又无法在短时间内提供担保财产，为此不得不临时引入第三方保证人的情形。只有在约定的保证解除条件全部成就时，保证人的保证责任才能免除。

裁判要旨

保证人、借款人和银行在借款合同中明确约定了过渡性保证的解除条件，在其中之一的解除条件尚未成就的情况下，即使保证人主张借款人已将案涉贷款投资形成的全部资产抵押给银行的事实成立，完成了担保物的追加和置换，也不能免除保证人的保证责任。

案情简介

1. 2010年12月20日和2011年1月4日，立诚公司与农行溧阳支行签订三份《借款合同》，共计15000万。三份借款合同均约定：**三弘公司保证须待项目形成资产（房产、机器设备）全部抵押给我行及借款人正常投产盈利后方可解除保证。**

2. 2010年12月17日，三弘公司与农行溧阳支行签订最高额保证合同，约定三弘公司为农行溧阳支行与立诚公司自2010年12月17日起至2012年12月16日止形成的最高额16500万元的债权承担连带保证责任。

3. 农行溧阳支行于2013年5月20日和2014年8月28日向三弘公司出具两份情况说明，内容为三弘公司过渡性保证情况和立诚公司保证资产置换情况，并声明立诚公司追加置换的保证财产估值已达到、超过三弘公司保证的贷款总额。

4. 2014年4月30日，农行溧阳支行向立诚公司发出贷款提前到期通知书，立诚公司于同日签收。2014年9月2日，农行将债权转让给长城公司南京办。

5. 另查明，2013年12月至2014年1月间，立诚公司将其5处房产以及“纸板输送物流系统”抵押给中行溧阳支行，先后贷款1.5亿元。

6. 一审：原告长城公司南京办起诉被告立诚公司、三弘公司，要求立诚公司偿还借款本息，三弘公司承担连带保证责任。江苏省高院判决立诚公司应履偿还借款本息，三弘公司解除过渡性保证的条件尚未成就，应承担连带保证责任。

7. 二审：三弘公司不服一审判决提起上诉，称农行溧阳支行出具的书面说明表明本案中立诚公司已经完成担保物的置换，同时借款合同约定的“正常投产盈利”应是指案涉贷款所投资的项目盈利而并非是公司整体盈利，故双方约定的过渡性保证解除的条件已经成就，不应承担连带保证责任。最高法院判决驳回上诉，维持原判。

裁判要点及思路

本案的争议焦点是，银行和保证人三弘公司在借款合同中约定的过渡性保证的解除条件是否成就，三弘公司的保证责任是否应免除。对此，保证人三弘公司提出两点上述主张：1. 农行溧阳支行先后两次向其出具情况说明，内容为立诚公司已将案涉贷款投资形成的房产、设备等抵押给银行，完成了担保物的追加置换，且估值已超过三弘公司保证担保的贷款总额；2. 合同约定的“正常投产盈利”是指案涉贷款所投资的项目盈利而非指公司整体盈利，故约定的保证担保解除条件已经成就。

最高法院认为，依照行业通常惯例和合同目的解释，“盈利”应指公司整体盈利，营业收入大于成本支出，公司获得稳定的营业利润，偿债能力显著提高，解除保证担保不致使债权无法得到清偿。故在借款人立诚公司未能实现正常盈利，解除案涉过渡性保证的条件之一没有成就的情况下，即使如保证人主张借款人立诚公司已将案涉贷款投资形成的全部资产抵押给银行，完成了担保物的追加和置换，也不能因此认定双方约定的过渡性保证解除条件已经成就，故最高法院判决三弘公司的保证责任不应免除。

实务要点总结

前事不忘，后事之师。我们就最高法院本案的判决所涉及的实务要点梳理如下，以供实务参考。

1. 过渡性保证的直接效力来源是当事人之间明确的约定和承诺，这就意味着不论是银行在接受过渡性保证，还是保证人在做出过渡性保证承诺时，都应当形成有效的书面文件，如公司承诺过渡性保证，还应当要求公司出具股东会、董事会决议。实践中过渡性保证约定可以是主借款合同或者保证合同中的独立条款，也可以是独立的保证协议。缺少有效的协议很有可能导致保证人不能如约从保证关系中解脱出来，而为借款人承担无谓的偿还责任，更有可能使银行的债权陷入脱保的风险。

2. 过渡性保证责任免除的条件可以划分两类：（1）当满足一定的客观条件时过渡性保证责任免除，如当借款人自己提供保证财产置换原保证或者借款人实现盈利使其偿还能力显著提高时等；（2）以一定的时间点为界，如保证人仅提供6个月或者1年的过渡性保证，期间届满的保证责任免除。但不论是采用哪一种形式都应当注意约定的保证担保解除条件应当达到明确、具体、直接、可操作的要求，尽量避免出现双重甚至多重解释。

3. 约定一定期限的过渡性保证担保与约定一定期限的过渡性物权担保（如抵押、质押）存在本质上的差异。物权担保因受物权法定原则的限制，其内容不能任由当事人约定。物权法中并未规定抵押、质押等权利的期限，因此作为从属于主债权的担保物权，其有效期应当同主债权一致，当事人自行约定担保物权有效期的不能产生物权效力。

4. 需要由第三人提供过渡性保证，往往意味着借款人现时的支付能力和财产状况不足以担负本次借款，因此保证人一方面应做好保前的调查，同时应当谨慎提供过渡性保证，约定的保证解除条件当以一定的时限为宜，期间长度也不宜过长。

相关法律法规

《合同法》

第六十条 当事人应当按照约定全面履行自己的义务。

当事人应当遵循诚实信用原则，根据合同的性质、目的和交易习惯履行通知、协助、保密等义务。

以下是本案判决书中“本院认为”部分，最高法院就案涉过渡性保证的解除条件是否成就问题的论述：

最高法院认为：“**本案二审争议的焦点问题是：涉案《借款合同》约定解除三弘公司保证的条件是否成就。**涉案三份《借款合同》中均约定：三弘公司保证保证须待项目形成资产（房产、机器设备）全部抵押给农行溧阳支行及借款人立诚公司正常投产盈利后方可解除保证。**虽然三弘公司并非主借款合同的当事人，但是涉案保证合同签订在借款合同之前，借款合同中约定解除保证的相关内容是农行溧阳支行的真实意思表示，农行溧阳支行应受该意思表示的约束，而该免责条款赋予三弘公司有条件解除保证的权利，三弘公司对此条款也是同意并认可的。故原审判决认定借款合同中解除保证的相关约定，对保证人三弘公司亦产生法律效力**，并以此确认农行溧阳支行与三弘公司之间权利义务关系，并无不当，本院予以确认。故根据三份《借款合同》约定，解除三弘公司保证须同时满足两个前提条件：**一是立诚公司投资项目形成资产（房产、机器设备）全部抵押给农行溧阳支行；二是立诚公司正常投产盈利。**三弘公司上诉称借款合同中约定的‘借款人正常投产盈利’，是指‘项目盈利，而不是企业年度和整体盈利’。**本院认为，依通常行业惯例，‘盈利’应指公司营业收入大于成本支出，并获取相应利润；且从合同目的解释角度分析，农行溧阳支行与立诚公司在约定解除三弘公司保证时强调‘借款人正常投产盈利’，是待项目正常投产后，公司获取稳定的营业利润，偿还债务的能力得到提高，此时解除保证不致使其债权无法得到清偿。故‘借款人正常投产盈利’应理解为公司整体经营盈利，而非不考虑公司成本支出、设备折旧等因素，项目投产有收益即可。**

原审判决在审查解除三弘公司保证条件是否成就时，根据立诚公司在工商局备案的 2012 年 5 月、2012 年 12 月利润表、溧阳众诚会计师事务所有限公司出具的 2013 年度《审计报告》记载内容，及立诚公司在原审庭审中的自认事实，认定立诚公司投产后持续亏损。三弘公司上诉对原审判决认定立诚公司投产后持续亏损的事实未提出异议，本院予以确认。**可见，涉案项目投产后，立诚公司未能实现正常盈利的事实客观存在。故《借款合同》约定解除三弘公司保证的'借款人正常投产盈利'条件之一未能成就。即使三弘公司上诉主张立诚公司投资建设 6 亿平方米产能项目形成的房产、机器设备已全部抵押给农行溧阳支行的理由成立，但因涉案项目投产后，立诚公司未能正常盈利，免除三弘公司保证责任的前提条件未能全部成就，且农行溧阳支行也未作出明确免除三弘公司保证责任的意思表示。因此，原审判决三弘公司等保证人按照《最高额保证合同》约定对本案立诚公司的借款承担连带清偿责任，并无不当。**三弘公司上诉称《借款合同》约定解除三弘公司保证的条件已成就，本案应免除其保证责任，欠缺有效证据及合理理由支持。"

案件来源

中国长城资产管理公司南京办事处与浙江三弘国际羽毛有限公司、立诚包装有限公司等金融借款合同纠纷上诉案［最高人民法院（2015）民二终字第 305 号］

延伸阅读

有关过渡性保证的解除的问题，以下是我们在写作中检索到与该问题相关的部分法院案例及裁判观点，以供读者参考。

1. 保证人承诺"临时为借款人签字前提供过渡性保证"，但借款人至今未签字的，保证人的保证责任不应免除。

案例一：原告张某与被告陈某、高某民间借贷纠纷案［福建省大田县人民法院（2015）大民初字第 2574 号］

大田县法院认为："虽然原告未在本案借款合同'贷款人'栏处签字，但根据《中华人民共和国合同法》第二百一十条的规定：'自然人之间的借款合同，自贷款人提供借款时生效'。原告分别于 2013 年 7 月 19 日和 20 日向被告陈某履行了出借款项义务，故本案借款合同已成立并生效。**被告高某在签字时备注'临时为陈某签字前提供过渡性保证'，但陈某至今未作为保证人在该借款合同上签字，故被告高某要求免除保证责任的条件未成就。**因此，被告高某作为本案借款的连带责任保证人，在保证期限内，应按约对本案借款本息承担连带保证责任。"

2. 保证人声称其提供的是过渡性保证，且已在公司股东会决议中注明，但在债权人提交的保证人同意提供保证的股东会决议中并无有关过渡性保证的表述，故保证人的保证责任不应免除。

案例二：宁波银行股份有限公司望湖支行与宁波跃成金属材料有限公司、浙江宝基金属压延有限公司等金融借款合同纠纷案［浙江省宁波市江东区人民法院（2013）甬东商初字第905号］

宁波江东区法院认为："被告跃成公司与原告签订的《银行承兑协议合同》合法有效，双方应按约全面实际履行。承兑汇票到期后，被告跃成公司未按约足额支付票款，其行为亦已构成违约，应向原告归还垫付款项并支付逾期利息。根据法律规定，最高额保证是保证人与债权人协议在最高债权额限度内就一定期间连续发生的借款合同订立一个保证合同。即最高额保证所担保的债权是不特定的，只要主债权发生在《最高额保证合同》约定的期间内，保证人即应对主债权在最高债权额限度内承担保证责任。故被告宝诚公司称其不承担保证责任的辩称，本院不予采信。**被告宝诚公司称其在股东会决议中写明保证系过渡性保证，但在原告提交的被告宝诚公司无异议的股东会同意最高额保证决议中并无相关表述，被告宝诚公司亦未提供任何证据予以证明，故其该项辩称本院不予采信。**被告宝诚公司、新丰公司、宝基公司、朱庆伙、施祈如自愿为被告跃成公司的债务提供保证，应依法承担连带保证责任。"

030 不能仅以银行实际放款方式与约定不符为由免除保证责任

阅读提示

放款方式并不是借款合同的主要内容，放款方式的变更并不会导致借款金额、利率、履行期限等的变更并进而影响借贷双方的权利义务关系，主借款合同关系不受影响的情况下，相应的从属于主借款合同的担保关系也不应受影响。

担保责任是否能够免除或者减轻的实质标准应当是：银行的放款行为和借款人的用款行为是否在担保人不知情的情况下，导致了借款人总资产显著减少、偿还能力显著下降或者债务总额显著增加，进而超出了担保人事先承诺承担担保责任的范围。如果仅是形式上的放款方式变化，未增加担保人责任的，并不能免除或者减轻担保人的担保责任。

裁判要旨

在没有证据证明银行明知借款人伪造借款用途仍发放贷款，且银行尽到了合同约定的对借款人交易对象的形式审查义务的情况下，保证人仅以银行未按约定的受托支付的方式放款为由，主张免除保证责任的，法院不予支持。

案情简介

1. 2014 年 3 月 11 日，济宁银行市北支行与同创公司、诚达公司、鲁宁公司签订《最高额保证合同》，约定诚达公司、鲁宁公司为同创公司自 2014 年 3 月 11 日至 2015 年 3 月 11 日期间的借款以最高额 1600 万元为限承担连带责任保证。

2. 2014 年 11 月 3 日，济宁银行市北支行与同创公司签订《流动资金借款合同》，约定同创公司向济宁银行市北支行借款 250 万元。济宁银行市北支行按约放款，截至 2015 年 8 月 18 日，同创公司欠借款本金 250 万元，欠利息、罚息及复利共计 221972.3 元。

3. 借款合同第十四条“贷款支付方式”中特别提示，**在办理受托支付或部分受托支付时，济宁银行市北支行只是对同创公司提供的支付对象信息、借款用途证明材料等相关资料进行形式审查，**同创公司与交易对象之间因合同履行等抗辩事由及与交易对象或第三方之间纠纷一概与济宁银行市北支行无关。诚达公司亦在保证合同中承诺不以上述理由抗辩免责。

4. 一审：原告济宁银行市北支行起诉被告同创公司、诚达公司，要求同创公司偿还欠款本息，诚达公司承担连带偿还责任。济宁市中院判决诚达公司应当在约定的最高额保证的限额内承担连带偿还责任。

5. 二审：诚达公司不服一审判决提起上诉，称济宁银行市北支行未按合同约定将贷款支付给同创公司的交易对象，而是将贷款支付给同创公司；银行没有审查同创公司与钢材交易对象之间是否存在真实的钢材交易关系，构成违法违规放贷，故应免除诚达公司的担保责任。山东省高院判决驳回上诉，维持原判。

裁判要点及思路

本案的争议焦点是，银行未按合同约定的受托支付方式将贷款支付给借款人同创公司的交易对象，而是依照同创公司的委托支付指令向第三方放款，保证人是否能以此为由免除担保责任。山东省高院认为，在没有证据证明银行明知借款人伪造借款用途而发放贷款，且银行尽到了合同约定的对借款人交易对象的形式审查义务的情况下，保证人仅以银行未按约定的受托支付的方式放款为由，主张免除保证责任的，法院不予支持。

实务要点总结

前事不忘，后事之师。我们就法院关于本案的判决所涉及的实务要点梳理如下，以供实务参考。

1. 放款方式变更并没有改变借款金额、利率、履行期限等直接影响借贷双方权利义务关系的合同的主要内容，没有产生新的债权债务关系，更没有增加债务人的债务，因此并未由于放款方式的变更而相应增加担保人的担保责任，故担保人仅以银行实际的放款方式与合同约定不符为由主张免除或者减轻担保责任的，法院不予支持。

2. 受托支付是银行根据借款人的提款申请和支付委托，将贷款资金支付给符合合同约定用途的借款人交易对象，目的是为了减小贷款被挪用的风险，它是银行加强贷款风险管理的监管措施，并不是银行必须遵循的义务。银行放弃了通过受托支付的方式监管借款人的用款行为，但真实的借款用途没有超出担保人承诺担保的范围，也并未导致借款人的债务显著增加或者资产显著减少的情况下，担保人以实际放款方式与约定不符为由主张免除或者减轻担保责任的，不予支持。

3. 如银行明知借款人伪造借款用途，违反约定使用借款资金，却仍未停止向借款人放款的，应当认定银行和借款人双方以明显的恶意改变了合同有关借款用途的约定，在担保人不知情的情况下显著的增加了担保人的担保责任，超出了担保人事先承诺的担保范围，担保人可以此为由主张免除或者减轻担保责任。

4. 担保责任的判断应采取“实质重于形式”的原则。担保责任是否可以减轻或者免除的实质标准应当是，银行和借款人的行为是否在担保人不知情的情况下导致借款人总资产减少或者偿还能力显著下降，进而增加了担保人的担保责任，超出了担保人事先承诺提供担保的范围。如果仅是形式上的银行放款方式与约定不符，但并未改变原借款合同、担保合同的权利义务关系的情况下，并不能免除或者减轻担保人的担保责任。

相关法律法规

《最高人民法院关于适用〈中华人民共和国担保法〉若干问题的解释》[法释〔2000〕44号]

第六条　有下列情形之一的，对外担保合同无效：

（一）未经国家有关主管部门批准或者登记对外担保的；

（二）未经国家有关主管部门批准或者登记，为境外机构向境内债权人提供担保的；

（三）为外商投资企业注册资本、外商投资企业中的外方投资部分的对外债务提供担保的；

（四）无权经营外汇担保业务的金融机构、无外汇收入的非金融性质的企业法人提供外汇担保的；

（五）主合同变更或者债权人将对外担保合同项下的权利转让，未经担保人同意和国家有关主管部门批准的，担保人不再承担担保责任。但法律、法规另有规定的除外。

以下是本案判决书中“本院认为”部分，法院就放款方式不符合约定能否免除担保责任的问题的论述：

山东省高院认为：“**关于诚达公司应否就涉案债务承担连带保证责任。**对此，诚达公司主张，济宁银行市北支行没有尽到审查义务，没有按照借款合同的约定将贷款支付给同创公司的交易对象，构成违规放贷，应当免除诚达公司的保证责任。**本院认为，根据涉案借款合同及保证合同的约定，涉案借款的发放方式为受托支付，济宁银行市北支行只是对同创公司提供的交易对象信息、借款用途证明材料进行形式审查，诚达公司作为保证人亦承诺不以此为由抗辩免责，而事实上济宁银行市北支行也按照借款合同的约定，根据同创公司的委托支付指令，向第三方支付了涉案借款，完全履行了借款合同约定的放款义务，且本案中并无证据证明济宁银行市北支行明知同创公司伪造借款用途而发放贷款的情形。**因此，诚达公司的上述主张缺乏事实和法律依据，应当承担举证不能的不利后果。一审法院判决诚达公司承担连带清偿责任并无不当。”

案件来源

济宁银行股份有限公司与济宁市诚达物资贸易有限公司、济宁同创物资有限公司等金融借款合同纠纷上诉案［山东省高级人民法院（2016）鲁民终1632号］

延伸阅读

有关银行实际放款方式不符约定是否能免除担保责任的问题，以下是我们在写作中检索到与该问题相关的部分省高院的案例及裁判观点，以供读者参考。

1. 实际放款方式并没有变更主合同中约定的借款金额、利率、履行期限等主要内容，也没有加重债务人的债务，故担保人以银行变更放款方式未经其同意为由主张免除担保责任的，法院不予支持。

案例一：中绿融资担保有限公司、中国农业发展银行宜宾县支行金融借款合同纠纷上诉案［四川省高级人民法院（2016）川民终 1288 号］

四川省高院认为："农发行宜宾支行在发放本案贷款时，采用一次性发放、分期支付的方式。**尽管 2012 年 5 月 16 日一次性支付的金额为 1600 万元，不符合本案《固定资产借款合同》中第 7.1 款'本合同项下当单笔提款数额超过 500 万元或超过项目总投资额 5%，采用贷款人委托支付的方式，其余借款采用借款人自主支付方式'的约定，但该支付方式并不是对主合同中约定的借款金额、利率、履行期限等主要内容的变更，也没有加重债务人的债务，故中绿担保公司提出该支付方式的变更没有经过保证人的书面同意，其不应当承担担保责任的上诉理由，亦不能成立。**"

2. 贷款发放方式与约定不符，不属于《担保法解释》第六条规定的，主合同变更未经担保人同意的情形，故担保人的担保责任不应免除。

案例二：赵某、河北银行股份有限公司唐山分行金融借款合同纠纷再审案［河北省高级人民法院（2017）冀民申 6185 号］

河北省高院认为："本案中，作为借款人的刘某对于收到该笔借款予以认可，至于该笔借款的具体使用并不影响借贷关系的成立。**申请人称该笔借款并未按照借款用途'购买海鲜水产'使用，约定的贷款发放方式是将贷款资金一次性发放至刘某的账户，但是实际是是以受托支付的方式，支付对象为第三人刘某，因此不应当承担担保责任。但上述理由不符合《最高人民法院关于适用〈中华人民共和国担保法〉若干问题的解释》第六条'主合同变更或者债权人将对外担保合同项下的权利转让，未经担保人同意和国家有关部门批准的，担保人不再承担担保责任'规定的情形，因此其主张不再承担担保责任的申诉理由不能成立。**"

3. 受托支付的设立是银行加强贷款管理的监管措施，银行放弃了通过受托支付的方式对贷款用途的监管，并没有改变合同当事人之间的权利义务，也没有加重保证人的担保责任，故保证人无权仅以实际发放方式的变化为由主张免除或减

轻担保责任。

案例三：江苏扬州农村商业银行股份有限公司泰安支行与扬州烟花三月生态度假村有限公司、薛玉林等金融借款合同纠纷申请再审案［江苏省高级人民法院（2014）苏审二商申字第423号］

扬州市中院二审认为："**受托支付方式的设定，是出借人加强贷款风险管理的一种监督措施，泰安支行将贷款发放给烟花三月度假村，放弃了通过受托支付这一途径对贷款用途的监管**，但并不必然得出泰安支行没有通过其他途径对贷款的使用进行监管的结论，且贷款监管源于行业规范管理的需要，监督措施的落实与否并不当然改变合同当事人之间的权利义务，根据《中华人民共和国合同法》第一百九十六条的规定，**泰安支行向合同相对人已经履约，相对金马公司而言，也没有加重保证人的担保人责任，故保证人无权仅以实际发放方式的变化作为减轻保证责任的事由对抗债权人。**综上，金马公司的上诉理由不能成立，其请求本院不予支持。"

江苏省高院再审认为："泰安支行按合同约定将贷款打入约定的结算账户，已向合同相对人履约。而**受托支付方式的设定，是出借人加强贷款风险管理的一种监督措施。泰安支行放弃了通过受托支付这一途径对贷款用途的监管，并没有改变合同当事人之间的权利义务，也没有加重保证人的担保人责任，故保证人不能由此对抗债权人。**"

031 债务加入情形下不免除保证人的保证责任

阅读提示

债务加入与债务转移的本质区别是，原债务人是否退出原债权债务关系。债务转移情形下，原债务人退出原债权债务关系，因此未经保证人书面同意擅自转移的，保证人可主张免责。债务加入情形下，并未改变原债权债务关系，应由原债务人和自愿加入的第三人共同承担偿还责任，故即使未经保证人同意，也不会加重保证人的保证责任（甚至可能减轻保证人的责任），保证人不能主张免责。

裁判要旨

第三人自愿承诺偿还债务人债务的行为，在性质上属于债务加入，与债务转移有本质区别，该行为并未改变原债权债务关系，也未增加保证人的保证责任，

故即使债务加入的行为未经保证人同意，保证责任也不应免除。

案情简介

1. 2011 年 1 月 14 日，金沙联社作为牵头社（代理社）和其他七家信用社签订《社团贷款协议》，约定为石板坡煤矿提供 5000 万元的贷款。同日，石板坡煤矿与八家信用社分别签订《社团借款合同》，共计借款 4800 万元。

2. 2013 年 4 月 26 日，石板坡煤矿与金沙联社等债权人签订《分期还款协议》，至借款到期日 2013 年 7 月 13 日，石板坡煤矿尚欠借款本金 2650 万元及部分利息。

3. 石板坡煤矿实际投资人方某、姜某、陈某、周某出具《保证责任书》，自愿为本次借款承担连带清偿责任，保证期间 2 年。

4. 2013 年 10 月 24 日，石板坡煤矿与鑫盛源公司签订《兼并重组协议》，石板坡煤矿采矿权人变更为鑫盛源公司。2014 年 1 月 14 日，八家信用社与鑫盛源公司签订《还款协议》，**约定：鑫盛源公司自愿作为石板坡煤矿所欠借款本金 2650 万元的债务人，与其他责任人承担无限连带责任，并继续以石板坡煤矿采矿权提供抵押担保。鑫盛源公司另行签订《还款计划》，如鑫盛源公司不能按照《还款计划》履行义务，需承担 2650 万元的 10% 的违约金。**

5. 一审：原告八家信用社起诉被告石板坡煤矿、鑫盛源公司和四个保证人，要求返还借款本息。贵州省高院判决石板坡煤矿、鑫盛源公司应偿还借款本息，四个保证人应承担连带保证责任。

6. 二审：保证人方某、姜某不服一审判决提起上诉，称鑫盛源公司自愿承担石板坡煤矿债务是债务转让，非债务加入，金沙联社等债权人未经保证人书面同意，允许石板坡煤矿将全部债务转让给鑫盛源公司，故方某、姜某不再承担保证责任。最高法院判决驳回上诉，维持原判。

裁判要点及思路

本案的争议焦点是，保证人方某、姜某是否应承担保证责任，而核心问题是鑫盛源公司承诺还款的行为的性质是债务转移还是债务加入，如属于债务转移，在未经保证人同意的情况下，保证人可主张免责。最高法院认为：1. 鑫盛源公司明确承诺自愿作为石板坡煤矿欠款的债务人，并与信用社签订了《还款协议》，出具了《还款计划》；2.《还款计划》中鑫盛源公司承诺归还欠款本息，但未写明石板坡煤矿退出债权债务关系；3.《还款协议》写明金沙联社等债权人不放弃对该借款之前已享有的债权人权利，有权要求之前的债务人、保证人等义务人承担责任。综合以上三点，应认定鑫盛源公司承诺还款的行为性质应系债务加入，而非债务转移。该行为并未改变原债权债务关系，也未增加保证人的保证责任，故即使未经保证人同意，保证责任也不应免除。

实务要点总结

前事不忘，后事之师。我们就最高法院关于本案的判决所涉及的实务要点梳理如下，以供实务参考。

1. **债务转移**，是指债务人和第三人签订协议，由第三人承担债务，并经债权人同意或第三人和债权人签订协议，由第三人承担债务人的债务。**债务加入**，是指第三人加入到已有的债务关系中来，由第三人与原债务人共同承担对债权人的债务。**两者最显著的区别是，原债务人是否脱离原债权债务关系。**债务转移情形下，原债务人脱离原债权债务关系，债务由签署协议的第三人一力承担。债务加入情形下，原债务人并未脱离原债权债务关系，并与自愿加入的第三人一起承担偿还责任。

2. 原债务人是否脱离债权债务关系又直接影响保证人责任的承担。债务转移情形下，原债务人与受让第三人的偿还能力是存在差异的，保证人承诺为原债务人提供担保是基于对其偿还能力、信誉水平的信赖，这样的信赖具有独立性和附随性，无法伴随债务的转移而相应的由第三人获得。因此，债务转移情形下应征得保证人的书面同意，未经同意转让的，即存在加重保证人责任的风险，保证人可以主张免责。而债务加入情形下，因原债务人并未脱离债权债务关系，并与自愿加入的第三人共同承担债务的偿还责任，实际上是减轻了债务人的偿还责任，相应的也减轻了保证人最终承担保证责任的可能。因此，债务加入情形下即使未经保证人同意，保证人也不能主张免责。

相关法律法规

《担保法》

第二十三条　保证期间，债权人许可债务人转让债务的，应当取得保证人书面同意，保证人对未经其同意转让的债务，不再承担保证责任。

第二十四条　债权人与债务人协议变更主合同的，应当取得保证人书面同意，未经保证人书面同意的，保证人不再承担保证责任。保证合同另有约定的，按照约定。

《最高人民法院关于适用〈中华人民共和国担保法〉若干问题的解释》[法释〔2000〕44号]

第六条 有下列情形之一的，对外担保合同无效：

（一）未经国家有关主管部门批准或者登记对外担保的；

（二）未经国家有关主管部门批准或者登记，为境外机构向境内债权人提供担保的；

（三）为外商投资企业注册资本、外商投资企业中的外方投资部分的对外债务提供担保的；

（四）无权经营外汇担保业务的金融机构、无外汇收入的非金融性质的企业法人提供外汇担保的；

（五）主合同变更或者债权人将对外担保合同项下的权利转让，未经担保人同意和国家有关主管部门批准的，担保人不再承担担保责任。但法律、法规另有规定的除外。

以下是本案判决书中“本院认为”部分，最高法院就鑫盛源公司承诺还款行为的性质问题的论述：

最高法院认为：“一、方某、姜某是否应就石板坡煤矿债务承担连带保证责任。结合方某、姜某的上诉理由，**该争议问题的核心焦点为鑫盛源公司承诺还款的行为性质系债务加入还是债务转移。根据《还款协议》条款内容，鑫盛源公司自愿作为石板坡煤矿欠款2650万元的债务人，与原借款人及其他责任人承担无限连带责任，且承担债权人因追偿债权所产生的损失；金沙联社等债权人亦明确写明不放弃对该借款之前已享有的债权人权利，有权要求之前的债务人、保证人等义务人承担责任。**此外，针对已签订的《兼并重组协议》，《还款协议》明确约定，鉴于《兼并重组协议》的合同相对性，债权人对鑫盛源公司在协议中承担石板坡煤矿欠款2650万元约定不明的情形不予认可，具体权利义务以《还款协议》为准。**作为《还款协议》附件的《还款计划》虽写有鑫盛源公司承诺归还欠款本息的内容，但也未写明原债务人石板坡煤矿退出债权债务关系。从上述约定可知，原债务人石板坡煤矿并未退出债权债务关系，鑫盛源公司承诺还款的行为性质应系债务加入，而非债务转移，一审判决就此的性质认定并无不当。故方某、姜某主张鑫盛源公司行为系债务转移但未得到二人书面同意而免除连带保证责任，于法无据，本院不予支持。”**

案件来源

金沙县农村信用合作联社、贵州毕节农村商业银行股份有限公司等与方某、姜某等金融借款合同纠纷上诉案［最高人民法院（2016）最高法民终 707 号］

延伸阅读

有关第三人债务加入后是否能免除保证人责任的问题，以下是我们在写作中检索到与该问题相关的最高法院案例及裁判观点，以供读者参考。

1. 债务人的债务并未因其注销以及第三人承接债务的行为而消灭，性质上应属于债务加入，而非债务转让。第三人债务加入情形下，即使未经保证人同意，因并未加重保证人的保证责任，不能免除保证人的保证责任。

案例一：中国长城资产管理公司济南办事处与山东省机械进出口集团公司、青岛裕丰工商公司、青岛市丰田塑料门窗厂、青岛市金山实业发展总公司、青岛市土产畜产进出口公司、青岛工贸合营包装厂、青岛安全器材厂借款担保合同纠纷案［最高人民法院（2010）民提字第 130 号］

最高法院认为："原锯材厂的债务并未因其注销及门窗厂承接债务的行为而消灭，故门窗厂承接该债务的行为，其性质属于债务加入，而非其与锯材厂之间的债务转让。在《担保法》第 23 条规定的保证人免责的情形中，其法定适用条件为'在保证期间内，债权人许可债务人转让债务并应取得保证人书面同意'，以避免出现因债权人转让债务的行为而增加保证人民事责任负担的不公平结果。……鉴于本案中不存在锯材厂与门窗厂之间进行债务转让的事实，门窗厂承接债务时锯材厂已注销，二者之间不构成债务转让。原债务人锯材厂注销后，门窗厂自愿承担锯材厂债务的行为，亦未加重保证人机械公司的该项保证责任。故机械公司保证责任不应免除。"

2. 尽管第三人自愿代偿的行为变更了主借款合同的内容，但该行为实际上减轻了债务人的偿还责任，在性质上属于债务加入，而非债务转移。故即使该自愿加入行为未经保证人同意，也不能免除保证人的责任。

案例二：中国轻骑集团有限公司与华夏银行济南市高新支行、山东天源资产投资管理有限公司委托管理资金合同纠纷上诉案［最高人民法院（2003）民二终字第 172 号］

最高法院认为："银行依约将客户资金交付投资公司，因投资公司未依约履行还款义务，故嗣后三方的《还款协议》，在确认投资公司欠款事实基础上，明确约定投资公司、商贸公司作为银行的共同债务人，商贸公司以股票分担投资公司所欠银行部分还款义务。实际上系商贸公司自愿成为银行的共同债务人，共同负担投资公司所欠银行债务，故该约定属于债务加入，并不属于债务转让。……尽管商贸公司自愿代偿行为变更了作为主合同《协议书》的内容，且未经担保人轻工集团同意，但鉴于该约定和行为减轻了投资公司的债务责任，故根据《最高人民法院关于适用〈担保法〉若干问题的解释》第三十条规定，轻工集团对未减轻部分的债务承担连带保证责任。"

032 第三人另行提供保证原保证人不知情的，原保证人仍应承担担保责任

阅读提示

共同担保（包括共同保证、共同物保、混合担保等）是金融借款关系中的常态，银行为了确保借款人未能按约还款时自身利益不至于遭受较大损失，往往会要求借款人提供不止一个担保，各担保行为在法律关系上是独立的，其中一个担保无效并不会影响其他担保行为的效力（除非存在特殊约定）。相应的，在已经存在一个担保的情况下，第三人自愿提供担保的，即使未经原担保人同意，原担保人仍应承担担保责任。

裁判要旨

第三人自愿为借款人提供保证担保，该行为并未变更主合同内容，法律允许各保证人分别提供保证，对主合同而言属于独立的共同保证，未增加原保证人的义务，原保证人以未经其同意变更合同为由主张不承担担保责任，法院不予支持。

案情简介

1. 2009 年 8 月 25 日，吐鲁番信用社与正杰公司（借款人）、丰鼎公司（担保人）签订《农村信用社借款合同》，借款金额 2500 万元，泰信公司在该借款合同上加盖公章，自愿为上述借款提供保证担保。

2. 同日，吐鲁番信用社与正杰公司（借款人）、丰鼎公司（担保人）签订《农村信用社借款保证合同》，约定丰鼎公司愿意为上述借款提供连带责任保证，泰信

公司在该保证合同上加盖公章，自愿为上述借款提供保证担保。

3. 吐鲁番信用社向法院提交的《借款合同》、《保证合同》与丰鼎公司提交的合同文本不同，增加泰信公司为案涉借款保证人。

4. 一审：原告吐鲁番信用社起诉被告正杰公司、丰鼎公司、泰信公司，主张借款提前到期，并要求正杰公司偿还借款，丰鼎公司、泰信公司承担连带保证责任。丰鼎公司提起反诉，请求判决案涉借款合同、保证合同无效。新疆自治区高院认为，案涉合同合法有效，增加泰信公司为保证人并未增加丰鼎公司的义务，丰鼎公司应按约承担担保义务。

4. 二审：被告丰鼎公司不服一审判决提起上诉，诉称吐鲁番信用社与正杰公司未经丰鼎公司同意，添加泰信公司作为保证人，剥夺了丰鼎公司选择是否同意泰信公司加入合同或者选择自身不做担保人的权利，因此丰鼎公司不承担担保责任。最高院判决驳回上诉，维持原判。

5. 再审：丰鼎公司不服二审判决申请再审，称二审认定合同有效为严重错误，在丰鼎公司不知情的情况下，泰信公司事后擅自在案涉合同上签字盖章变更了合同的主体。最高法院认为泰信公司提供保证的并未加重丰鼎公司的保证责任，故裁定驳回再审请求。

裁判要点及思路

本案的争议焦点是：在原保证人丰鼎公司不知情的情况下，泰信公司在借款合同、保证合同上盖章加入保证的行为能否免除原保证人的保证责任？

最高法院认为，吐鲁番信用社与正杰公司不存在未经保证人丰鼎公司同意变更主合同的情形。吐鲁番信用社与正杰公司、丰鼎公司签订《借款合同》、《保证合同》后，泰信公司自愿在合同上盖章作为保证人为正杰公司的借款提供保证担保，该行为并未变更主合同内容，法律允许各保证人分别提供保证，对主合同而言该行为属于独立的共同保证，并未加重丰鼎公司的保证责任。丰鼎公司以此为由主张不承担担保责任，不予支持。

实务要点总结

前事不忘，后事之师。我们就最高法院有关本案的判决涉及的实务要点梳理如下，以供实务参考。

1. 金融借款关系中，共同保证、共同抵押、混合担保是常态，从法律关系角度看，共同保证中各保证人之间是相互独立的，互不影响，均构成独立的保证担保关系，法律允许各保证人分别提供保证。第三人自愿为借款人提供保证担保并在借款合同、保证合同上盖章的行为可以认定形成了独立有效的保证担保关系，即使原保证人不知情，在没有增加原保证人的保证责任，相反因为保证人数量的增多，原担保人最终承担责任的风险和责任范围可被新加入的保证人部分分担的情况下，原保证人以银行和借款人未经其同意变更合同内容为由，主张免除保证责任的，法院不予支持。

2. 不仅是共同保证，混合共同担保情形下，各担保人之间也构成独立的法律关系。在借款已经存在一个保证担保情况下，又有新的抵押、质押等物保人加入为同一借款提供担保，即使该保证人不知情，也不构成对保证合同的变更，保证人应继续承担保证担保责任。

相关法律规定

《担保法》

第二十四条 债权人与债务人协议变更主合同的，应当取得保证人书面同意，未经保证人书面同意的，保证人不再承担保证责任。保证合同另有约定的，按照约定。

以下是本案判决书中“本院认为”部分，最高法院就丰鼎公司是否承担应保证责任问题的论述：

最高法院二审认为：“一、吐鲁番信用社与正杰公司是否存在未经保证人丰鼎公司同意变更主合同的情形？**本案中，吐鲁番信用社与正杰公司、丰鼎公司签订《农村信用社借款合同》《农村信用社借款保证合同》后，泰信公司自愿为正杰公司作保证人，该行为并未变更主合同内容，亦未增加保证人丰鼎公司的义务。丰鼎公司以此为由主张不承担担保责任，缺乏法律依据，本院不予支持。**”

最高法院再审认为：“丰鼎公司作为担保人与吐鲁番信用社、正杰公司、签订《农村信用社借款合同》《农村信用社借款保证合同》后，**泰信公司自愿作为正杰公司的保证人在吐鲁番信用社持有的合同上签字盖章的行为未违反法律规定，法律允许各保证人分别提供保证。对主合同而言，该行为属于独立的共同保证，并未加重丰鼎公司的保证责任。**《最高人民法院关于适用〈中华人民共和国担保法〉若干问题的解释》第二十条规定：‘连带共同保证的债务人在主合同规定的债务履行期届满没有履行债务的，债权人可以要求债务人履行债务，也可以要求任何一个保证人承担全部保证责任。’因此，丰鼎公司以此为由主张不承担担保责任，缺乏法律依据，二审判决并不存在适用法律确有错误的情形。”

案件来源

吐鲁番市农村信用合作联社与上海丰鼎企业发展有限公司、吐鲁番正杰生态农业有限公司等金融借款合同纠纷二审民事判决书［最高人民法院（2015）民二终字第141号］；上海丰鼎企业发展有限公司、吐鲁番市农村信用合作联社与上海丰鼎企业发展有限公司、吐鲁番市农村信用合作联社等金融借款合同纠纷申请再审民事裁定书［最高人民法院（2016）最高法民申1238号］

延伸阅读

有关第三人加入保证，原保证人责任是否免除的问题，以下是我们在写作中检索到与该问题相关的部分省高院案例及裁判观点，以供读者参考。

1. 第三人在原借款合同保证人一栏签名系另行提供保证的行为，不发生债务转移，原担保人仍应当继续承担担保责任。

案例一：泉州华岩石业有限公司、赵某民间借贷纠纷二审民事判决书［福建省高级人民法院（2016）闽民终154号］

福建省高院认为：“**丁某在《借款延期协议》保证人一栏签名，及柯某、丁某在《承诺书》保证人一栏签名，意思表示真实，没有违反法律规定，合法有效。该行为并不产生债务转移的法律后果**。故一审法院认定是对本案借款另行提供担保的民事行为，属于债务加入，并无不当。综上，嘉庆公司、柯某、华岩公司主张《借款延期协议》为债务转移的主张不能成立，本院不予支持。”

2. 在一保证人对本案借款提供保证后，另一担保人提供不动产抵押担保的，并非是对保证合同的变更，保证人应继续承担担保责任。

案例二：长葛市佳尔陶瓷有限公司与党某、长葛市松良陶瓷有限公司追偿权纠纷二审民事判决书［河南省高级人民法院（2015）豫法民二终字第301号］

河南省高院认为：“2011年11月17日出借人王某（党某的代理人）与借款人孙某（松良公司实际控制人）、保证人孙某某、董某签订《保证担保借款合同》，约定借款1000万元，2011年11月18日借款人松良公司、保证人孙某某、佳尔公司约定借款800万元，该二份合同实际履行金额为800万元。之后孙某归还180万元，尚欠620万元，2011年11月22日孙某与党某签订《借款合同》对该620万元借款予以确认，同时以孙某位于长葛市溢水路东侧、南环路北侧，土地面积68962.91平方米土地用途商住用地的地块使用权作为质押物签订《国有建设用地使用权质押合同》，孙某以土地作为质押违反了质押应为动产质押和权利证书质押，以及土地使用权可以依法抵押，并办理抵押登记生效的相关规定，故党某与孙某签订的关于620万元借款的土地使用权质押合同无效。**在佳尔公司对本案借款提供保证后，孙某又提供土地使用权进行担保，实际上是以土地及“物”对本案借款的担保，而并非对佳尔公司保证合同的变更。依据《最高人民法院关于适用〈中华人民共和国担保法〉若干问题的解释》第三十八条：‘同一债权既有保证又有第三人提供物的担保的，债权人可以请求保证人或者物的担保人承担担保责任。当事人对保证担保的范围或者物的担保的范围没有约定或者约定不明的，承担了担保责任的担保人，可以向债务人追偿，也可以要求其他担保人清偿其应当分担的份额。同一债权既有保证又有物的担保的，物的担保合同被确认无效或者被撤销，或者担保物因不可抗力的原因灭失而没有代位物的，保证人仍应当按合同的约定或者法律的规定承担保证责任’的规定，佳尔公司应当承担保证责任。**原审法院依照《中华人民共和国担保法》第二十四条：‘债权人与债务人协议变更主合同内容的，应当取得保证人书面同意，未经保证人书面同意的，保证人不再承担保证责任。保证合同另有约定的，按照约定’，认为借款保证合同存在重大变更，没有经过保证人同意保证人免除担保责任，适用法律不当。2012年7月3日佳尔公司、孙某某与党某达成协议，确认佳尔公司、孙某某承担400万元后，党某放弃追究佳尔公司、孙某某的担保责任，该协议是各方当事人真实意思表示，不违反法律规定。佳尔公司在起诉时亦未主张借款人与出借人变更合同未经担保人同意担保无效。”

033 借款人不能全额还款差额部分由保证人代偿的约定不构成一般保证

阅读提示

实践中因为保证人没有明确约定一般保证，而被判决承担连带保证责任的案件时有发生，使保证人蒙受了巨大的损失。从《担保法》的立法思路以及法院的裁判观点来看，基本上都倾向于优先保护债权人的利益。体现在立法上，《担保法》第十九条规定“当事人对保证方式没有约定或者约定不明确的，按照连带责任保证承担保证责任”；体现在司法上，只要合同中没有明确约定“一般保证”字样，实务中（特别是民间借贷领域）保证人承诺“当借款人无力偿还时，由保证人偿还”的行为，一般都会被法院认为保证方式约定不明而推定保证人应承担连带保证责任。

裁判要旨

银行与保证人在成立于保证合同之后的协议中约定如借款人“不能按期偿还本息，或处理抵押资产后仍不能全额偿还贷款本息，差额部分保证人先行代偿”的约定不能当然认定为《担保法》第十七条第一款规定的一般保证，结合先前签订的保证合同中保证人承担连带保证责任的约定，以及协议中又约定承担连带保证责任的事实，应当认定有关差额部分由保证人代偿的约定不构成一般保证。

案情简介

1. 2013 年 9 月 9 日，民生银行南京分行与天铭公司签订《综合授信合同》，约定提供最高授信额度为 5.35 亿元，该授信用于归还天铭公司在民生银行南京分行的未结清债务。2013 年 9 月 9 日，济钢集团公司与民生银行南京分行签订《最高额保证合同》，为该综合授信提供最高本金余额为 5.35 亿元的连带保证责任担保。上述合同签订后，民生银行南京分行依约发放贷款。

2. 根据《借款合同》约定，2015 年 3 月 20 日为结息日，天铭公司应支付当季利息，但未能按约支付。民生银行南京分行于 2015 年 4 月 20 日向天铭公司、济钢集团公司催收该笔利息，但天铭公司、济钢集团公司未进行支付。后民生银行南京分行于 2015 年 5 月 12 日向天铭公司发出通知，告知案涉全部借款已于 2015 年 5 月 12 日到期。

3. 2013 年 11 月 15 日，济钢集团公司与民生银行南京分行签订《战略合作协议书》，该协议中约定民生银行南京分行向天铭公司提供 5.35 亿元重组贷款，济钢集团公司为重组贷款提供连带责任保证担保，**重组贷款到期后，天铭公司如不能按期偿还本息，或处理抵押资产后仍不能全额偿还贷款本息，差额部分济钢集团公司先行代偿。**

4. 一审：2015 年 5 月 12 日，原告民生银行南京分行起诉被告天铭公司、济钢集团公司，请求偿还欠款本息。济钢集团公司主张《协议书》中借款人不能全额还款差额部分由担保人代偿的约定应当视为变更了担保合同中关于承担连带保证责任的约定。江苏高院判决被告济钢集团公司应承担连带保证责任。

5. 二审：被告济钢集团公司不服一审判决提起上诉，称《协议书》中有关代偿的约定应视为特别条款，保证合同中约定的连带保证已变更为一般保证。最高法院判决驳回上诉，维持原判。

裁判要点及思路

本案的争议焦点是，银行与保证人在成立在后的《战略合作协议书》中约定，借款人不能全额还款时差额部分由保证人代偿的约定是否应视为一般保证条款，是否变更了成立在先的保证合同中约定的连带保证条款。最高法院认为，结合银行和保证人于9月9日签订的《最高额保证合同》约定保证人为案涉借款承担连带保证责任，11月15日签订的《战略合作协议书》第四条又约定保证人承担连带保证责任，虽然第五条中有关差额部分由保证人代偿额约定与《担保法》第十七条第一款规定的，“当事人在保证合同中约定，债务人不能履行债务时，由保证人承担保证责任的，为一般保证”极为相似，但结合保证人前后的表述，不应当然认定案涉保证已经变更为一般保证，保证人仍应承担连带保证责任。

实务要点总结

前事不忘，后事之师。我们就最高法院就本案的判决涉及的实务要点梳理如下，以供实务参考。

1.《担保法》第十九条规定：“当事人对保证方式没有约定或者约定不明确的，按照连带责任保证承担保证责任”，可以看出其基本立法思路上更倾向于保护债权人而非保证人，也即是说，保证人应承担连带保证责任还是一般保证责任应当以明确的合同约定为前提，当当事人就保证方式约定不明时，法律将直接推定保证人承担连带保证责任。

2. 实践中经常有保证人不加限定的承诺“当借款人无力偿还时，由保证人偿还”，参考最高法院既往的判例，这样的约定极有可能被法院以保证方式约定不明为由推定保证人应承担连带保证责任。也即是说，保证人若只提供一般保证担保，应当明确在合同中约定“一般保证”字样，才足以规避被认定为连带保证责任的风险。

相关法律法规

《担保法》

第十七条 当事人在保证合同中约定，债务人不能履行债务时，由保证人承担保证责任的，为一般保证。

一般保证的保证人在主合同纠纷未经审判或者仲裁，并就债务人财产依法强制执行仍不能履行债务前，对债权人可以拒绝承担保证责任。

有下列情形之一的，保证人不得行使前款规定的权利：

（一）债务人住所变更，致使债权人要求其履行债务发生重大困难的；

（二）人民法院受理债务人破产案件，中止执行程序的；

（三）保证人以书面形式放弃前款规定的权利的。

第十九条 当事人对保证方式没有约定或者约定不明确的，按照连带责任保证承担保证责任。

以下是本案判决书中“本院认为”部分，最高法院就案涉保证条款的理解问题的论述：

最高法院认为：“（三）关于济钢集团公司应否对案涉债务承担连带保证责任问题。**济钢集团公司与民生银行南京分行2013年9月9日签订的《最高额保证合同》第四条明确约定，济钢集团公司的保证方式为连带责任保证。济钢集团公司与民生银行南京分行2013年11月15日签订的《协议书》第四条也明确约定，济钢集团公司为5.35亿元重组贷款提供连带责任保证担保。虽该《协议书》第五条约定，重组贷款到期后，常熟天铭公司如不能按期偿还本息，或处理抵押资产后仍不能全额偿还贷款本息，差额部分济钢集团公司先行代偿。但从该约定的表述内容，结合上述关于济钢集团公司为重组贷款提供连带责任保证担保的约定分析，可以认定该约定与《中华人民共和国担保法》第十七条第一款规定的债务人不能履行债务时，由保证人承担保证责任的情形并不相同。济钢集团公司关于该约定符合《中华人民共和国担保法》第十七条第一款规定，案涉担保应认定为一般保证的主张，缺乏事实和法律依据。**济钢集团公司主张其承担保证责任的前提是民生银行南京分行同意在三年内对代偿额共同承担、全额化解，在民生银行南京分行不同意共同承担、全额化解的情况下，济钢集团公司有权拒绝承担保证责任。经查，上述协议及济钢集团公司二审新提交的《常熟市天铭物资有限公司与中国民生银行股份有限公司南京分行专项债务重组框架协议》均没有约定济钢集团公司以民生银行南京分行同意在三年内对代偿额共同承担、全额化解为其承担担保责任的前提。济钢集团公司的该项主张缺乏合同依据，亦与《最高额保证合同》《协议书》中关于济钢集团公司为案涉借款提供连带责任保证担保的约定不符。据此，一审法院判令济钢集团公司对案涉债务承担连带清偿责任，并无不当。”

案件来源

济钢集团有限公司、中国民生银行股份有限公司南京分行金融借款合同纠纷二审民事判决书［最高人民法院（2017）最高法民终 803 号］

延伸阅读

有关保证方式约定不明时应如何认定的问题，以下是我们在写作中检索到与该问题相关的最高法院案例及裁判观点，以供读者参考。

1. 借款合同中保证人愿意就借款人偿付“全部借款本金、违约金向贷款人提供担保，若借款人不能偿还本金和违约金时，由保证人偿还”的约定并没有将保证责任确定为一般保证的明确意思表示，故保证人应承担连带保证责任。

案例一：汝州市三源牧业有限公司、河南和佳置业有限公司企业借贷纠纷再审审查与审判监督民事裁定书［最高人民法院（2017）最高法民申 1500 号］

最高法院认为：“（三）关于三源公司应否承担连带责任保证的问题。三源公司主张案涉借款所承担的保证责任方式为一般保证而非连带责任保证。《中华人民共和国担保法》第十七条规定‘当事人在保证合同中约定，债务人不能履行债务时，由保证人承担保证责任的，为一般保证’，故区别一般保证与连带责任保证的关键在于当事人是否约定了保证人享有先诉抗辩权。**经查，《借款合同》第四条约定：三源公司愿意就汝源公司偿付本合同项下全部借款本金、违约金向贷款人提供担保，若汝源公司不能偿还本金和违约金时，由三源公司偿还，也可申请人民法院执行；第五条约定：超过 2013 年 10 月 25 日汝源公司仍未归还借款时，汝源公司需按约将其一切财产、一切经营管理权、一切人员移交给和佳公司，接收前的一切外债由三源公司承担。因此，双方当事人签订《借款合同》时并没有将保证责任确定为一般保证的明确意思表示，一、二审法院根据《中华人民共和国担保法》第十九条‘当事人对保证方式没有约定或者约定不明确的，按照连带责任保证承担保证责任’的规定，认定三源公司对案涉借款承担连带责任保证，并无不当。**”

2. 借款合同约定借款人不能按期履行偿还义务的，由保证人履行偿还本息的义务，表明双方当事人就案涉保证责任达成的合意是只要借款人未按期偿还借款，保证人即应向出借人承担保证责任，没有借款人无力偿还才由保证人承担保证责任的意思表示，故保证人并不享有先诉抗辩权，应承担连带保证责任。

案例二：周某、鹤壁市金农投资管理有限公司民间借贷纠纷再审审查与审判

监督民事裁定书［最高人民法院（2017）最高法民申 2406 号］

最高法院认为："第二，二审判决认定周某承担连带保证责任正确。《中华人民共和国担保法》第十七条规定'当事人在保证合同中约定，债务人不能履行债务时，由保证人承担保证责任的，为一般保证'，指的应是当事人明确约定在债务人客观上无力偿还借款时保证人方承担保证责任的情况下，保证人承担一般保证责任，故区分一般保证与连带保证的关键在于当事人是否明确约定了保证人享有先诉抗辩权。**本案中，《保证借款合同》第五条约定：陈某不能按期向金农公司履行偿还义务的，由周某代陈某履行偿还本息的义务。表明双方当事人就案涉保证责任达成的合意是只要陈某未按期偿还借款，周某即应向金农公司承担保证责任，没有陈某无力偿还才由周某承担保证责任的意思表示，周某并不享有先诉抗辩权。因此，二审法院认定周某对《保证借款合同》项下债务承担连带保证责任，法律适用正确。**"

034 公司内部决议程序瑕疵不影响对外担保的效力

阅读提示

《公司法》十六条规定，"公司向其他企业投资或者为他人提供担保，依照公司章程的规定，由董事会或者股东会、股东大会决议"。目前主流的观点认为该条在规范属性上属于管理性规定，也即是说，公司法并不强制要求公司对外担保必须经由股东会或者董事会决议。

如公司章程规定了公司对外担保的程序，公司未履行程序或者履行程序不适当，签订的对外担保合同对外仍然有效。接受公司担保的一方仅具有形式审查义务，公司内部决议程序的真实性和有效性存在瑕疵，在相对方不知情的情况下不影响相关担保合同的效力。

裁判要旨

公司章程对公司对外担保程序无规定，也未规定公司对外担保需经过董事会决议的，公司以担保合同未经过合法有效的董事会决议通过，违法了《公司法》第十六条的规定为由，主张对外担保无效的，法院不予支持。抵押权人（银行）对公司决议和授权文书仅具有形式审查义务。

案情简介

1. 2014 年 11 月 17 日，交行青山支行根据伟思科公司申请，以《审批通知书》方式同意向伟思科公司提供 1 亿元额度短期流动资金贷款授信，授信期限一年。

2. 交行青山支行与小南山公司签订《最高额抵押合同》，约定小南山公司以其所有的铁矿采矿权为交行青山支行与伟思科公司之间的借款提供最高债权额 1.5 亿元的担保，并办理了抵押登记手续。

3. 交行青山支行与伟思科公司签订共计 6 份《流动资金借款合同》，借款金额合计 1 亿元。小南山提交了盖有公司印章和法定代表人签名章的《董事会同意担保决议及授权委托书》。

4. 小南山公司章程载明：小南山公司为外商独资公司，签订案涉合同时，胡某为公司总经理。执行总裁负责公司的日常经营管理和实施董事会的决议，公司的外部关系，在公司与第三方签署商业文件和其他公司文件时代表公司。小南山公司陈述在签订案涉合同时，并未明确何人任执行总裁，胡某个人持有公司印章和法定代表人名章。

5. 一审：原告起诉被告伟思科公司要求还款，并要求小南山公司承担保证责任。湖北省高院判决案涉抵押合同真实有效，公司内部决议的程序瑕疵及董事签名真实与否，不影响公司对外担保行为的法律效力，小南山公司应当承担担保责任。

6. 二审：小南山公司不服一审判决，提起上诉。诉称，案涉《最高额抵押合同》未经董事会书面决议或执行总裁签字应属无效，小南山公司不应承担担保责任。最高法院驳回上诉，维持原判。

裁判要点及思路

本案的争议焦点是：**银行接受公司提供的对外担保时是否负有审查提供担保的意思真实性的义务？**

最高法院首先审查了担保小南山公司的章程，认定公司章程未规定公司对外担保需经董事会决议。虽章程规定由公司的执行总裁行使对外签订合同的责任，但签订案涉抵押合同时公司并没有明确的执行总裁。因此，小南山公司的总经理持公司董事会同意担保决议及授权书，并使用公司印章及法定代表人名章的行为足以使银行产生案涉最高额抵押担保已获得小南山公司有效授权的确信，应认定银行尽到了相应的审查义务，故此案涉最高额抵押合同合法有效。

实务要点总结

前事不忘，后事之师。我们就本案最高法院的判决所涉及的实务要点梳理如下，以供实务参考。

1.《公司法》第十六条规定，公司向其他企业投资或者为他人提供担保，依照公司章程的规定，由董事会或者股东会、股东大会决议。现主流的理论观点和实务观点认为该条属管理性规定。也就是说，公司法并不禁止公司对外担保，也未规定公司对外担保必须经股东会和董事会决议，即使公司章程对此有特殊规定，也不影响该行为的对外效力，不能因此否认担保合同的效力。实践中，大量的公司章程都会规定公司对外担保在程序上需经股东会或者董事会表决，更有的直接规定公司对外投资或者担保的总额及单项投资或者担保的数额限额。因此，银行在接受公司提供的对外担保时，应当要求公司提供就签订本次担保合同，公司有权机关作出的有效决议和授权文书，

2. 银行对前述公司决议和授权文书仅具有形式审查义务。如公司章程规定了公司对外担保需履行特殊的程序，且银行获得了该章程文本知晓该规定，那么银行就负有对相关决议和授权文书的形式审查义务。形式审查就是指，银行应当要求公司提供符合章程要求的相应的决议和授权文书，但银行的审查义务仅限于对文本表面形式的审查，如是否盖有有效的签章、是否符合基本格式要求等，并不要求银行通过该文件审查是否经由公司股东会或者董事会有效表决、决议程序是否合规等事项实质上的真实性。

3. 公司应当注意对法定代表人的授权和限权。根据公司法规定，法定代表人对外代表公司行使职权，其中最重要的如签约权，法定代表人签署的合同当然对公司产生拘束力。也因此对法定代表人对外代表权的限制就显得尤为重要。一方面，公司要在章程中明确规定法定代表人可以行使权力的范围、种类等；另一方面，法定代表人发生变更的应及时至工商部门办理变更登记，防止法定代表人越权行为给公司造成损失。

相关法律法规

《公司法》

第十六条 公司向其他企业投资或者为他人提供担保，依照公司章程的规定，由董事会或者股东会、股东大会决议；公司章程对投资或者担保的总额及单项投资或者担保的数额有限额规定的，不得超过规定的限额。

公司为公司股东或者实际控制人提供担保的，必须经股东会或者股东大会决议。

前款规定的股东或者受前款规定的实际控制人支配的股东，不得参加前款规定事项的表决。该项表决由出席会议的其他股东所持表决权的过半数通过。

以下是本案判决书中“本院认为”部分，最高法院就公司未经董事会决议对外担保行为的效力问题的论述：

最高法院认为：“二、关于案涉最高额抵押和最高额保证合同是否有效的问题。（一）**本院二审查明，小南山公司系一人公司，其总经理是经投资方提名、董事会确认，小南山公司章程对公司对外担保程序无规定，并未规定公司对外担保需经过董事会决议。尽管公司章程规定由执行总裁对外签订合同，但小南山公司在庭审中认可签订案涉合同时，公司没有明确的执行总裁，且公司章程规定总裁可以将其权利委托他人。小南山公司认为担保合同未经过合法有效的董事会决议通过，因此对外担保无效的主张依据不足。**（二）签订《最高额抵押合同》时，胡某为公司董事、总经理，持有公司印章及法定代表人名章。且行政机关已经向小南山公司发送了采矿权设定抵押的通知，小南山公司没有提供证据对此提出异议。**（三）签订最高额保证合同时，胡某持有小南山公司的董事会同意担保决议及授权书。小南山公司虽称胡某已经不是小南山公司的董事，但是其未提供证据证明其已经将该事项通知交行青山支行。（四）根据交行青山支行提供的证据及本院查明的其他事实判断，交行青山支行已经尽到了对小南山公司提供担保的审查义务，系善意相对人。**小南山公司关于合同无效的理由不成立，案涉最高额抵押和最高额保证合同均有效。”

案件来源

马鞍山小南山矿业有限公司、交通银行股份有限公司武汉青山支行金融借款合同纠纷上诉案［最高人民法院（2017）最高法民终 310 号］

延伸阅读

有关公司对外担保的效力问题，以下是我们在写作中检索到与该问题相关的最高法院案例及裁判观点，以供读者参考。

1. 银行提交了借款公司提供的《内资企业登记基本情况表》及《股东会决议书》，即使认为银行负有对公司内部对外担保决议的形式审查义务，也应认定银行尽到了相应的注意义务，案涉抵押合同合法有效。

案例一：中国农业银行股份有限公司仙游县支行与福建省浩华房地产开发有限公司、福建省德馨古典家具有限公司等金融借款申请再审案［最高人民法院（2015）民申字第1558号］

最高法院认为："（一）关于本案《最高额抵押合同》的效力问题。公司法第十六条规定：'公司向其他企业投资或者为他人提供担保，依照公司章程的规定，由董事会或者股东会、股东大会决议；公司章程对投资或者担保的总额及单项投资或者担保的数额有限额规定的，不得超过规定的限额。'对于本条规定存在两种理解。一种观点认为，该条规定是公司内部管理性规范，是否违反不影响公司对外合同的效力。另一种观点认为，该条规定具有相应的外部效力，根据该条规定合同相对人负有对公司内部决议的形式审查义务，即合同相对方应当要求公司提供内部决议书。此处的注意义务是形式审查义务，即只要公司提供的内部决议书符合公司法与公司章程的形式要求，相对人即完成了注意义务，而无需对公司是否真正召开了股东会负责。**本案中，二审卷宗材料显示，农行仙游支行向二审法院提交了浩华公司的《内资企业登记基本情况表》及《股东会决议书》，即使按照上述关于公司法第十六条的第二种理解，农行仙游支行也尽到了相应的注意义务。浩华公司关于《最高额抵押合同》违反公司法强制性规定而无效的申请理由不能成立。**"

2. 公司章程并未对公司对外担保作出特别程序性规定，且本案中由绝对控股的股东担任的法定代表人亲自签订保证合同，并加盖公司公章和本人私章的行为足以使银行确信签订保证合同是公司作出的真实的意思表示，保证人公司以对外担保未经董事会决议为由主张免除保证责任的，不予支持。

案例二：福建朝日环保科技开发有限公司、兴业银行股份有限公司南昌分行金融借款合同纠纷案［最高人民法院（2016）最高法民终508号］

最高法院认为："一、签订《最高额保证合同》为鑫澳公司案涉贷款提供连带责任保证是否是朝日环保对兴业银行南昌支行作出的有效意思表示的问题。……第三，**朝日环保的公司章程并未对公司对外提供担保作出特别程序性规定，且其法定代表人林某为持有公司65%股权的控股股东，法定代表人及持股比例达65%的控股股东亲自签订保证合同、同时加盖公司公章和本人私章的行为本身，足以使兴业银行南昌分行确信签订保证合同为鑫澳公司提供连带责任保证是朝日环保的真实意思表示。**同时，朝日环保公司章程第二十一条明确规定'经董事会决定选举林某董事长为公司法人代表。法定代表人以企业法人的名义开展经营活动，企业法人对法定代表人的经营活动承担民事责任'。**朝日环保主张林某对外代表朝**

日环保为鑫澳公司提供担保，因未经其董事会决议而使朝日环保无须承担保证责任，主张林某的签约行为不构成表见代理、兴业银行南昌分行对此不构成善意、朝日环保不承担保证责任，没有充分事实和法律依据，本院不予支持。……其次，法定代表人、持股比例达 65% 的控股股东林某亲自签订保证合同、同时加盖公司公章和本人私章的行为，足以代表朝日环保向兴业银行南昌分行作出签订保证合同为鑫澳公司提供连带责任保证的有效意思表示，朝日环保保证合同在双方当事人意思表示达成一致之时成立并生效，在此情形下，朝日环保保证合同上加盖的公司公章无论是否与备案印章一致均不影响该合同的效力。因此，本院对朝日环保该项主张不予支持。第八，如前所述，在朝日环保法定代表人、持股比例达 65% 的控股股东林某亲自签订保证合同、同时加盖公司公章和本人私章的行为，足以代表朝日环保向兴业银行南昌分行作出签订保证合同为鑫澳公司提供连带责任保证的有效意思表示的前提下，朝日环保在案涉纠纷发生后申请出庭的证人证言，即使内容与朝日环保前述主张一致，在无其他证据支撑的情形下，该纠纷发生后的证人证言单独亦不足以证明朝日环保关于存在上述代理关系和转交事实，继而证明因兴业银行南昌分行明知朝日环保不再对外进行担保而接受林某签订的朝日环保保证合同，故朝日环保无须承担保证责任的主张。因此，本院认为一审法院未批准朝日环保要求经办人毛某、高某出庭接受询问的申请并无不妥。综上，签订案涉朝日环保保证合同为鑫澳公司案涉贷款提供连带责任保证是朝日环保对兴业银行南昌支行作出的有效意思表示，朝日环保需依约就案涉贷款向兴业银行南昌分行承担连带保证责任。”

3. 公司法并未规定公司不能对外担保，也未规定公司对外担保必须经股东会和董事会决议，即使公司章程对此有特殊规定，也不影响该行为的对外效力，不能因此否认保证合同的效力。

案例三：鼎邦实业投资江苏有限公司、江苏银行股份有限公司盐城亭湖支行金融借款合同纠纷申请再审案［最高人民法院（2017）最高法民申 2032 号］

最高法院认为：“一、关于案涉保证合同的效力问题。**案涉保证合同系鼎邦公司与江苏银行亭湖支行所签订，该合同上盖有鼎邦公司的公章，其法定代表人郑某还代表公司在合同上签了字。上述事实足以证明，签订案涉保证合同为宏铭达公司的案涉借款提供担保是鼎邦公司的真实意思表示。**原审法院据此认定案涉保证合同合法有效具有事实和法律依据，并无不当。**郑某是鼎邦公司的法定代表人，其在日常经营活动中代表公司对外签订合同的行为属于职务行为，其法律后果应由公司承担。公司法并未规定公司不能对外提供担保，也未规定公司对外提供担**

保必须经公司股东会或董事会研究决定，即便公司章程对此有规定，郑某的行为确实违反了公司章程的规定，也不影响该行为的对外效力，不能因此否定案涉保证合同的效力。除非鼎邦公司能够证明江苏银行亭湖支行知道或应当知道郑某个人无权代表公司对外签订合同提供担保，在其不能证明江苏银行亭湖支行知道或应当知道郑某个人无权代表公司对外签订合同提供担保的情况下，应当认定江苏银行亭湖支行属于合同法中的善意相对人，郑某代表公司对外签订合同提供担保的行为对公司发生法律效力。”

035 国家机关提供担保无效后不当然免除全部责任

阅读提示

早至1995年施行的《担保法》中，就严格禁止国家机关、事业单位、学校、医院等对外提供担保，违规提供担保的将被法律强制性否定其效力。但吊诡的是明明已经有如此简单明了的法律规定，直至二十余年后的今天，国家机关对外提供担保的情况仍然前赴后继，屡禁不止。应当明确，担保无效仅能免除担保责任，而不能免除当事人的全部责任，如国家机关、事业单位等提供担保存在明显过错的（一般只要提供了担保都认定存在过错），应按过错程度承担相应的赔偿责任。

裁判要旨

国家机关提供担保的，担保合同无效，但合同无效并不当然免除担保人的责任。债务人、担保人、债权人存在过错的，应当按其过错程度承担相应的责任。案涉财政局明知不具有担保资格，仍然对外提供担保存在过错，故法院判决应承担案涉债务六分之一的连带偿还责任。

案情简介

1. 2013年9月17日，西昌攀星公司向农发行凉山分行申请粮食收购调控贷款7300万元，并接受西昌市财政局及农发行凉山分行的监管。2013年12月13日，农发行凉山分行与西昌攀星公司签订《流动资金借款合同》。

2. 同日，西昌市政府向农发行凉山分行发出《关于申请粮食调控贷款计划的函》，内容为：“……贷款利息、保管费用和销售价差亏损由市财政局据实拨补，**并由市财政局对此笔政府调控贷款的本息向你行负责归还**”。

3. 2013 年 9 月 24 日，西昌市财政局向农发行凉山分行出具《承诺书》，内容为："……我局将对产生贷款利息、保管费用和销售价差亏损据实拨补，**并督促西昌攀星公司按时还本付息，并严格按市人民政府承诺负责调控粮食收购贷款本息的归还**"。

4. 2014 年，西昌攀星公司因经济纠纷产生诉讼，主要财产被查封。诉讼中，农发行凉山分行向西昌市政府发出《关于请求西昌市人民政府解决西昌攀星公司贷款风险的函》，请求由西昌市财政局归还涉案贷款。2014 年 12 月 26 日，农发行凉山分行向西昌市财政局发送《提示归还到期贷款通知书》，请求履行《承诺书》的还款承诺。

5. 一审：原告农发行凉山分行起诉被告西昌攀星公司、西昌市财政局要求偿还欠款本息。诉讼中原告坚持认为西昌市财政局出具的《承诺书》不具有担保性质，而是债务加入。凉山中院判决西昌市财政局的《承诺书》不属于债务加入，不应承担还款责任。

6. 二审：农发行凉山分行不服一审判决提起上诉，称无论西昌市财政局出具的《承诺书》的性质是担保还是债务加入，法院都应在查清事实的基础上作出判决。四川省高院判决《承诺书》属于"担保"，国家机关提供的担保无效，但仍应按其过错程度承担相应的责任。

裁判要点及思路

本案的争议焦点有两个：1. 财政局出具的《承诺书》属于"担保"还是"债务加入"；2. 财政局提供担保的效力和最终责任的分配。

1. 针对《承诺书》的性质，法院认为，首先，案涉财政局的《承诺书》是在市政府委托攀星公司承担粮食调控任务背景下向农发行出具的，与财政局有直接的关系。其次，从《承诺书》的内容上看，财政局承诺将督促攀星公司还本付息，并按照市政府的承诺负责本次贷款的归还。结合市政府向农发行出具的函件明确承诺本次粮食调控款由市财政局归还，应认定当攀星公司无力还款时，应由财政局承担偿还责任。最后，从农发行对《承诺书》的预期来看，其向市政府和财政局发出函件的内容均表明对《承诺书》具有与保证合同相同的担保预期。综上三点，四川省高院认定《承诺书》属于担保关系。

2. 针对国家机关提供担保的效力和最终责任分配，法院认为，根据《担保法解释》第六条的规定，国家机关提供担保的，担保合同无效，但担保合同无效并不意味着财政局不承担任何责任。根据《担保法》第五条第二款的规定，担保合同无效后，债务人、担保人、债权人有过错的，应根据过错程度承担相应的责任。四川省高院认定，西昌市财政局明知不具有担保资格仍然提供担保，存在过错，故酌情认定财政局应承担案涉债务六分之一的偿还责任。

实务要点总结

前事不忘，后事之师。我们就法院有关本案的判决所涉及的实务要点梳理如下，以供实务参考。

1. 根据《担保法》第九条和《担保法解释》第三条的规定，国家机关、以公益为目的的事业单位、学校、幼儿园、医院等机构均不具有提供担保的主体资格，违反规定提供担保的，自始无效、绝对无效。

2. 根据《担保法》第五条第二款的规定，国家机关等提供的担保无效后，应按照债务人、担保人、债权人相应的过错程度承担相应的责任。实践中只要国家机关等提供了担保，一般都认定具有过错，不能以不知法为由否认违法提供担保的过错。

3. 担保无效后最终责任分配时，《担保法解释》第七条和第八条划分出两种责任分配情形。主合同无效担保合同也无效的，担保人无过错情况下不应承担责任，担保人有过错的应当承担的责任不超过债务人不能清偿部分的1/3。主合同有效但担保合同有效，债权人无过错情况下，担保人和债务人应当承担连带赔偿责任，担保人有过错的应当承担的责任范围不超过债务人不能清偿部分的1/2。

4. 保证合同无效，保证人应按其过错程度承担赔偿责任，但并不意味着债权人主张赔偿的期限不受限制。即使保证合同无效，合同约定的保证期间仍对当事人有约束力，债权人在保证期间内没有向保证人主张权利的，保证人不再承担无效保证的赔偿责任。

相关法律法规

《担保法》

第五条　担保合同是主合同的从合同，主合同无效，担保合同无效。担保合同另有约定的，按照约定。

担保合同被确认无效后，债务人、担保人、债权人有过错的，应当根据其过错各自承担相应的民事责任。

第九条 学校、幼儿园、医院等以公益为目的的事业单位、社会团体不得为保证人。

《最高人民法院关于适用〈中华人民共和国担保法〉若干问题的解释》[法释（2000）44号]

第三条 国家机关和以公益为目的的事业单位、社会团体违反法律规定提供担保的，担保合同无效。因此给债权人造成损失的，应当根据担保法第五条第二款的规定处理。

第七条 主合同有效而担保合同无效，债权人无过错的，担保人与债务人对主合同债权人的经济损失，承担连带赔偿责任；债权人、担保人有过错的，担保人承担民事责任的部分，不应超过债务人不能清偿部分的二分之一。

第八条 主合同无效而导致担保合同无效，担保人无过错的，担保人不承担民事责任；担保人有过错的，担保人承担民事责任的部分，不应超过债务人不能清偿部分的三分之一。

以下是本案判决书中“本院认为”部分，法院就国家机关提供担保的效力和最终责任分配问题的论述：

四川省高院认为：“**关于西昌市财政局向农发行凉山分行出具的《承诺书》的性质认定问题。**本院认为，从西昌市财政局出具该《承诺书》的背景来看，西昌市财政局是在西昌市人民政府委托西昌攀星公司承担粮食调控任务，并由该公司向农发行凉山分行申请粮食调控贷款的情况下，根据西昌市人民政府《关于申请粮食调控贷款计划的函》的精神，向农发行凉山分行出具了该《承诺书》。**从该《承诺书》的内容来看，西昌市财政局向农发行凉山分行承诺‘督促西昌攀星公司按时还本付息，并严格按照市人民政府承诺负责调控粮食收购贷款本息的归还’，结合西昌市人民政府向农发行凉山分行出具的《关于申请粮食调控贷款计划的函》中关于‘由市财政局对此笔政府调控贷款的本息向你行负责归还’的内容来看，应认定西昌市财政局明确表示在债务人西昌攀星公司不能归还涉案贷款时，由该局负责归还涉案贷款本息。**从农发行凉山分行对该《承诺书》的预期来看，在涉案贷款逾期未还款后，农发行凉山发行分别向西昌市人民政府、西昌市财政局发出了《关于请求西昌市人民政府解决西昌攀星公司贷款风险的函》和《中国农业发展银行提示归还到期贷款通知书》，请求西昌市财政局按照《承诺书》的承诺，多方筹集资金归还涉案贷款。**可见，农发行凉山分行对该《承诺书》具有与保证合同相同的担保预期。**综上，**西昌市财政局出具的《承诺书》具有为涉案借款提**

供保证担保的意思表示，符合担保法第六条关于‘本法所称保证，是指保证人和债权人约定，当债务人不履行债务时，保证人按照约定履行债务或者承担责任的行为’的规定，构成法律意义上的保证担保。西昌市财政局关于其系基于行政合作工作关系向农发行凉山分行出具《承诺书》，不能形成保证民事法律关系的主张，以及《承诺书》的成立应以农发行凉山分行存在‘相关规定’为前提的主张不能成立，本院不予支持。

根据担保法第八条关于‘国家机关不得为保证人，但经国务院批准为使用外国政府或者国际经济组织贷款进行转贷的除外’的规定以及《最高人民法院关于适用〈中华人民共和国担保法〉若干问题的解释》(以下简称《担保法司法解释》)第三条关于‘国家机关和以公益为目的的事业单位、社会团体违反法律规定提供担保的，担保合同无效。因此给债权人造成损失的，应当根据担保法第五条第二款的规定处理’的规定，**西昌市财政局作为国家机关，其向农发行凉山分行提供的保证担保无效。**根据担保法第五条第二款关于‘担保合同被确认无效后，债务人、担保人、债权人有过错的，应当根据其过错各自承担相应的民事责任’以及担保法司法解释第七条关于‘主合同有效而担保合同无效，债权人无过错的，担保人与债务人对主合同债权人的经济损失，承担连带赔偿责任；债权人、担保人有过错的，担保人承担民事责任的部分，不应超过债务人不能清偿部分的二分之一’的规定，**西昌市财政局作为国家机关，明知其不具备提供保证担保的主体资格，仍然出具具有保证担保性质的《承诺书》，存在过错；农发行凉山分行作为专业的金融机构，明知我国法律禁止国家机关担任保证人，仍然接受西昌市财政局提供的保证担保，自身亦存在过错。由于涉案贷款系地方调控粮食收购贷款，西昌市财政局为该贷款提供保证担保主要是为了保障西昌市粮食市场平稳和粮食生产发展，解决农民‘卖粮难’问题，确保完成救灾粮、军粮和退耕还林补助粮等特定政策性粮食的供应等任务，因此，综合考虑农发行凉山分行、西昌市财政局的过错程度以及涉案贷款的性质等因素，本院认为，西昌市财政局应对西昌攀星公司不能偿还涉案贷款本息部分承担六分之一的连带赔偿责任。**根据担保法司法解释第九条第一款关于‘担保人因无效担保合同向债权人承担赔偿责任后，可以向债务人追偿’之规定，西昌市财政局承担赔偿责任后，可以向西昌攀星公司追偿。一审判决驳回农发行凉山分行要求西昌市财政局承担相关民事责任的诉讼请求不当，本院予以纠正。”

案件来源

中国农业发展银行凉山彝族自治州分行、西昌攀星农业开发有限公司金融借款合同纠纷上诉案［四川省高级人民法院（2016）川民终654号］

延伸阅读

有关国家机关提供担保的效力和最终责任的分配的问题，以下是我们在写作中检索到与该问题相关的最高法院案例及裁判观点，以供读者参考。

1. 县政府作为机关法人，不具备为合同提供担保的主体资格，其所作的担保应当自始无效，法院依据《担保法》第五条第二款的规定判令县政府根据其过错程度承担部分欠付工程款的赔偿责任。

案例一：江苏省金陵建工集团有限公司与沛县汉之源商贸有限公司、沛县国有资产经营有限公司等建设工程施工合同纠纷上诉案［最高人民法院（2016）最高法民终687号］

最高法院认为："（五）关于沛县国资公司、沛县政府的民事责任问题。根据《担保法》第五条规定，案涉建设工程施工合同无效，沛县国资公司为该无效合同提供担保的条款作为从合同亦应无效。一审法院根据沛县国资公司的过错，判令其承担不超过汉之源公司不能清偿部分的三分之一的责任，符合《担保法司法解释》第八条的规定。**沛县政府作为机关法人，不具备为案涉工程合同提供担保的主体资格，其所作担保承诺自始无效，一审法院依据沛县政府、金陵建工集团各自的过错程度，判令沛县政府对汉之源公司的欠付工程款承担部分赔偿责任符合《担保法》第五条第二款的规定。**综上，金陵建工集团关于因建设工程合同有效，沛县国资公司、沛县政府应就汉之源公司工程欠款及利息承担全部赔偿责任的请求不能成立，本院不予支持。"

2. 民办学校作为以公益为目的的非企业法人，不得作为保证人，故其为借款提供的担保条款应属无效。案涉信托公司作为专业的金融机构应当明知学校不能作为保证人，民办学校也应明知自己不具备对外担保的主体资格，故双方均存在过错且过错程度相当。因此，案涉学校应当为借款人不能清偿部分的二分之一承担偿还责任。

案例二：马鞍山中加双语学校、新时代信托股份有限公司金融借款合同纠纷上诉案［最高人民法院（2017）最高法民终297号］

最高法院认为"**中加双语学校系以公益为目的的民办非企业法人，依据《中**

华人民共和国担保法》第九条规定不得为保证人。根据《最高人民法院关于适用若干问题的解释》第三条规定，案涉 2013-XY536（D）BZ233-1 号《保证合同》无效，案涉 2013-XY536（D）HK233 号《还款协议书》中约定中加双语学校为中加投资公司的借款提供连带责任担保的条款无效。

新时代信托公司坚持中加双语学校应承担保证责任的法律意见，是以案涉《保证合同》及保证条款有效为基础的。但根据《中华人民共和国担保法》第五条第二款规定，主合同有效而担保合同无效时的责任承担取决于债权人、担保人是否有过错。**案涉《保证合同》及保证条款为无效，人民法院有权在新时代信托公司请求给付数额范围内，根据各自过错程度，径行判定民事责任，以减少当事人的诉累，力求案结事了。**根据《最高人民法院关于适用若干问题的解释》第七条规定，**新时代信托公司作为专业从事信托业务的金融机构明知或应知以公益为目的的民办学校不能作为保证人，而中加双语学校作为民办学校明知或应知不能对外提供担保，双方均存在过错且过错程度相当。**中加双语学校认为中加投资公司未经中加双语学校的同意擅自加盖印章，中加双语学校作为保证人并非其真实意思表示，但未提交证据予以证明。**故中加双语学校应承担案涉《保证合同》及保证条款无效的法律责任，本院根据当事人的过错程度，酌定中加双语学校责任范围为中加投资公司不能清偿部分的 1/2。**中加双语学校关于新时代信托公司并未主张案涉《保证合同》及保证条款无效的法律责任，人民法院不应超出诉讼请求的范围裁判的理由，本院不予支持。”

3. 案涉市政工程管理处属于无经营性收入的事业单位，故其为借款人提供的保证应属无效。但即使保证合同无效，合同约定的保证期间仍对当事人有约束力，债权人在保证期间内没有向保证人主张权利的，保证人不再承担无效保证的赔偿责任。

案例三：甘肃思潮家居有限公司、但某民间借贷纠纷再审案［最高人民法院（2017）最高法民申 3769 号］

最高法院认为：“《中华人民共和国担保法》第九条规定，学校、幼儿园、医院等以公益为目的的事业单位、社会团体不得为保证人。《最高人民法院关于适用若干问题的解释》第三条规定，国家机关和以公益为目的的事业单位、社会团体违反法律规定提供担保的，担保合同无效。因此给债权人造成损失的，应当根据担保法第五条第二款的规定处理。《中华人民共和国担保法》第五条第二款规定，担保合同被确认无效后，债务人、担保人、债权人有过错的，应当根据其过错各自承担相应的民事责任。根据上述法律及司法解释的规定，**由于白银市市政工程**

管理处为无经营性收益的事业单位，其为但某的借款提供保证担保的行为应属无效。但即使保证合同无效，合同约定的保证期间仍对当事人有约束力，债权人在保证期间内没有向保证人主张权利的，保证人不再承担无效保证的赔偿责任。由于思潮家居公司并未在保证期间内向白银市市政工程管理处主张权利，故白银市市政工程管理处对无效保证的赔偿责任相应免除。因此，原判决这一认定并不存在法律适用错误的问题。”

4. 区政府作为国家机关，不具备对外担保的主体资格，故案涉保证条款应属无效。因案涉主合同有效而担保合同无效，故法院判决区政府应就债务人不能清偿部分的二分之一承担偿还责任。

案例四：郭某、河北汇源炼焦制气集团有限公司与鹤岗市东山区人民政府、鸡西龙嘉投资集团有限公司合同纠纷上诉案［最高人民法院（2016）最高法民终623号］

最高法院认为：“（三）关于东山区政府应否对案涉5100万元转让款承担相应责任的问题。《最高人民法院关于适用〈中华人民共和国担保法〉若干问题的解释》第七条规定：‘主合同有效而担保合同无效，债权人无过错的，担保人与债务人对主合同债权人的经济损失，承担连带赔偿责任；债权人、担保人有过错的，担保人承担民事责任的部分，不应超过债务人不能清偿部分的二分之一。’**本案中，案涉100万吨焦化项目的受让人应向项目转让人支付5100万元转让款，主合同有效。东山区政府作为国家机关，明知其不能提供保证担保，而故意违反《中华人民共和国担保法》第八条的规定为案涉5100万元转让款提供保证担保，显然存在过错。**各方当事人在一审中均确认，郭某、汇源公司、东山区政府已按《项目转让委托协议》《项目转让协议》的约定，将案涉100万吨焦化项目所涉全部资料及资产交付给鸡西龙嘉公司，而鸡西龙嘉公司未按约定给付转让价款。**一审法院依据上述规定判决东山区政府对鸡西龙嘉公司不能清偿的5100万元转让款及相应利息承担二分之一给付责任，具有事实和法律依据。**”

036 银行内部报批文件不具有免除保证责任的效果

阅读提示

银行放弃保证担保必须向保证人作出明示的意思表示才能发生法律效力，默示的意思表示只有在法律有明确规定或银行和保证人有特别约定的情况下才能发生法律效力，不宜在无明确约定或者法律无特别规定的情况下，推定免除保证人的保证责任。尽管银行的内部报批文件并未载明保证人姓名，但基于双方已经签订保证合同且该合同合法有效的情况下，只有银行明确向保证人表示放弃保证担保才能产生免除保证责任的法律效果。

裁判要旨

保证合同合法有效，债权人与保证人之间存在真实的保证关系。保证人主张应免除保证责任，但仅基于银行内部报批文件未记载保证人名称的事实不足以证明保证人与银行就免除保证责任达成合意，因此保证人应当继续承担担保责任。

案情简介

1. 2007 年 1 月 5 日，沙湖公司与建行平罗支行签订《人民币资金借款合同》，借款金额 4000 万元。同日，宝马公司与建行平罗支行签订《保证合同》，为本金 1500 万元及相关费用提供连带保证担保，保证期限 2 年。

2. 2014 年 12 月 12 日，建行宁夏分行将债权转让给信达宁夏分公司，2015 年 1 月 4 日信达宁夏分公司与建行宁夏分行共同在《宁夏日报》发布《债权转让暨债务催收联合公告》。

3. 宝马公司提交的银行客户信贷准入推荐报告等文件显示 2010 年之后沙湖公司的保证人中已没有宝马公司，故辩称其保证责任已经免除。

4. 一审：原告信达宁夏公司起诉被告沙湖公司、宝马公司，要求沙湖公司偿还借款，宝马公司承担保证责任。宁夏自治区高院判决宝马公司应承担连带保证责任。

5. 二审：宝马公司不服一审判决提起上诉，诉称根据银行内部审贷文件，宝马公司对银行的贷款担保方式发生变化，不应继续承担担保责任。最高法院判决驳回上诉，维持原判。

裁判要点及思路

本案的争议焦点是：银行内部客户信贷准入推荐报告未载明保证人名称是否能够免除保证责任。最高法院认为，保证合同均合法有效，信达宁夏分公司与宝马公司之间存在真实保证关系。保证人宝马公司主张基于银行内部报批文件免除保证责任，但无法证明其与建行平罗支行达成合意免除宝马公司的保证责任，因此宝马公司应当继续承担担保责任。

实务要点总结

前事不忘，后事之师。我们就最高法院有关本案的判决涉及的实务要点梳理如下，以供实务参考。

1. 保证人提供保证担保需要银行与保证人签订书面的保证合同，作出提供保证担保的真实意思表示，因此保证合同的解除也需要双方达成合意。因此，银行单方面作出的内部审贷文件并不能发生解除保证担保、免除保证责任的法律效果。同时，银行放弃保证担保必须采取明示的意思表示才能发生法律效力，默示的意思表示只有在法律有明确规定或有特别约定的情况下才能发生法律效力，不宜在无明确约定或者法律无特别规定的情况下，推定免除保证人的保证责任。

2. 保证合同应当遵循合同法的基本规则，故当出现《合同法》第九十四条有关合同解除的法定情形时，保证合同一方可以请求解除合同。如未出现《合同法》第94条规定的情形，但保证合同事先约定了保证合同解除权的，则享有解除权的当事人需要在解除权行使期间内行使合同解除权，若合同未约定解除权行使期间，为催告后三个月。

3. 在合同约定的保证期间内，一般保证的债权人未对债务人提起诉讼或申请仲裁或者连带责任保证的债权人未要求保证人承担保证责任，保证人免除保证责任。保证人与债权人未约定保证期间的，保证期间为主债务履行期届满之日起六个月。保证合同约定的保证期间早于或者等于主债务履行期限的，视为没有约定，保证期间为主债务履行期间届满之日起六个月。保证合同约定保证人承担保证责任直至主债务本息还清时为止等类似内容的，视为约定不明，保证期间为主债务履行期届满之日起二年。

相关法律规定

《担保法》

第十三条 保证人与债权人应当以书面形式订立保证合同。

第十五条 保证合同应当包括以下内容：

（一）被保证的主债权种类、数额；

（二）债务人履行债务的期限；

（三）保证的方式；

（四）保证担保的范围；

（五）保证的期间；

（六）双方认为需要约定的其他事项。保证合同不完全具备前款规定内容的，可以补正。

第二十五条　一般保证的保证人与债权人未约定保证期间的，保证期间为主债务履行期届满之日起六个月。

在合同约定的保证期间和前款规定的保证期间，债权人未对债务人提起诉讼或者申请仲裁的，保证人免除保证责任；债权人已提起诉讼或者申请仲裁的，保证期间适用诉讼时效中断的规定。

第二十六条　连带责任保证的保证人与债权人未约定保证期间的，债权人有权自主债务履行期届满之日起六个月内要求保证人承担保证责任。

在合同约定的保证期间和前款规定的保证期间，债权人未要求保证人承担保证责任的，保证人免除保证责任。

第二十七条　保证人依照本法第十四条规定就连续发生的债权作保证，未约定保证期间的，保证人可以随时书面通知债权人终止保证合同，但保证人对于通知到债权人前所发生的债权，承担保证责任。

《担保法解释》（法释〔2000〕44号）

第三十二条　保证合同约定的保证期间早于或者等于主债务履行期限的，视为没有约定，保证期间为主债务履行期届满之日起六个月。保证合同约定保证人承担保证责任直至主债务本息还清时为止等类似内容的，视为约定不明，保证期间为主债务履行期届满之日起二年。

以下是本案判决书中“本院认为”部分，最高法院就保证责任是否免除问题的论述：

最高法院认为：“宝马公司认为，建行平罗支行向沙湖公司发放贷款的具体担保方式有三个阶段的变化，其仅在第一阶段承担担保责任，在第二阶段和第三阶段中均不是担保人，其不应承担担保责任。**宝马公司认为建行平罗支行向沙湖公司发放贷款的担保方式发生变化的依据是，原审法院调取的建行平罗支行、建行石嘴山分行、建行宁夏分行内部审贷的相关文件，但上述文件仅系银行内部报批文件，宝马公司未提供证据证明建行平罗支行与该公司达成合意，实际免除宝马公司的保证责任，宝马公司以建行平罗支行发放贷款的担保方式发生变化为由主张不承担担保责任，缺乏事实依据，不能得到支持。**宝马公司二审中提交调取证据申请书，申请法院依职权调取建行平罗支行保管的沙湖公司向该行在2007年至

2012年度每个年度的贷款申请书、建行平罗支行保管的沙湖公司贷款档案中建行平罗支行与鼎盛公司和奔月公司签订的抵押担保合同。一审中，法院已经根据宝马公司的申请向建行平罗支行调取相关证据材料，但未发现建行平罗支行与鼎盛公司、奔月公司签订的抵押担保合同，宝马公司未能提供鼎盛公司、奔月公司提供抵押担保的有效线索，其调取证据的申请不能得到支持。”

案件来源

中国信达资产管理股份有限公司宁夏回族自治区分公司与宁夏宝马化工集团有限公司、宁夏沙湖纸业（集团）有限公司等金融借款合同纠纷二审民事判决书［最高人民法院（2016）最高法民终2号］

延伸阅读

有关免除担保责任的问题，以下是我们在写作中检索到与该问题相关的最高法院案例及裁判观点，以供读者参考。

1. 保证人为案涉债务提供连带保证担保是基于与债务人之间的兼并行为，现兼并协议应予解除的情况下，继续要求保证个人承担保证责任显失公平，因此保证责任应予免除。

案例一：中国远大集团有限责任公司与天津市一轻集团（控股）有限公司、天津远大感光材料公司、中国东方资产管理公司天津办事处、中国工商银行天津市分行广厦支行公司合并纠纷上诉案［最高人民法院（2005）民二终字第38号］

最高法院认为："关于远大集团公司因兼并行为而对工行广厦支行、东方公司天津办事处所承担的担保责任是否应当免除的问题。本院认为，根据本案查明的事实，为了落实《兼并协议》中有关银行贷款的优惠政策，在天津市人民政府有关部门的协调下，感光材料公司与中行天津分行、工行河西支行重新签订了借款合同，远大集团公司承诺为上述借款承担连带保证责任。根据业已查明的事实，涉及中行天津分行、工行河西支行的债权，均是在远大集团公司与感光材料公司签订《兼并协议》之前即已形成，属于感光材料公司对上述两家银行的历史债务。在当时的情况下，感光材料公司已经属于严重亏损的企业，银行的债权已形成了事实上的呆坏账。而远大集团公司向中行天津分行、工行河西支行承诺对上述债务承担连带保证责任，是基于其与感光材料公司之间的兼并行为。虽然在合同中并未约定兼并是担保的前提条件，但是不能否认，远大集团公司提供担保是兼并行为总体安排的一部分，其不能脱离当时国家鼓励国有优势企业帮助亏损企业摆脱困境，并给予被兼并企业的银行债务一系列优惠政策这一历史背景。对上述事实，中行天津分行、工行河西支行在签订担保合同时亦是明知的。远大集团公司兼并感光材料公司后，对感光材料公司投入了一定的人力、财力，而现有证据不能证明其从兼并中获得了相应的收益，享受了优惠政策。为此，远大集团公司在已付出了兼并成本，且《兼并协议》应依法予以解除的情况下，还要承担感光材料公司原有巨额旧债的担保责任，对其而言确实显失公平。故对于远大集团公司关于其基于《兼并协议》为感光材料公司的旧债提供的担保予以免除的请求应予支持。**根据《民法通则》的基本原则，担保责任免除后的债权债务关系应当恢复到原来的状态，作为债权人的工行广厦支行、东方公司天津办事处可以向原债务人主张权利。**”

2. 放弃保证担保必须采取明示的意思表示才能发生法律效力，默示的意思表示只有在法律有明确规定或当事人有特别约定的情况下才能发生法律效力，不宜在无明确约定或者法律无特别规定的情况下，推定免除保证人的保证责任。

案例二：山东科力达石油化工科技有限公司、中国银行股份有限公司五莲支行金融借款合同纠纷再审审查与审判监督民事裁定书［最高人民法院（2017）最高法民申 2846 号］

最高法院认为：“本案中，2014 年 9 月 23 日，中国银行股份有限公司日照分行（以下简称中行日照分行）出具日中银复（2014）239 号《关于山东海瀚国际贸易有限公司贸易融资额度的批复》。2014 年 9 月 28 日，山东海瀚公司与中行五莲支行签订 2014 年协议字 031 号《授信额度协议》，第七条‘担保’约定由日照志东公司、日照华良公司、山东科力达公司、张某提供最高额保证，并签订相应的最高额保证合同。同日，山东科力达公司作为保证人，中行五莲支行作为债权人，双方签订 2014 年五最高保字海瀚 003 号《最高额保证合同》。2014 年 11 月 21 日，中行日照分行出具日中银复（2014）372 号《关于山东海瀚国际贸易有限公司变更授信条件的批复》，将原批复前提条件第 1 条中‘落实、完善日照志东公司 1 亿元、日照华良公司 1.2 亿元、山东科力达公司 3000 万元连带责任担保及张瀚全额连带责任担保’变更为‘落实、完善日照志东公司 1 亿元、日照华良公司 1.2 亿元及张瀚全额连带责任保证’。同日，山东海瀚公司与中行五莲支行签订 2014 年协议补字 031-2 号《授信额度协议〈补充协议〉》，第三条“担保”约定由日照志东公司、日照华良公司、张某提供最高额保证，并签订相应的最高额保证合同。现山东科力达公司主张 2014 年协议补字 031-2 号《授信额度协议〈补充协议〉》是对《关于山东海瀚国际贸易有限公司变更授信条件的批复》的落实，该协议的担保条款将山东科力达公司去除，协议双方已形成将山东科力达公司担保责任免除的合意，山东科力达公司不再承担保证责任。对此，本院认为，**第一，民事权利的放弃必须采取明示的意思表示才能发生法律效力，默示的意思表示只有在法律有明确规定或当事人有特别约定的情况下才能发生法律效力，不宜在无明确约定或者法律无特别规定的情况下，推定当事人对权利予以放弃。具体到本案，山东海瀚公司与中行五莲支行签订2014年协议补字031-2号《授信额度协议〈补充协议〉》虽未将山东科力达公司约定为担保人，但中行五莲支行并未与山东科力达公司签订免除担保责任的合同。因债权人未以明示方式放弃山东科力达公司提供的最高额保证，故山东科力达公司仍是案涉债务的最高额保证人。**第二，最高额担保合同是债权人和担保人之间约定担保法律关系和相关权利义务关系的直接合同依据，不能以主合同内容取代从合同的内容。具体到本案，山东科力达公司与中行五莲支行签订了最高额保证合同，双方的担保权利义务应以该合同为准，不受山东海瀚公司与中行五莲支行之间签订的合同约束或变更，且山东海瀚公司与中行五莲支行之间签订的补充协议亦无加重申请人负担的情形。因此，原判认定山东科力达公司并未与中行五莲支行签订免除担保责任的合同，且结合山东省日照市中级人民法院（2015）日民三初字第31号生效判决相同情形所作的担保责任认定，综合认定山东科力达公司的保证责任不应免除并无不当。再审申请人山东科力达公司主张免除保证责任的再审理由缺乏法律依据和事实依据，本院不予采纳。”

3. 附条件解除合同的条件未成就之时，合同并不解除。

案例三：河南省土产进出口有限公司与郑州市上街铝厂、新乡中冀铝业有限公司加工承揽合同纠纷一案再审民事判决书［河南省高级人民法院（2014）豫法民再字第00010号］

河南省高院认为："关于2002年2月16日的《通知》能否免除土产公司担保责任的问题。根据《通知》记载，上街铝厂将加工费、原料往返费等全部返还中冀公司，加工合同效力尽失，担保结束。**也就是说，只有上街铝厂按照《通知》约定的内容履行了义务，土产公司的担保责任才能予以免除，其担保责任免除是附条件的。**从本案查明的事实看，上街铝厂始终未按照《通知》内容完全履行义务，故土产公司所称依据该《通知》内容应免除其担保责任的申诉理由不能成立，本院不予支持。关于土产公司提出原审对本案担保的保证期间未予审查的问题。中冀公司于2001年11月7日、11月9日即向上街铝厂交付了400万元款项和1200吨氧化铝粉，而在2001年12月29日1200吨氧化铝粉即被查封，上街铝厂因其自身过错导致无法按照合同约定履行加工义务。上街铝厂在不能履行合同约定的加工义务的情况下，亦未返还中冀公司的加工费和原材料，此后中冀公司多次催促土产公司要求其承担担保责任。故土产公司关于保证期限超期的申诉理由不能成立，不予支持。”

037 未经银行总行具体授权，支行对外签订的担保合同是否有效？

阅读提示

《担保法》第十条规定，“企业法人的分支机构、职能部门不得为保证人。企业法人的分支机构有法人书面授权的，可以在授权范围内提供保证。”《最高人民法院关于审理经济合同纠纷案件有关保证的若干问题的规定》第十七条规定，“金融部门的分支机构提供保证的，如无其他导致保证合同无效的因素，保证人应当承担保证责任。”银行的分支机构对外提供担保，有别于一般的企业法人主体的分支机构对外提供担保，如无其他导致担保合同无效的情形，分行、支行仅以未经总行具体书面授权为由主张担保合同无效的，不能获得法院支持。

裁判要旨

银行总行对外公示的经营范围中包含对外担保业务，且总行及分行、支行对外公示信息中均未明确分支机构办理担保业务需经总行另行批准授权方有效的，应视为是对分行、支行对外开展担保业务进行了概括授权，可视为《担保法》第二十九条规定的“书面授权”的一种方式，担保合同应属有效。

案情简介

1. 2013 年 9 月 3 日，借款人戴某与出借人张某签订《保证担保借款合同》，借款金额 3000 万元，工行南郊支行作为第一保证人，由时任行长宋某签字并加盖工行南郊支行个人信贷业务合同专用章。

2. 2013 年 9 月 4 日，张某将 2880 万元通过银行转账转给戴某指定的收款人赵某，同日戴某给张某出具收条一份，载明：收到张某借款 3000 万元，其中 2880 万元转入其指定账号赵某中国工商银行南郊支行，剩余 120 万元已支付现金。

3. 因借款人戴某未按约还款，出借人张某诉至法院，要求戴某偿还借款，保证人工行南郊支行承担保证责任。保证人工行南郊支行以其是不具有法人资格的分支机构，未经法人书面授权，对外签署的保证合同无效为由向最高法院申请再审，主张不应承担担保责任。经最高院再审，裁定驳回工行南郊支行的再审申请。

裁判要点及思路

本案的争议焦点是：在未经总行书面批准和授权的情况下，工行南郊支行对外签署的保证合同是否有效？是否应承担保证责任？最高法院认为：

1. 工行南郊支行作为总行分支机构，其营业执照及金融许可证均载明其经营范围为“经营中国银行业监督管理委员会按照有关法律、行政法规和其他规定批准的业务，经营范围以批准文件所列的为准”。在工行南郊支行向工商机关提交并存档的《中国工商银行股份有限公司》章程显示，工行的经营范围包括从事担保业务。

2. 工行总行及南郊支行对外公示信息中均未明确分支机构办理担保业务需经总行另行批准授权方有效，故工行南郊支行在此情形下从事担保业务的行为对外具有法律效力。《担保法》第二十九条规定，企业法人的分支机构未经法人书面授权或者超出授权范围与债权人订立保证合同的，该合同无效或者超出授权范围的部分无效。总行对南郊支行公示经营范围的概括授权，可视为上述法律规定“书面授权”的一种方式。故保证人工行南郊支行应承担担保责任。

实务要点总结

前事不忘，后事之师。我们就最高法院有关本案的判决涉及的实务要点梳理如下，以供实务参考。

1. 根据《担保法》第二十九条的规定，银行分行、支行未经银行总行书面授权或者超出基础授权范围与债权人签订担保合同，该担保合同无效或者超出基础授权的范围部分无效。最高法院新近的裁判观点认为，该条所谓“授权”应包括具体授权和概括授权，如经银行业金融监管机构和工商局核准的银行总行的经营范围中概括担保业务，且银行的公司章程中每笔担保业务均需取得工商总行的具体授权等内容，应当认为分行、支行已取得总行的概括授权，可以对外开展担保业务。

2. 从担保授权性质看，分行、支行因业务需要进行的上级银行书面批准和内部授权，属于银行上下级之间的业务监督和内部授权，本质上是银行内部管理和风险防控，并不影响其对外民事行为的法律效力。作为担保受益人，债权人判断分行、支行是否具有担保业务范围，只能根据银行总行对外公示的营业范围，不可能知道其内部是否授权或经过批准，分行、支行以内部未予审批否定担保合同效力，法院不予支持。

3. 即使认定未经总行具体授权，分行、支行对外签订的担保合同无效，也不能当然免除银行的责任。银行作为市场上主要的和专业的金融从业机构，对于其所涉及的具体金融业务应当比一般市场主体负有更高程度的审慎义务，也相应地会给交易相对人产生更高程度的信赖基础。因此，即使担保合同因未经具体授权或者超越授权范围无效，基于银行给相对人带来的信赖基础，应认定银行存在过错，并应为此承担过错责任。

相关法律规定

《担保法》

第十条　企业法人的分支机构、职能部门不得为保证人。

企业法人的分支机构有法人书面授权的，可以在授权范围内提供保证。

第五条第二款　担保合同被确认无效后，债务人、担保人、债权人有过错的，应当根据其过错各自承担相应的民事责任。

第二十九条　企业法人的分支机构未经法人书面授权或者超出授权范围与债权人订立保证合同的，该合同无效或者超出授权范围的部分无效，债权人和企业法人有过错的，应当根据其过错各自承担相应的民事责任；债权人无过错的，由企业法人承担民事责任。

《担保法解释》（法释〔2000〕44号）

第十七条　企业法人的分支机构未经法人书面授权提供保证的，保证合同无效。因此给债权人造成损失的，应当根据担保法第五条第二款的规定处理。企业法人的分支机构经法人书面授权提供保证的，如果法人的书面授权范围不明，法人的分支机构应当对保证合同约定的全部债务承担保证责任。企业法人的分支机构经营管理的财产不足以承担保证责任的，由企业法人承担民事责任。企业法人的分支机构提供的保证无效后应当承担赔偿责任的，由分支机构经营管理的财产承担。企业法人有过错的，按照担保法第二十九条的规定处理。

《最高人民法院关于审理经济合同纠纷案件有关保证的若干问题的规定》（法发〔1994〕8号）

17. 法人的分支机构未经法人同意，为他人提供保证的，保证合同无效，保证人不承担保证责任，但应当根据其过错大小，承担相应的赔偿责任。法人的分支机构管理的财产不足以承担赔偿责任的，由法人承担。

金融部门的分支机构提供保证的，如无其他导致保证合同无效的因素，保证人应当承担保证责任。

以下是本案判决书中“本院认为”部分，最高法院就银行分行对外提供担保的效力问题的论述：

最高法院认为:“(三)工行南郊支行应否承担保证责任的问题。工行南郊支行的时任行长宋某在《保证担保借款合同》上保证人一栏签字，并加盖了工行南郊支行个人信贷业务合同专用章，即使如工行南郊支行所称宋某的行为超越职权，但工行南郊支行对负责人的授权范围以及对单位印章的使用管理均是其内部制度，外部人员无法知晓，不能对抗善意第三人。而宋某的行长身份以及加盖工行南郊支行个人信贷业务合同专用章的行为足以让张某相信宋某系代表工行南郊支行的职务行为，且没有证据证明张某存在恶意骗取担保的行为，即使宋某超越职权其行为也构成表见代理，工行南郊支行应对宋某的行为承担相应的责任。宋某是否存在滥用职权构成犯罪并不影响工行南郊支行对外承担民事责任。工行南郊支行称宋某在《保证担保借款合同》上签字盖章系个人行为不能成立。**工行南郊支行作为中国工商银行股份有限公司批准设立的分支机构，其营业执照及金融许可证均载明其范围为‘经营中国银行业监督管理委员会依照有关法律、行政法规和其他规定批准的业务，经营范围以批准文件所列的为准’；工行南郊支行向工商机关提交并存档的《中国工商银行股份有限公司》章程显示，中国工商银行股份有限公司的经营范围包括从事担保等业务。且中国工商银行股份有限公司及支行对外公示信息中均未明确分支机构办理担保业务需经总行另行批准授权方有效，故工行南郊支行在此情形下从事担保业务的行为对外具有法律效力。《中华人民共和国担保法》第二十九条规定，企业法人的分支机构未经法人书面授权或者超出授权范围与债权人订立保证合同的，该合同无效或者超出授权范围的部分无效。中国工商银行股份有限公司对工行南郊支行公示经营范围的概括授权，可视为上述法律规定‘书面授权’的一种方式，一、二审判决认定《保证担保借款合同》有效判决工行南郊支行承担担保责任不属于适用法律错误。**综上，工行南郊支行的再审申请不符合《中华人民共和国民事诉讼法》第二百条第(二)项、第(六)规定的情形。”

案件来源

中国工商银行股份有限公司大同南郊支行、张某金融借款合同纠纷再审审查与审判监督民事裁定书［最高人民法院(2017)最高法民申2058号］

延伸阅读

有关银行分支机构对外提供担保的效力问题，以下是我们在写作中检索到与该问题相关的最高法院案例及裁判观点，以供读者参考。

1. 银行分行的担保业务应认定在银行总行的概括授权范围内，商业银行因业务需要进行的上级银行书面批准和内部授权，属于银行上下级之间的业务监督和内部授权，不影响对外民事行为的法律效力。

案例一：刘某、中国工商银行股份有限公司鹰潭分行保证合同纠纷二审民事判决书［最高人民法院（2016）最高法民终 221 号］

最高法院认为："2. 关于银行保函的效力问题。根据原审查明的事实，工行鹰潭分行与刘某所订两份委托贷款代理协议，虽约定委托人自行承担委托贷款风险，不得以任何形式要求受托人承担贷款风险。但在工行鹰潭分行与刘某、借款人（鑫华公司、品景公司）签订委托贷款借款合同后，即分别接受借款人请求，就借款人履行贷款约定义务向刘某作出连带责任保证承诺，承诺在收到符合条件的索赔通知后即按约承担保证责任，且声明该承诺事项不可撤销。该银行保函有工行鹰潭分行原负责人签字并加盖该行公章，对签字和公章的真实性，工行鹰潭分行并无异议。工行鹰潭分行应鑫华公司和品景公司的请求分别向刘某出具的银行保函，出具时间均在委托贷款代理协议之后，实质上变更了其不承担任何委托贷款风险之约定。该保函在性质上为融资性担保，其中鑫华公司和品景公司是债务人，工行鹰潭分行为保证人，刘某为受益人。**本院认为，第一，从担保授权类型看，工行鹰潭分行的担保业务在工商总行的授权范围内，二审中工行鹰潭分行也未举证其每笔保函业务均需取得工商总行的具体授权，应认为工行鹰潭分行已取得工商总行的概括授权。第二，从担保授权性质看，商业银行因相关业务需要进行的上级银行书面批准和内部授权，属于银行上下级之间的业务监督和内部授权，本质上是银行内部管理和风险防控，并不影响其对外民事行为的法律效力。《中华人民共和国合同法》第五十条规定，法人或其他组织的法定代表人、负责人超越权限订立的合同，除相对人知道和应该知道其超越权限的以外，该代表行为有效。作为担保受益人，刘某判断工行鹰潭分行是否具有担保业务范围，只能根据其营业范围，不可能知道其内部是否授权或经过批准，工行鹰潭分行以内部未予审批否定担保合同效力，依法无据。第三，从法律及司法解释规定看，担保法第二十九条规定'企业法人的分支机构未经法人书面授权或者超出授权范围与债权人订立保证合同的，该合同无效'。该规定的所谓授权应包括具体授权和概括授权，一**

审法院认为仅包括具体授权，并据此认定工行鹰潭分行出具的银行保函无效，属适用法律错误。第四，从银行保函的发展趋势看，随着金融业的发展，本案所涉银行保函具有独立担保性质，不仅不为法律和行政法规的强制性规定所禁止，而且已逐渐得到法律及司法解释的认可和支持，也成为商业银行扩展业务的领域之一。据此，本案所涉银行保函依法有效，一审判决认定银行保函无效并据此判决工行鹰潭分行承担 50% 的赔偿责任，适用法律错误，本院予以纠正。”

2. 担保法解释第十七条规定针对的主体是“企业法人”的分支机构，有别于金融机构的分支机构，金融部门的分支机构提供保证的，并不当然导致保证合同无效。

案例二：大连高金投资有限公司、中国工商银行股份有限公司大连星海支行企业借贷纠纷、金融借款合同纠纷二审民事判决书［最高人民法院（2017）最高法民终 647 号］

最高法院认为：“其次，根据担保法第五条第一款关于‘担保合同是主合同的从合同，主合同无效，担保合同无效’的规定，主合同《借款合同》无效，作为从合同的《银行保函》也无效。担保法解释第八条规定，‘主合同无效而导致担保合同无效，担保人无过错的，担保人不承担民事责任；担保人有过错的，担保人承担民事责任的部分，不应超过债务人不能清偿部分的三分之一。’工行星海支行应当知道高金公司违反法律规定从事高利放贷业务，对导致担保合同无效存在过错，应依法在 3500 万元限额内承担三分之一的赔偿责任。**担保法解释第十七条第一款虽然规定‘企业法人的分支机构未经法人书面授权提供保证的，保证合同无效’，但该条规定针对的主体是‘企业法人’的分支机构，有别于金融机构的分支机构。现行有效的《最高人民法院关于审理经济合同纠纷案件有关保证的若干问题的规定》第 17 条第 2 款规定：‘金融部门的分支机构提供保证的，如无其他导致保证合同无效的因素，保证人应当承担保证责任。’据此，金融部门的分支机构提供保证的，并不当然导致保证合同无效。**案涉两份《银行保函》自身无效的原因为本案存在主合同无效导致从合同无效的情形，而非工行星海支行未经法人书面授权提供保证。原审判决认定《银行保函》自身无效所适用的法律不当，本院予以纠正。原审认定本案存在‘过桥’情形，亦缺乏证据证明。原审判决以《银行保函》自身无效且本案存在‘过桥’情形为由，认定工行星海支行承担二分之一的赔偿责任，认定事实和适用法律存在错误，本院予以纠正。高金公司主张工行星海支行承担独立保函责任，工行星海支行主张其不应承担责任，理由均不能成立，本院不予支持。”

3. 银行分行的备案章程、经营执照及金融许可证可以证明银行分行具备从事担保业务的经营权限。

案例三：中国建设银行股份有限公司林口支行、牡丹江市东安区江达小额贷款股份有限公司与中国建设银行股份有限公司林口支行、牡丹江市东安区江达小额贷款股份有限公司等借款合同纠纷申请再审民事裁定书［最高人民法院（2015）民申字第 262 号］

最高法院认为："（二）《黑龙江省小额贷款公司管理办法》及江达公司的章程不属于法律和行政法规的强制性规定，故《借款合同》不具备《中华人民共和国合同法》第五十二条所规定的因违反法律、行政法规的强制性规定而无效的情形。江达公司从林口建行的备案章程、经营执照及金融许可证所载明的内容中无法推断出林口建行不具备担保业务经营权限的结论，无证据证明江达公司签署林口建行出具的《承诺书》存在过错，故本案不适用《中华人民共和国担保法》第二十九条'企业法人的分支机构未经法人书面授权或者超出授权范围与债权人订立保证合同的，该合同无效或者超出授权范围的部分无效，债权人和企业法人有过错的，应当根据其过错各自承担相应的民事责任'的规定，案涉《借款合同》及《承诺书》均为有效，二审认定林口建行承担连带保证责任并无不当。"

4. 银行分行作为银行的分支机构，不具备法人资格，债权人并未提交证据证明分行提供担保经过了银行总行的法人书面授权，故保函应属无效。

案例四：大连高金投资有限公司、中国工商银行股份有限公司大连星海支行企业借贷纠纷、金融借款合同纠纷二审民事判决书［最高人民法院（2017）最高法民终 647 号］

最高法院认为："其次，担保法第二十九条还规定：'企业法人的分支机构未经法人书面授权或者超出授权范围与债权人订立保证合同的，该合同无效或者超出授权范围的部分无效，债权人和企业法人有过错的，应当根据其过错各自承担相应的民事责任；债权人无过错的，由企业法人承担民事责任。'**担保法解释第十七条第一款也规定：'企业法人的分支机构未经法人书面授权提供保证的，保证合同无效。因此给债权人造成损失的，应当根据担保法第五条第二款的规定处理。'工行星海支行作为法人中国工商银行股份有限公司的分支机构，不具备企业法人资格，高金公司也没有提供证据证明工行星海支行提供担保经过其法人书面授权，故本案的两份《银行保函》自身也无效。**"

5. 银行支行作为分支机构应当知道自己无权进行担保。借款人作为完全民事行为能力人，却对金融机构银行支行是否具有法定担保人资格未尽到应尽的审慎

和注意义务。在双方均存在过错的情况下，银行应就债务人不能清偿部分的二分之一承担民事清偿责任。

案例五：吕某、中国农业发展银行临邑县支行民间借贷纠纷再审审查与审判监督民事裁定书［最高人民法院（2016）最高法民申 2412 号］

最高法院认为："本院经审查认为，吕某关于农发行临邑支行应对奇力公司借款承担连带清偿责任的再审申请理由不能成立。一、关于担保条款的效力问题。根据《最高人民法院关于适用〈中华人民共和国担保法〉若干问题的解释》第十七条关于'企业法人的分支机构未经法人书面授权提供保证的，保证合同无效'的规定，农发行临邑支行作为中国农业发展银行的分支机构，在本案中为奇力公司的借款向吕某提供担保未获得其法人的书面同意，二审判决认定《借款协议书》中的担保条款无效有相应的事实和法律依据。二、关于农发行临邑支行承担责任的数额问题。《最高人民法院关于适用〈中华人民共和国担保法〉若干问题的解释》第七条规定，'主合同有效而担保合同无效，……债权人、担保人有过错的，担保人承担民事责任的部分，不应超过债务人不能清偿部分的二分之一'。**农发行临邑支行作为分支机构应当知道自己无权进行担保，却为奇力公司向吕某的借款提供担保。吕某系完全民事行为能力人，其向奇力公司出借巨额资金，却对金融机构农发行临邑支行是否具有法定担保人资格未尽到应尽的审慎和注意义务。二审判决认定农发行临邑支行与吕某在本案中均存在过错，并判令农发行临邑支行对奇力公司不能清偿部分的二分之一承担民事清偿责任，符合法律规定。**"

038 国有企业下放经营管理权并不当然免除保证责任

阅读提示

肇始于 20 世纪 80 年代的国有企业体制改革的核心是下放经营管理权，企业自主经营、自负盈亏，在法律性质上是对企业组织结构、内部资产的重新调整和配置，一般是以政府发布行政规章，作出具体的行政文件或者形成会议纪要的方式推动国有企业体制改革。应当明确的是，不论是政府作出的行政文件还是形成的会议纪要都不能直接改变民事法律关系，未经当事人同意，不具有变更民事法律关系的效力。

裁判要旨

国有企业体制改革属于企业内部资产的调整，在未经贷款银行或债权受让方允诺的情况下，并不对贷款银行及债权受让方产生任何法律效力。在借款人、担保人和银行未协商变更原借款的担保方式及担保主体并重新签订担保合同的情况下，担保人仍应继续承担担保责任。

案情简介

1. 1999 年 6 月 23 日，有色集团与交行武汉分行签订《贷款总担保书》，为中南公司于 1999 年 7 月 14 日至 2000 年 7 月 14 日的 140 万元贷款本息提供连带责任保证。

2. 2000 年 2 月 24 日，交行武汉分行与中南公司签订《交通银行借款合同》，借款金额 118 万元，借款发放后，中南公司未按期结息。2004 年 6 月 7 日，交行武汉分行将该债权转让给信达公司武汉分公司。

3. 一审：原告信达公司武汉分公司起诉被告中南公司、有色集团，要求中南公司偿还借款本息，有色集团承担担保责任。有色集团辩称，根据《最高人民法院关于因政府调整划转企业国有企产引起的纠纷是否受理的批复》的规定，担保人有色集团不应当继续承担担保责任。武汉市中院认为本案性质为借款合同纠纷，不适用该批复，故判决借款人及时还本付息，有色集团应承担担保责任。

4. 二审：有色集团不服一审判决提起上诉，诉称根据最高法院的批复以及国务院、湖北省政府等的会议纪要，其对本案的担保责任已经终止。湖北省高院判决驳回起诉，维持原判。

5. 再审：有色集团不服二审判决，以相同理由申请再审，最高法院裁定驳回再审申请。

裁判要点及思路

本案的争议焦点是：借款合同、担保合同均合法有效的前提下，担保人有色集团的担保责任是否因国有企业改制，借款人企业经营管理权下放而免除。

担保人有色集团主张依照《国务院关于调整中央所属有色金属企事业单位管理体制有关问题的通知》及《国家经贸委、国家有色金属工业局、中国铜铅锌集团公司与湖北省人民政府关于在鄂中央所属有色金属企事业单位管理体制改革商谈纪要》《关于中国有色金属工业贸易集团公司划转问题商谈纪要》等行政文件，有色集团对中南公司债务的保证责任依据上述行政文件已经解除。

最高法院认为，依照上述行政文件和会议纪要的规定，变更原借款的担保方式及担保主体的前提是需由用款单位与贷款银行自行协商，并重新签订担保合同。但本案中，借款人企业的经营管理权下放后，借款人和担保人并未按要求与银行重新签订借款合同与担保合同，担保关系并未发生变更，因此担保人仍应承担担保责任。

实务要点总结

前事不忘，后事之师。我们就最高法院有关本案的判决涉及的实务要点梳理如下，以供实务参考。

1. 政府部门作出的有关国有企业撤并改的行政决定或者会议纪要，是对国有企业内部资产、组织架构的调整，仅能产生内部效力，在未经贷款银行或债权受让方同意的情况下，不能对贷款银行及债权受让方产生任何法律效力。

2. 合同是否有效变更的核心要件是各方当事人是否就变更事宜作出了真实的意思表示并达成合意，而不能依照政府部门作出的行政文件或者会议纪要认定合同变更的效力。本案中，借款人、担保人并未与银行重新签订借款、担保合同或者就原合同达成变更协议，因此原借款担保关系并未改变，担保人仍应继续承担担保责任。

3. 变更合同需各方当事人对变更事项达成明确合意，如双方形成明确约定或者对补充协议、变更协议约定的条款产生不同理解而存在异议的，应认定为约定不明确，根据《合同法》第七十八条规定，推定为合同未变更。

相关法律规定

《合同法》

第七十七条第一款　当事人协商一致，可以变更合同。

第七十八条　当事人对合同变更的内容约定不明确的，推定为未变更。

《最高人民法院关于因政府调整划转企业国有资产引起的纠纷是否受理的批复》（法复〔1996〕4号）

一、因政府及其所属主管部门在对企业国有资产调整、划转过程中引起相关国有企业之间的纠纷，应由政府或所属国有资产管理部门处理。国有企业作为当事人向人民法院提起民事诉讼的，人民法院不予受理。

二、当事人不服政府及其所属主管部门依据有关行政法规作出的调整、划转企业国有资产决定，向人民法院提起行政诉讼，凡符合法定起诉条件的，人民法院应当受理。

以下是本案判决书中“本院认为”部分，最高法院就担保人是否继续承担担保责任问题的论述：

最高法院认为：“第一，有色集团主张依照国发（2000）17号《国务院关于调整中央所属有色金属企事业单位管理体制有关问题的通知》及《国家经贸委、国家有色金属工业局、中国铜铅锌集团公司与湖北省人民政府关于在鄂中央所属有色金属企事业单位管理体制改革商谈纪要》《关于中国有色金属工业贸易集团公司划转问题商谈纪要》等行政文件，有色集团对中南公司债务的保证责任依据上述行政文件已经解除。

从2000年8月8日相关部门与湖北省人民政府商谈纪要第四条内容看，‘企业下放后，由用款单位以其自有资产作抵押或者用款单位与贷款银行协商由其他单位作担保，重新签订担保合同；原主管单位承担的统还及担保责任解除。’**2001年2月2日《关于中国有色金属工业贸易集团公司划转问题商谈纪要》第三条亦明确‘这些统借贷款和贷款的担保已随下放企业一并划转，由企业与有关部门和银行重新签订借款合同和贷款担保合同，因此，原由有色工贸集团和有色进出口总公司承担的统借统还及担保责任同时解除，不划转至五矿总公司。’可见，变更原借款的担保方式及担保主体的前提是需由用款单位与贷款银行自行协商，并重新签订担保合同。**

本案中，有色集团并没有举证证实用款单位中南公司以及其作为保证方与任何相关部门重新签订借款合同及担保合同，就解除原借款合同中的担保关系或变更保证责任的承担方式作出了变更，故有色集团关于应当免除其担保责任的主张没有事实依据。由于上述《商谈纪要》涉及有色金属企业事业单位体制改革问题，属于相关企业内部资产的调整，在未经贷款银行或债权受让方允诺的情况下，并不对贷款银行及债权受让方产生任何法律效力，故信达湖北分公司作为交通银行武汉分行的受让人，原审确认该《商谈纪要》未对信达湖北分公司产生约束力并无不当。”

案件来源

中国有色金属工业贸易集团公司、中国信达资产管理股份有限公司湖北省分公司金融借款合同纠纷再审审查与审判监督民事裁定书［最高人民法院（2017）

最高法民申 2433 号]；中国信达资产管理股份有限公司湖北省分公司与中国有色金属工业贸易集团公司、中国有色金属工业中南供销公司金融借款合同纠纷二审民事判决书[湖北省高级人民法院（2016）鄂民终 927 号]

延伸阅读

有关当事人合同变更的问题，以下是我们在写作中检索到与该问题相关的最高法院案例及裁判观点，以供读者参考。

1. 虽然《借据》形成时间在前，《借款补充协议》形成时间在后，但是《借款补充协议》对《借据》内容未约定进行变更或者修改，亦未明确约定免除保证人的保证责任或者变更担保形式。当事人对合同变更的内容约定不明确的，推定为未变更。

案例一：刘某、魏某与刘某、魏某等民间借贷纠纷申请再审民事裁定书[最高人民法院（2016）最高法民申 1186 号]

最高法院认为："首先，根据《中华人民共和国合同法》第七十八条的规定，当事人对合同变更的内容约定不明确的，推定为未变更。本案中，虽然《借据》形成时间在前，《借款补充协议》形成时间在后，但是《借款补充协议》对《借据》内容未约定进行变更或者修改，亦未明确约定免除刘树河的保证责任或者变更担保形式。因此，刘某提出的《借款补充协议》是对《借据》的变更以及《借据》已作废等主张，缺乏事实及法律依据。"

2. 各方当事人对系争补充协议条款的理解存有异议，应当认定当事人对合同变更的内容约定不明确，推定为未变更。

案例二：黄某、中华人民共和国最高人民检察院房屋买卖合同纠纷再审审查与审判监督民事判决书[最高人民法院（2015）民抗字第 56 号]

最高法院认为："《补充协议书》第三条是《新华市场转让合同》第四条第一款和《补充协议》第三条的对应条款。《补充协议书》第三条不存在前两个合同文本对应条款中的'并作为定金'字样。黄某主张，第三份协议书没有约定定金，应当认定第三份协议取消了定金条款的约定。关某认为，第三份协议是前两份协议的补充，定金的约定仍然存在，定金条款没有发生变更。该诉讼争点的实质是关于《补充协议书》第三条意思表示的解释问题。这个问题既不能简单地以该条款不存在前两个合同文本对应条款中'并作为定金'字样，就解释为第三份协议相应条款取消了定金的约定，或者以相应条款约定有冲突就适用《补充协议书》第十四条约定，认定为'以本协议为准'；也不能以《补充协议书》是对《新华市场转让合同》和《补充协议》内容的补充为由，就将《补充协议书》第三条当然解释为适用前两份合同相应条款的约定。事实上，关于《补充协议书》第三条是否变更为取消定金条款，当事人双方意思表示并不明确。首先，黄某在反诉状中从未主张《补充协议书》取消了定金条款的约定，而是明确自认该协议书约定了定金条款。黄某仅仅认为因关某逾期付款，且未实际交付，关某支付的2000万元不属于定金，定金合同未生效。再者，黄某在反诉中主张的违约金2000万元是基于前两份合同的约定。如果只承认2000万元违约金的约定，而不承认2000万元定金的约定，不仅双方约定义务不对等，而且该2000万元违约金数额的确定也缺乏实际依据。此外，2012年4月20日，黄某签字的《收据》写明，今收到关某关于新华市场转让合同款订金共壹佰万元整。黄某在该《收据》中有关"订金"一词的使用，虽然不能认定为具有定金性质，但至少表明黄某有关定金条款的真实意思并不确定。黄某与关某对系争协议条款的理解存有异议，应当认定当事人对合同变更的内容约定不明确。依据合同法第七十八条规定，该系争定金条款应当推定为未作变更。黄某关于定金条款被取消的主张不成立。"

039 国有企业政策性破产后债务核销的，保证人仍应承担保证责任

阅读提示

政策性破产改变了普通企业破产的债务清偿顺序，其允许破产的国有企业将土地和资产处置所得优先用于企业职工的安置，若不足，再由同级政府财政负责。该政策是我国在特定的经济周期内为了安置下岗职工、保持社会稳定对法律作出的针对性调整，与民法、担保法的一般原理存在冲突。

最高法院的裁判观点认为，政策性破产中银行等金融机构对破产企业无法偿还的呆账、坏账进行以不良资产予以核销，是一种会计上的技术化的处理方式，并不因此导致债权债务关系的消灭，相应的从属于债权债务关系的担保关系也并未消灭。换而言之，破产的被担保企业的不良债务被核销的，并不影响担保人应当承担的担保责任。

裁判要旨

政策性破产企业的债务作为拟核销的呆坏账由债权银行予以核销，系金融企业对呆坏账按照国家政策性破产所实施的特殊财务处理方式，并不因此导致从债

务即担保法律关系的消灭，担保人对担保债务仍应按照法律规定和合同约定承担相应责任。

案情简介

1. 自 1999 年 7 月 12 日起，张掖有色金属选矿厂与中行张掖分行签订两笔借款合同，合计金额 250 万元，均由原甘肃省轻工机械厂提供保证担保，尚有 245 万元贷款未偿还。

2. 2003 年 12 月 31 日，中行张掖分行将上述债权转让给信达甘肃分公司，并于 2004 年 8 月 17 日通知担保人债权转让的事实并主张担保权利。自 2006 年 6 月 19 日始，信达甘肃分公司先后四次在甘肃省经济日报刊登催收债权公告。

3. 2008 年 5 月 20 日，张掖中院受理借款人破产案件，信达甘肃分公司申报了债权。2011 年 5 月 5 日，法院裁定终结借款人的破产程序，信达甘肃分公司作为普通破产债权人，债权清偿率为零。信达甘肃分公司于 2012 年 11 月 2 日向张掖市中院提起诉讼。

4. 一审：张掖市中院认为该案的担保纠纷是张掖选矿厂实行国家政策性破产后遗留的担保债务。按照国务院“国有金融机构以企业破产终结时法院裁定的清偿率进行清收”的规定。因信达甘肃分公司的破产清偿率为零，因此借款人、担保人不应当继续履行该债务，故判决不予支持信达甘肃分公司的诉讼请求。

5. 二审：信达甘肃分公司不服一审判决提起上诉，要求借款人及担保人清偿债务。甘肃省高院认为国家对借款人实施政策性破产，对其应当承担的债务在银行予以核销，但该笔债务并未得到清偿，从债务并未消灭。故撤销一审判决，判决担保人承担担保责任。

6. 再审：担保人原甘肃省轻工机械厂不服二审判决申请再审，称公司已改制为有限公司，为出资的股东所有，不应当对改制前债务的承担保证责任。最高人民法院认为担保人应当继续承担保证责任，故裁定驳回再审申请。

裁判要点及思路

本案的争议焦点是：国有企业实施政策性破产后，其贷款担保人的担保责任是否相应免除？最高法院认为：

1. 担保人提出其公司已经改制，现由公司出资股东所有，不应当继续承担原企业的贷款保证责任。针对该理由，法院认为根据《最高人民法院关于审理与企业改制相关民事纠纷案件若干问题的规定》第五条的规定，甘肃轻工公司作为改制后的公司应当对原甘肃轻工机械厂的债务承担责任。

2. 关于中行张掖分行与信达甘肃分公司之间债权转让协议的效力。担保人提出根据《国务院办公厅转发全国企业兼并破产和职工再就业工作领导小组关于进一步做好国有企业政策性关闭破产工作意见的通知》的规定，金融机构不应当在企业关闭破产方案实施前加紧追讨债权及担保责任。法院认为案涉债权的转让发生在企业破产之前，不属于该文件规定的范围之内。

3. 担保人申请再审称，根据《金融企业呆账核销管理办法（2008 年修订版）》第二十五条的规定，案涉债权属于列入国家兼并破产计划核销的贷款，债权债务已经终结，应当依法免除其所承担的保证责任。法院认为该《办法》在第二条明确规定金融资产管理公司不适用该办法。

综上，担保人的担保责任不应免除。

实务要点总结

前事不忘，后事之师。我们就最高法院有关本案的判决涉及的实务要点梳理如下，以供实务参考。

1. 政策性破产，又称计划内破产，是指国务院有关部门确定的纳入国家破产兼并计划并享受相应优惠政策的国有企业的破产。实际破产过程中主要根据《国务院关于在若干城市试行国有企业破产有关问题的通知》（国发〔1994〕59 号），《国务院关于在若干城市试行国有企业兼并破产和职工再就业有关问题的补充通知》（国发〔1997〕10 号）等规范性文件，由政府主导、法院实施的有计划的破产行为。政策性破产对企业所欠银行的债务严格按照国家有关规定，经国家有关银行总行批准后，分别在国家核定银行提取的呆账准备金和坏账准备金控制比例内冲销。

2. 国有企业政策性破产因核销了贷款使得企业与银行之间的债权债务关系终结，因此银行以及债权受让人无法向债务人主张清偿该债权，根据债权债务关系与担保关系的主从关系，主债权消灭的相应的担保关系也应当消灭，但是《国务院关于在若干城市试行国有企业破产有关问题的通知》却特别规定，“被担保企业破产后，担保企业应当按照担保合同承担担保责任”。虽此做法有加重担保人担保责任，违背一般法律原理的嫌疑，但纵观最高法院的历年裁判，均认为政策性破产企业的债务作为拟核销的呆坏账由债权银行予以核销，系金融企业对呆坏账按照国家政策性破产所实施的特殊财务处理方式，并不因此导致担保法律关系的消灭，担保人对担保债务仍应按照法律规定和合同约定承担相应责任。

相关法律规定

《担保法解释》(法释〔2000〕44号)

第四十四条第二款 债权人申报债权后在破产程序中未受清偿的部分，保证人仍应当承担保证责任。债权人要求保证人承担保证责任的，应当在破产程序终结后六个月内提出。

《国务院关于在若干城市试行国有企业破产有关问题的通知》(国发〔1994〕59号)

第四条 一个企业为另一个企业提供担保的，被担保企业破产后，担保企业应当按照担保合同承担担保责任。但是，偿债期限可以由担保企业与被担保企业的债权人协商确定。

《国务院办公厅转发全国企业兼并破产和职工再就业工作领导小组关于进一步做好国有企业政策性关闭破产工作意见的通知》(国办发〔2006〕3号)

第三条 对列入总体规划拟实施关闭破产的企业，有关金融机构不得在企业关闭破产方案实施前转让或出售已确认的债权(国有金融机构之间经国家批准的债权转让除外)，也不得加紧追讨债权及担保责任。但对企业恶意逃废金融债权的行为，有关金融机构应依法维护自身合法权益。国有金融机构以企业破产终结时法院裁定的清偿率进行清收。

《关于进一步做好国有企业政策性关闭破产工作的意见》(国办发〔2006〕3号)(已于2015年失效)

第三条 担保企业履行担保责任确有困难的，由国有金融机构与企业协商，酌情予以适当减免。

《最高人民法院印发〈关于审理涉及金融不良债权转让案件工作座谈会纪要〉的通知》(法发〔2009〕19号)

第二条 案件存在下列情形之一的，人民法院不予受理：……债权人向已列入经国务院批准的全国企业政策性关闭破产总体规划并拟实施关闭破产的国有企业债务人主张清偿债务的……

《金融企业呆账核销管理办法(2013年修订版)》(财金〔2013〕146号)

除下列法律法规规定债权与债务或投资与被投资关系已完全终结的情况外，已核销的呆账作账销案存处理，应建立呆账核销台账并进行表外登记，单独设立账户核算和管理，同时按档案管理的有关规定加强呆账核销的档案管理，相关情况不得对借款人、担保人披露。

法律法规规定债权与债务或投资与被投资关系已完全终结的情况包括：1. 列入国家兼并破产计划核销的贷款；2. 经国务院专案批准核销的债权；3. 法院判决终结执行或者法院裁定免除责任，并且了结全部债权债务关系的债权；4. 法院裁定通过重整协议或者和解协议，根据重整协议或者和解协议核销的债权，在重整协议或者和解协议执行完毕后；5. 自法院裁定破产案件终结之日起已超过2年的债权；6. 金融企业按规定采取打包出售、公开拍卖、转让、债务减免等市场手段处置债权或者股权，受让方或者债务人按照转让协议或者债务减免协议履行相关义务完毕后，其处置回收资金与债权或股权余额的差额；7. 被法院驳回起诉或者裁定免除（或部分免除）债务人责任，或者丧失诉讼时效，并经2年以上补救未果的债权。

以下是本案判决书中“本院认为”部分，最高法院就担保责任是否免除问题的论述：

最高法院认为：“二、关于甘肃轻工公司应否对改制前的企业债务承担责任问题。《最高人民法院关于审理与企业改制相关民事纠纷案件若干问题的规定》（法释〔2003〕1号）第五条规定：‘企业通过增资扩股或者转让部分产权，实现他人对企业的参股，将企业整体改造为有限责任公司或者股份有限公司的，原企业债务由改造后的新设公司承担。’**根据该条规定，甘肃轻工公司作为改制后的公司应当对原企业甘肃轻工机械总厂的债务承担责任。而且，甘肃省张掖市工业信息化委员会张工信发（2011）204号《关于省轻机厂申请进行企业变更登记注册的报告》中明确‘改制前的债权债务由新公司全部承继并依法予以清收和偿还’。因此，甘肃轻工公司申请再审称公司为出资的股东所有，没有义务对原企业的贷款承担保证责任，理由不能成立。**此外，信达甘肃分公司在主债务人张掖选矿厂破产终结后，就其未能受偿的债权要求甘肃轻工公司承担保证责任，并无不当之处。甘肃轻工公司申请再审称二审法院在主债务人张掖选矿厂破产后，判决甘肃轻工公司承担保证责任，结果严重不公平，没有事实和法律依据。

三、关于二审判决适用法律是否正确问题。2003年12月31日，中行张掖分行与信达甘肃分公司之间签订了《债权转让协议》，并于2004年8月17日将权利转让通知送达给债务人张掖选矿厂及保证人甘肃轻工公司。根据《中华人民共和国合同法》第八十条‘债权人转让权利的，应当通知债务人’的规定，涉案《债权转让协议》对张掖选矿厂及甘肃轻工公司已发生法律效力，债权主体变更为信达甘肃分公司，而不再是中行张掖分行。2008 年 5 月 20 日，张掖市中级人民法院受理张掖选矿厂的破产申请，破产纳入国有企业政策性破产范围之内。**虽然，国务院国办发（2006）3 号《国务院办公厅转发全国企业兼并破产和职工再就业工作领导小组关于进一步做好国有企业政策性关闭破产工作意见的通知》中规定：'对列入总体规划拟实施关闭破产企业，有关金融机构不得在企业关闭破产方案实施前转让或出售已确认的债权（国有金融机构之间经国家批准的债权转让除外），也不得加紧追讨债权及担保责任'。但是，涉案债权的转让发生在张掖选矿厂破产之前，不属于该文件规定的范围之内。**此外，**甘肃轻工公司申请再审称，根据 2008 年 1 月 1 日起施行的《办法》第二十五条的规定，涉案债权属于列入国家兼并破产计划核销的贷款，债权债务已终结，应当依法免除其所承担的保证责任。但是，《办法》第二条明确规定金融资产管理公司不适用该办法。**因此，二审法院依据《解释》第四十四条第二款的规定，并参照全国企业兼并破产和职工再就业工作领导小组（2002）9 号文件中关于'实施政策性破产企业的贷款担保人应当履行担保责任'之规定，判决甘肃轻工公司仍应对原张掖选矿厂所欠中行张掖分行的债务承担保证责任，适用法律并无不当。"

案件来源

中国信达资产管理股份有限公司甘肃省分公司与甘肃省轻工机械股份有限公司金融借款合同纠纷申请再审民事裁定书［最高人民法院（2014）民申字第 834 号］

延伸阅读

有关国有企业政策性破产后担保人是否继续承担担保责任的问题，以下是我们在写作中检索到与该问题相关的最高法院案例及裁判观点，以供读者参考。

1. 政策性破产企业债务作为拟核销的债务由金融机构予以核销，系金融机构按照国家政策对呆坏账所实施的特殊财务处理方式，并非法律意义上的合同权利义务的终止，因此担保责任不应免除。

案例一：中国长城资产管理公司西安办事处与陕西宝光集团有限公司借款担保纠纷案［最高人民法院（2011）民提字第 348 号］

最高法院认为："政策性破产企业债务作为拟核销的债务由金融机构予以核销，系金融机构按照国家政策对呆坏账所实施的特殊财务处理方式，并非法律意义上的合同权利义务的终止。上述政策层面的核销处理仅针对进入政策性破产的债务人，并未同时针对担保人。国务院国发〔1997〕10号《关于在若干城市试行国有企业兼并破产和职工再就业有关问题的补充通知》、国务院国办发〔2006〕3号通知转发的《关于进一步做好国有企业政策性关闭破产工作的意见》并未规定政策性破产中主债务人债务核销后担保人免除担保责任，也无法律、行政法规或者国家有关企业破产的相关规定明确此种情况下担保人可以免除担保责任。而且，国务院国发〔1994〕59号《关于在若干城市试行国有企业破产有关问题的通知》第四条'担保的处理'中规定，'一个企业为另一个企业提供担保的，被担保企业破产后，担保企业应当按照担保合同承担担保责任'；全国领导小组〔2002〕9号《关于债权金融机构审查政策性破产建议项目的有关问题的通知》第七条也规定，'关于担保责任问题。实施政策性破产企业的贷款担保人应当履行担保责任'。**所以，宝光公司主张主债务人宝鸡酒精厂属政策性破产且上述债权已被国家纳入核销计划，故宝光公司不应再承担保证责任，缺乏法律依据，不予支持。"**

2. 担保人的担保责任不因主债务人进入破产程序而当然免除。政策性破产企业的债务作为拟核销的呆坏账由债权银行予以核销，系金融企业对呆坏账按照国家政策性破产所实施的特殊财务处理方式，并不因此导致从债务即担保法律关系的消灭，担保人对担保债务仍应按照法律规定和合同约定承担相应责任。

案例二：中国长城资产管理公司乌鲁木齐办事处与新疆昆仑股份有限公司、新疆化工（集团）有限责任公司、新疆新化化肥有限责任公司借款担保合同纠纷上诉案［最高人民法院（2009）民二终字第28号］

最高法院认为："《最高人民法院关于审理涉及金融不良债权转让案件工作座谈会纪要》（法发〔2009〕19号，以下简称《纪要》）对此类案件受理问题作出专门规定，明确'债权人向已列入经国务院批准的全国企业政策性关闭破产总体规划并拟实施关闭破产的国有企业债务人主张清偿债务的'，人民法院不予受理。依照《纪要》的精神，债权人对列入政策性关闭破产范围的国有企业为债务人的案件，人民法院不予受理。根据《民事诉讼法》第一百零八条的规定，当事人起诉必须属于人民法院受理民事诉讼的范围。因此，长城公司乌市办对昆仑公司的起诉因不符合上述法律和司法政策的规定，原审法院依法作出驳回起诉的裁定并无不当，本院予以维持。**《纪要》仅针对被列入政策性破产企业债务人作为被告的案件，人民法院不予受理作出规定，并不排除债权人对相关担保人提起诉讼的情形。同时，担保人的担保责任亦不因主债务人进入破产程序而当然免除。政策性破产企业的债务作为拟核销的呆坏账由债权银行予以核销，系金融企业对呆坏账按照国家政策性破产所实施的特殊财务处理方式，并不因此导致从债务即担保法律关**

系的消灭，担保人对担保债务仍应按照法律规定和合同约定承担相应责任。因此，长城公司乌市办对担保人化工集团和担保人新化公司的起诉因符合《民事诉讼法》关于起诉与受理的有关规定，亦不与《纪要》和相关政策相冲突，其诉权应受法律保护。原审法院裁定驳回长城公司乌市办对担保人化工集团和担保人新化公司的起诉不当，本院予以纠正。”

3. 被担保人政策性破产，并不影响担保人承担担保责任，如果担保人履行担保责任有困难，可以与金融机构协商酌情减免。

案例三：陕西省国有资产经营有限公司与略阳县兴鑫化工矿业有限责任公司、略阳钢铁厂等企业借贷纠纷申诉、申请民事裁定书［最高人民法院（2016）最高法民申569号］

最高法院认为：“首先，**《国务院关于在若干城市试行国有企业破产有关问题的通知》［国发（1994）59号］第四条关于‘担保的处理’中明确提出‘一个企业为另一个企业提供担保的，被担保企业破产后，担保企业应当按照担保合同承担担保责任。但是，偿债期限可以由担保企业与被担保企业的债权人协商确定。’可见，尽管被担保人破产，但并不影响担保人承担担保责任。**其次，略阳钢铁厂认为工商银行汉中分行已依据《国务院办公厅转发全国企业兼并破产和职工再就业工作领导小组关于进一步做好国有企业政策性关闭破产工作意见的通知》（国办发［2006］3号）对债权进行了核销，但未提供证据证明其主张。再次，《全国企业兼并破产和职工再就业工作领导小组关于进一步做好国有企业政策性关闭破产工作意见》第三条就‘加强企业债务的审核和管理’中明确‘国有金融机构不得以任何名义向拟关闭破产企业索要补偿金；不得因拟关闭破产企业的担保问题而影响审查进度，担保企业履行担保责任确有困难的，由国有金融机构与企业协商，酌情予以适当减免’。**该意见没有提出担保人可以因被担保人政策性破产而免责，只是明确如果担保人履行担保责任有困难，可以与金融机构协商，酌情减免。**上述国务院相关文件的本意仍然是要求担保人承担担保责任，再审申请人片面引述以证明其担保责任已免除，与文件精神不符。故，一、二审判决判令略阳兴鑫公司、略阳钢铁厂向陕西国资公司承担保证责任有事实和法律依据。”

4. 核销呆账是金融机构内部对债权进行处理的一种方式，不能据此认定债权已经消灭。债权人内部是否核销债权并不影响其对外向债务人和保证人主张权利，亦不属于保证人免除其保证责任的理由。

案例四：中色（宁夏）东方集团有限公司与中国信达资产管理股份有限公司陕西省分公司保证合同纠纷案［最高人民法院（2011）民二终字第27号］

最高法院认为:“关于本案所涉债权的核销是否影响中色东方公司的保证责任和《债权转让协议》的效力问题。中色东方公司上诉称，本案所涉借款已被核销，且在星日公司关闭破产方案实施前不得转让，信达陕西公司没有合法取得涉案债权。**本院认为，根据《金融企业呆账核销管理办法》的规定，核销呆账是金融机构内部对债权进行处理的一种方式，不能据此认定本案债权已经消灭。债权人内部是否核销债权并不影响其对外向债务人和保证人主张权利，亦不属于保证人免除其保证责任的理由。**本案中，信达陕西公司于2004年6月25日与石嘴山中行签订《债权转让协议》，受让本案所涉债权，该行为并不违反《金融资产管理公司条例》中关于金融资产管理公司受让不良贷款的相关规定。国办发［2006］3号文件的规定不应作为确认上述《债权转让协议》效力的依据，且石嘴山中行与信达陕西公司的债权转让发生在2000年，故星日公司的关闭破产不影响本案所涉债权的转让。”

5. 被担保企业政策性破产后，担保企业应当按照担保合同承担担保责任，但偿债期限可以由担保企业与被担保企业的债权人协商确定。

案例五：宁夏荣恒房地产集团有限责任公司与中国信达资产管理股份有限公司宁夏回族自治区分公司保证合同纠纷二审民事判决书［最高人民法院（2013）民二终字第117号］

最高法院认为:“关于担保人荣恒公司提出的在政策性关闭破产案件中金融债权的核销问题。荣恒公司认为，根据国务院在政策性关闭破产案件中金融债权的处置相关文件的规定，银行或资产管理公司的金融债权可以依据政策层报核销，核销后金融机构的债权归于消灭，则从债务消灭，担保人免责。**本案主要涉及以下两个相关政策性文件，即国发（1994）59号《国务院关于在若干城市实行国有企业破产有关问题的通知》、财政部财金（2005）50号《金融企业呆账核销管理办法》。国发（1994）59号文件规定‘一个企业为另一个企业提供担保的，被担保企业破产后，担保企业应当按照担保合同承担担保责任。但是，偿债期限可以由担保企业与被担保企业的债权人协商确定’。财政部财金（2005）50号文件第23条规定‘金融企业对已核销的呆账继续保留追索的权利，并对已核销的呆账、贷款表外应收利息以及核销后应计利息继续催收’。根据上述两个文件精神，担保人关于免除280万元及利息担保责任的理由不能成立，依法应予驳回。**”

6. 虽已被列入政策性关闭破产企业，但没有证据证明企业已经进入破产程序，债权人仍可向企业主张清偿债务。

案例六：东北特殊钢集团有限责任公司与中国长城资产管理公司沈阳办事处

借款合同纠纷、保证合同纠纷二审案［最高人民法院（2009）民二终字第51号］

最高法院认为："（一）根据《最高人民法院关于审理涉及金融不良债权转让案件工作座谈会纪要》的有关精神，债权人向国家政策性关闭破产的国有企业债务人主张清偿债务的，人民法院不予受理。**抚顺特钢虽已经被列入国家政策性关闭破产企业，但没有证据证明其已经进入破产程序，更何况本案债权人是要求债务人抚顺特钢的担保人东北特钢承担担保责任，而不是向债务人抚顺特钢自身主张清偿债务，故人民法院受理本案并无不当。**"

第四章　与保证期间及诉讼时效有关的法律问题

第一节　与保证期间有关的法律问题

040 贷款展期未经保证人同意，保证人仍应在原约定的保证期间内承担保证责任

阅读提示

银行与借款人协议办理贷款展期实质上是对原借款合同中约定的借款期限的延长，由于担保关系从属于借款关系，借款期限的延长是否当然导致保证期间的延长，或者借款期限延长后未经保证人同意是否当然免除保证责任。基于保证人仅在其真实意思表示承诺的范围内承担保证责任的基本原理，在贷款展期并未加重保证人的担保责任和范围的情况下，即使贷款展期未经保证人书面同意，保证人仍应当在原保证合同约定的保证期间或者法律规定的保证期间内（当事人未约定保证期间或约定不明）承担担保责任。

裁判要旨

贷款展期变更了主合同的履行期限，对该变更保证人未作出书面同意。虽然保证人作为借款人公司的股东作出股东会决议同意办理贷款展期，并明确知晓贷款已获展期的事实，但不应因此认为保证人同意对展期后的贷款按照展期后的履行期限承担保证责任。根据《担保法解释》第三十条的规定，保证人仅应当在原合同约定的保证期间内承担保证责任。

案情简介

1. 2009 年 7 月，林某委托泉州洛江工行向清源公司发放贷款 2700 万元，贷款期限 2009 年 7 月 24 日起至 2009 年 10 月 30 日止。清源公司以其在建工程为贷款提供抵押担保，王某 1 及 王某 2 为贷款提供连带保证。

2. 在借款原约定的期限届满时，清源公司作出股东会决议，决定申请办理贷款展期，王某1和王某2为清源公司股东。2009年10月30日，三方当事人签订《委托贷款展期协议》，贷款展期至2010年1月31日。

3. 因清源公司未按约还款，原告泉州洛江工行起诉被告清源公司、王某1和王某2，要求偿还借款，王某1及王某2承担保证责任。

4. 王某1和王某2以未在展期协议上签字为由主张不应为展期后的贷款承担保证责任。最高法院认为，王某1和王某2以清源公司股东身份作出决议同意公司办理展期贷款并不能当然推导出其二人以保证人身份同意为展期后的贷款承担保证责任，故裁定驳回再审申请。

裁判要点及思路

本案的争议焦点是：未经保证人办理贷款展期的，保证人是否应当为展期以后的贷款继续承担保证责任。最高法院认为，尽管本案中保证人王某1和王某2以借款人清源公司的股东身份作出股东会决议同意办理展期贷款，应认定对贷款展期的事实知情，但不能因此当然推导出其二人以保证人身份同意为展期以后的贷款继续提供担保。根据《担保法解释》第三十条第二款的规定，银行与借款人对合同的履行期限作了变更，未经保证人书面同意的，保证期间为原借款合同约定或法律规定的期间，因此保证人王某1及王某2应当在原合同约定的保证期间内继续为展期后的贷款承担保证责任。

实务要点总结

前事不忘，后事之师。我们就最高法院有关本案的判决涉及的实务要点梳理如下，以供实务参考。

1. 相较于未办理抵押权变更登记，抵押人是否继续为展期后的贷款承担抵押担保责任这一问题尚未形成统一的裁判观点，未经保证人同意办理贷款展期的，保证人是否继续为展期的贷款承担保证担保责任这一问题的裁判观点是统一、明确的，早在最高法院2000年发布的《担保法解释》第三十条第二款就规定，“债权人与债务人对主合同履行期限作了变动，未经保证人书面同意的，保证期间为原合同约定的或者法律规定的期间”，也即是说，即使办理贷款展期未经保证人同意，保证人也应当在原借款合同约定的保证期间或者法律规定的保证期间内继续为展期后的贷款承担保证责任。

2. 实践中为免于使展期贷款陷入脱保的风险，银行在为借款人办理贷款展期时常规的做法是在展期协议中写明原保证人承诺继续为展期后的贷款提供保证人担保，同时应将原保证人作为展期协议的签署方在协议上签字捺印。应当重点注意的是，根据《担保法解释》第三十条第二款规定，保证人的同意应当是书面的，可以是单独的保证函也可以作为展期协议的附属条款，未经书面同意很可能因缺乏相应证据无法证明已经征得保证人同意的事实。

3. 实践中还有另外一种处理方式，银行与保证人事先在原保证合同中约定，银行与借款人“协议变更主合同条款的，保证人同意对变更后主合同项下的债务承担连带保证责任”，最高法院的既往判决对该种约定的效力表示认可，基于保证人的事先承诺，即使贷款展期未经保证人同意，保证人仍应继续为展期后的贷款承担保证担保责任。

4. 尽管未经保证人同意，保证人仍应当为展期后的贷款继续承担保证责任，但银行应当在原约定的保证期间或者法律规定的保证期间内向保证人主张权利，期间届满未主张的，保证人的保证责任将免除。

相关法律法规

《担保法》

第二十四条　债权人与债务人协议变更主合同的，应当取得保证人书面同意，未经保证人书面同意的，保证人不再承担保证责任。保证合同另有约定的，按照约定。

《最高人民法院关于适用〈中华人民共和国担保法〉若干问题的解释》[法释〔2000〕44号]

第三十条　保证期间，债权人与债务人对主合同数量、价款、币种、利率等内容作了变动，未经保证人同意的，如果减轻债务人的债务的，保证人仍应当对变更后的合同承担保证责任；如果加重债务人的债务的，保证人对加重的部分不承担保证责任。

债权人与债务人对主合同履行期限作了变动，未经保证人书面同意的，保证期间为原合同约定的或者法律规定的期间。

债权人与债务人协议变动主合同内容，但并未实际履行的，保证人仍应当承担保证责任。

以下是本案判决书中“本院认为”部分，最高法院就贷款展期后保证人的保证责任是否免除问题的论述：

最高法院认为："**关于《委托贷款展期协议》签订后，王某1、王某2是否还应承担保证责任的问题。本院认为，《委托贷款展期协议》变更了主合同的履行期限，对该变更，王某1、王某2作为保证人，未作出书面同意。虽然二人作为清源公司股东，在履行股东职责时同意清源公司向工行洛江支行申请贷款展期，并明确知晓贷款已获展期的事实，但不应因此认为二人同意对展期后的贷款，按照展期后的履行期限承担保证责任。**就该事实的认定，一审、二审判决存在错误。根据《最高人民法院关于适用〈中华人民共和国担保法〉若干问题的解释》第三十条第二款的规定，债权人与债务人对主合同履行期限作了变动，未经保证人书面同意的，保证期间为原合同约定的或者法律规定的期间。**故就本案借款，王某1、王某2仍应在原《保证合同》约定的借款期限和保证期限范围内，承担保证责任，即在主合同借款期限届满之日（2009年10月30日）之次日起两年内，承担保证责任。**

关于王某1、王某2是否因保证责任期间已过而免除保证责任的问题。本院认为，在诉争借款到期后，工行洛江支行虽然向清源公司发出多份催收逾期贷款通知，但确未就保证责任向王某1、王某2单独提出主张。但是在2011年2月28日林某作为原告，就本案诉争借款起诉清源公司、王某1、王某2一案中，工行洛江支行作为第三人参加诉讼，在该诉讼中，工行洛江支行就林某向王某1、王某2提出的就本案借款承担保证责任的主张予以认可，林某的该主张亦得到一审判决的支持。在该案起诉时，保证责任期间尚未届满。但在该案二审中，二审法院认为，当事人对诉讼主体地位的认识错误，裁定驳回了林某的起诉。本院认为，虽然该诉讼系林某作为原告，直接向王某1、王某2提出要求其履行保证责任请求，但工行洛江支行在该诉讼中，认可林某所持主张，亦认为王某1、王某2应就诉争借款承担保证责任。工行洛江支行作为债权人，未放弃其对保证人的责任主张，而是认为通过林某的诉讼可以实现该主张，且在该诉讼中，债权人就保证责任的主张，亦确定的到达了王某1、王某2，因此，不应认为工行洛江支行在保证责任期间内未向保证人主张保证责任。故对王某1、王某2以主合同履行期限变更未取得其书面同意为由，主张彻底免除二人保证责任，以及保证责任期间已过，其保证责任已获免除的主张，本院均不予采信。"

案件来源

泉州市丰泽区清源房地产开发有限公司、王某1与王某2与中国工商银行股份有限公司泉州洛江支行、林某一般借款合同纠纷申请再审民事裁定书［最高人

民法院（2014）民申字第 629 号］

延伸阅读

有关贷款展期后保证人是否还应继续承担保证责任的问题，以下是我们在写作中检索到与该问题相关的最高法院和部分省高院案例及裁判观点，以供读者参考。

1. 保证人与银行事先在《保证合同》中约定，银行与借款人协议变更主合同条款的，保证人同意对变更后主合同项下的债务承担连带保证责任。故保证人仍需对展期后的贷款继续承担保证责任。

案例一：中国建设银行股份有限公司鸡西分行与葫芦岛宏达钼业有限公司、鸡东县金场沟矿业开发有限责任公司等金融借款合同纠纷二审民事判决书［最高人民法院（2016）最高法民终 655 号］

最高法院认为：“（二）关于借款合同条款变更是否影响保证责任承担的问题。宏达钼业公司认为鸡西建行与金场沟公司签订《补充协议》变更了还款时间和方式，加重了金场沟公司的还款负担，从而加重了宏达钼业公司的保证责任。本院认为，鸡西建行与金场沟公司签订《补充协议》将《借款合同》中偿还本金的时间由 2011 年至 2014 年期间每年的 6 月 30 日偿还本金 2500 万元，变更为 2011 年至 2013 年期间每年 6 月 30 日偿还本金 500 万元，12 月 31 日偿还本金 2000 万元，2014 年 6 月 25 日偿还 2500 万元。还款计划进行上述调整实际上是延长了金场沟公司的借款使用时间，放宽了还款期限，减轻金场沟公司的还款压力，以及随之可能产生的逾期还款罚息和复利，且金场沟公司并未按该《补充协议》约定的期限履行还款义务，属于《担保法司法解释》第三十条规定的主合同变动减轻债务人债务以及债务人并未实际履行变动后内容的情形，根据法律规定，保证人仍应当承担保证责任。**另外，宏达钼业公司与鸡西建行之间的《保证合同》第 5 条约定，鸡西建行与金场沟公司协议变更主合同条款的，保证人同意对变更后主合同项下的债务承担连带保证责任。故无论依照法律规定抑或保证合同的约定，宏达钼业公司均仍需承担保证责任。**”

2. 即使未经保证人同意，保证人仍应继续为展期后的贷款承担保证责任，但银行应在原保证合同约定的保证期间或法律规定的保证期间内主张权利，未在该等期内主张权利的，保证责任免除。

案例二：中国建设银行股份有限公司青铜峡支行与内蒙古新井煤业有限公司、新疆五宫煤业有限公司等金融借款合同纠纷一审民事判决书［宁夏回族自治区高级人民法院（2016）宁民初 86 号］

宁夏自治区高院认为："对于大榆树沟公司的保证责任，**经查，青铜峡建行与新井公司签订《人民币借款展期协议》《人民币贷款期限调整协议》时，未征得大榆树沟公司的同意，未和大榆树沟公司就保证责任的问题重新协商签订保证合同。《最高人民法院关于适用〈中华人民共和国担保法〉若干问题的解释》第三十条三款规定'债权人与债务人对主合同履行期限作了变动，未经保证人书面同意的，保证期间为原合同约定的或者法律规定的期间。'本案中，大榆树沟公司于2009年4月9日签订的保证合同约定，保证期间为主合同项下债务履行期限届满之日后两年止，即自2014年4月12日后两年止。在该保证期间内，青铜峡建行未向大榆树沟公司主张过保证责任，大榆树沟公司的保证责任依法免除。**综上，根据《中华人民共和国担保法》第二十四条'债权人与债务人协议变更主合同的，应当取得保证人书面同意，未经保证人书面同意的，保证人不再承担保证责任'之规定，大榆树沟公司提出案涉借款合同的借款期限变更未经过大榆树沟公司同意，大榆树沟公司不承担担保责任的抗辩理由成立，予以支持。五宫公司、陈逢干、陈丽丽经本院合法传唤，无正当理由拒不到庭应诉，视为放弃相应的权利。"

041 约定保证合同自借款人偿还借款本息后自动失效的视为保证期间约定不明

阅读提示

保证期间是债权人要求保证人承担保证责任的期限，可以由当事人自行约定，当事人没有约定的适用担保法规定的六个月保证期间。实践中因当事人对保证期间的性质理解不充分，经常出现各种奇葩的保证期间约定，如约定的保证期间早于或者等于主债务履行期限，约定保证期间自主债务履行期限届满一定时期后起算，约定借款人履行完毕全部借款本息后保证责任自动消灭等。应当注意，如保证人和债权人约定借款人履行完毕全部借款本息后保证责任自动消灭的，应视为约定不明，保证期间应认定为两年。

裁判要旨

保证合同自借款人所有的贷款本息和其他有关费用清偿后方自动失效的约定，应视为保证期间约定不明确，根据《担保法解释》第三十二条的规定，保证期间应认定为自主债务履行期届满之日起二年。

案情简介

1. 1999 年 6 月 23 日，有色集团与交行武汉分行签订《贷款总担保书》，为中南公司 1999 年 7 月 14 日至 2000 年 7 月 14 日期间的 140 万元贷款本息承担连带责任保证。《贷款总保证书》第七条约定：“本担保书是持续有效、不可撤销和无条件的，自签署之日起生效，直至借款人所有的贷款本息和其他有关费用清偿后方自动失效”。

2. 2000 年 2 月 24 日，交行武汉分行与中南公司签订《交通银行借款合同》，借款金额 118 万元，期限自 2000 年 2 月 24 日至同年 7 月 13 日。贷款发放后，中南公司未按期结息。

3. 贷款期限届满后，交行武汉分行向有色集团发出催收通知书，有色集团分别于 2001 年 1 月 4 日和 2002 年 5 月 2 日在邮局回执上签收。2004 年 6 月 7 日，交行武汉分行将该债权转让给信达公司武汉分公司。

4. 一审：原告信达公司武汉分公司起诉被告有色集团，要求有色集团承担保证责任。有色集团辩称已超过两年保证期间，故不应承担保证责任。武汉市中院认为保证期间并未经过，故保证人应承担担保责任。

5. 二审：有色集团不服一审判决提起上诉，诉称在保证期间内未收到要求承担保证责任的通知，故保证责任已经免除。湖北省高院认为双方对保证期间约定不明，应认定保证期间为两年。武汉交行在保证期间内向有色集团送达了催收通知，故判决应承担保证责任。

6. 再审：有色集团不服二审判决以相同理由申请再审，最高法院裁定驳回再审申请。

裁判要点及思路

本案的争议焦点是：案涉贷款的保证期间应如何认定以及是否因债权人未在保证期间内主张权利而免除了保证人的担保责任。

最高法院认为，保证人有色集团出具的《贷款总保证书》中约定的“本担保书是持续有效、不可撤销和无条件的，自签署之日起生效，直至借款人所有的贷款本息和其他有关费用清偿后方自动失效”，依据《最高人民法院关于适用〈中华人民共和国担保法〉若干问题的解释》第三十二条第二款“保证合同约定保证人承担保证责任直至主债务本息还清时为止等类似内容的，视为约定不明，保证期间为主债务履行期届满之日起二年”的规定，有色集团的保证期间应自主债务履行期届满之日起二年。在此期间，债权人分别于2001年1月4日、2002年5月2日两次向有色集团发出催收通知书，有色集团均予以签收，应认定债权人及时向保证人履行了请求权，因此保证期间尚未经过，保证人应承担保证责任。

实务要点总结

前事不忘，后事之师。我们就最高法院有关本案的判决涉及的实务要点梳理如下，以供实务参考。

1. 保证期间，是指当事人约定的或者法律规定的，保证人承担保证责任的期限。保证人与债权人约定保证期间，按照约定执行。保证人和债权人未约定保证期间的，法律规定保证期间为六个月。保证合同约定的保证期间早于或者等于主债务履行期限的，视为没有约定，保证期间为主债务履行期届满之日起六个月。保证合同约定保证人承担保证责任直至主债务本息还清时为止等类似内容的，视为约定不明，保证期间为主债务履行期届满之日起二年。一般保证的债权人在保证期间内未对债务人提起诉讼或者申请仲裁的，保证人免除保证责任；连带责任保证的债权人在保证期间内未要求保证人承担保证责任的，保证人免除保证责任。

2. 保证期间自主债务履行期限届满之日起算，该起算日是法定事由，不容许当事人自行约定。实践中有当事人约定保证期间自主债务履行期限届满之日起六个月后起算，保证期间为1年。笔者认为该种约定不属于保证期间约定不明的情形，但由于保证期间的起算日不能由当事人自行约定，因此从充分尊重当事人意思自治和维护法律的权威的角度，可以认定保证期间为自主债务履行期限届满之日起1年。

相关法律规定

《担保法解释》(法释〔2000〕44号)

第三十二条第二款 保证合同约定保证人承担保证责任直至主债务本息还清时为止等类似内容的，视为约定不明，保证期间为主债务履行期届满之日起二年。

以下是本案判决书中“本院认为”部分，最高法院就问题的论述：

最高法院认为：“第二，有色集团主张其保证责任因超过保证期间而免除。**有色集团出具的《贷款总保证书》第七条约定：‘本担保书是持续有效、不可撤销和无条件的，自签署之日起生效，直至借款人所有的贷款本息和其他有关费用清偿后方自动失效’。依据《最高人民法院关于适用〈中华人民共和国担保法〉若干问**

题的解释》第三十二条第二款‘保证合同约定保证人承担保证责任直至主债务本息还清时为止等类似内容的，视为约定不明，保证期间为主债务履行期届满之日起二年’的规定，有色集团的保证期间应自主债务履行期届满之日起二年。

有色集团认为应适用《最高人民法院关于适用〈中华人民共和国担保法〉若干问题的解释》第三十七条规定，保证期间为清偿期限届满之日起六个月，依据不足。由于本案主债务履行期限于2000年7月13日届满，有色集团的保证期间届满之日为2002年7月14日。

生效的（2004）武民商终字第00273号民事判决认定有色集团于2001年1月4日、2002年5月2日两次签收交行武汉分行以特快专递形式发出的催收通知书，证实交行武汉分行在保证期间内向有色集团主张过保证责任，并未超过保证期间。有色集团主张（2004）武民商终字第00273号民事判决认定的事实错误，应依法通过审判监督程序解决，不属于本案再审审查范围。因此，原审法院依据（2004）武民商终字第00273号民事判决认定的事实确认信达湖北分公司在保证期间内主张权利并无不当，有色集团关于其保证责任已免除的再审理由不能成立。”

案件来源

中国有色金属工业贸易集团公司、中国信达资产管理股份有限公司湖北省分公司金融借款合同纠纷再审审查与审判监督民事裁定书［最高人民法院（2017）最高法民申2433号］；中国信达资产管理股份有限公司湖北省分公司与中国有色金属工业贸易集团公司、中国有色金属工业中南供销公司金融借款合同纠纷二审民事判决书［湖北省高级人民法院（2016）鄂民终927号］

延伸阅读

有关约定保证合同自借款人偿还借款本息后自动失效的条款效力的问题，以下是我们在写作中检索到与该问题相关的最高法院案例及裁判观点，以供读者参考。

1. 因案涉两笔贷款的保证担保的保证期间约定不明确，根据《最高人民法院关于适用〈中华人民共和国担保法〉若干问题的解释》第三十二条第二款的规定，其保证期间应为主债务履行届满之日起二年。

案例一：（公报案例）农业发展银行青海分行营业部诉青海农牧总公司担保合同纠纷二审案［最高人民法院（2003）民二终字第83号］

最高法院认为：“根据羊毛公司与农发行营业部分别于1997年9月30日、

1998年12月28日签订的延期还款协议书的约定，本案96第008号借款合同项下的300万元贷款本息的偿还延期至1998年2月27日，13397031号借款合同项下的1100万元贷款本息的偿还延期至1999年9月29日。**因农牧公司于1998年12月28日分别为该两笔贷款提供的两份担保的保证期间约定不明确，根据《最高人民法院关于适用〈中华人民共和国担保法〉若干问题的解释》第三十二条第二款的规定，其保证期间应为主债务履行届满之日起二年。**因此，该300万元贷款的保证期间应认定为1998年2月27日至2000年2月27日，该1100万元贷款的保证期间应认定为1999年9月29日至2001年9月29日。在2000年5月8日青海省高级人民法院裁定宣告本案主债务人羊毛公司破产前，该300万元贷款的保证期间已经届满，仅有该1100万元贷款的保证期间仍在发生法律效力。因此，农发行营业部关于'两份不可撤销保证书的保证期间应当从其提供保证的1998年12月28日起算'、'债务人于2000年5月宣告破产，恰在保证期间内'的上诉主张不符合法律规定及本案事实，本院不予支持。本案主债务人羊毛公司被宣告破产还债前，农发行营业部已于2000年1月17日向农牧公司催要该300万元贷款，系在保证期间内向保证人主张权利，应自主张权利之日起开始计算其保证债权的诉讼时效。在该300万元贷款的保证债务的诉讼时效期间内，本案主债务人羊毛公司被宣告破产，农发行营业部依法向人民法院申报了债权，在破产程序终结前，农发行营业部对其能得以分配的破产财产数额不能确定，其无法同时就其未受清偿的部分向保证人农牧公司主张担保权利，只有在破产程序终结后，其才能就其未受清偿的部分向保证人主张权利。因此，本案中，在主债务人羊毛公司破产案件的破产程序终结后六个月内，农发行营业部就其未受清偿的部分再向保证人农牧公司主张权利，符合《最高人民法院关于适用〈中华人民共和国担保法〉若干问题的解释》第四十四条的规定。农发行营业部在本案1100万元贷款的合同履行期限内于1999年9月6日向农牧公司发出《到（逾）期贷款通知书》，因本案主债务的履行最后截止日为1999年9月29日，此时其保证期间尚未开始计算，后在保证期间内主债务人羊毛公司被宣告破产，农发行营业部依法申报了债权，并在羊毛公司破产程序终结后，依据《最高人民法院关于适用〈中华人民共和国担保法〉若干问题的解释》第四十四条的规定就该1100万元贷款未得以清偿的部分向保证人农牧公司主张权利，依法应予支持。"

2. 各方的真实意思表示保证人应承担保证责任直至贷款本息及相关费用全部付清。依据《最高人民法院关于适用〈中华人民共和国担保法〉若干问题的解释》第三十二条第二款规定，保证期间应认定为主债务履行期届满之日起二年。

案例二：九江银行股份有限公司乐平支行、南昌对外工程总公司金融借款合同纠纷再审审查与审判监督民事裁定书［最高人民法院（2017）最高法民申 4516 号］

最高法院认为："结合上述约定，**各方的真实意思应为九江银行乐平支行应承担保证责任直至本案贷款本息及相关费用全部付清。原审判决据此认定应当适用《最高人民法院关于适用〈中华人民共和国担保法〉若干问题的解释》第三十二条第二款规定，确定本案保证期间为主债务履行期届满之日起二年，并无不当。**关于江宏公司转付给建行桃苑支行的 225 万元应否从本案借款本金中扣除问题，因该款系江宏公司收到案涉借款后再向建行桃苑支行支付，属于该两方当事人之间的法律关系，原审判决根据本案证据，认定该款不应当从本案借款本金中扣除，亦无不当。"

3. 保证人出具《不可撤销的还款担保书》直至借款人还清全部贷款本息和费用时，担保责任才免除的，保证期间为主债务履行期届满之日起二年

案例三：新疆石河子农村合作银行与刘某、步某借款合同纠纷申诉、申请民事裁定书［最高人民法院（2015）民申字第 2354 号］

最高法院认为："关于刘某是否应当承担其中的 30 万元贷款的担保责任问题。本院认为，因刘某在其向合作银行提交的《不可撤销的还款担保书》中承诺当被保证人步某不履行债务时，由其代为履行或承担连带责任，该担保书在贷款人同意借款人延期还款时继续有效，直至借款人步某还清全部贷款本息和费用时，担保责任才免除。《最高人民法院关于适用〈中华人民共和国担保法〉若干问题的解释》（法释〔2000〕44 号）第三十二条第二款规定：'保证合同约定保证人承担保证责任直至主债务本息还清时为止等类似内容的，视为约定不明，保证期间为主债务履行期届满之日起二年'。因案涉 30 万元贷款合同签订于 1998 年 6 月 23 日，合同履行期限原定为 1998 年 7 月 23 日。后经合作银行、步某、刘某三方协商，该 30 万元贷款的还款期限为 1999 年 6 月 21 日前归还，故刘某的保证期间依法应当确定为 1999 年 6 月 22 日至 2001 年 6 月 22 日。后因步某和刘某违规还贷款，合作银行于 2000 年 5 月 19 日向保证人刘某催收，系在合同约定的保证期间要求刘某承担保证责任，并应当自 2000 年 5 月 19 日之日起计算该 30 万元贷款的诉讼时效。合作银行于 2000 年 5 月 30 日提起本案诉讼，并未超过诉讼时效期间。因此，即便再审申请人刘某关于其未就该 30 万元贷款提供物的担保的理由成立，其仍然应当就该 30 万元贷款承担连带保证责任。一审判决关于刘某应当承担担保责任的判决并无不当，故对再审申请人刘某关于该 30 万元的抵押担保并未依法设定这一申请理由，本院不予支持。"

042 保证人请求银行督促借款人还款的函件不构成愿意继续承担保证责任的承诺

阅读提示

保证责任相对于保证人是一种权利负担，来源于保证人愿意为借款人的债务提供担保的承诺。债权人要求保证人承担保证责任是有期限的，在法定的或者约定的期限内未向保证人主张权利的，保证期间届满后保证责任即告免除。保证期间届满后，除非保证人明确承诺继续为已超过保证期间的债务提供担保，否则债权人无权要求保证人承担担保责任。

裁判要旨

保证期间内债权人未向债务人主张权利，保证期间届满后保证人不承担保证责任。即使在保证期间届满后保证人发函要求银行向主债务人催款，除非保证人明确承诺在保证期间届满后继续承担保证还款的责任，否则保证期间届满后保证责任即告免除。

案情简介

1. 自 1998 年 4 月 14 日起，康立公司从中行山阴县支行贷款，截至 1999 年 6 月 30 日，共贷款 31 笔，计本金 18181555.62 元。该 31 笔贷款中，石星公司担保 24 笔，计本金 15161555.62 元，提供担保的方式为连带责任保证，约定的保证期限为两年。

2. 2000 年 7 月 20 日、2000 年 8 月 10 日、2002 年 12 月 10 日、2003 年 8 月 29 日中行山阴县支行就上述借款进行催收，主债务人康立公司在催收借款通知书上签字并加盖公章，担保人石星公司均没有签字盖章。

3. 2004 年 6 月 25 日，中行山阴县支行与信达公司签订债权转让协议，于 2004 年 12 月 30 日在《山西日报》上刊登了债权转让及催收公告。

4. 一审：原告中行山阴县支行起诉被告康立公司、石星公司，要求偿还借款承担保证责任。关于石星公司的保证责任，山西省高院认为石星公司保证期间到期日为 2004 年 5 月 28 日，原债权人的催收通知均没有石星公司签字盖章，信达公司 2004 年 12 月 30 日刊登公告时保证期间已经届满，石星公司不再承担保证责任。

5. 二审：信达公司不服一审判决提起上诉，并提交四份函件，函件内容为：

石星公司请求中行山阴县支行督促债务人康立公司还款。最高法院认为案涉借款保证期间届满后银行未向保证人主张权利保证责任已经免除，故判决驳回上诉维持原判。

裁判要点及思路

本案的争议焦点是：保证期间届满后保证人向银行发函请求其督促借款人还款的行为是否构成保证人承诺继续为保证期间已经届满的借款提供担保。最高法院认为，在保证期间内保证合同的债权人未向债务人主张权利，保证期间届满后保证人不承担保证责任。即使在保证期间届满后保证人发函要求银行向主债务人催款，也不能当然得出保证人承诺继续为保证期间届满后的债权提供担保的结论。因此，保证人石星公司不应继续承担保证责任。

实务要点总结

前事不忘，后事之师。我们就最高法院有关本案的判决涉及的实务要点梳理如下，以供实务参考。

1. 保证期间的起算点属严格法定事由，不允许当事人以约定的方式变更。根据《担保法》第二十五条、第二十六条规定，保证期间的起算点为主债务履行期限届满之日。实践中有当事人约定了保证期间自主债务履行期限届满之日起六个月或者一年起算的，不应认定为保证期间约定不明，而应认定双方就保证期间起算点的约定无效，仍应按法定的自主债务履行期限届满之日起算。

2. 保证期间内银行未向保证人主张权利的，保证期间届满后保证责任即告免除，除非保证人另行出具说明承诺继续为已经超过保证期间的债务提供担保。同时，保证人的该种承诺应当具备一定的形式，典型如保证人在银行发出的催款通知书上签字盖章或者另行向银行出具函件表明愿意继续为保证期间届满后的债务提供担保。本案中保证期间内银行未向借款人主张权利，多次发出的催收借款通知书均无保证人的签字盖章，同时保证人请求银行督促借款人还款的函件中并未包含愿意继续承担保证责任的意思表示，因此保证责任应予免除。

相关法律法规

《担保法》

第二十五条 一般保证的保证人与债权人未约定保证期间的，保证期间为主债务履行期届满之日起六个月。

在合同约定的保证期间和前款规定的保证期间，债权人未对债务人提起诉讼或者申请仲裁的，保证人免除保证责任；债权人已提起诉讼或者申请仲裁的，保证期间适用诉讼时效中断的规定。

第二十六条 连带责任保证的保证人与债权人未约定保证期间的，债权人有权自主债务履行期届满之日起六个月内要求保证人承担保证责任。

在合同约定的保证期间和前款规定的保证期间，债权人未要求保证人承担保证责任的，保证人免除保证责任。

以下是本案判决书中“本院认为”部分，最高法院就保证人向银行发函请求其督促债务人还款是否表示保证人愿意继续承担担保责任问题的论述：

最高法院认为：“一、根据一审、二审质证查明的事实，上诉人上诉请求石星公司承担还款责任理由的关键在于，**石星公司在保证期间届满后，仍然向原债权人中国银行山阴县支行和康立公司发函，请求中国银行山阴县支行督促本案原债务人康立公司还款，这是否表示石星公司在保证责任期间届满后仍愿意继续承担担保责任。**

该四份函件的时间分别是2001年12月20日，2003年8月20日，2004年11月10日和2005年8月20日，前三份内容是督促主合同债权人向主合同债务人催款，第四份是督促主合同债务人还款。在石星公司发出第一份函件时，共有五笔债务在保证期间内，其中98山借字1号合同的主债务履行期还未到期。应对石星公司的保证债务分为保证期间届满前和保证期间届满后分别进行认定。第一，保证期间届满前。连带保证情形下，保证合同的债权人必须在保证期间内向债务人主张权利，此时开始计算保证合同的诉讼时效，而本案中的五笔债务是保证合同的债务人向债权人发函督促其向主合同债务人收款或督促主合同债务人还款，而非债权人向债务人主张权利，这并不能引起诉讼时效的中断。**在保证期间内保证合同的债权人未向债务人主张权利，保证期间届满后保证人不承担保证责任。所以，即使在保证期间内石星公司发函要求中国银行山阴县支行向主债务人催款，在保证期间届满后其即免除保证责任。第二，保证期间届满后。这种情形下，除非石星公司明确承诺在保证期间届满后继续承担保证还款的责任并且具备法律规定的形式，例如在中国银行山阴县支行的催收通知单上签字盖章，否则不能得出石星公司的函件表示其会继续承担保证责任而放弃保证期间已过、不再承担保证责任的抗辩权利的结论。**”

案件来源

中国信达资产管理公司太原办事处与山阴县康立化工有限责任公司、山阴县腾宇化工有限责任公司、山阴县石星化工有限责任公司、山阴县鑫邦燕麦实业有限责任公司借款担保纠纷二审案［最高人民法院（2006）民二终字第 240 号］

延伸阅读

有关保证期间届满后保证责任免除的问题，以下是我们在写作中检索到与该问题相关的最高法院案例及裁判观点，以供读者参考。

1. 一般保证中债权人未在保证期间内对债务人提起诉讼，保证人的保证责任即告免除。

案例一：北京庄明设备有限公司、中铁十八局集团有限公司借款合同纠纷、保证合同纠纷二审民事判决书［最高人民法院（2016）最高法民终 717 号］

最高法院认为："案涉四份借款合同中约定：借款到期，青岛庄明不能按期偿还贷款及利息，由北京庄明承担还款责任。根据《中华人民共和国担保法》第六条、第十七条规定，北京庄明系以书面合同的形式，为案涉债务提供一般保证担保。《中华人民共和国担保法》第二十五条规定：'一般保证的保证人与债权人未约定保证期间的，保证期间为主债务履行期届满之日起六个月。在合同约定的保证期间和前款规定的保证期间，债权人未对债务人提起诉讼或者申请仲裁的，保证人免除保证责任；债权人已提起诉讼或者申请仲裁的，保证期间适用诉讼时效中断的规定。'案涉四份借款合同约定的借款到期日分别为 2011 年 12 月 14 日、2011 年 9 月 11 日、2011 年 9 月 1 日、2011 年 7 月 23 日。当事人在合同中对于北京庄明的保证期间没有做出约定。根据上述法律规定，保证期间为主债务履行期届满之日起六个月，即北京庄明在四份借款担保合同中的保证期间届满日期分别为 2012 年 6 月 14 日、2012 年 3 月 11 日、2012 年 3 月 1 日、2012 年 1 月 23 日。2012 年 1 月 19 日，北京庄明向建安公司出具承诺书，同意将担保期限延长到 2012 年 7 月 20 日。因此，**北京庄明的保证期间最终届满之日为 2012 年 7 月 20 日。中铁十八局于 2012 年 8 月 6 日就涉案债权提起诉讼。由于中铁十八局作为债权人未在保证期间内对债务人青岛庄明提起诉讼，根据相关法律规定，北京庄明作为保证人免除保证责任。北京庄明关于其不应当承担保证责任的上诉请求成立，本院予以支持。**"

2. 连带责任保证中，债权人未在约定的保证期间内向保证人主张权利，保证

责任即告免除。

案例二：招商银行股份有限公司大连分行、大连一方地产有限公司保证合同纠纷再审审查与审判监督民事裁定书［最高人民法院（2017）最高法民申3474号］

最高法院认为：“关于一方公司应否承担保证责任。本案中，招商银行是办理预告抵押登记的义务主体，在一方公司未在约定的90个工作日内交付办理预告抵押登记手续情况下，招商银行收到一方公司迟延交付的预告抵押登记手续后，应当在合理期限内及时办理预告抵押登记，防止案涉房屋被法院查封而无法办理。但是招商银行收到一方公司迟延交付预告抵押登记手续后，不但没有提出异议，而且一年多时间不去办理预告抵押登记，且无合理解释，应视为一方公司阶段性担保的保证责任免除条件成就。**根据《担保法》第二十六条第二款‘有合同约定的保证期间和前款规定的保证期间，债权人未要求保证人承担保证责任的，保证人免除保证责任’的规定，招商银行未在保证期间内向一方公司主张权利，一方公司的保证责任免除。**另外，《中华人民共和国合同法》第一百一十九条第一款规定：‘当事人一方违约后，对方应当采取适当措施防止损失的扩大；没有采取适当措施致使损失扩大的，不得就扩大的损失要求赔偿。’因此，招商银行因怠于履行办理预告抵押登记义务所造成抵押物被法院查封的责任，应当由其自行承担。”

043 自抵押物被拍卖抵押人承担担保责任之日起，反担保的保证期间开始起算

阅读提示

反担保制度借款关系中担保人为了防止借款人无力偿还借款，致使担保人最终承担担保责任但追偿权又无法实现时的最终保护措施。根据《担保法》第四条第二款的规定，反担保适用有关担保的规定，因此担保人向反担保人主张权利受到保证期间的限制，担保人未在约定的或者法定的保证期间内主张权利的，反担保责任消灭。因主借款合同的担保与反担保担保的对象不同，保证期间的起算点应适用不同的规则，反担保责任的履行应以担保人已履行担保责任为前提。

裁判要旨

根据《担保法》第四条关于反担保适用担保规则的规定，抵押人向反担保人主张反担保责任受保证期间限制。自借款纠纷案执行法院拍卖了抵押物用以偿还

银行债务，抵押人承担了担保责任之日起，抵押人有权向反担保人主张反担保责任，保证期间开始计算。

案情简介

1. 2007 年 7 月 11 日，汇城公司与荣华公司签订《战略性合作协议》约定：汇城公司提供商用房作为荣华公司在金融机构贷款融资的抵押物。约定，若荣华公司不能清偿汇城公司的房屋款项，由钱某个人资产及荣华公司所属公司的资产和荣华公司投资公司的资产向汇城公司承担连带担保，并出具《承诺书》。

2. 2008 年 10 月 20 日，荣华公司旗下华泰龙公司与农行华中支行签订《借款合同》，借款金额 700 万元，由汇城公司所有的房屋提供抵押担保。就华泰龙公司与农行华中支行之间的金融借款合同纠纷，2012 年 10 月 27 日十堰市中院拍卖了汇城公司的抵押物用以偿还农行华中支行的债务。

3. 汇城公司承担抵押担保责任后向湖北省十堰市中级人民法院提起诉讼，要求华泰龙公司偿还已支付农行华中支行，荣华公司、钱某承担连带清偿责任。

4. 一审：十堰市中院判决荣华公司、钱某应承担反担保责任，并以汇城公司房屋被执行拍卖承担担保责任之日作为保证期间的起算点。

5. 二审：另一共同担保人顾某不服一审判决提起上诉，上诉请求不涉及反担保的保证期间问题。

6. 再审：荣华公司、钱某申请再审称反担保完全适用保证期间的规定，汇城公司未在保证期间内主张权利，故保证责任应当免除。最高法院判决认为反担保适用保证期间的规定，自汇城公司承担担保责任之日起算。

裁判要点及思路

本案的争议焦点是：金融借款关系中反担保人的保证期间的起算时点为何，是否适用担保法有关保证期间的规定。最高法院认为，根据《担保法》第四条第二款，反担保适用担保法的规定，因此反担保责任受保证期间限制。关于保证期间的起算点，应自担保人承担担保责任之日起算。具体到本案中，应当自借款纠纷的执行法院裁定将担保人汇城公司的抵押房屋执行拍卖，并将拍卖款项用于偿还银行借款之日起计算保证期间。由于担保人和反担保人未约定保证期间，参照《担保法》第二十五条、第二十六条的规定，保证期间为 6 个月。

实务要点总结

前事不忘，后事之师。我们就最高法院有关本案的判决涉及的实务要点梳理如下，以供实务参考。

1. 反担保是担保的担保，担保对象是担保人承担担保责任后对债务人享有的追偿权，因此担保人向反担保人主张权利的前提是担保人享有的追偿权已经产生，即从担保人承担了担保责任致使债权人享有的主债权消灭之日起，担保人的追偿权即告产生，并有权向反担保人主张反担保责任。

2. 根据《担保法》第四条第二款的规定，反担保适用担保法的规则，因此担保人向反担保人主张权利受保证期间的限制。主合同的保证期间起算点从债务履行期限届满之日起算，该起算时点为法定事由，不允许当事人自行约定。反担保与主合同的担保最明显的差异在于，从属于主合同的担保所担保的债权范围、履行期限等是事先确定，是为既有债权提供的担保。而反担保则不然，因其担保的是担保人向债务人享有的追偿权，该追偿权是否产生还应基于担保人是否最终承担了担保责任，是一种将来的债权。因此，反担保保证期间与主合同的保证期间的起算点应适用不同的规则，自担保人的追偿权产生之日起，其有权向反担保人主张权利。具体到本案中就是抵押人的抵押物被借款纠纷的执行法院拍卖，并就拍卖款项用以清偿借款承担担保责任之日起为反担保的保证期间起算点。

3. 反担保的保证期间约定不明时参照担保的有关规定。本案中担保人与反担保人未约定反担保的保证期间，参照《担保法》第二十五条、第二十六条的规定，保证期间为六个月。

相关法律法规

《担保法》

第四条 第三人为债务人向债权人提供担保时，可以要求债务人提供反担保。

反担保适用本法担保的规定。

第二十五条 一般保证的保证人与债权人未约定保证期间的，保证期间为主债务履行期届满之日起六个月。

在合同约定的保证期间和前款规定的保证期间，债权人未对债务人提起诉讼或者申请仲裁的，保证人免除保证责任；债权人已提起诉讼或者申请仲裁的，保证期间适用诉讼时效中断的规定。

第二十六条 连带责任保证的保证人与债权人未约定保证期间的，债权人有权自主债务履行期届满之日起六个月内要求保证人承担保证责任。

在合同约定的保证期间和前款规定的保证期间，债权人未要求保证人承担保证责任的，保证人免除保证责任。

以下是本案判决书中“本院认为”部分，最高法院就反担保的保证期间起算时点问题的论述：

最高法院认为：“二、本案是否适用保证期间问题。汇城公司与顾某之间并非保证担保关系，而是混合担保中担保人之间的追偿法律关系，故保证期间在二者之间并不适用。**汇城公司与荣华公司、钱某之间则构成反担保关系。根据《担保法》第四条关于反担保适用担保规则的规定，汇城公司向荣华公司、钱某主张反担保责任则受保证期间限制。2012 年 10 月 27 日，湖北省十堰市中级人民法院拍卖了汇城公司的抵押物用以偿还农行华中支行的债务，汇城公司承担了担保责任，有权向荣华公司、钱某主张反担保责任，保证期间开始计算。**虽然汇城公司 2013 年 9 月起诉时已经超过了六个月，但因荣华公司、汇城公司与金融机构发生的多起诉讼案件均已进入执行程序，一审法院多次召集荣华公司、汇城公司协商解决双方的债务纠纷，应当视为双方均主张了相关的民事权利，荣华公司、钱某认为汇城公司超过了保证责任期间未主张权利的理由不能成立，其担保责任依法不能免除。

综上，本院认为，虽然原一、二审法院认定汇城公司对顾某享有追偿权、荣华公司和钱某的担保责任依法不能免除正确，但判决顾某对汇城公司承担连带责任认定事实和适用法律不当，应予纠正。”

案件来源

顾某、十堰荣华东风汽车专营有限公司追偿权纠纷再审民事判决书［最高人民法院（2017）最高法民再 137 号］

延伸阅读

有关反担保的保证期间起算点的问题，以下是我们在写作中检索到与该问题相关的最高法院案例及裁判观点，以供读者参考。

1. 反担保是为了保障保证人承担担保责任后实现债务人追偿权而设定的担保，反担保责任的履行应以保证人已履行担保责任为前提。主合同的保证期间与反担保人的保证期间二者适用的起算规则不同，反担保人的保证期间应当从担保人实

际履行了担保责任之日起计算。

案例一：什邡市龙盛投资有限责任公司、广汉市三星堆汽车客运服务有限责任公司与四川欣融融资性担保有限公司债务追偿纠纷申请再审民事裁定书［最高人民法院（2013）民申字第1578号］

最高法院认为“（三）关于欣融公司向三星堆公司请求承担反担保责任是否已超过保证期间的问题。

反担保是为了保障保证人承担担保责任后实现债务人追偿权而设定的担保，反担保责任的履行应以保证人已履行担保责任为前提。主合同的保证期间与反担保人的保证期间二者适用的起算规则不同，反担保人的保证期间应当从担保人实际履行了担保责任之日起计算。欣融公司于2011年11月17日前代偿本案所涉借款。故本案反担保责任的保证期间应从该日起计算。

根据《中华人民共和国担保法》第四条的规定，第三人为债务人向债权人提供担保的，可以要求债务人提供反担保。反担保适用本法和其他法律的规定。故本案中关于反担保保证期间的计算方法应适用《中华人民共和国担保法》等法律关于保证期间的相关规定。根据欣融公司与三星堆公司签订的《反担保协议》的有关约定，三星堆公司同意为欣融公司本次担保行为提供反担保，自愿承担无限保证责任，担保期限从贷款获得之日起至全部贷款本息结清为止。根据《最高人民法院关于适用〈中华人民共和国担保法〉若干问题的解释》第三十二条第二款的规定，保证合同约定保证人承担保证责任直至主债务本息还清时为止等内容的，视为约定不明，保证期间为主债务履行期届满之日起二年。本案《反担保协议》中关于反担保保证期间的约定应视为约定不明，保证期间为保证人实际承担保证责任之日起二年，即截至2013年11月17日。故本案中欣融公司关于要求三星堆公司履行反担保义务的诉讼请求并未超过保证期间。申请人三星堆公司关于本案诉请已超过反担保合同保证期间的再审申请理由不能成立，本院不予支持。”

2. 担保与反担保各自担保的对象和保证责任期间，以及保证期间的起算点应有不同，保证期间应自主债务履行期满之次日起算，而反担保的保证期间应自担保人实际履行了担保责任之次日起算。

案例二：宿迁市润达信用担保有限公司与宿迁市华锐玻璃陶瓷有限公司、宿迁市盛源棉业有限公司等追偿权纠纷申诉、申请民事裁定书［江苏省高级人民法院（2017）苏民申3587号］

江苏省高院认为：“关于本案反担保保证期间及法律适用问题。保证期间为保证责任的存续期间。本案是润达公司履行保证责任后基于反担保协议向华锐公司、佳艺公司等反担保人行使追偿权。**担保与反担保各自的担保对象与保证责任期间应有不同，润达公司所担保的是新锐公司的主债务的履行，而华锐公司等反担保人则是为润达公司向新锐公司行使追偿权提供担保，担保与反担保的保证期间的起算因此亦不相同。润达公司的保证期间应自主债务履行期满（2014 年 5 月 20 日）之次日起算，而反担保的保证期间应自担保人润达公司实际履行了担保责任之次日起算。**根据查明事实，润达公司至 2015 年 9 月 30 日实际为新锐公司承担了 1009189.91 元保证责任，因此取得就相应债权数额向债务人新锐公司追偿和要求反担保人承担责任的权利，反担保保证期间应自 2015 年 9 月 30 日之次日起计算。根据《反担保联保协议》的相关约定，2012 年 12 月 1 日至 2014 年 12 月 30 日既是反担保保证期间也是确定反担保债务范围的期间，同时该期间亦早于本案反担保保证责任应当起算的时间。故上述有关反担保保证期间的约定应认定为符合《最高人民法院关于适用〈中华人民共和国担保法〉若干问题的解释》第三十二条有关约定的保证期间早于或等于主债务履行期限，视为没有约定的情形。本案反担保保证期间应按 6 个月计算，即计算至 2016 年 3 月 30 日止。润达公司 2015 年 11 月 12 日提起本案诉讼在该保证责任期间内。华锐公司、佳艺公司等提出的润达公司起诉时已超过 6 个月保证期间，其不应承担反担保责任的申请再审理由没有法律依据，不能成立。虽然一、二审判决根据润达公司所担保的主债务的履行期间届满日 2015 年 5 月 20 日认定本案反担保保证期间，未能区分保证期间与反担保保证期间起算时间的不同，存在不当，再审申请人华锐公司、佳艺公司等提出的该理由能够成立，但一、二审判决认定润达公司主张权利未超出反担保期间的处理结果正确。根据《最高人民法院关于适用〈中华人民共和国民事诉讼法〉的解释》第四百零七条有关人民法院经再审审理认为原判决、裁定认定事实、适用法律虽有瑕疵，但裁判结果正确的，应当在再审判决、裁定中纠正瑕疵后予以维持的规定，本院据此对原判相关认定予以纠正。”

044 保证期间届满后保证人签收催收通知书符合法定条件时可构成新的保证合同

阅读提示

保证期间届满后保证人单纯的签收催款通知书和重新签署新的保证合同两种情形应当严格区分。形式上，保证合同应具备《担保法》第十五条规定的各项构成要素，实质上，应当包含保证人承诺继续提供保证担保的真实的意思表示。如该通知书满足形式上和实质上的要求，并经保证人盖章签收后，应当认定构成了新的保证合同，保证人仍应继续承担保证责任。

裁判要旨

保证期间届满后保证人签收催收的通知书记载的保证债务、保证责任方式及保证期间等内容清楚、明确，符合我国《合同法》和《担保法》有关担保合同成立的规定，并经保证人盖章认可，应认定成立了新的保证合同，保证人应当按照新的保证合同承担保证责任。

案情简介

1. 1992 年 6 月 29 日，电容器厂与中行石嘴山支行签订《借款合同》，借款金额 200 万美元，保证人为冶炼厂。同年 6 月 24 日，电容器厂与中行石嘴山支行签订《不可撤销担保书》，为该笔借款提供担保。

2. 1996 年 12 月 23 日，电容器厂与中行石嘴山支行、冶炼厂签订《保证借款合同》，借款金额 58 万美元，冶炼厂提供连带责任保证。

3. 1997 年 3 月 29 日，冶炼厂与中行石嘴山支行签订《债务承担协议》，由冶炼厂以承债方式兼并电容器厂，承担电容器厂在石嘴山中行的外汇贷款。2000 年 7 月 31 日，冶炼厂成立星日公司，后星日公司接受了冶炼厂的案涉债务。

4. 2004 年 6 月 25 日，石嘴山中行与信达陕西公司签订《债权转让协议》，将对星日公司的债权转让给信达陕西公司，并刊登债权催收公告。2005 年 4 月 26 日、10 月 20 日信达陕西公司向星日公司和冶炼厂送达催收逾期贷款通知书，双方均盖章确认。

5. 2006 年 11 月 16 日宁夏自治区国资委批复解散冶炼厂，资产由中色东方公司承继。2009 年 6 月 29 日，冶炼厂注销。

6. 一审：原告信达山西公司起诉被告中色东方公司，要求偿还借款本息。宁夏自治区高院判决中色东方公司应承担连带保证责任。

7. 二审：中色东方公司不服一审判决提起上诉，诉称冶炼厂签收催收逾期贷款通知书的行为不构成新的保证合同，中色东方公司不应为此承担担保责任。最高法院认为，冶炼厂签收逾期贷款通知书时明确承诺承担新的连带保证责任，中色东方公司应为此承担保证责任，故判决驳回上诉请求。

裁判要点及思路

本案的争议焦点是：冶炼厂盖章签收《逾期贷款通知书》的行为是否构成新的保证合同，承继兼并冶炼厂的中色东方公司是否应为案涉借款承担保证责任。最高法院认为，保证人兼并原债务人并将案涉债务转让给第三人的行为并不改变保证人的法律地位。保证期间届满后保证人盖章签收《逾期贷款通知书》，该通知书中记载的保证债务、保证责任方式及保证期间等内容清楚、明确，符合我国《合同法》和《担保法》有关担保合同成立的规定，并经保证人冶炼厂盖章认可，应认定构成了新的保证合同。中色东方公司作为冶炼厂解散后权利义务的承继人，应为此承担连带保证责任。

实务要点总结

前事不忘，后事之师。我们就最高法院有关本案的判决涉及的实务要点梳理如下，以供实务参考。

1. 保证期间届满后保证人盖章签收催款通知书的行为依据通知书本身记载的内容和保证人签收时所持的主观心态，可产生两种截然不同的法律效果。如保证人仅是在催款通知书上签字，该通知书的内容中并不包含承诺继续承担担保责任的意思的，不能认定构成了新的保证合同。根据《合同法》和《担保法》的规定，成立有效的保证合同应当具备一定的要素以及保证人真实的愿意承担保证责任的意思表示。本案中的《逾期贷款通知书》记载的保证债务、保证责任方式及保证期间等内容清楚、明确，同时该通知书载明："我单位为上述贷款的保证人，自愿承担新的连带保证责任，保证期间自本催收通知送达签收后两年"，经保证人盖章签收后应当认定构成了新的保证合同，保证人应为此继续承担保证责任。

2. 保证期间届满后保证人未仔细审查自债权人处收到的债务确认文件即签署的，存在极大的风险，如事后证明对此不知情、不是真实意思表示（该种主观要件实践中证明难度极大），存在被认定构成新的保证合同的风险。最高法院作出［法释（2004）4号］批复的目的就在于防止将保证人单纯的签字收到催款通知书的行为认定为新的承诺。

相关法律法规

《担保法》

第十五条　保证合同应当包括以下内容：

（一）被保证的主债权种类、数额；

（二）债务人履行债务的期限；

（三）保证的方式；

（四）保证担保的范围；

（五）保证的期间；

（六）双方认为需要约定的其他事项。

保证合同不完全具备前款规定内容的，可以补正。

《最高人民法院关于人民法院应当如何认定保证人在保证期间届满后又在催款通知书上签字问题的批复》[法释（2004）4号]

（2004年3月23日最高人民法院审判委员会第1312次会议通过 2004年4月14日最高人民法院公告法释〔2004〕4号公布自2004年4月19日起施行）

云南、河北、四川省高级人民法院：

云高法［2003］69号《关于保证人超过保证期间后又在催款通知书上签字应如何认定性质和责任的请示》、［2003］冀民二请字第1号《关于如何认定已过了保证期间的保证人在中国长城资产管理公司〈债权转移确认通知书〉上盖章的民事责任的请示》和川高法［2003］266号《关于保证期届满后保证人与债务人同日在催款通知书上签字或者盖章的法律效力问题的请示》收悉。经研究，答复如下：

根据《中华人民共和国担保法》的规定，保证期间届满债权人未依法向保证人主张保证责任的，保证责任消灭。保证责任消灭后，债权人书面通知保证人要求承担保证责任或者清偿债务，保证人在催款通知书上签字的，人民法院不得认定保证人继续承担保证责任。但是，该催款通知书内容符合合同法和担保法有关担保合同成立的规定，并经保证人签字认可，能够认定成立新的保证合同的，人民法院应当认定保证人按照新保证合同承担责任。

以下是本案判决书中“本院认为”部分，最高法院就保证期间届满后保证人盖章签收逾期贷款通知书的行为是否构成新的保证合同的问题的论述：

最高法院认为：“**关于冶炼厂在信达银川管理部催收通知书上盖章确认行为是否构成了新的保证合同的问题。**在本案所涉借款行为发生时，冶炼厂作为保证人向债权人提供了连带责任保证，在其以承债方式兼并原借款人电容器厂并将本案债务转移给星日公司后，其作为保证人的法律地位并没有改变，对此，原债权人石嘴山中行与冶炼厂亦未产生过争议。在信达银川管理部向星日公司、冶炼厂发出的催收逾期贷款通知书中载明：‘我单位为上述贷款的保证人，自愿承担新的连带保证责任，保证期间自本催收通知送达签收后两年’。信达银川管理部代表信达陕西公司向冶炼厂主张债权，冶炼厂收到该通知书后盖章予以确认。**该催收通知书中记载的保证债务、保证责任方式及保证期间等内容清楚、明确，符合我国合同法和担保法有关担保合同成立的规定，并经保证人冶炼厂盖章认可，依据法释［2004］4号《最高人民法院关于人民法院应当如何认定保证人在保证期间届满后又在催款通知书上签字问题的批复》的规定，应认定在冶炼厂与信达陕西公司之间成立了新的保证合同，冶炼厂应当按照新的保证合同承担保证责任。**”

案件来源

中色（宁夏）东方集团有限公司与中国信达资产管理股份有限公司陕西省分公司保证合同纠纷案［最高人民法院（2011）民二终字第27号］

延伸阅读

有关保证期间届满后保证人签收催款通知书、还款承诺书等的行为是否构成新的保证合同的问题，以下是我们在写作中检索到与该问题相关的最高法院案例及裁判观点，以供读者参考。

1.《还款承诺书》在各保证人原本所承担的连带保证责任的基础上，再次确认了保证人的还款责任，应认定达成了新的保证合同。

案例一：高某、董某与三明市瑞城房地产开发有限公司、永安市永达金属制品有限公司等民间借贷纠纷申诉、申请民事裁定书［最高人民法院（2016）最高法民申621号］

最高法院认为："本案《还款承诺书》不同于一般的催款通知书。合同的订立需要经过邀约和承诺，承诺是针对要约内容的确认。**本案《还款承诺书》直接确认了承诺人的还款义务，且并未区分主债务人和保证人的责任，应当认定各"承诺人"共同与债权人形成了新的债务履行协议，从而在各保证人原本所承担的连带保证责任的基础上，再次确认了保证人的还款责任。**《最高人民法院关于人民法院应当如何认定保证人在保证期间届满后又在催款通知书上签字问题的批复》适用对象是债权人的催款通知书，目的在于防止将保证人单纯的签字收到催款通知书的行为认定为新的承诺。本案《还款承诺书》不同于催款通知书，不适用上述批复，不能以该批复否定《还款承诺书》所确定的法律责任。"

2. 保证期间届满后保证人签收《催款通知书》，承诺承担的仅是附条件的代为偿还债务本息的责任，其性质并不是《担保法》规定的连带保证或一般保证责任，

故签收该通知书的行为不构成新的保证合同。

案例二：北京汉彩悦动国际文化传播有限公司、义煤集团新安县恒祥煤业有限公司等与万基控股集团有限公司、吕松木金融不良债权转让合同纠纷申请再审民事裁定书［最高人民法院（2014）民申字第1436号］

最高法院认为："**（一）关于万基公司在建行新安支行发出的催款通知书及回执上签字盖章是否构成新的保证合同。**《最高人民法院关于人民法院应当如何认定保证人在保证期间届满后又在催款通知书上签字问题的批复》规定：'根据《中华人民共和国担保法》的规定，保证期间届满债权人未依法向保证人主张保证责任的，保证责任消灭。保证责任消灭后，债权人书面通知保证人要求承担保证责任或者清偿债务，保证人在催款通知书上签字的，人民法院不得认定保证人继续承担保证责任。但是，该催款通知书内容符合合同法和担保法有关担保合同成立的规定，并经保证人签字认可，能够认定成立新的保证合同的，人民法院应当认定保证人按照新保证合同承担责任。'**万基公司在保证期间届满暨保证责任消灭后，又签收了建行新安支行发出的催款通知书及回执。根据万基公司与建行新安支行签订的《关于贷款与担保问题的协议》的特别约定，万基公司在与建行新安支行签订《关于贷款与担保问题的协议》的前提下才签收催款通知。因此，万基公司和建行新安支行之间是否达成新的保证合同的合意，不能仅依据催款通知书确定，而应当结合《关于贷款与担保问题的协议》的具体约定予以认定。**《关于贷款与担保问题的协议》约定，案涉贷款因超过担保时效而成为建行新安支行的沉淀资金，为双方友好合作，建行新安支行承诺对万基公司的贷款利率下浮10%，利率下浮产生的结余资金用以偿还万基公司担保的东沙煤矿债务本息；万基公司承诺一旦东沙煤矿恢复生产，用东沙煤矿供应万基公司的煤款偿还建行新安支行的贷款本息。**根据上述约定，万基公司承担的仅是附条件的代为偿还东沙煤矿债务本息的责任，其性质并不是《中华人民共和国担保法》规定的连带保证或一般保证责任。二审判决据此认定双方之间未成立新的保证合同，适用法律并无不当。**汉彩公司该项申请再审理由不能成立，本院不予支持。"

045 不论保证人是否提出抗辩，法院可依职权审查保证期间是否届满

阅读提示

保证期间不同于诉讼时效，是除斥期间，"保证期间不因任何事由发生中断、

中止、延长的法律后果”。债权人在保证期间内未向保证人主张权利，将不可逆地产生权利消灭的法律效果，它是一种客观的事实状态。基于保证期间的性质，即使诉讼中保证人未提出保证期间届满保证责任消灭的抗辩，法院也应当主动审查保证期间以认定保证责任是否免除。

裁判要旨

保证期间为除斥期间，债权人未在保证期间要求保证人承担保证责任的，保证人免除保证责任。故不论保证人是否抗辩，法院对保证期间是否已超过的事实应当依职权主动审查，进而确定是否免除保证人的保证责任。

案情简介

1. 郑某因缺乏资金，于 2014 年 1 月 16 日向李某借款 30 万元，赵某和福建永公司提供连带责任担保，并向李某出具借款担保合同一份，借款期限 3 个月，从 2014 年 1 月 16 日至 2014 年 4 月 16 日止。借款当日，郑某向李某出具收据一份。

2. 一审：2015 年 4 月 24 日，原告李某起诉被告借款人郑某、保证人赵某，要求偿还借款，保证人赵某承担连带保证责任。郑某、赵某经传唤未到庭，龙海市法院判决保证人赵某应承担连带保证责任。

3. 二审：赵某不服一审判决提起上诉，诉称李某未在保证期间内主张权利，起诉时保证期间已经届满，故保证责任应当免除。漳州市中院认定李某未在保证期间内主张权利，保证责任应予免除，但是保证人赵某经合法传唤拒不出庭，也未提交答辩状，为保护债权人利益判决赵某承担连带责任并无不妥。

4. 再审（审判监督）：赵某不服二审判决申请再审，诉称不论其是否就保证期间提出抗辩，法院应主动审查保证期间是否届满。福建省高院认为法院应依职权审查保证期间是否届满，一审、二审适用法律错误，故裁定指令漳州市中院再审。

5. 再审（指令再审）：经漳州市中院再审认为，李某起诉时已超过保证期间，故判决李某的保证责任应予免除。

裁判要点及思路

本案的争议焦点是：出借人未在保证期间内主张权利，保证人在诉讼中未就保证期间提出抗辩，法院是否可依职权审查保证期间是否届满。福建省高院认为，保证期间为除斥期间，债权人未在保证期间要求保证人承担保证责任的，保证人免除保证责任。故不论保证人是否抗辩，人民法院对保证期间是否已超过的事实应当依职权主动审查，进而确定是否免除保证人的保证责任。本案中，出借人起诉时已超过保证期间，即使保证人未提出抗辩，保证期间届满的保证责任当然消灭。

实务要点总结

前事不忘，后事之师。我们就最高法院有关本案的判决涉及的实务要点梳理如下，以供实务参考。

1. 保证期间为除斥期间，是指法律规定的债权人可以要求保证人承担保证责任这一权利的有效存续期间，根据《担保法解释》第三十一条规定，“保证期间不因任何事由发生中断、中止、延长的法律后果”，保证期间届满将直接产生债权人请求保证人承担保证责任这一权利消灭的法律效果，而不仅仅是导致保证人可以行使向债权人行使抗辩权。因此，保证期间届满作为一个事实状态，保护人未在诉讼中提出抗辩，并不影响其相应的法律效果的产生。

2.《人民法院报》2016 年 8 月 18 日刊载文章《法院能否主动审查保证期间》指出，“保证期间不同于诉讼时效，保证期间性质属于排斥期间”，“在当事人因法律意识缺乏而没有提出抗辩的情况下，法院应对保证人进行引导释明，征求其是否提出保证期间抗辩。在保证人没有明确表示放弃保证期间利益抗辩的情形下，法院可以主动进行审查，以更好衡平保护各方当事人的利益。”

相关法律法规

《民法总则》

第一百八十八条 向人民法院请求保护民事权利的诉讼时效期间为三年。法律另有规定的，依照其规定。

诉讼时效期间自权利人知道或者应当知道权利受到损害以及义务人之日起计算。法律另有规定的，依照其规定。但是自权利受到损害之日起超过二十年的，人民法院不予保护；有特殊情况的，人民法院可以根据权利人的申请决定延长。

《担保法》

第二十五条 一般保证的保证人与债权人未约定保证期间的，保证期间为主债务履行期届满之日起六个月。

在合同约定的保证期间和前款规定的保证期间，债权人未对债务人提起诉讼或者申请仲裁的，保证人免除保证责任；债权人已提起诉讼或者申请仲裁的，保证期间适用诉讼时效中断的规定。

第二十六条 连带责任保证的保证人与债权人未约定保证期间的，债权人有权自主债务履行期届满之日起六个月内要求保证人承担保证责任。

在合同约定的保证期间和前款规定的保证期间，债权人未要求保证人承担保证责任的，保证人免除保证责任。

《担保法司法解释》

第三十一条 保证期间不因任何事由发生中断、中止、延长的法律后果。

以下是本案判决书中“本院认为”部分，福建省高院就法院是否应主动审查保证期间是否届满问题的论述：

福建省高院认为：“本案《借款担保合同》明确约定了涉案借款时间是从2014年1月16日起至2014年4月16日止，双方在该合同中并未约定保证期间，李某于2015年4月24日向法院起诉，在一、二审中均未提交其在主债务履行期届满之日起六个月内向赵某主张过权利的证据，根据《中华人民共和国担保法》第二十六条‘连带责任保证的保证人与债权人未约定保证期间的，债权人有权自主债务履行期届满之日起六个月内要求保证人承担保证责任。在合同约定的保证期间和前款规定的保证期间，债权人未要求保证人承担保证责任的，保证人免除保证责任’的规定，明显超过法律规定保证期间。同时根据《最高人民法院关于适用〈中华人民共和国担保法〉若干问题的解释》第三十一条规定：‘保证期间不因任何事由发生中断、中止、延长的法律后果’的规定，**保证期间为除斥期间，债权人未在保证期间要求保证人承担保证责任的，保证人免除保证责任。故不论保证人是否抗辩，人民法院对保证期间是否已超过的事实应当依职权主动审查，进而确定是否免除保证人的保证责任。一、二审法院均未主动审查保证期间，一审法院以郑某及赵某均未答辩及出庭应诉，判决赵某承担担保责任。二审法院以赵某在一审中放弃诉讼权利，为合法保护债权人利益为由，驳回赵某的上诉。**依照前述法律规定，一、二审法院明显适用法律错误。”

案件来源

李某与赵某、郑某民间借贷纠纷二审民事判决书［福建省漳州市中级人民法院（2015）漳民终字第1385号］；赵某、李某民间借贷纠纷再审审查与审判监督民事裁定书［福建省高级人民法院（2016）闽民申1596号］；赵某、李某民间借贷纠纷再审民事判决书［福建省漳州市中级人民法院（2016）闽06民再40号］

延伸阅读

有关法院可否依职权主动审查保证期间是否届满的问题，以下是我们在写作中检索到与该问题相关的最高法院案例及裁判观点，以供读者参考。

1. 保证期间为除斥期间，保证期间届满，消灭的是实体权利，即债权人未在保证期间要求连带责任保证人承担保证责任的，保证人免除保证责任。因此，法院对于保证期间是否超过应依职权主动审查，而不应拘泥于保证人是否对此提出抗辩。

案例一：沙湾荣凯房地产开发有限公司与乌鲁木齐市保利成钢铁贸易有限公司、黄石华厦建设集团有限公司新疆分公司等买卖合同纠纷再审民事判决书［新疆维吾尔自治区高级人民法院（2018）新民再1号］

新疆自治区高院认为："二、关于荣凯公司的担保是否超过了保证期间的问题。首先，关于保证期间，《最高人民法院关于适用〈中华人民共和国担保法〉若干问题的解释》第三十一条明确规定'保证期间不因任何事由发生中断、中止、延长的法律后果。'**所以保证期间为除斥期间，保证期间届满，消灭的是实体权利，即债权人未在保证期间要求连带责任保证人承担保证责任的，保证人免除保证责任。因此，人民法院对于保证期间是否超过应依职权主动审查，而不应拘泥于保证人是否对此提出抗辩。**《中华人民共和国担保法》第十九条规定'当事人对保证方式没有约定或者约定不明确的，按照连带责任保证承担保证责任。'本案中《担保书》对于保证方式未约定，故，荣凯公司依法应按连带责任保证承担。《中华人民共和国担保法》第二十六条规定'连带责任保证的保证人与债权人未约定保证期间的，债权人有权自主债务履行期届满之日起六个月内要求保证人承担保证责任。在合同约定的保证期间和前款规定的保证期间，债权人未要求保证人承担保证责任的，保证人免除保证责任。'本案《担保书》未对保证期间进行约定，保利成公司依法应自主债务履行期届满之日起六个月内要求保证人承担保证责任，否则，保证人荣凯公司免责。"

2. 保证期间不同于诉讼时效，法院可主动审查保证是否超过保证期间。

案例二：周某、张某民间借贷纠纷再审审查与审判监督民事裁定书［安徽省高级人民法院（2016）皖民申431号］

安徽省高院认为："（一）《最高人民法院关于审理民事案件适用诉讼时效制度若干问题的意见》第三条规定，当事人未提出诉讼时效抗辩，人民法院不应对诉讼时效问题进行释明及主动适用诉讼时效的规定进行裁判。**保证期间不同于诉讼时效，周某依据该条款主张二审法院不应主动审查保证是否超过保证期间的理由，**

不能成立。依据担保法及相关司法解释的规定，保证期间自债权人要求债务人履行义务的宽限期届满之日起计算。本案中，没有证据证明周某曾就案涉借款给予张某宽限期，张某在 2014 年 7 月 9 日出具的情况说明是对债务数额的确认，周某主张以此日期作为宽限期届满之日缺乏法律依据。且依据周某提交的证据，其在 2013 年已多次向张某催要借款，二审法院从 2014 年 1 月 1 日开始计算保证期间，已经给张某一个合理期间作为履行义务的宽限期。据此，二审法院认定至周某 2014 年 9 月 15 日提起本案诉讼已超过六个月的保证期间、保证人的保证责任已免除并无不当。”

3. 保证期间属于除斥期间，除斥期间届满后直接发生权利消灭的效力，即保证人得以免除其保证责任。保证人在一审中虽未提出有关保证期间的抗辩，法院对此仍应主动审查。

案例三：鲁某、孝感天应中小企业信用担保投资有限公司企业借贷纠纷再审民事判决书［湖北省高级人民法院（2016）鄂民再 52 号］

湖北省高院认为：“涉案《担保借款合同》系各方当事人真实意思的表示，合同内容并未违反效力性强制规定，依法应认定为有效合同。志云路桥公司及鲁某在该合同担保人一栏签名，应视为其对涉案借款自愿进行担保。由于各方当事人在《担保借款合同》中并未明确约定保证方式及保证期间，依照《中华人民共和国担保法》第十九条、第二十六条的规定，志云路桥公司及鲁某应对涉案借款按照连带责任保证承担保证责任，且天应担保投资公司有权自主债务履行期届满之日起六个月内要求保证人承担保证责任。涉案《担保借款合同》约定，张某应在 2011 年 10 月 25 日前偿还 1,500,000 元本金及利息，故天应担保投资公司至迟应于 2012 年 4 月 25 日前要求鲁某承担保证责任。天应担保投资公司虽在本次再审中提交了相关证据证明其在前述保证期间内向鲁某主张过权利，但其提供的证据均不能作为认定案件事实的依据，应承担举证不能的后果。《中华人民共和国担保法》第二十六条规定：‘连带责任保证的保证人与债权人未约定保证期间的，债权人有权自主债务履行期届满之日起六个月内要求保证人承担保证责任。在合同约定的保证期间和前款规定的保证期间，债权人未要求保证人承担保证责任的，保证人免除保证责任。’《最高人民法院关于适用〈中华人民共和国担保法〉若干问题的解释》第三十一条规定：‘保证期间不因任何事由发生中断、中止、延长的法律后果。’**由上述规定可见，保证期间属于除斥期间，除斥期间届满后直接发生权利消灭的效力，即保证人得以免除其保证责任。鲁某在一审中虽未提出有关保证期间的抗辩，法院对此仍应主动审查。**天应担保投资公司抗辩称，鲁某的委托代理人在一审庭审中明确表示，对天应担保公司起诉的借款本金及担保没有异议，应视为鲁某对愿意承担保证责任的自认。《最高人民法院关于人民法院应当如何认定保证人在保证期间届满后又在催款通知书上签字问题的批复》规定，保证责任消灭后，即使保证人在催款通知书上签字，人民法院仍不能认定保证人继续承担保证责任，除非该通知书的内容能视为成立新的保证合同。根据该批复的精神，张某、志云路桥公司、鲁某的委托代理人在代表三方共同发表答辩意见时称对担保事实无异议，既不能视为鲁某与天应担保公司就涉案债务达成了新的保证合同，也不能视为鲁某明确作出了愿意就涉案债务继续承担保证责任的意思表示，故对天应担保投资公司的抗辩理由，本院不予支持。

综上，因天应担保投资公司未在保证期间内要求鲁某承担保证责任，鲁某的保证责任得以免除。”

反例：

4. 保证期间作为保证人对抗债权人的抗辩理由之一，是否主张为当事人对自己诉讼权利的处分。保证人在一审、二审中未就保证期间提出抗辩，而后又以保证期间届满为由申请再审的，有违诉讼诚信，再审请求不能成立。

案例四：潘某与徐某、南京光华城南机电有限公司民间借贷纠纷再审申请民事裁定书［上海市高级人民法院（2016）沪民申 2781 号］

上海市高院认为：“本院经审查认为，原审法院根据各方当事人的诉辩主张及提交的证据对系争借款本金、利息及南京光华公司的还款责任和潘某的连带保证责任作出准确认定，本院予以支持。潘某现抗辩系争两份《借款合同》的担保期间均已超过，债权人无权要求保证人承担连带保证责任，且原审法院应当主动审查保证期间。本院认为，人民法院审理案件，是围绕双方当事人的争议进行。**保证期间作为保证人对抗债权人的抗辩理由之一，是否主张为当事人对自己诉讼权利的处分。根据一审判决载明的事实，潘某在本案一审诉讼过程中并未提出关于保证期间的抗辩，并在一审判决其承担连带保证责任后，并未提起上诉。而在二审庭审中，潘某亦未就保证期间提出异议，故双方当事人并未就此形成争议。现潘某却就此主张一审、二审判决错误并申请再审，本院认为其有违诉讼诚信，其申请再审理由不能成立。**原审法院作出的判决，合法合理，理由阐述充分。本院认可原审法院对事实的分析认定及对相关法律法规的理解与适用，潘某再审申请理由缺乏事实及法律依据，本院难以支持。原审法院认定事实清楚，适用法律正确，审理程序合法。综上，潘某的再审申请不符合《中华人民共和国民事诉讼法》第二百条第（二）项、第（六）项规定的情形。”

046 银行能够提供邮寄存根及内容，保证人无相反证据，应认定向保证人主张了权利

阅读提示

保证期间是除斥期间，是银行向保证人主张保证责任这一权利的有效存续期，根据《担保法》第三十一条规定，“保证期间不因任何事由发生中断、中止、延长的法律后果”。因此，银行未能证明在保证期间内向保证人主张了权利的，保证责任将免除。

银行一般采用邮寄方式向保证人送达债务催收通知，诉讼中银行能够提供邮寄存根及内容的情况下，除非保证人有相反证据推翻银行所提供的证据，应当认定银行向保证人主张了权利。

应当特别注意的是，最高法院所称邮寄方式是特定的，即必须是通过邮局的特快专递（EMS）寄送，顺丰、中通等公司并非邮局，仅是一般快递公司，快递公司的寄件存根不足以证明已经向相对人有效送达。

裁判要旨

虽然银行未能提交保证人的邮寄签收回执，但邮局工作人员能够证明邮件已经妥投收件人的情况下，保证人不能证明邮局没有妥投的，应当认定保证人收到了债务催收通知书，银行在保证期间内主张了权利，保证责任不能免除。

案情简介

1. 2008 年 1 月至 8 月，农行天台路支行与盛源公司签订五份借款合同，借款金额分别是 1 月 15 日 400 万元、1 月 21 日 400 万元、6 月 13 日 300 万元、6 月 20 日 500 万元、8 月 4 日 640 万元，借期均为一年。

2. 农行天台路支行与长征公司签订五份保证合同，提供连带责任保证，保证期间为主合同约定的债务履行期限届满之日起二年。

3. 一审：因盛源公司未能按约偿还借款，原告农行天台路支行诉至法院，要求被告盛源公司偿还借款，保证人长征公司承担担保责任。汉中市中院认为，农行天台路支行未能提交通过邮局向长征公司寄送催收通知的签收回执，不能证明在保证期间内主张了权利，故判决长征公司的保证责任已经免除。

4. 二审：农行天台路支行不服一审判决提起上诉，诉称其在保证期间内向长

征公司送达了催收通知，长征公司应承担担保责任。长征公司辩称农行天台路支行未提交邮寄签收回执。陕西省高院认为，在长征公司没有证据证明邮局没有妥投的情况下，应认定农行天台路支行在保证期间内主张了权利，故判决长征公司应承担担保责任。

裁判要点及思路

本案的争议焦点是：银行主张以公证方式向保证人邮寄了债务催收通知，保证人以银行未能提交邮寄签收回执为由辩称银行未在保证期间内主张权利，保证责任应予免除。陕西省高院认为，银行以邮寄方式向保证人送达了催收通知，并对寄送邮件的行为进行了公证。虽然银行未能提交保证人的签收回执，但邮局工作人员能够证明邮件已经妥投收件人，如要求银行进一步证明保证人的具体哪一员工签收了邮局的特快专递，是对债权人举证要求过于苛刻，债权人采取公证送达的方式也就失去了意义，在保证人不能证明邮局没有妥投的情况下，应当认定其收到了催收通知书。故应认定银行在保证期间内向保证人主张了权利，保证责任不应免除。

实务要点总结

前事不忘，后事之师。我们就最高法院有关本案的判决涉及的实务要点梳理如下，以供实务参考。

1. 邮寄债务催收通知是实践中普遍采用的向保证人主张权利的方式，同时还会辅之以公证的方式，对邮寄的过程和寄送的内容予以公证。当银行与保证人、债务人就是否已经有效送达了债务催收通知发生争议时，能够供银行举示的证据包括公证处出具的公证书、寄件人寄件存根、邮政部门监控系统的妥投记录以及收件人签收回执、拒收证明等。如保证人、债务人仅以银行未能提交收件人签收回执或者拒收证明为由，主张银行未在保证期间或者诉讼时效内主张权利，但未能提出相反证据推翻银行用以证明寄送了邮件的各项证据，应当认定银行在保证期间或者诉讼时效内向保证人、债务人主张了权利。

2. 最高法院［（2003）民二他字第 6 号］复函规定的邮寄方式是特定的，即必须是通过邮局的特快专递（EMS）寄送，顺丰、中通等公司并非邮局，仅是一般快递公司。银行仅提交顺丰公司的寄件存根不能证明邮件已经到达相对人，不能产生诉讼时效中断以及在保证期间内向保证人主张权利的法律效果。

相关法律法规

《最高人民法院关于债权人在保证期间以特快专递向保证人发出逾期贷款催收通知书但缺乏保证人对邮件签收或拒收的证据能否认定债权人向保证人主张权利的请示的复函》[(2003)民二他字第6号]

你院［2003］冀民二请字第1号请示收悉。经研究，答复如下：

债权人通过邮局以特快专递的方式向保证人发出逾期贷款催收通知书，在债权人能够提供特快专递邮件存根及内容的情况下，除非保证人有相反证据推翻债权人所提供的证据，应当认定债权人向保证人主张了权利。

以下是本案判决书中“本院认为”部分，陕西省高院就银行是否在保证期间内向保证人邮寄了债务催收通知问题的论述：

陕西省高院认为：“本案所涉五份借款合同和五份保证合同系当事人真实意思表示，内容未违反法律、行政法规的强制性规定，故借款合同和保证合同均为有效合同。农行天台路支行按借款合同约定履行了发放贷款义务，盛源公司理应按照借款合同约定偿还下欠的借款本息。本案中，农行天台路支行在保证期间内于2009年7月17日通过发特快专递的方式向保证人长征公司就2008年1月15日、1月21日、6月13日、6月20日的四笔借款主张履行担保责任，并对发送邮件的行为依法进行了公证。虽然公证书和所附邮件详情单上将长征公司的名称书写为‘陕西长征集团运输有限公司’，与长征公司工商登记的名称‘陕西长征运输集团有限公司’不完全一致，但是长征公司企业名称中企业字号名没有发生变化，而且行政区划、字号、组织形式的书写顺序均与工商登记名称相一致，所不同的是将‘运输集团’写成‘集团运输’，只是将行业和组织形式的个别字有所颠倒，这并不影响农行天台路支行向长征公司主张权利的事实，也不影响长征公司识别农行天台路支行通知其承担担保责任的事实，**且陕西省邮政速递物流有限公司汉中市分公司证明邮件已经妥投收件人。在长征公司没有证据证明邮局没有妥投的情况下，应当认定其收到了催收通知书，如果再要求农行天台路支行进一步证明长征公司的员工谁签收了邮局的特快专递，是对债权人举证要求过于苛刻，债权人采取公证送达的方式也就失去了意义。根据《最高人民法院关于债权人在保证期间以特快专递向保证人发出逾期贷款催收通知书但缺乏保证人对邮件签收或拒收的证据能否认定债权人向保证人主张权利的请示的复函》的规定，在长征公司没有证据证明邮局没有妥投的情况下，应当认定农行天台路支行在保证期间内于2009年7月17日向长征公司就前四笔借款主张了权利。**2009年11月12日，农行天台路支行对2008年8月4日的640万元借款向长征公司主张履行担保责任，且在本案提起诉讼时，该笔借款尚在保证期间内。故长征公司应对本案涉及的五笔借款均应承担连带保证责任。上诉人农行天台路支行的上诉理由成立，请求应予支持。综上，原审认定事实部分有误，适用法律不当，应予改判。”

案件来源

中国农业银行股份有限公司汉中天台路支行与陕西长征运输集团有限公司、汉中盛源商贸集团有限公司金融借款合同纠纷二审民事判决书［陕西省高级人民法院（2012）陕民二终字第00057号］

延伸阅读

有关银行向保证人邮寄催收通知以及保证期间是否届满等问题，以下是我们在写作中检索到与该问题相关的最高法院案例及裁判观点，以供读者参考。

1. 最高法院［（2003）民二他字第6号］复函规定的邮寄方式是特定的，即通过邮局的特快专递（EMS），顺丰公司并非邮局，仅是一般快递公司。银行仅提交顺丰公司的寄件存根不能证明邮件已经到达相对人，不能产生诉讼时效中断以及在保证期间内主张权利的法律效果。

案例一：中国农业银行股份有限公司丹阳市支行与丹阳珍品八宝酒有限公司金融借款合同纠纷申诉、申请民事裁定书［最高人民法院（2015）民申字第134号］

最高法院认为：“丹阳农行申请再审的法律依据主要是法释（2008）11号第十条的规定和（2003）民二他字第6号答复。根据法释（2008）11号第十条第二项的规定，当事人一方以发送信件或者数据电文方式主张权利，信件或者数据电文到达或者应当到达对方当事人的，应当认定为《民法通则》第一百四十条规定的‘当事人一方提出要求’，产生诉讼时效中断的效力。（2003）民二他字第6号答复主要内容为：债权人通过邮局以特快专递的方式向保证人发出逾期贷款催收通知书，在债权人能够提供特快专递邮件存根及内容的情况下，除非保证人有相反证据推翻债权人所提供的证据，应当认定债权人向保证人主张了权利。**丹阳农行主张其于2009年4月1日、2010年12月28日、2012年11月20日通过信件向八宝酒公司主张了债权，并提交了相应的证据。其2009年4月1日向八宝酒公司主张债权是通过顺丰公司寄送邮件，其证据为顺丰公司的寄件存根。该证据能够证明丹阳农行已将邮件交邮，但是不能证明邮件到达或者应当到达八宝酒公司。**

(2003)民二他字第6号规定的邮寄方式是特定的，即通过邮局的特快专递。顺丰公司并非邮局，仅是一般快递公司。丹阳农行应提供邮件回执等证据证明邮件已经到达八宝酒公司，但是丹阳农行并未提交。二审判决认为丹阳农行未有效催收债权，不产生诉讼时效中断的效力，不属于适用法律确有错误。无论八宝酒公司当时的营业状态如何，因丹阳农行的证据尚不能证明其已经送达了催收信件，原审认定八宝酒公司营业状态是否缺乏证据证明并不影响案件的审理结果。故本院对丹阳农行的第二个再审申请理由不再审查。”

2. 银行向保证人邮寄送达了《担保人履行责任通知书》，并就邮递送达的内容及过程进行了公证，邮政部门的监控系统显示邮件已妥投收件人，签收人为保证人公司工作人员，在保证人不能证明邮件未妥投的情况下，应认定银行在保证期间内主张了权利。

案例二：汉中市安居房地产开发有限责任公司与中国农业银行股份有限公司汉中分行及汉中祝福大药房有限公司金融借款担保合同纠纷申请再审民事裁定书［最高人民法院（2013）民申字第1887号］

最高法院认为：“安居公司与农业银行于2006年12月15日签订的《保证合同》上盖有安居公司印章，其时任法定代表人文某某签字，一审法院认定《保证合同》合法有效后，安居公司亦未提出上诉。其现申请再审主张《保证合同》系文某某生前与农业银行、祝福药房恶意串通为其个人债务提供担保的无效合同，缺乏证据证明。《保证合同》中约定的保证期间为主债务期限届满之日起两年，即2007年11月16日至2009年11月15日。**农业银行于2008年5月30日和2010年5月24日两次向安居公司邮寄送达《担保人履行责任通知书》，并就邮递送达的内容及过程进行了公证，故其2011年9月30日起诉主张权利，不存在超出保证期间或者诉讼时效的情形。安居公司虽提出第二次邮寄时其工商注册地址已变更，但其并未按照《保证合同》的约定通知债权人，且邮政部门网运和质量监控部证明2010年5月24日的邮件已经妥投收件人，邮单显示由潘某某签收，安居公司法定代表人朱某在二审庭审中承认潘某某为该公司打字员。故此，二审法院根据《复函》中关于‘债权人通过邮局以特快专递的方式向保证人发出逾期贷款催收通知书，在债权人能够提供特快专递邮件存根及内容的情况下，除非保证人有相反证据推翻债权人所提供的证据，应当认定债权人向保证人主张了权利’的规定，认定农业银行已及时主张了权利，不存在举证责任分配错误。**二审判决落款时间为笔误，经安居公司反映后已裁定补正，不存在未审先判的问题。农业银行在二审中依法变更了代理人，庭审笔录显示法庭已将此明确告知安居公司，安居公司未提出异议。安居公司提出的程序问题均不属于民事诉讼法规定的再审事由，依法不能成立。”

3. 在银行以公证特快专递邮寄的方式向保证人公司住所地寄送了债务催收函件的情况下，保证人仅以银行未提交《交寄邮件收据》和《送达回执》，未能提交证据推翻上述公证邮寄的《催收函》，应认定银行向保证人主张了权利。

案例三：深圳市清水河实业有限公司与中信银行股份有限公司深圳红树湾支行保证合同纠纷再审复查与审判监督民事裁定书［广东省高级人民法院（2014）粤高法民二申字第1262号］

广东省高院认为：“本案系保证合同纠纷。根据清水河公司的再审理由及其请求，本案再审审查的争议焦点是中信银行红树湾支行对清水河公司的诉讼请求是否超过诉讼时效。清水河公司主张涉案债权债务属于一般债权债务，不应适用规范金融不良债权债务的相关司法解释，中信银行红树湾支行在报纸上刊登催收公告不发生中断诉讼时效的效力，公证邮寄的《催收函》因无证据证明已送达清水河公司，亦不构成诉讼时效中断。对此，关于中信银行红树湾支行于2004年12月21日、2006年11月29日通过公证特快专递邮寄《催收函》能否构成诉讼时效中断的问题，根据《最高人民法院关于债权人在保证期间以特快专递向保证人发出逾期贷款催收通知书但缺乏保证人对邮件签收或拒收的证据能否认定债权人向保证人主张权利的请示的复函》中关于‘债权人通过邮局以特快专递的方式向保证人发出逾期贷款催收通知书，在债权人能够提供特快专递邮件存根及内容的情况下，除非保证人有相反证据推翻债权人所提供的证据，应当认定债权人向保证人主张了权利’的规定，**在中信银行红树湾支行以公证特快专递邮寄的方式向清水河公司住所地寄送了催收涉案债权函件的情况下，清水河公司仅抗辩称中信银行红树湾支行无法提交《交寄邮件收据》和《送达回执》，未能提交充分证据推翻上述公证邮寄的《催收函》，由此应承担举证不能的不利后果，应当认定中信银行红树湾支行向清水河公司主张了权利，故一、二审法院根据《最高人民法院关于审理民事案件适用诉讼时效制度若干问题的规定》第十条第一款第（二）项之规定，认定中信银行红树湾支行两次通过公证特快专递邮寄《催收函》构成主张权利，可以引起诉讼时效中断的法律效力，并无不当。**”

4. 债权人通过邮局以特快专递的方式向保证人送达《担保人履行担保责任通知书》，保证人主张公司地址已变更，但未能证明其已明确告知债权人已变更地址的事实，且未在工商部门变更地址，应认定债权人向旧地址寄送邮件的行为构成在保证期间内向保证人主张权利，保证责任不应免除。

案例四：重庆运辉冷轧有限公司与张某1、张某2民间借贷纠纷二审民事判决书［重庆市高级人民法院（2013）渝高法民终字第00100号］

重庆市高院认为："其次，张某1在保证期间内向保证人运辉公司主张了权利，运辉公司不能免除保证责任。本案中当事人在合同中并未约定保证期间，依照《中华人民共和国担保法》第二十六条第一款的规定，运辉公司承担保证责任的期限应为主债务履行期届满之日起6个月。本案借款到期日为2011年11月3日，故保证期间应为2011年11月4日至2012年5月3日。**债权人于2012年3月28日以特快专递方式向运辉公司邮寄了《担保人履行担保责任通知书》，邮寄地址为运辉公司工商注册地址重庆市九龙坡区马王一村40号。运辉公司上诉认为运辉公司已经搬迁且张某1知道新地址，其向旧地址寄送通知的行为不应视为对运辉公司主张了权利，保证人应予以免责，但运辉公司并未举示证据证明其已明确告知张正洁运辉公司已变更地址，且运辉公司未在工商部门变更其地址。**根据《最高人民法院关于债权人在保证期间以特快专递向保证人发出逾期贷款催收通知书但缺乏保证人对邮件签收或拒收的证据能否认定债权人向保证人主张权利的请示的复函》(〔2003〕民二他字第6号）的规定，债权人通过邮局以特快专递的方式向保证人发出逾期贷款催收通知书，在债权人能够提供特快专递邮件存根及内容的情况下，除非保证人有相反证据推翻债权人所提供的证据，应当认定债权人向保证人主张了权利。**因此张某1在保证期间内已经有效地向运辉公司主张了权利，运辉公司的该上诉理由不成立。**"

047 未向保证人实际住所地邮寄债务催收通知不当然免除保证责任

阅读提示

债权人（银行）未能在保证期间内向保证人主张权利，将发生保证责任免除的法律效果。实践中债权人（银行）一般是通过邮寄送达的方式向保证人主张权利，这就涉及送达地址的确认问题。对于法人主体，工商注册登记的住所地具有对外公示的效果，如无特别约定或者保证人能够证明债权人（银行）明知保证人未在登记的住所地办公的事实，债权人（银行）向该地址寄送邮件的行为能够证明向保证人主张了权利，保证人不能仅以邮寄地址错误为由主张免除担保责任。

裁判要旨

债权人以特快专递的方式向保证人寄送了《担保人履行担保责任通知书》，保证人主张公司地址已变更，但未能证明债权人对变更地址的事实知情，且未在工商部门变更地址，应认定债权人向旧地址寄送邮件的行为构成在保证期间内向保证人主张权利，保证责任不应免除。

案情简介

1. 2011 年 10 月 18 日，借款人张某 1（甲方）、出借人张某 2（乙方）、运辉公司（丙方）共同签订了《借款合同》，借款金额 650 万元，运辉公司提供连带责任保证担保。

2. 2011 年 10 月 18 日，运辉公司向出借人张某 2 出具承诺书，载明该借款用途为用于运辉公司此前在工行重庆大渡口支行的转贷，完成转到手续后即可偿还 650 万元借款。

3. 2012 年 3 月 28 日，张某 2 向运辉公司出具《担保人履行担保责任通知书》，载明：650 万元借款已于 2011 年 11 月 2 日逾期，要求履行担保责任。该通知书当日通过 EMS 邮寄至重庆市九龙坡区马王一村 40 号，但无人签收。

4. 另查明，运辉公司工商注册地址为重庆市九龙坡区马王一村 40 号，至一审开庭未办理变更登记。

5. 一审：原告张某 2 起诉被告运辉公司，要求承担保证担保责任，运辉公司辩称其已变更办公地址，张某 2 对此知情，故张某 2 向原办公地址寄送催收通知书，应视为运辉公司放弃主张保证责任。重庆市五中院认为运辉公司向原地址寄送催收通知的行为应视为向保证人主张了权利，判决运辉公司应承担担保责任。

6. 二审：运辉公司不服一审判决提起上诉，诉称张某 2 向原办公地址寄送催款通知书应认定未在保证期间内主张权利，故不应承担担保责任。重庆市高院判决驳回上诉，维持原判。

裁判要点及思路

本案的争议焦点是：债权人在保证期间内向保证人的原办公地址寄送催收通知书，是否可认定向保证人主张了权利。重庆市高院首先认定案涉合同并未明确约定保证期间，故保证期间应为 6 个月。其次，债权人在保证期间内以特快专递方式向保证人的工商注册地址寄送了《担保人履行担保责任通知书》。虽然保证人主张其已变更办公地址，但由于未办理工商变更，且没有证据证明债权人对保证人变更办公地址的事实知情。故应认定债权人在保证期间内向保证人主张了权利，保证人仍应承担保证责任。

实务要点总结

前事不忘，后事之师。我们就最高法院有关本案的判决涉及的实务要点梳理如下，以供实务参考。

1. 银行向借款人或者保证人邮寄债务催收通知书，存在被借款人、保证人拒收或者未能送达有效的收件地址，而被法院认定未能在诉讼时效或者保证期间内主张权利，致使权利灭失的风险。实践中，银行在与借款人、保证人签订借款合同时应当明确约定邮寄送达地址，如借款人、保证人为法人或者其他组织，应以工商注册登记和营业执照记载的住所地为准。银行根据约定的地址向借款人、保证人邮寄债务催收通知，且银行能够提供邮寄存根和邮寄内容的，在无相反证据能够推翻银行提交的证据的情况下，应当认定银行向借款人、保证人主张了权利，并发生诉讼时效中断或者在保证期间内主张权利的法律效果。

2. 保证人不能仅以未向其现办公地址送达债务催收通知为由，主张免除担保责任。工商登记的公司住所地具有对外公示的效果，银行与保证人约定将公司登记住所地作为送达地址或者事先未约定送达地址的情况下，银行向工商登记住所地送达债务催收通知将产生向保证人主张权利的效果。除非保证人能够证明债权人（银行）对其更换办公地点的事实知情，否则不能以送达地址错误，保证期间届满为由免除担保责任。

相关法律法规

最高人民法院关于债权人在保证期间以特快专递向保证人发出逾期贷款催收通知书但缺乏保证人对邮件签收或拒收的证据能否认定债权人向保证人主张权利的请示的复函［(2003)民二他字第6号］

河北省高级人民法院：

你院［2003］冀民二请字第1号请示收悉。经研究，答复如下：

债权人通过邮局以特快专递的方式向保证人发出逾期贷款催收通知书，在债权人能够提供特快专递邮件存根及内容的情况下，除非保证人有相反证据推翻债权人所提供的证据，应当认定债权人向保证人主张了权利。

《最高人民法院关于进一步推进案件繁简分流优化司法资源配置的若干意见》（法发〔2016〕21 号）

3. 完善送达程序与送达方式。当事人在纠纷发生之前约定送达地址的，人民法院可以将该地址作为送达诉讼文书的确认地址。当事人起诉或者答辩时应当依照规定填写送达地址确认书。积极运用电子方式送达；当事人同意电子送达的，应当提供并确认传真号、电子信箱、微信号等电子送达地址。充分利用中国审判流程信息公开网，建立全国法院统一的电子送达平台。完善国家邮政机构以法院专递方式进行送达。

以下是本案判决书中“本院认为”部分，最高法院就向旧地址寄送催款通知书是否构成保证期间中断问题的论述：

重庆市高院认为：“**其次，张某 1 在保证期间内向保证人运辉公司主张了权利，运辉公司不能免除保证责任。**本案中当事人在合同中并未约定保证期间，依照《中华人民共和国担保法》第二十六条第一款的规定，运辉公司承担保证责任的期限应为主债务履行期届满之日起 6 个月。本案借款到期日为 2011 年 11 月 3 日，故保证期间应为 2011 年 11 月 4 日至 2012 年 5 月 3 日。**债权人于 2012 年 3 月 28 日以特快专递方式向运辉公司邮寄了《担保人履行担保责任通知书》，邮寄地址为运辉公司工商注册地址重庆市九龙坡区马王一村 40 号。运辉公司上诉认为运辉公司已经搬迁且张某 1 知道新地址，其向旧地址寄送通知的行为不应视为对运辉公司主张了权利，保证人应予以免责，但运辉公司并未举示证据证明其已明确告知张正洁运辉公司已变更地址，且运辉公司未在工商部门变更其地址。**根据《最高人民法院关于债权人在保证期间以特快专递向保证人发出逾期贷款催收通知书但缺乏保证人对邮件签收或拒收的证据能否认定债权人向保证人主张权利的请示的复函》（〔2003〕民二他字第 6 号）的规定，债权人通过邮局以特快专递的方式向保证人发出逾期贷款催收通知书，在债权人能够提供特快专递邮件存根及内容的情况下，除非保证人有相反证据推翻债权人所提供的证据，应当认定债权人向保证人主张了权利。因此张某 1 在保证期间内已经有效地向运辉公司主张了权利，运辉公司的该上诉理由不成立。”

案件来源

重庆运辉冷轧有限公司与张某 1、张某 2 民间借贷纠纷二审民事判决书［重庆市高级人民法院（2013）渝高法民终字第 00100 号］

延伸阅读

有关债权人（银行）向保证住址送达债务催收通知的问题，以下是我们在写作中检索到与该问题相关的最高法院案例及裁判观点，以供读者参考。

1. 保证人虽提出第二次邮寄时其工商注册地址已变更，但其并未按照《保证合同》的约定通知债权人，且邮政部门证明邮件已经妥投收件人，签收人为保证人公司工作人员，在保证人不能证明邮件未妥投的情况下，应认定银行在保证期间内主张了权利。

案例一：汉中市安居房地产开发有限责任公司与中国农业银行股份有限公司汉中分行及汉中祝福大药房有限公司金融借款担保合同纠纷申请再审民事裁定书［最高人民法院（2013）民申字第 1887 号］

最高法院认为："安居公司与农业银行于 2006 年 12 月 15 日签订的《保证合同》上盖有安居公司印章，其时任法定代表人文某某签字，一审法院认定《保证合同》合法有效后，安居公司亦未提出上诉。其现申请再审主张《保证合同》系文某某生前与农业银行、祝福药房恶意串通为其个人债务提供担保的无效合同，缺乏证据证明。《保证合同》中约定的保证期间为主债务期限届满之日起两年，即 2007 年 11 月 16 日至 2009 年 11 月 15 日。**农业银行于 2008 年 5 月 30 日和 2010 年 5 月 24 日两次向安居公司邮寄送达《担保人履行责任通知书》，并就邮递送达的内容及过程进行了公证，故其 2011 年 9 月 30 日起诉主张权利，不存在超出保证期间或者诉讼时效的情形。安居公司虽提出第二次邮寄时其工商注册地址已变更，但其并未按照《保证合同》的约定通知债权人，且邮政部门网运和质量监控部证明 2010 年 5 月 24 日的邮件已经妥投收件人，邮单显示由潘某某签收，安居公司法定代表人朱某在二审庭审中承认潘某某为该公司打字员。故此，二审法院根据《复函》中关于'债权人通过邮局以特快专递的方式向保证人发出逾期贷款催收通知书，在债权人能够提供特快专递邮件存根及内容的情况下，除非保证人有相反证据推翻债权人所提供的证据，应当认定债权人向保证人主张了权利'的规定，认定农业银行已及时主张了权利，不存在举证责任分配错误。**二审判决落款时间为笔误，经安居公司反映后已裁定补正，不存在未审先判的问题。农业银行在二审中依法变更了代理人，庭审笔录显示法庭已将此明确告知安居公司，安居公司未提出异议。安居公司提出的程序问题均不属于民事诉讼法规定的再审事由，依法不能成立。"

2. 即使借款人公司的营业执照已被吊销，但在借款人并未明确新的邮寄地址

的情况下，银行向工商登记的住所地寄送逾期贷款本息通知书应认为是在期间内主张了权利。

案例二：河北长天药业有限公司、中国工商银行股份有限公司保定朝阳支行金融借款合同纠纷再审审查与审判监督民事裁定书［最高人民法院（2017）最高法民申 2890 号］

最高法院认为：“一、长天公司申请再审提交的证据不足以推翻二审判决。**即使新大通公司的土地使用权等资产已通过法院执行程序被出售且该公司已被吊销营业执照，但在新大通公司未明确新的邮件寄送地址的情况下，作为债权人的工商银行在主张权利时向新大通公司登记的住所地寄送催收逾期贷款本息通知书，并无不当。**长天公司主张工商银行催收债权时应当采取公告方式，法律依据不足。保定市直隶公证处 2013 年 8 月 27 日出具的《公证书》载明，工商银行委托的人员以特快专递向长天公司登记的住所地即‘保定市东风东路 493 号’寄送了督促履行保证责任通知书，证明工商银行向长天公司主张了权利，正常情况下该邮件应当送达长天公司。工商银行提供了相应的特快专递邮件详情单、特快专递邮件收据，而长天公司未提供证据足以否定上述材料的真实性，所以应当认为长天公司可以收到上述通知。二审判决认定工商银行 2013 年 8 月 27 日以公证方式向长天公司主张权利发生相应期间中断，并无不当。据此，长天公司所提对《情况说明》真实性的异议、快递员身份及陈述的真实性、保定市邮政速递局是否存在等问题，并不影响本案的审理。”

3. 银行向非保证人预留的地址寄送催收贷款通知书，没有证据证明已经实际送达保证人的，不能产生在保证期间内保证人主张权利的法律效果。

案例三：山西尧都农村商业银行股份有限公司、临汾市紫祥源工贸实业有限公司借款合同纠纷再审审查与审判监督民事裁定书［最高人民法院（2017）最高法民申 3417 号］

最高法院认为：“二审判决认定尧都农商行向李某主张连带保证责任已经超过法律规定的保证期间不属于适用法律错误。案涉借款的保证期间为借款到期后两年即 2012 年 3 月 20 日前。尧都农商行为证明其在该保证期间内向李某主张过权利，提交了尧都农商行 2012 年 3 月 3 日以挂号信（XA13793425514）方式向李某发出的临尧农商催字第 2012-0025 号催收贷款通知书并申请证人出庭作证。一、该挂号信被退回，退回单上标注‘再查’。该挂号信收件人地址为‘临汾市辛寺街 39 号’，该地址并非李某预留的地址。尧都农商行称该地址系紫祥源公司法定代表人家庭地址，因李某和其较熟悉经常在一起，故向该家庭地址邮寄了催收贷款通知书。但紫祥源公司的法定代表人和李某是两个不同的主体，二审判决认定该催收贷款通知书未能有效送达保证人李某并无不当。”

048 债权人在保证期间内以公告方式向保证人主张权利可适用诉讼时效的规定

阅读提示

《担保法》并未明确规定债权人在保证期间内以公告方式向保证人主张权利的适用标准和有效条件。基于债权人在保证期间内要求保证人承担保证责任与债权人在诉讼时效内要求债务人履行债务两种情形的相似性，保证期间内的公告送达可参照适用《民法通则》第一百四十条规定的“当事人一方提出要求”、《民法总则》第一百九十五条规定的“权利人向义务人提出履行请求”，导致诉讼时效中断的有关规定。参照《诉讼时效规定》第十条第一款第（四）项的规定，**债权人在保证期间内以公告方式向保证人主张权利，应符合三个条件：第一，保证人下落不明，债权人无法采用其他直接送达的方式向其主张权利；第二，公告的内容需有主张权利的意思表示；第三，公告的媒体应当是国家级或者保证人住所地省级有影响的媒体。**本案虽为自然人之间的民间借贷纠纷，但基于法律原理的同一性，对金融机构与法人主体之间的融资借贷关系也具有重要的参考和适用价值。

裁判要旨

债权人在保证期间内以公告送达方式向保证人主张权利，可适用诉讼时效内债权人向债务人主张权利的相关规定，应符合三个条件：第一，保证人下落不明，债权人无法采用其他直接送达的方式向其主张权利；第二，公告的内容需有主张权利的意思表示；第三，公告的媒体应当是国家级或者保证人住所地省级有影响的媒体。未满足以上条件的公告不能产生主张权利的法律效果。

案情简介

1. 2013 年 4 月 18 日，陈某 1 向胡某、张某提供 450 万元借款，借款期限自 2013 年 4 月 18 日至 2013 年 4 月 28 日。同日，陈某 2 向陈某 1 出具担保函，为该借款提供连带责任保证。

2. 借款协议签订当日，陈某 1 向张某账户汇款 450 万元，胡某、张某出具收据一张，浩宇公司在收据上加盖公章。因未能按期还款，2013 年 8 月 10 日，张某向陈某 1 出具承诺书，承诺：2013 年 8 月 12 日至 8 月 16 日期间还清借款本金，最迟在 2013 年 9 月 18 日还清借款本金。

3. 陈某 1 于 2013 年 10 月 28 日在《淮海商报》上对保证人陈某 2 进行公告，要求承担保证责任。

4. 一审：原告陈某 1 起诉被告陈某 2，要求承担保证责任。淮安市中院认为，出借人陈某 1 在借款到期 6 个月内以公告方式向陈某 2 主张还款，应认定陈某 2 在保证期间内主张了权利，判决陈某 2 承担保证责任。

5. 二审：陈某 2 不服一审判决提起上诉，诉称案涉催收《公告》不具备法律规定的形式要件，不具有法律效力，陈某 1 未在保证期间内主张权利，保证责任已经免除。江苏省高院认为，陈某 2 的上诉理由不能成立，判决驳回上诉，维持原判。

6. 再审：陈某 2 不服二审判决申请再审，诉称《诉讼时效规定》中关于利用媒体公告主张权利的法定条件应适用于保证期间，陈某 1 的《公告》行为不符合法定条件，故《公告》不具有法律效力，保证责任应免除。最高法院支持再审申请理由，判决陈某 2 不应承担保证责任。

裁判要点及思路

本案的争议焦点是：债权人在保证期间内以报纸公告的方式要求保证人承担保证责任，是否可适用导致诉讼时效中断的有关规定。最高法院认为：

1. 保证债务是一种或然债务。保证合同依法成立并不意味着债权人和保证人之间建立了真实的债权债务关系，保证合同的成立仅为债权人设立了要求保证人承担代偿责任的期待权。保证责任是否真正产生，一方面取决于主债务人是否依约清偿债务，同时还取决于债权人是否在保证期间内依法定方式向保证人主张了权利。如保证人未能在保证期间内主张权利，保证期间届满将产生保证责任消灭的法律效果。

2.《担保法》并未明确规定“保证期间内向保证人主张保证责任”的具体主张方式、标准及效力。学理上一般认为《担保法》第二十六条“要求保证人承担保证责任”这一表述与《民法通则》第一百四十条规定的“当事人一方提出要求”、《民法总则》第一百九十五条规定的“权利人向义务人提出履行请求”导致诉讼时效中断的情形相似，可参照适用。同时最高法院（〔2002〕民二他字第 32 号）复函也明确，债权人在保证期间内向保证人主张权利可采用公告送达的方式。

3. 关于保证期间内向保证人公告送达的适用标准和条件。根据《诉讼时效规定》第十一条第一款第（四）项的规定，债权人在保证期间内以公告方式向保证人主张权利应当符合以下三个条件：**第一，保证人下落不明，债权人无法采用其他直接送达的方式向其主张权利；第二，公告的内容需有主张权利的意思表示；第三，公告的媒体应当是国家级或者保证人住所地省级有影响力的媒体。**

本案中，债权人陈某1以公告送达的方式要求陈某2承担保证责任，但陈某1认可陈某2一直在正常上班履职，不符合保证人下落不明无法主张权利的条件。同时，陈某1未在省级或以上有影响力的媒体进行公告，亦不符合公告送达的形式要件。因此，最高法院再审改判债权人陈某1未在保证期间内向保证人陈某2主张权利，保证责任因保证期间经过而消灭。

实务要点总结

前事不忘，后事之师。我们就最高法院有关本案的判决涉及的实务要点梳理如下，以供实务参考。

1. 债权人未在保证期间内要求保证人承担担保责任，保证期间经过届满将不可逆地产生保证责任免除的法律效果。实践中债权人一般是向保证人邮寄送达债务催收通知书，并要求保证人签收的方式确认已在保证期间内主张权利的事实。从内容上看，债务催收通知书应当包含要求保证人履行保证债务的明确的意思表示。从形式上看，债务催收通知书应当经保证人签收。应当重点注意的是，不排除送达过程中保证人拒收或者保证人以未签收催收通知书等理由抗辩的情况，因此债权人最好辅之以公证的方式记录催收通知书邮寄送达的内容和过程，根据最高法院相关复函的要点和一贯的裁判倾向，债权人提交公证书和邮寄存根，如无相反证据，应认定债权人向保证人主张了权利，保证责任不能免除。

2. 不论是直接送达还是邮寄送达，其前提均是保证人尚可取得联系，当保证人下落不明时因保证人无法受领，不能产生在保证期间内向保证人主张权利的法律效果。以公告送达的方式向保证人送达债务催收通知书，是以法律直接规定的方式，在公告期间经过后强行拟制一种向保证人主张了权利的实体性法律效果，因此，除内容要件与直接送达相同外，还应具备特定的前提条件和形式要件。首先，公告送达的适用前提是保证人下落不明无法取得联系，不能以直接送达的方式主张权利；其次，应当在全国或者保证人所在省一级有影响力的报纸或者媒体上刊发清收债权公告，保证公告的覆盖面。只有同时满足内容要件和形式要件的公告送达才能产生在保证期间内向保证人主张了权利的法律效果。

3. 本案再审判决出自极富理论水平的最高法院周伦军法官，很大程度上代表了最高法院就该问题的倾向性意见，虽尚未被列入指导性案例或者公报案例，但对后续的裁判具有影响。

相关法律法规

《民法通则》

第一百四十条 诉讼时效因提起诉讼、当事人一方提出要求或者同意履行义务而中断。从中断时起，诉讼时效期间重新计算。

《民法总则》

第一百九十五条 有下列情形之一的，诉讼时效中断，从中断、有关程序终结时起，诉讼时效期间重新计算：

（一）权利人向义务人提出履行请求；

（二）义务人同意履行义务；

（三）权利人提起诉讼或者申请仲裁；

（四）与提起诉讼或者申请仲裁具有同等效力的其他情形。

《担保法》

第二十六条 连带责任保证的保证人与债权人未约定保证期间的，债权人有权自主债务履行期届满之日起六个月内要求保证人承担保证责任。

在合同约定的保证期间和前款规定的保证期间，债权人未要求保证人承担保证责任的，保证人免除保证责任。

《最高人民法院关于审理民事案件适用诉讼时效制度若干问题的规定》（法释〔2008〕11号）

第十条 具有下列情形之一的，应当认定为民法通则第一百四十条规定的“当事人一方提出要求”，产生诉讼时效中断的效力：

（一）当事人一方直接向对方当事人送交主张权利文书，对方当事人在文书上签字、盖章或者虽未签字、盖章但能够以其他方式证明该文书到达对方当事人的；

（二）当事人一方以发送信件或者数据电文方式主张权利，信件或者数据电文到达或者应当到达对方当事人的；

（三）当事人一方为金融机构，依照法律规定或者当事人约定从对方当事人账户中扣收欠款本息的；

（四）当事人一方下落不明，对方当事人在国家级或者下落不明的当事人一方住所地的省级有影响的媒体上刊登具有主张权利内容的公告的，但法律和司法解

释另有特别规定的，适用其规定。

前款第（一）项情形中，对方当事人为法人或者其他组织的，签收人可以是其法定代表人、主要负责人、负责收发信件的部门或者被授权主体；对方当事人为自然人的，签收人可以是自然人本人、同住的具有完全行为能力的亲属或者被授权主体。

《最高人民法院对关于担保期间债权人向保证人主张权利的方式及程序问题的请示的答复》(〔2002〕民二他字第32号)

青海省高级人民法院：

你院〔2002〕青民二字第10号《关于担保期间债权人向保证人主张权利的方式及程序问题的请示》收悉。经研究，答复如下：

1. 本院2002年8月1日下发的《关于处理担保法生效前发生保证行为的保证期间问题的通知》第一条规定的“向保证人主张权利”和第二条规定的“向保证人主张债权”，其主张权利的方式可以包括“提起诉讼”和“送达清收债权通知书”等。其中“送达”既可由债权人本人送达，也可以委托公证机关送达或公告送达（在全国或省级有影响的报纸上刊发清收债权公告）。

以下是本案判决书中“本院认为”部分，最高法院就债权人以公告方式在保证期间内向保证人主张权利，是否适用诉讼时效的有关规定的问题的论述：

最高法院认为：“关于陈某1于2013年10月28日在《淮海商报》上刊登公告要求陈某2承担担保责任是否构成在保证责任期间内向其主张了权利的问题。本院认为，保证合同是保证人和债权人约定，在主债务人不履行债务时，由保证人承担代为履行或连带责任的协议。由保证人系为他人负责这一特点所决定，保证合同依法成立并不意味着在债权人和保证人之间建立了真实的保证债权债务关系，保证合同的成立仅为债权人设立了要求保证人承担代偿责任的期待权。保证责任是否真正产生，一方面取决于主债务人是否依约清偿债务，同时还取决于债权人是否在保证期间内依法定方式向保证人主张了权利，这也是学说上公认保证债务为或然债务的理由所在。从法律制度发生史的角度，保证期间系为维护保证人利益而设，其正当化的基础在于诚信原则和公平理念，所追求的目的是避免保证人无止境地处于承担责任的不利状态或长期处于随时可能承担责任的不确定状态。因此，在主债务履行期限届满后，如果主债务人不履行债务，保证期间是债权人能够向保证人主张权利的最长期限，如果债权人未在保证期间内依法主张权利，保证期间的经过将产生消灭保证责任的法律效果。因债权人是否在保证期间内依法向保证人主张权利，直接决定了债权人和保证人之间的债权债务关系能否真正建立，对双方当事人的基本民事权利存在重大影响，必须严格遵守法律文本可能的文义射程，对这一问题加以评判。关于保证期间内债权人向保证人主张权利的方式，根据《中华人民共和国担保法》第二十五条第二款和第二十六条第二款之规定，在一般保证，债权人必须以对主债务人提起诉讼或申请仲裁的方式要求主债务人承担责任；在连带责任保证，债权人必须'要求保证人承担保证责任'。就债权人应当以何种方式'要求保证人承担保证责任'这一问题，学说上一般认为，《中华人民共和国担保法》第二十六条中'要求保证人承担保证责任'的表述与《中华人民共和国民法通则》第一百四十条规定诉讼时效中断情形所使用的'当事人一方提出要求'的意义相若，可以相互参照。在既往的司法实践中，最高人民法院民事审判第二庭于2002年11月22日在《对〈关于担保期间债权人向保证人主张权利的方式及程序问题的请示〉的答复》(〔2002〕民二他字第32号）中就这一问题统一过司法尺度。该答复函明确，债权人向保证人主张权利的方式包括'提起诉讼'和'送达清收通知书'等，其中'送达'既可由债权人本人送达，也可以委托公证机关送达或公告送达（在全国或省级有影响力的报纸上刊发清收债权公告)。根据上述学说和我院一贯的司法尺度，在连带责任保证中，债权人向保证人主张权利的方式，可以参照《中华人民共和国民法通则》第一百四十条关于'诉讼时效因提起诉讼、当事人一方提出要求或者同意履行义务而中断。从中断时起，诉讼时效期间重新计算'之规定，认定债权人在保证期间内以提起诉讼、申请仲裁、采用直接、委托或公告送达清收通知书等方式向保证人主张权利，或者保证人自行认诺愿意承担保证责任的，都可以产生解除保证期间、开始计算诉讼时效的法律效果。就公告送达方式的适用条件，《最高人民法院关于审理民事案件适用诉讼时效制度若干问题的规定》(法释〔2008〕11号）第十条第一款第（四）项规定：'当事人一方下落不明，对方当事人在国家级或者下落不明的当事人一方住所地的省级有影响的媒体上刊登具有主张权利内容的公告的，但法律和司法解释另有特别规定的，适用其规定'。据此，债权人在保证期间内以公告方式向保证人主张权利应当符合以下三个条件：第一，保证人下落不明，债权人无法采用其他直接送达的方式向其主张权利。这一前提要件表明，债权人要求保证人承担责任的意思表示，原则上必须由保证人实际受领或能够实际受领方能发生法律效力，只有在因保证人下落不明的原因导致无法受领的情况下，才能以公告送达这一拟制受领的方式主张权利。第二，公告的内容需有主张权利的意思表示。第三，公告的媒体应当是国家级或者保证人住所地省级有影响力的媒体。本案中，被申请人陈某1和申请人陈某2均一致认可，在保证期间内，保证人陈某2一直在其任职的单位正常上班和履职，故本案中并不存在因陈某 2 下落不明导致债权人无法在保证期间内向其主张权利的情形，且从陈某 1 选择的公告媒体来看，《淮海商报》亦并非省级有影响力的媒体。故本案中被申请人陈某 1 以在《淮海商报》上刊登公告的方式向保证人主张权利，不符合法律规定，依法不能产生主张权利的法律效果。被申请人陈某 1 关于其在保证期间内亲自、委托他人到陈某 2 处要求其承担责任的诉讼主张，事实依据不足，本院不予采信。原审判决关于《最高人民法院关于审理民事案件适用诉讼时效制度若干问题的规定》中关于公告送达的规定不适用于保证期间的认定，系对法律和司法解释规定的错误理解，本院予以纠正。申请人陈某 2 关于其并未处于下落不明、导致陈某 1 无法向其主张权利的状态，陈某 1 所发公告不具有法律效力，其不应承担保证责任的申请理由成立，本院予以支持。”

案件来源

陈某 2、陈某 1 民间借贷纠纷再审民事判决书［最高人民法院（2017）最高法民再 178 号］

第二节 与诉讼时效有关的法律问题

049 诉讼时效期间届满债务人再次确认原债务的，时效重新起算

阅读提示

依照理论通说观点，诉讼时效制度是为了“惩罚”躺在权利上睡大觉，不积极主张、行使权利的人。诉讼时效期间届满后，原债务将变为自然债务失去法律强制力的保护，丧失胜诉权。但超出诉讼时效并不意味着债务消灭，不论债务人对诉讼时效期间届满的事实是否知情，时效届满后债务人主动履行债务或者重新确认债务，并承诺将来继续履行的行为都将导致债务人放弃时效利益保护的效果，从其行为或承诺之日起诉讼时效重新起算，且不允许债务人撤回该行为或承诺。

裁判要旨

诉讼时效期间届满，但债务人签章对原债务重新确认，明确表示放弃贷款时效利益的，诉讼时效自该日起重新起算。但债权人未在重新起算的时效期间内主张权利，债务人也未再次签章确认，而后债权人又主张权利的不予支持。

案情简介

1. 中汽公司工行银行湖南省分行签订 4 份借款合同，分别为：金额 450 万元，期限从 1995 年 11 月 16 日至 1996 年 7 月 10 日；金额 100 万元，期限从 1996 年 2 月 12 日至 1996 年 9 月 9 日；金额 200 万元，期限从 1997 年 2 月 27 日至 1997 年 11 月 27 日；金额为 300 万元，期限从 1997 年 6 月 20 日至 1998 年 2 月 20 日。

2. 2000 年 4 月 29 日，工行湖南省分行与华融公司长沙办签订《债权转让协议》，转让上述债权。2000 年 6 月 30 日，中汽公司对该转让协议签章确认，并于 2000 年 11 月向华融公司长沙办出具回执对所欠借款盖章确认。

3. 2003 年 5 月 14 日，华融公司长沙办向中汽公司催收通知单，中汽公司于 2003 年 5 月 16 日出具回执对所欠借款签章确认。

4. 2004 年 7 月 29 日，华融公司长沙办将其对中汽公司的债权转让给融瑞公司，并在报纸上发布催收及转让公告。

5. 2007 年 2 月 13 日，融瑞公司向中汽公司邮寄催收通知书并进行公证。2008

年 7 月 30 日，融瑞公司与鸿达公司签订资产处置协议，将对中汽公司的债权转让给鸿达公司。2008 年 8 月 22 日，鸿达公司向中汽公司邮寄送达债权转让通知并进行公证。2010 年 7 月 29 日、2012 年 4 月 16 日、2014 年 4 月 10 日，鸿达公司三次向中汽公司邮寄催收通知并进行公证。

6. 一审：2014 年 10 月，原告鸿达公司起诉被告中汽公司，要求偿还欠款。长沙市中院认定债权超过诉讼时效，判决中汽公司应偿还欠款。

7. 二审：湖南省高院认为一审法院就借款合同请求权未超过诉讼时效的认定正确，二审时双方亦无争议，予以认可。

8. 再审：鸿达公司申请再审。最高法院裁定认为，一审法院没有查明涉案债权诉讼时效再次届满的事实，仅因中汽公司第一次对借款本息进行签章确认即认定诉讼时效重新起算，属适用法律不当。

裁判要点及思路

本案的争议焦点是，债权受让人鸿达公司享有的债权请求权是否已超过诉讼时效。根据查明的事实，案涉债权存在两次超过诉讼时效的情形：

1. 案涉四笔贷款最后一笔的还款日期为 1998 年 2 月 20 日，至华融公司于 2000 年 4 月 29 日受让该债权时，已经超出了二年的诉讼时效期间。但由于中汽公司 2003 年 5 月 16 日签章对原债务重新确认，诉讼时效自该日起重新起算。

2. 2004 年 7 月 29 日，华融公司将案涉债权转让给融瑞公司并发布公告，诉讼时效中断，至 2006 年 7 月 28 日时效期间届满。2007 年 2 月 13 日融瑞公司向中汽公司邮寄催收通知书，以及随后融瑞公司将该债权转让于鸿达公司，鸿达公司向中汽公司邮寄催收通知书等事实，均发生在诉讼时效期间届满之后，中汽公司也未再对债权进行确认，因此再一次超过了诉讼时效期间。

一审长沙市中院仅根据中汽公司第一次盖章确认原债务的事实，认定案涉债权的诉讼时效以重新起算，而未关注案涉债权诉讼时效期间再次届满的事实，故最高法院根据第二次届满的事实，认定案涉债权已超出诉讼时效期间。

实务要点总结

前事不忘，后事之师。我们就最高法院有关本案的判决涉及的实务要点梳理如下，以供实务参考。

1. 诉讼时效期间届满后，不论债务人对期间届满的事实是否知情，其主动偿还借款或者签章重新确认原债务，承诺将来继续履行的行为都将导致已经届满的诉讼时效重新起算，使得债务人失去时效利益的保护。

2. 对债务人重新确认原债务的形式并无具体要求，可以是诉讼时效届满后债权人发出催收通知，债务人盖章确认，也可以是债务人主动或者被动向债权人发出将继续履行债务的承诺函。实践中存在时效期间届满后债务人主动向银行发出询证函核对贷款本息数额的行为，被最高法院认定构成债务人重新确认。更有甚者，债务人在回答公安机关询问时，承诺将变卖公司资产以偿还债权人的，也被法院认定债务人重新作出了同意履行的意思表示。也就是说，债务人重新确认债务的核心在于是否作出了同意履行义务或者自愿履行义务的意思表示，对于具体形式不作要求。

3. 诉讼时效期间届满后，债务人与质权人达成和解还款协议，如协议中债务人没有作出放弃贷款时效利益的明确意思表示，则不属于对超过诉讼时效的重新确认，而是双方就该自然债务达成的新还款协议。基于该还款协议，原债务人和债权人形成了新的债权债务关系，债权人可依据新的还款协议主张债权。

相关法律法规

《最高人民法院关于审理民事案件适用诉讼时效制度若干问题的规定》（法释〔2008〕11号）

第二十二条 诉讼时效期间届满，当事人一方向对方当事人作出同意履行义务的意思表示或者自愿履行义务后，又以诉讼时效期间届满为由进行抗辩的，人民法院不予支持。

《最高人民法院关于超过诉讼时效期间后债务人向债权人发出确认债务的询证函的行为是否构成新的债务的请示的答复》（〔2003〕民二他字第59号）（2004.06.04）

重庆市高级人民法院：

你院渝高法［2003］232号请示收悉。经研究，答复如下：

根据你院请示的中国农业银行重庆市渝中区支行与重庆包装技术研究所、重庆嘉陵企业公司华西国际贸易公司借款合同纠纷案有关事实，重庆嘉陵企业公司华西国际贸易公司**于诉讼时效期间届满后主动向中国农业银行重庆市渝中区支行发出询证函核对贷款本息的行为**，与本院法释［1999］7号《关于超过诉讼时效期间借款人在催款通知单上签字或盖章的法律效力问题的批复》所规定的超过诉讼时效期间后借款人在信用社发出的催款通知单上签字或盖章的行为类似，**因此，对债务人于诉讼时效期间届满后主动向债权人发出询证函核对贷款本息行为的法律后果问题可参照本院上述《关于超过诉讼时效期间借款人在催款通知单上签字或盖章的法律效力问题的批复》的规定进行认定和处理。**

以下是本案判决书中“本院认为”部分，最高法院就案涉债权的诉讼时效问题的论述：

最高法院认为：“**涉案债权包含四笔贷款，最后一笔贷款的还款期限是1998年2月20日。至华融公司于2000年4月29日受让该债权时，已经超出了二年的诉讼时效期间。但由于中汽公司2003年5月16日签章对原债务重新确认，诉讼时效自该日起重新开始计算。2004年7月29日，华融公司将涉案债权转让给融瑞公司并发布公告，诉讼时效中断，至2006年7月28日时效期间届满。2007年2月13日融瑞公司向中汽公司邮寄催收通知书，以及随后融瑞公司将该债权转让于鸿达公司，鸿达公司向中汽公司邮寄催收通知书等事实，均发生在诉讼时效期间届满之后，中汽公司也未再对债权进行确认，没有证据证明存在能够引起诉讼时效重新起算的事由，鸿达公司受让的涉案金融不良债权已经超出诉讼时效期间。**根据《最高人民法院关于审理民事案件适用诉讼时效制度若干问题的规定》第二十二条的规定，债务人不得以已经放弃的时效利益进行抗辩，在债务人同意履行的情况下诉讼时效期间将重新计算。如诉讼时效期间再次届满，债务人仍可以据此提出抗辩。**一审法院没有查明涉案金融不良债权诉讼时效期间至2006年7月28日再次届满的事实，仅因中汽公司曾于2003年5月16日对借款本息进行签章确认，即依据《最高人民法院关于审理民事案件适用诉讼时效制度若干问题的规定》第二十二条的规定，不支持涟钢公司提出的此项抗辩，适用法律不当。**尽管中汽公司没有提出诉讼时效抗辩，但涟钢公司等中汽公司股东仍有权据此提出抗辩。鸿达公司对中汽公司的债权已经超出诉讼时效期间，其要求中汽公司股东就该债权承担连带清偿责任的请求，二审法院不予支持并无不当。”

案件来源

广西贵港市鸿达置业有限公司与中国工商银行股份有限公司长沙汇通支行、涟钢振兴企业公司等金融不良债权追偿纠纷二审民事判决书［湖南省高级人民法院（2016）湘民终230号］；广西贵港市鸿达置业有限公司、涟钢振兴企业公司金

融不良债权追偿纠纷再审审查与审判监督民事裁定书［最高人民法院（2016）最高法民申 3665 号］

延伸阅读

有关诉讼时效期间届满债务人重新确认的问题，以下是我们在写作中检索到与该问题相关的最高法院案例及裁判观点，以供读者参考。

1. 债务人虽未在诉讼时效期内主张权利，但债务人公司的法定代表人在公安机关的询问中承诺变卖公司资产以偿还债权人的，是其就已超过诉讼时效的债务重新作出的同意履行的意思表示。

案例一：都江堰市英华铝业有限责任公司与成都颖博投资有限公司担保追偿权纠纷申请再审民事裁定书［最高人民法院（2012）民再申字第 208 号］

最高法院认为："三、英华铝业公司关于颖博公司的起诉超过诉讼时效的再审理由亦不能成立。根据本案事实，颖博公司于 2002 年 9 月 30 日履行了代英华铝业公司还款的担保责任后，有权向英华铝业公司行使担保追偿权。**虽颖博公司因未在 2004 年 9 月 30 日前主张权利而导致诉讼时效届满，但英华铝业公司法定代表人丘某在都江堰市公安局的询问中，承诺以变卖英华铝业公司的资产来偿还颖博公司的债务，是其就已超过诉讼时效的该笔债务重新作出的同意履行的意思表示。**根据《最高人民法院关于审理民事案件适用诉讼时效制度若干问题的规定》第二十二条的规定，本案的诉讼时效应从 2009 年 6 月 16 日开始重新计算。因此，颖博公司于 2010 年 4 月 26 日向一审法院起诉，并未超过二年的诉讼时效。"

2. 债权超过诉讼时效后双方达成《和解协议书》，协议中债务人没有放弃贷款时效利益的明确意思表示，不属于对超过诉讼时效的重新确认，而是双方就该自然之债达成的还款协议，不符合《诉讼时效规定》第二十二条情形。《和解协议书》对已成自然之债的贷款达成还款协议，形成新的债权债务关系，受法律保护。

案例二：辽阳市太子河区农村信用合作联社与辽宁中凯实业有限公司金融借款合同纠纷二审民事判决书［最高人民法院（2014）民二终字第 256 号］

最高法院认为："一、关于《抵押借款合同》项下 2310 万元贷款本息是否超过诉讼时效的问题。中凯公司主张《抵押借款合同》项下 2310 万元贷款已经超过诉讼时效，太子河联社认为其一直在主张该债权，其并未超过诉讼时效。本院认为，《抵押借款合同》项下 2310 万元贷款本息已超过诉讼时效，太子河联社依据《抵押借款合同》向中凯公司诉讼主张 2310 万元贷款本息，应不予支持。首先，太子河联社未能提供证据证明，1995年7月15日贷款到期后，该社在两年的诉讼时效期间内向中凯公司主张过债权，或者在当时法律规定的六个月申请执行期限内对公证债权文书申请人民法院强制执行。在太子河联社2001年向辽阳市公安局举报中凯公司法定代表人李某涉嫌贷款诈骗时，案涉2310万元贷款本息的诉讼时效和执行时效早已届满。**其次，中凯公司在三份《和解协议书》中都没有放弃2310万元贷款本息时效利益的明确意思表示，三份《和解协议书》不属于对超过诉讼时效的2310万元贷款本息的重新确认，而是双方就该自然之债达成的还款协议，不符合《最高人民法院关于审理民事案件适用诉讼时效制度若干问题的规定》第二十二条规定的诉讼时效重新起算的情形。三份《和解协议书》是否记载“至今该债权早已超过诉讼时效期间和抵押权存续期限”的内容，都不影响对《抵押借款合同》项下2310万元贷款本息超过诉讼时效的认定。**再次，依据1997年4月16日法复（1997）4号《最高人民法院关于超过诉讼时效期间当事人达成的还款协议是否应当受到法律保护的批复》，**太子河联社与中凯公司通过三份《和解协议书》对已成自然之债的2310万元贷款本息达成还款协议，双方之间形成新的债权债务关系，受到法律保护。从三份协议的签订时间看，太子河联社依据三份《和解协议书》向中凯公司主张相应权利并未超过诉讼时效。**至于在本案中中凯公司是否应当给付太子河联社款项以及给付的数额，则要依据三份《和解协议书》约定的还款内容确定。”

3. 即使债务人公司法定代表人签字时间在诉讼时效届满之后，因法定代表人签字，应当认定债务人在签字之日仍然承认上述债务的存在并同意继续履行，以诉讼时效期间届满为由进行抗辩，法院不予支持。

案例三：青海威德生物技术有限公司与北京美亚斯磷脂技术有限公司借款合同纠纷申请再审民事裁定书［最高人民法院（2013）民申字第1561号］

最高法院认为：“关于追索债务是否超过诉讼时效。根据法释〔2008〕11号《最高人民法院关于审理民事案件适用诉讼时效制度若干问题的规定》第十条规定：‘具有下列情形之一的，应当认定为民法通则第一百四十条规定的“当事人一方提出要求”，产生诉讼时效中断的效力：（一）当事人一方直接向对方当事人送交主张权利文书，对方当事人在文书上签字、盖章或者虽未签字、盖章但能够以其他方式证明该文书到达对方当事人的。’本案中，美亚斯公司出具《催款通知》和‘致歉信’两份书证。该书证上有威德公司时任法定代表人殷某签字，落款时间分别为2011年1月22日、24日。虽然书证上未加盖威德公司印章，但基于之前双方已经形成的对账记录和殷某时任法定代表人的身份，应当认定殷某系代表威德公司行使职务行为。‘致歉信’的主要内容是：‘归还前款问题我将交代公司财务人员尽快办理，公司两个月内即将增资，届时既可归还贵司的欠款人民币 1 028 000 元。’原审庭审中，殷某证明《催款通知》是 2011 年 5、6 月份补签的，而‘致歉信’签字的时间记不清楚。威德公司主张以《催款通知》和致歉信签字时间来看超过诉讼时效，理由不成立。其要求就补签的时间及对账备忘录中借款金额进行鉴定，不符合客观需要，不具备鉴定条件。根据法释〔2008〕11 号《最高人民法院关于审理民事案件适用诉讼时效制度若干问题的规定》第二十二条规定：“诉讼时效期间届满，当事人一方向对方当事人作出同意履行义务的意思表示后，又以诉讼时效期间届满为由进行抗辩的，人民法院不予支持”。**即使殷某补签时间在时效届满之后，因为殷某时任威德公司法定代表人，应当认定威德公司在补签之日仍然承认上述债务的存在并同意继续履行，其以诉讼时效期间届满为由进行抗辩，人民法院不予支持。**故对威德公司关于美亚斯公司超过诉讼时效的主张，原审法院不予支持是正确的。威德公司提出美亚斯公司与殷某之间存在恶意串通，但未提供相应证据证明，原审法院对其主张不予支持并无不当。”

050 连带债务中一个债务人诉讼时效中断，其他连带债务人的诉讼时效也同时中断

阅读提示

物理学界的量子通信技术中，存在一种奇特的量子纠缠效应，具有纠缠态的两个粒子无论相距多远，只要一个发生变化，另外一个也会瞬间发生同样的变化。这样的现象与法律中的连带债务债权关系有一定的相似性。

连带债务关系中，多数债务人中一人或数人所发生的事项，效力及于全体债务人，表现出超强的权利义务的一致性。同理，对于连带债权人中的一人发生诉讼时效中断效力的事由，应当认定对其他连带债权人也发生诉讼时效中断的效力。

裁判要旨

展期协议并未变更债务人，两债务人仍应共同承担还款责任。连带债务关系中，其中一个债务人发生诉讼时效中断效力的事由，应当认定对其他连带债务人也发生诉讼时效中断的效力。

案情简介

1. 1998年9月至10月，中宁农行签订的5份《抵押担保借款合同》显示，借款合同及借款凭证中，抬头部分借款人名称为宁夏万得实业总公司，但在尾部借款人及抵押人处均加盖宁夏万得实业总公司与秦毅公司两个单位的公章，借款总额2000万元。

2. 5份《抵押担保借款合同》约定的借款期限到期日分别为2003年9月10日、2003年9月10日、2003年9月15日、2003年9月22日、2003年10月26日。该5笔借款到期后，秦毅公司单独与中宁农行签订4份《借款展期协议》，借期分别延长至2006年3月9日、2006年3月9日、2006年3月14日、2006年3月21日、2006年3月25日。

3. 2005年9月1日、2005年12月21日，中宁农行与秦毅公司签订《协议书》、《补充抵押协议书》。2005年12月17日，中宁农行与秦毅公司签订《以资抵债协议》。2006年11月30日秦毅公司向中宁农行出具《关于抵押物改造情况的说明》。2008年1月25日和2009年11月26日，中宁农行两次向秦毅公司发出《债务逾期催收通知书》，秦毅公司法定代表人秦某在两份催收通知书上均签章并加盖公章。2011年4月18日，中宁农行提起诉讼。

4. 秦毅公司设立于1999年8月17日。宁夏万得实业总公司于1994年设立，2006年7月名称变更为沃尔德公司。

5. 一审：原告中宁农行起诉被告秦毅公司、沃尔德公司，要求偿还借款。秦毅公司、沃尔德公司辩称银行提交的债务催收通知为虚假，中宁农行未在法定期限内主张权利，已超过诉讼时效。宁夏自治区高院认为案涉债权未超过诉讼时效，但中宁农行单独与秦毅公司签订展期协议的行为，说明中宁农行认可贷款的债务人变更为秦毅公司，故判决秦毅公司应承担还款责任。

6. 二审：中宁农行不服一审判决提起上诉，称展期协议并未变更债务人，且对沃尔德公司的债权请求权未过诉讼时效。沃尔德公司辩称中宁农行在2009年向秦毅公司催收的效力不能及于沃尔德公司。最高法院判决认为本案诉讼时效未超过，二公司应共同承担还款责任。

裁判要点及思路

本案的争议焦点是，中宁农行对沃尔德公司的债权请求权是否已过诉讼时效。最高法院从两个角度进行了论证：

1. 根据《诉讼时效规定》第十七条第二款规定，对于连带债务人中的一人发生诉讼时效中断效力的事由，应当认定对其他连带债务人也发生诉讼时效中断的效力。**因此在认定秦毅公司单独与中宁农行签订展期协议的行为不构成债务人变更的情况下，秦毅公司与沃尔德公司应共同承担案涉借款的还款责任。中宁农行通过持续地向秦毅公司主张债权使得诉讼时效发生中断的事由，对沃尔德公司也发生诉讼时效中断的效力。**

2. 在认可展期协议效力的情况下，中宁农行对秦毅公司和沃尔德公司的债权请求权诉讼时效期间应自展期后的还款期限起算。2008 年和 2009 年中宁农行两次对秦毅公司进行债权催收，均引起诉讼时效中断。同样，中宁农行对沃尔德公司的债权请求权未过诉讼时效。

实务要点总结

前事不忘，后事之师。我们就最高法院有关本案的判决涉及的实务要点梳理如下，以供实务参考。

1.《诉讼时效规定》第十七条规定的制度价值体现的是对债权人的倾向性保护。连带债务关系中，各债务人的权利和义务具有同一性。债权人主张权利过程中，从实体权利上讲，可同时要求连带债务关系中的一人或者数人承担全部还款责任，部分债务人不能以其他债务人未履行义务为由主张免责，即否定了单一债务人的抗辩权，保证债权人的权利能够得到最大化的实现。从程序权利上讲，典型如诉讼时效制度，在连带债务人之间也同样应存在法律效果上的勾连。债权人仅向其中一个债务人主张权利发生时效中断的，应当认为债权人合理、及时地行使了权利，时效中断的效果应理所当然地及于其他连带债务人。要求债权人需同时向所有债权人主张权利，才能产生时效中断的效果，否则即导致债权人失去胜诉权，是对债权人行使权利的不当苛求。

2. 与此同时，对于银行等债权人而言，该诉讼时效一并中断的制度应当是作为主张债权时的兜底权利，是在无法顺利地向其他债务人主张债权的前提下，迫不得已仅向其中部分债务人主张，达到中断时效的目的。存在多个连带债务人的情况下，最基本也是最稳妥的方法应是同时向所有债务人主张债权，而不能心存侥幸，选择性地行使权利。

相关法律法规

《最高人民法院关于审理民事案件适用诉讼时效制度若干问题的规定》(法释

〔2008〕11号）

第十七条　对于连带债权人中的一人发生诉讼时效中断效力的事由，应当认定对其他连带债权人也发生诉讼时效中断的效力。

对于连带债务人中的一人发生诉讼时效中断效力的事由，应当认定对其他连带债务人也发生诉讼时效中断的效力。

以下是本案判决书中“本院认为”部分，最高法院就案涉债权是否超过诉讼时效问题的论述：

最高法院认为：“（二）中宁农行对沃尔德公司的债权请求权是否已过诉讼时效？本案所涉5份《抵押担保借款合同》约定的借款期限到期日分别为2003年9月10日、2003年9月10日、2003年9月15日、2003年9月22日、2003年10月26日。在合同未变更的情况下，中宁农行对秦毅公司、沃尔德公司的债权请求权诉讼时效期间应自上述时间起算。

2005年9月1日、2005年12月21日，中宁农行与秦毅公司签订《协议书》、《补充抵押协议书》，约定秦毅公司以其部分资产作为其与中宁农行办理的全部贷款和银行承兑汇票设定抵押。2005年12月17日，中宁农行与秦毅公司签订《以资抵债协议》载明，约定秦毅公司以部分房产、林地对中宁农行的债务进行抵债。2006年11月30日秦毅公司向中宁农行出具《关于抵押物改造情况的说明》，称对上述《最高额抵押合同》所涉及一车间电解槽进行了改造，改造没有引起抵押物价值的减少，不会影响到抵押权的实现。2008年1月25日和2009年11月26日，中宁农行两次向秦毅公司发出《债务逾期催收通知书》，对包括本案所涉贷款在内的债务进行催收，秦毅公司法定代表人秦某在两份催收通知书上均签章并加盖公章。2011年4月18日，中宁农行提起诉讼。中宁农行对秦毅公司债权请求权的诉讼时效期间因上述行为多次发生中断而未超过。

《诉讼时效规定》第十七条第二款规定，对于连带债务人中的一人发生诉讼时效中断效力的事由，应当认定对其他连带债务人也发生诉讼时效中断的效力。根据该规定，对秦毅公司发生诉讼时效中断效力的事由，对沃尔德公司也发生诉讼时效中断的效力。因此，中宁农行对沃尔德公司的债权请求权亦未过诉讼时效。

秦毅公司与中宁农行签订的《借款展期协议》约定的借款到期日分别为2006年3月9日、2006年3月9日、2006年3月14日、2006年3月21日、2006年3月25日。在认可《借款展期协议》效力的情况下，中宁农行对秦毅公司和沃尔德公司的债权请求权诉讼时效期间应自上述时间起算。2008年1月25日和2009年11月26日，中宁农行两次对秦毅公司进行债权催收，均引起诉讼时效中

断。同样，中宁农行对沃尔德公司的债权请求权未过诉讼时效。

因此，无论《抵押担保借款合同》是否因《借款展期协议》发生变更，中宁农行对沃尔德公司的债权请求权均未过诉讼时效。”

案件来源

中国农业银行股份有限公司中宁县支行与宁夏沃尔德实业有限公司、宁夏秦毅实业集团有限公司金融借款合同纠纷二审民事判决书［最高人民法院（2013）民二终字第55号］

延伸阅读

有关连带债务人诉讼时效中断的问题，以下是我们在写作中检索到与该问题相关的最高法院案例及裁判观点，以供读者参考。

1. 因三个自然人与公司为共同连带债务人，银行对三个自然人提起诉讼，诉讼时效中断的效力应当及于主债务人公司。

案例一：兰州农村商业银行股份有限公司金城支行与贾某、冯某等金融借款合同纠纷二审民事判决书［最高人民法院（2016）最高法民终290号］

最高法院认为：“三、本案债权是否存在超过诉讼时效期间的问题。贾某、冯某上诉主张，本案诉讼时效应当自2012年12月10日起算。根据本案查明的事实，金城支行于2012年12月10日将5000万元保证金打入其在兰州银行兰园支行开立的账户，兰州银行兰园支行开立的此笔银行承兑汇票记载的到期日为2013年6月10日。故本案的诉讼时效应当自2013年6月11日起算。金城支行于2013年6月9日向贾某、冯某、孔某提起本案诉讼，并未超过诉讼时效期间。关于金城支行于2013年7月2日追加蓥杰公司参加本案诉讼是否超过诉讼时效的问题。**《最高人民法院关于审理民事案件适用诉讼时效制度若干问题的规定》第十七条第二款规定：‘对于连带债务人中的一人发生诉讼时效中断效力的事由，应当认定对其他连带债务人也发生诉讼时效中断的效力。’因贾某、冯某、孔某与蓥杰公司为共同连带债务人，金城支行向贾某、冯某、孔某提起诉讼，依据上述司法解释的规定，诉讼时效中断的效力应当及于主债务人蓥杰公司。**故本案并不存在超过诉讼时效期间的事实。”

2. 集团公司部分子（分）公司改制的，改制后的公司应当在接收集团公司财产范围内承担连带责任，故资产管理公司从集团公司受让债务后，向集团公司主

张债权引起诉讼时效中断的效力亦及于其他连带债务人。

案例二：平顶山市鹤林鹏商贸有限责任公司、中国长城资产管理公司郑州办事处与平顶山市鹤林鹏商贸有限责任公司、中国长城资产管理公司郑州办事处等金融不良债权追偿纠纷申请再审民事裁定书［最高人民法院（2015）民申字第1621号］

最高法院认为："2. 根据《最高人民法院关于审理民事案件适用诉讼时效制度若干问题的规定》第十七条第二款的规定，**由于鹤林鹏公司应当在其接收中原集团公司财产范围内承担连带责任，故虽然长城公司郑州办事处在受让债权后未直接向鹤林鹏公司主张权利，但长城公司郑州办事处向中原集团公司主张权利并不超过诉讼时效期间，其催收债务引起诉讼时效中断的效力亦及于连带债务人鹤林鹏公司，二审判决认定本案未超过诉讼时效并无不当。**"

051 债务催收通知未经债务人签收，也未以公证方式送达，不能构成时效中断

阅读提示

《民法总则》第一百九十五条规定，"（一）权利人向义务人提出履行请求"的诉讼时效中断，从中断时起诉讼时效期间重新计算。《最高人民法院关于诉讼时效规定》第十条第一款第（一）项规定，"当事人一方直接向对方当事人送交主张权利文书，对方当事人在文书上签字、盖章或者虽未签字、盖章但能够以其他方式证明该文书到达对方当事人的"，应认定为符合"权利人向义务人提出履行请求"的情形，构成诉讼时效中断。银行向债务人寄送催款通知书，未经签字、盖章的，原则上不能直接证明已经向债务人主张权利，如有其他辅助证明（如公证送达等）足以证明银行确实送达了催款通知书，且债务人不能举证推翻该等证据的，应当认定银行在诉讼时效期间内主张了权利，构成时效中断事由。

裁判要旨

银行在诉讼时效期间内未采用公证等具有法律效力的方式向债务人送达债务催收通知书，亦无其他证据证明催收通知书经债务人签收或债务人拒收的，不能认定构成诉讼时效中断的事由。

案情简介

1. 1998年11月17日，玉河建材厂与墨玉县支行签订《关于办好墨玉县建材厂的协议》，墨玉县支行分别于1998年11月5日、1998年12月9日向玉河建材厂发放了30万元、270万元借款，借款期限分别为1998年11月5日至1999年11月5日、1998年12月9日至1999年12月9日。

2. 1995年11月28日，玉河建材厂与墨玉县支行签订借款合同，借款金额300万元，期限5年。1996年7月23日，玉河建材厂与墨玉县支行签订借款合同，借款金额120万元，期限4年。

3. 一审：2003年3月14日，原告玉河建材厂起诉被告墨玉县支行，要求解除协议书，并向其赔偿损失。墨玉县支行提起反诉，要求玉河建材厂偿还借款本息。新疆自治区高院认为，《协议书》明确了具体的权利义务和贷款数额，构成有效的借款协议，墨玉县支行未能按约发放全部贷款应承担违约责任，并赔偿相应损失。墨玉县支行未能在借款期满后两年主张权利，已超过诉讼时效。

4. 二审：墨玉县支行不服一审判决提起上诉，诉称在诉讼时效内派专人向玉河建材厂进行了6次催收，并提交了催收通知单及相关证人证言。最高法院认为，墨玉县支行提交的催收通知书均未经玉河建材厂签收，亦未采取公证的方式送达，已超过诉讼时效，故判决驳回上诉维持原判。

裁判要点及思路

本案的争议焦点是：墨玉县支行提交的未经债务人签收的催收通知书是否足以证明已向债务人主张权利，并构成诉讼时效中断的事由。最高法院认为，墨玉县支行虽主张已多次向债务人催收，但提交的催收通知书均未经债务人签收，也无在场的中国人民银行墨玉县支行工作人员签注。同时，作为商业银行也没有通过公证等具有法律效力的方式向债务人送达，不合常理。故认定墨玉县支行提供的证据不足以证明有造成诉讼时效中断的事由发生，其反诉已超过诉讼时效。

实务要点总结

前事不忘，后事之师。我们就最高法院有关本案的判决涉及的实务要点梳理如下，以供实务参考。

1. 原则上来讲，银行在诉讼时效期间内向债务人邮寄催款通知书应当经债权人签字、盖章，方可产生诉讼时效中断的法律效果。但例外情况下，虽然未经债务人签收，有其他证据足以证明催款通知书已经送达债务人（如银行对寄送的过程和催款通知书的内容进行了公证，邮政部门监控系统中显示邮件已妥投等），且债务人无相反证据足以推翻银行提交的证据的，应当认定银行在诉讼时效内主张了权利，可构成诉讼时效中断的事由。本案中银行提交的催收通知书均未经债务人签收，银行亦未采取公证等具有法律效力的方式向债务人送达，而被最高法院认定未在诉讼时效期间内主张权利，不构成时效中断。

2. 对于签收人的主体资格，如债务人为自然人，应由其本人或者经授权的其他人签收。如债务人为法人或者其他组织，虽然目前的司法裁判中尚存在争议，但最好应由其法定代表人、主要负责人、负责收发信件的部门或者被授权主体等签收。

相关法律法规

《民法通则》

第一百三十五条　向人民法院请求保护民事权利的诉讼时效期间为二年，法律另有规定的除外。

第一百四十条　诉讼时效因提起诉讼、当事人一方提出要求或者同意履行义务而中断。从中断时起，诉讼时效期间重新计算。

《民法总则》

第一百八十八条　向人民法院请求保护民事权利的诉讼时效期间为三年。法律另有规定的，依照其规定。

诉讼时效期间自权利人知道或者应当知道权利受到损害以及义务人之日起计算。法律另有规定的，依照其规定。但是自权利受到损害之日起超过二十年的，人民法院不予保护；有特殊情况的，人民法院可以根据权利人的申请决定延长。

第一百九十五条　有下列情形之一的，诉讼时效中断，从中断、有关程序终结时起，诉讼时效期间重新计算：

（一）权利人向义务人提出履行请求；

（二）义务人同意履行义务；

（三）权利人提起诉讼或者申请仲裁；

（四）与提起诉讼或者申请仲裁具有同等效力的其他情形。

《最高人民法院关于审理民事案件适用诉讼时效制度若干问题的规定》（法释〔2008〕11号）

第十条　具有下列情形之一的，应当认定为民法通则第一百四十条规定的“当事人一方提出要求”，产生诉讼时效中断的效力：

（一）当事人一方直接向对方当事人送交主张权利文书，对方当事人在文书上签字、盖章或者虽未签字、盖章但能够以其他方式证明该文书到达对方当事人的；

（二）当事人一方以发送信件或者数据电文方式主张权利，信件或者数据电文到达或者应当到达对方当事人的；

（三）当事人一方为金融机构，依照法律规定或者当事人约定从对方当事人账户中扣收欠款本息的；

（四）当事人一方下落不明，对方当事人在国家级或者下落不明的当事人一方住所地的省级有影响的媒体上刊登具有主张权利内容的公告的，但法律和司法解释另有特别规定的，适用其规定。

前款第（一）项情形中，对方当事人为法人或者其他组织的，签收人可以是其法定代表人、主要负责人、负责收发信件的部门或者被授权主体；对方当事人为自然人的，签收人可以是自然人本人、同住的具有完全行为能力的亲属或者被授权主体。

以下是本案判决书中“本院认为”部分，最高法院就银行的送达方式是否构成诉讼时效中断事由问题的论述：

最高法院认为：“墨玉县支行称其曾6次催收过到期贷款。为证明其在两年内对逾期贷款进行过催收，墨玉县支行提交了没有玉河建材厂签收的催款通知书、经过公证的墨玉县人民银行行长赖某、干部张某的书面证言和原墨玉县工商行政管理局工作人员郭某的书面证言，以及墨玉县人民银行的若干期工作周报。**墨玉县支行主张其历次催收均遭到玉河建材厂的拒绝签收，而其提交的上述催款通知书上，没有墨玉县人民银行有关工作人员就当时送达情况的签注。作为商业银行，墨玉县支行也没有通过公证等具有法律效力的方式向玉河建材厂送达催款通知书，不合常理。**墨玉县支行提交的玉河建材厂申请后续贷款的报告中虽然有还贷的计划，但该报告的主要内容是在建项目的进展情况和对后续贷款的迫切需要，并没有具体的还贷内容。**故墨玉县支行提供的证据不足以证明有造成诉讼时效中断的事由发生。即墨玉县支行在就4笔借款提起反诉时已经超过了诉讼时效期间。**其要求玉河建材厂偿还上述4笔借款的诉讼请求应予驳回。”

案件来源

新疆维吾尔自治区墨玉县玉河建材厂与中国农业银行墨玉县支行为借款合同纠纷二审案［最高人民法院（2004）民二终字第228号］

延伸阅读

有关向债务人送达催款通知书以及诉讼时效是否中断等问题，以下是我们在写作中检索到与该问题相关的最高法院和部分省高院案例及裁判观点，以供读者参考。

1. 银行最后一次向债务人发出的催收通知虽未经签收，但通知书上注明了送达时间、地点、人员、拒收原因等，同时该通知书又以特快专递的形式再次发出。债务人未能提出证据推翻特快专递签收以及通知书上注明的相关事实，应认定银行在诉讼时效内主张了权利，构成诉讼时效的中断。

案例一：庆阳市王强汽车服务有限公司、王某等与中国农业银行股份有限公司庆阳西峰支行、杨某金融借款合同纠纷申请再审民事裁定书［最高人民法院（2014）民申字第1291号］

最高法院认为："（一）关于本案主债务是否超过诉讼时效期间的问题。根据本案原审查明的事实，涉案三笔借款分别在2009年5月26日、9月9日、9月24日到期，**西峰农行于同年9月30日、10月15日向王强公司发出《债务逾期催收通知书》，王强公司在通知书上加盖了公司印章和王某的个人名章。2010年7月15日，西峰农行向王强公司发出《债务逾期催收通知书》，王强公司、王某于同年8月6日签字、盖章予以签收。2012年3月26日、7月30日、9月27日，西峰农行分别到王强公司送达《债务逾期催收通知书》，王强公司未签收，通知书上均注明送达时间、地点、人员、拒收原因等，其中西峰农行将9月27日的通知书以特快专递的形式再次发出。**上述事实表明，本案所涉借款到期后，西峰农行多次向王强公司发出《债务逾期催收通知书》，要求王强公司履行还款义务，因此，西峰农行的上述行为引起诉讼时效中断的法律后果。虽然王强公司对西峰农行2012年以后进行催收的事实予以否认，并对通知书上注明的相关事实、特快专递的签收等提出异议，但其没有提供充分的证据予以佐证，本院对其否认收到该催收通知的主张不予采信。王强公司提出西峰农行主张债权已超过诉讼时效的再审申请理由不能成立，本院不予支持。"

2. 债务人为法人或者其他组织的，签收人可以是其法定代表人、主要负责人、负责收发信件的部门或者被授权主体。本案签收人是已被更换的法定代表人，不属合法签收人，故不能产生诉讼时效中断的效果。同时，在该次催收行为之前债务人已刊登了与签收人解除劳动合同的公告，债权人应当知道其已无权签收文件，不具有善意利益。

案例二：再审申请人湛江市麻章区农村信用合作联社与被申请人湛江市物资再生利用公司借款合同纠纷再审民事裁定书［广东省高级人民法院（2013）粤高法民二申字第 864 号］

广东省高院认为：“本案系借款合同纠纷。根据麻章信用社申请再审的意见，本案争议的焦点问题是麻章信用社对物资公司享有的本案债权是否超诉讼时效。2008 年 9 月 22 日，物资公司由时任法定代表人的李某经手与麻章信用社签订《信用借款合同》、《借款借据》，向麻章信用社借款 112 万元，借款期限一年，借款期限于 2009 年 9 月 21 日届满，由于物资公司曾于 2009 年 10 月 13 日偿还部分利息，引起诉讼时效中断，本案诉讼时效从 2009 年 10 月 14 日起重新起算。此后诉讼时效是否再次中断，麻章信用社提交了落款日期为 2009 年 11 月 12 日、有李某签名和加盖物资公司公章的《贷款催收通知书》以证明诉讼时效再次中断。虽然该《贷款催收通知书》有李某签名和加盖公司公章，但物资公司的公章已于此前的同年 3 月 6 日申请更换，同日公司法定代表人变更为陈某。同年 4 月 27 日李某与物资公司的劳动合同关系被解除。同年 8 月 21 日，物资公司在《羊城晚报》上刊登了该公司与李某解除劳动合同关系的声明。也就是说，麻章信用社发出上述《贷款催收通知书》时李某已无权代表物资公司签名，其所加盖的公章也已作废。**根据《最高人民法院关于审理民事案件适用诉讼时效制度若干问题的规定》第十条第一款第（一）项的规定，当事人一方直接向对方当事人送交主张权利文书，对方当事人在文书上签字、盖章或者虽未签字、盖章但能够以其他方式证明该文书到达对方当事人的，应当认定属于产生诉讼时效中断效力的“当事人一方提出要求”的情形，对方当事人为法人或者其他组织的，签收人可以是其法定代表人、主要负责人、负责收发信件的部门或者被授权主体。但本案李某签收《贷款催收通知书》时，不属上述规定中的合法签收人，麻章信用社也没有证据证明《贷款催收通知书》系向物资公司发送并到达了对方，故本案不属上述规定的产生诉讼时效中断的情形。而且，在该次催收行为之前的 8 月 21 日，物资公司已在《羊城晚报》上刊登了该公司与李某解除劳动合同关系的声明，麻章信用社应当知道李某已无权代表物资公司签收文件，故麻章信用社不具有善意利益。**因此，从 2009 年 10 月 14 日起，至麻章信用社 2011 年 11 月 3 日起诉时，已超过两年诉讼时效。二审法院判决驳回麻章信用社的诉讼请求，并无不当，应予维持。麻章信用社以诉讼时效未过为由申请再审，请求改判支持其借款债权，不符合法律规定，不应支持。”

3. 债务人的销售部负责人在催款函上签字即可视为债权人向债务人主张了权利，产生诉讼时效中断的后果，无需由债务人公司法定代表人签收。

案例三：香格里拉市伟松房地产开发有限责任公司、昆明供电设计院有限责任公司建设工程施工合同纠纷再审审查与审判监督民事裁定书［云南省高级人民法院（2016）云民申1162号］

云南省高院认为："本案的争议焦点为：和某是否是申请人公司的员工，其签收催款函能否构成诉讼时效中断。经查，根据昆明供电设计院有限责任公司在原一审中提交的《关于支付〈35KV格尼T线江克变支线（原汤满线）迁改工程〉总包费的函》，证实昆明供电设计院有限责任公司向香格里拉市伟松房地产开发有限责任公司发函催款，和某在被申请人公司的催款函上签字认可于2013年12月23日收到此文件。另外，昆明供电设计院有限责任公司向法庭提交的和某的名片一张、照片一张、照片拍摄信息，能够与和某签收的催款函相互印证，证实和某作为申请人方的销售部负责人签收了被申请人方的催款函。根据《最高人民法院关于审理民事案件适用诉讼时效制度若干问题的规定》第十条第一款第（一）项的规定：'具有下列情形之一的，应当认定为民法通则第一百四十条规定的"当事人一方提出要求"，产生诉讼时效中断的效力：（一）当事人一方直接向对方当事人送交主张权利文书，对方当事人在文书上签字、盖章或者虽未签字、盖章但能够以其他方式证明该文书到达对方当事人的；'**本案中和某在催款函上签字即视为昆明供电设计院有限公司在诉讼时效期间内向对方当事人提出要求，产生诉讼时效中断的后果**。故再审申请人提出的'和某不是申请人公司的法定代表人、不是35KV格尼T线江克变支线迁改工程的主要负责人，不是申请人公司的销售部负责人，不是签收信件的部门人员，也未被授权签收任何往来信件，不能代表或代理申请人签收《关于支付〈35KV格尼T线江克变支线（原汤满线）迁改工程〉总包费的函》，其不具有签函资格，其签收的《关于支付〈35KV格尼T线江克变支线（原汤满线）迁改工程〉总包费的函》并不能产生诉讼时效中断的效力'的再审理由不能成立。"

第五章　与抵押担保有关的法律问题

第一节　与最高额抵押担保有关的法律问题

052 最高额抵押的“限额”是指“债权最高额”还是“本金最高额”？（上）

阅读提示

我国《物权法》第二百零三条和《担保法》第五十九条均规定了最高额抵押制度。最高额抵押是指抵押权人就债务人或者第三人对一定时期内将要连续发生的债权所提供的抵押财产，在债务人不履行到期债务或者发生当事人约定的实现抵押权的情形时，得以在约定的**最高债权限额**内优先受偿的权利。以最高限额为限，超过部分为一般债权，不具有优先受偿的效力。

在实务中，不同的银行对“**最高限额**”理解存在两种截然不同的方式，体现在借款合同中，一种约定为“**本合同所担保的债权的最高本金余额为 ×××**”，另一种约定为“**本合同所担保的最高债权余额为 ×××**”。因缺乏法律明确的规定，不同的约定方式也引致了法院迥异的裁判观点。

试举一例说明两种约定方式的导致不同结果：银行向 A 企业提供 500 万元贷款，约定的最高额抵押的限额为 500 万，因此产生的利息及费用等为 100 万，抵押财产市值 800 万。

1. 如根据“债权最高额”理解，银行能够优先受偿的金额为 500 万，利息及费用等 100 万超出最高限额为一般债权，不享有优先受偿权。

2. 如根据“本金最高额”理解，因借款本金 500 万未超过最高限额，银行对 500 万贷款本金以及因此产生的 100 万利息及费用等，共计 600 万债权享有优先受偿权。

可见，不同的约定方式对抵押人和抵押权人的利益将产生直接、重大的影响。下文将先行梳理银行和抵押人约定“**本金最高额**”的既往判例。

裁判要旨

银行和抵押人明确约定抵押财产限额只针对本金，在查明欠款本金数额在约定的限额以内的情况下，应就抵押财产折价或者以拍卖、变卖所得的价款优先受偿合同所约定的全部债权，即债权人可以向抵押人主张的本金、利息、罚息以及其他实现债权的费用总额可以超过约定的最高限额。

案情简介

1. 2015 年 6 月 20 日，乐雪公司作出股东会决议，以自有房产为华宁公司在兰州银行科技支行申请办理的 5000 万综合授信提供抵押担保。

2. 2015 年 7 月 3 日，兰州银行科技支行与乐雪公司签订《最高额抵押合同》，约定为乐雪公司在 2015 年 7 月 3 日至 2018 年 7 月 3 日期间发生的债务提供**最高本金余额 5000 万**的担保。担保的债权范围包括本金、利息、违约金、损害赔偿金、实现债权的费用以及借款人应当向银行支付的其他款项等。

3. 双方在房屋产权登记发证中心办理抵押登记并取得他项权利证书，**该证书记载的债权数额为 5000 万。**

4. 2015 年 7 月 3 日至 2015 年 7 月 29 日期间，兰州银行科技支行与华宁公司签订了 6 份《开立银行承兑汇票合同》，并依约分别开立了 16 份总金额为 1 亿元的银行承兑汇票。

5. 华宁公司为开立上述银行承兑汇票交付保证金 5000 万元。截至 2016 年 3 月 2 日，除 2015 年 7 月 6 日开立的 2 张银行承兑汇票尚未到期外，兰州银行科技支行为承兑已到期银行承兑汇票替华宁公司垫款 29 641 195.37 元，产生利息 777 091.45 元。另查明，华宁公司欠付承兑金 2000 万。兰州银行科技支行支出律师费 200 万。**（即债权共计：2964.119537+77.709145+2000+200=5241.829 万）**

6. 一审：原告兰州银行科技支行起诉被告华宁公司，要求偿还借款本息和补交承兑保证金，并要求乐雪公司承担担保责任。甘肃省高院判决华宁公司应当偿还借款本息并补交承兑保证金。华宁公司不履行上述付款义务，**兰州银行科技支行有权对乐雪公司抵押财产变价后所得价款在 5000 万元限额内优先受偿。**

7. 二审：兰州银行科技支行不服一审判决提起上诉，**诉请法院改判如华宁公司不履行前述付款义务，兰州银行科技支行对乐雪公司的抵押财产变价后所得价款享有优先受偿权**。最高法院判决支持该上诉请求。

裁判要点及思路

最高法院认为本案的争议要点是：兰州银行科技支行实现担保物权的范围问题。**核心问题是兰州银行对超出约定的5000万最高限额的部分债权是否享有优先受偿权。**

本案一审甘肃省高院并未关注双方在《最高额抵押合同》约定的“本合同所担保债权之最高本金余额为：人民币伍仟万元整”条款，而是在认定抵押合同符合双方真实意思表示，不违反法律法规的强制性规定的前提下，直接判决**“兰州银行科技支行有权对以乐雪公司抵押财产折价或者以拍卖、变卖该抵押财产所得的价款在5000万元限额内优先受偿”**。

二审中最高法院根据兰州银行的上诉，认为**“双方对于抵押财产限额5000万元只针对本金”，“在查明涉案欠款本金余额在5000万元以内的情况下，应就抵押财产折价或者以拍卖、变卖该抵押财产所得的价款优先受偿合同所约定的全部债权”**。即，兰州银行对超出5000万部分的债权仍然享有优先受偿权。

实务要点总结

前事不忘，后事之师。我们就本案最高法院的判决所涉及的实务要点梳理如下，以供实务参考：

1. 最高法院关于本案的二审判决并没有触及最高额抵押的“限额”应理解为“债权最高额”还是“本金最高额”这个问题。其着眼点仅在于判断银行和抵押人双方对最高额抵押限额和担保范围的约定是否符合法律的规定，是否明确、具体，是否具有现实的可操作性。基于上述几点的衡量，最高法院认为既然双方明确约定抵押限额仅针对本金，且最终决算时的借款本金余额也在约定的限额范围之内，同时合同也约定了具体、明确的担保范围，那么法院就没有理由以职权去否定双方当事人之间基于真实意思达成的最高额抵押合同的效力。故此，银行对抵押财产变价后所得全部价款享有优先受偿权，而不以5000万额度为限。

2. 也即是说，最高法院在本案判决中认为即使《物权法》第二百零三条和《担保法》第五十九条采用了**“最高债权额限度内”**的表述，从文义上很容易理解出该限额是指债权最高限额，但从这两个法条的规范属性上来看，它们不是强制性规范，更不属于能够直接影响法律行为效力的效力性强制性规范，因此当事人之间合法、有效的约定具有优先适用的效力。

3. 仅就本案的判决结果而言，可以说“本金最高额”模式对银行一方是较为有利的，更有利于保障后续债权的实现。尤其是在实务中，银行享有的债权在计入利息、罚息、复利和诉讼等费用后，往往会超过约定的最高限额，明确约定“本金最高额”模式才不至于使超出最高限额部分的债权沦为一般债权，陷入脱保的风险。结合最高法院既往的判例，应当明确如果“本金最高额”模式能够得到适用，应当基于如下三个前提条件：**首先，银行和抵押人明确约定了最高限额是指最高本金限额；其次，债权决算后最终的借款本金余额未超过约定的最高本金限额；最后，最高额抵押合同明确约定了担保的债权范围包括本金、利息以及其他费用等。**

相关法律法规

《物权法》

第一百七十三条　担保物权的担保范围包括主债权及其利息、违约金、损害赔偿金、保管担保财产和实现担保物权的费用。当事人另有约定的，按照约定。

第二百零三条　为担保债务的履行，债务人或者第三人对一定期间内将要连续发生的债权提供担保财产的，债务人不履行到期债务或者发生当事人约定的实现抵押权的情形，抵押权人有权在最高债权额限度内就该担保财产优先受偿。

最高额抵押权设立前已经存在的债权，经当事人同意，可以转入最高额抵押担保的债权范围。

《担保法》

第五十九条　本法所称最高额抵押，是指抵押人与抵押权人协议，在最高债权额限度内，以抵押物对一定期间内连续发生的债权作担保。

《最高人民法院关于适用〈中华人民共和国担保法〉若干问题的解释》[法释〔2000〕44号]

第八十三条　最高额抵押权所担保的不特定债权，在特定后，债权已届清偿期的，最高额抵押权人可以根据普通抵押权的规定行使其抵押权。

抵押权人实现最高额抵押权时，如果实际发生的债权余额高于最高限额的，以最高限额为限，超过部分不具有优先受偿的效力；如果实际发生的债权余额低于最高限额的，以实际发生的债权余额为限对抵押物优先受偿。

以下是本案判决书中“本院认为”部分，最高法院就最高额担保物权优先受偿权的范围问题的论述：

最高法院认为：“**关于兰州银行科技支行实现担保物权的范围问题。**《物权法》第一百七十三条规定：‘担保物权的担保范围包括主债权及其利息、违约金、损害赔偿金、保管担保财产和实现担保物权的费用。当事人另有约定的，按照约定。’本案合同双方在涉案《最高额抵押合同》中有如下约定：‘……一、**本合同所担保债权之最高本金余额为：人民币伍仟万元整。**……二、在本合同第二条所确定的主债权发生期间届满之日，被确定属于本合同之被担保主债权的，包括但不限于全部主债权之本金所发生的利息（包括法定利息、约定利息、复利、罚息）、违约金、损害赔偿金、实现债权的费用（包括但不限于诉讼费、仲裁费、保全费、差旅费、执行费、评估费、拍卖费、审计费、查询费、公证费、送达费、公告费、律师费等）、债务人应向 ×× 支付的其他款项（包括但不限于有关手续费、电讯费、杂费、受益人拒绝承担的有关银行费用等）、因债务人违约而给 ×× 造成的损失和其他所有应付费用、其他因被担保债务而产生的一切费用和损失等，也属于被担保债权，其具体金额在其被清偿时确定。’**根据上述约定，双方对于抵押财产限额 5000 万元只针对本金，而利息、违约金、损害赔偿金、实现债权的费用、债务人应向 ×× 支付的其他款项均属于被担保债权的约定是具体、明确的，在查明涉案欠款本金数额在 5000 万元以内的情况下，应就抵押财产折价或者以拍卖、变卖该抵押财产所得的价款优先受偿合同所约定的全部债权。**故兰州银行科技支行该上诉理由成立。”

案件来源

兰州银行股份有限公司科技支行与甘肃华宁东方贸易有限公司、鞍山乐雪（集团）有限公司等金融借款合同纠纷上诉案［最高人民法院（2016）最高法民终595号］

延伸阅读

有关最高限额的范围问题，以下是我们在写作中检索到与该问题相关的最高法院以及部分地方法院的案例及裁判观点，以供读者参考。

1. 最高额抵押合同约定的最高限额为本金限额，且实际发生的本金数额也在该限额的范围内，同时合同担保范围为本金、利息（含复息、罚息）、印花税等全部余额之总和，因此抵押权人在本金债权及基于该本金所发生的利息、罚息、复利债权范围内对案涉抵押物享有优先受偿的权利。

案例一：中国长城资产管理公司北京办事处与沈阳东油（集团）股份有限公司、沈阳中油天宝（集团）物资装备有限公司等金融不良债权追偿纠纷上诉案

[高人民法院（2016）最高法民终 727 号]

最高法院认为："新大宗饭店以其所有的坐落于北京市朝阳区麦子店街 58 号、面积 1954.46 平方米、编号为京朝国用（2002 出）第 0079 号国有号国有土地使用权，以及地上面积 12745.9 平方米、房屋所有权证号为 X 京房权证朝字第 ×× 号房产，为本案的债权提供最高额抵押担保，并办理了最高额抵押登记。依据《中华人民共和国物权法》第二百零三条的规定，为担保债务的履行，债务人或者第三人对一定期间内将要连续发生的债权提供担保财产的，债务人不履行到期债务或者发生当事人约定的实现抵押权的情形，抵押权人有权在最高债权额限度内就该担保财产优先受偿，长城公司北京办事处在最高债权额范围内，对新大宗饭店提供的抵押物依法享有优先受偿的权利。但是，**本案最高额抵押合同约定的最高限额为本金 50000 万元，本案实际发生的本金数额也是 50000 万元，未超过担保的最高本金限额，而且该最高额抵押合同还约定担保的范围为最高额综合授信合同及其项下的每一笔具体业务所产生的贷款及垫款等债权的本金、利息（含复息、罚息）、印花税等全部余额之总和，因此，长城公司北京办事处因受让本案债权而依法取得本案的抵押权后，在 50000 万元本金债权及基于该本金所发生的利息、罚息、复利债权范围内对上述抵押物享有优先受偿的权利。**"

2. 案涉最高额抵押合同符合双方意思表示，不违反法律的强制性规定，应合法有效。抵押人为案涉借款提供抵押担保并办理了登记，且涉案债务未超过最高额抵押合同约定的抵押担保范围，故银行对抵押物享有优先受偿权。

案例二：兴业银行股份有限公司广州越秀支行与广州科密办公科技有限公司、钟某等金融借款合同纠纷上诉案［广州市中级人民法院（2016）粤 01 民终 11473 号］

本案中《最高额抵押合同》约定：**"本合同项下的抵押最高本金限额为人民币伍佰万元整"**。

广州市中院认为："本案是借款合同纠纷，兴业银行越秀支行与广州市科密办公科技有限公司签订的《基本额度授信合同》、《流动资金借款合同》、《最高额抵押合同》，与钟某、林某签订的《最高额保证合同》，与广州科密股份有限公司签订的《最高额保证合同》，与芜湖科密办公科技有限公司签订的《最高额保证合同》、**《最高额抵押合同》均是各方当事人在协商一致基础上形成的合意，合同内容无违反法律、行政法规的强制性规定，合法有效，各方当事人均应依约履行各自的义务。**《流动资金借款合同》签订后，兴业银行越秀支行已依约向广州市科密办公科技有限公司发放贷款 500 万元。广州市科密办公科技有限公司在 2015 年 6

月22日借款到期后未能一次性全部偿还借款本金，其行为已构成违约。兴业银行越秀支行主张广州市科密办公科技有限公司尚欠借款本金1,903,209,53元未还，广州市科密办公科技有限公司虽不确认但未提供证据予以反驳，本院对兴业银行越秀支行的主张予以支持，广州市科密办公科技有限公司应向兴业银行越秀支行偿还借款本金1,903,209,53元。广州市科密办公科技有限公司主张因兴业银行越秀支行工作人员欺骗涉案贷款可以续期而造成其提前还贷以及后续还款紧张，但其未提供充分的证据予以证实，本院对其主张不予采纳。

广州市科密办公科技有限公司为涉案贷款本金、罚息提供了其名下存放在广州市增城朱村街丫布路口厂房内的机器设备作抵押担保，并已办理了抵押登记，且涉案债务未超过《最高额抵押合同》约定的抵押担保范围，故兴业银行越秀支行主张对上述抵押物享有优先受偿权，本院予以支持。

芜湖科密办公科技有限公司亦为涉案贷款本金、罚息提供了其名下存放在芜湖鸠江经济开发区富强路68号1#镀锌车间内的机器设备作抵押担保，并已办理了抵押登记，且涉案债务未超过《最高额抵押合同》约定的抵押担保范围，故兴业银行越秀支行主张对上述抵押物享有优先受偿权，本院亦予以支持。”

053 最高额抵押的“限额”是指“债权最高额”还是“本金最高额”？（下）

阅读提示

前文［最高额抵押的“限额”是指“债权最高额”还是“本金最高额”？（上）］已经梳理了抵押人和债权人约定“本金最高额”模式下最高法院的裁判观点，即只要最终结算后本金余额未超过约定的最高本金限额，债权人可以在包括本金在内的最终债权总额范围内对抵押财产享有优先受偿权。

而在另一种更普遍的模式下，银行（抵押权人）和抵押人一般约定最高额抵押担保的最高债权额或者最高贷款余额，如最终确定的包括本金在内的债权债务总额超出约定的最高限额，抵押权人享有的优先受偿权应限于最高额抵押合同约定的债权最高限额，其余部分不得向抵押人主张。

裁判要旨

从最高额抵押的登记信息来看，最高债权限额为19000万元，最高额抵押合

同虽约定担保范围包括借款本金、利息、罚息以及其他实现抵押权的费用等，但最终的实际债务合计已超过登记的最高限额 19000 万元。若依照此债务范围认定，将使抵押权所担保的债权突破最高债权额，事实上成为无限额，与抵押人签订抵押合同的预期和物权法、担保法的立法本意相悖，因此抵押权人仅能在 19000 万元的范围内行使优先受偿权。

案情简介

1. 2014 年 10 月 16 日，海口农商行与明光酒店公司签订了《固定资产贷款合同》，贷款金额为 15000 万元。同日，海口农商行与明光酒店公司签订《流动资金贷款合同》，贷款金额 4000 万元。

2. 2014 年 10 月 16 日，海口农商行与明光酒店公司签订《最高额抵押合同》，以明光酒店公司自有房产为上述债权提供最高额抵押担保，并办理了登记，约定最高额贷款余额 19000 万元。同日，海口农商行与明光酒店公司签订《最高额质押合同》，以明光酒店公司的经营收费权提供最高额质押担保，并在中国人民银行征信中心办理质押登记，最高额贷款余额 19000 万元。两份合同的担保范围均为本金、利息、复利、罚息、违约金、赔偿金、实现抵押权的费用和所有其他应付的费用。

3. 2014 年 11 月 27 日，海口农商行发放 19000 万元贷款，而后明光酒店公司未能按约定的还款计划偿还借款。海口农商行享有的债权总额超过 19000 万元（本金、利息、罚息、赔偿金以及实现债权费用等合计）。

4. 一审：原告海口农商行起诉明光酒店公司，请求偿还借款，并对案涉抵押物、质押物享有优先受偿权。海南省高院判决借款人明光酒店公司应当偿还借款，海口农商行在 19000 万元限额内对抵押物、质押物享有优先受偿权。

5. 二审：海口农商行不服一审判决提起上诉，请求改判对抵押物折价、变价后的价款在债务总额范围享有优先受偿权，对质押物在债务总额范围内享有优先受偿权。最高法院认为案涉优先受偿权的范围应以 19000 万元为限，故判决驳回海口农商行上诉，维持原判。

裁判要点及思路

本案的争议焦点是，一审判决海口农商行在 19000 万元限额内享有优先受偿权的认定是否正确，即海口农商行是否能在最终债权总额范围内对抵押物、质押物行使优先受偿权。

海口农商行认为贷款合同约定的本金19000万元，以及由本金产生的利息、复利、违约金等其他费用合计的债权总额即便超过最高额抵押登记的限额，海口农商银行仍享有优先受偿权。最高法院认为，从受理抵押、质押登记机关登记的信息来看，最高债权限额均为19000万元，案涉担保合同虽约定担保范围包括本金、利息、罚息以及其他约定的费用，但最终结算的债务总额已经超过登记的19000万元限额。**若支持海口农商行的主张，“将使抵押权所担保的债权突破最高债权额，事实上成为无限额”，与双方签订最高额抵押合同的预期和物权法的立法本意相悖，故判决海口农商行仅在19000万元范围内享有优先受偿权。**

实务要点总结

前事不忘，后事之师。我们就最高法院有关本案的判决涉及的实务要点梳理如下，以供实务参考。

1. 从前文［最高额抵押的“限额”是指“债权最高额”还是“本金最高额”？（上）］引述的（2016）最高法民终595号、（2016）最高法民终727号判例来看，最高法院对抵押人和债权人之间最高额抵押的限额是指“最高本金限额”的约定表示了明确的支持，即认定该种约定不违反法律和行政法规的强制性规定，属合法有效。那么问题的核心实质上就回到了最高额抵押权、最高额质押权的最高限额是指“最高债权限额”是否构成物权法定的内容，如构成物权法定的内容则不允许当事人擅自变更，该种约定将不能产生物权效力，即债权人将失去行使优先受偿权的依据。从最高法院所持的第一种裁判观点来看“最高额抵押、质押权的限额是指债权最高限额”并不构成物权法定的内容，允许当事人以意思自治的方式约定该限额是“本金最高额”，最终决算时本金余额未超过约定的限额，银行（抵押权人）有权就包括本金在内的全部债权范围内对抵押财产行使优先受偿权，即使该债权总额（本息、利息以及其他费用等）已经超过了约定的最高额抵押担保的最高限额。

2. 但即使认为此“最高限额”不构成物权法定的内容，是否真的就可以任由当事人“肆意”约定？答案显然是否定的。最高额抵押的制度目的是仅办理一次抵押物登记就可以对一个时期内多次发生的债权作担保，以更加便捷省时地加快资金融通。因此从该制度的基本的前提上来讲，对于被担保的债权的最高限额应当是明确的，如果没有约定最高限额或者约定不明确的，应认为最高额抵押合同不成立。以此审视当事人约定的“最高本金限额”模式，如果认可该种约定的有效性，当最终的借款本金余额未超过（小于或者等于）约定的最高本金限额时，银行（抵押权人）有权在全部债权范围内（本金、利息以及其他费用之和）对抵押财产享有优先受偿权。显然最终的债权范围极有可能超出当事人约定的最高限额，而随着时间的推移，该笔借款本金将不断产生利息、罚息等费用，最终的债权范围以及抵押人可能承担的责任范围都处于不确定状态，而物权法、担保法的本意以及抵押人签订最高额抵押合同时的预期恰恰是抵押人仅在约定的最高限额范围内承担担保责任。也即是说，尽管抵押人和银行（抵押权人）约定的“本金最高额”模式表面上存在最高限额，但却变成了事实上的无限额，有无限加重抵押人担保责任的风险，应视为最高限额约定不明确。

3. 再引申一步，在认定“本金最高限额”模式最高限额约定不明确情况下，法院有两种操作思路：第一，以最高限额约定不明确为由认定最高额抵押合同欠缺必要成立要件，合同不成立，抵押人不承担担保责任；第二，认定最高额抵押合同不成立，以一般抵押合同关系认定，即在债务人不能偿还借款时，抵押人仍应承担抵押担保责任；第三，不论当事人约定“本金最高额”还是“债权最高额”一律按照最高额抵押的基本原理，认定为最高债权额，并且抵押权人应在此限额范围内承担担保责任。显然，第一种认定方式在抵押人已经明确表达了为借款人提供担保（最高额抵押担保也是担保）的情况下，如免除抵押人的担保责任，将损害债权人（银行）的正当权利。依据第二种认定思路，将其认定为一般抵押合同关系，一方面有违最高额抵押制度的基本法理，另一方面也超出了抵押人承诺提供抵押担保时的初始预期。**因此，笔者认为在不存在其他可以否定最高额抵押合同效力的情况下，不论当事人约定了哪种最高限额形式，都应基于最高额担保制度的基本原理认定为最高债权限额，银行（抵押权人）仅能在约定的限额内行使优先受偿权。**

相关法律法规

《物权法》

第一百七十三条 担保物权的担保范围包括主债权及其利息、违约金、损害赔偿金、保管担保财产和实现担保物权的费用。当事人另有约定的，按照约定。

第二百零三条 为担保债务的履行，债务人或者第三人对一定期间内将要连续发生的债权提供担保财产的，债务人不履行到期债务或者发生当事人约定的实现抵押权的情形，抵押权人有权在最高债权额限度内就该担保财产优先受偿。

最高额抵押权设立前已经存在的债权，经当事人同意，可以转入最高额抵押担保的债权范围。

《担保法》

第五十九条 本法所称最高额抵押，是指抵押人与抵押权人协议，在最高债权额限度内，以抵押物对一定期间内连续发生的债权作担保。

《最高人民法院关于适用〈中华人民共和国担保法〉若干问题的解释》[法释〔2000〕44号]

第八十三条 最高额抵押权所担保的不特定债权，在特定后，债权已届清偿期的，最高额抵押权人可以根据普通抵押权的规定行使其抵押权。

抵押权人实现最高额抵押权时，如果实际发生的债权余额高于最高限额的，以最高限额为限，超过部分不具有优先受偿的效力；如果实际发生的债权余额低于最高限额的，以实际发生的债权余额为限对抵押物优先受偿。

以下是本案判决书中“本院认为”部分，最高法院就案涉担保物权优先受偿权范围的问题的论述：

最高法院认为：“三、一审判决关于海口农商银行在19000万元限额内享有优先受偿权的认定是否正确问题。

本院认为，最高额抵押是指抵押人与抵押权人协议，在最高债权额限度内，以抵押物对一定期间内连续发生的债权作担保。根据物权法第二百零三条和担保法第五十九条的规定，最高额抵押权本质在于其所担保的债权为不特定债权，且具有最高限额。最高额抵押所担保债权的范围，可包括主债权及其利息、违约金、损害赔偿金等，但总计不得超过已登记的预定最高限额，超过部分，抵押权人不能行使抵押权。担保法解释第八十三条第二款亦明确规定，抵押权人实现最高额抵押权时，如果实际发生的债权余额高于最高限额的，以最高限额为限，超过部分不具有优先受偿的效力。

本案中，海口农商银行和明光酒店公司、明光管理公司对最高债权额的理解存有分歧。海口农商银行上诉主张，此债权即《贷款合同》约定的贷款本金19000万元，由本金产生的利息、复利、违约金等其他费用与本金相加即便超过最高额抵押登记的限额，海口农商银行仍享有优先受偿权。明光酒店公司、明光管理公司则认为，此债权包括本金、利息、违约金、损害赔偿金等费用，所有费用总和不得超过已登记的预定最高限额。**对此，本院认为，从海口农商银行在海口市国土资源局办理的最高额抵押登记及在中国人民银行征信中心办理的质押登记看，最高债权限额均为19000万元。《最高额抵押合同》第4.1条虽约定抵押担保的范围包括主合同项下全部借款本金、利息、复利、罚息、违约金、赔偿金、实现**

抵押权的费用和所有其他应付的费用，但该担保范围内本金、利息、复利、罚息、违约金等合计已超过了登记的最高限额19000万元。若依此，将使抵押权所担保的债权突破最高债权额，事实上成为无限额。这与抵押人签订《最高额抵押合同》的合同预期不符，亦与物权法、担保法的立法本意相悖。同时，根据物权法第二百二十二条关于最高额质权的规定，最高额质权除适用该节有关规定外，参照物权法第十六章第二节最高额抵押权的规定。**同理，海口农商银行所享有的最高额质权也不应超过最高债权额19000万元。**故一审判决第三、四、五项判令海口农商银行在19000万元限额内享有优先受偿权，并无不当。**海口农商银行关于在登记的19000万元限额外行使优先受偿权的上诉请求，理据不足，本院不予支持。**”

案件来源

海口明光大酒店有限公司、海口农村商业银行股份有限公司龙昆支行金融借款合同纠纷二审民事判决书［最高人民法院（2017）最高法民终230号］

054 最高额抵押决算期内可发生多次借款，决算期届满时借款余额未超过约定额度的抵押人应承担责任

阅读提示

最高额抵押是指，抵押人和抵押权人（银行）约定，在最高限额的范围内，以抵押财产为一定时期内连续发生的，不特定的债权设立的抵押。相较于普通抵押担保需要逐笔办理抵押登记，最高额抵押具有只需一次登记便可以为一定时期一定限额内的多次融资业务提供担保的优势，在实际业务操作中被经常使用，但也因特殊的交易结构，成为争议的多发点。

根据最高额抵押的特性，在决算期届满前，银行与借款人之间可以进行多次融资业务，且无须为每一次的融资行为逐次办理抵押登记手续。决算期届满后，抵押人应当在约定的最高债权限额内为借款人的债务承担担保责任。

裁判要旨

最高额抵押合同约定的决算期届满前，所担保的债权并不特定，其间不论债权债务数额如何变化或债权发生多少次数对最高额抵押均无影响。决算期届满后，

银行的主债权余额未超过最高额抵押合同约定的担保额度的，最高额抵押人应承担担保责任。

案情简介

1. 2009 年 4 月 30 日，农商行中央街支行与铮江公司签订《借款合同》，约定借款金额为 360 万元，借款用途为货款，借款期限为二年。

2. 同日，农商行中央街支行与铮江公司、黑河市热电厂签订《最高额抵押担保合同》，约定黑河市热电厂为铮江公司自 2009 年 4 月 30 日至 2011 年 4 月 29 日期间所形成的最高金额为 360 万元的债务提供担保。**在上述期间内发生的业务，其到期日不得超过 2011 年 4 月 29 日。在合同约定的期间和最高余额内，农商行中央街支行发放合同约定的贷款和提供其他贷款时无须逐笔办理担保手续。**

3. 2009 年 5 月 7 日，农商行中央街支行向铮江公司发放了 360 万元借款。2010 年 8 月 10 日，农商行中央街支行的工作人员偿还了上述 360 万元，利息 252680.40 元。

4. 2010 年 8 月 18 日，铮江公司向农商行中央街支行提交两份提款申请书，农商行中央街支行再次向铮江公司发放 360 万元。截至 2012 年 9 月 17 日，铮江公司尚欠农商行中央街支行本息合计 4497190.02 元。

5. 一审：原告农商行中央街支行起诉铮江公司，诉请偿还借款本息，并要求黑河市热电厂承担担保责任。黑河市中院判决借款人铮江公司应返还借款本息，但第二笔借款已超出了担保合同的约定，黑河市热电厂不应承担担保责任。

6. 二审：原告农商行中央街支行不服一审判决提起上诉，诉称黑河市热电厂应承担担保责任。黑龙江省高院判决第二笔借款仍在最高额抵押的范围之内，黑河市热电厂应承担担保责任。

7. 再审：黑河市热电厂不服二审判决，申请再审。最高法院认定黑河市热电厂应承担担保责任，并裁定驳回再审申请。

裁判要点及思路

最高法院认为本案的争议焦点是：抵押人黑河热电厂是否应承担担保责任。核心问题是案涉的第二笔借款是否超出了《最高额抵押合同》约定的担保责任的范围。

一审法院认为，在借款人未偿还第一笔借款的情况下，银行工作人员自行偿还，而后又发放了第二笔借款，两笔借款的金额已经超出了担保合同约定的金额。同时，发放第二笔借款时银行并未征得担保人的同意，加重了担保人的责任，故此担保人不应为第二笔借款承担责任。

二审法院则认为本案签订的是最高额抵押合同，**在合同约定的决算期届满之前，最高额抵押权所担保的债权并不特定，其间无论债权债务数额如何变化和债权发生次数多少对最高额抵押亦无影响。**案涉《最高额抵押担保合同》约定的最高债权额为360万，决算期届满日为2011年4月29日。而本案决算期届满时，铮江公司在农商行中央街支行的借款本金余额，即最后确定的债权额为360万，未超出最高额抵押担保的债权额，故黑河市热电厂应对此承担抵押担保责任。

最高法院再审时也认为银行在《最高额抵押担保合同》约定的债权确定期限内连续两次贷款并不违反合同的约定，且决算期届满时银行剩余的债权总额并未超出最高额抵押担保的债权限额，因此最高额抵押人黑河市热电厂应承担担保责任。

实务要点总结

前事不忘，后事之师。我们就本案最高法院的判决所涉及的实务要点梳理如下，以供实务参考。

1. 本案中最高额抵押人对普通抵押和最高额抵押的不同点缺乏了解，二者最显著区别主要有以下几点：（1）普通抵押是为现实的、确定的债务提供担保，最高额抵押是为将来的、不确定的债务提供担保；（2）普通抵押只为一笔贷款融资提供担保，而最高额抵押项下可以发生多次贷款融资；（3）普通抵押必须以主债权存在为前提，而最高额抵押权则相对独立。也就是说，借款人清偿某一笔具体债务之后，相对应的普通抵押权也跟着消灭。但是在债权决算期届满前，某一笔债权的产生和消灭不会影响最高额抵押权的效力；（4）普通抵押约定的是债务的履行期限，借款人逾期未还的抵押人应承担担保责任，债权额度从一开始就是确定的。最高额抵押约定的是债权的确定期限，只有决算期届满时才能确定发生了多少债务，并在最高限额范围内承担担保责任，最终的债权数额有可能高于或者低于最高限额。

2. **银行对最高额抵押的债权限额约定不足，会导致最终的债权总额（包括本金、利息、逾期利息等）超出了最高额抵押的担保责任的范围。**实务中很多银行在“最高额抵押项下担保责任的最高限额为”时，仅填写贷款本金，未包含利息、逾期利息、复利、违约金、赔偿金、银行为实现债权与担保权利而发生的费用（如诉讼费等）等，导致银行此部分债权不在最高额抵押担保的范围内，使得银行债权难以得到全面保障。因此，为确保债权能够得到充分的担保，在填写最高限额时，应将债权确定期间内可能发生的所有贷款本息和其他费用做合理的估算，核定出一个总数。

相关法律法规

《物权法》

第二百零三条 为担保债务的履行，债务人或者第三人对一定期间内将要连续发生的债权提供担保财产的，债务人不履行到期债务或者发生当事人约定的实现抵押权的情形，抵押权人有权在最高债权额限度内就该担保财产优先受偿。

最高额抵押权设立前已经存在的债权，经当事人同意，可以转入最高额抵押担保的债权范围。

第二百零六条 有下列情形之一的，抵押权人的债权确定：

（一）约定的债权确定期间届满；

（二）没有约定债权确定期间或者约定不明确，抵押权人或者抵押人自最高额抵押权设立之日起满二年后请求确定债权；

（三）新的债权不可能发生；

（四）抵押财产被查封、扣押；

（五）债务人、抵押人被宣告破产或者被撤销；

（六）法律规定债权确定的其他情形。

以下是本案判决书中“本院认为”部分，最高法院、黑龙江省高院就担保人是否应承担责任问题的论述：

最高法院认为：“**本案再审审查的争议焦点是：黑河市热电厂应否对案涉借款承担抵押担保责任。**首先，本案中《最高额抵押担保合同》约定‘在合同约定的期间和最高余额内，农商行中央街支行发放合同约定的贷款和提供其他贷款时无须逐笔办理担保手续。’**在合同履行中，农商行中央街支行连续两次发放贷款，不违反上述合同约定，亦不违反法律、行政法规的禁止性规定，二审判决认定其合法有效并无不当。其次，案涉《借款合同》约定贷款数额为 360 万元，《最高额抵押担保合同》约定的保证期限为 2 年。农商行中央街支行在上述约定的 2 年保证期限内，连续两次各发放贷款 360 万元；截至《最高额抵押担保合同》约定的保证期限届满日，本案主债务余额仍为 360 万元，并未超过《最高额抵押担保合同》**

约定的保证责任范围，未加重保证人的责任风险。黑河市热电厂主张案涉《最高额抵押担保合同》系格式合同、未约定循环贷款，应认定无效的理由缺乏事实与法律依据。至于第二笔贷款360万元中330万元转给案外人郑某一节，系债务人铮江公司指令农商行中央街支行转款的结果，属于债务人的处分行为，本案中并无证据显示债权人与债务人协议改变原借款合同约定的贷款用途，不存在《中华人民共和国担保法》第二十四条有关‘债权人与债务人协议变更主合同的，应当取得保证人书面同意，未经保证人书面同意的，保证人不再承担保证责任’规定的情形。”

黑龙江省高院认为：“案涉《借款合同》《担保合同》系各方当事人的真实意思表示，其内容不违反法律、行政法规的强制性规定，又无导致合同无效的法定情形，应认定为有效合同。同时，案涉《担保合同》已在黑河市房产管理局办理了抵押登记，抵押权有效设立。**本案争议的焦点问题为黑河市热电厂应否对案涉借款承担抵押担保责任。**根据案涉《担保合同》约定，黑河市热电厂为铮江公司2009年4月20日至2011年4月29日期间在农商行中央街支行最高余额为360万元的借款提供抵押担保，故该《担保合同》系最高额抵押合同，黑河市热电厂提供的系最高额抵押担保。而根据担保法有关理论，最高额抵押是抵押人在最高债权额限度内，以抵押物对将来一定期间（即决算期间）连续发生的不特定债权所提供的一种抵押担保。**在最高额抵押合同约定的决算期届满之前，最高额抵押权所担保的债权并不特定，其间债权债务数额如何变化和债权发生次数多少对最高额抵押亦无影响。只有在决算期届满后，所担保的债权额方能确定，抵押人对确定的债权在合同约定的最高债权额限度内承担抵押责任。本案中，黑河市热电厂担保的最高债权额为360万元，担保债权的决算期间为2009年4月20日至2011年4月29日。截至2011年4月29日（即决算期届满日），铮江公司在农商行中央街支行的借款本金余额即最后确定的债权额为360万元，未超出案涉最高额抵押担保的债权额，故黑河市热电厂应对此承担抵押担保责任。**至于农商行中央街支行发放两笔360万元的借款行为，以及2010年8月8日发放第二笔360万元借款时是否征得黑河市热电厂的同意及未对铮江公司的借款用途、偿还能力等情况进行审查的行为并不违反案涉《担保合同》约定，亦符合最高额抵押担保的法律特征，原审法院以农商行中央街支行上述行为加重作为抵押人黑河市热电厂的责任为由，判决驳回农商行中央街支行关于黑河市热电厂承担抵押担保责任的主张属适用法律不当，应予纠正。另外，案涉借款合同约定，借款人铮江公司未按期归还借款本金，贷款人农商行中央街支行有权自借款逾期之日至本息清偿之日收取罚息，故铮江公司应自借款逾期之日起按照合同约定利率上浮 50% 的标准计付罚息至实际给付之日。原审判决仅判令铮江公司向农商行中央街支行支付逾期罚息至 2012 年 9 月 20 日（即农商行中央街支行起诉之日）不当，本院亦应予以纠正。”

案件来源

黑河农村商业银行股份有限公司中央街支行与黑河市铮江经贸有限公司、黑河市热电厂借款合同纠纷上诉案［黑龙江省高级人民法院（2014）黑高商终字第 34 号］；黑河市热电厂、黑河农村商业银行股份有限公司中央街支行与黑河市热电厂、黑河农村商业银行股份有限公司中央街支行等金融借款合同纠纷申请再审案［最高人民法院（2014）民申字第 2196 号］

055 银行知道抵押财产被查封、扣押的，最高额抵押担保的债权确定

阅读提示

《物权法》第二百零六条第（四）项规定，抵押财产被查封、扣押的最高额抵押担保的债权确定。《最高人民法院关于人民法院民事执行中查封、扣押、冻结财产的规定》（以下简称《查封规定》）第二十七条规定，最高额抵押担保的债权数额的确定有两种情形：1. 查封、扣押抵押财产后，法院将查封、扣押的事实通知抵押权人；2. 有证据证明抵押权人知道抵押财产被查封、扣押的事实。**《物权法》第二百零六条将“抵押财产被查封、扣押”作为债权确定的事由，但未明确查封扣押行为对抵押权人生效的时点。**

如依照《查封规定》第二十七条的规定，只有银行（抵押权人）知道抵押财产被查封、扣押的事实才能确定最高额抵押担保的债权数额。但根据《物权法》第二百零六条的规定则得不出银行（抵押权人）必须知情才对其产生效力的结论。

最高法院认为，抵押财产被查封、扣押之后且能够证明银行（抵押权人）对查封、扣押事实知情的，以此为时间点最高额抵押担保的债权数额不再增加。其后发生的债权不计入最高额担保的范围。

裁判要旨

无论适用《物权法》第二百零六条还是适用《查封规定》第二十七条的规定确定抵押权人的债权，由于涉案债权发生于抵押财产被查封之后且有证据证明银行（抵押权人）知道查封事实，故银行（抵押权人）对抵押财产的价款不享有优先受偿权。即使适用《查封规定》第二十七条的规定以确定债权，亦应认定银行在发放涉案贷款时已知晓抵押财产被查封的事实，并应据此确定债权。

案情简介

1. 2013 年 4 月 25 日，中行青岛开发区支行与劲时通公司签订《授信额度协议》，约定提供 2 亿元人民币的授信额度。使用期限至 2014 年 4 月 23 日止。

2. 2013 年 4 月 25 日，中行青岛开发区支行与安吉竹艺公司签订《最高额抵押合同》，约定为前述《授信额度协议》提供最高本金余额为 2 亿元人民币的担保。2013 年 4 月 27 日，抵押房产办理登记。

3. **自 2013 年 12 月 25 日至 2014 年 1 月 24 日**，中行青岛开发区支行为劲时通公司办理进口代收押汇业务共 6 笔，金额总计为 7 886 592 美元。

4. 2014 年 6 月 3 日，浙江省安吉县法院作出裁定，受理申请人浙江安吉农村商业银行股份有限公司对被申请人安吉竹艺公司的破产清算申请。

5. 一审：原告青岛开发区支行起诉被告劲时通公司，诉请偿还欠款本息，并要求抵押人安吉竹艺公司承担担保责任。青岛市中院判决被告劲时通公司应偿还欠款本息，抵押人安吉竹艺公司应在 2 亿元人民币的范围内就欠款本金和截至 2014 年 6 月 3 日的利息承担担保责任。

6. 二审：抵押人安吉竹艺公司不服一审判决，提起上诉。诉称银行对案涉抵押物不享有优先受偿权。**二审法院另查明，2013 年 8 月 5 日，浙江安吉法院作出执行裁定书，查封了安吉竹艺公司名下的所有房产，其中包括本案的涉案抵押财产**。浙江省高院判决银行对抵押人的抵押财产享有优先受偿权。

7. 再审：抵押人安吉竹艺公司不服二审判决申请再审。诉称，二审法院适用法律错误，银行对案涉抵押物不享有优先受偿权。根据安吉竹艺公司申请，浙江安吉法院执行局工作人员出庭作证。**经最高法院审判委员会讨论，判决银行对案涉抵押房产不享有优先受偿权。**

裁判要点及思路

最高法院认为本案的争议焦点是：**应如何选择适用法律，如适用《物权法》第二百零六条，则抵押物被查封的事实一发生，抵押权人的债权即确定；如适用《查封规定》第二十七条，则以法院通知或者抵押权人知道查封事实时债权确定。**

因案涉借款均发生在法院作出查封、扣押抵押财产的裁定之后，且法院未将该事实告知银行（抵押权人）。**因此，以哪个时间点确定最高额抵押担保的债权数额直接关系案涉债权是不是0元，以及银行是否对案涉抵押财产享有优先受偿权。**

最高法院在论理时并没有正面回答本案应适用《物权法》还是《查封规定》，而是将二者相比较之后，**认为"即使根据《查封规定》第二十七条的规定以确定债权，亦应认定中行青岛西海岸分行在发放涉案贷款时已知晓本案抵押财产被查封的事实"**。即，最高法院认为《查封规定》第二十七条适用的条件比《物权法》第二百零六条更加严格，如果根据该条能认定银行知道案涉抵押财产被查封、扣押的事实，那么银行在知情后继续发放贷款的行为属于典型的自甘风险，不应由抵押人继续承担担保责任，即银行对案涉抵押财产不享有优先受偿权。

也就是说，**最高法院实际上将本案的争议焦点变成了：银行（抵押权人）对案涉抵押财产被查封、扣押的事实是否知情。**抵押人安吉竹艺公司为了证明银行知情的事实，在二审时提交了银行工作人员和委托代理人、借款人公司职员前往抵押财产所在地出差的相关证据，以及作出查封、扣押裁定的法院执行局工作人员的证言。再审时，根据抵押人安吉竹艺公司的申请，前述法院执行局工作人员出庭作证。**最高法院综合上述证据，经审判委员会讨论认定银行应当知道案涉抵押财产被查封、扣押的事实，并据此判决银行对案涉抵押财产不享有优先受偿权。**

实务要点总结

前事不忘，后事之师。我们就本案最高法院的判决所涉及的实务要点梳理如下，以供实务参考。

1. 最高法院认为本案的争议焦点是：应适用《物权法》还是《查封规定》？但吊诡的是，在判决书的论理部分最高法院并没有正面回答应适用哪一个法律规定，而是转向去认定看似与争议焦点无关的，银行对案涉抵押财产被查封、扣押的事实是否知情的事实。应当注意，如果最高法院按照抵押人的主张适用《物权法》第二百零六条的规定，即抵押财产被查封、扣押的事实一经发生，无须考虑银行（抵押权人）是否知情的要素，最高额抵押担保的债权即确定，那么最高法院也就没有必要费尽周章去论述银行是否知情。换句话说，最高法院既然认为银行是否知情的要件对本案的裁判有着至关重要的影响，那么实际上还是依照《查封规定》第二十七条来认定最高额抵押担保的债权数额何时确定，并在综合各项事实足以认定银行知晓抵押财产被查封的事实的情况下，判决银行对案涉抵押财产不享有优先受偿权。

2. 最高法院在本案的判决中并没有明确回答《物权法》第二百零六条第（四）项与《查封规定》第二十七条之间的关系。但应当认为，后者是对前者的细化，是更加明确的操作准则。以银行知道或应当知道查封、扣押的事实作为确定最高额抵押担保的债权数额的重要因素，实际上是减轻了银行因自己不可知的风险使得贷款脱保的风险。如果抵押人不能证明银行知晓抵押财产被查封、扣押的事实，后续发生的贷款仍应计入最高额抵押担保的债权数额，并以抵押财产向银行（抵押权人）承担担保责任。

3. 抵押物被查封、扣押后银行仍发放贷款，会导致此后发放贷款脱保。即使是在最高额抵押的有效期间内，如果出现设立最高额的抵押财产被查封、扣押情形的，债权就被提前确定了，此后新发生的债权就不应计入该最高额抵押的担保范围内。为避免银行的抵押权悬空，在每一次发放贷款时，银行工作人员最好到抵押财产所在现场及登记部门了解担保物权属状况，如出现异常情况，就不应再发放贷款或提供其他任何授信业务。

4. 本案判决书末尾写到“本院经审判委员会讨论，依照……判决如下”，应当注意，并不是任何案例都有资格进入最高法院审判委员会讨论阶段，本案应属于典型的“重大疑难案件”，其确立的裁判观点和原则对后续同类型案件具有重要的参考意义。

相关法律法规

《物权法》

第二百零六条 有下列情形之一的，抵押权人的债权确定：

（一）约定的债权确定期间届满；

（二）没有约定债权确定期间或者约定不明确，抵押权人或者抵押人自最高额抵押权设立之日起满二年后请求确定债权；

（三）新的债权不可能发生；

（四）抵押财产被查封、扣押；

（五）债务人、抵押人被宣告破产或者被撤销；

（六）法律规定债权确定的其他情形。

《最高人民法院关于适用〈中华人民共和国担保法〉若干问题的解释》（法释〔2000〕44号）

第八十一条 最高额抵押权所担保的债权范围，不包括抵押物因财产保全或者执行程序被查封后或债务人、抵押人破产后发生的债权。

《破产法》

第四十六条 未到期的债权，在破产申请受理时视为到期。

附利息的债权自破产申请受理时起停止计息。

《最高人民法院关于人民法院民事执行中查封、扣押、冻结财产的规定》（法释〔2004〕15号，2008年12月16日修订）

第二十七条 人民法院查封、扣押被执行人设定最高额抵押权的抵押物的，应当通知抵押权人。抵押权人受抵押担保的债权数额自收到人民法院通知时起不再增加。

人民法院虽然没有通知抵押权人，但有证据证明抵押权人知道查封、扣押事实的，受抵押担保的债权数额从其知道该事实时起不再增加。

以下是本案判决书中“本院认为”部分，最高法院就银行是否对案涉抵押房产享有优先受偿权问题的论述：

最高法院认为：“根据当事人再审诉讼请求，经当事人确认，**本案争议焦点为：本案应适用《中华人民共和国物权法》第二百零六条还是《查封规定》第二十七条的规定确定抵押权人的债权。**

最高额抵押中抵押权人的债权确定，是指对最高额抵押的担保范围进行定额化的原因出现后，对最高额抵押所担保的债权额进行确定和计算。**本案的争议主要在于应如何适用法律，各方当事人均认为，如果适用《中华人民共和国物权法》第二百零六条，则抵押物被查封的事实一发生，抵押权人的债权即确定；如果适用《查封规定》第二十七条，则以人民法院通知或者抵押权人知道查封事实时债权确定。**

就本案而言，**即使适用《查封规定》第二十七条的规定以确定债权，亦应认定中行青岛西海岸分行在发放涉案贷款时已知晓本案抵押财产被查封的事实，并应据此确定债权。**首先，自涉案抵押物被查封至发放第一笔贷款，时间跨度达8个月，抵押权人只要尽到审慎注意义务，本案抵押财产的情况并不难核实。其次，安吉县房地产管理服务中心档案查询记录和介绍信显示，2013年12月12日，劲时通公司另案委托代理人吴某查询了抵押物有关查封情况。有关行程单和住宿登记则显示，2013 年 12 月 12 日，劲时通公司职员胡某与上述代理人吴某一同从杭州返回青岛。浙江安吉法院执行局两位工作人员则出庭作证证明抵押权人去了该院查询抵押物查封情况。以上证据相互印证形成证据链，应认定中行青岛西海岸分行就涉案抵押物状况进行了查询并知悉抵押物已被查封的事实。因此，安吉竹艺公司的再审主张应予采信，受抵押担保的债权数额从中行青岛西海岸分行知道查封事实时起不再增加。

综上，**本案无论适用《中华人民共和国物权法》第二百零六条还是适用《查封规定》第二十七条的规定确定抵押权人的债权，由于涉案债权发生于抵押财产被查封之后且有证据证明中行青岛西海岸分行知道查封事实，故中行青岛西海岸分行对抵押财产的价款不享有优先受偿权。**原判决针对抵押担保适用法律错误，应予纠正。安吉竹艺公司关于本案抵押权人中行青岛西海岸分行无优先受偿权的再审申请理由成立，本院予以支持。**本案经本院审判委员会讨论，依照《最高人民法院关于人民法院民事执行中查封、扣押、冻结财产的规定》第二十七条、**《中华人民共和国民事诉讼法》第一百七十条第一款第（二）项之规定，判决如下：一、撤销山东省青岛市中级人民法院（2014）青金商初字第 105 号民事判决、山东省高级人民法院（2015）鲁商终字第 155 号民事判决书。”

案件来源

浙江安吉竹艺置业有限公司、中国银行股份有限公司青岛西海岸新区分行金融借款合同纠纷再审案［最高人民法院（2016）最高法民再 54 号］

延伸阅读

有关抵押财产被查封、扣押后最高额抵押担保的债权数额确定的问题，以下是我们在写作中检索到与该问题相关的最高法院案例及裁判观点，以供读者参考。

1. 法院发出的执行协查通知书只是要求房产处协助办理房屋登记过户手续，不涉及查封、扣押抵押房产，且《房屋交易证明书》也没有具体的权利限制内容，因此，不适用《物权法》第二百零六条的规定，银行对案涉抵押财产享有优先受偿权。

案例一：溧阳中鸿科技有限公司（原江苏中鸿科技有限公司）、中信银行股份有限公司常州分行金融借款合同纠纷再审案［最高人民法院（2016）最高法民申 3303 号］

最高法院认为：“（一）**关于中信银行能否对案涉房屋行使抵押权的问题。**首先，中鸿公司主张中信银行自行填写抵押合同相关内容，但并未提供证据证明。即使存在空白条款的情形，也应认定为系中鸿公司就该部分空白内容授权抵押权人进行补充。对于中鸿公司提出葛某在签订《最高额抵押合同》之时，已不再担任中鸿公司法定代表人的主张。该主张即使能成立，也不影响中鸿公司的责任承担，因为中鸿公司已经在《最高额抵押合同》上盖章确认。该合同系双方当事人真实意思表示，内容不违反法律和行政法规强制性规定，应认定有效。其次，虽然中鸿公司与葛某签订合同时间在前，但从《溧阳市房屋交易证明书》载明的登记时间看，中信银行设定最高额抵押权的登记时间早于溧阳市人民法院协助执行通知书登记在簿的时间。同时，中鸿公司与中信银行签订《最高额抵押合同》时持有案涉房屋权属证书，中信银行基于不动产登记的公示公信效力，与中鸿公司签约时已尽到合理审查和注意义务。**中鸿公司虽主张其和葛某在案涉贷款发放前多次告知中信银行该房产属于葛某所有且已被法院查封并裁定过户，要求中信银行不得继续发放贷款并应及时解除抵押，但并未提供相应证据予以证明。故可以认定案涉抵押权设定有效。**再次，**溧阳市人民法院向溧阳市房产处发出的协助执行通知书只是要求该处协助办理房屋过户登记，不涉及查封案涉抵押房屋，且《溧阳市房屋交易证明书》也没有具体的权利限制内容，故二审判决认定本案不适用《最高人民法院关于适用〈中华人民共和国担保法〉若干问题的解释》第八十一条、《中华人民共和国物权法》第二百零六条规定，中信银行可以对案涉房屋行使抵押权并无不当。**中鸿公司此项申请再审理由不能成立。”

2. 相较于《物权法》而言，《查封规定》关于最高额抵押权所担保债权确定时间的规定更为明确具体，但《查封规定》与《物权法》的相关规定并不存在冲突；此外，《物权法》的颁布实施时间晚于《查封规定》，而《物权法》并未明确废止《查封规定》的上述规定，故《查封规定》的上述规定依然有效，故案涉债权应属于最高额抵押权所担保的债权范围。

案例二：王某、上海浦东发展银行股份有限公司兰州分行金融借款合同纠纷再审审查与审判监督民事裁定书［最高人民法院（2017）最高法民申5165号］

最高法院认为：“**一、关于本案最高额抵押权所担保的债权范围的问题。**王某主张，根据《物权法》第二百零六条‘有下列情形之一的，抵押权人的债权确定：（四）抵押财产被查封、扣押；’之规定，最高额抵押权所担保债权确定的时间点应为抵押财产被查封、扣押之时，由于本案所涉抵押财产因他案被甘肃省高级人民法院于2016年7月28日查封，故浦发银行兰州分行与三峰公司于2016年8月30日及2016年11月2日签订的《流动资金借款合同》所涉借款不在本案抵押财产担保的债权范围之内。**本院认为,《物权法》虽对最高额抵押权所担保债权确定的原因进行了规定,但《查扣冻规定》第二十七条又进一步规定:'人民法院查封、扣押被执行人设定最高额抵押权的抵押物的,应当通知抵押权人。抵押权人受抵押担保的债权数额自收到人民法院通知时起不再增加。人民法院虽然没有通知抵押权人,但有证据证明抵押权人知道查封、扣押事实的,受抵押担保的债权数额从其知道该事实时起不再增加。'根据该条规定,最高额抵押权人受抵押担保的债权数额自抵押权人收到人民法院通知时或有证据证明抵押权人知道查封、扣押事实时确定。相较于《物权法》而言,《查封规定》关于最高额抵押权所担保债权确定时间的规定更为明确具体,但《查封规定》与《物权法》的相关规定并不存在冲突;此外,《物权法》的颁布实施时间晚于《查封规定》,而《物权法》并未明确废止《查封规定》的上述规定,故《查封规定》的上述规定依然有效,一审法院依据《查封规定》作出相关认定并无不当。**本案中,在无证据证明浦发银行兰州分行在与三峰公司签订48012016280416号、48012016280556号《流动资金借款合同》时已知悉案涉抵押财产被查封或无证据证明人民法院已将抵押财产被查封的事实通知浦发银行兰州分行的情况下,上述两份《流动资金借款合同》项下债权应属于最高额抵押权所担保的债权范围。至于王某主张浦发银行兰州分行未尽到审慎的调查义务由此应承担不利后果一节,本院认为,相较于浦发银行兰州分行而言,王某作为案涉抵押财产的物权人,其对抵押财产的状况应更为熟悉,当其所提供的抵押财产因他案被人民法院查封后,其应及时将相关情况告知浦发银行兰州分行,但其在未告知的情况下,继续以该抵押财产作为向浦发银行兰州分行借款的担保,有违诚实信用原则;而浦发银行兰州分行在与王某签订《最高额抵押合同》设立抵押权之时,已履行了相应的审查义务,只有在有证据证明浦发银行兰州分行已明知抵押财产被查封的事实,但仍以该抵押财产为其新产生的债权进行担保的情况下,其才应承担相应的不利后果。故王某的该项主张不能成立,本院不予支持。"

3.《物权法》第二百零六条将"抵押财产被查封、扣押"作为债权确定的事由,但未明确查封扣押行为对抵押权人生效的时点。最高额抵押的债权因"抵押财产被查封、扣押"而确定,但应从抵押权人收到查封、扣押通知或知道抵押财产被查封、扣押之时产生效力。抵押权人对抵押财产被查封、扣押的事实不知情,在最高额抵押权存续期间和最高债权限额以内发生的债权,仍然属于担保债权。

案例三:中国民生银行股份有限公司长春分行与吉林昊融集团股份有限公司金融借款合同纠纷、质押合同纠纷案[吉林省高级人民法院(2016)吉民初51号]

吉林省高院认为："**3. 最高额抵押财产被查封抵押权人的债权何时确定。**

首先，《中华人民共和国物权法》第二百零六条第（四）项关于'抵押财产被查封、扣押'的规定与《最高人民法院关于适用〈中华人民共和国担保法〉若干问题的解释》第八十一条关于'最高额抵押权所担保的债权范围，不包括抵押物因财产保全或者执行程序被查封后或者债务人、抵押人破产后发生的债权'的规定内容一致，只是表述不同。其次，《最高人民法院关于人民法院民事执行中查封、扣押、冻结财产的规定》第二十七条关于'人民法院查封、扣押被执行人设定最高额抵押权的抵押物的，应当通知抵押权人。抵押权人受抵押担保的债权数额自收到人民法院通知时起不再增加。人民法院虽然没有通知抵押权人，但有证据证明抵押权人知道查封、扣押事实的，受抵押担保的债权数额从其知道该事实时起不再增加'的规定与物权法第二百零六条第（四）项规定、担保法司法解释第八十一条规定并不冲突。**主要理由为：执行规定第二十七条是关于最高额抵押债权确定的时点的规定。虽然《物权法》第二百零六条将'抵押财产被查封、扣押'作为债权确定的事由，但未明确查封扣押行为对抵押权人生效的时点。**根据《执行规定》第一条的规定，查封扣押应当作出裁定，并送达被执行人和申请执行人，需要他人协助的，应当制作协助执行通知书送达协助执行人，通知书送达生效。《执行规定》第二十七条进一步明确人民法院查封、扣押抵押财产，应当通知抵押权人，债权自收到通知起不再增加；或者虽然没有通知，但有证据证明知道的，从知道之日起不再增加。**根据前述两条规定可以明确，对申请人和抵押人而言，自裁定送达时生效；对最高额抵押权人而言，从通知送达或者有其他证据证明其知道之日起生效，未送达的，不能对抗最高额抵押权人。最高额抵押财产的查封、扣押是一系列的行为，涉及人民法院、申请人、抵押权人、抵押人、抵押人的其他债权人的权利义务，《物权法》第二百零六条第（四）项仅明确了债权确定的事由，没有明确债权确定的具体时点，也没有明确抵押权人知道或者不知道查封扣押事实对最高额抵押债权确定的影响。《执行规定》第二十七属于查封、扣押最高额抵押财产的程序性规定，其与《物权法》第二百零六条第（四）项的规定相结合，才能形成一个调整各方当事人权利义务的完整法律体系。再次，结合《物权法》《执行规定》《担保法解释》，最高额抵押的债权因'抵押财产被查封、扣押'而确定，但应从抵押权人收到查封、扣押通知或知道抵押财产被查封、扣押之时产生效力。抵押权人对抵押财产被查封、扣押的事实不知情，在最高额抵押权存续期间和最高债权限额以内发生的债权，仍然属于担保债权。**因此，昊融集团提供质押的吉恩镍业（证券代码：600432）8988万流通股权于2016年4月26日，被上海市第一中级人民法院查封，但无证据证明民生银行长春分行发放贷款时和发生信用证垫款时，知道吉恩镍业股权被查封或者查封的人民法院已经通知民生银行长春分行的情况下，其在权利质押存续期间和最高债权限额以内连续发生的债权，仍然属于担保债权。据此，民生银行长春分行在7亿元最高限额内，可对昊融集团提供质押编号为ZYD160572（吉恩镍业8988万流通股）项下证券行使质权。”

反例：

4.《物权法》第二百零六条规定，抵押财产被查封、扣押的，最高额抵押权人的债权确定。该条款规定具体、明确。根据物权法定原则，物权的种类、标的、范围均应由法律规定，在《物权法》对作为限制物权的担保物权所担保的范围有明确规定的情况下，应当适用《物权法》的规定。

案例四：上海浦东发展银行股份有限公司温州分行与温州市磊泰革业有限公司、温州宝业富来树脂有限公司等金融借款合同纠纷再审案［浙江省高级人民法院（2015）浙民申字第209号］

浙江省高院认为：“对于本案的借款及抵押、保证的事实，当事人不持异议，争议在于法律适用问题，即在抵押物被人民法院查封后，最高额抵押所担保的债权如何确定问题。**根据《物权法》第二百零六条规定，抵押财产被查封、扣押的，最高额抵押权人的债权确定。该条款规定具体、明确。根据物权法定原则，物权的种类、标的、范围均应由法律规定，在《物权法》对作为限制物权的担保物权所担保的范围有明确规定的情况下，应当适用《物权法》的规定。**就本案而言，虽然浦发银行温州分行与磊泰公司于2011年5月5日签订房地产最高额抵押合同并办理了抵押登记，但案涉房产于2011年7月29日被江苏省太仓市人民法院查封，根据《物权法》的规定，此时决算期届满，最高额抵押权人的债权确定，也即抵押物被查封后发生的债权不属于最高额抵押权所担保的债权范围。由于本案浦发银行温州分行在案涉抵押房产被查封后的2011年10月9日仍向磊泰公司发放贷款660万元，故该债权对抵押物不能享有优先受偿权。二审认定事实清楚，适用法律并无不当。”

056 签订最高额抵押合同，却登记为一般抵押是否有效？

阅读提示

最高额抵押与普通抵押在债权发生的形式、债权的确定、担保的范围等方面存在显著区别。近年来，最高额抵押方式在涉及银行的融资业务中被广泛应用，但相关的法律规定和实务层面的操作尚有一定距离。

银行和借款人之间签订《最高额抵押合同》后，因当地相关部门不受理房产最高额抵押登记业务，导致无法登记或者登记错误为一般抵押，如现有融资合同、抵押合同、他项权证书以及其他证据等能够证明当事人之间实际设立的是最高额抵押合同的，最高额抵押人应当承担约定的担保责任。

裁判要旨

抵押人与银行之间虽签署了一般的不动产抵押合同，但不存在抵押合同约定的承兑汇票借款合同关系，即抵押合同无相对应的主合同，且房屋产权交易管理中心在案涉《最高额抵押合同》签订时，并不受理最高额抵押登记业务，故可认定抵押人房产上登记的他项权利名义上虽为一般抵押，但实际是为《最高额抵押合同》而所作的抵押登记，应认定为最高额抵押。

案情简介

1. 2014 年 10 月 14 日，昆仑银行乌鲁木齐分行与广石工业公司签订《银行承兑协议》，载明昆仑银行乌鲁木齐分行为广石工业公司开立银行承兑汇票 2500 万元。**双方均认可该笔资金已归还。**

2. 2014 年 10 月 14 日，昆仑银行乌鲁木齐分行与抵押人汪某 1、徐某和汪某 2 签订两份《最高额抵押合同》，约定分别为广石工业公司本外币借款、银行承兑协议、信用证等业务合同提供最高额债权余额 1840 万元和 160 万元的抵押担保。

3. 2014 年 10 月 14 日，昆仑银行乌鲁木齐分行与汪某 1 就案涉抵押房屋填写六份无合同编号的《房产抵押合同（契约）》，**约定：汪某 1 为了银行承兑汇票自愿将房产抵押于昆仑银行乌鲁木齐分行，作为汪某 1 向昆仑银行乌鲁木齐分行借款的保证；昆仑银行乌鲁木齐分行愿意接受该房产抵押，作为汪某 1 清偿向昆仑银行承兑汇票担保的抵押标的物。**并于同日办理了他项权利证书，**他项权利种类为一般抵押。**汪某 1 财产抵押状况与前述一致。

4. 2015 年 4 月 24 日，广石工业公司和广石冶金集团公司与昆仑银行乌鲁木齐分行签订《流动资金贷款合同》，金额 2000 万。

5. 另查明：乌鲁木齐市房屋产权交易管理中心于 2016 年 5 月 13 日起开展房屋最高额抵押登记业务。

6. 一审：原告昆仑银行起诉被告广石工业公司，诉请偿还欠款，并要求汪某

1、汪某 2 承担抵押担保责任。乌鲁木齐铁路中院判决支持原告请求。

7. 二审：被告汪某 1、汪某 2 不服一审判决，诉称《最高额抵押合同》已被后续的《房产抵押合同（契约）》替代，后合同仅约定对借款人的承兑汇票承担担保责任，故不应为 2000 万流动资金借款承担责任。新疆高院认定《最高额抵押合同》有效，故驳回上诉，维持原判。

8. 再审：上诉人汪某 1、汪某 2 不服二审判决，申请再审。辩称，在产权交易管理中心办理最高额抵押时，被告知只能办理一般抵押登记，故双方口头协商将最高额抵押变更为一般抵押，不应为其后发生的流动资金借款承担担保责任。最高法院驳回再审申请。

裁判要点及思路

本案的争议焦点是，**银行和最高额抵押人之间是否签署了新的一般抵押协议替代了原最高额抵押合同**，并以此免除最高额抵押人的抵押担保责任。本案一审、二审直至最高法院再审，认定的事实和裁判的结果都是较为统一的，均认为银行和抵押人之间并没有形成新的一般抵押协议，最高额抵押合同仍然有效，故抵押人应当按照合同约定承担担保责任。

法院的论据有以下几点：

1. 从两份抵押合同签订的时间顺序上，案涉《最高额抵押合同》和《房产抵押合同（契约）》均为同一天签订，不存在抵押人主张的后协议变更了先协议的问题。

2.《最高额抵押合同》的附件抵押物清单注明了，抵押人办理抵押登记的房产及土地系为最高额抵押合同而设定。

3. 国土资源局办理的土地他项权利证书注明“该宗地国有土地使用权及房产一并设定抵押，双方于 2014 年 10 月签订最高额抵押合同”，且办理抵押登记的抵押面积、抵押金额、抵押期限均与《最高额抵押合同》约定的附件内容相符。

4.《房产抵押合同（契约）》是当地房屋产权交易中心印制的格式合同，并不是双方当事人的约定。同时，抵押人与银行之间并不存在《房产抵押合同（契约）》约定的借款关系。

5. 当地房屋产权交易中心在签署案涉《最高额抵押合同》的时间之后才受理最高额抵押登记业务，此前并不办理该类业务。

实务要点总结

前事不忘，后事之师。我们就最高法院关于本案的判决所涉及的实务要点梳

理如下，以供实务参考。

借款合同和抵押合同是主合同与从合同的关系，抵押合同从成立目的就是为了保证债权能够最终实现。这也就要求银行在签订抵押合同时应当达到明确、具体的要求，避免因抵押合同的效力瑕疵导致最终债权落空。银行在签署最高额抵押合同时应当注意：

1. 最高额抵押是为一定时间内发生的一系列债权债务关系提供担保，在金融借款关系中该类债权虽可统称为借款，但具体形式上可细分为现金贷款、贸易融资、保函、资金业务、承兑汇票、信用证、押汇业务等。而一般性的抵押大多数是为单一的一种融资提供担保，如本案《房产抵押合同（契约）》约定的为银行承兑汇票业务提供担保。因此，银行在签订最高额抵押担保合同时应当在担保的业务范围中尽可能多地约定今后可能发生的融资业务类型，并在约定的范围内签订融资合同。

2. 不动产抵押权自登记时设立的法定要求，决定了有效的抵押登记直接影响着抵押权是否能够得到最终实现。最高额抵押作为一种特殊的抵押担保形式，虽然近几年在实务中被广泛运用，但相对应的《物权法》《担保法》的规定还是比较简陋的，跟不上实践发展的需求。本案中最典型的表现就是，作为省一级行政区域的中心城市乌鲁木齐，在2016年6月23日之后才开始受理房产最高额抵押登记业务，直接导致本案产生了一份与《最高额抵押合同》相悖的《房产抵押合同（契约）》，引发了本次诉讼纠纷。这就要求处于中西部偏远的欠发达地区的银行办理最高额抵押业务时，要注意研究当地的相关登记政策，如当地政府部门不能直接受理最高额抵押登记业务，应当在签订最高额抵押合同之后，将当时当刻的情况形成纸面文件，并由双方签字留存备用。

3. 根据我国《物权法》"房随地走，地随房走"的双向统一原则，银行在接受房屋最高额抵押担保时，必然涉及该房屋范围内土地使用权的一并抵押问题，并且只要土地使用权和房屋所有权当中的一项办理了抵押，应当视为两种财产已经一并抵押。结合本案的情况，银行在得知当地不受理房屋最高额抵押登记业务时，最妥善的做法应当是在土地管理部门办理土地使用权最高额抵押登记时，一并在土地使用权他项权利证书中记载房产也被纳入本次最高额抵押担保的情况，并注明所涉房产的地址、面积等基本信息。而本案中银行恰恰犯了一个重大错误，将案涉土地使用权他项权利种类登记为一般抵押，相关机构和从业人员不可不察。

相关法律法规

《物权法》

第二百零三条　为担保债务的履行，债务人或者第三人对一定期间内将要连续发生的债权提供担保财产的，债务人不履行到期债务或者发生当事人约定的实现抵押权的情形，抵押权人有权在最高债权额限度内就该担保财产优先受偿。

最高额抵押权设立前已经存在的债权，经当事人同意，可以转入最高额抵押担保的债权范围。

《担保法》

第五十九条　本法所称最高额抵押，是指抵押人与抵押权人协议，在最高债权额限度内，以抵押物对一定期间内连续发生的债权作担保。

以下是本案判决书中“本院认为”部分，最高法院和新疆高院就最高额抵押人是否应当承担担保责任问题的论述：

最高法院再审认为：“昆仑银行乌鲁木齐分行在与广石工业公司签订《银行承兑协议》同日，与汪某1、徐某、汪某2签订《最高额抵押合同》，又在同日与汪某1、汪某2签订《房产抵押合同》，合同中约定的抵押期限一致。**汪某1、汪某2与昆仑银行乌鲁木齐分行之间不存在银行承兑汇票借款合同关系，即《房产抵押合同》无相对应的主合同，且乌鲁木齐市房屋产权交易管理中心在2014年10月并无办理最高额抵押登记的业务，故可认定汪某1、汪某2房产上登记的他项权利虽为一般抵押，但实际是为《最高额抵押合同》而设定的抵押，应为最高额抵押。汪某1、徐某、汪某2申请再审称，《最高额抵押合同》因变更为双方签订的《房产抵押合同》而废止，理由不能成立。**”

新疆高院二审认为：“三、《中华人民共和国担保法》第五十九条规定：‘本法所称最高额抵押，是指抵押人与抵押权人协议，在最高债权额限度内，以抵押物对一定期间内连续发生的债权作担保。’本案中，昆仑银行乌鲁木齐分行与汪某1、徐某及汪某2分别签订两份《最高额抵押合同》对广石冶金工业公司自2014年10月14日至2017年10月14日期间、在主债权之最高余额在1840万元和160万元的范围内就其房产及土地使用权设定抵押，并按两份《最高额抵押合同》附件中所载明的抵押物办理了土地他项权证及房屋他项权证。汪某1、徐某、汪某2上诉认为其与昆仑银行乌鲁木齐分行在乌鲁木齐房屋产权交易管理中心签订的《乌鲁木齐市房产抵押合同（契约）》及办理的房屋他项权证均注明为一般抵押，故抵押登记并非为《最高额抵押合同》而办理。**本院认为，首先，《乌鲁木齐市房产抵押**

合同（契约）》与《最高额抵押合同》系同一天签订，不存在汪某1、徐某、汪某2上诉所称以时间在后的《乌鲁木齐市房产抵押合同（契约）》变更了在先的《最高额抵押合同》。其次，从《最高额抵押合同》的附件抵押物清单可以看出，汪某1、徐某、汪某2办理抵押登记的房产及土地系为最高额抵押合同而设定。再次，在乌鲁木齐市国土资源局办理的土地他项权证均注明'该宗地国有土地使用权及房产一并设定抵押，双方于2014年10月签订最高额抵押合同'，且办理抵押登记的抵押面积、抵押金额、抵押期限均与《最高额抵押合同》约定的附件内容相符。《中华人民共和国担保法》第三十六条第二款：'以出让方式取得的国有土地使用权抵押的，应当将抵押时该国有土地上的房屋同时抵押。'故，土地上房屋在办理抵押登记时应当随国有土地使用权一并办理最高额抵押登记。另外，《乌鲁木齐市房产抵押合同（契约）》系乌鲁木齐市房屋产权交易管理中心为办理抵押登记所印制的制式合同，并非双方之间据此达成了新的抵押合同，该合同中约定汪某1、汪某2为了银行承兑汇票自愿将汪某1、汪某2房产抵押于昆仑银行乌鲁木齐分行作为汪某1、汪某2向昆仑银行乌鲁木齐分行借款的保证，但事实上汪某1、汪某2与昆仑银行乌鲁木齐分行之间并无借款关系，故《乌鲁木齐市房产抵押合同（契约）》并无对应之主合同，且根据本院的调查及乌鲁木齐市房屋产权交易管理中心的通知可以看出，该中心自2016年6月23日才开始开展房屋最高额抵押登记业务。故汪某1、徐某、汪某2办理的房屋所有权和土地使用权的抵押登记应当是为两份《最高额抵押合同》而设立，对汪某1、徐某、汪某2上诉所称《最高额抵押合同》已被《乌鲁木市房产抵押合同（契约）》所替代，《最高额抵押合同》已失效和作废的上诉理由无事实及法律依据，本院不予支持。"

案件来源

最高法院：汪某1、徐某金融借款合同纠纷再审审查与审判监督民事裁定书［最高人民法院（2017）最高法民申1830号］；新疆高院：汪某1、徐某等与昆仑银行股份有限公司乌鲁木齐分行、新疆广石冶金（集团）工业有限公司等金融借款合同纠纷上诉案［新疆维吾尔族自治区高级人民法院（2016）新民终79号］

057 最高额抵押担保的债权范围特定后，债权转让的合法有效

阅读提示

最高额抵押担保的债权在诉讼中转让是否有效，涉及的更为一般性的问题其实是最高额抵押担保的债权在何种情况下能够有效转让。

《担保法》第六十一条规定“最高额抵押的主合同债权不得转让”，从该条的立法本意上来看，并不是说最高额抵押担保的债权一律不得转让，而是强调主合同债权在不特定的情况下不能随同其最高额抵押权的全部或者部分一起转让。

《物权法》第二百零四条也规定“最高额抵押担保的债权确定前，部分债权转让的，最高额抵押权不得转让，但当事人另有约定的除外”，也就是说在最高额抵押担保的债权范围没有最终确定前，部分债权或者单笔债权转让的效力不及于最高额抵押权，也即转让的是没有担保的普通债权。但该条仍然赋予当事人之间另行约定担保协议的权利，除非存在特别约定，否则最高额抵押权只能在最终债权额确定后才能产生与债权一并转让的效果。

裁判要旨

在起诉时案涉最高额贷款发放完毕并还款履行期限届满，故最高额债权数额确定，主债权转让的，相应的最高额抵押权也同样发生转让的效果。法院在对案涉债权和抵押物权均予以确认的同时，直接判决承继债权及物权的债权受让人行使最高额抵押权符合法律规定。

案情简介

1. 2012 年 3 月 1 日，工行塘沽分行与晋商公司签订《房地产借款合同》，约定借款数额为 14000 万元，借款期限 23 个月。

2. 借款合同中约定：借款人应按照项目销售进度及时归还借款，住房开发贷款项目销售率达到 80%，商用房开发贷款项目销售率达到 70% 前应当偿还全部借款本息。

3. 同日，双方签订了《最高额抵押合同》，所担保的主债权为自 2012 年 3 月 1 日至 2014 年 1 月 17 日期间，最高债权余额为 14000 万元（不包括实现债权的费用），并办理抵押登记。工行塘沽分行按约发放贷款，而后晋商公司偿还 1809.3 万，尚欠本金 12190.7 万。

4. 一审期间，2015 年 1 月 7 日，工行塘沽分行将诉争债权转让给信达天津分公司，并于 2015 年 10 月 8 日将原告变更为信达天津分公司。

5. 一审：被告晋商公司辩称，借款合同约定至商品房销售至一定比例时偿还全部借款，应视为约定了还款期限，现还款期限未至，最高额抵押担保的债权未特定的情况下，工行塘沽分行转让债权的应属无效，信达天津分公司不享有优先受偿权。

6. 天津高院认为，借款合同的约定是强调在贷款项目销售率达到一定比例时，借款人应当履行偿还全部借款本息的义务，而非赋予借款人只有在达到上述比例时才归还全部借款本息之权利。故判决案涉债权和最高额抵押权转让合法有效，晋商公司应承担还款责任。

7. 二审：晋商公司不服一审判决，提起上诉，辩称原审法院将借款合同约定的借款期限与还款期限混为同一期限，本案还款期限未至，同时债权转让发生在诉讼中，案涉最高额抵押权转让应属无效。最高法院驳回上诉，维持一审判决。

裁判要点及思路

本案的争议焦点是，**案涉借款合同约定的商品房销售达到一定比例借款人应当偿还全部借款是否应认定变更了借款期限**，即债权人是否只有在晋商公司商品房销售达到约定比例时才有权利主张债权，或者最高额担保的债权范围才能特定并可有效转让。**最高法院认为，晋商公司主张的达到一定销售住房比例即应还款，是对晋商公司的义务性约定，并非其权利条款。**并不是只有达到约定比例，晋商公司的还款责任才产生。同时，借款合同明确约定了借款期限，借款期限届满应当偿还借款系经济交往常理。在起诉时案涉最高额贷款发放完毕且还款履行期限届满情况下，应认定最高额担保的债权数额已确定，故案涉最高额抵押权转让应合法有效，受让人信达天津公司享有优先受偿权。

实务要点总结

前事不忘，后事之师。我们就最高法院有关本案的判决涉及的实务要点梳理如下，以供实务参考。

1.《物权法》第二百零四条有关最高额抵押担保的债权转让的规定实际上已经变更了《担保法》第六十一条，或者说作出了更符合法理要求的立法。从语义上解释，《担保法》第六十一条很容易得出最高额抵押担保的债权一律不得转让的结论。最高法院结合《物权法》和《担保法》的立法本意，认为最高额抵押担保的债权不得转让实际上是指最终的债权范围未确定前部分债权或者单笔债权转让的效力不及于相应的最高额抵押权，所转让的是脱保的普通债权。只有在最高额抵押债权结算期届满或者发生《物权法》第二百零六条规定的情形致使最终债权额确定的，债权转让的效力才当然地及于最高额抵押权。

2. 既然最高额抵押担保的债权范围未确定，转让的债权只是没有担保的普通债权，这就要求受让债权时，特别是实践中众多的资产管理公司在受让银行不良资产包时，首先应当审查最高额抵押担保的债权是否确定，其次如还未确定，不应贸然接受债权让与，或者应当作出特别约定，要求抵押人继续或者另行为该债权提供担保，否则受让的债权将有脱保的风险。

相关法律法规

《物权法》

第二百零四条 最高额抵押担保的债权确定前，部分债权转让的，最高额抵押权不得转让，但当事人另有约定的除外。

第二百零六条 有下列情形之一的，抵押权人的债权确定：

（一）约定的债权确定期间届满；

（二）没有约定债权确定期间或者约定不明确，抵押权人或者抵押人自最高额抵押权设立之日起满二年后请求确定债权；

（三）新的债权不可能发生；

（四）抵押财产被查封、扣押；

（五）债务人、抵押人被宣告破产或者被撤销；

（六）法律规定债权确定的其他情形。

《担保法》

第六十一条 最高额抵押的主合同债权不得转让。

《最高人民法院关于审理涉及金融资产管理公司收购、管理、处置国有银行不良贷款形成的资产的案件适用法律若干问题的规定》［法释〔2001〕12号］

第八条 人民法院对最高额抵押所担保的不特定债权特定后，原债权银行转让主债权的，可以认定转让债权的行为有效。

以下是本案判决书中“本院认为”部分，最高法院就案涉最高额抵押担保的债权范围是否确定问题的论述：

最高法院认为："工行塘沽分行与晋商公司签订的两份《房地产借款合同》及对应的《抵押合同》、《最高额抵押合同》均系有效合同。工行塘沽分行按照合同的约定向晋商公司发放了贷款，合同履行期限届满后，晋商公司履行了一部分还款义务，对剩余未支付的款项，应当依照合同约定履行义务并承担违约责任。工行塘沽分行将本案债权转让给信达天津分公司，信达天津分公司承继本案债权。晋商公司上诉主张根据房地产借款合同条款第三条的约定，借款人应按照项目销售进度及时归还借款。住房开发贷款项目销售80%，商用住房销售70%前应偿还全部借款本息。据此特别约定，其销售房屋未达到该比例，信达天津分公司不得要求其偿还全部本息。**根据上述合同约定的内容，晋商公司主张的达到一定销售住房比例即应还款，系对晋商公司的义务性约定，并非其权利条款，案涉当事人之间的合同明确约定了借款期限，借款期限届满应当偿还借款系经济交往常理，晋商公司的该主张不成立。晋商公司上诉主张案涉债权转移发生在诉讼中，故在法院判决生效前最高额抵押担保债权未明确，一审法院对此给付判决优先受偿错误。**因一审原告工行塘沽分行起诉时提出债权给付之诉和实现抵押物权之诉，一审法院将两诉合并审理。**在起诉时案涉最高额贷款发放完毕并还款履行期限届满，故最高额债权数额确定。一审法院在对案涉债权和抵押物权均予以确认的同时，直接判决承继债权及物权人信达天津分公司行使相关权利符合法律规定。**晋商公司关于一审判决适用法律错误的观点不成立，本院不予采信。信达天津分公司关于案涉《最高额抵押合同》项下担保的主债权已经明确确定的观点成立，本院予以采信。晋商公司上诉主张其在一审时也提交了证据，其提交的证据与对方当事人重叠，一审法院认定其未提交证据有误。因其主张的证据已经进入本案的审理程序，一审法院并未因此事项落实任何一方当事人的举证责任，且其该上诉主张不涉及具体诉讼请求，本院对此不予审理。"

案件来源

中国信达资产管理股份有限公司天津市分公司与天津晋商投资有限公司金融借款合同纠纷上诉案［最高人民法院（2016）最高法民终274号］

延伸阅读

有关最高额抵押担保的债权转让是否有效的问题，以下是我们在写作中检索到与该问题相关的最高法院和部分省高院案例及裁判观点，以供读者参考。

1.《担保法》第六十一条规定“最高额抵押的主合同债权不得转让”，其立法本意并非能严格禁止涉及最高额抵押的债权转让，而是强调主合同债权在不特定的情况下不能随同其最高额抵押权的全部或者部分一起转让。在最高额抵押合同项下的借款合同债权实际已经确定或特定，不可能发生新的债权，应认定最高额抵押担保的债权范围已经特定化，其后发生的转让行为应属合法有效。

案例一：石家庄建工集团有限公司与中国东方资产管理公司石家庄办事处最高额抵押借款合同纠纷上诉案［最高人民法院（2007）民二终字第240号］

最高法院认为：“本院认为，通过当事人的上诉和答辩，本案上诉争议焦点在于原贷款银行对本案所涉债权转让至资产管理公司的行为的效力，**具体说，就是原贷款银行转让本案贷款债权之时，由于本案的借款合同的发生是在具有最高额抵押合同情形下进行的，主合同债权是否已经特定，转让行为本身是否违法从而影响转让行为的效力认定。**

首先，我国《担保法》第六十一条有‘最高额抵押的主合同债权不得转让’的规定，**从其立法本意看，强调是主合同债权在不特定的情况下不能随同其最高额抵押权的全部或者部分一起转让的一般原则，这是最高额抵押权的本质属性决定的。**最高额抵押权不同于普通抵押权的特殊性体现在最高额抵押权对其所担保的在一个最高债权额限度之内在一定期间内连续发生的债权具有不可分割性，最高额抵押权并非仅仅为其所担保范围内某一项特定具体的债权而设立，而是为一系列不特定债权设立。此处的‘主合同债权’意指在最高额抵押权担保的情况下按照约定的最高债权额限度之内以抵押物对一定期间内连续发生的不特定债权的概括性总称，而并非指在具有最高额抵押权担保的情况下单笔或者多笔债权自由流动、变化、转让、消灭，不包括当事人在最高额抵押合同中特别约定当主合同债权不确定时发生转让连同最高额抵押权全部或部分转让的情形，也不包括最高额抵押权担保的债权按照约定或者法定事由已经特定化之后发生转让的情形。**在最高额抵押合同没有达到约定的决算期或者通过其他方式对主合同债权予以确定时，在一定时间段内发生的债权总额可能始终是不确定的，是不断变化的。最高额抵押权并不因为其所担保的其中一个或者数个债权的变化、消灭、转让而发生变化、消灭、转让，除非当事人早已在最高额抵押合同中有特别约定。**最高额抵押权在如何随同其所担保的主合同债权发生转让的问题上如果当事人在合同中没有约定，那么**只有一个条件才能发生最高额抵押权随同主合同债权一同转让情形，即主合同债权发生特定化情形。**《最高人民法院关于审理涉及金融资产管理公司收购、管理、处置国有银行不良贷款形成的资产的案件适用法律若干问题的规定》

第八条‘最高额抵押权所担保的不特定债权特定后，原债权银行转让主债权的，可以认定转让债权的行为有效。’正是体现这样的思想。**因此，除非在当事人有特别约定的情况下，最高额抵押权必须待其所担保的债权特定后方可随同一起转让，否则发生的主合同债权转让则成为脱离最高额抵押权担保的普通债权。**

其次，就本案而言，本案所涉两份最高额抵押合同并没有约定决算期，虽然其约定最高额抵押权的存续期为自被担保债权诉讼时效届满之日后的2年，也就是说，是本案债权转让发生之日即由新华支行将本案四笔贷款及从权利转让给信达石办时，仍在本案最高额抵押合同的存续期间；本案所涉四笔借款合同虽然其中三笔贷款的履行期限已经届满，即三笔债务已达清偿期，但另有一笔即2003年12月26日金额为2440万元的2003-16号借款合同因其借款期限为2003年12月29日至2004年12月28日而未届清偿期，但是，判断最高额抵押合同项下的借款合同债权是否已经确定的标准并非完全在于上述因素，仍需要结合其他因素综合判断。**鉴于本案四笔贷款合同金额已达最高额抵押合同约定的债权的最高额限度，事实上不可能发生新的债权；且本案四笔贷款合同是借新还旧的借款合同，是为到期的八笔旧贷进行的转贷而重新签订的四份借款合同；该四笔借款合同其中三笔贷款的履行期限已经届满，即三笔债务已达清偿期**；同时，根据本案两份最高额抵押合同第十条抵押权实现（一）主合同项下全部或部分债务本金或利息履行期限届满，乙方（指新华支行）未受清偿的，新华支行有权依法处分抵押物的约定，**应当认为新华支行于2004年6月28日将本案所涉的四笔借款债权及担保债权转让给信达石办时，本案最高额抵押合同项下的借款合同债权实际已经确定或特定，不可能发生新的债权，即使发生新的借贷关系也与本案最高额抵押合同无关，不属其所担保的债权范围。本案最高额抵押担保债权已经特定，本案债权可以依法转让。**本案债权作为不良资产进行转让符合有关法律政策，本案最高额抵押项下的债权变成具有普通抵押权的债权，并没有损害债务人的利益或加重债务人的责任。本案债权转让行为不违反法律、法规的强制性规定，应当认定有效。原审判决对此认定和处理正确，本院予以维持。建工集团上诉所称的本案债权转让无效及理由不能成立，本院不予支持。”

2.《物权法》对最高额抵押所担保的主债权，不再禁止转让，只是在主债权确定前转让部分债权的，抵押权不随之转让。至于主债权确定之后再转让债权的，《物权法》没有作出限制性规定，应认定案涉债权转让行为有效。

案例二：山东省方兴物流有限公司合同纠纷执行案裁定书［山东省高级人民法院（2014）鲁执复议字第26号］

山东省高院认为："一、**关于申请执行人民生银行济南分行与第三人王某之间的债权转让行为是否合法有效的问题。**本案申请执行人民生银行济南分行与第三人王某经协商达成债权转让的合意，第三人就所受让的债权向申请执行人支付了相应的对价后，双方签订了《债权转让合同》。申请执行人也向申请复议人以及其他被执行人送达了债权转让通知。该转让行为符合《中华人民共和国合同法》对债权转让的要求，也不违反相关法律的禁止性规定。因此，上述债权转让具有法律效力，应当受到法律保护。申请复议人方兴物流公司提出的其为涉案主债权设定了最高额抵押，根据《中华人民共和国担保法》第六十一条的规定，最高额抵押的主合同债权不得转让这一主张。**本院认为，本案的债权转让行为发生在《中华人民共和国物权法》(以下简称《物权法》)实施之后，根据《物权法》第一百七十八条的规定，担保法与物权法的规定不一致的，应当适用物权法。《物权法》第二百零四条规定：'最高额抵押担保的债权确定前，部分债权转让的，最高额抵押权不得转让，但当事人另有约定的除外。'由此可见，《物权法》对最高额抵押所担保的主债权，不再禁止转让，只是在主债权确定前转让部分债权的，抵押权不随之转让。至于主债权确定之后再转让债权的，《物权法》没有作出限制性规定，本院认为，此种情况下，应按照普通债权的转让规则适用《物权法》第一百九十二条的规定。**"

058《还款证明》与《抵押注销申请》是否足以证明借款已还清，最高额抵押权已消灭？

阅读提示

最高的抵押担保的特征是为一定期间内连续发生的借款在一定额度内提供担保，也就说借款人可以在约定的债权发生期间内多次向银行申请融资借款。在债权发生期限尚未届满的情况下，银行向借款人、抵押人出具还款证明、抵押登记注销申请书等文件仅能证明此前发生的借款已全部清偿，因银行未实际办理抵押权注销登记，而后又发生新借款的，应认定该等借款仍在最高额抵押担保的范围之内，抵押人应继续承担担保责任。

裁判要旨

银行出具《还款证明》和《抵押注销申请》，仅能证明出具该等文件前的借

款已经全部还清。由于银行并未向抵押人交付他项权证，注销行为也未实际进行，在最高额抵押期间又发生借款的，抵押人仍应在最高额抵押范围内承担担保责任。

案情简介

1. 2012 年 10 月 8 日，上水公司与民生银行镇江支行签订《最高额抵押合同》，约定以其国有土地使用权为中江公司与民生银行镇江支行之间自 2012 年 10 月 8 日至 2015 年 10 月 8 日期间签订的《综合授信合同》项下发生的债务提供抵押担保。2013 年 4 月 28 日，民生银行镇江支行与中江公司签订《综合授信合同》，最高授信额度 3.3 亿元。

2. 2013 年 10 月 28 日，民生银行镇江支行向国土资源局出具了《还款证明》及《土地使用权抵押注销申请》，申请注销案涉土地的抵押登记，但民生银行镇江支行其后并未向上水公司递交土地他项权证，致土地抵押登记没有注销。据民生银行镇江支行庭审中陈述，因其后与中江公司继续办理了《综合授信合同》额度项下的授信业务，故未与上水公司办理案涉土地抵押登记的注销。

3. 中江公司自 2013 年 11 月始欠付银行贷款利息，且未支付银行承兑汇票欠款。

4. 一审：原告民生银行镇江支行起诉被告上水公司，要求承担担保责任，上水公司辩称抵押担保已经解除。镇江市中院认为抵押担保未解除，判决上水公司应承担担保责任。

5. 二审：上水公司不服一审判决，提起上诉，诉称银行出具《还款证明》和《土地使用权抵押注销申请》足以表明借款已全部清偿，故不应承担担保责任。江苏省高院认为抵押登记未注销的情况下上水公司仍应承担担保责任，故判决驳回上诉，维持原判。

6. 再审：上水公司二审判决以相同的请求申请再审，最高法院裁定驳回再审申请。

裁判要点及思路

本案的争议焦点是：银行出具还款证明、抵押登记注销申请等文件是否足以证明借款已还清，抵押担保关系已解除？最高法院认为，银行虽然出具了《还款证明》和《土地使用权抵押注销申请》，这仅能证明出具该等文件时此前发生的借款已经全部还清，而不能证明此后是否发生新的借款以及新借款是否清偿。由于银行并未向抵押人交付他项权利证书，也并未实际完成抵押注销登记，在现有证据表明最高额抵押担保期间内又发生了新的借款的情况下，银行仍有权继续行使该抵押权。

实务要点总结

前事不忘，后事之师。我们就最高法院有关本案的判决涉及的实务要点梳理如下，以供实务参考。

1. 物权的变动应当完成必要的公示公信手续，不动产物权的设立之时应当办理初始登记，转让不动产物权应当办理转让登记，注销不动产物权应当办理注销登记。即使银行作出放弃抵押权的意思表示，但如果并未实际办理抵押权注销登记，并不能发生抵押权消灭的法律效果，银行仍享有抵押权，仍有权要求抵押人承担抵押担保责任。

2. 从管理风险的角度，在借款并未全部清偿或者最高额抵押担保期间内仍然可能产生新借款的情况下，银行应避免向债务人、抵押人出具诸如还款证明、抵押登记注销申请等能够佐证借款已经清偿的证明文件，即使后续未实际办理抵押注销登记，不能发生抵押权消灭的法律效果，但银行仍有可能基于未按约办理注销登记等事由承担违约责任。

相关法律规定

《物权法》

第六条　不动产物权的设立、变更、转让和消灭，应当依照法律规定登记。动产物权的设立和转让，应当依照法律规定交付。

第九条第一款　不动产物权的设立、变更、转让和消灭，经依法登记，发生效力；未经登记，不发生效力，但法律另有规定的除外。

《不动产登记暂行条例》（国务院令第 656 号）

第四条　国家实行不动产统一登记制度。

以下是本案判决书中“本院认为”部分，最高法院就抵押关系是否解除问题的论述：

最高法院认为：“（二）关于民生镇江支行出具有关文件的行为是否视为抵押合同已解除且担保范围内的借款已还清的问题。案涉抵押权已经登记成立，民生镇江支行为抵押权人。作为权利人，民生镇江支行有单方放弃自己权利的自由，包括根据合同履行情况注销抵押权登记。民生镇江支行虽然出具了抬头为涟水县国土资源局的《还款证明》和《土地使用权抵押注销申请》，但其并未交付他项权证，有关注销行为并未实际进行。此后，因在最高额抵押期间被担保人中江公司又发生了借款，民生镇江支行依据《最高额抵押合同》停止办理注销抵押权登记。**民生镇江支行出具的上述有关文件，仅能证明出具该些文件时，中江公司与民生镇江支行的借款已经全部还清。此后在最高额抵押期间发生的有关借款，上水公司仍应在最高额抵押范围内承担担保责任。上水公司关于其不再承担最高额抵押担保责任且抵押担保范围的借款已经还清的再审申请理由不成立。**”

案件来源

中煤科技集团有限公司、江苏上水创业园开发有限公司等与中煤科技集团有限公司、江苏上水创业园开发有限公司等金融借款合同纠纷申请再审民事裁定书［最高人民法院（2015）民申字第 2014 号］；中国民生银行股份有限公司镇江支行与江苏上水创业园开发有限公司、中煤科技集团有限公司等金融借款合同纠纷二审民事判决书［江苏省高级人民法院（2014）苏商终字第 00479 号］

延伸阅读

有关不动产抵押登记的问题，以下是我们在写作中检索到与该问题相关的最高法院案例及裁判观点，以供读者参考。

1. 抵押双方约定原借款清偿后不办理抵押权注销登记，原抵押物继续为借款人后续借款提供担保的约定不发生物权效力，但是可以视为原抵押人对借款人提供保证担保。

案例一：新疆石河子农村合作银行与刘某、步某借款合同纠纷申诉、申请民事裁定书［最高人民法院（2015）民申字第 2354 号］

最高法院认为：“《中华人民共和国担保法》第四十一条规定：‘当事人以该法第四十二条规定的城市房产、土地使用权等财产抵押的，应当办理抵押物登记，抵押合同自登记之日起生效。’**据此，刘某与合作银行之间关于先前的贷款还清后不办理注销登记，抵押房产继续为 20 万元贷款提供担保的约定尽管是双方的真实意思表示，但并不能发生双方所希望的法律后果，案涉抵押合同并不能为该 20 万元贷款依法设定抵押权。**《中华人民共和国担保法》关于不动产担保物权的设定必须履行登记手续的规定，系为贯彻公示原则以保护善意第三人的利益和交易安全，对公示原则的违反尚不构成为法律秩序和法律的基本价值所不容的行为，故对于未履行登记手续的抵押合同，其法律效力并非确定无效。为救济其法律效力的瑕疵，除可以通过补办登记手续这种方式加以补正使其发生法律效力外，还可以通过解释上的转换这一方式，将其转换为有效的担保行为，以节约交易成本，促进交易发展。根据民法基本原理，法律行为的转换是指原有行为如果具备替代行为的要件，并且可以认为当事人如果知道原有行为不生效力或无效将希望替代行为生效的，可以将原有行为转换为替代行为而生效。其制度趣旨在于不拘泥于法律行为的外观，而是在尊重当事人的真实意思的基础上，对交易做出新的评价，用一种适当的行为去替换当事人所选择的不适当的行为，以平衡当事人之间的利益。就本案而言，以此前的抵押登记继续为案涉20万元贷款提供担保，是刘某和合作银行缔约时的真实意思表示，且在案涉贷款的催收环节和本案诉讼的初期阶段，刘某亦未以其提供的房产担保不生效力为由进行过抗辩。由此不难得出结论，如果合作银行和刘某在案涉20万元借款合同和担保合同签订之时，就知道这种以在先的抵押登记担保在后发生的另一笔债权并不能产生法律效力，在不办理登记以节约抵押登记费用的情况下，双方会选择由刘某提供保证这一合法有效的担保方式，以保证贷款合同的顺利履行。相反，若仅机械适用法律认定本案房产抵押因未登记就不发生任何法律效力，则刘某不承担担保责任的结果将会明显背离一般社会大众的公平认知，亦显然有违诚实信用原则。因此，根据本案的实际情况，本院将案涉20万元的抵押担保合同转换为连带责任保证合同。由于抵押担保是以物的价值为限承担有限责任，而保证则是以保证人的全部责任财产承担无限责任，故在理论上存在着将抵押担保转化为保证担保会增加刘某责任范围的可能性，但在本案中，该31××36、32××31号房产原先是作为1998年4月9日的25万元贷款的抵押担保，依经验法则判断，该房产的价值显然应该大于25万元，在担保方式转换后刘某所应承担的20万元本息的保证责任并未超出其所提供的担保物的价值，故本院对担保方式转换后刘某的保证责任范围不再予以限定。”

2. 主债权已因受偿归于消灭，但因抵押人和抵押权人在主债权受偿后均没有在抵押登记机关申请涂销抵押登记并缴销他项权利证书，因此在所担保的主债权消灭后并不必然发生抵押权也随之消灭的法律后果，抵押登记仍然发生法律效力。

案例二：中信银行股份有限公司兰州分行、甘肃华宁东方贸易有限公司金融借款合同纠纷二审民事判决书［最高人民法院（2017）最高法民终210号］

最高法院认为：“由此，对华宁公司与中信银行的案涉8000万元贷款合同，张某、乔某、薛某签订有2015年4月28日《最高额抵押合同》予以担保，抵押财产为张某所有登记在兰房他证（七里河）字第××号他项权证项下房产、乔某所有登记在兰房他证（七里河）字第 ×× 号他项权证项下房产和薛某所有登记在兰房他证（七里河）字第 ×× 号他项权证项下房产，与 2014 年 4 月 22 日《最高额抵押合同》项下抵押房产相同，于 2014 年 4 月 23 日已办理了他项权利登记，且在登记后未办理涂销登记并缴销他项权利证书。**因此，依据《中华人民共和国物权法》第十四条之规定，对案涉房产设立的抵押权并未消灭，抵押登记仍然有效。虽然在 2014 年 4 月 23 日抵押权设立后，华宁公司与中信银行签订有相应的《综合授信合同》，约定由 2014 年 4 月 22 日《最高额抵押合同》项下抵押财产予以担保，且该合同项下综合授信额度内所发生的主债权已因受偿归于消灭，但因抵押人和抵押权人在主债权受偿后均没有在抵押登记机关申请涂销抵押登记并缴销他项权利证书，因此在所担保的主债权消灭后并不必然发生抵押权也随之消灭的法律后果，抵押登记仍然发生法律效力。**乔某、张某、薛某辩称 2014 年 4 月 23 日设立的抵押权因所担保的主债权消灭而消灭的抗辩理由不能成立，本院不予支持”。

3. 未办理所有权变更登记，仅是不发生所有权转移的效果，《抵债协议》仍然有效。

案例五：吉林市国鑫支农小额贷款有限责任公司、吉林市尼斯威饮品有限责任公司再审审查与审判监督民事裁定书［最高人民法院（2017）最高法民申 4363 号］

最高法院认为：“《中华人民共和国物权法》第九条第一款规定：‘不动产物权的设立、变更、转让和消灭，经依法登记，发生效力；未经登记，不发生效力，但法律另有规定的除外。’鉴于虹美包装厂与尼斯威公司签订《抵债协议》后，并未办理 E 库房和收发室的产权登记手续，原审判决依法驳回尼斯威公司关于确认其对 E 库房享有所有权、收发室享有物权，解除对 E 库房、收发室的查封并停止执行的诉讼请求。因此，原审判决认定《抵债协议》有效，并不影响国鑫公司对案涉土地享有的优先受偿权。”

059 最高额抵押担保下即使具体融资合同中缺少抵押担保的约定，担保人的责任也不能免除

阅读提示

最高额担保制度的核心是为一段时期内连续多次发生的债权债务在一定限额内提供担保，因此在约定的债权发生期限内债权总额不是固定的，而是随着借款

人的借款和还款行为实时波动。具体操作中，大额度的金融借款一般是由银行为借款人提供一定时期内授信额度，并由担保人为该授信额度提供最高额担保，在此整体担保的框架下再由银行和借款人另行签订包括流动资金借款、承兑汇票、信用证、保理融资等具体形式的融资合同。而在该等具体的融资合同中，并不要求每一次都说明签署最高额担保的事实，只要银行、借款人、担保人未明确表示解除或者变更该最高额抵押项下的担保，担保人的责任就不应免除。

裁判要旨

排除抵押担保需银行、借款人、担保人明确约定或者以其他的方式明确作出表示。最高额抵押权已有效设立，银行与借款人在后续签订的具体融资借款合同中并未载明该项最高额抵押担保的事实，也不能据此认定双方排除了该项担保，担保人仍应承担担保责任。

案情简介

1. 2012 年 10 月 8 日，上水公司与民生银行镇江支行签订《最高额抵押合同》，约定以上水公司所有的土地使用权为中江公司与民生银行镇江支行之间自 2012 年 10 月 8 日至 2015 年 10 月 8 日期间签订的《综合授信合同》所发生的主债权提供抵押担保，最高债权额本金为 4300 万元。

2. 2013 年 4 月 28 日，民生银行镇江支行与中江公司签订《综合授信合同》，额度 3.3 亿元。合同第十二条约定，“甲方与乙方就每一项具体授信业务所签订的具体业务合同与本合同不一致的，以该具体业务合同为准”。2013 年 5 月 23 日起，民生银行镇江支行与中江公司签订保理等具体合同，共形成 69 691 787.11 元保理融资款。中江公司自 2013 年 11 月始未按期支付借款本息。

3. 2013 年 10 月 28 日，民生银行镇江支行向上水公司在出具《还款证明》、《土地使用权抵押注销申请》，但并未办理抵押权注销登记。

4. 一审：原告民生银行镇江支行起诉被告中江公司、上水公司，要求偿还借款本息，承担抵押担保责任。上水公司认为具体融资合同明确排除了最高额抵押担保，镇江市中院认为并未排除担保人的担保责任，故判决上水公司仍应承担担保责任。

5. 二审：上水公司不服一审判决提起上诉，诉称案涉具体融资合同仅约定保证担保，并未涉及上水公司提供抵押担保的，故不应承担担保责任。江苏省高院判决驳回上诉请求，维持原判。

6. 再审：上水公司不服二审判决，以相同的理由申请再审，最高法院裁定驳回再审申请。

裁判要点及思路

本案的争议焦点是：银行与借款人之间签订的具体融资合同未载明上水公司与银行签署的《最高额抵押合同》，是否能据此免除抵押担保责任。最高法院从两方面进行论述：

1. 关于最高额抵押担保责任是否被后续签订的具体融资合同排除的问题。排除担保责任需要债权人和担保人作出明确的表示并达成合意。本案中借款人与银行签署的具体融资合同均发生在最高额抵押合同约定的债权发生期限内，且未对最高额抵押担保责任再做约定，并不能表明解除了担保人的责任。

2. 银行出具的《还款证明》、《土地使用权抵押注销申请》是否足以证明被担保的借款已清偿，抵押合同已解除？根据现有的证据，银行出具的上述文件仅能证明截至出具之日的借款已经清偿，并不能证明此后发生的仍在最高额债权产生期限之内的借款的事实。同时，因未办理抵押权注销登记，担保人仍应就后续产生的借款承担担保责任。

实务要点总结

前事不忘，后事之师。我们就最高法院有关本案的判决涉及的实务要点梳理如下，以供实务参考。

1. 合同具有相对性，只能约束签订合同的当事人，对当事人之外的第三人不发生法律效力。本案中担保人上水公司并非《综合授信协议》的当事人，因此该协议对上水公司不发生法律效力。张某、田某等另行为借款人提供的担保的行为，与上水公司提供的抵押担保不冲突，也并非代替了上水公司的担保责任。《综合授信协议》中并未写明担保人上水公司提供最高额抵押担保的事实，是因为最高额抵押担保是对借款人一段期间的债务提供整体担保，无须在每个具体融资合同中重复说明。也就是说，如果想要解除最高额抵押合同所设定的抵押担保，必须在后合同中由银行和债权人双方明确作出解除或者变更最高额抵押担保的意思表示，否则仅是后续融资合同中未载明最高额抵押合同信息的，不能据此否定抵押担保的效力。

2. 具体融资合同是对《综合授信协议》的补充，在二者内容发生冲突时，应当以何为准，属于合同当事人可以自行协商的事项。大额的金融借款通常是由银行提供一段时期内的授信额度，而后在借款人需要时另行签订具体的融资借款合同，因此明确授信合同与具体借款合同之间的适用关系十分重要。本案中的最高额抵押合同明确约定，如除本合同约定的担保方式外，主合同项下还存在其他担保的，则担保人上水公司应承担的担保责任不受任何其他担保的影响，也不因其而免除或减少。根据既往判决，最高法院一般认可该种约定的合法性。因此，银行在行使权利时有权选择优先行使最高额抵押合同项下的担保权利。因此，建议银行在办理同类业务时，应当考虑设置类似条款，以明确各方的权利义务。

相关法律规定

《合同法》

第七十七条 当事人协商一致，可以变更合同。法律、行政法规规定变更合同应当办理批准、登记等手续的，依照其规定。

第七十八条 当事人对合同变更的内容约定不明确的，推定为未变更。

以下是本案判决书中“本院认为”部分，最高法院就担保人责任是否免除问题的论述：

最高法院认为：“（一）关于江苏上水的最高额抵押担保责任是否已在具体业务合同中被排除的问题。**江苏上水与民生镇江支行签订的《最高额抵押合同》已经发生法律效力。中江公司与民生镇江支行的具体业务发生于合同约定的最高额抵押期间，排除该最高额抵押担保需明确约定或者以其他的方式明确作出，有关具体业务合同中未对江苏上水的最高额抵押担保责任再作约定，并不能表明解除江苏上水的担保责任。《最高额抵押合同》中还规定，上水公司对民生镇江支行承担的担保责任不受任何其他担保的影响，也不因之而免除或减少，因此即使在有关具体业务合同中约定了其他的担保方式，也不能免除江苏上水的担保责任。上水公司认为其抵押担保责任已被排除的再审申请理由不成立。**

（二）关于民生镇江支行出具有关文件的行为是否视为抵押合同已解除且担保范围内的借款已还清的问题。案涉抵押权已经登记成立，民生镇江支行为抵押权人。作为权利人，民生镇江支行有单方放弃自己权利的自由，包括根据合同履行情况注销抵押权登记。**民生镇江支行虽然出具了抬头为涟水县国土资源局的《还款证明》和《土地使用权抵押注销申请》，但其并未交付他项权证，有关注销行为并未实际进行。此后，因在最高额抵押期间被担保人中江公司又发生了借款，民**

生镇江支行依据《最高额抵押合同》停止办理注销抵押权登记。民生镇江支行出具的上述有关文件，仅能证明出具该些文件时，中江公司与民生镇江支行的借款已经全部还清。此后在最高额抵押期间发生的有关借款，江苏上水仍应在最高额抵押范围内承担担保责任。江苏上水关于其不再承担最高额抵押担保责任且抵押担保范围的借款已经还清的再审申请理由不成立。”

案件来源

中煤科技集团有限公司、江苏上水创业园开发有限公司等与中煤科技集团有限公司、江苏上水创业园开发有限公司等金融借款合同纠纷申请再审民事裁定书［最高人民法院（2015）民申字第 2014 号］；中国民生银行股份有限公司镇江支行与江苏上水创业园开发有限公司、中煤科技集团有限公司等金融借款合同纠纷二审民事判决书［江苏省高级人民法院（2014）苏商终字第 00479 号］

延伸阅读

有关双方协商变更合同的问题，以下是我们在写作中检索到与该问题相关的最高法院案例及裁判观点，以供读者参考。

1. 双方协商一致变更内容，就变更后的内容与原合同约定的内容的适用产生争议的，如无特殊约定，应优先适用变更后的合同条款。

案例一：中国葛洲坝集团股份有限公司与海南中汇油品储运股份有限公司、海南中汇宏基实业投资有限公司合同纠纷二审民事判决书［最高人民法院（2016）最高法民终 470 号］

最高法院认为：“合同法第七十七条第一款规定，当事人协商一致，可以变更合同。**本案座谈会纪要是在施工合同履行出现障碍、发生争议的情况下，各方就施工合同项下的一部分事项达成的解决问题的初步协议，其中涉及的退还履约保证金的内容，相对于施工合同原有的约定，当然属于对原合同部分内容的变更。**就施工合同中的部分事项达成的新的协议及其履行，不妨碍双方就施工合同如何履行或是否继续履行问题，另行协商解决。只要新的协议已经成立，并无无效的事由，则应受到法律保护，当事人应当按照新的约定履行。履约保证金本身作为对工程发包方利益的强化保障措施，在法律上和事实上也并非施工合同履行的前提条件，其是否缴纳以及是否提前退还，并不必然导致施工合同无法继续履行的后果。即使返还履约保证金会导致施工合同不能履行，也不能免除中汇油品公司按照座谈会纪要的承诺付款的义务。**根据座谈会纪要签订的背景情况及其内容，退还履约保证金的承诺，是在中汇油品公司长期占用履约保证金、不支付工程款、工程已经长期停工的情况下作出的，中汇油品公司先退还保证金、结清已完工程的工程款，恰恰是双方再就下一步可能包括施工合同的继续履行与否等合作事宜进行协商洽谈的前提，中汇油品公司反而主张将施工合同能否继续履行作为保证金应否退还的前提条件，违背座谈会纪要的约定。**综上，中汇油品公司所主张的施工合同继续履行问题，不能成为阻止履行座谈会纪要约定的退还履约保证金的理由。”

2. 合同可以根据当事人的协商而变更，如果变更内容未能成立或生效的，则当事人仍然须按原合同的内容履行。

案例二：北京冬春文化传播有限公司与被申请人浙江新线影视发行有限公司、北京盟将威影视文化有限公司委托创作合同纠纷再审审查民事裁定书［最高人民法院（2013）民申字第1573号］

最高法院认为：“关于冬春公司、新线公司是否履行了合作合同的主要义务。《合同法》第六十七条规定：‘当事人互负债务，有先后履行顺序，先履行一方未履行的，后履行一方有权拒绝其履行要求。先履行一方履行债务不符合约定的，后履行一方有权拒绝其相应的履行要求。’先履行抗辩权本质上是对负有先履行义务一方违约的抗辩。先履行抗辩权的成立及行使可使后履行一方暂时中止履行自己债务，以对抗先履行一方的履行请求。先履行抗辩权的行使不影响后履行一方主张违约责任。《合同法》第七十七条规定：‘当事人协商一致，可以变更合同。’合同可以根据当事人的协商而变更，如果变更合同的协议不能成立或不能生效，则当事人仍然须按原合同的内容履行；如果当事人对合同变更的内容约定不明确，推定为未变更。本案中，根据合作合同的约定，冬春公司的主要合同义务为‘在本协议签署后15日内，向新线公司、盟将威公司提交书面的前期运作方案，并在其中明确各项支出的具体明细’。新线公司、盟将威公司的主要合同义务为‘新线公司、盟将威公司书面批准冬春公司提交的影片前期运作方案后3日内，向冬春公司预付人民币100万元用于该影片的启动’。从约定履行的先后顺序上看，冬春公司应先提交前期运作方案，新线公司、盟将威公司付款在后。合作合同中明确了冬春公司履行的时间、形式，即冬春公司应在2011年3月10日前向新线公司、盟将威公司以书面形式提交前期运作方案，但新线公司在冬春公司履行期限未届满、未收到冬春公司书面前期运作方案的情况下，于2011年3月1日先行将100万元付至冬春公司账户。新线公司先行履行其合同主要义务的行为使其丧失了先履行抗辩权，即放弃了自己可以要求冬春公司先行履行的权利。新线公司对其先履行抗辩权利的放弃属于单方提前履约的行为，不发生经各方协商一致变更合作合同的效力，在没有证据证明各方当事人经协商一致变更了冬春公司提交前期运作方案的时间及形式的情况下，冬春公司仍应按原合作合同履行其义务。同时，冬春公司没有提交足以证明其履行了15日内提交前期运作方案的证据，新线公司先行履约的行为不能推定冬春公司已履行其该项义务。况且，冬春公司申请再审期间对其未按合作合同约定的15日内以书面形式向新线公司、盟将威公司提交前期运作方案的事实予以确认。冬春公司主张其向新线公司、盟将威公司发送了电子邮件，经本院审查，冬春公司提交的证据仍不能证明其在约定时间内以电子邮件的方式提交了前期运作方案，因此二审法院认定冬春公司构成违约并无不当。新线公司履行了合作合同约定的主要义务，即向冬春公司付出预付款，不构成违约。冬春公司关于新线公司先行付款的行为应视为双方变更合同内容、新线公司构成违约的主张缺乏事实和法律依据，本院不予支持。”

第二节 与抵押担保有关的其他法律问题

060 当事人约定或者登记部门要求登记的担保物权有效期间届满不影响担保物权的效力

阅读提示

实践中存在当事人双方约定担保物权有效期的情形，如本文案例中银行和出质人约定“质押额度有效期自2014年3月7日至2015年3月6日止”，或者物权设立登记机构要求登记物权有效期，如国土部门在受理国有土地使用权、采矿权抵押登记时要求记载抵押权的有效期。

应当明确，不论是当事人自行约定还是登记机构主动要求登记担保物权期限，由于《物权法》并未规定有关担保物权期限的内容，因此前述涉及担保物权期限的约定和登记均违反了物权法定原则，不能产生限制担保物权期限的物权效力。约定或者登记的期限届满但担保物权人未办理延期的，不影响担保物权人享有的优先受偿权。

裁判要旨

依照物权法定原则，《应收账款质押登记办法》作为部门规章不能规定应收账款质权的消灭期限，不具有消灭应收账款质权的效力。根据《担保法解释》第十二条“当事人约定的或者登记部门要求登记的担保期间，对担保物权的存续不具有法律约束力”的规定，应收账款的质押登记效力不受信贷征信机构有关登记期限的约束，银行未办理质押登记展期的，不影响依法设立的质权的效力。

案情简介

1. 2014年8月5日，兴业银行与五峰公司签订《流动资金借款合同》，借款金额2700万元。同年12月24日，双方又签订一份《流动资金借款合同》，借款金额5987.05万，借款用途为借新还旧。

2. 2014年3月7日，兴业银行与五峰公司签订《应收账款最高额质押合同》。质押最高本金限额为一亿四千万元，债务人为辽宁省电力公司，质权为发电设备电费收费权，质押额度有效期自2014年3月7日至2015年3月6日止，并于2014年3月7日向中国人民银行征信中心登记。

3. 一审：原告兴业银行起诉被告五峰公司，请求偿还借款，并对案涉质押的应收账款享有优先受偿权。五峰公司辩称兴业银行未在指定机构开设应收账款专用账户，也未通知债务人，故案涉应收账款质押合同并未成立。沈阳市中院判决兴业银行对质押的应收账款享有优先受偿权。

4. 二审：被告五峰公司不服一审判决提起上诉，称案涉质押登记已于 2015 年 3 月 7 日失效，兴业银行未办理展期登记，根据《应收账款质押登记办法》第十二条，兴业银行已经放弃质权。辽宁省高院认为，根据《担保法解释》第十二条的规定，应收账款的质押登记效力不受信贷征信机构有关登记期限的约束，兴业银行虽未办理质押登记的展期，并不影响质权的成立和效力。故判决驳回上诉，维持原判。

5. 再审：被告五峰公司不服二审判决申请再审，称《担保法解释》第十二条的规定不能否定《应收账款质押登记办法》第十二条的规定，故案涉质权因未办理展期登记，已经失效。最高法院认为，《应收账款质押登记办法》作为部门规章不能规定应收账款质权的消灭期限，未办理质押登记的展期，不影响依法设立的质权的效力。故裁定驳回五峰公司的再审申请。

裁判要点及思路

本案的争议焦点是，兴业银行未在应收账款质押登记期届满后办理展期登记，是否可依照《应收账款质押登记办法》第十二条认定银行放弃了质权。最高法院认为，根据物权法定原则，《应收账款质押登记办法》作为部门规章不能规定应收账款质权的消灭期限，不具有消灭应收账款质权的效力。同时根据《担保法解释》第十二条第一款规定，“当事人约定的或者登记部门要求登记的担保期间，对担保物权的存续不具有法律约束力”，案涉应收账款的质押登记效力不受信贷征信机构有关登记期限的约束，兴业银行未办理应收账款质押展期登记，不影响依法设立的质权的效力。故兴业银行对案涉质押应收账款享有优先受偿权。

实务要点总结

前事不忘，后事之师。我们就最高法院有关本案的判决所涉及的实务要点梳理如下，以供实务参考。

1. 根据《物权法》第五条规定，“物权的种类和内容，由法律规定。”也就是说物权法定主义原则包括两方面的内容，物权的种类和物权的内容必须且只能由法律规定，不容许当事人通过协议的方式变更，行政机关通过非“法律”的形式规定的涉及物权种类和内容的条文不具有拘束力。这里的“法律”采用狭义的理解方式，是指全国人民代表大会和全国人民代表大会常务委员会行使国家立法权制定的规范性文件。根据这个标准，中国人民银行发布的《应收账款质押登记办法》显然不能归入法律的范畴，属于部门规章，而这样的规章规定的涉及物权种类和内容的相关条文违反物权法定主义原则的不能产生物权效力。

2.《应收账款质押登记办法》(2007年版)第十二条规定“登记期限届满，质押登记失效”，第十三条规定“质权人可以多次展期，每次展期期限不得超过5年”，应收账款质押登记期限届满，质权人未办理展期的，质权将失去效力。**该两条对应收账款质权内容(即质权的期限)的限制超出了物权法规定的内容，我国物权法并未限制质权的有效期限。作为一种从属于主债权的从权利，质权的有效期应当伴随主债权的有效期存在，并不因当事人之间协议约定有效期或者登记机构要求登记的担保物权期间届满而失去效力，**也即《担保法解释》第十二条第一款规定的“当事人约定的或者登记部门要求登记的担保期间，对担保物权的存续不具有法律约束力”。

3. 颇为吊诡的是，2017年中国人民银行发布了新修订的《应收账款质押登记办法》，将第十二条、第十三条的应收账款质权最高展期年限由5年延长至30年。应当再一次强调的是，应收账款质权作为一种物权性权利，在《物权法》并未规定该权利最长时限的情况下，任何法规或者规章单方面的限权都不能产生法律拘束力，哪怕这个期限是100年。

相关法律法规

《物权法》

第二百二十八条 以应收账款出质的，当事人应当订立书面合同。质权自信贷征信机构办理出质登记时设立。

应收账款出质后，不得转让，但经出质人与质权人协商同意的除外。出质人转让应收账款所得的价款，应当向质权人提前清偿债务或者提存。

《最高人民法院关于适用〈中华人民共和国担保法〉若干问题的解释》(法释〔2000〕44号)

第十二条 当事人约定的或者登记部门要求登记的担保期间，对担保物权的存续不具有法律约束力。

担保物权所担保的债权的诉讼时效结束后，担保权人在诉讼时效结束后的二年内行使担保物权的，人民法院应当予以支持。

《中国人民银行应收账款质押登记办法》（中国人民银行令〔2007〕第4号）

第十二条 质权人自行确定登记期限，登记期限以年计算，最长不得超过5年。登记期限届满，质押登记失效。

第十三条 在登记期限届满前90日内，质权人可以申请展期。

质权人可以多次展期，每次展期期限不得超过5年。

《中国人民银行应收账款质押登记办法》（中国人民银行令〔2017〕第3号）

第十二条 质权人应根据主债权履行期限合理确定登记期限。登记期限最短6个月，超过6个月的，按年计算，最长不超过30年。

第十三条 在登记期限届满前90日内，质权人可以申请展期。

质权人可以多次展期，展期期限按年计算，每次不得超过30年。

以下是本案判决书中“本院认为”部分，最高法院就未办理应收账款质押展期登记是否影响质权效力问题的论述：

最高法院认为：“（一）关于兴业银行的应收账款质权是否设立，兴业银行是否享有优先受偿权的问题。本案五峰公司将其对辽宁省电力公司的应收账款出质给兴业银行，应收账款的性质为债权，而非动产，依据《物权法》第十七章第二节权利质权第二百二十三条第（六）项关于债务人或者第三人可以将有权处分的应收账款出质的规定，五峰公司的出质应为权利质押。案涉《应收账款最高额质押合同》的签订系兴业银行与五峰公司的真实意思表示，不违反法律、行政法规的强制性规定，合法有效。该质押合同在中国人民银行征信中心办理了应收账款质押登记，依据《物权法》第二百二十八条第一款关于‘以应收账款出质的，当事人应当订立书面合同，质权自信贷征信机构办理出质登记时设立’的规定，兴业公司的应收账款质权依法设立。五峰公司申请再审主张该质权为准动产质权，因电费未打入指定账户质押物未交付故质权未设立，与法律规定不符。**《登记办法》第十二条虽规定：‘质权人自行确定登记期限，登记期限以年计算，最长不得超过5年。登记期限届满，质押登记失效’，但依照物权法定原则，《登记办法》作为部门规章不能规定应收账款质权的消灭期限，不具有消灭应收账款质权的效力。而且，根据担保法解释第十二条第一款关于‘当事人约定的或者登记部门要求登记的担保期间，对担保物权的存续不具有法律约束力’的规定，案涉应收账款的质押登记效力不受信贷征信机构有关登记期限的约束，兴业银行未办理质押登记的展期，不影响依法设立的质权的效力。据此，五峰公司申请再审主张质押登记逾期即丧失质权，与法律规定不符，本院不予支持。**《应收账款最高额质押合同》约定的质押为最高额质押，最高本金限额为一亿四千万元，质押额度有效期自2014年3月7日至2015年3月6日止，质押登记中记载的质押合同号和质押财产价值与案涉《应收账款最高额质押合同》均一致。依照该合同约定，合同项下质押担保的债务发生日只要在质押额度有效期内，不必再逐笔办理出质登记手续，五峰公司就要以合同项下的质押物对质押最高本金限额项下所有债权承担担保责任。案涉两笔借款债务的发生日和金额均在质押合同约定的质押额度有效期内，五峰公司应依合同约定以质押的应收账款对上述债务承担担保责任。在实际履行中，五峰公司未通知辽宁省电力公司应收账款已设立质押，辽宁省电力公司支付的电费未转入合同约定的应收账款专用账户内，应认定五峰公司存在违约，但是应收账款质押的标的物是应收账款债权本身，应收账款专用账户的作用则是使辽宁省电力公司向五峰公司支付的电费特定化，以保证兴业银行的质权将来得以实现，五峰公司未将辽宁省电力公司支付的电费划入专用账户，并不影响案涉应收账款质权的设立。辽宁省电力公司支付的部分电费经法院裁定扣划至五峰公司破产管理人的账户上，兴业银行的质权有条件得以实现。"

案件来源

上诉人辽宁五峰农业科技股份有限公司与被上诉人兴业银行股份有限公司沈阳分行及原审被告镇赉县五峰农业科技有限公司、北镇市沟帮子五峰生物质热力有限公司、辽宁五峰国际物流有限公司、广州市利峰米业有限公司、黑龙江省建三江农垦伍峰工贸有限公司、北镇市五峰成凤生物科技有限公司、朱某、马某金融借款合同纠纷二审民事判决书［辽宁省高级人民法院（2017）辽民终239号］；辽宁五峰农业科技股份有限公司、兴业银行股份有限公司沈阳分行金融借款合同纠纷再审审查与审判监督民事裁定书［最高人民法院（2017）最高法民申5014号］

延伸阅读

有关银行和抵押人约定担保物权的期限或者行政机关部门规章规定担保物权期限的问题，以下是我们在写作中检索到与该问题相关的最高法院和部分省高院案例及裁判观点，以供读者参考。

1. 根据物权法定原则，物权的设立及消灭应依法律规定，但目前并没有法律规定抵押权因登记的担保期间届满而消灭。

案例一：马鞍山小南山矿业有限公司、交通银行股份有限公司武汉青山支行金融借款合同纠纷二审民事判决书［最高人民法院（2017）最高法民终310号］

最高法院认为："三、关于案涉抵押权是否消灭的问题。二审查明，目前案涉采矿权仍处于有效期内。**根据物权法定的原则，物权的设定及消灭均应依法律规定，但目前并没有法律规定抵押权因登记的担保期间届满而消灭。本院《关于适用〈中华人民共和国担保法〉若干问题的解释》第十二条规定，'当事人约定的或者登记部门要求登记的担保期间，对担保物权的存续不具有法律约束力。'案涉抵押权尚未消灭，小南山公司认为案涉抵押权消灭的上诉理由不成立。**"

2. 当事人在抵押合同中约定抵押权的期限为3年，根据《担保法解释》第十二条第一款的规定，抵押人主张案涉抵押权已因期满终止，不予支持。

案例二：华商财务有限公司与张某、新国际（广州）房地产有限公司行政纠纷二审案［最高人民法院（2001）民四终字第6号］

最高法院认为："**抵押合同的当事人在合同中约定抵押权的期限为3年**，华商公司持有的他项权证记载的登记有效期从1995年7月6日起，存续期限3年，至1998年7月6日已经截止。华商公司1998年9月18日向原审法院起诉。**但本院《关于适用〈中华人民共和国担保法〉若干问题的解释》第十二条明确规定：'当事人约定的或者登记部门要求登记的担保期间，对担保物权的存续不具有法律约束力。担保物权所担保的债权的诉讼时效结束后，担保权人在诉讼时效结束后的2年内行使担保物权的，人民法院应当予以支持。'根据上述规定，二被上诉人主张的华商公司起诉时其抵押权已因期满而终止的理由不能成立，本院不予支持。**"

3. 行使抵押权的时间不受当事人约定的或登记部门要求登记的担保期间的约束，抵押权人在主债权的诉讼时效期间行使抵押权的主张应予以支持。

案例三：陈某，冉某与杨某，重庆农村商业银行股份有限公司酉阳支行借款合同纠纷再审审查民事裁定书［重庆市高级人民法院（2015）渝高法民申字第00696号］

重庆市高院认为："**（二）关于涉案抵押权的行使期间问题。**经审查，2009年8月26日，农商行酉阳支行与冉某签订《重庆市房地产抵押合同》，约定冉某以夫妻共有的房屋设定抵押权，作为杨某向农商行酉阳支行偿还80万元借款的担保。在该合同签订之日，农商行酉阳支行与冉某按照合同约定进行房屋抵押登记，办理了《重庆市房地产权证（抵押专用）》，该证载明抵押权设定日期自2009年8月26日至2012年8月26日。冉某、陈某申请再审称农商行酉阳支行提起本案诉讼时涉案抵押权的行使期间已过，其不应承担抵押担保责任。**本案中，农商行酉阳**

支行的起诉时间为 2013 年 5 月，虽然该时间不在上述《重庆市房地产权证（抵押专用）》载明的抵押权设定期间内，但《中华人民共和国物权法》第二百零二条规定：'抵押权人应当在主债权诉讼时效期间行使抵押权；未行使的，人民法院不予保护。'《最高人民法院关于适用〈中华人民共和国担保法〉若干问题的解释》第十二条第一款规定：'当事人约定的或者登记部门要求登记的担保期间，对担保物权的存续不具有法律约束力。'根据上述规定，农商行酉阳支行行使抵押权的时间不受当事人约定的或登记部门要求登记的担保期间的约束，其在主债权的诉讼时效期间行使抵押权的主张应予以支持，故冉某、陈某的上述申请再审理由不成立，本院不予支持。"

4. 国有土地使用权抵押许可证中关于抵押期间的记载不具有法律约束力，抵押权人在主债权的诉讼时效内行使担保物权的，应予支持。

案例四：招商银行股份有限公司成都金沙支行与四川省黄浦投资控股（集团）有限公司、骆某金融借款合同纠纷一审民事判决书［四川省高级人民法院（2016）川民初 107 号］

四川省高院认为："招行金沙支行与南充经开区投资公司签订《最高额抵押合同》，约定南充经开区投资公司以其案涉国有土地使用权向招行金沙支行提供抵押担保，并到相关部门办理了抵押登记手续，该《最高额抵押合同》有效，抵押权已依法设立。南充经开区投资公司辩称其抵押期限只有一年，现已超过该期限，故不应承担担保责任。**根据《最高人民法院关于适用〈中华人民共和国担保法〉若干问题的解释》第十二条关于'当事人约定的或者登记部门要求登记的担保期间，对担保物权的存续不具有法律约束力'的规定，本案所涉国有土地使用权抵押许可证中关于抵押期间的记载，不具有法律约束力。**该法条同时规定，担保物权所担保的债权的诉讼时效结束后，担保权人在诉讼时效结束后的二年内行使担保物权的，人民法院应当予以支持。依照该规定，本案债权人应当在其对四川黄浦投资公司享有的债权的诉讼时效结束后的二年内行使担保物权。**如前所述，本案所涉五笔借款的还款期限届满之日分别为 2016 年 2 月 15 日、2016 年 4 月 19 日、2016 年 4 月 21 日、2016 年 4 月 22 日、2016 年 4 月 23 日，故所担保的主债权的诉讼时效应从还款期限届满之日的次日起算。招行金沙支行于 2016 年 12 月 23 日起诉要求行使担保物权，未超过前述司法解释规定的二年，应当依法予以支持。**招行金沙支行对《最高额抵押合同》项下之抵押物，依法享有优先受偿权。"

061 未签订抵押合同但在其他合同中有设定抵押的意思表示，能否设立抵押权？

阅读提示

《物权法》第一百八十五条第一款规定，“设立抵押权，当事人应当采取书面形式订立抵押合同”，第一百八十七条规定，“抵押权自登记时设立”。即，设立不动产抵押权应当满足两个要件：第一，抵押人与抵押权人签订书面的抵押合同；第二，办理了抵押登记。根据物权公示公信原则的要求，办理登记是不动产抵押权设立的生效要件，未经登记不产生抵押权设立的效果。而签订书面抵押合同是设立抵押权的形式要求，并不要求遵循统一的格式，只要具备《物权法》第一百八十五条第二款规定的一般性条款，各方当事人明确表达了设立抵押权的意思表示即可，至于该合同名称是不是抵押合同并不重要。

裁判要旨

《资产抵押评估协议书》虽然名称不是抵押合同书，但内容上包含了被担保的主债权及数额，抵押物名称、坐落、状况、抵押物权利凭证号，抵押期限，抵押物价值评估等必要条款，确认了各方当事人设立抵押权的意思表示，具备以书面方式订立抵押合同的形式要件。同时又办理了抵押登记，应认定抵押权已经有效设立。

案情简介

1. 2013 年 9 月 23 日，农行徽县支行与华宇公司签订《抵押合同》，约定以其所有的房产对大华公司的借款提供抵押担保，并办理抵押登记。2013 年 9 月 30 日大华公司与农行徽县支行签订《流动资金借款合同》，2014 年 9 月 24 日、2014 年 9 月 28 日，农行徽县支行分别向大华公司借款 700 万元、1000 万元。

2. 因大华公司未按约支付利息，农行徽县支行于 2015 年 1 月 29 日发出《解除合同通知书》，大华公司签收且未提异议。

3. 一审：原告农行徽县支行起诉被告大华公司、华宇公司，要求提前偿还借款，抵押人承担担保责任。陇南市中院判决大华公司应偿还借款本息，华宇公司应承担抵押担保责任。

4. 二审：华宇公司不服一审判决提起上诉，诉称农行徽县支行明知大华公司不符合贷款资质，违规放贷，案涉借款合同、抵押合同应属无效。甘肃省高院认为，案涉借款合同、抵押合同合法有效，故判决驳回上诉，维持原判。

5. 再审：华宇公司不服二审判决，申请再审。再审中华宇公司提交新证据，2013 年 8 月 5 日华宇公司仅与农行徽县支行签订《资产抵押评估协议书》，《抵押合同》签字系伪造应属无效，不应承担担保责任。最高法院认为《资产抵押评估协议书》具有抵押合同的合意，且双方已办理抵押登记，因此担保人应当承担担保责任，故裁定驳回再审申请。

裁判要点及思路

本案的争议焦点是：未签署抵押合同书仅签订《资产抵押评估协议书》，抵押权是否有效设立？最高法院从两个方面进行论述：

1. 从抵押合同的形式看。《资产抵押评估协议书》虽然名称不是抵押合同书，但是内容上确认了设立抵押权的意思表示，包含被担保的主债权及数额，抵押物名称、坐落、状况、抵押物权利凭证号，抵押期限，抵押物价值评估等条款，且三方形成合意，具备以书面方式订立抵押合同的形式要件。

2. 案涉不动产抵押办理了登记手续，该不动产抵押已经有效设立。因此《抵押协议》《申请书》《承诺书》是否系抵押人自行签署，不对抵押权生效产生实质影响，因此抵押人应当承担担保责任。

实务要点总结

前事不忘，后事之师。我们就最高法院有关本案的判决涉及的实务要点梳理如下，以供实务参考。

1. 根据《物权法》第一百八十五条的规定，设立抵押权应当订立书面形式的抵押合同，合同应包含被担保债权的种类和数额，债务人履行债务的期限，抵押财产的名称、数量、质量、状况、所在地、所有权归属或者使用权归属，担保的范围等核心要素。也即是说，只要抵押人和抵押权人签署了书面形式的文件，并且该文件包含了前述抵押合同的各要素，能够体现双方设立抵押权的真实合意，即可认定双方签订了书面的抵押合同，至于该文件具体为何种名称，并不在《物权法》的限制范围之内。

2. 根据《物权法》第一百八十七条规定，不动产抵押权自登记时设立，即办理抵押登记是抵押权得以设立的核心要素。基于物权公示公信原则，设立不动产抵押权只有在办理登记以后才能产生对外公示的效果，如果说签订何种书面形式的合同并不影响抵押合同有效成立，属于可选择的范畴的话，办理登记则是设立不动产抵押权不可或缺的因素。正是基于已经办理抵押登记的事实，在本案的判决中最高法院并未拘泥于抵押合同的具体形式和名称，而认定抵押权已有效设立，抵押人应承担担保责任。

相关法律规定

《物权法》

第一百七十九条第一款 为担保债务的履行，债务人或者第三人不转移财产的占有，将该财产抵押给债权人的，债务人不履行到期债务或者发生当事人约定的实现抵押权的情形，债权人有权就该财产优先受偿。

第一百八十五条 设立抵押权，当事人应当采取书面形式订立抵押合同。

抵押合同一般包括下列条款：

（一）被担保债权的种类和数额；

（二）债务人履行债务的期限；

（三）抵押财产的名称、数量、质量、状况、所在地、所有权归属或者使用权归属；

（四）担保的范围。

第一百八十七条 以本法第一百八十条第一款第一项至第三项规定的财产或者第五项规定的正在建造的建筑物抵押的，应当办理抵押登记。抵押权自登记时设立。

以下是本案判决书中“本院认为”部分，最高法院就案涉抵押权是否有效设立问题的论述：

最高法院认为：“一、关于华宇公司提交的新的证据是否足以推翻原判决的问题。华宇公司在再审申请中提交了两组证据。一组证据是2013年形成的材料。包括2013年8月5日签订的《资产抵押评估协议书》，2013年9月30日签订的《流动资金借款合同》，2013年9月23日形成的《房屋他项权证》《抵押协议》《申请书》《承诺书》，拟证明大华公司与农行徽县支行2013年签订了借款合同，没有抵押担保合同，《抵押协议》《申请书》《承诺书》签字均系伪造，担保无效。**事实上，《资产抵押评估协议书》虽然名称不是抵押合同书，但是内容上确认了设立抵押权的意思表示，且三方形成合意，具备以书面方式订立抵押合同的形式要件。《资产抵押评估协议书》包含被担保的主债权及数额，抵押物名称、坐落、状况、抵押物权利凭证号，抵押期限，抵押物价值评估等条款。落款处有农行徽县支行、**

大华公司、华宇公司印章及华宇公司法定代表人赵某的签字。2013 年 9 月 23 日，办理了抵押登记。按照《中华人民共和国物权法》第一百八十七条的规定，抵押权自登记时设立。华宇公司既订立了抵押合同，又办理了抵押权登记，《抵押协议》《申请书》《承诺书》是否系赵某本人签署，并不对抵押权生效产生实质影响。华宇公司主张 2013 年没有抵押担保合同、担保无效的主张不成立。”

案件来源

中国农业银行股份有限公司徽县支行与徽县华宇建筑工程有限公司、陇南市大华商贸有限责任公司等金融借款合同纠纷申诉、申请民事裁定书［最高人民法院（2016）最高法民申 3618 号］；上诉人徽县华宇建筑工程有限公司与被上诉人中国农业银行股份有限公司徽县支行、陇南市大华商贸有限责任公司、郝某金融借款合同纠纷二审民事判决书［甘肃省高级人民法院（2016）甘民终 32 号］

延伸阅读

有关设立担保的形式问题，以下是我们在写作中检索到与该问题相关的最高法院及部分地方法院的案例及裁判观点，以供读者参考。

1. 能够前后印证，并明确表达了为债务提供担保的意思的手机短信可以认定为担保关系已成立。

案例一：何某、随州市经济开发区及时雨小额贷款有限公司企业借贷纠纷再审审查与审判监督民事裁定书［最高人民法院（2017）最高法民申 2420 号］

最高法院认为：“本案审查的焦点问题二审判决何某对曾某的借款承担担保责任是否正确。二审判决何某承担担保责任的依据是 2014 年 9 月 4 日显示为何某手机号码（186××××0908）的手机向及时雨贷款公司贷款部的王某手机发送一则手机短信，其内容显示何某自愿为曾某在及时雨贷款公司的 400 万元借款承担连带担保责任。何某不认可该信息系其本人所发送，并主张该短信系伪造，但未提交证据证明该短信系伪造。**本院组织双方当事人进行听证过程中，何某虽提交了新的证据即王某发给何某的信息欲证明争议短信并非其所发送，但是及时雨贷款公司还提供了与何某该手机（号码 186××××0908）的其他往来信息，后来其他信息中也有关于何某答应提供担保的内容，印证了何某曾承诺担保的事实存在，综合双方证据判断，及时雨贷款公司的证据更连续完整，更具有优势。**因发送信息的手机号码确是何某的，何某没有提供证据证明其因客观原因无法调取其该手机号码的通讯记录，也没有证据证明现有技术条件可能存在伪造信息的线索，其主张原审法院不予调查取证错误不能成立，因何某主张及时雨贷款公司伪造证据的证据不足，应承担不利后果，在本院听证过程中何某提交补充意见认为二审判决认定的曾某还款数额错误，但未提交证据证明，不能成立。综上，何某申请再审不符合《中华人民共和国民事诉讼法》第二百条第（三）项、第（五）规定的情形。”

2. 未能提供书面担保协议，也未以其他形式作出同意提供担保的意思表示的，不能认定为有效的担保关系。

案例二：山东三丰机械有限公司与山东和信投资担保有限公司保证合同纠纷二审民事判决书［山东省潍坊市中级人民法院（2015）潍商终字第 117 号］

潍坊市中院认为：“本案二审双方当事人争议的焦点问题是和信投资应否承担三丰机械主张的 100 万元反担保责任。其一，担保法是合同法领域就担保法律行为的特别法，根据《担保法》第十三条的规定，保证人与债权人应当以书面形式订立保证合同。**本案中，三丰机械主张和信投资为其与金力公司、信川公司、玉成公司在青岛银行的联保提供反担保，为此提供的支付和信投资担保费 54000 元的银行转账凭证，可以证明三丰机械以支付担保费的方式向和信投资发出了订立反担保协议的意思表示，但未提供其与和信投资之间的书面反担保协议，和信投资也未以其他形式作出过同意为三丰机械提供反担保的意思表示，故三丰机械主张与和信投资之间存在反担保协议的证据不足，不予采信。**其二，在三丰机械提供的意在证明为金力公司承担了担保责任的金力公司银行账户业务明细账单中，没有先从三丰机械账户转入金力公司账户 100 万元、再由金力公司划扣 190 万元还贷、三丰机械承担了 100 万元保证责任的相关内容记载，印证不出三丰机械为金力公司承担了 100 万元的保证责任的事实。其三，三丰机械二审提供的玉成公司、信川公司的证明，其性质相当于证人证言，均不具有能够代表和信投资作出为三丰机械提供反担保意思表示的证明力。”

062 以限制民事行为能力人的财产份额设立抵押是否有效?

阅读提示

根据《民法总则》的规定，限制民事行为能力人是指八周岁以上的未成年人和不能完全辨认自己行为的成年人。以限制民事行为能力人享有的财产份额设立抵押的效力问题，因涉及共有、法定代理、监护人的权利义务以及被监护人利益保护等问题，常常引发争议。

实务中，相关利害关系人经常以监护人的行为损害了被监护人的利益为由，主张签订的抵押合同无效。甚至监护人自己在处分财产后，以未经对该财产享有份额的限制行为能力人同意为由，主张该处分财产的行为无效，否认交易行为的效力。

最高法院认为，我国现行法并未限制抵押人的身份，法定代理人或者监护人以限制民事行为能力人的财产份额设立抵押不违反法律的禁止性规定，相关的抵押合同应当有效。

裁判要旨

抵押合同有限制民事行为能力人和其法定代理人（监护人）共同签名确认，该事实足以证明抵押合同的订立不仅取得了全体房屋共有人同意，而且限制民事行为能力人在其财产份额设立抵押的行为也得到了法定代理人（监护人）的认可，故抵押合同应合法有效。

案情简介

1. 大连嘉德农业发展有限公司与鞍山银行签订了 1 亿元的授信合同，并在此授信合同框架下办理了贷款。

2. 由杨某 1、杨某 2、沈某三人共同签字，与鞍山银行签订了《最高额抵押合同》，以共有的房产为上述借款提供抵押担保。其中，杨某 1 为限制民事行为能力人。

3. 在签订《最高额抵押合同》之前，杨某 1、沈某、杨某 2 于 2014 年 9 月 16 日向鞍山银行出具《同意抵押证明》，该份证明载明：经我夫妻沈某、杨某 2 以及儿子杨某 1 共同研究决定，同意用产权人沈某、杨某 1，以及共有人杨某 2 所有的房产为大连嘉德的借款提供最高额担保。

4. 二审：辽宁省高院判决，限制民事行为能力人杨某 1 为第三方向鞍山银行的借款以其房产份额提供抵押担保的行为有效。

5. 再审：杨某 1 认为二审适用法律错误，申请再审。主张：

（1）限制行为能力人以其房屋为抵押物签订《最高额抵押合同》处分财产的行为，超越了法律规定“限制行为能力人可以进行与其年龄、智力相适应的民事活动”的范围，限制行为能力人超越其行为能力作出的非受益性的财产处分行为应认定无效。

（2）法定监护人应依法履行对限制行为能力人财产的监管保护职责，在被监护人非受益的情形下，法定监护人无权代理限制行为能力人处分其财产。

（3）监护人代限制行为能力人将其房产进行抵押的行为，给杨某1设定了义务和财产损害的风险，该行为违反了《民法通则》第十八条的强制性规定，应当认定为无效。

最高法院认定《最高额抵押合同》有效，抵押人应承担担保责任，裁定驳回再审申请。

裁判要点及思路

本案争议的核心是，**杨某1的父母沈某、杨某2在案涉《最高额抵押合同》签字的行为是否可以视为以监护人的身份对被监护人杨某1享有的财产份额作出了处分。**

最高法院认为，“**我国现行法律对抵押人的身份并无限制，尽管杨某1签订《最高额抵押合同》时系限制民事行为能力人，但其签字行为并不违反法律的禁止性规定**”，故不能以此当然否定抵押合同的效力。

同时，杨某1、沈某、杨某2在完全了解设立抵押的风险的情况下做出的签字行为应当做两种理解。**一方面，三人签字同意以自己享有的房产份额为案涉借款提供抵押担保，应认定取得了全体房产共有人的同意；另一方面，杨某2以监护人的身份认可了被监护人杨某1签字以自己享有的房产份额上设立抵押的行为。**故此，案涉《最高额抵押合同》应合法有效，应在约定的范围内承担抵押担保责任。

实务要点总结

前事不忘，后事之师。我们就本案最高法院的判决所涉及的实务要点梳理如下，以供实务参考。

通过研究最高法院的既往判例可知，实务中监护人代为处分被监护人享有的财产份额（现实中经常表现为父母以监护人身份处分未成年子女的共有房产的份额），为对外借款提供担保一般有两种行为模式：**第一，由监护人直接代理被监护人签字；第二，监护人和被监护人均签字，但未直接写明是否认可被监护人对外**

签字担保行为的效力。

1. 针对第一种模式，最高法院认为监护人代理被监护人签字，以被监护人的财产份额设立抵押担保的行为不违反法律的禁止性规定，在法律允许的监护人行为的权利范围之内，故相关的抵押合同应合法有效。不能以监护人损害被监护人利益为由主张合同无效。

2. 同时，最高法院还强调，即使监护人签字在被监护人的财产份额上设立担保的行为损害了被监护人的利益，也仅是产生监护人对被监护人的赔偿责任，不影响对外抵押担保合同的效力。

3. 针对第二种模式，监护人和被监护人均签字的情况下，虽然并未在合同中明确监护人认可或者同意被监护人的行为，但应当认定监护人的签字行为实际上包含了双重效力：第一，监护人（一般是父母）同意对自己享有的财产份额设立担保；第二，监护人认可被监护人对自己享有的财产份额上设立担保的签字行为。故此，相关合同应合法有效。

4. 从银行和其他债权人、抵押权人预防风险，避免诉累的角度，在签订涉及限制民事行为能力人财产的合同时，应当在合同中明确约定，限制民事行为能力人的法定代理人或者监护人认可被监护人对外签字的行为，或者写明法定代理人或者监护人代为被监护人行使权利，并署名签字。

相关法律法规

《民法通则》[①]

第十二条　十周岁以上的未成年人是限制民事行为能力人，可以进行与他的年龄、智力相适应的民事活动；其他民事活动由他的法定代理人代理，或者征得他的法定代理人的同意。

不满十周岁的未成年人是无民事行为能力人，由他的法定代理人代理民事活动。

第十三条　不能辨认自己行为的精神病人是无民事行为能力人，由他的法定代理人代理民事活动。

不能完全辨认自己行为的精神病人是限制民事行为能力人，可以进行与他的精神健康状况相适应的民事活动；其他民事活动由他的法定代理人代理，或者征得他的法定代理人的同意。

第十四条　无民事行为能力人、限制民事行为能力人的监护人是他的法定代

① 2017年10月1日起，部分失效。

理人。

第二十条 不满八周岁的未成年人为无民事行为能力人，由其法定代理人代理实施民事法律行为。

第二十一条 不能辨认自己行为的成年人为无民事行为能力人，由其法定代理人代理实施民事法律行为。

八周岁以上的未成年人不能辨认自己行为的，适用前款规定。

第二十二条 不能完全辨认自己行为的成年人为限制民事行为能力人，实施民事法律行为由其法定代理人代理或者经其法定代理人同意、追认，但是可以独立实施纯获利益的民事法律行为或者与其智力、精神健康状况相适应的民事法律行为。

第二十三条 无民事行为能力人、限制民事行为能力人的监护人是其法定代理人。

以下是本案判决书中“本院认为”部分，最高法院就以限制行为能力人财产份额设立抵押的效力问题的论述：

最高法院认为：“本案的争议焦点为**杨某1与鞍山银行之间签订的《最高额抵押合同》是否有效，杨某1是否应当承担担保责任**。首先，案涉《最高额抵押合同》系杨某1、沈某、杨某2共同与鞍山银行签订，是杨某1对案涉房产份额的自行处分，并非是法定代理人处分限制行为能力人财产的代理行为。**我国现行法律对抵押人的身份并无限制，尽管杨某1签订《最高额抵押合同》时系限制民事行为能力人，但其签字行为并不违反法律的禁止性规定**。其次，《中华人民共和国民法通则》第十二条规定：‘十周岁以上的未成年人是限制民事行为能力人，可以进行与他的年龄、智力相适应的民事活动；其他民事活动由他的法定代理人代理，或者征得他的法定代理人的同意。’《中华人民共和国合同法》第四十七条亦规定，限制民事行为能力人订立的合同，经法定代理人追认后该合同有效。根据上述规定，限制民事行为能力人完全可以通过其法定代理人代理或者征得其法定代理人同意而进行民事活动。**本案中，案涉《最高额抵押合同》落款处有杨某1、沈某、杨某2三人共同签名确认，该事实足以证明沈某、杨某1、杨某2对案涉房产提供抵押担保事宜已经全面了解而且同意。因此，二审法院认定，案涉《最高额抵押合同》的订立不仅取得了全体房屋共有人同意，而且也得到了限制行为能力人的法定代理人的认可，具有相应的事实依据**。再次，经本院再审审查查明，在签订案涉《最高额抵押合同》之前，杨某1、沈某、杨某2于2014年9月16日向鞍山银行出具《同意抵押证明》，该份证明载明：‘经我夫妻沈某、杨某2以及儿子杨某

1共同研究决定，同意用产权人沈某、杨某1，以及共有人杨某2所有的房产……为大连嘉德农业发展有限公司在鞍山银行办理期限一年，人民币壹亿元公开授信中的壹仟捌佰万元提供最高额抵押担保。如该笔公开授信到期不能偿还，我夫妻无条件同意鞍山银行处理该房产，用于偿还贷款本息及相关费用。’三人分别在该份证明落款处签字按印，进一步证明三人对房产抵押的事实完全知悉并同意。

综上，杨某1签订案涉《最高额抵押合同》系其真实意思表示，无论沈某和杨某2在签订抵押合同时的身份是抵押人还是法定代理人，均不影响案涉《最高额抵押合同》的效力。”

案件来源

杨某1、鞍山银行股份有限公司与杨某2、鞍山银行股份有限公司等金融借款合同纠纷申请再审案［最高人民法院（2016）最高法民申900号］

延伸阅读

有关限制民事行为能力人的财产份额设立抵押的效力问题，以下是我们在写作中检索到与该问题相关的最高法院案例及裁判观点，以供读者参考。

1. 白某1在抵押担保借款合同、公证书上的签字系本人所签，即使当时其属于限制民事行为能力人，白某2作为白某1的父亲属于监护人，而白某2同时在场并签字确认，应视为监护人的认可，故案涉合同应合法有效。

案例一：白某1、李某与辽宁葫芦岛连山农村商业银行股份有限公司城北支行抵押借款合同纠纷申请再审案［（2013）民申字第344号］

最高法院认为：“（二）**关于白某1是否属于限制民事行为能力人，是否影响抵押担保合同效力的问题。**白某1、李某向本院提交葫芦岛市康宁精神疾病司法鉴定所（2012）精鉴字第43号司法鉴定意见书、辽宁省葫芦岛市连山区人民法院（2012）连民一特字第00001号民事判决，作为新证据，用以证明白某1系限制民事行为能力人，白某1签字的抵押担保合同也应无效。《中华人民共和国民事诉讼法》第一百七十七条、第一百七十八条规定，认定公民限制民事行为能力的案件，实行一审终审，故（2012）连民一特字第00001号民事判决已经生效，可以认定白某1系限制民事行为能力人。《中华人民共和国民法通则》第十三条规定：‘不能完全辨认自己行为的精神病人是限制民事行为能力人，可以进行与他的精神健康状况相适应的民事活动；其他民事活动由他的法定代理人代理，或者征得他的法定代理人的同意”。白某1于2013年被宣告为限制民事行为能力人，（2012）精鉴字第43号司法鉴定意见书附注1注明‘此鉴定意见书仅作为被鉴定人白某1 2012年11月15日民事行为能力评定用’，上述证据不能证明白某1在2007年2月签订合同及公证书时属于限制民事行为能力状态。且白某1 2004年12月至2006年12月正常服兵役，该阶段的精神状况应当尚未达到限制民事行为能力的程度，白某1、李某也没有提交证据证明在签订合同、进行公证时白某1的精神健康状况与行为不相适应。**白某1在抵押担保借款合同、公证书上的签字系本人所签，即使当时其属于限制民事行为能力人，白某2作为白某1的父亲属于监护人，而白某2同时在场并签字确认，应视为监护人的认可。至于李某、白某1提出“监护人除为被监护人的利益外，不得处理被监护人的财产”的主张，因本案签订合同、进行公证时，白某2并不是直接代理白某1行使权利，而是对白某1行为的确认，不属于监护人滥用代理权处理被监护人财产的情形。**故，本案抵押担保行为是合法有效的，二审判决并无不当。”

2. 监护人代其监护的限制民事行为能力人订立抵押合同并不违反法律的禁止性规定。监护人（父母）以其出资购买的房产为借款提供抵押担保不能认定损害了被监护人（子女、限制行为能力人、房产共有人）的利益，相关抵押合同应合法有效。

案例二：陈某1、华夏银行股份有限公司常熟支行金融借款合同纠纷再审审查与审判监督案［最高人民法院（2017）最高法民申4061号］

最高法院认为：“案涉最高额抵押合同订立时，陈某1系限制民事行为能力人，龚某作为陈某1的监护人，将案涉房产抵押事宜中监护人的相关职责全权委托其妹龚某代为处理，包括签署相关法律文件。**陈某1之父陈某2及其母龚某的委托代理人龚某以监护人身份代陈某1订立抵押合同并不违反法律禁止性规定。陈某1虽为案涉房产的所有权人之一，但该房产系陈某1父母出资购买，陈某1亦由其父母抚养。陈某1父母以该房产作为公司融资抵押担保，收益亦属于陈某1父母所有，故不能当然认定该抵押担保行为损害陈某1利益，且陈某1亦未提供证据证实其利益受损的情形。**《中华人民共和国民法通则》第十八条第三款规定，监护人不履行监护职责或者侵害被监护人的合法权益的，应当承担责任。即便监护人陈某2、龚某代陈某1订立抵押合同的行为损害了陈某1的利益，法律也仅规定由监护人来承担相应责任，而非由此否定抵押合同效力并由合同相对人承担责任。此外，陈某1的监护人陈某2、龚某为获取银行贷款，利用未成年人陈某1名下的财产进行抵押，并出具房地产抵押承诺书，承诺房地产抵押贷款的行为也是为了陈某1的利益，保证该房地产作为抵押不损害陈某1的合法利益。在获得贷款之后，陈某1的监护人又以损害未成年人利益为由，主张抵押合同无效，属恶意抗辩，有违诚实信用原则。据此，一、二审法院认定案涉抵押合同有效，华夏银行常熟支行取得案涉房产抵押权，并无不当。陈某1关于案涉抵押合同涉及其财产部分无效的理由，不能成立。”

3. 现行法律对抵押人的身份并无限制，限制民事行为能力人的母亲以监护人的身份代其抵押合同并不违反法律的禁止性规定。即使监护人代为签署合同的行为损害了被监护人的利益，也应当由监护人承担赔偿责任，并不能因此否定合同的效力。

案例三：黄某2与华夏银行股份有限公司深圳天安支行、昶皓照明股份有限公司、上赫股份有限公司、黄某1、温某一般担保合同纠纷申请再审案［最高人民法院（2014）民申字第308号］

最高法院认为：“首先，**我国现行法律对抵押人的身份并无限制，黄某2系限制民事行为能力人，其母亲温某以监护人的身份代其签订抵押合同并不违反法律禁止性规定**。其次，《中华人民共和国民法通则》第十八条第二款规定，监护人不履行监护职责或者侵害被监护人的合法权益的，应当承担责任。**即便监护人温某代黄某2签订抵押合同的行为损害了黄某2的利益，法律也仅规定由监护人来承担相应责任，而非由此否定合同效力并由合同相对人承担责任。在此情况下，二审法院认定案涉抵押合同有效并无不当**。此外，黄某2的监护人当初为获取贷款利用未成年人黄某2名下的财产进行抵押并出具不损害其利益的声明，在获得贷款之后又以损害未成年人利益为由主张合同无效，该抗辩理由属恶意抗辩，违背诚实信用原则，二审法院对该抗辩理由未予采纳并无不当。”

063 房产抵押的土地使用权一并抵押，未办理土地使用权抵押登记不影响抵押权的效力

阅读提示

我国城市的土地实行“国家所有、用途管制”，城市居民购买商品房能够获得房屋所有权证书，但因土地不能由私人所有，相应的也就没有土地所有权证，而只有土地使用权证。在房地所有权分置的背景下，在设立房产抵押时，理论上需分别向房管部门办理房屋所有权抵押登记，向国土部门办理土地使用权抵押登记。

不动产抵押权自登记时设立，为了避免房地分开抵押带来不确定性和市场风险，**我国《物权法》《担保法》实行“房地一体”原则，即房屋所有权抵押的，房屋范围内的土地使用权应当一并抵押。**《担保法解释》第六十条进一步规定，县级以上地方人民政府对登记部门未作规定，当事人在土地管理部门或者房产管理部门办理了抵押物登记手续，人民法院可以确认其登记的效力。**即，房屋所有权办理抵押登记后，即使相应的土地使用权未办理登记，抵押权仍然成立。**

裁判要旨

在县级以上人民政府未明确规定具有地上定着物的土地使用权抵押登记的办理部门的情况下，房产抵押登记部门在颁发的房屋他项权证上记载土地证号的行为，具有对该房屋占用范围内的土地使用权进行抵押登记的效力，足以产生公示的法律效果，房屋已办理抵押登记但相应的土地使用权未办理登记的，不影响抵押权的效力。

案情简介

1. 建行分宜支行与江锂科技于 2014 年 10 月 28 日、2015 年 2 月 6 日签订了三份《流动资金贷款合同》，约定江锂科技向建行分宜支行借款 1 亿元。

2. 为保证债务的履行，建行分宜支行与江锂科技于 2013 年 3 月 29 日签订《最高额抵押合同》。约定江锂科技以其自有的 3 块土地使用权，以及 5 处房产作为抵押物提供担保。双方于 2013 年 4 月 2 日在房产交易所办理了房地产抵押登记手续，并取得他项权证书，载明前述 3 块土地使用权证号和 5 处房产证号。

3. 一审：原告建行分宜支行起诉被告江锂科技，要求偿还欠款，并对前述土地、房产等抵押财产行使抵押权。江西省高院认为，原告建行分宜支行仅可对办理抵押登记的房产行使抵押权，对未办理抵押登记的案涉土地使用权不享有抵押权。

4. 二审：原告建行分宜支行不服一审判决，提起上诉。诉称，房产抵押土地使用权一应并抵押，因此抵押房产办理抵押登记后，抵押权的效力应当及于相应的土地使用权。最高法院认为，即使土地使用权未办理抵押登记，在其上附着的房屋已办理登记的情况下，上诉人建行分宜支行对案涉土地使用权应享有抵押权。

裁判要点及思路

本案的争议焦点是：**建行分宜支行是否对案涉的未办理抵押登记的土地使用权享有抵押权。**

最高法院认为，虽然我国《物权法》第十条规定了不动产统一登记制度（即房和地只需在一个政府机关办理登记即可），但对统一登记机构未作明确规定。**二审中，双方当事人均明确当地未规定具有地上建筑物的土地使用权抵押登记的办理部门。因此，根据《担保法解释》第六十条的规定，双方当事人在房产交易所办理房屋所有权抵押登记，并在房屋抵押他项权证上记载相关土地使用权证号的行为，具有对该房屋占用范围内的土地使用权进行抵押登记的效力，故银行对案涉土地使用权享有抵押权。**

实务要点总结

前事不忘，后事之师。我们就本案最高法院的判决所涉及的实务要点梳理如下，以供实务参考。

1.《物权法》第十条规定了不动产统一登记制度，但目前并未形成有效的操作细则，法律也未规定应由哪个机构统一办理。《担保法》第四十二条规定，以城市房地产或者乡（镇）、村企业的厂房等建筑物抵押的，**为县级以上地方人民政府规定的部门。但实际上，并不是所有的县级地方政府都为"房地一体"原则适配相应的登记程序，因此类似的纠纷还将不断涌现。**

2.《担保法解释》第六十条规定，县级以上地方人民政府对房地抵押登记部门未作规定，当事人在土地管理部门或者房产管理部门办理了抵押物登记手续，人民法院可以确认其登记的效力。**根据该司法解释的规定，银行在接受城市房地产或者乡（镇）、村企业的厂房等建筑物的抵押登记时，应当事先询证当地政府是否明确规定了办理抵押登记的相关机构。如果不存在明确的规定，银行在房产管理部门办理房屋抵押登记时，应当一并要求在房屋所有权他项权证书上载明将房屋纳入抵押权的范畴，并注明该土地使用权的状况，包括土地面积、年限、土地使用权证号等信息，以避免抵押权落空的风险。**

相关法律法规

《物权法》

第一百八十二条　以建筑物抵押的，该建筑物占用范围内的建设用地使用权一并抵押。以建设用地使用权抵押的，该土地上的建筑物一并抵押。

抵押人未依照前款规定一并抵押的，未抵押的财产视为一并抵押。

第一百八十七条 以本法第一百八十条第一款第一项至第三项规定的财产或者第五项规定的正在建造的建筑物抵押的，应当办理抵押登记。抵押权自登记时设立。

《担保法》

第三十六条 以依法取得的国有土地上的房屋抵押的，该房屋占用范围内的国有土地使用权同时抵押。

以出让方式取得的国有土地使用权抵押的，应当将抵押时该国有土地上的房屋同时抵押。

乡（镇）、村企业的土地使用权不得单独抵押。以乡（镇）、村企业的厂房等建筑物抵押的，其占用范围内的土地使用权同时抵押。

第四十二条 办理抵押物登记的部门如下：

（一）以无地上定着物的土地使用权抵押的，为核发土地使用权证书的土地管理部门；

（二）以城市房地产或者乡（镇）、村企业的厂房等建筑物抵押的，为县级以上地方人民政府规定的部门；

（三）以林木抵押的，为县级以上林木主管部门；

（四）以航空器、船舶、车辆抵押的，为运输工具的登记部门；

（五）以企业的设备和其他动产抵押的，为财产所在地的工商行政管理部门。

《最高人民法院关于适用〈中华人民共和国担保法〉若干问题的解释》[法释〔2000〕44号]

第六十条 以担保法第四十二条第（二）项规定的不动产抵押的，县级以上地方人民政府对登记部门未作规定，当事人在土地管理部门或者房产管理部门办理了抵押物登记手续，人民法院可以确认其登记的效力。

《建设部城市房地产抵押管理办法》(2001修正)[建设部令第98号]

第四条 以依法取得的房屋所有权抵押的，该房屋占用范围内的土地使用权必须同时抵押。

以下是本案判决书中“本院认为”部分，最高法院就银行对未办理抵押登记的土地是否享有优先受偿权问题的论述：

最高法院认为：“本案中，建行分宜支行与江锂科技于2013年3月29日签订的《最高额抵押合同》，系双方当事人真实意思表示，内容不违反法律、行政法规的强制性规定，应为合法有效。《最高额抵押合同》中约定的抵押物除案涉房屋外，还包括产权证号为分乡国用（2009）第028号，分乡国用（2013）第016号、第017号的土地使用权。协议签订后，双方于2013年4月2日在分宜县房产交易所办理了房地产抵押登记手续，建行分宜支行取得钤房他证分宜字第××号房屋他项权利证明书，该证明书内“附记”中除载明房权证号外，还对上述土地证号进行了记载。建行分宜支行上诉主张，根据分宜县当时关于房地产抵押登记的办公流程，对于附着有建筑物的土地，土地管理部门不负责办理抵押登记，而由房屋管理部门统一办理，出具抵押他项权证，在他项权证上载明土地使用权证号、收存抵押的房屋产权证和土地使用权证原件，即视为办理了土地使用权抵押登记。且即使未办理土地使用权抵押登记，但已依法办理了房屋抵押登记，根据《中华人民共和国物权法》第一百八十二条的规定，抵押的效力及于房屋占用范围内的土地使用权。江锂科技辩称，《中华人民共和国物权法》第一百八十二条虽规定‘一并抵押’，但并未规定无须办理抵押登记，案涉土地使用权未办理抵押登记，不发生抵押效力，且该土地使用权证已因置换被注销，建行分宜支行对案涉土地使用权不享有抵押权。本院认为，《中华人民共和国物权法》第十条规定了不动产统一登记，但对不动产抵押登记机构未作明确规定。《中华人民共和国担保法》第四十二条规定：‘办理抵押物登记的部门如下：（一）以无地上定着物的土地使用权抵押的，为核发土地使用权证书的土地管理部门；（二）以城市房地产或者乡（镇）、村企业的厂房等建筑物抵押的，为县级以上地方人民政府规定的部门……。’**二审庭审中，双方当事人均确认办理案涉土地使用权抵押登记时，当地县级以上人民政府未明确规定具有地上定着物的土地使用权抵押登记的办理部门。根据《最高人民法院关于适用〈中华人民共和国担保法〉若干问题的解释》第六十条‘以担保法第四十二条第（二）项规定的不动产抵押的，县级以上地方人民政府对登记部门未作规定，当事人在土地管理部门或者房产管理部门办理了抵押物登记手续，人民法院可以确认其登记的效力’之规定，本案中，分宜县房产交易所在颁发的房屋他项权证上记载土地证号的行为，具有对该房屋占用范围内的土地使用权进行抵押登记的效力，足以产生公示的法律效果。**

本案中，《最高额抵押合同》系双方当事人真实意思表示，**其中约定的抵押物明确包括案涉土地使用权在内，双方当事人对该土地使用权作为抵押财产均有明确预期。即使案涉土地使用权未办理抵押登记，根据《中华人民共和国物权法》第一百八十二条‘以建筑物抵押的，该建筑物占用范围内的建设用地使用权一并抵押。以建设用地使用权抵押的，该土地上的建筑物一并抵押。抵押人未依照前**

款规定一并抵押的，未抵押的财产视为一并抵押’之规定，建行分宜支行对案涉土地使用权亦享有抵押权。”

案件来源

中国建设银行股份有限公司分宜支行、江西江锂科技有限公司金融借款合同纠纷上诉案［最高人民法院（2017）最高法民终 40 号］

延伸阅读

有关房屋所有权抵押和土地使用权抵押一并成立的问题，以下是我们在写作中检索到与该问题相关的最高法院案例及裁判观点，以供读者参考。

1. 在设定抵押权时，建筑物和其占用范围内土地具有不可分离的依附关系。以地上建筑物抵押的，该建筑物占用范围内的建设用地使用权应当一并抵押，不得仅抵押地上建筑物。债务人不能清偿被担保的债权时，抵押权人可以一并折价、拍卖或变卖抵押的地上建筑物和其占用范围内的建设用地使用权。

案例一：中国银行股份有限公司大连甘井子支行、库伦旗首宇甜菊糖有限公司金融借款合同纠纷上诉案［最高人民法院（2017）最高法民终 436 号］

最高法院认为：“二、关于中行甘井子支行是否对与首宇公司约定的国有土地使用权享有优先受偿权以及首宇公司是否在担保最高债权额范围内以抵押物折价、拍卖、变卖所得价款的范围内对新源华公司未偿还款项承担赔偿责任的问题。《物权法》第一百八十二条规定：‘以建筑物抵押的，该建筑物占用范围内的建设用地使用权一并抵押。以建设用地使用权抵押的，该土地上的建筑物一并抵押。抵押人未依照前款规定一并抵押的，未抵押的财产视为一并抵押。’**本院认为，在设定抵押权时，建筑物和其占用范围内土地具有不可分离的依附关系，法律将建筑物和其占用范围内建设用地使用权视为一个整体，规定了‘房随地走’和‘地随房走’的双向统一原则，即在抵押权设定时，应当将建筑物和其占用范围内建设用地使用权一并抵押，不允许分别抵押。以地上建筑物抵押的，该建筑物占用范围内的建设用地使用权应当一并抵押，不得仅抵押地上建筑物。抵押地上建筑物的，债务人不能清偿被担保的债权时，抵押权人可以一并折价、拍卖或变卖抵押的地上建筑物和其占用范围内的建设用地使用权。**本案中，中行甘井子支行与首宇公司签订的抵押合同一约定以首宇公司提供的三项抵押物作为担保，虽然双方只对上述第 2 项工业产房及第 3 项在建工程办理了抵押登记，对第 1 项国有土地使用权未办理抵押登记，但是第1项国有土地使用权是在第2项工业产房及第3项在建工程占用范围之内，双方对合同约定的第1项国有土地使用权作为抵押财产均有明确预期。根据《物权法》第一百八十二条的规定，第1项国有土地使用权应当与第2项工业产房及第3项在建工程一并抵押，未一并抵押的也视为一并抵押。因此，中行甘井子支行对抵押合同一中17460.42平方米工业产房及12252.06平方米在建工程占用范围内的国有土地使用权亦应享有抵押权，并享有优先受偿权。一审法院以未办理抵押登记为由，判令中行甘井子支行对案涉国有土地使用权不享有优先受偿权，适用法律不当，本院予以纠正。综上，中行甘井子支行关于对首宇公司的抵押物折价、拍卖、变卖所得的价款享有优先受偿权，在担保最高债权额范围内以抵押物折价、拍卖、变卖所得的价款对新源华公司未偿还款项承担赔偿责任的主张成立，本院予以支持。”

2. 存有地上建筑物的情形下，对于办理土地使用权抵押登记的部门并不明确。房地产管理处同时为土地证记载的土地使用权办理抵押权登记，一并记载于《房地产他项权证》中，应认定房地产管理处所办理的土地使用权抵押登记之效力并无不当。

案例二：中国农业银行漯河市源汇区支行与漯河蓝天商贸实业有限责任公司、河南鸿基房业有限公司上诉案［最高人民法院（2005）民二终字第164号］

最高法院认为：“根据交通路建行的申请，**房地产管理处同时为漯国用（94）520号土地证记载的79567.12m^{2}土地使用权办理抵押权登记，一并记载于漯房字第000000515号《房地产他项权证》中。**该宗土地上建有漯更字第009648、009649号建筑物，即蓝天宾馆及其附属设施等，并附有停车场、道路、绿地等用地；此外还有其他建筑。根据《中华人民共和国担保法》第四十二条第（一）、（二）项及漯河市人民政府制定的《漯河市城市房地产市场管理暂行办法》第三十六条的规定，无地上建筑物或附属物的土地使用权抵押，应到土地部门办理抵押登记手续；以城市房地产设定抵押的，到房地产市场行政主管部门办理登记。**而在‘存有地上建筑物’的情形下，对于办理土地使用权抵押登记的部门并不明确。因此，原审判决根据《最高人民法院关于适用〈中华人民共和国担保法〉若干问题的解释》第六十条之规定，确认房地产管理处所办理的漯国用（94）字第520号土地使用权抵押登记之效力并无不当。**源汇区农行关于该土地使用权抵押登记无效的上诉理由不能成立，本院不予支持。但其关于应按照其请求优先受偿的1000万元收取二审案件受理费的主张有理，本院予以采纳。”

064 土地抵押在建建筑物视为一并抵押，未办理在建建筑物抵押登记不影响抵押权的效力

阅读提示

我国《物权法》确立了“房随地走，地随房走”的双向统一原则，也就是说，在涉及土地使用权或者房产等不动产抵押时，相关物权所有人应当一并处置土地使用权以及其上附着的房屋、其他在建建筑物和附着物等。同时，还强制性地规定当事人未按法定要求一并处分的，应视为一并处分。也就是说，当事人只要抵押了土地使用权或者房屋中的一项，即使另一项未出卖或者办理抵押登记，已经成立的抵押权也当然地对土地使用权和房屋产生效力。

裁判要旨

县级以上政府未明确规定在建建筑物抵押登记部门，但土地使用权已经办理了抵押登记的，应认定在建建筑物已一并抵押。在土地使用权他项权证书上记载在建建筑物抵押信息的行为足以产生对外公示的效果，该土地使用权之抵押权效力及于地上建筑物，应认定抵押权已依法成立。

案情简介

1. 2007 年 11 月 15 日，中行龙珠支行与国托公司签订一份《人民币借款合同（中期）》，约定国托公司向中行龙珠支行借款 21000 万元。

2. 2007 年 12 月 10 日，中行龙珠支行与国托公司签订《抵押合同》，约定：国托公司以其名下的 36414.02 平方米土地为上述借款提供抵押担保。2007 年 12 月 20 日，双方到国土部门办理了土地他项权利证明书。

3. 2009 年 2 月 16 日，双方又签订《抵押合同补充协议》，约定：国托公司将其名下的 36414.02 平方米土地及地上建筑物全部抵押给中行龙珠支行用于对上述借款的担保。2009 年 3 月 2 日，双方到国土部门办理了土地他项权利证明书。**地上建筑物为在建项目，未到房产管理部门办理抵押登记手续，仅在土地他项权利证明书内注明抵押物为土地及地上建筑物。**

4. 国托公司分批偿还了贷款本金共计 130 502 576.09 元。现贷款已全部到期，经中行龙珠支行多次催收，国托公司未能履行还款义务。

5. 一审：原告中行龙珠支行起诉被告国托公司，要求偿还借款，并请求法院判决对案涉抵押土地和地上建筑物享有优先受偿权。**海南省高院认为案涉在建工程并未在房地产管理部门办理抵押登记手续，抵押权未设立，中行龙珠支行对该土地上的建筑物不享有优先受偿权。**

6. 二审：原告中行龙珠支行不服一审判决提起上诉，诉称，应对案涉地上建筑物享有优先受偿权。最高法院判决案涉抵押权已经合法设立。

裁判要点及思路

本案的争议焦点是，**银行是否对未办理抵押登记的地上在建建筑物享有优先受偿权**。最高法院依据现行法律框架，提供了两种解释路径。

1. 土地使用权已办理登记的，但因抵押登记部门不明确，未办理抵押登记的在建建筑物抵押权是否成立，银行是否享有优先受偿权。根据《担保法解释》第六十条的规定，以城市房地产或者乡（镇）、村企业的厂房等建筑物抵押的，如抵押登记部门规定不明，当事人在土地管理部门和房产管理部门办理了抵押登记的，应当认定抵押权成立。**本案中，双方当事人均确认当地政府未明确规定在建建筑物抵押登记的部门，因此在土地管理部门办理土地使用权抵押登记，并在他项权利证书中记载相关地上在建建筑物信息的行为足以产生了对外公示公信的效果，该土地使用权之抵押权效力及于地上建筑物，应认定抵押权已经依法成立。**

2. 根据《物权法》"房地一体"原则也足以认定案涉在建建筑物抵押权已经设立。《物权法》第一百八十二条规定了房地产交易中"房随地走、地随房走"的双向统一原则，土地使用权和地上建筑物应当一并抵押，未按规定一并抵押的，视为一并抵押，以防止引发抵押权实现时的困境，使债权人的利益受到损害。**只要土地使用权或地上建筑物之一项办理抵押登记，即使另外一项没有办理抵押登记，亦应依法推定为两者一并抵押，银行对案涉未办理抵押登记的地上建筑物享有优先受偿权。**

实务要点总结

前事不忘，后事之师。我们对最高法院关于本案的判决所涉及的实务要点梳理如下，以供实务参考。

1. 如何确定在建建筑抵押的登记受理部门。根据我国物权法相关规定，不动产抵押权自登记时设立，因此以在建建筑物设立抵押权必然涉及登记问题。根据

《担保法》和《城市房地产管理法》的规定，办理在建建筑物抵押登记的机构应为县级以上地方人民政府规定的部门。而根据原建设部发布的《城市房地产抵押管理办法》和《房屋登记办法》(已失效)办理在建建筑物抵押登记的机构为相关房地产行政主管部门，实践中县级以上政府规定的受理部门即为当地的房产管理部门，但也有部分地方政府并没有作出明确的规定。为此，在抵押登记部门不明的情况下，最高法院以司法解释的形式规定，办理不动产抵押登记时，地方政府对登记受理部门规定不明的，当事人在土地管理部门或者房产管理部门办理登记的，均可设立有效的不动产抵押权。**也就是说，银行在接受房产等不动产抵押时，首先应查明和咨询当地政府是否有明确的规定和政策指引，并按照相关规定办理抵押登记，如无明确规定，应当至土地管理部门或者房产管理部门办理抵押登记，避免抵押权落空的风险。**

2. 银行在接受土地使用权抵押时往往涉及着地上附着建筑物的处置问题，根据《物权法》"房随地走、地随房走"的双向统一原则，土地使用权以及其上附着的建筑物应当一并抵押，没有一并抵押的视为一并抵押，这是法律的强制性规定。**也就是说，只要土地使用权和地上建筑物当中的一项办理了抵押登记，取得他项权证书，那么抵押权人就一并取得了对土地使用权和建筑物的抵押权。**本文引述的案例中，双方当事人在办理土地使用权登记时，在土地使用权他项权利证书中注明了土地和在建建筑物均设立抵押的事实，为法院认定房产抵押权是否设立，是否符合当事人双方的真实意思表示提供了直接的依据。**虽然最高法院在判决中特意强调"即便在土地他项权利证明书中未注明抵押物包括地上建筑物，案涉地上建筑物也应视为一并抵押"，但为稳妥起见，还是建议相关当事人办理抵押登记时应当一并记载和注明土地使用权和相关房产两部分均设立抵押的信息。**

相关法律法规

《物权法》

第一百八十二条 以建筑物抵押的，该建筑物占用范围内的建设用地使用权一并抵押。以建设用地使用权抵押的，该土地上的建筑物一并抵押。

抵押人未依照前款规定一并抵押的，未抵押的财产视为一并抵押。

《担保法》

第四十二条 办理抵押物登记的部门如下：

(一)以无地上定着物的土地使用权抵押的，为核发土地使用权证书的土地管理部门；

（二）以城市房地产或者乡（镇）、村企业的厂房等建筑物抵押的，为县级以上地方人民政府规定的部门；

（三）以林木抵押的，为县级以上林木主管部门；

（四）以航空器、船舶、车辆抵押的，为运输工具的登记部门；

（五）以企业的设备和其他动产抵押的，为财产所在地的工商行政管理部门。

《最高人民法院关于适用〈中华人民共和国担保法〉若干问题的解释》[法释〔2000〕44号]

第六十条　以担保法第四十二条第（二）项规定的不动产抵押的，县级以上地方人民政府对登记部门未作规定，当事人在土地管理部门或者房产管理部门办理了抵押物登记手续，人民法院可以确认其登记的效力。

《中华人民共和国城市房地产管理法》(2019年修正)

第六十二条　房地产抵押时，应当向县级以上地方人民政府规定的部门办理抵押登记。

因处分抵押房地产而取得土地使用权和房屋所有权的，应当依照本章规定办理过户登记。

《城市房地产抵押管理办法》(2001年修正)[建设部令第98号]

第七条　国务院建设行政主管部门归口管理全国城市房地产抵押管理工作。

省、自治区建设行政主管部门归口管理本行政区域内的城市房地产抵押管理工作。

直辖市、市、县人民政府房地产行政主管部门（以下简称房地产管理部门）负责管理本行政区域内的房地产抵押管理工作。

《房屋登记办法》[建设部令第168号](已失效)

第四条　房屋登记，由房屋所在地的房屋登记机构办理。

本办法所称房屋登记机构，是指直辖市、市、县人民政府建设（房地产）主管部门或者其设置的负责房屋登记工作的机构。

以下是本案判决书中"本院认为"部分，最高法院就案涉在建建筑物抵押权是否有效设立问题的论述：

最高法院认为："**（一）关于抵押登记部门不明情况下的登记效力的认定问题。**依据《担保法司法解释》第六十条'以担保法第四十二条第（二）项规定的不动产抵押的，县级以上地方人民政府对登记部门未作规定，当事人在土地管理部门或者房产管理部门办理了抵押物登记手续，人民法院可以确认其登记的效力'的规定，**在当地县级以上人民政府未明确在建工程抵押登记部门的情况下，海口市**

国土部门颁发的土地他项权利证明书对案涉土地及地上建筑物抵押登记予以了明确记载，可依据上述司法解释的规定认定相关登记部门对土地使用权及地上建筑物办理抵押登记的行为已经完成。即案涉地上建筑物上已设定了他项权利，具有公信力，并足以产生公示的法律效果。故本院依法确认其登记效力，即中行龙珠支行可对该地上建筑物享有优先受偿权。

（二）关于中行龙珠支行能否依据《物权法》第一百八十二条之规定对案涉地上建筑物享有优先受偿权的问题

中行龙珠支行还主张即使其未办理地上建筑物抵押登记，但基于其已依法办理了土地抵押登记手续，可依据《物权法》第一百八十二条的规定，将该土地的抵押效力及于地上建筑物。本院认为，在房地产抵押权设立的实践中，如何协调土地使用权抵押和地上建筑物之间的关系，我国物权法施行前的相关法律规定并不明确。为此，《物权法》第一百八十二条第一款规定：'以建筑物抵押的，该建筑物占用范围内的建设用地使用权一并抵押。以建设用地使用权抵押的，该土地上的建筑物一并抵押'。该条第二款进一步明确规定：'抵押人未依照前款规定一并抵押的，未抵押的财产视为一并抵押。'该规定遵循了房地产交易中'房随地走'和'地随房走'的双向统一原则，其立法旨意在于重申房地一体的原则，防止引发抵押权实现时的困境，使债权人的利益受到损害。依据该规定，当事人应对土地使用权及其地上建筑物一并抵押，如果当事人未按照该条第一款规定一并抵押时，则法律直接规定'视为一并抵押'。即只要土地使用权或地上建筑物之一项办理抵押登记，即使另外一项没有办理抵押登记，亦依法推定为两者一并抵押。另外，从市场交易的风险防范角度来看，《物权法》已经确立了房地应一并抵押的原则，并明确规定土地或者地上建筑物未一并抵押的也视为一并抵押，参与或从事房地产抵押实践的市场主体应当知悉该规定。其在设立土地抵押权时，对该土地上的建筑物是否已设定抵押权负有注意义务，并应积极向登记机关进行查询，以避免出现风险，反之亦然。市场主体如果因未尽到上述注意义务而遭受风险，则该损失应由其自行负担。

本案中，中行龙珠支行与国托公司已就土地使用权办理了抵押登记，依法设立了抵押权，即便在土地他项权利证明书中未注明抵押物包括地上建筑物，依据《物权法》第一百八十二条第二款之规定，案涉地上建筑物也应视为一并抵押，该土地使用权之抵押权效力及于地上建筑物，中行龙珠支行亦应就本案享有的债权依法对案涉地上建筑物享有优先受偿权。且中行龙珠支行与国托公司在诉讼中均确认该地上建筑物未为其他债权设立抵押担保，案涉地上建筑物抵押权在未来实

现时也不存在权利冲突。中行龙珠支行主张案涉地上建筑物随土地使用权一并抵押，其对案涉地上建筑物亦享有优先受偿权，于法有据，本院予以支持。”

案件来源

中国银行股份有限公司海口龙珠支行与海南国托科技有限公司、海南美源房地产开发有限公司等金融借款合同纠纷上诉案［最高人民法院（2015）民二终字第 269 号］

065 以未注销的抵押权担保新借款但未重新办理登记的抵押权未设立，可转化为一般的保证关系

阅读提示

办理抵押登记是不动产抵押权设立的法定要件，但办理注销登记不是不动产抵押权消灭的必要条件。根据《物权法》和《担保法》的基本原理，主债权消灭的，担保物权将一并消灭。因此，自主债权清偿之日起相对应的不动产抵押权将一并消灭、当然消灭。以已清偿借款但未办理注销登记的抵押权担保新发生借款的，因未重新办理抵押权设立登记，不能发生抵押权设立的法律效果。

裁判要旨

抵押人和银行约定将借款已清偿但未办理注销登记的不动产抵押权用以担保新发生的借款，因双方未重新办理抵押权设立登记，应认定该抵押权未有效设立，未注销的抵押权不具有担保新发生借款的法律效果，抵押人不应承担抵押担保责任。但基于各方当事人真实的意思表示，运用法律行为转化的方法，抵押人应为借款承担保证担保责任。

案情简介

1. 1998 年 4 月 9 日，步某向合作银行借款 25 万元，刘某以其 31936 号房产作为抵押物，并于同日办理了抵押登记。同年 7 月 3 日，步某归还了 25 万元借款。

2. 1998 年 8 月 19 日，石河子合作银行与步某又签订《借款合同》，借款金额 20 万元。庭审中，石河子合作银行陈述为了减少刘某的房产抵押登记费用，同意

刘某继续以31936号房产抵押担保，不解除该房产抵押登记的要求。

3. 一审：原告石河子合作银行要求被告步某偿还20万元借款本金，要求刘某承担抵押担保责任。新疆建设兵团第八师中院判决步某应偿还借款本金，刘某应承担抵押担保责任。

4. 二审：抵押人刘某不服一审判决提起上诉，诉称其未以自有房产为20万元借款提供抵押担保并办理抵押登记，不应承担抵押担保责任。新疆自治区高院依据《担保法》第四十三条认定即使未办理抵押登记，不影响抵押合同的效力以及抵押合同对双方的效力，因此刘某应承担抵押担保责任。故判决驳回上诉请求。

5. 再审：刘某不服二审判决申请再审。诉称，抵押的房产未进行抵押登记抵押权未设立，故不应承担抵押担保责任。最高法院认为，案涉房产抵押未办理登记不能发生抵押权设立的法律效果。但最高法院根据本案的情况进行了法律行为的转化，将无效的抵押担保关系转化为保证担保关系，认定刘某应为案涉20万元借款承担保证担保责任。故裁定驳回再审申请。

裁判要点及思路

本案的争议焦点是：银行与抵押人约定，将借款已经清偿但未办理注销登记的抵押权用于担保新发生的借款，而未重新办理抵押权设立登记的，抵押人是否仍应承担抵押担保责任？最高法院认定抵押人和银行存在贷款已清偿但未办理抵押权注销登记，并约定将此未注销的抵押权用以担保新发生的借款的约定。根据《担保法》第四十一条的规定，因双方未重新办理房产抵押权设立登记，应认定该抵押权未有效设立，未注销的抵押权不具有担保新发生的借款的效果，因此抵押人刘某不应承担抵押担保责任。

虽然最高法院认定刘某不应承担抵押担保责任，但并不是不应承担任何责任。最高法院运用法律行为的转化制度，在尊重抵押人刘某和银行真实意思表示的基础上认定，如果银行和刘某在保证合同签订之时，就知道这种以在先的抵押登记担保在后发生的另一笔债权并不能产生法律效力，在不办理登记以节约抵押登记费用的情况下，双方会选择由刘某提供保证这一合法有效的担保方式，以保证贷款合同的顺利履行。故最终判决刘某应承担保证担保责任。

实务要点总结

前事不忘，后事之师。我们就最高法院有关本案的判决涉及的实务要点梳理

如下，以供实务参考。

1. **抵押权在所担保的主债权消灭之日起当然消灭，无须另行办理抵押权注销登记。**根据《物权法》第一百七十七条第（一）项以及《担保法》第五十二条规定，主债权消灭的，担保物权一并消灭。办理抵押登记是不动产抵押权成立的法定事由和必要条件，未办理抵押登记不影响抵押合同的效力，但抵押权不能有效设立。但应当注意的是，办理抵押权注销登记并不是抵押权消灭的法定事由，抵押权作为从属于主债权的从权利，主债权因清偿而消灭的将发生抵押权一并消灭、当然消灭的法律效果，仅以未办理抵押权注销登记并缴销他项权利证书为由，认定抵押登记仍然发生法律效力的观点违背了基本的民法原理。

2. 法律行为的转化制度是指原有行为如果具备替代行为的要件，并且可以认为当事人如果知道原有行为不生效力或无效将希望替代行为生效的，可以将原有行为转换为替代行为而生效。其制度趣旨在于不拘泥于法律行为的外观，而是在尊重当事人的真实意思的基础上，对交易做出新的评价，用一种适当的行为去替换当事人所选择的不适当的行为，以平衡当事人之间的利益。其中探求各方当事人的真实意思表示对最终转化为何种替代行为至关重要，只有以真实的意思表示为基础才不至于导致当事人之间利益的失衡。

相关法律法规

《物权法》

第一百七十七条　有下列情形之一的，担保物权消灭：

（一）主债权消灭；

（二）担保物权实现；

（三）债权人放弃担保物权；

（四）法律规定担保物权消灭的其他情形。

《担保法》

第五十二条　抵押权与其担保的债权同时存在，债权消灭的，抵押权也消灭。

以下是本案判决书中“本院认为”部分，最高法院就借新还旧未办理抵押权注销登记原抵押权是否继续有效问题的论述：

最高法院认为：“**关于刘某是否应当承担其中的 20 万元贷款的担保责任问题。**1998 年 8 月 19 日合作银行与步某、刘某三方签订的《贷款合同书》中约定：贷款 20 万元，期限 6 个月，步某以房产作为借款抵押，刘某在合同中注明房产抵押证号 31××36、32××31。对于该抵押未办理登记的原因，合作银行称是为了减少刘某的房产抵押登记费用，故同意刘某提出的继续以房产抵押担保、不解除该房产抵押登记的要求。刘某在申请再审理由中亦自陈其 31××36、32××31 号房产是为此前步某向合作银行的贷款提供抵押并办理了抵押登记，结合本案中刘某在步某此前贷款还清之后并未申请注销抵押登记，以及在一审诉讼的早期阶段刘某一直承认其为案涉贷款提供了房产抵押等案件事实，应当认定合作银行的陈述符合本案的实际情况。**故应认定本案当事人之所以未办理抵押登记手续，是因为合作银行已经因步某的此前贷款而成为该房产的抵押权人，双方存在此前贷款还清后不办理注销登记，以 31××36、32××31 号房产继续为该 20 万元贷款的抵押担保的口头约定。**《中华人民共和国担保法》第四十一条规定：当事人以该法第四十二条规定的城市房产、土地使用权等财产抵押的，应当办理抵押物登记，抵押合同自登记之日起生效。**据此，刘某与合作银行之间关于先前的贷款还清后不办理注销登记，抵押房产继续为 20 万元贷款提供担保的约定尽管是双方的真实意思表示，但并不能发生双方所希望的法律后果，案涉抵押合同并不能为该 20 万元贷款依法设定抵押权。**《中华人民共和国担保法》关于不动产担保物权的设定必须履行登记手续的规定，系为贯彻公示原则以保护善意第三人的利益和交易安全，对公示原则的违反尚不构成为法律秩序和法律的基本价值所不容的行为，故对于未履行登记手续的抵押合同，其法律效力并非确定无效。为救济其法律效力的瑕疵，除可以通过补办登记手续这种方式加以补正使其发生法律效力外，还可以通过解释上的转换这一方式，将其转换为有效的担保行为，以节约交易成本，促进交易发展。**根据民法基本原理，法律行为的转换是指原有行为如果具备替代行为的要件，并且可以认为当事人如果知道原有行为不生效力或无效将希望替代行为生效的，可以将原有行为转换为替代行为而生效。**其制度趣旨在于不拘泥于法律行为的外观，而是在尊重当事人的真实意思的基础上，对交易做出新的评价，用一种适当的行为去替换当事人所选择的不适当的行为，以平衡当事人之间的利益。**就本案而言，以此前的抵押登记继续为案涉 20 万元贷款提供担保，是刘某和合作银行缔约时的真实意思表示，且在案涉贷款的催收环节和本案诉讼的初期阶段，刘某亦未以其提供的房产担保不生效力为由进行过抗辩。由此不难得出结论，如果合作银行和刘某在案涉 20 万元借款合同和担保合同签订之时，就知道这种以在先的抵押登记担保在后发生的另一笔债权并不能产生法律效力，在不办理登记以节约抵押登记费用的情况下，双方会选择由刘某提供保证这一合法有效的担保方式，以保证贷款合同的顺利履行。相反，若仅机械地适用法律认定本案房产抵押因未登记就不发生任何法律效力，则刘某不承担担保责任的结果将会明显背离一般社会大众的公平认知，亦显然有违诚实信用原则。因此，根据本案的实际情况，**

本院将案涉 20 万元的抵押担保合同转换为连带责任保证合同。由于抵押担保是以物的价值为限承担有限责任，而保证则是以保证人的全部责任财产承担无限责任，故在理论上存在着将抵押担保转化为保证担保会增加刘某责任范围的可能性，但在本案中，该 31× ×36、32× ×31 号房产原先是作为 1998 年 4 月 9 日的 25 万元贷款的抵押担保，依经验法则判断，该房产的价值显然应该大于 25 万元，在担保方式转换后刘某所应承担的 20 万元本息的保证责任并未超出其所提供的担保物的价值，故本院对担保方式转换后刘某的保证责任范围不再予以限定。根据《贷款合同书》的约定，担保到贷款还完方可解除，刘某应当承担责任的保证期间依法应确定为主债务履行期届满之日起二年。因合作银行、步某和刘某三方协议该 20 万元贷款于 1999 年 8 月 19 日归还，合作银行于 2000 年 5 月 19 日向保证人刘某催收，系在合同约定的保证期间要求刘某承担保证责任，并应当自 2000 年 5 月 19 日之日起计算该 30 万元贷款的诉讼时效，合作银行于 2000 年 5 月 30 日提起本案诉讼，并未超过诉讼时效期间，刘某应当为该 20 万元承担相应的保证责任。尽管一、二审判决关于刘某应当承担该 20 万元担保责任的论理逻辑并不正确，但其关于刘某应当对上述贷款及利息承担担保责任的处理结果并无不当。故对刘某关于其不应承担案涉 20 万元贷款的担保责任的申请理由，本院不予支持。”

案件来源

刘某与新疆石河子农村合作银行、步某借款合同纠纷案二审民事判决书新[疆维吾尔自治区高级人民法院（2014）新兵民二终字第 00013 号]；新疆石河子农村合作银行与刘某、步某借款合同纠纷申诉、申请民事裁定书[最高人民法院（2015）民申字第 2354 号]

延伸阅读

有关将借款已清偿但未注销的抵押权用以担保其后新发生的债权，但未重新办理抵押权设立登记的问题，我们在写作中检索到与该问题相关的最高法院于 2017 年作出的判决，与主文案例的裁判观点完全相左，笔者倾向性地认为主文案例更符合基本的民法逻辑。特将与此观点相左的案例之“本院认为”部分收录如下，以供读者参考。

1. 旧的借款合同项下所发生的主债权已因受偿归于消灭，但因抵押人和抵押权人在主债权受偿后均没有在抵押登记机关申请涂销抵押登记并缴销他项权利证

书，因此在所担保的主债权消灭后并不必然发生抵押权也随之消灭的法律后果，抵押登记仍然发生法律效力。抵押人与银行约定将此未注销的抵押权用于担保后发生的新借款并不违反法律的禁止性规定，属于抵押权设立在先，所担保债权发生在后的情形，因此抵押人应承担抵押担保责任。

案例一：中信银行股份有限公司兰州分行、甘肃华宁东方贸易有限公司金融借款合同纠纷二审民事判决书［最高人民法院（2017）最高法民终 210 号］

最高法院认为："本院认为，本案二审的争议焦点为：张某、乔某、薛某是否应对中信银行主张的案涉债权承担抵押担保责任。根据本案查明的事实，2014 年 4 月 22 日，张某、乔某、薛某分别与中信银行签订《最高额抵押合同》［编号为（2014）信兰银最抵字第 27 号、28 号、29 号］，约定以其各自所有的房产对华宁公司与中信银行在 2014 年 4 月 22 日至 2017 年 4 月 21 日期间签订的主合同项下债权提供抵押担保。次日，双方依据合同约定办理了不动产最高额抵押登记，中信银行并取得了相应他项权利证书。依据《中华人民共和国物权法》第十四条'不动产物权的设立、变更、转让和消灭，依照法律规定应当登记的，自记载于不动产登记簿时发生效力'之规定，中信银行对张某、乔某、薛某之抵押房产依法设立了抵押权。2015 年 4 月 28 日，张某、乔某、薛某又分别与中信银行签订《最高额抵押合同》［编号为（2015）信银兰最抵字第 36 号、第 35 号、第 34 号］，约定以其三人在 2014 年 4 月 22 日《最高额抵押合同》项下抵押房产对华宁公司与中信银行在 2015 年 4 月 28 日至 2016 年 4 月 28 日期间签订的主合同项下债权提供抵押担保。合同附件一抵押物清单载明三抵押人抵押房产的坐落、建筑面积和权属证明，并由双方签章确认；合同附件二为抵押房产在 2014 年 4 月 23 日取得的他项权利证书。同日，华宁公司与中信银行签订《综合授信合同》［（2015）信银兰综授字第 30 号］，约定华宁公司在 2015 年 4 月 28 日至 2016 年 4 月 28 日综合授信额度使用期限内可向中信银行申请使用综合授信额度 8000 万元，并以当天签订的《最高额抵押合同》为担保。2015 年 10 月 27 日，华宁公司与中信银行签订《人民币流动资金贷款合同》［（2015）信银兰贷字第 145 号］，向中信银行贷款 8000 万元，并约定以 2015 年 4 月 28 日《最高额抵押合同》为担保。

由此，对华宁公司与中信银行的案涉 8000 万元贷款合同，张某、乔某、薛某签订有 2015 年 4 月 28 日《最高额抵押合同》予以担保，抵押财产为张某所有登记在兰房他证（七里河）字第 ×× 号他项权证项下房产、乔某所有登记在兰房他证（七里河）字第 ×× 号他项权证项下房产和薛某所有登记在兰房他证（七里河）字第 ×× 号他项权证项下房产，与 2014 年 4 月 22 日《最高额抵押合同》项

下抵押房产相同，于2014年4月23日已办理了他项权利登记，且在登记后未办理涂销登记并缴销他项权利证书。因此，依据《中华人民共和国物权法》第十四条之规定，对案涉房产设立的抵押权并未消灭，抵押登记仍然有效。虽然在2014年4月23日抵押权设立后，华宁公司与中信银行签订有相应的《综合授信合同》，约定由2014年4月22日《最高额抵押合同》项下抵押财产予以担保，且该合同项下综合授信额度内所发生的主债权已因受偿归于消灭，但因抵押人和抵押权人在主债权受偿后均没有在抵押登记机关申请涂销抵押登记并缴销他项权利证书，因此在所担保的主债权消灭后并不必然发生抵押权也随之消灭的法律后果，抵押登记仍然发生法律效力。乔某、张某、薛某辩称2014年4月23日设立的抵押权因所担保的主债权消灭而消灭的抗辩理由不能成立，本院不予支持。本案中，张某、乔某、薛某于2015年5月28日与中信银行签订新的《最高额抵押合同》时，在合同所附抵押物清单中签字确认了以2014年4月23日设立抵押权的抵押房产为该合同项下抵押物，并将已取得的他项权利证书作为合同附件，因此对于抵押合同三项基本构成要素抵押人、抵押权人、抵押物而言，张某、乔某、薛某三人先后与中信银行签订的《最高额抵押合同》的约定是相同的。按照法律规定和办理抵押登记的一般操作流程，抵押人和抵押权人在就抵押财产再次订立抵押担保协议后，本应到登记机关先申请办理涂销原抵押权登记，然后再申请办理新的抵押权登记，对抵押物新设立抵押权。但根据张某、乔某、薛某与中信银行2015年5月28日签订的《最高额抵押合同》中有关抵押物的约定及其附件为2014年4月23日办理的抵押房产他项权证的事实，可以认定，双方当事人采取了变通的方式，于订立新的最高额抵押合同之后，留用原先办理的他项权利证书，并将该他项权利证书作为合同的附件继续使用。该变通做法虽与常规做法有所不同，但并不违反《中华人民共和国物权法》第十四条之规定，同时在一定程度上也简化了当事人先办理涂销登记然后又办理设立登记之烦琐的程序。因此，根据案涉抵押人与抵押权人先后签订《最高额抵押合同》和履行合同及办理抵押登记的情况，本案实际是当事人先办理了抵押登记，然后又签订了新的抵押合同，且由于签订的是最高额抵押合同，故抵押权设立在先，所担保债权发生在后，并不违反相关法律的禁止性规定。由此，作为抵押人的张某、乔某、薛某应按照所签《最高额抵押合同》的约定，以其各自所有的抵押房产，为华宁公司的案涉8000万元债务承担抵押担保责任。一审判决以中信银行与薛某、乔某、张某并未对2015年5月28日《最高额抵押合同》项下抵押财产办理抵押登记为由，认定张某、乔某、薛某不承担抵押担保责任，适用法律错误，本院予以纠正。”

066 银行办理抵押登记的义务高于抵押人的义务

阅读提示

不动产抵押权的设立以登记为必要，未办理抵押登记的不动产抵押权不能有效设立。办理抵押登记是银行和抵押人双方的共同义务，未明确约定由谁办理登记手续的，应由双方共同承担。银行作为经营贷款业务的专业机构，在办理抵押登记过程中应尽到更大注意义务，而抵押人处于被催促地位。相应地，因双方共同过错未办理登记致使抵押权未设立的，由此造成的后果银行应承担主要责任，抵押人承担次要责任。如银行能提出证据证明是由于抵押人的过错致使抵押权不能设立的，应由抵押人承担抵押权未设立造成的全部不利后果。

裁判要旨

贷款过程中为抵押物办理抵押登记对于银行来说属于设权行为，银行为抵押物办理抵押登记较之抵押人应更加积极主动，理应尽到更大的注意义务、催促义务，抵押人在办理抵押登记过程中处于被催促的地位。因双方过错未办理抵押登记致使抵押权未设立的，银行应承担主要责任，抵押人承担次要责任。

案情简介

1. 2015 年 9 月 15 日，中行甘井子支行与新源华公司签订《授信额度协议》，授信金额为 29676 万元。同日，中行甘井子支行与百益源公司、盛世亚公司分别签订《最高额抵押合同》，均约定为前述授信提供最高本金限额 29676 万元的担保，**约定在合同签订后 90 日内，抵押人与抵押权人应到有关登记部门办理抵押登记手续。**“缔约过失”条款约定：**“本合同签订后，抵押人拒绝办理或拖延办理抵押登记，或因抵押人的其他原因，致使本合同不能生效，抵押权不能有效设立的，构成缔约过失。”**

2. 其中，百益源公司提供的国有土地使用权未办理抵押登记，盛世亚公司提供的国有土地使用权和其上的在建工程等抵押物也未办理抵押登记。

3. 2015 年 9 月至 11 月，中行甘井子支行与新源华公司签订 11 份《授信额度协议》项下的借款合同，借款共计 310 456 610.5 元。

4. 二审另查明，中行甘井子支行与新源华公司之前存在贷款关系，案涉贷款是由之前的贷款转贷而来。

5. 一审：原告中行甘井子支行起诉被告新源华公司、百益源公司、盛世亚公司，要求新源华公司偿还借款，百益源公司、盛世亚公司承担赔偿责任。辽宁省高院判决百益源公司、盛世亚公司的两个抵押权未设立，中行甘井子支行虽主张因抵押人拒绝办理抵押登记，但其没有证据证明，故无权要求两公司承担赔偿责任。

6. 二审：中行甘井子支行不服一审判决提起上诉，请求改判百益源公司、盛世亚公司承担赔偿责任，称百益源公司、盛世亚公司是抵押登记义务人，未办理登记致使抵押权未设立的，应承担缔约过失责任。最高法院判决案涉抵押权未设立双方均有过错，应按过错程度承担相应的责任。

裁判要点及思路

本案的争议焦点是，未办理抵押登记导致抵押权未设立的不利后果应由谁承担。最高法院将该问题分解为两部分：

1. **银行、抵押人对未办理抵押登记是否均存在过错。**本案中抵押合同约定“依法需要办理抵押登记的，在本合同签订后90日内，抵押人与抵押权人应到有关登记部门办理抵押登记手续”；“声明与承诺”条款中约定，抵押人已经或将会取得设置本抵押所需的一切有关批准、许可、备案或者登记；“缔约过失”条款约定：“本合同签订后，抵押人拒绝办理或拖延办理抵押登记，或因抵押人的其他原因，致使本合同不能生效，抵押权不能有效设立的，构成缔约过失”。**故最高法院认为，抵押物办理抵押登记应当为债权人和抵押人的共同义务，需要双方配合才能完成，在双方对办理抵押登记负有共同义务以及双方均不能举证证明自己不存在过错的情形下，应认定双方均存在过错，双方应当各自承担相应的责任。**

2. **银行、抵押人双方的过错程度以及责任分配。**根据《商业银行法》第三十六条的规定，**贷款过程中为抵押物办理抵押登记对于银行来说属于设权行为，银行为抵押物办理抵押登记较之抵押人应更加积极主动，理应尽到更大的注意义务、催促义务，故银行应承担主要责任。相对而言，抵押人在办理抵押登记过程中处于被催促的地位，对未办理抵押登记应承担次要责任。**

实务要点总结

前事不忘，后事之师。我们就最高法院有关本案的判决涉及的实务要点梳理如下，以供实务参考。

1. 银行和抵押人签订抵押合同时没有明确约定由谁办理抵押登记的，应当认为办理抵押登记确保抵押权及时、有效的设立是双方共同的义务，需要由双方密切配合才能完成。未办理登记致使抵押权未设立的，在双方均不能举证己方不存在过错的情况下，应当由双方依据各自的过错程度承担相应的责任。

2. 银行作为经营贷款业务的专业机构，特别是大型国有商业银行，有严格的贷款审查程序和制度，在发放贷款前理应对抵押物及时办理抵押登记以减小贷款风险。因此，办理抵押登记时银行处于主动和催促者的地位，应当尽到更大的注意义务，相对的抵押人处于被催促者的地位。因此，因双方过错未办理抵押登记致使抵押权未能有效设立的，银行应承担主要责任，抵押人应承担次要责任。

3. 尽管从理论上讲银行应当尽到更大的注意和催促义务，但银行承担主要义务的前提是双方未在合同中约定由谁具体操办抵押登记事宜。本案抵押合同中双方仅笼统地约定“在合同签订后 90 日内，抵押人与抵押权人应到有关登记部门办理抵押登记手续”，实际上等于没有约定，并没能厘清双方的责任义务边界，还是一种共同义务。从银行避免风险的角度，应当在抵押合同中约定由抵押人负责办理抵押登记手续，以及抵押人未及时办理抵押登记手续致使抵押权未设立时应承担的赔偿责任，并指派专职人员全程跟进。

相关法律法规

《合同法》

第四十二条 当事人在订立合同过程中有下列情形之一，给对方造成损失的，应当承担损害赔偿责任：

（一）假借订立合同，恶意进行磋商；

（二）故意隐瞒与订立合同有关的重要事实或者提供虚假情况；

（三）有其他违背诚实信用原则的行为。

《商业银行法》

第三十六条 商业银行贷款，借款人应当提供担保。商业银行应当对保证人的偿还能力，抵押物、质物的权属和价值以及实现抵押权、质权的可行性进行严格审查。

经商业银行审查、评估，确认借款人资信良好，确能偿还贷款的，可以不提供担保。

《最高人民法院关于适用〈中华人民共和国担保法〉若干问题的解释》（法释〔2000〕44 号）

第七条 主合同有效而担保合同无效，债权人无过错的，担保人与债务人对主合同债权人的经济损失，承担连带赔偿责任；债权人、担保人有过错的，担保人承担民事责任的部分，不应超过债务人不能清偿部分的二分之一。

第五十六条　抵押合同对被担保的主债权种类、抵押财产没有约定或者约定不明，根据主合同和抵押合同不能补正或者无法推定的，抵押不成立。

法律规定登记生效的抵押合同签订后，抵押人违背诚实信用原则拒绝办理抵押登记致使债权人受到损失的，抵押人应当承担赔偿责任。

以下是本案判决书中“本院认为”部分，最高法院就因双方过错致使抵押权未设立时的最终责任分配问题的论述：

最高法院认为：“三、关于中行甘井子支行诉求百益源公司、盛世亚公司在担保最高债权额范围内对新源华公司未偿还款项承担赔偿责任的问题

（一）关于抵押权是否设立的问题

物权法第一百八十七条规定：‘以本法第一百八十条第一款第（一）项至第（三）项规定的财产或者第（五）项规定的正在建造的建筑物抵押的，应当办理抵押登记。抵押权自登记时设立。’本案中，抵押合同二约定百益源公司以其所拥有的192686平方米国有土地使用权为案涉新源华公司的贷款提供抵押担保，但没有办理抵押登记；抵押合同三约定盛世亚公司以其所拥有的144828.4平方米国有土地使用权及83272.65平方米在建工程为案涉新源华公司的贷款提供抵押担保，但均没有办理抵押登记。依据物权法第一百八十七条的规定，抵押权因抵押物未登记而未设立，故本院认为中行甘井子支行不能对抵押合同二、抵押合同三约定的上述三项抵押物享有优先受偿权。

（二）关于百益源公司、盛世亚公司是否应当承担赔偿责任的问题

1.关于未办理抵押登记导致抵押合同二、抵押合同三未生效的不利法律后果应由谁承担的问题

《中华人民共和国民法总则》第一百一十九条规定：‘依法成立的合同，对当事人具有法律约束力。’《合同法》第四十二条规定：‘当事人在订立合同过程中有下列情形之一，给对方造成损失的，应当承担损害赔偿责任：（一）假借订立合同，恶意进行磋商；（二）故意隐瞒与订立合同有关的重要事实或者提供虚假情况；（三）有其他违背诚实信用原则的行为。’《合同法司法解释二》第八条规定：‘依照法律、行政法规的规定经批准或者登记才能生效的合同成立后，有义务办理申请批准或者申请登记等手续的一方当事人未按照法律规定或者合同约定办理申请批准或者未申请登记的，属于合同法第四十二条第（三）项规定的“其他违背诚实信用原则的行为”，人民法院可以根据案件的具体情况和相对人的请求，判决相对人自己

办理有关手续；对方当事人对由此产生的费用和给相对人造成的实际损失，应当承担损害赔偿责任。’本案中，中行甘井子支行主张百益源公司、盛世亚公司应根据合同约定承担未办理相关抵押登记的缔约过失责任。**本院认为，根据合同法的立法精神，缔约过失责任是指在合同订立过程中，一方因违背其依据的诚实信用原则所产生的义务，而致另一方信赖利益的损失，并应承担损害赔偿责任。缔约过失责任以过错为归责原则，合同成立后需要办理申请登记手续才能生效的，有办理登记义务的当事人而未办理的，给相对人造成的实际损失，应当承担缔约过失责任。**本案中，抵押合同二、抵押合同三第五条“抵押登记”条款均约定：‘依法需要办理抵押登记的，在本合同签订后90日内，抵押人与抵押权人应到有关登记部门办理抵押登记手续。……’抵押合同二、抵押合同三第十四条‘声明与承诺’条款中均约定，抵押人已经或将会取得设置本抵押所需的一切有关批准、许可、备案或者登记。抵押合同二、抵押合同三第十五条‘缔约过失’条款均约定：‘本合同签订后，抵押人拒绝办理或拖延办理抵押登记，或因抵押人的其他原因，致使本合同不能生效，抵押权不能有效设立的，构成缔约过失。由此使抵押权人受到损失的，抵押人应对抵押权人所受损失承担赔偿责任。’**本院认为，抵押合同二因未办理抵押登记导致合同虽然成立但没有生效。对于未办理抵押登记致使合同未生效的责任应由谁承担的问题，根据抵押合同二的相关约定，为抵押物办理抵押登记应当为中行甘井子支行与百益源公司的共同义务，需要双方配合才能完成，在中行甘井子支行与百益源公司对办理抵押登记负有共同义务以及双方均不能举证证明自己不存在过错的情形下，本院认定双方均存在过错，双方应当各自承担相应的责任，依据合同法的上述规定和双方之间的合同约定，百益源公司违反了诚实信用原则，未尽到相关办理抵押登记的义务，百益源公司构成缔约过失。**抵押合同三的情形与抵押合同二相同，中行甘井子支行与盛世亚公司亦均存在过错，双方应当各自承担相应的责任，依据合同法的上述规定和双方之间的合同约定，盛世亚公司构成缔约过失。虽然百益源公司、盛世亚公司抗辩中行甘井子支行在发放贷款前负有审查抵押权是否设立的义务，百益源公司、盛世亚公司不应承担缔约过失责任，但是案涉贷款是由转贷而来，中行甘井子支行对百益源公司、盛世亚公司办理抵押登记手续存在信赖利益，故百益源公司、盛世亚公司的抗辩理由不能成立，本院不予支持。综上，中行甘井子支行关于百益源公司、盛世亚公司构成缔约过失责任的主张于法有据，本院予以支持。

2. 关于如何划分中行甘井子支行与百益源公司以及中行甘井子支行与盛世亚公司的责任问题

《商业银行法》第三十六条规定：‘商业银行贷款，借款人应当提供担保。商业银行应当对保证人的偿还能力，抵押物、质物的权属和价值以及实现抵押权、质权的可行性进行严格审查。经商业银行审查、评估，确认借款人资信良好，确能偿还贷款的，可以不提供担保。’本案中，**中行甘井子支行作为大型国有商业银行，有严格的贷款审查程序和制度，在发放贷款前理应对抵押物及时办理抵押登记以减小贷款风险。在贷款过程中为抵押物办理抵押登记对于银行来说属于设权行为，中行甘井子支行为抵押物办理抵押登记较之百益源公司、盛世亚公司应更加积极主动，理应尽到更大的注意义务、催促义务，故中行甘井子支行对抵押合同二、抵押合同三约定的抵押物未办理登记所造成的损失负有主要责任。**

《最高人民法院关于适用〈中华人民共和国担保法〉若干问题的解释》（以下简称《担保法司法解释》）第五十六条第二款的规定：‘法律规定登记生效的抵押合同签订后，抵押人违背诚实信用原则拒绝办理抵押登记致使债权人受到损失的，抵押人应当承担赔偿责任。’《担保法司法解释》第七条规定：‘主合同有效而担保合同无效，债权人无过错的，担保人与债务人对主合同债权人的经济损失，承担连带赔偿责任；债权人、担保人有过错的，担保人承担民事责任的部分，不应超过债务人不能清偿部分的二分之一。’**本案中，抵押合同二和抵押合同三均成立但未生效，各方均存在过错，百益源公司、盛世亚公司构成缔约过失。但是相对而言，抵押人百益源公司、盛世亚公司在办理抵押登记过程中处于被催促的地位。**依据《担保法司法解释》第五十六条第二款规定并结合《担保法司法解释》第七条规定的精神，百益源公司、盛世亚公司对未办理抵押登记应当承担次要责任。综上，**依据《担保法司法解释》的相关规定并根据双方对于办理抵押登记中地位及作用，本院酌定中行甘井子支行对因抵押合同二、抵押合同三中未办理抵押登记所造成的损失自身均承担75%的责任**，百益源公司在担保最高债权额范围内对抵押合同二中约定的192686平方米国有土地使用权折价、拍卖、变卖所得价款的25%对新源华公司的债务承担赔偿责任，盛世亚公司在担保最高债权额范围内对抵押合同三中约定的144828.4平方米国有土地使用权及83272.65平方米在建工程折价、拍卖、变卖所得价款的25%对新源华公司的债务承担赔偿责任。”

案件来源

中国银行股份有限公司大连甘井子支行、库伦旗首宇甜菊糖有限公司金融借款合同纠纷二审民事判决书［最高人民法院（2017）最高法民终436号］

067 贷款展期后未办理抵押变更登记，原抵押权继续存在

阅读提示

借款合同的变更在实践中经常发生，只要符合双方真实的意思表示，不违反法律的强制性、禁止性规定（一般也不会违反），变更后的借款合同对借贷双方当然的发生效力。

但由于借款关系经常伴随另一担保关系，除非在变更借款合同时双方同步办理了担保合同变更或者重新订立了担保合同，否则单一的借款合同变更极易导致原担保关系失效，使债权发生脱保的风险。但应当明确的是，并不是所有的主借款合同变更均会导致从担保合同失去效力，在经担保人同意、担保人重新提供担保或者变更主借款合同并未加重担保人责任，甚至是减轻了债务人和担保人的还款责任的情况下，担保责任不应当然免除。

裁判要旨

贷款展期仅只是变更了原借款合同的还款期限，并未产生新的债权债务关系，借款人以其真实意思表示承诺原担保合同继续担保展期后的债务的，即使双方未重新签署担保协议原抵押权仍然存在，银行仍可行使优先受偿权。

案情简介

1. 2009 年 7 月林某委托工行泉州洛江支行向清源公司发放贷款 2700 万元，年利率 6.318%，贷款期限 2009 年 7 月 24 日起至 2009 年 10 月 30 日止。

2. 清源公司以其在建工程为贷款提供最高额抵押担保，担保的主债权为自 2009 年 7 月 23 日至 2009 年 10 月 30 日期间 2700 万元额度。

3. 后因清源公司资金紧张，借款人、银行和贷款人三方签订《委托贷款展期协议》，贷款展期至 2010 年 1 月 31 日，但未重新签署担保合同。

4. 在借款原约定的期限届满时，清源公司作出股东会决议，决定申请办理贷款展期，在该决议书中，清源公司股东一致同意展期后的贷款担保，仍按照原《最高额抵押合同》执行。

5. 一审泉州市中院和二审福建省高院均认定，即使三方签订了《委托贷款展期协议》，工行泉州洛江支行仍有权依照原《最高额抵押合同》行使优先受偿权。

6. 清源公司不服二审判决，申请再审，认为《最高额抵押合同》中明确约定抵押人所担保的主债权期间，《委托贷款展期协议》签订后，没有续签抵押合同，故工行洛江支行已丧失对抵押物的抵押权。最高法院裁定驳回再审申请，认定工行洛江支行仍享有优先受偿权。

裁判要点及思路

本案的争议焦点是，清源公司和工行洛江支行就案涉借款签订《贷款展期协议》但未重新签署担保协议，原《最高额抵押合同》对展期后的贷款是否仍然有效。最高法院再审时主要从两方面论证：1. 虽然签订展期协议，但展期协议下并未发生新的债权债务关系，只是对原借款合同的还款期限作了变更，故展期后的债权仍属于《最高额抵押合同》约定的担保范围；2. 原借款期限届满时，清源公司作出股东会决议，决定申请办理贷款展期，在该决议书中，清源公司股东一致同意展期后的贷款担保，仍按照本案《最高额抵押合同》执行。综上可知，**在展期协议下未产生新的债权且借款人明确同意仍适用原担保协议的情况下，最高法院并未拘泥于是否签署新担保协议这一形式要件，而是从借贷双方真实的意思表示出发认定原最高额抵押协议仍然有效，工行洛江支行仍享有优先受偿权。**

实务要点总结

前事不忘，后事之师。我们就最高法院有关本案的判决所涉及的实务要点梳理如下，以供实务参考。

结合最高法院的判例可知，并不是所有的借款合同变更而未同步进行担保合同的变更均导致原担保关系失效，有些情况下即使未重新签署担保协议，原担保协议对借贷双方仍然具有拘束力：

1. 事后同意型：虽未重新签订担保协议，但借款人在实际履行中明确承诺原担保合同继续为变更后的借款合同提供担保。如主文案例中，借款公司在原合同约定的期限届满后作出股东会决议，决定申请办理贷款展期。在决议书中，股东一致同意展期后的贷款担保，仍按照原最高额抵押合同执行。最高法院结合双方真实的意思表示和双方的履行情况，认定银行仍然享有的最高额抵押权。

2. 事前同意型：担保合同明确约定主合同变更无须通知担保人，该变更不影响抵押人承担担保责任。后文延伸阅读中的案例二，借贷双方明确在最高额抵押合同和最高额担保合同中约定主合同变更无须通知抵押人和保证人，故案涉授信合同变更还款期限的约定对抵押人和保证人应承担的担保责任并无影响，原担保合同对担保人仍然具有拘束力。

3. 借款合同变更但变更的内容并未加重担保人的担保责任，相反一定程度上减轻借款人的还款压力，也减轻了担保人的担保负担的情况下，不应一律免除担保人的担保责任。后文延伸阅读中的案例一，借贷双方变更了借款合同的还款期限和还款方式，显著的减轻了借款人的还款压力以及随之可能产生的逾期还款罚息和复利，但借款人仍未按变更后的合同履行义务。根据《担保法解释》第三十条的规定，主合同变动减轻债务人债务但债务人并未实际履行变动后内容的情形，根据法律规定保证人仍应当承担保证责任，因此该种情形下保证人的责任不应免除。

4. 签署展期协议是否影响原抵押物权的效力，本质上是要认定贷款展期以后是否产生了新的债权债务关系，以及该债权债务关系是否溢出了原担保关系的担保范围。尽管最高法院的判决中已经认定贷款展期并不会产生新的债权债务关系，但从各级法院整体的裁判观点来看远未形成共识，2015 年贵州省高院就作出了与最高法院截然不同的判决。因此，从银行业从业人员管控风险的角度，办理贷款展期时应当在协议中明确约定原抵押合同继续为展期后的贷款提供担保，同时应争取向当地抵押登记受理部门办理抵押权变更登记，防范不必要的纠纷。

相关法律法规

《物权法》

第一百七十九条 为担保债务的履行，债务人或者第三人不转移财产的占有，将该财产抵押给债权人的，债务人不履行到期债务或者发生当事人约定的实现抵押权的情形，债权人有权就该财产优先受偿。

前款规定的债务人或者第三人为抵押人，债权人为抵押权人，提供担保的财产为抵押财产。

《最高人民法院关于适用〈中华人民共和国担保法〉若干问题的解释》（法释〔2000〕44 号）

第三十条保证期间，债权人与债务人对主合同数量、价款、币种、利率等内容作了变动，未经保证人同意的，如果减轻债务人的债务的，保证人仍应当对变更后的合同承担保证责任；如果加重债务人的债务的，保证人对加重的部分不承担保证责任。

债权人与债务人对主合同履行期限作了变动，未经保证人书面同意的，保证期间为原合同约定的或者法律规定的期间。

债权人与债务人协议变动主合同内容，但并未实际履行的，保证人仍应当承担保证责任。

以下是本案判决书中“本院认为”部分，最高法院就借款展期后是否免除担保责任问题的论述：

最高法院认为：“关于工行洛江支行是否就抵押物享有优先受偿权的问题。本院认为，按照《最高额抵押合同》第1.1条的约定，抵押担保的主债权，是自2009年7月23日至2009年10月30日期间（包括该期间的起始日和届满日）2700万元额度内的债权。本案《委托贷款借款合同》约定的借款，发生于2009年7月24日，属于最高额抵押期限内产生的债权，借款本金2700万元，未超过抵押担保的额度。**虽然三方当事人于2009年10月30日签订《委托贷款展期协议》，约定将该贷款期限向后顺延三个月，但展期协议并未发生新的债权债务关系，故展期后的债权仍属于《最高额抵押合同》约定的担保范围。且在借款原约定的期限届满时，清源公司作出股东会决议，决定申请办理贷款展期，在该决议书中，清源公司股东一致同意展期后的贷款担保，仍按照本案《最高额抵押合同》执行。虽然清源公司作为抵押人，工行洛江支行作为抵押权人，未就展期后的抵押问题另行签订新的抵押合同，但从双方的意思表示和实际履行情况看，应当认为，清源公司同意继续以《最高额抵押合同》项下抵押物为展期后的借款提供担保，而工行洛江支行亦接受了该担保。因此清源公司以《委托贷款展期协议》签订后，工行洛江支行与清源公司没有续签抵押合同因而丧失对抵押物的抵押权的主张，缺乏事实和法律依据，本院不予采信。**《最高额抵押合同》第8.2条约定，抵押权的实现，可以通过抵押人与抵押权人协商，将抵押物拍卖、变卖后取得的价款优先受偿，或将抵押物折价抵偿债务的方式实现，该约定符合《中华人民共和国物权法》第一百七十九条第一款及第一百九十五条第一款的规定，一审、二审判决认定工行洛江支行对本案抵押物享有优先受偿的权利正确，清源公司所持抵押权人就抵押物不享有优先受偿权的再审理由，缺乏事实和法律依据，本院不予采信。”

案件来源

林某与泉州市丰泽区清源房地产开发有限公司民间借贷纠纷上诉案［福建省高级人民法院（2014）闽民终字第244号］；泉州市丰泽区清源房地产开发有限公

司、王某 1 与王某 2 与中国工商银行股份有限公司泉州洛江支行、林某一般借款合同纠纷申请再审案［最高人民法院（2014）民申字第 629 号］

延伸阅读

有关借款合同变更后是否担保人继续承担担保责任的问题，以下是我们在写作中检索到与该问题相关的最高法院案例及裁判观点，以供读者参考。

1. 借贷双方签署补充协议变更了还款时间和还款方式，但案涉借款合同的变更实际上是延长了还款期限，减轻了借款人的还款压力，相应地也减轻了保证人承担保证责任的风险，因此保证人的保证责任不应免除。

案例一：中国建设银行股份有限公司鸡西分行与葫芦岛宏达钼业有限公司、鸡东县金场沟矿业开发有限责任公司等金融借款合同纠纷上诉案［最高人民法院（2016）最高法民终 655 号］

最高法院认为："（二）关于借款合同条款变更是否影响保证责任承担的问题。宏达钼业公司认为鸡西建行与金场沟公司签订《补充协议》变更了还款时间和方式，加重了金场沟公司的还款负担，从而加重了宏达钼业公司的保证责任。**本院认为，鸡西建行与金场沟公司签订《补充协议》将《借款合同》中偿还本金的时间由 2011 年至 2014 年期间每年的 6 月 30 日偿还本金 2500 万元，变更为 2011 年至 2013 年期间每年 6 月 30 日偿还本金 500 万元，12 月 31 日偿还本金 2000 万元，2014 年 6 月 25 日偿还 2500 万元。还款计划进行上述调整实际上是延长了金场沟公司的借款使用时间，放宽了还款期限，减轻金场沟公司的还款压力，以及随之可能产生的逾期还款罚息和复利，且金场沟公司并未按该《补充协议》约定的期限履行还款义务，属于《担保法司法解释》第三十条规定的主合同变动减轻债务人债务以及债务人并未实际履行变动后内容的情形，根据法律规定，保证人仍应当承担保证责任。**另外，宏达钼业公司与鸡西建行之间的《保证合同》第 5 条约定，鸡西建行与金场沟公司协议变更主合同条款的，保证人同意对变更后主合同项下的债务承担连带保证责任。故无论依照法律规定抑或保证合同的约定，宏达钼业公司均仍需承担保证责任。"

2. 最高额抵押合同和最高额保证合同均约定主合同变更无须通知抵押人和保证人，该借款合同变更不影响抵押人和保证人承担担保责任。故此，案涉授信合同变更还款期限的约定对抵押人和保证人应承担的担保责任并无影响。

案例二：九江银行股份有限公司与上海浦联房地产发展公司、浙江泰舜建设

有限公司等金融借款合同纠纷上诉案［最高人民法院（2016）最高法民终 89 号］

最高法院认为："二、浦联公司关于其不应承担担保责任的理由不成立。（一）浦联公司关于九江银行骗取其对 3.18 借款合同提供担保的主张不成立。2012 年 3 月 7 日，九江银行与浦联公司即签订了《最高额抵押合同》，约定泰舜公司与九江银行在一定期限内连续发生的所有债务，浦联公司自愿以自有财产为九江银行债权提供抵押担保，抵押最高本金限额为人民币 8000 万元。**2013 年 3 月 7 日，九江银行与浦联公司签订《展期协议》，将抵押期间展期至 2015 年 12 月 31 日。该抵押已经办理了抵押登记。3.18 借款合同形成的九江银行对泰舜公司的债权，在前述抵押期间内，即使不另行签订《最高额保证合同》，浦联公司也应承担相应的担保责任。为泰舜公司提供担保是浦联公司真实的意思表示。**（二）《最高额保证合同》上载明的签订时间为 2015 年 3 月 1 日，浦联公司依据对常某的调查笔录和九江银行工作人员的住宿信息主张该合同的签订时间不是 3 月 1 日，而是 3 月 20 日。常某为浦联公司原法定代表人，其与浦联公司有直接利害关系；有关住宿信息即使能够证明九江银行的工作人员在 3 月 20 日去了上海，也不能证明案涉保证合同是 3 月 20 日签订的。故本院对浦联公司二审中提交的第二组证据材料不予采信，浦联公司关于其受欺诈在 3 月 20 日签订了案涉保证合同的主张不成立。**（三）按照《最高额抵押合同》第十六条第三款和《最高额保证合同》第十一条的约定，主合同变更无须通知抵押人和保证人，该变更不影响抵押人和保证人承担责任。据此，《公司授信协议》变更还款期限的约定，对浦联公司应承担的责任并无影响。**"

反例：

3. 借贷双方签署展期协议应当是视为对原借款额合同实质性的变更，双方形成了新的债权债务关系，原债权债务关系消灭，相应的抵押权也一并消灭。

案例三：遵义县农村信用合作联社与遵义县双龙水泥厂破产债权确认纠纷案民事裁定书［贵州省高级人民法院（2015）黔高民申字第 100 号］

贵州省高院认为："1. 关于国有土地使用权的抵押问题。2008 年，遵义县信用社与遵义县桂花水泥厂签订《社团借款最高额抵押合同》，约定以桂花水泥厂所有的四宗土地使用权、地上附着物和机器设备为双龙水泥厂提供社团最高额抵押担保，并办理了抵押登记。此时，上述四宗土地的抵押权成立并有效，但遵义县信用社在主合同即借款合同到期前一日与双龙水泥厂签订借款展期协议，该展期协议对借款期限作出相应变更，该变更应视为是对原借款合同实质性的变更，双龙水泥厂与遵义县信用社之间形成新的债权债务法律关系，原债权债务关系消灭，而抵押合同是依附于主合同的从合同，主合同消灭，则从合同也消灭，依据《担保法》五十二条的规定，抵押权与其担保的债权同时存在，债权消灭，抵押权也消灭。后遵义县信用社与双龙水泥厂重新签订社团最高额抵押合同，该抵押为依附于新的借贷关系而形成的抵押关系，依据《物权法》第一百八十七条之规定，遵义县信用社应当重新办理上述四宗土地的抵押登记，该抵押权方能成立。但经原审查明，遵义县信用社并未重新办理抵押登记，其虽提供了要求国土资源局办理抵押变更登记的函以及国土资源局的签注用以证明其办理了变更登记，但依据《物权法》第十四条‘不动产物权的设立、变更、转让和消灭，依照法律规定应当登记的，自记载于不动产登记簿时发生效力’的规定，该抵押变更登记应记载于登记簿上才产生公示效力，而本案所涉四宗土地使用权的抵押变更登记均未记载于上不动产登记簿，因此，遵义县信用社对上述四宗土地使用权不享有抵押权，原审未确认其优先受偿权符合法律规定，并无不当。”

068 保证人和抵押人均仅对部分债务提供担保的，如无特殊约定银行可选择向任一担保人主张权利

阅读提示

根据《物权法》第一百七十六条规定，混合担保情形下，债务人不履行债务或者发生实现担保物权的情形的，首先应当按照约定的担保责任实现顺序主张担保责任。如没有明确约定或者约定不明的，第三人提供物的担保和人的保证担保混合的，债权人有权选择任一担保人主张权利。

裁判要旨

虽然保证人和抵押人均仅对债务人的部分债务提供担保，但没有证据表明各方当事人约定保证人仅在抵押人承担抵押担保责任之外才承担保证责任，现债务人未能按约还款的，债权人有权选择任一担保人主张担保责任。

案情简介

1. 2007 年 1 月 5 日，沙湖公司与建行平罗支行签订《人民币资金借款合同》，借款 4000 万。同日，吉青公司与建行平罗支行签订《抵押合同》，担保范围为 2599 万元本金及利息、违约金等费用。同日，宝马公司与建行平罗支行签订《保

证合同》，担保范围为1500万元本金及利息、违约金等费用。2014年12月12日，建行宁夏分行将债权转让给信达宁夏分公司。

2. 一审：原告信达宁夏分公司起诉被告沙湖公司、宝马公司、吉青公司，要求偿还借款本息，并承担担保责任。宁夏自治区高院判决沙湖公司应偿还借款，宝马公司、吉青公司应在担保合同约定的范围内承担担保责任。

3. 二审：宝马公司不服一审判决提起上诉，诉称其提供的是按份保证，担保范围应为1401万元本金，而非1500万元本金。最高法院认为没有证据表明各方当事人约定宝马公司仅在吉青公司承担的担保责任之外承担保证责任，故判决驳回上诉，维持原判。

裁判要点及思路

本案的争议焦点是：保证人宝马公司是否仅在抵押人吉青公司承担担保责任的范围之外承担保证责任。最高法院认为，吉青公司向建行平罗支行提供了抵押担保，抵押担保范围为债权本金2599万元；宝马公司向建行平罗支行提供了保证担保，保证担保范围为债权本金1500万元。虽然吉青公司和宝马公司均并未对沙湖公司的全部4000万元债务承担担保责任，但没有证据表明各方当事人约定，宝马公司仅在吉青公司承担的担保责任之外承担保证责任。因此，根据《物权法》第一百七十六条的规定，债权人可选择向吉青公司、宝马公司主张担保责任，对宝马公司仅在抵押人吉青公司承担抵押担保责任之外才承担保证责任的主张不予支持。

实务要点总结

前事不忘，后事之师。我们就最高法院有关本案的判决涉及的实务要点梳理如下，以供实务参考。

1. 共同保证的保证人与债权人约定保证份额的，为按份保证。按份保证的每个保证人仅就其约定的份额向债权人承担保证责任，保证人在承担保证责任后，也只能就其清偿的债务份额向主债务人追偿。

2. 共同保证的保证人未与债权人约定保证份额或者约定不明确的，为连带保证。连带保证的各个保证人向债权人承担连带保证债务，每个保证人都有义务承担全部保证责任，在保证债务未全部清偿前，各保证人的保证责任都不能免除。连带保证的各保证人虽向债权人负连带保证责任，但在保证人内部之间仍依一定的份额承担保证责任。因此，连带保证人向债权人承担保证责任后，可以向主债务人追偿，也可以要求其他保证人清偿其应当承担的份额。各保证人应当承担的保证份额，依共同保证人之间的约定而定；保证人之间没有约定或者约定不明确的，应当视为各保证人平均分担保证责任。

3. 抵押人、保证人与银行约定均仅对债务人的部分债务提供担保，但并未明确约定该等担保责任承担的先后顺序和各自的份额，应认定抵押人和保证人分别在约定的范围内向债权人承担抵押担保责任和连带保证责任。债务人未能按约还款的，债权人有权选择抵押人或者保证人在约定承担担保责任的范围内主张权利。

相关法律规定

《物权法》

第一百七十六条 被担保的债权既有物的担保又有人的担保的，债务人不履行到期债务或者发生当事人约定的实现担保物权的情形，债权人应当按照约定实现债权；没有约定或者约定不明确，债务人自己提供物的担保的，债权人应当先就该物的担保实现债权；第三人提供物的担保的，债权人可以就物的担保实现债权，也可以要求保证人承担保证责任。提供担保的第三人承担担保责任后，有权向债务人追偿。

《担保法》

第十二条 同一债务有两个以上保证人的，保证人应当按照保证合同约定的保证份额，承担保证责任。没有约定保证份额的，保证人承担连带责任，债权人可以要求任何一个保证人承担全部保证责任，保证人都负有担保全部债权实现的义务。已经承担保证责任的保证人，有权向债务人追偿，或者要求承担连带责任的其他保证人清偿其应当承担的份额。

《担保法解释》（法释〔2000〕44号）

第二十一条 按份共同保证的保证人按照保证合同约定的保证份额承担保证责任后，在其履行保证责任的范围内对债务人行使追偿权。

以下是本案判决书中“本院认为”部分，最高法院就宝马公司应承担的担保责任范围问题的论述：

最高法院认为：“宝马公司认为，吉青公司与宝马公司对沙湖公司4000万元贷款承担按份担保责任，宝马公司仅对吉青公司2599万元抵押担保范围之外的债务承担担保责任。**根据建行平罗支行与吉青公司签订的《抵押合同》的约定，抵押**

担保范围为'人民币债权本金 2599 万元及利息……。'根据建行平罗支行与宝马公司签订的《保证合同》的约定，保证责任范围为'人民币债权本金 1500 万元及利息……。'虽然吉青公司和宝马公司均并未对沙湖公司的全部 4000 万元债务承担担保责任，但没有证据表明各方当事人约定，宝马公司仅在吉青公司承担的担保责任之外承担保证责任。现债务人沙湖公司未偿还债务，债权人依据《中华人民共和国物权法》第一百七十六条之规定，选择向吉青公司或者宝马公司主张担保责任，符合法律规定。宝马公司关于其仅在吉青公司抵押担保责任之外承担保证责任的主张，亦缺乏依据，本院不予支持。"

案件来源

中国信达资产管理股份有限公司宁夏回族自治区分公司与宁夏宝马化工集团有限公司、宁夏沙湖纸业（集团）有限公司等金融借款合同纠纷二审民事判决书［最高人民法院（2016）最高法民终 2 号］

延伸阅读

有关按份保证担保的问题，以下是我们在写作中检索到与该问题相关的最高法院及部分省高院的案例及裁判观点，以供读者参考。

1. 按份保证之按份，是在对债务人不能履行的部分，保证人在约定的份额内承担保证责任。故债务人对保证份额所为之清偿，并不能当然免除按份保证人的保证义务。

案例一：云南大业融资担保有限公司、中国农业发展银行安宁市支行金融借款合同纠纷再审审查与审判监督民事裁定书［最高人民法院（2017）最高法民申 3395 号］

最高法院认为："此外，大业公司主张惠嘉公司于 2013 年 1 月 21 日、7 月 19 日还款共计 400 万元，系为解除其与大业公司的担保业务而为清偿。本院认为，本案中惠嘉公司并未明确其所归还的 400 万元系对大业公司所担保的 400 万元借款而清偿。**同时，根据《担保法》第六条、《担保法司法解释》第二十一条之规定，按份保证所言之按份，是在对债务人不能履行的部分，在约定的份额内承担保证责任。故债务人对保证份额所为之清偿，并不能当然免除按份保证人的保证义务。**本案中大业公司系在惠嘉公司对农发行安宁支行所欠的债务之上，在本金 400 万元及相应利息、逾期利息、复利和律师费范围内承担保证责任。在未得到农发行安宁支行同意的情况下，惠嘉公司所偿还的400万元借款，仅系对《固定资产借款合同》项下的债务所为之清偿，而非为解除大业公司担保义务。故二审认定大业公司应在《保证合同》约定的本金400万元及相应利息、逾期利息、复利和律师费范围内承担连带还款责任，并无不当。”

2. 以债务人未清偿的借款本息作为按份共同保证人承担保证责任的基数。

案例二：中国长城资产管理公司成都办事处、成都倍特发展集团股份有限公司与托普集团科技发展有限责任公司借款担保合同纠纷上诉案［最高人民法院（2006）民二终字第178号］

最高法院认为：“关于承担责任的基数及承担责任的具体数额问题。原审判决以5000万元借款及利息为基数，未考虑借款人已还1145.124397万元借款的事实。**已还贷款部分不存在承担保证责任问题，故应按托普集团未清偿的借款本息作为托普软件公司和倍特公司承担保证责任的基数。倍特公司的该项上诉主张本院予以支持。因托普软件公司和倍特公司分别对托普集团的5000万元借款承担3000万元和2000万元的保证责任，故该保证为按份保证。**上述两公司应依所保证的份额对托普集团的尚欠借款本金3854.875603万元及利息分别按60%和40%承担连带保证责任。故托普软件公司应承担的保证数额为：3854.875603×60%=2312.925362万元。因长城公司成都办将托普集团已还贷款1145.124397万元均视为托普软件公司保证部分的还款，在原审的诉讼请求和二审上诉请求中仅要求托普软件公司对托普集团的贷款在本金1854.875603万元及利息承担保证责任，而要求倍特公司对2000万元贷款本息承担保证责任，故本院只能确定托普软件公司应承担的保证数额为1854.875603万元及相应利息。倍特公司因长城公司成都办承担10%的民事责任，其应承担的保证数额为：3854.875603×40%×90%=1387.755217万元及相应利息。”

3. 按份共同保证的保证人按照保证合同约定的保证份额承担保证责任后，在其履行保证责任的范围内对债务人行使追偿权。

案例三：吴某与文某民间借贷纠纷二审民事判决书［深圳市中级人民法院（2016）粤03民终23347号］

深圳市中院认为：“关于争议焦点四。**首先，按份共同保证的保证人按照保证合同约定的保证份额承担保证责任后，在其履行保证责任的范围内对债务人行使追偿权**。因此，文某可以向王某主张返还780254元及从2015年9月26日起以780254元为基数按照中国人民银行公布的同期同类贷款利率的标准计算至清偿之日止的利息。文某主张按照3%的标准计算利息及律师费55000元，没有法律依据，法院不予支持。其次，根据我国担保法的司法解释的相关规定，连带共同保证的保证人承担保证责任后，向债务人不能追偿的部分，由各连带保证人按其内部约定的比例分担，没有约定的，平均分担。本案中，吴某与文某是承担共同连带责任保证的保证人，吴某在《承诺书》中已明确其承担责任的份额是100%，故对吴某和文某二人而言，文某可就全部的保证责任的范围向吴某主张权利。根据法律规定，吴某应当就文某向债务人王某不能追偿的部分承担民事责任。因此，法院对文某要求吴某与王某承担连带赔偿责任的主张不予支持。"

069 混合担保下部分担保人承担担保责任后是否可向其他担保人追偿?

阅读提示

混合共同担保，是指对同一债权提供的既有保证，又有抵押、质押的共同担保，该情形下担保人之间是否可行使内部追偿权，即部分担保人承担了全部担保责任后是否可向其他未承担责任的担保人追偿，根据《担保法解释》第三十八条规定，"承担了担保责任的担保人，可以向债务人追偿，也可以要求其他担保人清偿其应当分担的份额"，也即司法解释承认担保人可行使内部追偿权。但2007年生效的《物权法》第一百七十六条规定，"提供担保的第三人承担担保责任后，有权向债务人追偿"，即《物权法》未明确规定担保人之间的内部追偿权。有一种观点认为，既然后生效的《物权法》没有作出明确规定则应当认为否定了先前生效的《担保法解释》的有关内容，即混合担保下担保人之间不享有内部追偿权。针对该观点最高法院认为，《物权法》没有规定并不意味着否定了《担保法解释》的规定，从另一个角度来看，法律尤其是《物权法》并无关于禁止承担担保责任的担保人请求其他担保人承担清偿责任的规定，混合担保的担保人之间可互有清偿请求权的制度设置符合公平原则和诚实信用原则等债法基本规则，应予支持。

裁判要旨

混合担保中担保人之间享有追偿权，在担保人之间并未约定部分担保人承担担保责任后在行使追偿权时有权要求其他担保人承担连带责任的情况下，根据《担保法司法解释》第三十八条规定，该部分担保人承担抵押担保责任后，有权要求其他担保人清偿其"应当分担"的份额。

案情简介

1. 2008 年 10 月 20 日，华泰龙公司与农行华中支行签订《借款合同》，借款金额 700 万元，农行华中支行于 10 月 21 日按约发放贷款。

2. 2008 年 10 月 20 日，汇城公司与农行华中支行签订《抵押合同》，以其所有的商房产为前述 700 万元借款提供抵押担保，并于同日办理抵押登记。

3. 2008 年 10 月 20 日，农行华中支行与顾某、卞某签订《保证合同》，为上述贷款提供连带责任担保，范围包括主债权本金、利息、罚息、复利、违约金、损害赔偿金，以及诉讼费、律师费等债权人实现债权的一切费用，保证期间 2 年。

4. 因华泰龙公司未按时还款，农行华中支行诉至法院。2011 年 5 月 11 日，一审法院判决华泰龙公司应偿还借款，汇城公司、顾某、卞某应承担担保责任。华泰龙公司不服一审判决提起上诉，二审法院驳回上诉维持原判。

5. 二审判决生效后，农行华中支行向一审法院申请强制执行，并将汇城公司提供的抵押房产拍卖并执行完毕，全部债权均获清偿。

6. 一审：汇城公司承担抵押担保责任后提起诉讼，向华泰龙公司追偿，并要求顾某承担连带清偿责任。湖北省十堰市中院判决汇城公司有权向债务人华泰龙公司追偿，顾某应在保证责任范围内承担连带保证责任。

7. 二审：顾某不服一审判决提起上诉，诉称汇城公司无权向其追偿，不应承担连带保证责任。湖北省高院判决驳回上诉，维持原判。

8. 再审：顾某不服二审判决以抵押人与保证人之间相互追偿无法律依据为由申请再审，称汇城公司无权向其追偿，不应承担连带保证责任。最高法院判决抵押人汇城公司对保证人顾某享有追偿权，但顾某不应承担连带保证责任。

裁判要点及思路

最高法院认为本案的争议焦点有两个：1. 抵押人承担担保责任后是否有权向保证人追偿；2. 如抵押人享有追偿权，该权利是否受保证期间限制。

关于抵押人是否可向保证人追偿，要求保证人承担连带保证责任，可分解为两个问题：第一，抵押人是否享有追偿权；第二，如有追偿权，追偿权的范围如何确定。最高法院认为，《物权法》第一百七十六条没有明确规定担保人之间是否能够相互追偿，但《担保法司法解释》第三十八规定："当事人对保证担保的范围或者物的担保的范围没有约定或者约定不明的，承担了担保责任的担保人，可以向债务人追偿，也可以要求其他担保人清偿其应当分担的份额"，肯定了混合担保中担保人之间享有追偿权。

关于行使追偿权的范围。本案中顾某是农行华中支行的连带保证人，而非抵押人汇城公司的连带保证人，对汇城公司不负连带保证责任。同时，顾某与汇城公司均为农行华中支行的担保人，二者之间并未约定承担担保责任的一方在行使追偿权时有权要求另一方承担连带责任。根据《担保法司法解释》第三十八条规定，汇城公司承担抵押担保责任后，有权要求顾某清偿其“应当分担”的份额，即顾某仅应承担按份责任。故最高法院酌定汇城公司未能从债务人处受清偿时，有权在全部债权额的 50% 限额内要求顾某清偿。

关于该追偿权是否适用保证期间。汇城公司与顾某之间并非保证担保关系，而是混合担保中担保人之间的追偿法律关系，故保证期间在二者之间并不适用。

实务要点总结

前事不忘，后事之师。我们就最高法院有关本案的判决涉及的实务要点梳理如下，以供实务参考。

1. 混合担保情形下，部分担保人承担担保责任后有权向其他担保人追偿。《物权法》第一百七十六条仅规定“提供担保的第三人承担担保责任后，有权向债务人追偿”，并未规定该部分担保人承担担保责任后是否可向其他担保人行使追偿权。有观点认为，在物权法没有规定混合担保情形下担保人之间的内部追偿权时，即使《担保法解释》第三十八条规定了“承担了担保责任的担保人，可以向债务人追偿，也可以要求其他担保人清偿其应当分担的份额”，根据“新法优于旧法”的原则，应首先适用《物权法》的规定，因此担保人之间不能行使内部追偿权。但应当认为，《物权法》未规定担保人之间的内部追偿权并不等于法律否定了担保人的内部追偿权，对此应理解为物权法没有作出规定，因此也就不存在《物权法》否定《担保法解释》第三十八条的问题。故根据《担保法解释》第三十八条的规定，承担了担保责任的担保人可以要求其他担保人承担相应的责任，即混合担保下部分担保人承担担保责任后享有向其他担保人追偿的权利。

2. 担保人之间未约定承担担保责任的一方在行使追偿权时有权要求另一方承担连带责任的，未承担担保责任的担保人仅应承担按份责任。连带责任是一种民事责任，来源于当事人事先约定或者法律直接规定。根据《担保法解释》第三十八条的规定，承担了担保责任的担保人有权要求其他担保人清偿其“应当分担”的份额，也即是说法律规定的是一种按份责任，本案中当事人未约定承担连带责任的情况下，其他担保人仅应承担相应份额的责任。在抵押人和保证人均对债务人的全部债务承担担保责任的情况下，应按照公平原则，将担保责任在每一个担保人中平均分配，也即本案中仅有两个担保人的情况下，承担了担保责任的担保人可在 50% 债权限额内向未承担担保责任的担保人追偿。

3. 承担了担保责任的担保人可行使追偿权的对象包括债务人和其他担保人，再结合反担保问题，在实际的追偿权纠纷中担保人可向多个主体行使权利，也就是说在担保人享有的同一个债权（承担担保责任后，担保人代位取得原债权人享有的债权）下，产生了多种行权路径，且其中任何一个主体清偿债务，均可导致相应部分的债权消灭，这也就相应地产生权利行使的顺序问题。从担保关系的原理上讲，不论是债务人直接承担债务还是担保人先承担债务，最终都应由债务人终局地承担全部的债务。**因此，针对债务人的追偿权以及为该追偿权提供连带责任反担保的担保人应首先承担清偿责任（如该等反担保为一般保证担保，则享有先履行抗辩权，只有债务人未能履行时方可向该保证人主张）。在债务人以及反担保人未能清偿的情况下，其他未承担担保责任的担保人应在其应当分担的份额内承担清偿责任，也即其他担保人享有顺位利益。该“未能清偿”在实务中应理解为经由法院强制执行程序，债务人以及反担保人没有财产可供执行或者执行完毕后未能全部清偿。**

4. 混合情形下，提供物保的担保人（特别是不动产抵押担保）是处于不利地位的，当债务人失去偿还能力时，债权人最理所应当的反应一定是先向法院申请将担保物保全，并将其拍卖、变卖后就所得价款实现担保物权，提供保证担保的保证人往往并不首先承担偿还责任。**提供物保的担保人无法改变这种先天劣势的情况下，应当通过其他方式保障后续追偿权能够最大化的实现。首先，为债务人提供抵押担保的，最好要求债务人另行提供反担保；其次，可与其他担保人约定承担担保责任的一方在行使追偿权时有权要求另一方承担连带责任。**

相关法律法规

《物权法》

第一百七十六条 被担保的债权既有物的担保又有人的担保的，债务人不履行到期债务或者发生当事人约定的实现担保物权的情形，债权人应当按照约定实现债权；没有约定或者约定不明确，债务人自己提供物的担保的，债权人应当先就该物的担保实现债权；第三人提供物的担保的，债权人可以就物的担保实现债权，也可以要求保证人承担保证责任。提供担保的第三人承担担保责任后，有权向债务人追偿。

《最高人民法院关于适用〈中华人民共和国担保法〉若干问题的解释》[法释〔2000〕44号]

第三十八条　同一债权既有保证又有第三人提供物的担保的，债权人可以请求保证人或者物的担保人承担担保责任。**当事人对保证担保的范围或者物的担保的范围没有约定或者约定不明的，承担了担保责任的担保人，可以向债务人追偿，也可以要求其他担保人清偿其应当分担的份额。**

同一债权既有保证又有物的担保的，物的担保合同被确认无效或者被撤销，或者担保物因不可抗力的原因灭失而没有代位物的，保证人仍应当按合同的约定或者法律的规定承担保证责任。

债权人在主合同履行期届满后怠于行使担保物权，致使担保物的价值减少或者毁损、灭失的，视为债权人放弃部分或者全部物的担保。保证人在债权人放弃权利的范围内减轻或者免除保证责任。

以下是本案判决书中"本院认为"部分，最高法院就混合担保情形下担保人之间是否行使追偿权问题的论述：

最高法院认为："本案再审争议的焦点问题有两个：**一是汇城公司承担抵押担保责任后，是否有权向顾某追偿，要求顾某与华泰龙公司承担连带责任；二是本案是否适用保证期间。**

一、汇城公司承担抵押担保责任后，是否有权向顾某追偿，要求顾某承担连带责任。此点涉及两个方面问题：**一是汇城公司是否享有追偿权；二是如果享有追偿权，追偿的范围如何确定。**

关于汇城公司是否享有追偿权问题。《物权法》第一百七十六条仅规定了混合担保中提供担保的第三人承担担保责任后，有权向债务人追偿，但没有对担保人之间是否能够追偿予以明确。**《担保法司法解释》第三十八规定：'当事人对保证担保的范围或者物的担保的范围没有约定或者约定不明的，承担了担保责任的担保人，可以向债务人追偿，也可以要求其他担保人清偿其应当分担的份额。'这就明确肯定了混合担保中担保人之间享有追偿权。**在《物权法》没有规定而《担保法司法解释》有明确规定的情况下，原审两级法院适用《担保法司法解释》，认定抵押人汇城公司承担担保责任后对保证人顾某享有追偿权并无不当。顾某认为汇城公司不享有追偿权，本院不予支持。

关于汇城公司追偿的范围。顾某是农行华中支行的连带保证人，而非抵押人汇城公司的连带保证人，对汇城公司不负连带保证责任。一审法院认定顾某对汇城公司承担连带保证责任，混淆了顾某担保的对象，认定事实和适用法律错误。

二审法院根据《担保法司法解释》第三十八条规定，进一步肯定了混合担保中担保人之间的追偿权并无不当，但在追偿范围认定上，并未依据现有司法解释的规定处理，而是通过对另案判决的解读以及顾某身份的考量，维持了一审法院关于顾某应对汇城公司承担连带责任的判决，适用法律错误。

连带责任应由当事人约定或法律规定。顾某与汇城公司均为农行华中支行的担保人，二者之间并未约定承担担保责任的一方在行使追偿权时有权要求另一方承担连带责任。根据《担保法司法解释》第三十八条规定，汇城公司承担抵押担保责任后，有权要求顾某清偿其'应当分担'的份额。即顾某对汇城公司应承担按份责任。从混合担保中担保人之间追偿制度设立的初衷来看，主要是为了平衡担保人之间的利益关系，防止担保责任完全由一方承担而有失公平。**在无特约的情况下，如认定承担担保责任的一方在行使追偿权时有权要求其他担保人承担连带责任，则会将损失风险完全转嫁给被追偿的担保人一方，有悖于追偿制度设立的初衷和公平原则。因此，在既无法律规定也无明确约定的情况下，原审法院判令顾某对汇城公司承担连带责任，有所不当，本院予以纠正。**顾某关于其应在分担的份额范围内承担责任的主张成立，本院予以支持。**考虑到汇城公司和顾某均是对农行华中支行的全部贷款债权及实现债权的一切费用承担担保责任，在汇城公司已经单独承担了945.68003万元担保责任的情况下，本院根据公平原则，酌定顾某分担472.840015万元，汇城公司有权在此范围内要求顾某承担清偿责任。**

二、本案是否适用保证期间问题。汇城公司与顾某之间并非保证担保关系，而是混合担保中担保人之间的追偿法律关系，故保证期间在二者之间并不适用。汇城公司与荣华公司、钱某之间则构成反担保关系。根据《担保法》第四条关于反担保适用担保规则的规定，汇城公司向荣华公司、钱某主张反担保责任则受保证期间限制。2012年10月27日，湖北省十堰市中级人民法院拍卖了汇城公司的抵押物用以偿还农行华中支行的债务，汇城公司承担了担保责任，有权向荣华公司、钱某主张反担保责任，保证期间开始计算。虽然汇城公司2013年9月起诉时已经超过了六个月，但因荣华公司、汇城公司与金融机构发生的多起诉讼案件均已进入执行程序，一审法院多次召集荣华公司、汇城公司协商解决双方的债务纠纷，应当视为双方均主张了相关的民事权利，荣华公司、钱某认为汇城公司超过了保证责任期间未主张权利的理由不能成立，其担保责任依法不能免除。

综上，本院认为，虽然原一、二审法院认定汇城公司对顾某享有追偿权、荣华公司和钱某的担保责任依法不能免除正确，但判决顾某对汇城公司承担连带责任认定事实和适用法律不当，应予纠正。"

案件来源

顾某、十堰荣华东风汽车专营有限公司追偿权纠纷再审民事判决书［最高人民法院（2017）最高法民再137号］

延伸阅读

有关混合担保关系中的内部追偿权问题，以下是我们在写作中检索到与该问题相关的部分省高院案例及裁判观点，以供读者参考。

1. 物的担保人承担了担保责任后，既有权向主债务人追偿，也可以要求保证人分担相应的份额。保证人主张抵押人不能向其追偿，以及自己只应在抵押担保范围外承担责任，没有法律依据，不予支持。

案例一：邹平富而通工程咨询有限公司与楚某、程某等担保追偿权纠纷二审民事判决书［山东省高级人民法院（2013）鲁商终字第214号］

山东省高院认为："《最高人民法院关于适用〈中华人民共和国担保法〉若干问题的解释》第三十八条第一款规定：'同一债权既有保证又有第三人提供物的担保的，债权人可以请求保证人或者物的担保人承担担保责任。当事人对保证担保的范围或者物的担保的范围没有约定或者约定不明的，承担了担保责任的担保人，可以向债务人追偿，也可以要求其他担保人清偿其应当分担的份额。'**本案中，对于程某向中扶公司的借款，富而通公司提供了抵押担保，楚某提供了保证担保，根据上述法律规定，富而通公司作为物的担保人，在承担了担保责任后，既有权向主债务人程某追偿，也可以要求保证人楚某分担相应的份额。楚某主张抵押人不能向保证人追偿，以及自己只应在抵押担保范围外承担责任，没有法律依据，其上诉请求，本院依法不予支持。**另外，原审法院在判决中援引了《最高人民法院关于适用〈中华人民共和国担保法〉若干问题的解释》第七十五条的规定，确有不当，应予纠正，但其判令楚某承担责任正确，其判决结果应予维持。"

2. 同一债权上既有保证也有物的担保的，保证与物的担保居于同一清偿顺序，承担担保责任的一方可以请求另外一方分担责任。抵押人财产被拍卖、承担担保责任后，有权向连带责任保证人要求清偿其应当分担的份额。由于抵押人和保证人对各自担保的范围及份额并无明确约定，由二者依据公平原则平均分担担保义务。

案例二：南京能发科技集团有限公司、南京斯威特集团有限公司与上海宽频科技股份有限公司、上海博大电子有限公司担保追偿权纠纷上诉案［江苏省高级人民法院（2011）苏商终字第0162号］

江苏省高院认为："四、斯威特集团应当与康成公司分担担保责任。第一，《最高人民法院关于适用〈中华人民共和国担保法〉若干问题的解释》第三十八条第一款规定，同一债权既有保证又有第三人提供物的担保的，债权人可以请求保证人或者物的担保人承担担保责任。当事人对保证担保的范围或者物的担保的范围没有约定或者约定不明的，承担了担保责任的担保人，可以向债务人追偿，也可以要求其他担保人清偿其应当分担的份额。就是说，**同一债权上既有保证也有物的担保的，保证与物的担保居于同一清偿顺序，承担担保责任的一方可以请求另外一方分担责任。第二，本案中，康成公司作为抵押担保人，在其抵押财产被拍卖、承担担保责任后，依法有权向连带责任保证人斯威特集团要求清偿其应当分担的份额。由于康成公司和斯威特集团对各自担保的范围及份额并无明确约定，由斯威特集团和康成公司平均分担担保义务，既符合公平原则，也符合法律规定。**能发公司、斯威特集团主张斯威特集团和康成公司的担保范围明确的理由缺乏事实依据。第三，本案能发公司的借款行为以及康成公司、斯威特集团的担保行为均发生在 2005 年 3 月，其时《中华人民共和国物权法》尚未施行，根据'法不溯及既往'的法律原则，本案应适用《中华人民共和国担保法》及其司法解释的相关规定，原审适用法律并无不当。斯威特集团主张本案应适用《中华人民共和国物权法》第一百七十六条免除其担保责任的上诉理由，不能成立。"

3. 抵押人在承担担保责任后，有权要求保证人连带清偿其应当分担的份额。抵押人和保证人对担保范围没有约定的，保证人应当平均分担抵押人提供抵押担保债权数额的责任，即保证人应当对抵押人提供抵押担保债权数额的二分之一份额承担连带清偿责任。

案例三：广州千安房地产开发有限公司与广东逸涛集团有限公司、广东逸涛实业有限公司担保追偿权纠纷案［广东省高级人民法院（2008）粤高法民二初字第 10 号］

广东省高院认为："广东逸涛实业有限公司为本案借款债权提供连带责任保证，担保全部主债权数额为 198228000 元。广东逸涛集团有限公司未如约还款，广东逸涛实业有限公司应当承担连带保证责任。根据《最高人民法院关于适用〈中华人民共和国担保法〉若干问题的解释》第三十八条'同一债权既有保证又有第三人提供物的担保的，债权人可以请求保证人或者物的担保人承担担保责任。当事人对保证担保的范围或者物的担保范围没有约定或者约定不明的，承担了担保责任的担保人，可以向债务人追偿，也可以要求其他担保人清偿其应当分担的份额'之规定，**原告广州千安房地产开发有限公司在承担担保责任后，有权要求广东逸**

涛实业有限公司连带清偿其应当分担的份额。原告广州千安房地产开发有限公司为本案借款提供抵押担保债权数额为人民币1亿元，广东逸涛实业有限公司与原告广州千安房地产开发有限公司对担保范围没有约定，广东逸涛实业有限公司应当平均分担原告广州千安房地产开发有限公司提供抵押担保债权数额的责任，即广东逸涛实业有限公司应当对广州千安房地产开发有限公司提供抵押担保债权数额的二分之一份额承担连带清偿责任。”

第六章 与质押担保有关的法律问题

070 保证金质押权必须开立专门账户达到特定化要求才能有效设立

阅读提示

为了担保借款人债务的履行，银行会要求其提供保证金作为担保，此即为保证金质押担保。我国《物权法》将不动产排除在质权客体之外，只有动产及财产性权利可以设立质权。货币属于动产，当然可以在货币上设立质权。

物权的设立及变动必须履行公示程序，作为物权的一种，质权自然也不例外。设置货币质权时，出质人需要将货币交存银行，由银行占有。由于一般存款账户中的金钱可以由存款人随意支取，当事人协议将货币存放在此类账户中是否完成了必要的公示要件呢？最高法院认为，保证金质押必须开立独立的专门账户，否则视为该质押权未有效设立。

裁判要旨

货币作为特殊的质押财产，必须达到特定化，并移交债权人占有。银行作为具有存款业务的金融机构，将出质人交付的金钱作为质押财产，应当将质押金钱放置于专门的账户，使任何第三人均能区分该金钱是出质人交付的普通存款还是质押财产。未将相关款项存入专门的保证金账户不能达到质押财产特定化的要求，质押权不能有效设立。

案情简介

1. 2011 年 9 月 2 日，中行东城支行与华乘荣威公司根据《授信额度协议》签订《流动资金借款合同》，2011 年 9 月 13 日，中行东城支行依约发放贷款。

2. 2012 年 7 月 10 日，中行东城支行与华乘荣威公司签订《保证金质押总协议》《保证金质押确认书》，约定：中行东城支行将华乘荣威公司为《流动资金借款合同》开立的一般借款账户内的700万元以冻结方式特定化后作为质押物，为《流动资金借款合同》项下的借款本息及费用提供担保。

3. 2012年8月15日，中行东城支行根据借款合同约定宣布合同项下款项提前到期，华乘荣威公司承诺2012年9月5日归还全部借款本息，但截至一审起诉仍未还款。

4. 一审：原告中行东城支行将被告华乘荣威公司，请求借款人还本付息。东营市中院判决银行胜诉，借款人十日内返还借款本息，但认为本案质押的保证金账户未特定化，因此质押权未生效，银行无权就质押物主张优先受偿权。

5. 二审：中行东城支行不服一审判决，提起上诉，请求改判案涉质押权已经生效。山东省高院认为保证金账户未被特定化，质押权未生效，故，判决驳回诉讼请求。

6. 再审：中行东城支行不服二审判决，申请再审，称中行东城支行与华乘荣威公司签订的保证金质押协议，冻结一般账户中的700万元款项，自冻结之日起该700万款项与该账户内超出700万元的款项相分离，已经属于特定物，已经实现特定化，因此该保证金质押担保有效。最高院裁定驳回再审申请。

裁判要点及思路

1. 首先，根据物权公示原则，动产物权的设立和转让应当以交付为公示方式，在动产上设置质权担保，也需满足交付的公示要求。

2. 其次，《担保法解释》第八十五条的规定，金钱作为特殊的质押财产，必须移交债权人占有以特定化，达到公示的要求，质权才能有效设立。银行作为具有存款业务的金融机构，将出质人交付的金钱作为质押财产必须将质押金钱放置在专门的账户中，并且对任何第三人均能显示出设立质押的外观。

3. 再次，本案中的《流动资金借款合同》约定设立的借款发放账户系专用账户，只能用作借款资金的发放和支付，不得用于其他款项支付。《保证金质押确认书》约定将借款发放账户中的700万元借款作为保证金冻结，并没有改变该账户属于一般账户的性质，不能认定该保证金已经特定化，因此银行对该700万元不享有优先受偿权。

实务要点总结

前事不忘，后事之师。我们就最高法院有关本案的判决涉及的实务要点梳理

如下，以供实务参考。

1. 质押，是指债务人或第三人将其动产交付债权人占有，并实际控制的行为，债务人或者第三人叫作出质人，债权人叫作质权人。根据《物权法》的规定，质权的设立以交付为公示要件。货币作为一般等价物具有流通的功能，占有货币即取得货币的所有权，如果货币的所有权和占有权分离，则其流通功能将丧失。因此，金钱需要特定化之后才可以质押，即完成从种类物向特定物的转化。实务中经常遇到的有两种保证金账户质押类型。一是房地产按揭贷款保证金质押，即房地产开发商以开设按揭贷款保证金账户方式向贷款银行提供担保。二是企业经营风险保证金质押，即银行对客户进行授信时要求缴存一定比例的自有资金，通过银行专户管理以规范客户履约行为，这是银行防范信贷风险、保证资金安全的一种有效措施。

2. 成立保证金账户资金质押需要满足三个条件：订立书面的质押合同、保证金账户资金特定化、移交债权人占有。从实践来看，认定保证金账户的资金特定化可从以下几个因素考虑：第一，出质人是否将保证金存入保证金账户；第二，保证金账户能否与一般结算账户、基本账户相区分；第三，出质人能否自由支配该保证金账户。如果出质人能够自由支配该保证金账户，保证金账户内的资金仍可以自由进出，则特定化的过程未完成，保证金与一般的资金仍处于混同状态。本案银行败诉的原因便在于没有设置独立的保证金账户，纵然出质人与质权人约定了将700万元冻结以特定化，但是质权的公示效果需要让任意第三人得知，该合同约定不具有对抗任意第三人的效力，也就是说其他人并不能得知该借款账户中的700万元已经被银行冻结，会影响出质人其他的债权人实现权利。因此，我们建议在要求借款人提供保证金的银行，务必单独开立保证金账户，存放该保证金，防止因质押权未能有效设立使得相关债权陷入脱保的风险。

相关法律规定

《物权法》

第二百零八条第一款 为担保债务的履行，债务人或者第三人将其动产出质给债权人占有的，债务人不履行到期债务或者发生当事人约定的实现质权的情形，债权人有权就该动产优先受偿。

第二百一十条第一款 设立质权，当事人应当采取书面形式订立质权合同。

第二百一十二条 质权自出质人交付质押财产时设立。

《担保法》

第六十四条　出质人和质权人应当以书面形式订立质押合同。质押合同自质物移交于质权人占有时生效。

《最高人民法院关于适用〈中华人民共和国担保法〉若干问题的解释》（法释〔2000〕44号）

第八十五条　债务人或者第三人将其金钱以特户、封金、保证金等形式特定化后，移交债权人占有作为债权的担保，债务人不履行债务时，债权人可以以该金钱优先受偿。

《关于人民法院能否对信用证开证保证金采取冻结和扣划措施问题的规定》（法释［1997］4号）

第一条　人民法院在审理或执行案件时，依法可以对信用证开证保证金采取冻结措施，但不得扣划。如果当事人认为人民法院冻结和扣划的某项资金属于信用证开证保证金的，应当提供有关证据予以证明。

《关于依法规范人民法院执行和金融机构协助执行的通知》（法发［2000］21号）

第九条　人民法院依法可以对银行承兑汇票保证金采取冻结措施，但不得扣划。如果金融机构已对汇票承兑或者已对外付款，根据金融机构的申请，人民法院应当解除对银行承兑汇票保证金相应部分的冻结措施；银行承兑汇票保证金丧失保证功能时，人民法院可以依法采取扣划措施。

以下是本案判决书中“本院认为”部分，最高法院就保证金质押权生效问题的论述：

最高法院认为：“根据物权公示原则，动产物权的设立和转让，应当以交付为公示方式。以动产设置担保的质权，也需满足交付的公示要求。**依照《最高人民法院关于适用〈中华人民共和国担保法〉若干问题的解释》第八十五条‘债务人或者第三人将其金钱以特户、封金、保证金等形式特定化后，移交债权人占有作为债权的担保，债务人不履行债务时，债权人可以以该金钱优先受偿’的规定，金钱作为特殊的质押财产，必须达到特定化，并移交债权人占有。银行作为具有存款业务的金融机构，将出质人交付的金钱作为质押财产，应当依法将质押金钱放置于专门的账户，并且对任何第三人均能显示出设立质押的外观，否则难以区分该金钱是出质人交付的普通存款还是质押财产。**

本案中，中行东城支行与华乘荣威公司在《流动资金借款合同》第7条第1款约定，华乘荣威公司在中行东城支行开立的223407818347账户作为借款发放账户，借款的发放和支付应通过该账户办理，该账户系专户，只能用作借款资金的发放和支付，不得用于其他款项支付。《保证金质押总协议》第四条第1项约定，‘出质人应当按照法律、法规和监管规定及质权人关于开立保证金账户的业务规定在质权人处开立保证金账户。’出质人华乘荣威公司出具的《保证金质押确认书》第4条载明‘自本合同签订日起，将保证金存入我司在贵行开立的一般账户（账号：223407818347），并将其冻结。’从以上合同内容可知，当事人约定了开立专门的保证金账户事宜，但事后并未设立。**虽然《流动资金借款合同》约定223407818347账户为专户，但约定的是作为贷款发放和支付的专户，仍然属于一般账户的性质。尽管华乘荣威公司将700万元存入该账户，但因该账户不属专门的保证金账户，不能达到质押财产特定化的要求。**事实上，直至人民法院因另案采取保全措施时，该账户内700万元仍未显示出质押状态或者被采取冻结措施，中行东城支行的质权并未设立，不能对抗第三人。此外，中行东城支行向本院提交的《贷款到期通知书》载明，2012年9月6日，中行东城支行通知华乘荣威公司，借款700万元将于2012年9月12日到期，要求华乘荣威公司积极筹措资金按期归还贷款本息。该证据亦与中行东城支行主张的已于2012年8月15日宣布提前收回贷款相互矛盾。故二审法院认定中行东城支行对223407818347账户内的700万元不具有优先受偿权，适用法律并无不当。”

案件来源

中国银行股份有限公司东营东城支行与东营市华乘荣威汽车销售服务有限公司、张某、薄某、巴某金融借款合同纠纷申请再审民事裁定书［最高人民法院（2013）民申字第2060号］；中国银行股份有限公司东营东城支行与东营市华乘荣威汽车销售服务有限公司、张某等金融借款合同纠纷二审民事判决书［山东省高级人民法院（2013）鲁商终字第89号］

延伸阅读

有关保证金质押权设立的问题，以下是我们在写作中检索到与该问题相关的最高法院及部分省高院案例及裁判观点，以供读者参考。

1. 当事人依约为出质的金钱开立保证金专门账户，且质权人取得对该专门账户的占有控制权，符合金钱特定化和移交占有的要求，即使该账户内资金余额发生浮动，也不影响该金钱质权的有效设立。

案例一（最高院指导案例第54号）：中国农业发展银行安徽省分行诉张某、

安徽长江融资担保集团有限公司执行异议之诉民事判决书［安徽省高级人民法院（2013）皖民二终字第00261］

安徽省高院认为："**关于账户资金浮动是否影响金钱特定化的问题。保证金以专门账户形式特定化并不等于固定化。案涉账户在使用过程中，随着担保业务的开展，保证金账户的资金余额是浮动的。担保公司开展新的贷款担保业务时，需要按照约定存入一定比例的保证金，必然导致账户资金的增加；在担保公司担保的贷款到期未获清偿时，扣划保证金账户内的资金，必然导致账户资金的减少。虽然账户内资金根据业务发生情况处于浮动状态，但均与保证金业务相对应，除缴存的保证金外，支出的款项均用于保证金的退还和扣划，未用于非保证金业务的日常结算。即农发行安徽分行可以控制该账户，长江担保公司对该账户内的资金使用受到限制，故该账户资金浮动仍符合金钱作为质权的特定化和移交占有的要求，不影响该金钱质权的设立。**"

2. 保证金账户特定化并移交银行占有后，保证金质押权即有效设立。保证金账户是专门设立的还是出资人自己的账户并不影响质权的成立。

案例二：张某、中国建设银行股份有限公司达拉特旗支行执行异议之诉再审审查与审判监督民事裁定书［最高人民法院（2017）最高法民申1829号］

最高法院认为："本案的争议焦点即建行达旗支行对鑫源房地产公司在建行达旗支行开设的保证金专户内资金是否享有质权。首先，建行达旗支行与鑫源房地产公司签订保证金质押合同，约定了保证金专用账户及账号，该账户内金钱即已经完成金钱特定化。**其次，该账户是设立在质权人建行达旗支行营业部，且双方约定'非经乙方（建行达旗支行）同意，甲方不得对保证金专户内资金进行支用、划转或做其他任何处分'，在质权人处开户并存入保证金即完成了该特定化金钱的交付，而享有对该账户内保证金的控制权的约定则质权人完成了对该特定化的金钱实际控制并占有的条件，因此建行达旗支行依法对该账户内的保证金享有质权。再次，保证金质押的账户名称是专门的保证金账户还是出质人自己的账户不影响质权的成立。**最后，保证金质权的成立并不以查封、冻结、登记、特别标记等为前提。综上，该账户名称虽然是出质人鑫源房地产公司名称且并未进行查封、冻结或者特别标记为保证金专户，并不影响建行达旗支行依法享有对该账户内保证金的质权成立。"

3. 采用票据和现金方式收取交付的保证金，并未采取任何特定化的方式或手段使其隔离于其他款项的，质权未有效设立。

案例三：鑫晟保理有限公司、上海周贤房地产开发有限公司与中科建设开发

总公司、上海和一投资发展有限公司等合同纠纷二审民事判决书［上海市高级人民法院（2016）沪民终 478 号］

上海市高院认为："退而言之，即使不考虑上述司法解释，上述约定是否可以使得中科公司交付的金钱产生担保的法律效力，仍需根据法律和司法解释有关金钱作为担保的规定进行处理。《最高人民法院关于适用〈中华人民共和国担保法〉若干问题的解释》第八十五条规定：'债务人或者第三人将其金钱以特户、封金、保证金等形式特定化后，移交债权人占有作为债权的担保，债务人不履行债务时，债权人可以以该金钱优先受偿。'质权为担保物权而非用益物权，故质权人没有对质物的使用和收益权，更不能处分质物。**金钱作为特殊动产，其所有权随占有转移。如以金钱设立动产质押，就必须对金钱进行特定化，以保证交付的金钱与质权人的自有财产相区别，使之既属于出质人所有，但又被质权人所占有，且质权人不能擅自使用、收益或处分这些金钱。**从一审查明的事实来看，鑫晟公司采用票据和现金方式收取中科公司交付的上述保证金，并未采取任何特定化的方式或手段，使之继续保持为中科公司所有，并与鑫晟公司的自有财产相隔离。所以，上述保证金不能满足司法解释所要求的特定化，也就不能产生担保的效力。"

4. 保证金账户被法院强制执行扣划资金不同于当事人自行处分，不影响该账户特定化及资金的特定化属性。

案例四：李某、河北东润担保有限公司执行异议之诉二审民事判决书［河北省高级人民法院（2016）冀民终 381 号］

河北省高院认为："《最高人民法院关于适用〈中华人民共和国担保法〉若干问题的解释》第八十五条规定，债务人或者第三人将其金钱以特户、封金、保证金等形式特定化后，移交债权人占有作为债权的担保，债务人不履行债务时，债权人可以以该金钱优先受偿。金钱质押的移交占有需要满足特定化形式要求：其一，订立书面的质押合同；其二，账户资金符合特定化要求；其三，移交债权人占有。本案中，正定农商行与东润公司签订有书面《保证金质押合同》，**双方当事人形成了保证金质押合意，明确以东润公司在正定农商行处开立的 190 第 1 号账户（81.9 万元）、第 2 号账户（500 万元）内资金为正定农商行向金色紫阳公司发放贷款而形成的债权担供质押担保，约定未经正定农商行同意东润公司不得支取或要求返还，如金色紫阳公司未能依约还本付息，正定农商行可以直接扣划质押资金，完成了质押保证金的特定化要求并已移交正定农商行占有控制，符合《最高人民法院关于适用〈中华人民共和国担保法〉若干问题的解释》第八十五条的规定，应予支持。上诉人主张的 190 账户支出 100 万元发生在相关《保证金质押**

合同》签订前，被正定县人民法院扣划320万元为人民法院强制执行，不同于当事人自行处分，不影响涉案账户及资金的特定化属性，上诉人不能举证证明涉案账户资金被用于日常结算等非特定化场合，对上诉人主张，本院不予支持，可另行救济。《最高人民法院关于适用〈中华人民共和国担保法〉若干问题的解释》等法律法规没有规定本案中保证金质押需登记公示才能生效，上诉人的主张不能成立。”

071 应收账款质权指向出质人享有的一般金钱债权，不要求债权特定化到专门账户

阅读提示

设立应收账款质权的债权本身形式上是多样的，从性质上仅需是出质人享有的一般金钱债权即可，既可以是已经发生、数额确定的账款，也可以是将来发生、在订立质押合同时数额尚不明确的账款，而无须附加其他的形式性要求。

应收账款质权自信贷征信机构（中国人民银行）办理出质登记时设立，出质人以账款未支付进入约定的专门账户，应收账款未特定化等形式瑕疵为由，主张质权未设立或者存在效力瑕疵的，不予支持。

裁判要旨

应收账款质押的标的物是应收账款债权本身，仅需出质人对债务人享有一般金钱债权即可，而无须支付入专门账户。应收账款专用账户的作用是使债务人向出质人支付的款项（应收账款）特定化，以保证银行的质权将来得以实现，出质人未将债务人支付的款项划入专用账户，并不影响应收账款质权的设立。

案情简介

1. 2014年8月5日，兴业银行与五峰公司签订《流动资金借款合同》，借款金额2700万元。同年12月24日，双方又签订一份《流动资金借款合同》，借款金额5987.05万。

2. 2014年3月7日，兴业银行与五峰公司签订《应收账款最高额质押合同》，债务人为辽宁省电力公司，出质权利为发电设备电费收费权，并于2014年3月7日向中国人民银行征信中心登记，约定出质人应于合同签订后到质权人处或质权

人指定的机构开立应收账款专用账户。

3. 2016 年 2 月 5 日，法院裁定受理韩某对五峰公司的破产申请人。签订《应收账款最高额质押合同》并登记后，债务人辽宁省电力公司仍持续向五峰公司支付电费（应收账款）。破产受理之后债务人辽宁省电力公司将电费（应收账款）支付给五峰公司破产管理人。

4. 一审：原告兴业银行起诉被告五峰公司，请求偿还借款，并对案涉质押的应收账款享有优先受偿权。五峰公司辩称兴业银行未在指定机构开设应收账款专用账户，也未通知债务人，故案涉应收账款质押合同并未成立，兴业银行不享有优先受偿权。沈阳市中院判决兴业银行对质押应收账款享有优先受偿权。

5. 二审：被告五峰公司提起上诉，称发电设备电费收费权产生的应收账款，按双方约定是指专用账户内的特定化的应收账款，但专门账户并未设立，债务人辽宁省电力公司也一直向五峰公司直接支付电费，作为种类物的电费款并未特定化为质押物，故案涉质权并未设立。辽宁省高院判决驳回上诉请求。

6. 再审：五峰公司不服二审判决申请再审，称认定电费款等同于专用账户内特定化的应收账款系事实认识错误，质权并未设立。最高法院裁定驳回再审申请。

裁判要点及思路

本案的争议焦点是，未按质押合同约定将应收账款支付入专门账户是否影响应收账款质权的设立。最高法院认为应收账款质押的标的物是应收账款债权本身，仅需出质人（五峰公司）对债务人（辽宁省电力公司）享有一般金钱债权即可，而无须进入专门账户。应收账款专用账户的作用是使债务人向出质人支付的电费特定化，以保证兴业银行的质权将来得以实现，出质人未将债务人支付的电费划入专用账户，并不影响案涉应收账款质权的设立。出质人没有按照合同约定将债务人支付的电费通知兴业银行并转入合同指定的应收账款专用账户内，应认定出质人存在违约行为，仅能导致兴业银行所享有的质权无法对抗应收账款债务人，而不影响案涉应收账款质权的成立和效力。

实务要点总结

前事不忘，后事之师。我们就最高法院有关本案的判决涉及的实务要点梳理如下，以供实务参考。

1. 可以设立质押的应收账款是指，权利人因提供一定的货物、服务或设施而获得的要求义务人付款的权利，包括现有的和未来的金钱债权及其产生的收益，但不包括因票据或其他有价证券而产生的付款请求权。应收账款质权的标的物是应收账款债权本身，性质上仅需是出质人享有的一般金钱债权即可，既可以是已经发生、数额确定的账款，也可以是将来发生、在订立质押合同时数额尚不明确的账款，即使在此期间没有任何账款产生，质押权也成立。

2. 银行和出质人约定账款应进入约定的专门账户的，该种约定仅构成双方债权性质的权利义务关系，其作用和目的是使债务人向出质人支付的款项（应收账款）特定化，以保证银行的质权将来得以实现。债务人未将账款支付进入专门账户或者出质人在接受债务人偿还后也未将相关款项支付进入专门账户的，仅构成出质人违约，不影响应收账款质权的效力。应收账款质权采用登记设立规则，账款支付方式不符合约定等形式上的瑕疵仅能导致相应的违约责任等，不影响质权的有效设立。

相关法律法规

《物权法》

第二百二十八条　以应收账款出质的，当事人应当订立书面合同。质权自信贷征信机构办理出质登记时设立。

应收账款出质后，不得转让，但经出质人与质权人协商同意的除外。出质人转让应收账款所得的价款，应当向质权人提前清偿债务或者提存。

《应收账款质押登记办法》（中国人民银行令〔2017〕第3号）

第二条　本办法所称应收账款是指权利人因提供一定的货物、服务或设施而获得的要求义务人付款的权利以及依法享有其他付款请求权，包括现有的和未来的金钱债权，但不包括因票据或其他有价证券而产生的付款请求权，以及法律、行政法规禁止转让的付款请求权。

本办法所称的应收账款包括下列权利：

（一）销售、出租产生的债权，包括销售货物，供应水、电、气、暖，知识产权的许可使用，出租动产或不动产等；

（二）提供医疗、教育、旅游等服务或劳务产生的债权；

（三）能源、交通运输、水利、环境保护、市政工程等基础设施和公用事业项目收益权；

（四）提供贷款或其他信用活动产生的债权；

（五）其他以合同为基础的具有金钱给付内容的债权。

以下是本案判决书中“本院认为”部分，最高法院和辽宁省高院就应收账款未进入约定的专门账户是否影响质权的设立问题的论述：

最高法院再审认为：“（一）关于兴业银行的应收账款质权是否设立，兴业银行是否享有优先受偿权的问题。本案五峰公司将其对辽宁省电力公司的应收账款出质给兴业银行，应收账款的性质为债权，而非动产，依据《物权法》第十七章第二节权利质权第二百二十三条第（六）项关于债务人或者第三人可以将有权处分的应收账款出质的规定，五峰公司的出质应为权利质押。案涉《应收账款最高额质押合同》的签订系兴业银行与五峰公司的真实意思表示，不违反法律、行政法规的强制性规定，合法有效。该质押合同在中国人民银行征信中心办理了应收账款质押登记，依据《物权法》第二百二十八条第一款关于‘以应收账款出质的，当事人应当订立书面合同，质权自信贷征信机构办理出质登记时设立’的规定，兴业公司的应收账款质权依法设立。五峰公司申请再审主张该质权为准动产质权、因电费未打入指定账户质押物未交付故质权未设立，与法律规定不符。《登记办法》第十二条虽规定：‘质权人自行确定登记期限，登记期限以年计算，最长不得超过5年。登记期限届满，质押登记失效’，但依照物权法定原则，《登记办法》作为部门规章不能规定应收账款质权的消灭期限，不具有消灭应收账款质权的效力。而且，根据《担保法解释》第十二条第一款关于‘当事人约定的或者登记部门要求登记的担保期间，对担保物权的存续不具有法律约束力’的规定，案涉应收账款的质押登记效力不受信贷征信机构有关登记期限的约束，兴业银行未办理质押登记的展期，不影响依法设立的质权的效力。据此，五峰公司申请再审主张质押登记逾期即丧失质权，与法律规定不符，本院不予支持。《应收账款最高额质押合同》约定的质押为最高额质押，最高本金限额为一亿四千万元，质押额度有效期自2014年3月7日起至2015年3月6日止，质押登记中记载的质押合同号和质押财产价值与案涉《应收账款最高额质押合同》均一致。依照该合同约定，合同项下质押担保的债务发生日只要在质押额度有效期内，不必再逐笔办理出质登记手续，五峰公司就要以合同项下的质押物对质押最高本金限额项下所有债权承担担保责任。**案涉两笔借款债务的发生日和金额均在质押合同约定的质押额度有效期内，五峰公司应依合同约定以质押的应收账款对上述债务承担担保责任。在实际履行中，五峰公司未通知辽宁省电力公司应收账款已设立质押，辽宁省电力公司支付的电费未转入合同约定的应收账款专用账户内，应认定五峰公司存在违约，但是应收账款质押的标的物是应收账款债权本身，应收账款专用账户的作用则是使辽宁省电力公司向五峰公司支付的电费特定化，以保证兴业银行的**

质权将来得以实现，五峰公司未将辽宁省电力公司支付的电费划入专用账户，并不影响案涉应收账款质权的设立。辽宁省电力公司支付的部分电费经法院裁定扣划至五峰公司破产管理人的账户上，兴业银行的质权有条件得以实现。”

辽宁省高院二审认为：“关于兴业银行是否对五峰公司与辽宁省电力公司电费收费权产生的应收账款享有优先受偿权的问题。**本案所涉应收账款质押是一种权利质押，不同于一般物的质押，作为可以出质的权利，是出质人五峰公司有权处分的一般金钱债权，只要五峰公司真实享有对辽宁省电力公司案涉应收账款的债权，兴业银行作为质权人就享有相应的质权。**根据《物权法》第二百二十八条规定‘以应收账款出质的，当事人应当订立书面合同，质权自信贷征信机构办理出质登记时设立。’故原审认定本案应收账款最高额质押合同及应收账款质权，自兴业银行与五峰公司签订最高额应收账款质押合同，中国人民银行征信中心办理应收账款质押登记时设立生效是正确的。同时根据《最高人民法院关于适用〈中华人民共和国担保法〉若干问题的解释》第十二条关于‘当事人约定的或者登记部门要求登记的担保期间，对担保物权的存续不具有法律约束力’的规定，案涉应收账款的质押登记效力不受信贷征信机构有关登记期限的约束，兴业银行虽未办理质押登记的展期，并不影响质权的成立和效力。《应收账款最高额质押合同》约定的质押为最高额质押，最高本金限额为一亿四千万元，质押额度有效期自2014年3月7日起至2015年3月6日止。质押登记中记载的质押合同号和质押财产价值与案涉《应收账款最高额质押合同》均一致。依照合同约定，合同项下质押担保的债务的发生日只要在质押额度有效期内，不必再逐笔办理出质登记手续，五峰公司就要以合同项下的质押物对质押最高本金限额项下所有债权承担担保责任。本案所涉两笔借款债务的发生日和金额均在质押合同约定的质押额度有效期内，五峰公司就应依合同约定以质押的应收账款对上述债务承担担保责任。**在实际履行中，五峰公司未通知辽宁省电力公司应收账款已设立质押，没有按照合同约定将辽宁省电力公司支付的电费通知兴业银行并转入合同指定的应收账款专用账户内，应认定五峰公司存在违约行为，仅能导致兴业银行所享有的质权无法对抗应收账款债务人，而不影响案涉应收账款质权的成立和效力。**同时，案涉《应收账款质押合同》不属于破产申请受理前成立而债务人和对方当事人均未履行完毕的合同，不能依照《中华人民共和国企业破产法》的相关规定视为已被解除。**案涉应收账款债务人辽宁省电力公司自应收账款合同签订后持续向五峰公司支付电费（应收账款），直至破产受理之后，经法院裁定扣划至五峰公司破产管理人的账户上，上述款项就是质押合同设立的质押权得以实现的标的物，兴业银行完全可以**

就此享有优先受偿权。”

案件来源

上诉人辽宁五峰农业科技股份有限公司与被上诉人兴业银行股份有限公司沈阳分行及原审被告镇赉县五峰农业科技有限公司、北镇市沟帮子五峰生物质热力有限公司、辽宁五峰国际物流有限公司、广州市利峰米业有限公司、黑龙江省建三江农垦伍峰工贸有限公司、北镇市五峰成凤生物科技有限公司、朱某、马某金融借款合同纠纷二审民事判决书［辽宁省高级人民法院（2017）辽民终 239 号］；辽宁五峰农业科技股份有限公司、兴业银行股份有限公司沈阳分行金融借款合同纠纷再审审查与审判监督民事裁定书［最高人民法院（2017）最高法民申 5014 号］

延伸阅读

有关应收账款质押时债权的性质以及形式性要素是否影响质权设立的问题，以下是我们在写作中检索到与该问题相关的最高法院和部分省高院案例及裁判观点，以供读者参考。

1. 应收账款不以设质时已存的财产为界，亦可以是未来预期的收益，且不以是否已届履行期限为限，即使在此期间没有任何账款产生，质押权也成立。

案例一：中国民生银行股份有限公司武汉分行与广州钢铁控股有限公司、深圳市核电工程建设有限公司等金融借款合同纠纷申诉、申请民事裁定书［最高人民法院（2016）最高法民申 3444 号］

最高法院认为：“本案再审审查的焦点问题为：**民生银行武汉分行对名信公司质押的对广钢公司的应收账款是否享有优先受偿权。**根据中国人民银行《应收账款质押登记办法》第二条规定‘本办法所称应收账款是指权利人因提供一定的货物、服务或设施而获得的要求义务人付款的权利以及依法享有的其他付款请求权，包括现有的和未来的金钱债权……’，可以质押的应收账款范围不仅包含了现有债权，还包含了未来将会产生或者可能产生的债权。**应收账款不以设质时已存的财产为界，亦可以是未来预期的收益，且不以是否已届履行期限为限。广钢公司向民生银行武汉分行出具的《应收账款债务人确认函》中确认截至 2012 年 4 月 28 日，名信公司的应收账款为 59 416 095.79 元，到期日为 2013 年 11 月 1 日，在本案应收账款时间范围内。而应收账款数额随着业务量的发生处于不确定状态，在办理质押登记时，当事人无法预见到 2013 年 5 月 3 日–2016 年 5 月 3 日期间，**

广钢公司与名信公司之间是否还会有贸易合同，应收账款数额多少。即使在此期间没有任何账款产生，质押权也成立，且登记质押的债权并没有增加广钢公司的义务。

根据《中华人民共和国物权法》第二百二十八条第一款规定‘以应收账款出质的，当事人应当订立书面合同。质权自信贷征信机构办理出质登记时设立’。因此，只要有书面合同并办理登记，质权即成立。不能因为未将质押登记事项通知应收账款债务人，就否定质押登记的效力和质押权人享有的质权。2013 年 4 月 28 日广钢公司出具的《应收账款债务人确认函》中对质押的应收账款已作明确表述，在未新设质权的情况下，无须再通知广钢公司对质押的应收账款进行书面确认。”

2. 债务人与出质人对于应收账款债权均予以认可，作为质权标的的应收账款债权明确、特定，虽然登记时合同编号有重复，但不影响对合同项下应收账款债权的识别，不能因此否认质押合同的效力。

案例二：陕西庆泰商贸有限公司、昆仑银行股份有限公司西安分行与昆仑银行股份有限公司西安分行、宝鸡市宏瑞工贸有限责任公司等金融借款合同纠纷申请再审民事裁定书［最高人民法院（2015）民申字第 2387 号］

最高法院认为：“二、关于质押合同是否有效的问题。第一，根据《中华人民共和国物权法》第二百二十八条的规定，以应收账款出质的，当事人应当订立书面合同，质权自信贷征信机构办理出质登记时设立。本案中，双方当事人依法订立了质押合同并办理了出质登记，质权即已依法设立。债务人宏瑞公司与合同相对人对应收账款的真实性也予以认可，即使应收账款对应的合同存在没有原件、登记编号重复等问题，也不影响质权依法有效设立。第二，关于质权主体问题。本案质权在征信机构办理了出质登记，即产生了公示效力，虽然登记的质权主体是昆仑银行有限责任公司，与实际的质权主体昆仑银行西安分行有一定出入，但后者是前者的分支机构，中国人民银行征信中心在二审阶段的回函意见，也足以说明本案质权主体的出入不影响应收账款质押登记的公示效力。**第三，关于应收账款债权是否达到可识别程度的问题。本案中，宏瑞公司与合同相对人对于应收账款债权均予以认可，作为质权标的的应收账款债权明确、特定，虽然登记时合同编号有重复，但不影响对合同项下应收账款债权的识别，不能因此否认质押合同的效力。**第四，关于昆仑银行西安分行与宏瑞公司是否存在恶意串通的问题。本案贷款关系真实存在，双方于签订贷款合同当日签订了质押合同，并在征信机构依法办理登记，且上述行为均发生在庆泰公司起诉宏瑞公司之前，申请人主张昆仑银行西安分行与宏瑞公司之间涉嫌恶意串通，但并未提交相应证据证明。综上，申请人关于质押合同无效，质权未设立的申请理由不能成立。”

3. 质押的应收账款既可以是已经发生、数额确定的账款，也可以是将来发生、在订立质押合同时数额尚不明确的账款。如果事后根据客观情况可以确定质押的应收账款，则应当根据事后确定的应收账款作为质押财产。

案例三：骆某、高某与长融国银（北京）投资管理有限公司、合肥万好置业有限公司案外人执行异议之诉二审民事判决书［安徽省高级人民法院（2017）皖民终70号］

安徽省高院认为：“关于争议焦点二，《中华人民共和国物权法》第二百二十八条第一款规定：‘以应收账款出质的，当事人应当订立书面合同。质权自信贷征信机构办理出质登记时设立。’《中华人民共和国物权法》第二百一十条规定，质权合同应当包括被担保债权的种类和数额、债务人履行债务的期限、质押财产的名称、数量、质量、状况、担保的范围和质押财产的交付时间等内容。骆某、高某上诉认为本案《最高额质押合同》签订时质押的应收账款数额不具体、义务人不明确，长融国银公司对租金的质权依法没有设立。**本院认为，质押的应收账款既可以是已经发生、数额确定的账款，也可以是将来发生、在订立质押合同时数额尚不明确的账款。如果事后根据客观情况可以确定质押的应收账款，则应当根据事后确定的应收账款作为质押财产。**本案中，原债权人工行长江东路支行与万好置业公司签订的《最高额质押合同》约定质押的应收账款为万家银座广场在2012年7月25日至2018年6月24日期间产生的经营收入，该应收账款产生的期间是明确的，在该期间内万家银座广场产生的租金均属于质押财产，且该质押在中国人民银行征信中心应收账款质押登记公示系统办理了应收账款质押登记，已生效的安徽省高级人民法院（2015）皖民二初字第00024号民事判决亦认定原债权人工行长江东路支行对万好置业公司万家银座广场的租金收入享有优先受偿权。故骆某、高某此节上诉理由亦不能成立，本院不予采纳。”

072 应收账款质押未通知应收账款债务人，不影响应收账款质权的设立

阅读提示

应收账款质押与债权转让有一定相似性，债权转让自签订转让合同时生效，不以通知债务人为必要，而设立应收账款质权时，因涉及担保物权的优先受偿权

需要对外公示的问题，相较于债权转让，应收账款质权不仅要求签订书面合同，还需要在中国人民银行征信中心办理质押登记方能设立，同样的也不以通知应收账款债务人为必要。虽然不通知应收账款债务人不影响质权的设立，但是从实践中大量的案例来看，如果不通知债务人，一旦债权已经负担了其他权利瑕疵或者应收账款债务人已经清偿了债务，质押权就会面临灭失的重大风险，因此从最终顺利实现质权的角度，通知债务人还是有相当的必要性。

裁判要旨

应收账款质权自签订书面合同并办理质押登记时设立，质权有效设立后质权人即享有对出质应收账款的优先受偿权，通知应收账款债务人并不是质权设立的必要条件。

案情简介

1. 2013 年 4 月 28 日广钢公司向民生银行武汉分行出具的《应收账款债务人确认函》。2013 年 5 月 3 日，名信公司与民生银行武汉分行签订《应收账款最高额质押合同》，在其对广钢公司的应收账款上设立最高额质押担保，并于同日办理应收账款质押登记。

2. 2013 年 11 月 6 日，名信公司又与民生银行武汉分行签订第二份《应收账款最高额质押合同》，将其对广钢公司的应收账款设立最高额质押担保，并于同日办理质押登记及变更登记。第二次质押登记的应收账款的时间范围大于第一次登记的时间范围，合同其余内容均相同。

3. 湖北省高院二审判决，一审原告民生银行武汉分行有权对被告名信公司出质的，其享有的对广钢公司的应收账款行使质权。

4. 再审：广钢公司不服二审判决，申请再审。辩称，第一份质押合同已被第二份质押合同取代，旧质权已经消灭，且签订第二次质押登记后出质人名信公司未履行通知义务，因此该应收账款质押合同登记对债务人不生效力。最高法院认为应收账款质押无须通知次债务人，故裁定驳回广钢公司的再审申请。

裁判要点及思路

本案的争议焦点是：银行是否对案涉质押的应收账款享有优先受偿权？最高法院再审中将该焦点分解为两个问题：

1. 第二份质押合同是否取代了第一份质押合同，构成新设质押。最高法院认为，两份质押合同所担保的最高债权限额及被担保的主债权发生期间均相同，即使第二次质押登记的应收账款产生的时间范围大于第一次登记的范围，但质押财产价值不变，因此不属于新设质押，而仅构成对第一次质押的变更。

2. 针对第一份最高额质押合同出具的《应收账款债务人确认函》明确的应收账款的时间范围是否可约束第二份最高额质押合同。既然第二次质押不构成对第一次质押的变更，不属于新设质权，在2013年4月28日次债务人广钢公司出具的《应收账款债务人确认函》对质押的应收账款已作明确表述的情况下，无须另行做第二次债务确认，质权人（银行）有权对案涉质押的应收账款行使优先受偿权。

实务要点总结

前事不忘，后事之师。我们就最高法院有关本案的判决涉及的实务要点梳理如下，以供实务参考。

1. 应收账款质权自办理登记时设立，通知应收账款债务人不是质权设立的必要条件。根据《物权法》第二百二十八条规定，“以应收账款出质的，当事人应当订立书面合同。质权自信贷征信机构办理出质登记时设立。”即设立应收账款质权自双方签订书面合同并至中国人民银行征信中心办理出质登记时设立，不要求质权人通知应收账款债务人。

2. 不能将应收账款的债权人对应收账款的出质行为等同于债权转让行为。《合同法》第八十条规定，“债权人转让权利的，应当通知债务人。未经通知，该转让对债务人不发生效力”。而应收账款质押即出质人为担保债务的履行，将其对次债务人的应收账款书面约定出质给质权人并经信贷征信机构登记，应收账款的债权人不履行到期债务，质权人有权就该应收账款优先受偿。故应收账款质押只是应收账款的债权人在该应收账款上设立了担保物权，其设立时并不发生债权转让的法律效果，仅是在应收账款的债权人无力偿还其与质权人之间的到期债务时才发生担保法律后果。也即应收账款的债权人不履行通知义务，不影响应收账款质权的成立。

3. 虽然应收账款质权的设立并不以一定通知为必要，但从实践中来看，如果质权人不通知次债务人或通知的很晚，一旦发现权利有瑕疵或者应收账款债务人已经履行了付款义务，质押权就会面临灭失的重大风险，质权人就会特别被动，而且很难通过后期工作以及司法途径予以救济。换言之，质权人通知次债务人，尽管在法律上不是必须要做的前置程序，但从有效保护权利人权益角度考虑，是非常有价值和必要性的一项工作内容，我们强烈建议质权人尽早发出相应的通知。

相关法律规定

《物权法》

第二百二十八条　以应收账款出质的，当事人应当订立书面合同。质权自信贷征信机构办理出质登记时设立。

应收账款出质后，不得转让，但经出质人与质权人协商同意的除外。出质人转让应收账款所得的价款，应当向质权人提前清偿债务或者提存。

《合同法》

第八十条　债权人转让权利的，应当通知债务人。未经通知，该转让对债务人不发生效力。

《应收账款质押登记办法》（2017修订）（中国人民银行令［2017］第3号）

第四条　中国人民银行征信中心（以下简称征信中心）是应收账款质押的登记机构。

征信中心建立基于互联网的登记公示系统（以下简称登记公示系统），办理应收账款质押登记，并为社会公众提供查询服务。

以下是该案在最高法审理阶段，裁判文书中“本院认为”部分就该问题的论述：

最高法院认为：“本案再审审查的焦点问题为：民生银行武汉分行对名信公司质押的对广钢公司的应收账款是否享有优先受偿权。

民生银行武汉分行与名信公司先后两次签订的《应收账款最高额质押合同》《应收账款质押登记协议》均是当事人真实意思表示，并不违反法律、法规的禁止性规定，且依照《中华人民共和国物权法》第二百二十八条第一款的规定，在中国人民银行征信中心办理了应收账款质押登记及变更登记，质押合同有效，质权也已成立。两份《应收账款最高额质押合同》所担保的最高债权额均为6000万元，被担保的主债权发生期间均为2013年5月3日至2014年5月3日。**两份《应收账款最高额质押合同》中对质押的应收账款范围和产生期间发生变更，但质押财产价值不变，不属于保证期间变更的情形。第二份登记应视为对第一份登记在质押财产内容上的变更，并不是新设质。上述应收账款债务人在出具的应收账**

款确认文件中对质押的应收账款已经明确。虽然第二次应收账款最高额质押登记的应收账款时间范围大于第一次登记的时间范围，但并未增加广钢公司的担保义务。广钢公司再审申请期间提交了 2013 年 11 月 6 日‘中国人民银行征信中心动产权属统一登记—初始登记’暨第二次质押登记的初始登记，拟证明第一次初始登记的质权已消灭。经审查，该证据不属于《中华人民共和国民事诉讼法》规定的新证据，且如前分析，两次质押登记对质押的应收账款产生期间的变更系对质押财产变更的约定。

根据中国人民银行《应收账款质押登记办法》第四条规定‘本办法所称的应收账款是指权利人因提供一定的货物、服务或设施而获得的要求义务人付款的权利，包括现有的和未来的金钱债权及其产生的收益……’，可以质押的应收账款范围不仅包含了现有债权，还包含了未来将会产生或者可能产生的债权。应收账款不以设质时已存的财产为界，亦可以是未来预期的收益，且不以是否已届履行期限为限。**广钢公司向民生银行武汉分行出具的《应收账款债务人确认函》中确认截至 2012 年 4 月 28 日，名信公司的应收账款为 59 416 095.79 元，到期日为 2013 年 11 月 1 日，在本案应收账款时间范围内。而应收账款数额随着业务量的发生处于不确定状态，在办理质押登记时，当事人无法预见到 2013 年 5 月 3 日 -2016 年 5 月 3 日期间，广钢公司与名信公司之间是否还会有贸易合同，应收账款数额多少。即使在此期间没有任何账款产生，质押权也成立，且登记质押的债权并没有增加广钢公司的义务。**

根据《应收账款质押登记办法》规定，登记内容的真实、完整和合法由质权人负责。《应收账款质押登记办法》第十九条规定了救济方式，如果出质人或其他利害关系人认为登记内容有错误的，可以要求质权人变更或注销登记；质权人不同意变更或注销登记的，出质人或利害关系人可以办理异议登记。如果广钢公司认为涉及该公司的应收账款质押登记存在错误，应按照《应收账款质押登记办法》第十九条的规定寻求救济，在未寻求救济的情况下，应视作其对质权的设立无异议。

根据《中华人民共和国物权法》第二百二十八条第一款规定‘以应收账款出质的，当事人应当订立书面合同。质权自信贷征信机构办理出质登记时设立’。**因此，只要有书面合同并办理登记，质权即成立。不能因为未将质押登记事项通知应收账款债务人，就否定质押登记的效力和质押权人享有的质权。2013 年 4 月 28 日广钢公司出具的《应收账款债务人确认函》中对质押的应收账款已作明确表述，在未新设质权的情况下，无须再通知广钢公司对质押的应收账款进行书面确认。**

关于广钢公司向名信公司回款的问题。根据一审、二审查明的事实，广钢公司主张向名信公司履行应收账款回款义务缺乏证据证明。从广钢公司、金邦公司共同提交的转款证据看，没有相关信息显示支付的票据与质押的应收账款有关，无法确认本案质押的应收账款已经履行。**因此，民生银行武汉分行对名信公司质押的对广钢公司的应收账款享有优先受偿权。**”

案件来源

中国民生银行股份有限公司武汉分行与广州钢铁控股有限公司、深圳市核电工程建设有限公司等金融借款合同纠纷申诉、申请民事裁定书［最高人民法院（2016）最高法民申3444号］

延伸阅读

有关设立应收账款质权是否需要通知应收账款债务人的问题，以下是我们在写作中检索到与该问题相关的最高法院和部分地方法院的案例及裁判观点，以供读者参考。

1. 应收账款质权自签订书面合同并办理登记时设立，未将质押登记事项通知应收账款债权人，不能否定质押登记的效力和质权人享有的质权。

案例一：中国民生银行股份有限公司武汉分行与广州金邦有色合金有限公司、深圳市核电工程建设有限公司等金融借款合同纠纷申诉、申请民事裁定书［最高人民法院（2016）最高法民申3454号］

最高法院认为："根据《中华人民共和国物权法》第二百二十八条第一款规定'以应收账款出质的，当事人应当订立书面合同。质权自信贷征信机构办理出质登记时设立'。**因此，只要有书面合同并办理登记，质权即成立。不能因为未将质押登记事项通知应收账款债务人，就否定质押登记的效力和质押权人享有的质权。2013年4月28日，金邦公司出具的《应收账款债务人确认函》中对质押的应收账款已作明确表述，在未新设质权的情况下，无须再通知金邦公司对质押的应收账款进行书面确认。**"

2. 应收账款质权自登记时设立，但质押合同及债权人据此享有的质权能否约束应收账款债务人，还应以应收账款债权真实存在为前提。虽然银行（质权人）履行了通知义务，对应收账款债务人亦产生了法律约束力，但不能据此否认应收账款债务人对出质人所享有的抗辩权。

案例二：中国农业银行股份有限公司上海市分行与上海金源国际经贸发展有限公司、佳宝控股集团有限公司、浙江佳宝聚酯有限公司、浙江佳宝高仿真化纤有限公司应收账款质权纠纷申请再审民事裁定书［最高人民法院（2012）民申字第1019号］

最高法院认为："（二）关于佳宝集团等六公司应否受质权效力约束的问题。物权法第二百二十八条第一款规定：'以应收账款出质的，当事人应当订立书面合同。质权自信贷征信机构办理出质登记时设立。'**本案中，农行上海分行与金源公司签订应收账款质押合同后，于2009年10月10日在中国人民银行征信中心办理了应收账款质押登记。因此，根据《物权法》第二百二十八条第一款及《应收账款质押登记办法》（中国人民银行令［2007］第4号）的相关规定，农行上海分行的质权自登记时设立。2009年11月25日，农行上海分行就应收账款质押事项向佳宝集团等六公司破产管理人发出通知。**参照《合同法》第八十条第一款关于'债权人转让权利的，应当通知债务人。未经通知，该转让对债务人不发生效力'的规定，佳宝集团等六公司作为出质债权的债务人，自收到通知后，应当受质权效力的约束。但是，《合同法》第八十二条规定：'债务人接到债权转让通知后，债务人对让与人的抗辩，可以向受让人主张。'因此，**质押合同及债权人据此享有的质权能否约束或对抗出质人的债务人，还应以出质人对于其债务人确有债权真实存在为前提。**佳宝集团等六公司破产管理人在给农行上海分行的《复函》中明确：在下列条件同时具备时且在法律许可的范围内，管理人将依法指示重整后的企业按重整计划内容对金源公司实际可清偿部分金额划付贵行指定账户……。**从《复函》内容看，佳宝集团等六公司并未明确同意或认可以农行上海分行与金源公司设定的应收账款质权的数额来履行划付款的义务，具体还是以'重整计划内容对金源公司实际可清偿部分金额划付'，即其与金源公司之间的真实债务数额为依据。因此，农行上海分行与金源公司设立应收账款质权后，虽然农行上海分行履行了通知义务，对出质债权的债务人亦产生了相应的法律约束力，但不能据此否认出质债权的债务人对出质人所享有的抗辩权。**"

3. 通知债务人并不是应收账款质权设立的必要条件，致使质权人能否向应收账款债务人收取债权的条件。应收账款质押通知书的作用实际是质权人可以凭此通知直接向应收账款债务人收取债权，即当发生债务人不履行到期债务或者发生当事人约定的实现质权的情形，质权人有权就该应收账款优先受偿。

案例三：上海燃料有限公司与上海油汇实业（集团）有限公司、上海贤达燃料油有限公司、徐亚谷、上海高炼润滑油有限公司、程远金融借款合同纠纷上诉

案［上海市第二中级人民法院（2015）沪二中民六（商）终字第444号］

上海市二中院认为："第二，应收账款质押实质是以应收账款债权为质权人对出质人的债权设立担保。《中华人民共和国合同法》第八十条规定，债权人转让合同债权无须取得债务人同意，只需通知债务人即可生效。**虽然债权让与的诸多法律规定可以适用于债权出质，但通知债务人并不是债权质押设立的必要条件，只是质权人能否向出质债权的债务人收取债权的条件。即，质权人在将质押已设定的情况通知出质债权的债务人后，就有权代出质人向出质债权的债务人收取债权。**《中华人民共和国物权法》第二百二十八条第一款规定，以应收账款出质的，当事人应当订立书面合同，质权自信贷征信机构办理出质登记时设立。**应收账款出质人将应收账款为债务履行设立担保的效力，并不受是否通知应收账款债务人的限制。本案所涉贷款出质的应收账款，均签订了书面合同，且都在中国人民银行征信中心办理了应收账款质押登记，本案所涉应收账款出质均应认定为合法有效。南京银行作为质权人享有质权，其取得了债务受领人的法律地位，可以代油汇公司请求燃料公司向自己做出给付。另外，从应收账款质押通知书本身的性质看，应收账款质押通知书的作用实际是质权人可以凭此通知直接向应收账款债务人收取债权的条件，即当发生债务人不履行到期债务或者发生当事人约定的实现质权的情形，质权人有权就该应收账款优先受偿。经通知后，质权人便可以对抗出质债权的债务人，并向其指明应收账款债务的履行对象变更为质权人。**另一方面，本案所涉的2013年3月至4月、2013年8月至9月、2014年2月至3月三批次贷款对应的《应收账款质押通知书》燃料公司均盖章确认。《应收账款质押通知书》上记载了每一笔贷款对应的质押的应收账款的基础买卖合同编号、商业发票号、合同金额、发票金额、未收款及到期日，燃料公司的盖章行为应认定其对应收账款对应的包括基础交易合同信息的确认。燃料公司再以基础交易合同系伪造为由，不履行应收账款债务，本院不予支持。"

073 银行分行办理质押登记，却将总行登记成质权人，质权是否有效？

阅读提示

根据《物权法》第二百二十八条规定，"以应收账款出质的，当事人应当订立书面合同。质权自信贷征信机构办理出质登记时设立。"作为物权性质的权利，未经登记应收账款质权不能有效设立。即使登记的质权人不是开展具体业务的银行分行，而是银行总行，基于总行与分行之间的特殊关系，只要不影响质权的对外公示效果，该质权主体登记错误不影响质权有效设立。

裁判要旨

质权在征信机构办理了出质登记，即产生了公示效力，虽然登记的质权主体是银行总行，与实际的质权主体银行分行有一定出入，但后者是前者的分支机构，中国人民银行征信中心回函意见也足以说明质权主体的出入不影响应收账款质押登记的公示效力，故质权已经有效设立。

案情简介

1. 2012年10月18日，宏瑞公司与昆仑银行西安分行签订《流动资金贷款合同》，约定借款1650万元。同日，双方签订《质押合同》及《应收账款质押登记协议》，宏瑞公司以应收账款出质担保，同日办理了质押登记。

2. 二审另查明：2015年1月26日中国人民银行征信中心作出《关于应收账款质押登记效力有关事项的意见》载明：该中心提供的应收账款质押登记查询方式中，仅提供通过资金融入方（出质人）名称查询和通过登记证明编号查询两种方式，该笔登记的质权人信息填写为“昆仑银行股份有限公司”，不影响出质人应收账款已出质事实的公示和查询。

3. 一审：借款人到期未清偿全部借款本息，贷款人诉至西安市中院。法院认为尽管质权人虽然少数合同编号重复，但是质押登记手续完备，内容真实，程序合法，质权人有权对应收账款行使优先受偿权。

4. 二审：享有借款人债权的另案第三人庆泰公司提起上诉，诉称质押登记的登记主体为昆仑银行，并非昆仑银行西安分行，因此登记主体存在错误，昆仑银行西安分行不享有优先受偿权。陕西省高院认为该质权登记主体错误不影响质权的出质事实的公示和查询，因此昆仑银行有权行使优先受偿权，故判决驳回上诉，维持原判。

5. 再审：庆泰公司以相同理由向最高院申请再审，法院认为昆仑银行西安支行是昆仑银行的分支机构，质权主体的登记出入不影响应收账款质权登记的公示效力。故裁定驳回再审申请。

裁判要点及思路

本案的争议焦点是：办理应收账款质押登记时将质权人登记为银行总行，而未登记开展具体业务的银行分行，该质权是否有效设立？核心问题是，未登记开展具体业务的银行分行，该应收账款质权是否因欠缺对外公示效果而未能有效设立。最高法院认为，案涉应收账款质权已经办理了出质登记，虽然登记的质权主体与实际的质权主体存在差别，但昆仑银行西安分行是昆仑银行分支机构，且中国人民银行征信中心回函称该登记主体错误不影响应收账款已经出质的事实的公示和查询，因此该质权已有效设立。

实务要点总结

前事不忘，后事之师。我们就最高法院有关本案的判决涉及的实务要点梳理如下，以供实务参考。

1.《民法总则》第七十四条第二款规定，“分支机构以自己的名义从事民事活动，产生的民事责任由法人承担；也可以先以该分支机构管理的财产承担，不足以承担的，由法人承担。”银行分行作为较特殊的分支机构，可以以自己的名义从事民事行为，典型如与借款人签订借款合同、担保合同等，并以自己的名义承担民事责任，当分行的财产不足以承担时，由总行承担补充赔偿责任。同时，银行分行具有诉讼主体资格，能够独立起诉和应诉。

2. 应收账款质权作为物权性权利，需要一定的公示手段将该部分应收账款已经被设立质押的信息向不特定的主体公开，并提供查询通道，欠缺该等公示要件将导致质权不能有效设立。虽然本案中应收账款质权的质权人被登记为银行总行，而不是开展具体业务的分行，但该登记错误并不影响质权对外公示和不特定主体的查询，因此应认定质权已经有效设立。

相关法律规定

《商业银行法》

第十九条第一款　商业银行根据业务需要可以在中华人民共和国境内外设立分支机构。

第二十二条第二款　商业银行分支机构不具有法人资格，在总行授权范围内依法开展业务，其民事责任由总行承担。

《民事诉讼法》

第四十八条第一款 公民、法人和其他组织可以作为民事诉讼的当事人。

《民事诉讼法解释》(法释〔2015〕5号)

第五十二条 民事诉讼法第四十八条规定的其他组织是指合法成立、有一定的组织机构和财产，但又不具备法人资格的组织，包括：……（六）依法设立并领取营业执照的商业银行、政策性银行和非银行金融机构的分支机构……

《中国人民银行征信中心中征动产融资统一登记平台操作规则》(2014)

第五条 登记平台的用户分为普通用户和常用户。

机构和个人可以注册为普通用户。普通用户是仅具有查询资格的用户。

机构可以注册为常用户。常用户是具有登记和查询资格的用户。申请机构通过其住所地的征信分中心身份审查后取得用户资格。

以下是本案判决书中“本院认为”部分，最高法院就质权人登记错误是否影响该质权设立问题的论述：

最高法院认为：“二、关于质押合同是否有效的问题。第一，根据《中华人民共和国物权法》第二百二十八条的规定，以应收账款出质的，当事人应当订立书面合同，质权自信贷征信机构办理出质登记时设立。本案中，双方当事人依法订立了质押合同并办理了出质登记，质权即已依法设立。债务人宏瑞公司与合同相对人对应收账款的真实性也予以认可，即使应收账款对应的合同存在没有原件、登记编号重复等问题，也不影响质权依法有效设立。

第二，关于质权主体问题。本案质权在征信机构办理了出质登记，即产生了公示效力，虽然登记的质权主体是昆仑银行有限责任公司，与实际的质权主体昆仑银行西安分行有一定出入，但后者是前者的分支机构，中国人民银行征信中心在二审阶段的回函意见，也足以说明本案质权主体的出入不影响应收账款质押登记的公示效力。

第三，关于应收账款债权是否达到可识别程度的问题。本案中，宏瑞公司与合同相对人对于应收账款债权均予以认可，作为质权标的的应收账款债权明确、特定，虽然登记时合同编号有重复，但不影响对合同项下应收账款债权的识别，不能因此否认质押合同的效力。

第四，关于昆仑银行西安分行与宏瑞公司是否存在恶意串通的问题。本案贷款关系真实存在，双方于签订贷款合同当日签订了质押合同，并在征信机构依法办理登记，且上述行为均发生在庆泰公司起诉宏瑞公司之前，申请人主张昆仑银行西安分行与宏瑞公司之间涉嫌恶意串通，但并未提交相应证据证明。综上，申请人关于质押合同无效，质权未设立的申请理由不能成立。”

案件来源

陕西庆泰商贸有限公司、昆仑银行股份有限公司西安分行与昆仑银行股份有限公司西安分行、宝鸡市宏瑞工贸有限责任公司等金融借款合同纠纷申请再审民事裁定书［最高人民法院（2015）民申字第2387号］；陕西庆泰商贸有限公司与昆仑银行股份有限公司西安分行、宝鸡市宏瑞工贸有限责任公司、王某金融借款合同纠纷二审民事判决书［陕西省高级人民法院（2014）陕民二终字第00115号］

延伸阅读

有关银行分行的主体资格问题，以下是我们在写作中检索到与该问题相关的最高法院案例及裁判观点，以供读者参考。

1. 银行分行虽领取了营业执照，但不具备法人资格，相关民事责任应当由银行法人承担。

案例一：金融借款合同纠纷、申请承认与执行法院判决、仲裁裁决案件执行裁定书［最高人民法院（2015）执复字第53号］

最高法院认为：“首先，根据《中华人民共和国商业银行法》第二十一条、第二十二条的规定，眉山分行虽已领取了营业执照，但并不具备法人资格，属于乐山商业银行的分支机构，相关民事责任应由乐山商业银行承担。而且，乐山商业银行对眉山分行实行统一核算，统一调度资金，分级管理的财务制度，眉山分行与客户签订《银行承兑协议》后，案涉十三个账户在乐山商业银行设立，由其统一管理，乐山商业银行对其分支机构涉及的执行问题，针对执行法院对该行保证金账户的冻结、扣划措施，以自己的名义向执行法院提出异议，具备主体资格，并无不妥。”

2. 银行分行具备诉讼主体资格，能够起诉并应诉。

案例二：吉林环城农村商业银行股份有限公司、恒丰银行股份有限公司青岛分行合同纠纷二审民事判决书［最高人民法院（2017）最高法民终965号］

最高法院认为：“此外，根据《最高人民法院关于适用〈中华人民共和国民事诉讼法〉的解释》第五十二条关于‘民事诉讼法第四十八条规定的其他组织是指合法成立、有一定的组织机构和财产，但又不具备法人资格的组织，包括：……（六）依法设立并领取营业执照的商业银行、政策性银行和非银行金融机构的分支机构’的规定，**恒丰银行青岛分行具备诉讼主体资格**，恒丰银行非涉案《银行承兑汇票转贴现合同》的当事人，环城农商行也无证据证明恒丰银行应当承担责任，故对于环城农商行要求恒丰银行承担连带责任的主张，不予支持。”

3. 银行分行经有关部门核准登记并领取营业执照，虽不具备法人资格，但仍具备合同的主体资格。

案例三：中国有色金属工业财务公司与株式会社富士银行大连分行借款合同纠纷上诉案［最高人民法院（1999）经终字第 264 号］

最高法院认为：“富士银行大连分行系外国银行在中国的分支机构，已经有关部门核准登记并领取了营业执照，虽然不具备中国法人资格，但仍具备本案借款合同的主体资格。富士银行大连分行依照借款合同的约定划出款项，从而履行了贷款方所应承担的义务，因此，本案借款合同的履行地在大连。上诉人财务公司认为被上诉人属外国银行分支机构、不具备独立法人资格，本案借款合同的履行地不应按照最高人民法院的批复来确定，因此，本案借款合同的履行地不在大连。该上诉理由缺乏事实及法律依据，本院不予支持。原审法院根据最高人民法院法复（1993）10 号批复确定本案借款合同的履行地并无不当，应予维持。”

074 特许经营权的收益权可以质押，以应收账款进行出质登记

阅读提示

现代商业社会的发展正在不断地扩展民商事权益的范围，《物权法》第二百二十三条规定应收账款可以设立质押，但应当注意是，应收账款是一个财务会计操作方式，并不是一个特定的法律概念，理论上相当数量的法律关系和法律事实都可以产生应收账款。《应收账款质押登记办法》第二条以不完全列举的方式规定了四大类的可以产生应收账款的情形，其中第（三）项规定“能源、交通运输、水利、环境保护、市政工程等基础设施和公用事业项目收益权”可以设立应收账款质押，这就为现实广泛存在的特许经营权收益权出质的合法性提供了直接的法律依据和操作规范。

裁判要旨

特许经营权的收益权可以质押，并可作为应收账款进行出质登记。特许经营权的收益权依其性质不宜折价、拍卖或变卖，质权人主张行使优先受偿权的，法

院可以判令出质人将特许经营权收益权产生的应收账款优先支付质权人。

案情简介

1. 2003年，长乐市建设局为让与方、福州市政公司为受让方、长乐市财政局作为见证方，三方签订《长乐市城区污水处理厂特许建设经营合同》，授予福州市政公司污水处理厂项目特许权。2004年10月22日，亚新公司成立，作为福州市政公司为履行《污水处理厂特许建设经营合同》的项目公司。

2. 2005年3月24日，福州商业银行五一支行与亚新公司签订《单位借款合同》，借款3000万元，福州市政公司为借款承担连带责任保证。

3. 同日，福州商业银行五一支行与亚新公司、福州市政公司、长乐市建设局共同签订《特许经营权质押担保协议》，约定：福州市政公司以污水处理厂特许经营权为亚新公司借款提供质押担保，长乐市建设局同意该担保；福州市政公司同意将特许经营权收益优先用于清偿借款合同项下的债务，长乐市建设局和福州市政公司同意将污水处理费优先用于清偿借款合同项下债务；福州商业银行五一支行未受清偿的，有权依法通过拍卖等方式实现质押权利等。

4. 福州商业银行五一支行依约向亚新公司发放贷款3000万元，亚新公司于2007年10月21日起未依约按期足额还本付息。

5. 一审：原告五一支行起诉被告亚新公司、福州市政公司，请求亚新公司偿还借款，福州市政公司承担连带偿还责任，并请求将在特许经营权上设定的质权拍卖变价，并对所得价款及污水处理费优先受偿。福州市中院判决亚新公司应还款，福州市政公司承担连带偿还责任，五一支行对污水处理费享有优先受偿权，但驳回将特许经营权变价的诉请。

6. 二审：原被告均不服一审判决提起上诉，福建省高院驳回上诉，维持原判。

裁判要点及思路

本案的争议焦点有三个：1. 特许经营权能否出质？ 2. 特许经营权质权如何公示？ 3. 特许经营权的收益权的质权如何实现？福建省高院针对三个争议焦点的论述如下：

1. 污水处理项目特许经营权包含经营维护的义务和获得收益的权利，前者不可转让，因此特许经营权出质实际上是在收益权上设立质押。因污水处理项目收益权系基于提供污水处理服务而产生的将来金钱债权，依其性质可纳入可出质的

“应收账款”的范畴，故特许经营权可以设立质押。

2. 因案涉质权设立于2005年，《物权法》尚未施行，并无统一的应收账款质押制度，故参照当时公路收费权质押登记的规定，由其主管部门进行备案登记，该权利即具备物权公示的效果。**在《物权法》施行后，因收益权已纳入“应收账款”范畴，故应当在中国人民银行征信中心的应收账款质押登记公示系统进行出质登记，质权才能依法成立。**

3. 特许经营项目的收益权属于将来金钱债权，质权人可请求法院判令直接向出质人的债务人收取金钱并对该金钱行使优先受偿权，无须采取折价或拍卖、变卖之方式。特许经营权收益权附有一定负担，其经营主体具有特定性，依其性质亦不宜拍卖、变卖，因此不宜允许质权人将质物拍卖、变卖行使优先受偿权。

实务要点总结

前事不忘，后事之师。我们就法院有关本案的判决涉及的实务要点梳理如下，以供实务参考。

1. **特许经营权出质的实质是以该经营权的收益权设立质押，收益权表现为一种将来的、可实现的一般金钱债权，通过经营者的经营和服务产生的固定的、可预期的金钱收益，因此特许经营权收益权质押的性质实质上是一种应收账款质押，应适用《物权法》《应收账款质押登记办法》的一般性规定。**

2. 基于应收账款质权设立的一般要求，设立特许经营权的收益权质押的，出质人和债权人应当订立书面的质押合同，并至中国人民银行征信中心办理质押登记，质权从登记之日起生效。

3. 特许经营权的收益权质权作为一种担保物权属性的权利，从理论上讲，基于担保物权的一般属性，当债务人到期无法清偿主债务时，债权人有权将质押物或质押权利拍卖、变卖，并对拍卖款、变卖款享有优先受偿权。但从特许经营权的性质来看，该特许权的授予是与特定的经营主体相关联的，一般均会要求该主体拥有特定的经营能力或者资质等级，同时该特许经营权还可能涉及社会公共利益。**因此，能否将该特许经营权的收益权拍卖或者变价应当考虑两个基本因素：第一，拍卖变卖后是否有同样或者超出原经营主体运营能力和资质的主体承继该权利，该因素涉及可参与竞拍、竞买的主体范围限定；第二，拍卖变卖后是否有碍于一般性社会服务的实现，该因素涉及社会公共利益的判断。基于这两点，就案涉的污水处理特许经营权而言，最高法院认为该权利不适宜拍卖、变卖，债权**

人的优先受偿权仅限于运营该项目产生的金钱收益，具体到本案中就是污水处理的收费。

相关法律法规

《物权法》

第二百二十三条　债务人或者第三人有权处分的下列权利可以出质：

（一）汇票、支票、本票；

（二）债券、存款单；

（三）仓单、提单；

（四）可以转让的基金份额、股权；

（五）可以转让的注册商标专用权、专利权、著作权等知识产权中的财产权；

（六）应收账款；

（七）法律、行政法规规定可以出质的其他财产权利

第二百二十八条　以应收账款出质的，当事人应当订立书面合同。质权自信贷征信机构办理出质登记时设立。

应收账款出质后，不得转让，但经出质人与质权人协商同意的除外。出质人转让应收账款所得的价款，应当向质权人提前清偿债务或者提存。

《应收账款质押登记办法》（2017 修订）（中国人民银行令〔2017〕第 3 号）

第二条　本办法所称应收账款是指权利人因提供一定的货物、服务或设施而获得的要求义务人付款的权利以及依法享有的其他付款请求权，包括现有的和未来的金钱债权，但不包括因票据或其他有价证券而产生的付款请求权，以及法律、行政法规禁止转让的付款请求权。

本办法所称的应收账款包括下列权利：

（一）销售、出租产生的债权，包括销售货物，供应水、电、气、暖，知识产权的许可使用，出租动产或不动产等；

（二）提供医疗、教育、旅游等服务或劳务产生的债权；

（三）能源、交通运输、水利、环境保护、市政工程等基础设施和公用事业项目收益权；

（四）提供贷款或其他信用活动产生的债权；

（五）其他以合同为基础的具有金钱给付内容的债权。

第四条　中国人民银行征信中心（以下简称征信中心）是应收账款质押的登

记机构。

征信中心建立基于互联网的登记公示系统（以下简称登记公示系统），办理应收账款质押登记，并为社会公众提供查询服务。

以下是本案判决书中“本院认为”部分，福建省高院就特许经营权质押问题的论述：

福建省高院认为：“本案争议焦点主要涉及污水处理项目特许经营权质押是否有效以及该质权如何实现问题。

一、关于污水处理项目特许经营权能否出质问题。污水处理项目特许经营权是对污水处理厂进行运营和维护，并获得相应收益的权利。污水处理厂的运营和维护，属于经营者的义务，而其收益权，则属于经营者的权利。由于对污水处理厂的运营和维护，并不属于可转让的财产权利，故讼争的污水处理项目特许经营权质押，实质上系污水处理项目收益权的质押。

关于污水处理项目等特许经营的收益权能否出质问题，应当考虑以下方面：其一，本案讼争污水处理项目《特许经营权质押担保协议》签订于2005年，尽管当时法律、行政法规及相关司法解释并未规定污水处理项目收益权可质押，但污水处理项目收益权与公路收益权性质上相类似。《最高人民法院关于适用〈中华人民共和国担保法〉若干问题的解释》第九十七条规定，‘以公路桥梁、公路隧道或者公路渡口等不动产收益权出质的，按照《担保法》第七十五条第（四）项的规定处理’，明确公路收益权属于依法可质押的其他权利，与其类似的污水处理收益权亦应允许出质。其二，国务院办公厅2001年9月29日转发的《国务院西部开发办〈关于西部大开发若干政策措施的实施意见〉》（国办发〔2001〕73号）中提出，‘对具有一定还贷能力的水利开发项目和城市环保项目（如城市污水处理和垃圾处理等），探索逐步开办以项目收益权或收费权为质押发放贷款的业务’，首次明确可试行将污水处理项目的收益权进行质押。其三，污水处理项目收益权虽系将来金钱债权，但其行使期间及收益金额均可确定，其属于确定的财产权利。其**四，在《中华人民共和国物权法》（以下简称《物权法》）颁布实施后，因污水处理项目收益权系基于提供污水处理服务而产生的将来金钱债权，依其性质亦可纳入依法可出质的‘应收账款’的范畴。因此，讼争污水处理项目收益权作为特定化的财产权利，可以允许其出质。**

二、关于污水处理项目收益权质权的公示问题。对于污水处理项目收益权的质权公示问题，在《物权法》自2007年10月1日起施行后，因收益权已纳入该法第二百二十三条第六项的‘应收账款’范畴，故应当在中国人民银行征信中心

的应收账款质押登记公示系统进行出质登记，质权才能依法成立。由于本案的质押担保协议签订于2005年，在《物权法》施行之前，故不适用《物权法》关于应收账款的统一登记制度。**因当时并未有统一的登记公示的规定，故参照当时公路收费权质押登记的规定，由其主管部门进行备案登记，有关利害关系人可通过其主管部门了解该收益权是否存在质押之情况，该权利即具备物权公示的效果。**

本案中，长乐市建设局在《特许经营权质押担保协议》上盖章，且协议第七条明确约定'长乐市建设局同意为原告和福州市政公司办理质押登记出质登记手续'，故可认定讼争污水处理项目的主管部门已知晓并认可该权利质押情况，有关利害关系人亦可通过长乐市建设局查询了解讼争污水处理厂的有关权利质押的情况。因此，本案讼争的权利质押已具备公示之要件，质权已设立。

三、关于污水处理项目收益权的质权实现方式问题。我国担保法和物权法均未具体规定权利质权的具体实现方式，仅就质权的实现作出一般性的规定，即质权人在行使质权时，可与出质人协议以质押财产折价，或就拍卖、变卖质押财产所得的价款优先受偿。但污水处理项目收益权属于将来金钱债权，质权人可请求法院判令其直接向出质人的债务人收取金钱并对该金钱行使优先受偿权，故无须采取折价或拍卖、变卖之方式。况且收益权均附有一定之负担，且其经营主体具有特定性，故依其性质亦不宜拍卖、变卖。因此，原告请求将《特许经营权质押担保协议》项下的质物予以拍卖、变卖并行使优先受偿权，不予支持。

根据协议约定，原告海峡银行五一支行有权直接向长乐市建设局收取污水处理服务费，并对所收取的污水处理服务费行使优先受偿权。由于被告仍应依约对污水处理厂进行正常运营和维护，若无法正常运营，则将影响到长乐市城区污水的处理，亦将影响原告对污水处理费的收取，故原告在向长乐市建设局收取污水处理服务费时，应当合理行使权利，为被告预留经营污水处理厂的必要合理费用。"

案件来源

最高人民法院指导案例53号：福建海峡银行股份有限公司福州五一支行诉长乐亚新污水处理有限公司、福州市政工程有限公司金融借款合同纠纷案［福建省高级人民法院（2013）闽民终字第870号］

延伸阅读

有关特许经营权质押的问题，以下是我们在写作中检索到与该问题相关的部

分省高院法院案例及裁判观点，以供读者参考。

1. 特许经营权可基于服务产生将来的金钱债权，其性质可纳入应收账款的范畴，故可设立权利质押。

案例一：上诉人中国工商银行股份有限公司桑植支行因与被上诉人桑植裕轮远航燃气工程有限公司、原审被告重庆市中宝投资（集团）股份有限公司等金融借款合同纠纷二审民事判决书［湖南省高级人民法院（2016）湘民终 324 号］

湖南省高院认为:“本案二审争议的焦点问题是桑植支行能否就桑植燃气公司享有的桑植县县城管道天然气 30 年特许经营权享有优先受偿权。

首先，关于涉案特许经营权能否出质的问题。因燃气特许经营权是指特许经营权人以管道输送形式向用户供应天然气，提供相关管道燃气设施的维护、运行、抢修、抢险业务服务，并获得相应收益的权利。前者并不属于可转让的财产权利，后者是基于提供相关服务产生的将来金钱债权，其性质可纳入‘应收账款’范畴。根据《中华人民共和国物权法》第二百二十三条之规定，债务人或者第三人有权处分的应收账款可以出质。故诉争的管道天然气特许经营权的收益权即应收账款可以出质。本案中，桑植支行与桑植燃气公司签订质押合同，约定以桑植县县城城市管道天然气特许经营权的质押，实质上是对该燃气项目收益权即应收账款的质押。桑植支行提出特许经营权与经营收费权不能分离，原审法院仅判决其对涉案特许经营权的收费权享有优先受偿权不当的上诉理由不能成立，本院不予支持。桑植燃气公司在答辩中提出涉案特许经营权不能质押，本案质押合同无效的理由亦不能成立，本院依法予以驳回。桑植燃气公司还提出本案质押登记的时间在人民法院受理桑植燃气公司破产申请一年内应归于无效，因本案质押合同的签订日期在 2011 年 1 月 17 日，不属于破产法规定的人民法院受理破产申请前一年内债务人对没有财产担保的债务提供财产担保的情形，故其主张该质押登记无效没有法律依据，本院不予采信。

其次，桑植支行对涉案管道天然气质押的应收账款在何期限内享有优先受偿权。2011 年 1 月 17 日，桑植支行与桑植燃气公司签订《质押合同》，明确约定质押物为桑植燃气公司所有的桑植县县城管道天然气 30 年特许经营权（自 2005 年 4 月 12 日起 30 年）。2015 年 3 月 5 日，双方在中国人民银行征信中心办理了应收账款质押登记手续，登记期限为 5 年。根据《中华人民共和国物权法》第二百二十八条之规定，以应收账款出质的，当事人应当订立书面合同。质权自信贷征信机构办理出质登记时设立。故桑植支行主张的本案质押权自登记时已经设立。《应收账款质押登记办法》第十二条规定，质权人应根据主债权履行期限合理确定登记期限。登记期限最短6个月，超过6个月的，按年计算，最长不超过30年。因登记期限是应收账款质押权有效存续的期间，并非应收账款的质押范围。应收账款的质押范围应是指质权人主张优先权的标的范围，即质权人对何种期间的应收账款行使优先受偿权的问题。原审法院以登记期限为限仅支持桑植支行在5年的登记期限内享有优先受偿权不当，本院依法予以纠正。**本案中，桑植支行与桑植燃气公司签订了《质押合同》明确约定以桑植县城城市燃气30年特许经营权作为质押，并于2015年3月5日办理质押登记手续，故桑植支行对桑植燃气公司管道天然气特许经营权的收费权自2015年3月5日至2035年4月11日期间的应收账款享有优先受偿权，该优先受偿权行使的前提是桑植支行应到相应登记机关办理该应收账款的登记手续及展期登记手续。**”

第七章 与利息、复利有关的法律问题

075 银行对借款人未按时支付的利息可以计收复利

阅读提示

实务中，银行为了确保借款能够按期收回，督促借款人按期还款，同时也为了防止借款人逾期偿还本息给银行增加损失，一般都会在借款合同中约定对未按期归还的利息计收复利。

中国人民银行在《人民币利率管理规定》和《关于人民币贷款利率有关问题的通知》中都明确规定银行可以对借款利息计收复利，因此复利是法律明确允许的利率计算形式之一。银行和借款人在借款合同中约定对借款利息计收复利的，只要符合双方真实的意思表示，应当予以保护和支持。

裁判要旨

复利属于法律规定的利率计算形式，银行可以对借款人不能按时支付的利息计收复利。当事人在借款合同中约定“对未按时支付的利息，按合同约定的借款逾期罚息利率计收复利”，是当事人的真实意思表示，符合相关法律规定，应当予以保护。

案情简介

1. 2013 年 6 月 6 日，兴业银行天津分行与万特公司及西部证券股份有限公司签订《委托贷款借款合同》，约定西部证券股份有限公司委托兴业银行天津分行向万特公司发放借款人民币 2.5 亿元，合同约定：借款期限 120 个月，借款本金分 20 期偿还，每半年偿还 1250 万元。以借款借据所记载的实际放款日为借款发放日起算，借款利率执行年利率 9.3%，每季末月 20 日为结息日，结息日次日支付当期利息；**借款人未按期还款的，兴业银行天津分行有权对逾期借款计收罚息，罚息**

利率为借款利率上浮50%，即年利率13.95%，未按时支付的利息，兴业银行天津分行有权按逾期罚息利率计收复利。

2. 2013年7月10日，西部证券股份有限公司将人民币2.5亿元转入万特公司的账户。万特公司收到上述款项后如约偿还了前两期本金及相应利息，后续本金及相应的利息均未偿还。

3. 2015年1月9日，原告兴业银行天津分行起诉被告万特公司，请求偿还借款本金，并支付利息、罚息和复利。

4. 一审：天津高院认定案涉借款合同合法有效，判决被告万特公司应当偿还借款本金，并按合同约定支付利息、罚息和复利。

5. 二审：被告万特公司不服一审判决，提起上诉。称对未按期归还的本金计收罚息后，不应再计收复利。最高法院判决驳回上诉，维持原判。

裁判要点及思路

最高法院认为本案的争议焦点是，是否应对借款人万特公司未按时支付的利息计收复利。根据中国人民银行发布的《人民币利率管理规定》第二十条、二十五条，以及《中国人民银行关于人民币贷款利率有关问题的通知》第三条的规定，金融机构可以对借款人不能按时归还的利息计收复利，复利属于法律明确规定的利率计算形式。**本案双方当事人在借款合同中约定了借期利息和逾期罚息的计算标准，且明确了“对未按时支付的利息，按合同约定的借款逾期罚息计收复利”。上述约定符合中国人民银行发布的关于复利的相关规定，不违反公平原则，符合双方真实的意思表示，因此法院认定借款人万特公司应当按约向银行支付复利。**

实务要点总结

前事不忘，后事之师。我们就本案最高法院的判决所涉及的实务要点梳理如下，以供实务参考。

1. 复利，通俗地讲是利息的利息，是以利息为基数计收的利息，具体来说是银行针对借款人欠付的利息计收的利息。**计算复利的方法，是在每经过一个计息期后将所生的利息计入本金，以计算下期利息；每一个计息期，上一个计息期的利息都将成为生息的本金。**实务中，银行一般都会在借款合同中规定对借款人未按时支付的利息收取复利，中国人民银行也明确规定了银行可以计收复利。因此，只要合同有关欠付利息计收复利的约定符合当事人真实的意思表示，不违反公平原则，应当认定相关条款合法有效。

2. 以贷款到期日为分界，可分为贷款期内的复利和贷款逾期后的复利。中国人民银行根据上述分类，规定了不同的复利计算利率。**对贷款期内（合同约定的借款期限）不能按时支付的利息依照贷款借期内的正常利率计收复利，贷款逾期后借款人还是未能按时支付利息的，依照逾期罚息计收复利。**实务中，银行一般会在借款合同中约定借期内的正常利率。针对逾期罚息，中国人民银行规定逾期罚息应为“在借款合同载明的贷款利率水平上加收30%—50%”，即借期内正常利率*130%或150%。

3. **尽管中国人民银行发布的行政规章规定了以借期内正常利率上浮30%—50%即为逾期罚息的方法，但应当认定该条仅是对银行的指导性规定，只在当事人没有明确约定逾期罚息为前提才去援用，并不具有强制性。**如果银行明确约定贷款期限内和逾期后未支付利息计收复利的利率均采用相同的计算标准，应当认为银行和借款人以合同约定的方式排除了中国人民银行的指导性规定，该条款合法有效，并应依照当事人的约定利率计收复利。

4. **贷款逾期后计算逾期利息的基数应当包括借期内未按时支付的利息的复利。**依照前述的复利计算方法，之前计息期所生的利息应当计入下期利息的计算基数，即以贷款到期日为结息日，该计息期内的利息数额应包括本金的利息和利息产生的复利（依照正常借期内利率计算的复利）。因此，贷款逾期后将期内的复利作为计息基数符合行业内通行的做法，银行和借款人不可不察。

相关法律法规

《中国人民银行人民币利率管理规定》[银发（1999）77号]

第二十条 短期贷款（期限在一年以下，含一年），按贷款合同签定日的相应档次的法定贷款利率计息。贷款合同期内，遇利率调整不分段计息。

短期贷款按季结息的，每季度末月的二十日为结息日；按月结息的，每月的二十日为结息日。具体结息方式由借贷双方协商确定。对贷款期内不能按期支付的利息按贷款合同利率按季或按月计收复利，贷款逾期后改按罚息利率计收复利。最后一笔贷款清偿时，利随本清。

第二十一条 中长期贷款（期限在一年以上）利率实行一年一定。贷款（包括贷款合同生效日起一年内应分笔拨付的所有资金）根据贷款合同确定的期限，按贷款合同生效日相应档次的法定贷款利率计息，每满一年后（分笔拨付的以第一笔贷款的发放日为准），再按当时相应档次的法定贷款利率确定下一年度利率。中长期贷款按季结息，每季度末月二十日为结息日。对贷款期内不能按期支付的利息按合同利率按季计收复利，贷款逾期后改按罚息利率计收复利。

第二十五条　逾期贷款或挤占挪用贷款，从逾期或挤占挪用之日起，按罚息利率计收罚息，直到清偿本息为止，遇罚息利率调整分段计息。对贷款逾期或挪用期间不能按期支付的利息按罚息利率按季（短期贷款也可按月）计收复利。如同一笔贷款既逾期又挤占挪用，应择其重，不能并处。

《中国人民银行关于人民币贷款利率有关问题的通知》[银发（2003）251 号]

三、关于罚息利率问题。逾期贷款（借款人未按合同约定日期还款的借款）罚息利率由现行按日万分之二点一计收利息，改为在借款合同载明的贷款利率水平上加收 30%—50%；借款人未按合同约定用途使用借款的罚息利率，由现行按日万分之五计收利息，改为在借款合同载明的贷款利率水平上加收 50%—100%。

对逾期或未按合同约定用途使用借款的贷款，从逾期或未按合同约定用途使用贷款之日起，按罚息利率计收利息，直至清偿本息为止。对不能按时支付的利息，按罚息利率计收复利。

以下是本案判决书中“本院认为”部分，最高法院就银行能否就未按时支付的利息计收复利问题的论述：

最高法院认为：“本院认为，根据双方当事人的上诉、答辩意见，本案二审的争议焦点为：**兴业银行天津分行应否对万特公司未按时支付的利息计收复利，**2014 年 9 月 21 日至 2014 年 12 月 25 日期间的利息数额是多少。

根据中国人民银行颁布的《人民币利率管理规定》[银发（1999）77 号] 第三条关于‘中国人民银行是经国务院授权的利率主管机关，代表国家依法行使利率管理权，其他任何单位和个人不得干预’的规定以及第四条关于‘中国人民银行制定的各种利率是法定利率。法定利率具有法律效力，其他任何单位和个人均无权变动’的规定，中国人民银行代表国家依法行使利率管理权，其制定的各种利率是法定利率。关于复利，上述《人民币利率管理规定》第二十五条规定：‘逾期贷款或挤占挪用贷款，从逾期或挤占挪用之日起，按罚息利率计收罚息，直到清偿本息为止，遇罚息利率调整分段计息。对贷款逾期或挪用期间不能按期支付的利息按罚息利率按季（短期贷款也可按月）计收复利……’2004 年 1 月 1 日实施的《中国人民银行关于人民币贷款利率有关问题的通知》[银发（2003）251 号] 第三条也明确规定：‘逾期贷款（借款人未按合同约定日期还款的借款）罚息利率为在借款合同载明的贷款利率水平上加收 30%—50%；对逾期贷款，从逾期之日起，按罚息利率计收利息，直至清偿本息为止。对不能按时支付的利息，按罚息利率计收复利。’**据此，中国人民银行发布的行政规章及规范性文件均明确规定金融机构对于借款人不能按时支付的利息可以计收复利，复利属于法律规定的利率计算形式之一。本案中，双方当事人在《委托贷款借款合同》第五条中亦明确约定了复利，该条约定：合同期内借款利率执行固定利率年9.3%，借款期间不因国家基准利率的调整而调整；未按期还款的，罚息利率为借款利率上浮50%；对未按时支付的利息，按合同约定的借款逾期罚息利率计收复利。上述约定是双方当事人的真实意思表示，亦符合中国人民银行颁布的《人民币利率管理规定》以及《中国人民银行关于人民币贷款利率有关问题的通知》关于复利的相关规定，并不违反公平原则，应当予以保护。**故原审判决支持兴业银行天津分行主张万特公司支付复利的诉讼请求，有合法依据，亦符合当事人的真实意思表示，并无不当，应予维持。万特公司上诉所提本案计收复利缺乏法律依据且违反公平原则的主张，理据不足，本院不予支持。

关于2014年9月21日至2014年12月25日期间的利息，兴业银行天津分行主张的数额是5 594 746.96元，包括借款期内利息、逾期罚息以及复利，该数额亦是原审判决认定的数额。万特公司对此提出上诉，认为计算错误，应当是3 125 715元，并提供了计算明细。对比双方提供的计算明细，兴业银行天津分行关于利息、罚息及复利的计算符合中国人民银行的前述规定以及双方的合同约定，而万特公司仅以当期应还的本金数额1250万元而非未归还的贷款数额2.25亿元作为计息基数，显然不妥。故原审法院依据兴业银行天津分行的计息方式认定2014年9月21日至2014年12月25日的利息数额为5 594 746.96元，并无不当，应予维持；万特公司主张的计息方式以及利息数额缺乏事实和法律依据，本院不予支持。”

案件来源

兴业银行股份有限公司天津分行与天津市万特商贸有限公司金融借款合同纠纷案［最高人民法院（2015）民二终字第179号］

延伸阅读

有关银行和借款人能否约定对欠付利息计收复利的问题，以下是我们在写作中检索到与该问题相关的最高法院案例及裁判观点，以供读者参考。

1. 计收复利时，应当将计息期所生的利息均计入下期利息的计算基数，即以

贷款到期日为结息日，该计息期内的“利息”数额既包括本金的利息亦包括利息产生的复利。

案例一：上海豫园大酒店有限公司、中建投信托有限责任公司金融借款合同纠纷上诉案［最高人民法院（2016）最高法民终 708 号］

最高法院认为：“一、一审判决第二项关于逾期利息 2 749 993.14 元的计算是否有误。

二审审理中，经核对，豫园公司明确对此项的异议为：2014 年 12 月 21 日至 2015 年 2 月 25 日未按期支付的利息产生的复利为 894 315.64 元，2015 年 2 月 25 日至 2015 年 3 月 21 日未按期支付的利息产生的复利为 312 939.02 元，中建投公司在计算复利时将上述两笔复利计入 2015 年 3 月 21 日至 2015 年 5 月 15 日未按期支付利息计算复利的基数，计算错误，应从一审判决第二项逾期利息 2 749 993.14 元中予以扣除。对此，本院认为，一审判决第二项“逾期利息”2 749 993.14 元应为中建投公司起诉主张的贷款期内未按期支付利息的复利。中国人民银行颁布的《人民币利率管理规定》第二十一条规定，对贷款期内不能按期支付的利息按合同利率按季计收复利，贷款逾期后改按罚息利率计收复利。案涉《信托资金贷款合同》第十二条第 5 项约定，对豫园公司在贷款期内不能按期支付的利息，中建投公司有权按 18.4% 的年利率计收复利。案涉《信托资金贷款合同》第四条第 1 项约定，贷款利息‘根据实际贷款天数计算，每个季度末月的 20 日结息，结息日为付息日’。**‘复利’指在每经过一个计息期后将所生利息加入本金，以计算下期的利息；在每一个计息期，上一计息期的利息都将成为生息的本金。由此，中建投公司按季结息、并将之前计息期所生的利息计入下期利息的计算基数，符合‘复利’应有的计收方式，亦符合双方约定。**豫园公司此项上诉理由不成立，本院不予支持。

二、贷款逾期后计算逾期利息的基数，是否应包括期内未按期支付的利息的复利

豫园公司上诉主张贷款逾期利息计算的基数不应包括期内利息的复利。对此，本院认为，中国人民银行颁布的《人民币利率管理规定》第二十一条规定，对贷款期内不能按期支付的利息按合同利率按季计收复利，贷款逾期后改按罚息利率计收复利。案涉《信托资金贷款合同》第十二条第 5 项约定，对豫园公司在贷款期内不能按期支付的利息，中建投公司有权按 18.4% 的年利率计收复利。即案涉合同中就贷款期内不能按期支付利息的复利利率及逾期后计收复利的罚息利率均约定为年利率 18.4%，且关于贷款期内不能按期支付的利息的计息方式均明确为计收‘复利’。**依据前述‘复利’计收方式的分析，之前计息期所生的利息均须计入下期利息的计算基数，即以贷款到期日为结息日，该计息期内的‘利息’数额即包括本金的利息亦包括利息产生的复利，故在贷款逾期后将期内的复利作为计息基数符合行业内通行的复利计收方式及双方的约定。”**

2. 借款合同约定了每一期结息的具体方式和时间，应当认定合同就复利收取问题进行了约定，借款人主张复利收取标准无法适用，不予支持。

案例二：中国农业银行股份有限公司深圳市分行与深圳市中技实业（集团）有限公司、深圳市中技科技发展有限公司金融借款合同纠纷上诉案［最高人民法院（2014）民二终字第 125 号］

最高法院认为：“《借款合同》约定对应付未付的利息依据中国人民银行的规定计收复利，所以农行深圳分行要求中技科技公司支付相应复利，具有事实依据。农行深圳分行提前收回借款的情形下《借款合同》并未排除其收取相应复利的权利。所以，中技实业公司主张农行深圳分行因提前收回借款故不能收取复利，难以成立，对其主张本院不予支持。**在复利收取方面，因《借款合同》约定该合同项下借款按月结息，结息日为每月的 20 日，中技科技公司须于每一结息日当日付息。据此，应当认为《借款合同》就复利收取问题进行了约定。中技实业公司主张《借款合同》中的复利标准无法适用，缺乏事实基础，对其主张本院不予支持。**因广东高院制定的有关解答意见与本案无关，故中技实业公司以该解答意见来否定《借款合同》中复利的适用，本院不予考虑。”

076 银行和借款人没有约定的，逾期利息不能计收复利

阅读提示

“复利”和“逾期利息”是银行比较常用的两种对借款人逾期还款行为的惩罚措施，一般约定在借款合同的违约责任部分。通俗的说，复利是指对借款人未按期支付的利息收取的利息，计算的方式是每经过一个计息期后将所生的利息计入本金，以计算下期利息。逾期利息则是对借款人逾期未还的本金收取的利息。

那么同样是利息，逾期利息能不能计收复利呢？**根据最高法院的裁判观点，现行法中找不到可以对逾期利息计收复利的直接依据，但也并没有直接的法律依据禁止对逾期利息收取复利。若银行和借款人在合同中有明确约定，只要该约定符合双方当事人真实的意思表示，不违反法律的强制性规定，应当认定合法有效。**

裁判要旨

对逾期利息计收复利没有法律依据。逾期利息本质上是一种违约责任的承担方式，已经体现了对逾期还款行为的惩罚性，如银行和借款人事先未明确约定对逾期利息计收复利，银行主张应当收取的，不予支持。

案情简介

1. 2002 年 8 月 21 日，农行和平支行与假日公司签订《借款合同》。合同约定，本合同项下的借款按季结息，结息日为每季末的 20 日；合同第五条第 3 项约定，借款人不按本合同约定的期限归还贷款本金的，**贷款人有权对逾期贷款根据逾期天数按日利率万分之贰点一计收逾期利息；对应付未付的利息，按中国人民银行规定计收复利（年利率为 7.56%）**。

2. 2002 年 8 月 23 日，农行和平支行向假日公司发放贷款 2 亿元。假日公司收到上述借款后仅偿还部分借款利息，至 2006 年 6 月 20 日，假日公司共计欠付利息 1 923 524.06 元。截至该日后假日公司再未向农行和平支行偿还贷款本金及利息。2007 年 7 月 30 日至 2013 年 4 月 19 日期间，农行和平支行向假日公司多次发送《债务逾期催收通知书》，假日公司均予以盖章签收。

3. 一审：原告农行和平支行起诉被告假日公司，要求支付欠款本金、利息、逾期利息以及复利。辽宁省高院判决被告假日公司应当返还借款本金、利息及复利、逾期利息，对原告主张的逾期利息应计收复利的主张不予支持。

4. 二审：原告不服一审判决，提起上诉。诉请法院判决被告支付逾期利息的复利。最高法院判决驳回上诉，维持原判。

裁判要点及思路

最高法院认为本案的争议焦点是：逾期利息是否可以计收复利。

1. 从法律规定的角度，不论是从中国人民银行发布的《人民币利率管理规定》还是《人民币贷款利率有关问题的通知》，仅规定了银行对借款人未按时支付的正常利息可以计收复利，对逾期利息计收复利没有法律依据。

2. 从银行与借款人的约定来看，“复利”和“逾期利息”均被约定在借款合同的“违约责任”部分，即双方当事人在订立合同时将“复利”和“逾期利息”作为两种并列的对借款人逾期还款违约行为的惩罚措施。同时，双方约定“对应付未付的利息，按中国人民银行规定计收复利”中的“应付未付的利息”也未明确是正常利息还是逾期利息，因此从有利于借款人的角度解释该格式条款，应认定银行和借款人对逾期利息计收复利并未做出明确约定。

3. 从复利和逾期利息的性质上看，都是对借款人逾期还款行为的惩罚措施。本案借款合同约定借款人逾期还款的，根据逾期天数按照日万分之二点一计收逾期利息，已经高于《借款合同》约定的正常利率标准。因此，收取逾期利息已经体现了对借款人假日公司逾期还款行为的惩罚，如再计收复利，有违公平和补偿原则。

综上，最高法院不支持银行对逾期利息计收复利的上诉请求。

实务要点总结

前事不忘，后事之师。我们就本案最高法院的判决所涉及的实务要点梳理如下，以供实务参考。

1. 逾期利息是指，借款人未按照合同约定的期限还款的，银行以借款本金为基数计算向借款人收取的惩罚性利息。实际的借款合同和裁判文书中对逾期利息有多种表述方式，如“逾期罚息”、“违约利息”、“迟延利息”、“逾期还款的违约金”等。虽然不同的称谓对当事人的权利并不会产生实质影响，但从规范化的角度，依照合同法第二百零七的规定，应当使用“逾期利息”一词。

2. 实务中逾期利息的利率标准和计算方法是比较明确的，人民银行也发布了可在合同约定的正常利率水平之上加收30%—50%的参考标准，即约定的借款利息的1.3倍至1.5倍。借款合同中关于计收复利的典型约定是“对应付未付的利息，按逾期利息（也可能是按借款利息或者另行约定具体的利息标准）计收复利”。银行可以对借期内未按时支付的利息计收复利是没有争议的，但是否可以对逾期利息计收复利，仅从前述的典型约定无法得出明确的结论。

3. **对逾期利息计收复利没有法律依据。**根据中国人民银行发布的《人民币利率管理规定》第二十条、二十一条、二十五条，以及《人民币贷款利率有关问题的通知》第三条，可以认定银行可以对借款人未按期支付的正常利息计收复利。但从笔者检索到的多个最高法院判例和部分省高院判例来看，最高法院不认为从前述条文可以得出逾期利息可以计收复利的结论，即条文中有关计收复利的利息基数仅指正常的借期内利息，不包括逾期利息。

4. **对逾期利息计收复利虽没有法律依据，但如果银行和借款人事先有明确约**

定，只要该约定符合双方真实的意思表示，不违反法律的强制性规定，应认定合法有效，并给予充分的支持和保护。实务中相当多的银行和借款人都只是模糊的约定对未付利息计收复利，没有达到明确性的要求，如果银行据此主张对逾期利息计收复利的将不会得到支持。而最高法院的判决则使原本模糊的问题变得清晰起来，**可以得出如下结论，除银行和借款人明确约定对逾期利息计收复利外，中国人民银行发布的有关计收复利规定的利息基数仅指借期内的利息，不包括逾期利息。**

相关法律法规

《合同法》

第二百零七条　借款人未按照约定的期限返还借款的，应当按照约定或者国家有关规定支付逾期利息。

中国人民银行《人民币利率管理规定》[银发（1999）77号]

第二十条　短期贷款（期限在一年以下，含一年），按贷款合同签定日的相应档次的法定贷款利率计息。贷款合同期内，遇利率调整不分段计息。

短期贷款按季结息的，每季度末月的二十日为结息日；按月结息的，每月的二十日为结息日。具体结息方式由借贷双方协商确定。对贷款期内不能按期支付的利息按贷款合同利率按季或按月计收复利，贷款逾期后改按罚息利率计收复利。最后一笔贷款清偿时，利随本清。

第二十一条　中长期贷款（期限在一年以上）利率实行一年一定。贷款（包括贷款合同生效日起一年内应分笔拨付的所有资金）根据贷款合同确定的期限，按贷款合同生效日相应档次的法定贷款利率计息，每满一年后（分笔拨付的以第一笔贷款的发放日为准），再按当时相应档次的法定贷款利率确定下一年度利率。中长期贷款按季结息，每季度末月二十日为结息日。对贷款期内不能按期支付的利息按合同利率按季计收复利，贷款逾期后改按罚息利率计收复利。

第二十五条　逾期贷款或挤占挪用贷款，从逾期或挤占挪用之日起，按罚息利率计收罚息，直到清偿本息为止，遇罚息利率调整分段计息。对贷款逾期或挪用期间不能按期支付的利息按罚息利率按季（短期贷款也可按月）计收复利。如同一笔贷款既逾期又挤占挪用，应择其重，不能并处。

《中国人民银行关于人民币贷款利率有关问题的通知》[银发（2003）251号]

三、关于罚息利率问题。逾期贷款（借款人未按合同约定日期还款的借款）

罚息利率由现行按日万分之二点一计收利息，改为在借款合同载明的贷款利率水平上加收30%—50%；借款人未按合同约定用途使用借款的罚息利率，由现行按日万分之五计收利息，改为在借款合同载明的贷款利率水平上加收50%—100%。

对逾期或未按合同约定用途使用借款的贷款，从逾期或未按合同约定用途使用贷款之日起，按罚息利率计收利息，直至清偿本息为止。对不能按时支付的利息，按罚息利率计收复利。

《上海市高级人民法院关于审理借款合同纠纷案件若干问题的解答》[沪高法民二〔2006〕12号]

一、借款人逾期还款应承担的违约责任，在裁判文书中应如何规范表述的问题目前对借款人逾期还款应承担的违约责任，法院在裁判文书中往往存在多种表述，如支付“逾期利息”、“逾期罚息”、“违约利息”、“迟延利息”、“逾期还款的违约金”等，不够规范。根据《中华人民共和国合同法》(以下简称《合同法》)第二百零七条的规定，借款人未按照约定的期限返还借款的，应当按照约定或者国家有关规定支付逾期利息。因此，法院在裁判文书中，应按照该条规定，统一表述为“支付逾期利息”。

以下是本案判决书中“本院认为”部分，最高法院就逾期利息是否应计收复利问题的论述：

最高法院认为：“本案的争议焦点是上诉人农行和平支行是否有权对案涉《借款合同》中约定的逾期利息计收复利。上诉人农行和平支行主张应当计收复利的合同依据是《借款合同》第五条第5项约定，‘对应付未付利息，按中国人民银行规定计收复利’，上诉人认为该项约定中的利息，包括逾期利息。而被上诉人假日公司则认为，上述约定中的利息，只是正常贷款期限内产生的利息，不包括逾期利息。双方当事人均是依据《借款合同》第五条第5项的约定，提出了截然相反的认识和主张，在此情况下，本院将依照《中华人民共和国合同法》第一百二十五条的规定，对当事人存有争议的合同条款进行解释。

首先，从双方合同争议条款及相关条款的文义角度分析。一般而言，逾期利息也应该视为利息的一种，但是在本案《借款合同》中约定的利息与逾期利息还是不同的，合同第三条第2项‘贷款人权利义务’中，明确约定‘贷款人有权按照合同的约定直接从借款人任何账户中划收贷款本金、利息、罚息、逾期利息、复利和其他借款人应付费用’，这里的利息与罚息、逾期利息、复利等是并列表述的。**与罚息、逾期利息、复利等不同，此处约定的利息应当是指贷款人按照约定利率或者法定利率，在借款合同期限内应得的利息，而逾期利息和复利的计收均**

是在合同第五条‘违约责任’中约定的，其中第3项明确约定，‘借款人不按本合同约定的期限归还贷款本金的，贷款人有权对逾期贷款根据逾期天数按日利率万分之贰点一计收逾期利息’；第5项约定，‘对应付未付利息，按中国人民银行规定计收复利’。根据上述约定，应当计收复利的‘应付未付利息’显然不应包括逾期利息。

其次，结合相关规定分析。诉讼中，上诉人提出按照中国人民银行发布的《人民币利率管理规定》和《关于人民币贷款利率有关问题的通知》的规定，应当对逾期利息计算复利。其中，《人民币利率管理规定》第二十一条规定，‘对贷款期内不能按期支付的利息按合同利率按季计收复利，贷款逾期后改按罚息利率计收复利’。本院认为，其中应当计算复利的利息指的是贷款期内不能按期支付的利息，而并非是对贷款逾期后的逾期利息计算复利。而《关于人民币贷款利率有关问题的通知》第三条规定‘对逾期或未按合同约定用途使用借款的贷款，从逾期或未按合同约定用途使用贷款之日起，按罚息利率计收利息，直至清偿本息为止。对不能按时支付的利息，按罚息利率计收复利’，只是规定了逾期利息和复利的计算标准，同样不能得出对于逾期利息应当计算复利的结论。

第三，《中华人民共和国合同法》第四十一条规定，对于格式合同中‘格式条款的理解发生争议的，应当按照通常理解予以解释。对格式条款有两种以上解释的，应当作出不利于提供格式条款一方的解释’。本案中的《借款合同》是银行一方提供的格式合同，在法律法规和相关金融管理规章并没有就逾期利息应否计算复利作出明确规定的情况下，双方当事人亦没有约定逾期利息应当计算复利，按照对于格式合同或者格式条款的理解发生争议的解释原则，本案应当作出对上诉人农行和平支行一方不利的解释，即《借款合同》第五条第5项约定的应当计收复利的‘应付未付利息’不包括逾期利息。

第四，从《借款合同》约定的逾期利息的计算方法来看，逾期利息是对逾期贷款根据逾期天数按照日万分之二点一计收，已经高于《借款合同》约定的正常利率标准，由于逾期利息本质上是一种违约责任的承担方式，已经体现了对假日公司逾期还款行为的惩罚性，其若再对逾期利息计收复利，有违公平和补偿原则。

综上，上诉人农行和平支行的上诉理由不成立，对其对逾期利息计收复利的上诉请求，本院不予支持。原判决认定事实清楚，适用法律正确，应予维持。”

案件来源

中国农业银行股份有限公司沈阳和平支行与沈阳假日大厦有限公司金融借款合同纠纷上诉案［最高人民法院（2016）最高法民终 340 号］

延伸阅读

有关逾期利息是否应当计收复利的问题，以下是我们在写作中检索到与该问题相关的最高法院案例及裁判观点，以供读者参考。

1. 人民银行并未规定逾期利息是否可计收复利，因银行和借款人并未就逾期利息计收复利作出明确约定，根据合同法有关格式条款的解释规则，应当作出有利于借款人的解释，对银行逾期利息计收复利的主张不予支持。

案例一：重庆市耀威经贸有限公司、招商银行股份有限公司重庆高新区支行金融借款合同纠纷上诉案［最高人民法院（2016）最高法民终 495 号］

最高法院认为："本院认为，**本案二审争议焦点是案涉借款产生的逾期罚息是否应当计收复利。**

关于银行贷款产生的逾期罚息是否应当计收复利的问题，现行法律、行政法规并无明确规定。中国人民银行《人民币利率管理规定》第二十条第二款规定，短期贷款按季结息的，每季度末月的二十日为结息日；按月结息的，每月的二十日为结息日。具体结息方式由借贷双方协商确定。对贷款期内不能按期支付的利息按贷款合同利率按季或按月计收复利，贷款逾期后改按罚息利率计收复利。最后一笔贷款清偿时，利随本清。**该规定仅对贷款期内不能按期支付的利息计收复利以及贷款逾期后计收复利的利率标准作出规定，并未对逾期罚息是否计收复利作出规定。**

根据《中国人民银行关于进一步推进利率市场化改革的通知》，目前我国已经全面放开金融机构贷款利率管制。在现行法律、行政法规无禁止性规定的情况下，金融机构可以与借款人对逾期罚息是否计收复利作出约定。故本案所涉借款逾期罚息是否计收复利，应当根据《借款合同》的内容确定。案涉《借款合同》第 5.3 条约定，乙方须于每一计息日当日付息，甲方可以从乙方存款账户直接扣收。乙方未按时付息，甲方有权按同期贷款利率就未付利息加收复息。**就逾期罚息是否应当计收复利的问题，双方当事人对该条款的理解产生争议。耀威经贸公司认为，根据该条约定，招商银行重庆高新区支行仅有权对合同期内未付利息计收复利，无权对逾期罚息计收复利。**而招商银行重庆高新区支行则主张根据该条约定其有

权就期内利息及逾期罚息加收复利。案涉《借款合同》第5.3条系债权人招商银行重庆高新区支行提供的格式条款，应当适用格式条款的解释规则。根据《中华人民共和国合同法》第四十一条关于‘对格式条款有两种以上解释的，应当作出不利于提供格式条款一方的解释’的规定，就《借款合同》第5.3条的理解应当作出对条款提供方招商银行重庆高新区支行不利的解释，认定该条约定中的‘未付利息’不包括逾期罚息，招商银行重庆高新区支行无权就逾期罚息计收复利。耀威经贸公司关于案涉借款复利的计算基数应仅为合同期内未按期支付的利息的上诉理由成立，本院予以支持。”

2. 根据中国人民银行《人民币利率管理规定》及《关于人民币贷款利率有关问题的通知》的相关规定，复利的计算基数应仅为正常利息即合同期内的应付利息，不包括逾期罚息。

案例二：天津银行股份有限公司天马支行与中能滨海电力燃料天津有限公司、天津市佳泰投资担保有限公司等金融借款合同纠纷上诉案［最高人民法院（2015）民二终字第110号］

最高法院认为："案涉《流动资金借款合同》《抵押合同》及《保证合同》均系当事人真实意思表示，内容不违反法律、行政法规的禁止性规定，原审判决认定合法有效正确，本院予以维持。中能天津公司仅对原审判决有关复利的计算方法及数额提出上诉，故本院对原审判决认定的应偿还的贷款本金、利息及罚息数额予以维持。关于复利问题，案涉《流动资金借款合同》对复利的收取有明确约定，亦符合中国人民银行《人民币利率管理规定》的要求，故天马支行有关债务人应支付复利的诉讼请求应予支持。**原审判决判令天津中能公司应支付给天马支行截至2013年7月25日止的利息为8 570 988.33元，该数额系由贷款本金的正常利息2 858 704元、逾期罚息5 611 944元以及复利100 340.33元构成。其中复利的计算是以正常利息加上逾期罚息为基础，乘以借款合同约定的逾期利率及逾期天数得出。但是，按照中国人民银行《人民币利率管理规定》及中国人民银行《关于人民币贷款利率有关问题的通知》的相关规定，复利的计算基数应仅为正常利息即合同期内的应付利息，不包括逾期罚息。故原审判决确认的上述复利计算方法缺乏法律与合同依据，本院予以纠正。**中能天津公司有关原审判决确认复利的计算方法错误的上诉请求具有法律与合同依据，本院予以支持。根据中能天津公司应付贷款利息表（由天马公司提交、各方当事人认可其真实性）确认的内容，至2013年7月25日止，中能天津公司应给付天马公司复利应为21 552.33元而非100 340.33元；再加上正常利息2 858 704元、逾期罚息5 611 944元，中能天津公司应付贷款利息共计 8 492 200.33 元。”

077 借款合同解除后，借款人仍应按合同约定支付逾期利息

阅读提示

合同解除意味着当事人之间合同权利义务关系终止，但并不是终止所有的权利义务关系，而仅导致合同约定的履行义务终止，即一方当事人丧失要求另一方当事人履行合同内义务的权利。

《合同法》第九十八条规定，“合同的权利义务终止，不影响合同中结算和清理条款的效力”。借款合同约定的逾期利息在性质上属于违约责任条款，属于典型的合同“结算和清理条款”，合同未最终清算完毕，此类条款的使命未了，也就不会因解除而当然归于消灭。**因借款人未按约偿还借款本金致使合同解除的，合同约定的逾期利息条款仍然有效，银行有权要求借款人支付逾期利息。**

裁判要旨

银行和借款人在合同中明确约定，借款人到期未偿还借款本金的将收取逾期利息，该条款作为合同“结算和清理条款”并不因借款人一方违约导致借款合同解除而失去效力，银行仍有权要求借款人依据合同约定支付逾期利息。

案情简介

1. 2012 年 5 月 21 日，农商行与宏缘公司签订《借款合同》。约定宏缘公司向农商行借款 2.5 亿元，期限自 2012 年 5 月 21 日起至 2015 年 5 月 1 日止。利率为中国人民银行相应档次基准利率上浮 50%，对逾期借款按合同利率加收 50% 的利率计收罚息。

2. 合同约定宏缘公司未按期归还借款或未按约定用途使用借款，借款欠息或其他严重的违约行为，农商行大东支行有权解除合同，并要求宏缘公司提前归还贷款本息。

3. 2012 年 5 月 22 日至 2013 年 6 月 25 日，农商行分五笔向宏缘公司发放贷款共计 2.4 亿元，每笔借款分别约定利率，其中第五笔借款利率为 9.225%，其余四笔利率均为 9.975%。宏缘公司偿还了其中的部分本息，截至农商行起诉解除合同，

尚欠本金总额 173 353 460.86 元及相应的利息、罚息。

4. 一审：原告农商行起诉被告宏缘公司，诉请解除借款合同，返款借款本金并承担合同约定的利息、罚息。辽宁省高院支持原告诉讼请求，判决解除案涉借款合同，宏缘公司应偿还借款本金及按约定的利率承担利息、罚息。

5. 二审：被告宏缘公司不服一审判决，提起上诉。诉称，合同解除导致合同关系消灭，合同解除的后果不表现为违约责任，故借款合同解除后不应承担利息、罚息。最高法院判决驳回上诉，维持原判。

裁判要点及思路

本案的争议焦点是：借款合同解除后，借款人是否仍应当支付逾期利息。根据《合同法》第九十八条的规定，"合同的权利义务终止，不影响合同中结算和清理条款的效力"。**最高法院认为，银行和借款人在借款合同中明确约定了借款利息以及借款人到期未偿还借款本金的逾期利息，虽然案涉借款合同已经解除，但是合同的解除是由于借款人的单方违约行为导致的，原合同的解除并不影响"清理和结算条款"的效力，故银行有权依据合同约定要求借款人支付相应的逾期利息。**

实务要点总结

前事不忘，后事之师。我们就最高法院关于本案的判决所涉及的实务要点梳理如下，以供实务参考。

1. 合同"结算和清理条款"，是指当事人关于经济往来的结算以及合同终止后如何处理合同遗留问题的合同条款。有些合同终止后会有很多遗留问题要解决，因此当事人往往在合同中约定一些结算和清理方面的内容，这些内容是为了合同终止而约定，并不因合同终止而失去效力。

2. 合同终止并不意味着合同责任的终止，如果一方当事人严重违约引起另一方当事人解除，这时合同因守约方的解除而终止，但违约方并不能因合同终止而不承担违约责任，也就是说合同因解除而终止的不影响当事人请求损害赔偿的权利。

3. 借款合同中的逾期利息条款是典型的"结算和清理条款"，在性质上属于借款人未到期偿还借款本金时的惩罚性条款，可归于违约责任范畴。故此，因借款人违反合同约定致使借款合同解除的，合同中约定的逾期利息条款并不因此失去效力，银行仍然有权依照合同约定要求借款人支付逾期利息。

4. 但并不是说借款合同解除后合同“结算和清理条款”（逾期罚息等条款）能够当然的得到适用，其适用的前提条件有二：**第一、借款合同中明确约定了借款人逾期还款将收取逾期利息；第二，合同解除是因为借款人一方违约导致的，而不是因为其他法定原因或者银行和借款人双方协商一致解除。**只有满足这两个条件，逾期罚息条款（违约责任）才有适用《合同法》第九十八条“结算和清理条款”的空间。

相关法律法规

《合同法》

第九十八条 合同的权利义务终止，不影响合同中结算和清理条款的效力。

最高人民法院《关于当前形势下审理民商事合同纠纷案件若干问题的指导意见》[法发〔2009〕40号]

8. ……合同解除后，当事人主张违约金条款继续有效的，人民法院可以根据合同法第九十八条的规定进行处理。

以下是本案判决书中“本院认为”部分，最高法院就借款合同解除后有关利息、罚息承担问题的论述：

最高法院认为：“二、宏缘公司应否支付贷款利息及罚息的问题。对于宏缘公司应否支付贷款利息问题，依据已经查明的事实，农商行大东支行分5次向宏缘公司放款总计2.4亿元，并约定了每一笔款项的数额、到期日以及贷款利率。**根据《借款合同》第3.2.2条以及第4.3条的约定，宏缘公司应当在实际借款期限内按照约定的贷款利率向农商行大东支行支付相应的利息。**故，本案《借款合同》的解除并不影响宏缘公司应负支付利息的责任，一审法院作出的由宏缘公司支付利息的判决正确。**对于宏缘公司应否支付罚息的问题，依据《借款合同》第8.5条的约定，宏缘公司若未到期偿还借款本金及利息，农商行大东支行有权按合同利率加收50%的利率计收罚息。虽然本案《借款合同》解除，但因该合同的解除是由于宏缘公司逾期还款的违约行为导致的，故依据《中华人民共和国合同法》第九十八条关于‘合同的权利义务终止，不影响合同中结算和清理条款的效力’的规定，农商行大东支行有权依据合同约定要求宏缘公司支付相应的罚息。**一审法院判决宏缘公司支付罚息系适用法律正确，宏缘公司此项上诉主张缺乏法律依据，其理由不能成立。”

案件来源

辽宁宏缘商业地产开发有限公司与沈阳农村商业银行股份有限公司大东支行金融借款合同纠纷上诉案［最高人民法院（2015）民二终字第127号］

延伸阅读

有关借款合同解除后逾期利息的支付的问题，以下是我们在写作中检索到与该问题相关的部分法院案例及裁判观点，以供读者参考。

1. 合同中关于利息、罚息及复利等违约条款实质为当事人双方关于彻底解决或处理债权债务的清理条款，合同因一方违约解除后，守约一方有权依据合同约定要求违约方支付利息、罚息及复利等。

案例一：中国农业银行股份有限公司榆林分行营业部与榆林市凯信工贸有限公司、榆林市凯信世际投资管理有限公司、李某、麻岩金融借款合同纠纷上诉案［陕西省高级人民法院（2016）陕民终496号］

陕西省高院认为："对于第一个争议焦点，上诉人于一审起诉时，由于双方于2014年1月20日、2014年3月6日、2014年4月4日签订的三份《流动资金借款合同》均未到期，因此，上诉人诉讼请求第二项为：'请求人民法院依法解除上诉人与被上诉人凯信工贸公司于2014年1月20日签订的1000万元《流动资金借款合同》、2014年3月6日签订的1200万元《流动资金借款合同》、2014年4月4日签订的3000万元《流动资金借款合同》'，但在一审作出判决时上述三份合同均已到期。由于在一审审理中，对于上述三份均已到期的合同，上诉人并未变更其诉讼请求，故一审确认合同解除并无不当。《中华人民共和国合同法》第九十八条规定：'合同权利义务终止，不影响合同中结算和清理条款的效力'，《最高人民法院关于当前形势下审理民商事合同纠纷案件若干问题指导意见》指出：'合同解除后，当事人主张违约金条款继续有效的，人民法院可以根据合同法第九十八条的规定进行处理'。**据上规定，三份合同中关于利息、罚息及复利等违约条款实质为当事人双方关于彻底解决或处理债权债务的清理条款。上述三份合同解除后仍可以按照原合同适用违约条款，一审法院认为'该三份借款合同解除之后，上诉人所主张的利息没有计算依据，故对上诉人主张借款合同解除之后的利息请求，本院不予支持。'属适用法律错误，应予纠正，上诉人的该项上诉理由成立。**"

2. 银行作为贷款方依约履行了放款义务，依照法律规定和合同约定享有对借款方收取本息的债权，该权利并不因借款方的违约行为导致合同解除而消灭。

案例二：北京金世纪经贸发展有限公司与中国银行股份有限公司北京市分行借款合同纠纷再审案［北京市第二中级人民法院（2014）二中民再初字第05529号］

北京市二中院认为：“对合同解除后的处理。《中华人民共和国合同法》第九十八条规定：合同的权利义务终止，不影响合同中结算和清理条款的效力。**中行北京分行作为贷款方依约履行了放款义务，依照法律规定和合同约定享有对借款方金世纪公司收取本息的债权。关于利息的计算，在合同实际履行期内，即自贷款划拨之日起至2004年4月6日，应依据合同约定的期内利率计算应收利息；自合同履行期届满之日后的2004年4月7日始，应依据双方约定的逾期罚息计收金世纪公司未偿还贷款的逾期利息。**因双方当事人未在借款合同中明确约定计收复利，故对中行北京分行向金世纪公司主张借款合同期内复利的请求不予支持；又，据北京市高级人民法院京高法发［2003］61号《审理民商事案件若干问题的解答之四（试行）》中‘借款期限届满后只计算罚息，不再计收利息和复利’的规定，对中行北京分行诉讼请求中的请求给付借款期限届满后的复利内容，亦不予支持。”

078 垫付票款逾期利息有约定但不明确，可按贷款利率上浮30%—50%计取

阅读提示

银行承兑汇票关系从本质上是银行和企业间的借款融资关系。银行一般都会在承兑汇票协议中约定，如出票人（借款企业）未能在汇票到期日前足额交付票款，银行可以将逾期部分票款转为逾期贷款，并按约定的比例收取逾期利息。

如双方对逾期利息收取的标准有约定，但约定不明确，事后又未能协商达成一致的，法院将依据中国人民银行发布的规定，以约定的贷款利率或银行同期贷款利率为基准上浮30%—50%计算逾期利息。

裁判要旨

现行法律并未禁止银行与出票人协商确定逾期垫款的利息计算方法。双方约定按照承兑银行内部有关逾期贷款的规定计收垫付票款的逾期利息，但承兑银行未能提交逾期贷款有关规定且双方事后未能协商一致，应当依照人民银行发布的有关通知，以双方约定的贷款利率为基准上浮30%—50%收取逾期利息。

案情简介

1. 2014 年 7 月 16 日，供方星河铜业公司与需方九星电缆公司签订《工矿产品购销合同》。

2. 2014 年 8 月 7 日，九星电缆公司与吉林银行四平北二支行签订《银行承兑协议》，约定吉林银行四平北二支行为九星电缆公司签发 9600 万元银行承兑汇票，出票人为九星电缆公司，收款人为星河铜业公司，汇票金额为 9600 万元，期限 6 个月，出票日期是 2014 年 8 月 7 日，到期日是 2015 年 2 月 2 日，九星电缆公司按票面金额 50% 提供保证金。

3. 到期日 2015 年 2 月 2 日之前不发生利息，如到期日之前承兑银行不能足额从出票人处收取票款，承兑银行对不足部分票款先行垫付并将此部分票款转作出票人逾期贷款，按照承兑银行逾期贷款有关规定计收罚息。

4. 2014 年 8 月 7 日，吉林银行四平北二支行签发 10 张承兑汇票，合计 9600 万，到期日均为 2015 年 2 月 2 日。九星电缆公司存入保证金 4800 万元。上述银行承兑汇票于 2015 年 2 月 2 日发生垫款 4800 万元。

5. 一审：原告吉林银行四平北二支行起诉被告九星电缆公司，诉请偿还垫付票款，并按《支付结算办法》规定支付逾期利息。吉林省高院支持原告诉请。

6. 二审：被告九星电缆公司不服一审判决，提起上诉，诉称在双方对垫付票款逾期利息计付标准约定不具体的情况下，应按照《中国人民银行关于人民币贷款利率有关问题的通知》的规定计收垫付票款的逾期利息。最高法院判决支持被告上诉请求。

裁判要点及思路

本案的争议焦点是，**双方约定垫付票款的逾期利息“按照承兑银行逾期贷款有关规定计收”，但由于银行未能提交有关逾期利息的相关规定，双方就具体计算标准产生争议**。根据中国人民银行 1997 年发布的《支付结算办法》第九十一条规定，“对出票人尚未支付的汇票金额按照每天万分之五计收利息”，而根据 2003 年发布的《人民币贷款利率有关问题的通知》第三条规定，“逾期贷款罚息利率……改为在借款合同载明的贷款利率水平上加收 30%—50%”。在银行未能提交相关计算标准，且现行法规存在两种不同规定的情况下，最高法院认为应当依照人民银行 2003 年发布的有关规定认定案涉垫款的逾期利息。同时，由于双方约定票款到期日之前不发生利息，故将人民银行同期贷款利率作为逾期利息的计算基准，并在该基准上浮 50% 计算逾期利息。

实务要点总结

前事不忘，后事之师。我们就最高法院关于本案的判决所涉及的实务要点梳理如下，以供实务参考。

1. 银行承兑汇票是现代企业交易过程中经常使用的一种间接融资方式，本质上是金融机构和企业之间的借贷关系，因此它与普通的借贷一样也存在借款期限、借款利息、贷款利息等。“出票日—到期日”就是借款期限，企业缴存的保证金的机会成本是借期利息，超过到期日未能足额缴存的票款将转为逾期贷款，并按约定的标准计收逾期利息。

2. 银行在制定合同条款时应当达到具体、明确、有效的要求。本案中双方当事人约定以承兑银行有关逾期贷款的规定收取预期利率，但进入诉讼程序后承兑银行却不能提交合同约定的相关内部规定，在双方无法协商达成一致的情况下，最高法院参照法定的计算标准认定逾期利息，依照人民银行发布的通知，本案最终判决逾期利息为同期贷款利率上浮 50%，即利率 7% 左右，在无形中造成了银行的利息损失。

相关法律法规

《合同法》

第六十一条 合同生效后，当事人就质量、价款或者报酬、履行地点等内容没有约定或者约定不明确的，可以协议补充；不能达成补充协议的，按照合同有关条款或者交易习惯确定。

《中国人民银行关于印发支付结算办法的通知》[银发〔1997〕393 号]

第九十一条 银行承兑汇票的出票人于汇票到期日未能足额交存票款时，承兑银行除凭票向持票人无条件付款外，对出票人尚未支付的汇票金额按照每天万分之五计收利息。

《中国人民银行关于人民币贷款利率有关问题的通知》[银发〔2003〕251 号]

三、关于罚息利率问题。逾期贷款（借款人未按合同约定日期还款的借款）罚息利率由现行按日万分之二点一计收利息，改为在借款合同载明的贷款利率水平上加收 30%—50%；借款人未按合同约定用途使用借款的罚息利率，由现行按日万分之五计收利息，改为在借款合同载明的贷款利率水平上加收 50%—100%。

以下是本案判决书中“本院认为”部分，最高法院就垫付票款逾期利息计收标准问题的论述：

最高法院认为：“《中华人民共和国合同法》第八条规定，依法成立的合同，对当事人具有法律约束力。当事人应当按照约定履行自己的义务，不得擅自变更或者解除合同。本案中，吉林银行铁东支行与九星电缆公司签订的《银行承兑协议》第六条（二）第5项约定，如到期日之前承兑银行不能足额从出票人处收取票款，承兑银行对不足部分票款先行垫付并将此部分票款转做出票人逾期贷款，按照承兑银行逾期贷款有关规定计收罚息。**该条关于承兑汇票垫款利息的计算方法的约定明确具体，即涉案承兑汇票垫款利息按照吉林银行逾期贷款有关规定计收罚息，涉案欠款利息应按照合同约定的方法予以计算。《中国人民银行支付结算办法》并未禁止银行与出票人协商确定逾期垫款的利息计算方法，故本案应当按照双方约定确定涉案垫款利息的计算标准。关于涉案承兑垫款利息的具体标准问题，鉴于吉林银行铁东支行未提交其关于逾期贷款的相关规定，本案应依照《中国人民银行关于人民币贷款利率有关问题的通知》第三条‘逾期贷款罚息利率由现行按日万分之二点一计收利息，改为在借款合同载明的贷款利率水平上加收30%—50%’的标准计算。**考虑到九星电缆公司未按期支付吉林银行铁东支行的汇票垫款，存在违约，本院酌按中国人民银行发布的同期人民币贷款利率上浮50%计算涉案垫款利息。九星电缆公司关于原审判决对利率计算标准适用法律错误的上述理由，合法有据，应予支持。吉林银行铁东支行关于涉案欠款应按照《支付结算办法》规定的计算标准即每日万分之五计收利息的抗辩理由，与双方约定不符，不能成立。”

案件来源

九星控股集团沈阳电缆有限公司、吉林银行股份有限公司四平铁东支行金融借款合同纠纷上诉案［最高人民法院（2017）最高法民终222号］

延伸阅读

有关承兑汇票关系中逾期利息约定不明的问题，以下是我们在写作中检索到与该问题相关的部分省高院案例及裁判观点，以供读者参考。

1. 紫荆科贸公司在汇票到期日即负有付款义务，其未依约付款的行为已构成违约，应承担相应的违约责任，但其与九江银行在《综合授信合同》中对此未作

约定。故法院酌定自九江银行望江西路支行垫付案涉款项之日起，以垫付款项金额为基数，按照中国人民银行规定的同期同类贷款基准利率上浮 30% 的标准计算逾期付款利息。

案例一：中铁物贸能有限公司、九江银行股份有限公司合肥望江西路支行金融借款合同纠纷二审民事判决书［（2016）最高法民终 693 号］

安徽省高院认为："关于争议焦点一。九江银行望江西路支行与紫荆科贸公司之间签订的《综合授信合同》系双方当事人的真实意思表示，内容亦不违反法律、行政法规的禁止性规定，合法有效，对合同双方均有法律约束力。该合同约定紫荆科贸公司可以申请使用综合授信额度的具体业务，包括为商业银行汇票贴现；案涉九张商业汇票贴现时，紫荆科贸公司均出具了相应的《九江银行商业承兑汇票查询确认书》确认是其承兑，并承诺此票到期后该公司保证兑付，九江银行望江西路支行也是据此对案涉九张商业承兑汇票进行贴现。《中华人民共和国票据法》第六十八条第一款规定：'汇票的出票人、背书人、承兑人和保证人对持票人承担连带责任。'第七十一条规定：'被追索人依照前条规定清偿后，可以向其他汇票债务人行使再追索权，请求其他汇票债务人支付下列金额和费用：（一）已清偿的全部金额；（二）前项金额自清偿日起至再追索清偿日止，按照中国人民银行规定的利率计算的利息；（三）发出通知书的费用。'本案中，九江银行望江西路支行就案涉九张商业承兑汇票贴现后，又进行转贴现，但上述承兑汇票到期后，因紫荆科贸公司未能依约承兑，九江银行望江西路支行分别于 2015 年 6 月 16 日、2015 年 7 月 7 日、2015 年 8 月 6 日，向转贴现行齐商银行股份有限公司、南京银行股份有限公司杭州分行、江苏江南农村商业银行股份有限公司垫付了 1.2 亿元、6000 万元、6000 万元，并取得了案涉九张商业承兑汇票。因此，九江银行望江西路支行依据《综合授信额度合同》向紫荆科贸公司主张其垫付的案涉九张商业承兑汇票项下的 2.4 亿元借款，应予以支持。**紫荆科贸公司在汇票到期日即负有付款义务，其未依约付款的行为已构成违约，应承担相应的违约责任，但其与九江银行望江西路支行在《综合授信合同》中对此未作约定。**中国人民银行《贷款通则》第九条规定，票据贴现是指贷款人以购买借款人未到期商业票据的方式发放的贷款。中国人民银行《关于人民币贷款利率有关问题的通知》（银发［2003］251 号）规定，逾期贷款为在借款合同载明的贷款利率水平上加收 30%—50%。**依据上述规定，一审酌定自九江银行望江西路支行垫付案涉款项之日起，以垫付款项金额为基数，按照中国人民银行规定的同期同类贷款基准利率上浮 30% 的标准计算逾期付款利息。九江银行望江西路支行主张按照日万分之五计算逾期利息没有依据，**

对其按此标准计算逾期利息的诉请，一审不予支持。据此，截至 2015 年 7 月 16 日，紫荆科贸公司应付逾期利息为 779350 元，此后以 2.4 亿元为基数，按照中国人民银行规定的同期同类贷款基准利率上浮 30% 标准计算至款项全部清偿之日。"

2. 本案双方买卖合同没有约定逾期付款违约金或者该违约金的计算方法，应按人民银行发布的规定计算逾期付款违约金。结合本案双方合同履行情况及现行贷款利率有关政策，对逾期付款造成的损失，应当按照欠付货款为基础，以中国人民银行规定的同期同类贷款利率作为利率标准进行计算。

案例二：中国铁路物资柳州物流有限公司与首钢水城钢铁（集团）有限责任公司买卖合同纠纷［贵州省高级人民法院（2014）黔高民商初字第 20 号］

贵州省高院认为："关于水钢公司是否应当承担违约责任的问题。《最高人民法院关于审理买卖合同纠纷案件适用法律问题的解释》第二十四条第四款规定：'买卖合同没有约定逾期付款违约金或者该违约金的计算方法，出卖人以买受人违约为由主张赔偿逾期付款损失的，人民法院可以中国人民银行同期同类人民币贷款基准利率为基础，参照逾期罚息利率标准计算。'《中国人民银行关于人民币贷款利率有关问题的通知》关于罚息利率的规定为：'逾期贷款（借款人未按合同约定日期还款的借款）罚息利率由现行按日万分之二点一计收利息，改为在借款合同载明的贷款利率水平上加收 30%—50%'。**本案双方买卖合同没有约定逾期付款违约金或者该违约金的计算方法，应按上述规定计算逾期付款违约金。柳州物流公司关于水钢公司赔偿利息损失按银行同期基准贷款年利率计算的主张属于自己权利范围，予以支持。结合本案双方合同履行情况及现行贷款利率有关政策，对柳州物流公司的逾期付款损失，应当按照水钢公司的欠付货款为基础，以中国人民银行规定的同期同类贷款利率作为利率标准进行计算，从柳州物流公司向水钢公司主张债权之日的次日即 2014 年 3 月 13 日起，计算至判决生效确定的履行之日止。**水钢公司辩称双方所签订买卖合同未约定违约责任，不应当承担延迟支付的利息没有事实和法律依据，不予采纳。"

079　约定按日万分之五利率收取垫付承兑汇票款逾期利息的有效

阅读提示

现行法律并不禁止银行和借款人 / 承兑行和出票人之间就逾期贷款 / 逾期垫付票款约定逾期利率的收取标准，如当事人之间有明确的约定，具有优先适用的效力。

人民银行在其发布的两份行业性行政规章中分别规定了一般贷款关系的逾期利率的参考标准，以及承兑汇票关系中垫付票款的参考标准。虽然承兑汇票关系从本质上仍属于贷款关系，但是如承兑行和出票人之间未就逾期利率的收取标准做出明确约定的，法院应当按照《交易结算办法》中规定的标准，认定逾期利率的水平。

裁判要旨

《人民银行有关贷款利率的规定》中有关逾期利息按正常贷款利率上浮30%—50%的规定是针对一般贷款关系，而《支付结算办法》中按日万分之五收取逾期利息的规定是针对承兑汇票关系。故承兑行和出票人之间以日万分之五收取垫付票款逾期利息的约定不违反法律规定，应按双方约定的标准计算逾期利息。

案情简介

1. 2014年8月14日，光大天津分行与农机华北公司签订《综合授信协议》，约定向农机华北公司提供最高额为2.8亿的综合授信额度。

2.《综合授信协议》及相关担保合同签署后，光大天津分行与农机华北公司签署了14份《银行承兑协议》，并出具了银行承兑汇票。

3. 承兑合同约定，申请人存在的任何违约行为，导致承兑行垫付票款或垫付票款后承兑申请人无力还款的，承兑行垫付的任何款项转成对承兑申请人的逾期贷款，并按照日万分之五的逾期罚息利率计收利息。

4. 农机华北公司未能按合同约定支付票款，分别欠付本金91 625 626.50元以及截至2015年3月20日因垫款产生的利息人民币494 789.98元，本金143 150 870.83元以及截至2015年8月20日因垫款产生的利息人民币1 455 205.74元。

5. 一审：原告光大天津分行起诉被告农机华北公司，要求农机华北公司偿还垫付承兑票款，并按承兑合同约定支付逾期利息。天津市高院判决被告农机华北公司返还垫付票款本息，并应按承兑协议约定的日万分之五支付逾期利息。

6. 二审：农机华北公司不服一审判决，提起上诉。称，原审法院认定的日万分之五的逾期罚息利率计收标准过高，应按《中国人民银行关于人民币贷款利率有关问题的通知》规定的贷款利率上加收30%—50%计取。最高法院认为日万分之五计付逾期罚息符合当事人约定，不违反法律规定，合法有效。故判决驳回上诉，维持原判。

裁判要点及思路

本案的争议焦点是，银行和借款人约定对垫付承兑汇票款收取每日万分之五的逾期利息是否违反了法律的强制性规定，是否应当按照人民银行有关人民币贷款利率的规定按正常贷款利率上浮 30%—50% 计收逾期罚息。**最高法院认为，人民银行有关贷款利率的规定中逾期利息按正常贷款利率上浮 30%—50% 计收，是对银行普通贷款业务逾期罚息利率标准的一般规定。而《支付结算办法》中规定的日万分之五的逾期利息计收标准是针对银行承兑汇票业务作出的特别规定，且该规定尚未被人民银行废止。故此，本案中双方约定的垫付票款逾期利息按日万分之五标准收取符合法律规定，应合法有效。**

实务要点总结

前事不忘，后事之师。我们就最高法院关于本案的判决所涉及的实务要点梳理如下，以供实务参考。

1.《中国人民银行关于人民币贷款利率有关问题的通知》中有关逾期利息按正常贷款利息上浮 30%—50% 收取的规定是针对一般贷款关系的逾期贷款，而《中国人民银行支付结算办法》中规定按日万分之五收取逾期利息的规定则是针对银行承兑汇票关系的特殊规定。在双方当事人未明确约定逾期利息收取标准或者未在前述两种收取标准中做出明确选择的情况下，法院应当按照《支付结算办法》中规定的日万分之五标准认定垫付票款的利息。

2. 现行法律并未禁止银行和借款人之间自行约定逾期借款的利息，即使是人民银行发布的两个行业性行政规章，从规范属性上也不属于能够导致合同无效的强制性、禁止性法律，因此双方之间明确的约定具有优先适用的效力。但这并不是说可以任由合同双方任意约定，逾期利率的水平应当是有上限的。根据《最高人民法院关于审理民间借贷案件适用法律若干问题的规定》第二十九条的规定，“借贷双方对逾期利率有约定的，从其约定，但以不超过年利率 24% 为限”，虽然该司法解释是针对民间借贷关系，但从广义上讲金融借款关系也可以纳入民间借贷的范畴，故该立法精神对银行和借款人也应具有强制适用的效果。

3. 承兑行和出票人通常会在合同中约定，如出票人未能在票据到期日按约支付票款，银行垫付的票款将自动转为出票人在承兑行的逾期贷款。针对该约定会产生一个误区，是不是说自转化之日起，原承兑汇票关系就变成了一般的金融借款关系，相应的有关逾期利率的认定也应参照人民银行一般贷款关系中有关逾期利率的规定，而不是参照承兑汇票关系中特殊的规定。答案显然是否定，票据垫款转化为逾期贷款并不能从本质上变更原承兑汇票关系，更不能改变利息计算标准。因此，仍应参考《交易结算办法》中有关承兑汇票关系中逾期利率的规定。

相关法律法规

《最高人民法院关于审理民间借贷案件适用法律若干问题的规定》[法释〔2015〕18号]

第二十九条 借贷双方对逾期利率有约定的，从其约定，但以不超过年利率24%为限。

未约定逾期利率或者约定不明的，人民法院可以区分不同情况处理：

（一）既未约定借期内的利率，也未约定逾期利率，出借人主张借款人自逾期还款之日起按照年利率6%支付资金占用期间利息的，人民法院应予支持；

（二）约定了借期内的利率但未约定逾期利率，出借人主张借款人自逾期还款之日起按照借期内的利率支付资金占用期间利息的，人民法院应予支持。

《中国人民银行关于人民币贷款利率有关问题的通知》[银发〔2003〕251号]

三、关于罚息利率问题。逾期贷款（借款人未按合同约定日期还款的借款）罚息利率由现行按日万分之二点一计收利息，改为在借款合同载明的贷款利率水平上加收30%—50%；借款人未按合同约定用途使用借款的罚息利率，由现行按日万分之五计收利息，改为在借款合同载明的贷款利率水平上加收50%—100%。

《中国人民银行支付结算办法》[银发〔1997〕393号]

第九十一条 银行承兑汇票的出票人于汇票到期日未能足额交存票款时，承兑银行除凭票向持票人无条件付款外，对出票人尚未支付的汇票金额按照每天万分之五计收利息。

以下是本案判决书中“本院认为”部分，最高法院就当事人约定逾期利率收取标准的效力问题的论述：

最高法院认为：“农机华北公司、光大天津分行签订的各份《银行承兑协议》均约定按日万分之五计收逾期罚息。**《中国人民银行关于人民币贷款利率有关问题的通知》第三条关于‘逾期贷款（借款人未按合同约定日期还款的借款）罚息利**

率由现行按日万分之二点一计收利息，改为在借款合同载明的贷款利率水平上加收30%—50%'的规定，系对银行普通贷款业务逾期罚息利率标准的一般规定。中国人民银行《支付结算办法》第九十一条关于'银行承兑汇票的出票人于汇票到期日未能足额交存票款时，承兑银行除凭票向持票人无条件付款外，对出票人尚未支付的汇票金额按照每天万分之五计收利息'的规定则是针对银行承兑汇票业务计收逾期罚息利率标准作出的特别规定，该规定现行有效。本案系因出票人未依约支付银行承兑汇票金额而非逾期贷款罚息发生争议，应当适用该规定。故原审法院判决按照案涉《银行承兑协议》约定的日万分之五计付逾期罚息，不违背当事人约定及法律规定，农机华北公司关于原审法院以上判决内容违反法律规定的主张不能成立，本院不予支持。"

案件来源

中国光大银行股份有限公司天津分行与中国农业机械华北集团有限公司等银行承兑汇票合同纠纷上诉案［最高人民法院（2016）最高法民终127号］

延伸阅读

有关承兑汇票关系中逾期利息的计收标准的问题，以下是我们在写作中检索到与该问题相关的最高法院案例及裁判观点，以供读者参考。

1. 承兑汇票关系中，尽管承兑协议约定垫付款项自垫付之日起转成逾期贷款，但并不意味着该承兑汇票关系从转化之日起变为一般贷款关系，垫付款项转化为逾期贷款的约定并没有改变利息计算标准。故银行主张按照合同约定以日万分之五计收逾期利息符合双方约定，亦不违反法律规定。二审判决适用基准贷款利率上浮50%确定银行承兑汇票垫款逾期罚息利率确有不当，应予改判。

案例一：中国光大银行股份有限公司太原分行与太原中保集团实业有限公司、山西顺伟实业有限公司金融借款合同纠纷申请再审案［最高人民法院（2014）民提字第115号］

最高法院认为："（一）关于承兑汇票垫款的利息如何计算。关于承兑汇票垫款的计息标准，光大银行太原分行认为，根据中国人民银行《支付结算办法》第九十一条以及双方签订的《银行承兑协议》，其有权按照日万分之五收取利息。太原中保公司则认为，根据《银行承兑协议》的约定，本案承兑汇票垫款已经转成逾期贷款，应根据中国人民银行2003年12月10日《关于人民币贷款利率有关问题的通知》来计算利息，即借款合同载明的贷款利率水平加收 30%—50%。

本院认为，根据《支付计算办法》第九十一条关于‘银行承兑汇票的出票人于汇票到期日未能足额交存票款时，承兑银行除凭票向持票人无条件付款外，对出票人尚未支付的汇票金额按照每天万分之五计收利息’之规定，光大银行太原分行垫付承兑汇票款项后，有权自垫款之日起按日万分之五计收利息。中保太原支行认为，《银行承兑协议》已经明确约定承兑汇票垫款自垫付之日起转成逾期贷款，故本案的承兑汇票垫款已经转化为光大银行太原分行的逾期贷款，光大银行太原分行只能依据《关于人民币贷款利率有关问题的通知》来计收利息。光大银行太原支行则认为，《银行承兑协议》所约定的将承兑汇票垫款转为逾期贷款仅是其内部管理要求，并没有改变对该笔款项利息计算标准的约定。**双方的争议实际涉及对合同的理解问题。根据《合同法》第一百二十五条第一款规定，当事人对合同条款的理解有争议的，应当按照合同所使用的词句、合同的有关条款、合同的目的、交易习惯以及诚实信用原则，确定该条款的真实意思。本案中，尽管《银行承兑协议》第十条第 6 项约定垫付款项自垫付之日起转成逾期贷款，但该条也同时约定承兑申请人需按本协议约定的逾期罚息利率支付利息，而《银行承兑协议》第 13 条明确约定垫付款项转化为逾期贷款后仍应按日万分之五计算利息，故应认为垫付款项转化为逾期贷款的约定并没有改变利息计算标准，光大银行太原分行主张按照日万分之五计收利息符合双方约定，亦不违反法律规定。二审判决适用基准贷款利率加 50% 确定银行承兑汇票垫款逾期罚息利率确有不当，应予改判。**”

2. 现行法律并未禁止银行与出票人协商确定逾期垫款的利息计算方法。双方约定按照承兑银行逾期贷款的有关规定计收垫付票款的逾期利息，但承兑银行未能提交逾期贷款有关规定且双方未能协商一致，应当依照人民银行有关贷款利率的规定以双方约定的贷款利率为基准上浮 30%—50% 收取逾期利息。

案例二：九星控股集团沈阳电缆有限公司、吉林银行股份有限公司四平铁东支行金融借款合同纠纷上诉案［最高人民法院（2017）最高法民终 222 号］

最高法院认为：“《中华人民共和国合同法》第八条规定，依法成立的合同，对当事人具有法律约束力。当事人应当按照约定履行自己的义务，不得擅自变更或者解除合同。本案中，吉林银行铁东支行与九星电缆公司签订的《银行承兑协议》第六条（二）第 5 项约定，如到期日之前承兑银行不能足额从出票人处收取票款，承兑银行对不足部分票款先行垫付并将此部分票款转做出票人逾期贷款，按照承兑银行逾期贷款有关规定计收罚息。**该条关于承兑汇票垫款利息的计算方法**

的约定明确具体，即涉案承兑汇票垫款利息按照吉林银行逾期贷款有关规定计收罚息，涉案欠款利息应按照合同约定的方法予以计算。《中国人民银行支付结算办法》并未禁止银行与出票人协商确定逾期垫款的利息计算方法，故本案应当按照双方约定确定涉案垫款利息的计算标准。关于涉案承兑垫款利息的具体标准问题，鉴于吉林银行铁东支行未提交其关于逾期贷款的相关规定，本案应依照《中国人民银行关于人民币贷款利率有关问题的通知》第三条‘逾期贷款罚息利率由现行按日万分之二点一计收利息，改为在借款合同载明的贷款利率水平上加收 30%—50%’的标准计算。考虑到九星电缆公司未按期支付吉林银行铁东支行的汇票垫款，存在违约，本院酌按中国人民银行发布的同期人民币贷款利率上浮 50% 计算涉案垫款利息。九星电缆公司关于原审判决对利率计算标准适用法律错误的上述理由，合法有据，应予支持。吉林银行铁东支行关于涉案欠款应按照《支付结算办法》规定的计算标准即每日万分之五计收利息的抗辩理由，与双方约定不符，不能成立。”

3. 承兑协议中按日万分之五的标准收取违约金的约定与人民银行《支付结算办法》中按日万分之五收取逾期利息的规定一致，不违反法律的规定，应按约定的标准支付。

案例三：天津银行股份有限公司天马支行与天津市佳泰投资担保有限公司、天津市富腾国际贸易有限公司其他借款合同纠纷上诉案［最高人民法院（2014）民二终字第 10 号］

最高法院认为：“关于违约金计付标准问题。富腾公司与天马支行在本案所涉几份《最高额银行承兑汇票承兑协议》及《银行承兑汇票承兑协议》中均明确约定有‘如富腾公司保证金账户中的资金不足以偿付银行承兑汇票票款，其差额部分由天马支行垫付，天马支行垫付资金后即可从富腾公司的存款账户中主动扣收并对垫付资金按日息万分之五向富腾公司计收违约金’等内容。且**中国人民银行《支付结算办法》第九十一条明确规定，银行承兑汇票的出票人于汇票到期日未能足额交存票款时，承兑银行除凭票向持票人无条件付款外，对出票人尚未支付的汇票金额按照每天万分之五计收利息。因此，原审法院判决富腾公司和佳泰担保公司等按照日万分之五标准对天马支行的垫付资金支付相关违约金，符合当事人的约定和法律规定，本院依法予以维持。**佳泰担保公司关于当事人约定的违约金过高应予调整的上诉请求，本院不予支持。”

080 未约定还款抵充顺序，应先抵充利息后抵充本金

阅读提示

金融借款在实务中的操作往往是银行先与借款人签订《金融借款授信协议》，现行约定授信总额，随后双方再另行签订借款合同，进行借款的实际流转。金融借款往往数额较大，期限较短，借款人无法一次性偿还所有欠款，通常采取分期分批的方式进行偿还。如当事人未约定还款抵充顺序，借款人的还款应当算作偿还借款利息还是偿还本金呢？最高院认为，在未约定还款抵充顺序的情况下，应当先抵充借款利息。

裁判要旨

借款合同中对还款抵充顺序并无约定，而争议款项的《还款凭证》中也只记载为“还款”，没有备注是偿还的借款本金还是利息，按照司法解释的相关规定，应当先抵充利息，后抵充借款本金。

案情简介

1. 2012 年 1 月 12 日，攀商行西城支行与兴华房产公司签订《授信合同》，约定攀商行西城支行向兴华房产公司提供授信最高额度为 1.7 亿元；授信期限自 2012 年 1 月 12 日起至 2015 年 1 月 12 止。截至 2012 年 1 月 18 日起，兴华房地产分别与攀商行西城支行签订十份借款合同，累计发放贷款 26986.5244 万元。

2. 借款担保情况：2012 年 1 月 12 日，攀商行西城支行与兴华房产公司签订最高额抵押合同，2013 年 4 月 16 日，李某等向银行出具《个人连带责任保证承诺书》。

3. 一审：原告攀商行西城支行起诉被告兴华房产公司、李某，请求偿还借款本息，李某承担担保责任。四川省高院判决支持原告诉讼请求。

4. 二审：担保人李某不服一审判决，上诉至最高人民法院，请求改判一审判决中的借款本金数额，称兴华房产公司的四次还款应当算为归还本金，因此应相应扣减还款数额。最高法院判决驳回上诉，维持原判。

裁判要点及思路

1. 法院首先确认了案涉《授信合同》、《固定资产借款合同》、《个人连带责任保证承诺书》均系双方当事人的真实意思表示，内容不违反法律法规的强制性规定，合法有效。

2. 其次，法院确认了银行已经按照合同约定发放了贷款，借款人到期未清偿债务有还本付息的义务，担保人也应当承担担保责任。

3. 随后，法院确认了上诉人向法院提交的证明借款人四次还款行为的《还款凭证》仅记载“还款金额”，并未备注系借款本金或者利息，属于《合同法解释二》第二十一条所规定的债务人给付不足以清偿全部债务且当事人没有约定时适用的法定抵充顺序的情形，因此，应当认为该四笔还款行为系对借款利息的归还。

实务要点总结

前事不忘，后事之师。我们就最高法院有关本案的判决涉及的实务要点梳理如下，以供实务参考。

1. 债务的清偿抵充问题是审判实践中长期存在的一个疑难问题，我国《民法总则》与《合同法》对债的抵消制度作了规定之后，为了解决同一债务人对同一债权人负数笔同种类债务时，给予不足以清偿全部债务的情形之下，如何决定清偿顺序的问题，最高院于 2009 年出台了《合同法司法解释二》，其第二十条、第二十一条的规定给出了解决该问题的方案。

2. 在借款人现有资金不足以归还全部债务之时，先行归还本金有助于减少借款人总还款数额，因此我们建议借款人在归还每笔欠款之时都明确约定还款的性质，并先行偿还借款本金。

相关法律规定

《最高人民法院关于适用〈中华人民共和国合同法〉若干问题的解释（二）》（法释〔2009〕5 号）

第二十一条　债务人除主债务之外还应当支付利息和费用，当其给付不足以清偿全部债务时，并且当事人没有约定的，人民法院应当按照下列顺序抵充：（一）实现债权的有关费用；（二）利息；（三）主债务。

以下是该案在最高法审理阶段，裁判文书中“本院认为”部分就该问题的论述：

最高法院认为：“攀商行西城支行与兴华房产公司签订的《授信合同》、《固定资产借款合同》、相关的展期协议以及李某、周某、李某分别向攀商行西城支行出具的《个人连带责任保证承诺书》，均系双方当事人的真实意思表示，内容不违反法律法规的强制性规定，合法有效。攀商行西城支行已经按照合同约定向兴华房产公司发放了贷款，兴华房产公司应当按照合同约定按时足额归还借款本息，并承担逾期还款的违约责任。李某、周某、李某作为涉案债务的连带保证人，在兴华房产公司未如约偿还借款本息时，亦应按照约定承担连带保证责任。

本案中，李某针对已还款的事实，主张在一审查明的还款事实以外，另有四笔共计153.395251万元的还款事实，并主张此四笔款项系偿还的借款本金。攀商行西城支行在二审中对李某主张的四笔还款事实予以认可，本院对该事实予以确认。

关于争议的四笔还款是偿还的借款本金还是利息的问题，《最高人民法院关于适用〈中华人民共和国合同法〉若干问题的解释（二）》第二十一条规定：'债务人除主债务之外还应当支付利息和费用，当其给付不足以清偿全部债务时，并且当事人没有约定的，人民法院应当按照下列顺序抵充：（一）实现债权的有关费用；（二）利息；（三）主债务。'因本案借款合同中对还款抵充顺序并无约定，而争议款项的《还款凭证》中也只记载为'还款'，没有备注是偿还的借款本金还是利息，故依照上述规定，应当抵充利息而非借款本金。李某主张争议的四笔款项系偿还的借款本金，缺乏事实和法律依据，本院不予支持。对于原审遗漏的该四笔利息，与兴华房产公司已支付的其他利息一起，分别予以扣除。"

案件来源

李某、攀枝花市商业银行股份有限公司西城支行金融借款合同纠纷二审民事判决书［最高人民法院（2017）最高法民终204号］

延伸阅读

有关借款人还款的抵充顺序的问题，以下是我们在写作中检索到与该问题相关的最高法院案例及裁判观点，以供读者参考。

1. 借贷双方还款的性质并无约定，且出借人并未认可该笔款项为归还本金，故根据司法解释规定，该笔还款应先冲抵利息、逾期违约金，后冲抵本金。

案例一：党某、刘某民间借贷纠纷再审审查与审判监督民事裁定书［最高人民法院（2017）最高法民申2626号］

最高法院认为："二、关于65万元还款性质的确定的问题。《最高人民法院关于适用〈中华人民共和国合同法〉若干问题的解释（二）》第二十一条规定，债务人除主债务之外还应当支付利息和费用，当其给付不足以清偿全部债务时，并且当事人没有约定的，人民法院应当按照下列顺序抵充：（一）实现债权的有关费用；（二）利息；（三）主债务。**本案中，借贷双方对65万元款项还款的性质并无约定，且刘某并未认可该笔款项为归还本金，故根据上述法条规定，原审对归还的65万元按照先冲抵利息、逾期违约金，后冲抵本金的顺序确定该65万元还款的性质并无不当。**”

2. 双方对返还款性质无明确约定的，应当认定为先偿还利息，再偿还本金。但出借人对其中部分款项自认为是对本金的偿还，此系出借人对自身权利的处分，法律无须干涉。

案例二：郭某1、刘某1民间借贷纠纷再审审查与审判监督民事裁定书［最高人民法院（2017）最高法民申2192号］

最高法院认为：“关于案涉借款是否约定利息的问题。郭某1再审主张，《借条》中未明确约定利息，郭某2出具的《说明》对郭某1不具有法律约束力。对此，本院认为，《中华人民共和国合同法》第十条第一款规定，当事人订立合同，有书面形式、口头形式和其他形式。本案中，对于借款利息部分的约定，刘某1主张双方系口头约定，对于该主张，刘某1提供了郭某2的《说明》予以佐证。从该《说明》中可以清晰地看出，郭某2认可其实际使用了该笔款项，每月利息为21万元，该笔借款利息已实际付至2014年7月。二审判决综合双方的关系和日常生活经验，认定郭某1与刘某1之间关于借款利息的口头约定成立，并无不当。郭某2出具的《说明》只是判断郭某1与刘某1之间成立口头合同的证据，二审判决并非直接以郭某2出具的《说明》来约束郭某1。郭某1再审提交的新证据电话录音中刘某2与刘某1的谈话也多次提到利息问题，该证据进一步佐证了双方有关于利息的口头约定。二审判决依据郭某1向刘某1出具的《借条》认定双方借款关系成立，有事实和法律依据，至于该笔借款具体由谁使用，利息具体由谁代郭某1偿还，不影响双方借款关系的成立，亦不能否认郭某1作为债务人应当承担的合同义务。二审判决郭某1按照合同约定支付刘某1利息并无不当。**对于郭某1已返还的692万元，根据《最高人民法院关于适用〈中华人民共和国合同法〉若干问题的解释（二）》第二十一条之规定，双方对返还款性质无明确约定的，应当认定为先偿还利息，再偿还本金。但刘某1对其中姚某代郭某1偿还的420万元自认为对本金的偿还，此系刘某1对自身权利的处分，一、二审法院予以认可并无不当。**对其余272万元，在刘某1未自认的情况下，一、二审法院认定为偿还利息，符合上述规定，对这两部分款项性质的认定不存在矛盾。”

3. 双方并未约定本息清偿顺序，但根据出借人出具的利息欠条以及借款人尚欠利息的事实，案涉款项应认定为借款人向出借人偿还的利息。

案例三：于某、王某民间借贷纠纷再审审查与审判监督民事裁定书［最高人民法院（2016）最高法民申 2809 号］

最高法院认为：“3. 关于归还的 500 万元是支付借款本金还是利息的问题。**首先，虽然双方并未约定本息清偿顺序，但于某给白某立据的利息欠条明确其中的 400 万元是利息，当时尚欠 260 万元的利息。其次，之后于某通过银行承兑汇票的形式再偿还 100 万元，虽然没有明确是利息，但结合当时于某尚欠 260 万元利息的事实，再依据《最高人民法院关于适用〈中华人民共和国合同法〉若干问题的解释（二）》第二十一条之规定，原审认定上述 500 万元为于某向白某支付的利息并无不当。**”

4. 在借款人未能提出证据证明其偿还的款项属于本金的情况下，应认定该等款项有限抵充利息。

案例四：刘某与河南省旭宏房地产开发有限公司、马某等民间借贷纠纷申诉、申请民事裁定书［最高人民法院（2016）最高法民申 1589 号］

最高人民法院：“旭宏公司主张案涉《借条》出具之前所归还的 528 万元为本金。根据查明的事实，**一审庭审中刘某仅对 2014 年 5 月 4 日归还的 300 万为本金无异议，而主张其他款项均系支付的借款利息。在旭宏公司未能提交证据证明其偿还的是本金的情况下，二审判决根据《最高人民法院关于适用〈中华人民共和国合同法〉若干问题的解释（二）》第二十一条之规定，认定上述 228 万元应优先抵充利息亦无不当。**”

081 不良债权受让人为非金融资产管理公司的无权主张债权受让日之后产生的利息

阅读提示

金融资产管理公司从商业银行受让不良债权，和非金融资产管理公司的公司法人或者自然人从金融管理公司受让不良债权，因受让主体差异，在主张债权计算利息时存在差异。金融资产管理公司有权向债务人主张自不良债权受让之日起至债务全部清偿之日止期间产生的全部利息，但非金融资产管理公司的公司法人或者自然人等受让人主张利息的限额以不良债权受让之日为限，受让日之后产生的利息无权要求债务人清偿。

裁判要旨

“受让人向国有企业债务人主张不良债权受让日之后发生的利息的，人民法院不予支持”，此处的“受让人”是指除金融资产管理公司之外的公司法人和自然人。金融资产管理公司主张债务人清偿自债权受让之日起至债务全部清偿止产生的利息的，应予支持。

案情简介

1. 2003 年，抚顺工行与抚顺特钢先后签订了 11 份《流动资金借款合同》，金额共计 7836 万元，辽宁特钢为借款人 11 份借款合同提供连带责任保证担保。借款合同到期后，借款人均未履行还款义务。

2. 2005 年 7 月 15 日，辽宁省工行将上述债权及利息转让给长城资产，债权转让双方先后于 2005 年 9 月 30 日、2007 年 6 月 30 日在辽宁日报上刊登《债权转让通知暨债务催收联合公告》。

3. 一审：2007 年 9 月 20 日，原告长城资产起诉被告抚顺特钢、辽宁特钢，要求偿还借款本息，并偿还自 2007 年 8 月 1 日起至借款全额清偿之日止的相应利息。辽宁省高院判决支持原告诉请。

4. 二审：借款人与担保人不服一审判决提起上诉，诉称利息计算错误，对自债权转让之日起不应再计算利息。最高法院认为该诉请不符合相关政策法规的规定，故判决驳回上述请求。

裁判要点及思路

本案的争议焦点是：金融资产管理公司是否可要求债务人偿还自债权受让之日起至债务全部清偿止的利息。最高法院认为，根据《最高人民法院关于审理涉及金融不良债权转让案件工作座谈会纪要》第九条，“受让人向国有企业债务人主张不良债权受让日之后发生的利息，人民法院不予支持”，以及第十二条，“受让人是指非金融资产管理公司法人、自然人”，无权要求债务人偿还自债权受让之日起至债务全部清偿止的利息的“受让人”是指除金融资产管理公司之外的法人和自然人，本案债权受让人是国有金融资产管理公司，不适用上述规定。

实务要点总结

前事不忘，后事之师。我们就最高法院有关本案的判决涉及的实务要点梳理如下，以供实务参考。

1. 金融不良资产转让过程中，基于受让人主体身份的差异，主张债权时利息计算的方式存在区别。如受让人为金融资产管理公司，其有权要求债务人支付自债权受让之日起至债权全部清偿之日止产生的利息。如受让人为非金融资产管理公司的公司法人或者自然人，其无权要求债务人支付债权受让之日后所产生的利息。也即是说，《最高人民法院关于审理涉及金融不良债权转让案件工作座谈会纪要》(以下简称“《座谈会纪要》”)第九条，“受让人向国有企业债务人主张不良债权受让日之后发生的利息的，人民法院不予支持”中的“受让人”是指非金融资产管理公司的公司法人或者自然人。

2. 根据最高法院的复函，涉及非国有企业债务人的金融不良债权转让纠纷案件应当适用《座谈会纪要》的规定。非国有金融机构受让人向国有企业债务人主张已发生转让的金融债权利息，应当按照第九条的规定执行，即以借款合同本金为计算基数，利息计算至金融不良债权转让之日止，不能计收复利。在审理涉及金融不良债权转让案件中，不论债务人是国有企业还是民营企业，都适用《座谈会纪要》相关规定；在执行涉及金融不良债权转让案件中，按照不同企业主体平等保护的宪法原则和《物权法》的相关规定，国有企业债务人和非国有企业债务人均应适用《座谈会纪要》豁免利息的规定。即，非金融资产管理公司受让人仅能向债务人主张截至不良债权受让之日的本金和利息。

相关法律规定

《合同法》

第八十一条 债权人转让权利的，受让人取得与债权有关的从权利，但该从权利专属于债权人自身的除外。

《最高人民法院关于审理涉及金融不良债权转让案件工作座谈会纪要》(法发[2009]19号)

第九条 会议认为，受让人向国有企业债务人主张利息的计算基数应以原借款合同本金为准；受让人向国有企业债务人主张不良债权受让日之后发生的利息的，人民法院不予支持。但不良债权转让合同被认定无效的，出让人在向受让人返还受让款本金的同时，应当按照中国人民银行规定的同期定期存款利率支付利息。

第十二条　关于《纪要》的适用范围：……受让人是指非金融资产管理公司法人、自然人……

《最高人民法院关于如何理解最高人民法院法发（2009）19号〈会议纪要〉若干问题的请示之答复》（最高人民法院〔2009〕民二他字第21号）

根据《纪要》的精神和目的，涉及非国有企业债务人的金融不良债权转让纠纷案件，亦应参照适用《纪要》的规定。

以下是本案判决书中“本院认为”部分，最高法院就本案中可主张的利息范围问题的论述：

最高法院认为：“（三）关于利息的计算。**《最高人民法院关于审理涉及金融不良债权转让案件工作座谈会纪要》第九条规定：‘受让人向国有企业债务人主张不良债权受让日之后发生的利息，人民法院不予支持’，其中所指的受让人，并不包括作为非银行金融机构的资产管理公司。因此，东北特钢认为不应支持在2005年5月20日之后发生的利息的上诉理由是不能成立的。**长城资产主张的11笔借款合同的利息分为两部分：第一部分是截至2005年5月20日总计8 061 505.00元，长城资产主张的是其所受让的3 793 542.54元；第二部分是从2005年5月21日至2007年7月31日为14 481 004.56元。上述二部分利息合计为18 274 547.10元。长城资产认可2003年12月30日前抚顺特钢已经偿还利息1 875 049.52元的事实，但是其不能提供证据证明所受让的2005年5月20日前的3 793 542.54元利息的详细情况，无法证明其主张的3 793 542.54元利息中已经扣除了1 875 049.52元利息。根据《最高人民法院关于民事诉讼证据的若干规定》第二条关于没有证据或者证据不足以证明当事人的事实主张的，由负有举证责任的当事人承担不利的后果的规定，应将此部分利息从长城资产主张的利息数额中扣除。长城资产对第二部分利息的计算方法进行了详细的说明，东北特钢虽然对长城资产的利息计算提出异议，但并未提供相应的证据，故本院认可长城资产对2005年5月21日后利息的计算结果。此外，抚顺特钢上诉称原审法院判决东北特钢给付借款合同履行期限届满之日至判决确定给付之日的利息超出长城资产主张的范围，与事实不符。”

案件来源

东北特殊钢集团有限责任公司与中国长城资产管理公司沈阳办事处借款合同纠纷、保证合同纠纷二审案［最高人民法院（2009）民二终字第51号］

延伸阅读

有关不良债权转让后利息计算的问题，以下是我们在写作中检索到与该问题相关的最高法院案例及裁判观点，以供读者参考。

1. 涉及非国有企业债务人的金融不良债权转让纠纷案件，应参照适用《海南座谈会纪要》的规定，受让人为非金融资产管理公司的可以原借款本金为基数要求债务人偿还截至债权受让之日的利息。

案例一：河南新乡华丹电子有限责任公司、新乡市长远实业集团绿色食品发展有限公司执行裁定书［最高人民法院（2015）执申字第108号］

最高法院认为：“**本案的焦点问题为是否适用《海南座谈会纪要》计算利息的问题。**《海南座谈会纪要》第十二条对适用范围进行了明确规定。2009年9月25日，本院民二庭针对《云南省高级人民法院关于如何理解最高人民法院法发（2009）19号〈会议纪要〉若干问题的请示》作出《关于如何理解最高人民法院法发（2009）19号〈会议纪要〉若干问题的请示之答复》（［2009］民二他字第21号），该答复称，本院于2009年4月3日发布的法发（2009）19号《海南座谈会纪要》所要解决的问题实质是如何解决和化解计划经济时期形成的历史遗留问题。其主要目的在于规范金融不良债权转让行为，维护企业和社会稳定，防止国有资产流失，保障国家经济安全。**根据《海南座谈会纪要》的精神和目的，涉及非国有企业债务人的金融不良债权转让纠纷案件，亦应参照适用《海南座谈会纪要》的规定。该答复虽然是本院针对云南省高级人民法院的请示作出的个案答复，但答复中对《海南座谈会纪要》的精神和目的进行了充分的阐述。因此，根据《海南座谈会纪要》的精神和目的，非国有企业的金融不良债权转让纠纷案件，亦应参照适用《海南座谈会纪要》。本案中，北京一中院和北京高院仅以河南华丹为非国有制企业为由驳回其关于适用《海南座谈会纪要》计算利息的请求，不符合《海南座谈会纪要》的精神和目的，应当予以纠正。**”

2. 按照不同企业主体平等保护的原则，金融不良债权转让案件中，不论债务人是国有企业还是民营企业，都适用《海南座谈会纪要》的规定。在执行涉及金融不良债权转让案件中，国有企业债务人和非国有企业债务人均应适用《海南座谈会纪要》豁免利息的规定。

案例二：海南天和实业公司借款合同纠纷、申请承认与执行法院判决、仲裁裁决案件执行裁定书［最高人民法院（2015）琼执复字第35号］

最高法院认为：“关于本案债务利息应该如何计算问题。（1）按照《合同法》

第八十一条‘债权人转让权利的，受让人取得与债权有关的从权利，但该从权利专属于债权人自身的除外’的规定，长城资产海口办债权转让中的从权利是从银行继受的，这种从权利是银行作为国家金融机构通过人民银行特许的经营权，(1996)琼经初字第35号民事判决书是针对农业银行这一特殊金融主体，而确认了债务人应该承担逾期利息和罚息。根据判决效力的相对性原则，浩天公司作为非金融机构是不具备人民银行特许的货币经营权，按照当时的政策与法律，其逾期利息和罚息不但不受保护，还需受到制裁。所以，这种从权利依法不能继受。换言之，这个初始为国有资产的债权，金融机构将其列为金融不良资产，充分考虑到了不能实现或不能完全实现目的的风险，并报财政部核准予以剥离。如果是可能完全实现的债权，就应列为优良资产予以追缴收归国库。**(2)根据最高人民法院给云南省高级人民法院作出(2009)民二他字第21号答复：‘根据《纪要》的精神和目的，涉及非国有企业债务人的金融不良资产债权转让纠纷案件，亦应参照适用《纪要》的规定’之精神和给我院作出的(2011)执他字第7号批复：‘在执行程序中，涉金融不良债权转让的案件，应当参照适用我院《关于审理涉及金融不良债权转让案件工作座谈会纪要》(以下简称《纪要》)的相关规定，非国有金融机构受让人向国有企业债务人主张已发生转让的金融债权利息，应当按照第九条的规定执行，即以借款合同本金为计算基数，利息计算至金融不良债权转让之日止，不能计收复利’之规定，已经明确：在审理涉及金融不良债权转让案件中，不论债务人是国有企业还是民营企业，都适用《纪要》相关规定；在执行涉及金融不良债权转让案件中，国有企业债务人应适用《纪要》豁免利息的规定。**本案天和公司虽然国有企业性质存疑，但按照不同企业主体平等保护的宪法原则和《物权法》的相关规定，同样应适用《纪要》豁免利息的规定。**即本金及利息的计算应以长城资产海口办公开拍卖完成后，浩天公司与长城资产海口办签订的《债权转让协议》上确定的债权为依据，本息合计10530.83万元。**根据《纪要》第9条规定，之后主张利息的，人民法院不予支持。据此，三亚中院的异议审查事实认定不清，裁定适用法律错误。”

第八章 与公证、执行、管辖有关的法律问题

082 具有强执效力的公证债权文书未经执行程序直接起诉的，法院不予受理

阅读提示

具有强制执行效力的公证债权文书，是银行和借款人基于真实的意思表示对自己权利的处分，根据《民事诉讼法》第二百三十八条的规定，可以作为债权人申请法院强制执行的依据。

债务人不履行或不完全履行公证债权文书约定的内容，债权人应当向法院申请强制执行，未经执行程序直接向法院起诉的，法院不予受理。

债权人向法院申请强制执行需要持债权公证文书和原公证机关出具的执行证书。如原公证机关不予出具执行证书，或者债权人向法院申请执行后，法院裁定不予执行的，债权人可向法院提起诉讼。

裁判要旨

具有强制执行效力的公证债权文书与生效判决书、仲裁裁决书一样，是法院的执行依据，当事人可以据此申请强制执行。对于有强制执行效力的公证债权文书，发生争议后债权人应当申请强制执行，未经执行程序直接起诉的，法院不予受理。

案情简介

1. 2001 年 3 月 8 日，金鹏公司与工行常德支行签订《借款合同》。同日，双方还签署了与上述借款合同相同编号的《抵押合同》，约定以金鹏公司所有的在建工程为上述借款提供抵押担保，并办理了抵押登记。

2. 2001 年 3 月 19 日，工行常德支行将 4000 万元借款支付给金鹏公司。合同

履行过程中，双方变更抵押物，并办理了变更抵押登记。

3. 2001 年 4 月 4 日，沈阳市公证处分别出具了两份《具有强制执行效力的债权文书公证书》，赋予前述《借款合同》、《抵押合同》强制执行的效力。沈阳市公证处制作了《谈话笔录》，内容为金鹏公司同意在不履行义务或者不完全履行义务时接受强制执行，并由法定代表人陈某在 4 月 7 日签字。

4. 2001 年 5 月 31 日，金鹏公司与工行常德支行签订《借款合同》和《抵押合同》，金额 1000 万元，并于当日付款。沈阳市公证处为该《借款合同》和《抵押合同》出具了《具有强制执行效力的债权文书公证书》。

5. 2004 年 1 月 5 日，工行常德支行向金鹏公司送达《催收欠息通知书》，金鹏公司对内容无异议，并于 1 月 6 日签收。

6. 2005 年 7 月 15 日，工行辽宁省分行将前述欠款转让给长城公司沈阳办。2012 年 12 月 3 日，长城公司沈阳办将该债权转让给李某。

7. 一审：2014 年 2 月 25 日，原告李某起诉被告金鹏公司，诉请偿还借款。辽宁省高院认为因本案存在有效的《具有强制执行效力的债权文书公证书》，原告应向具有管辖权的法院申请执行，对原告直接起诉的请求不予支持。

8. 二审：原告李某不服一审判决，提起上诉，诉称案涉公证的债权文书存在严重瑕疵，不具有执行效力，故有权直接提起诉讼。最高法院认为案涉公证债权文书不存在错误，原告无权直接起诉，故驳回上诉，维持原判。

裁判要点及思路

最高法院认为本案的争议焦点是，在债权人和债务人之间存在《具有强制执行效力的债权文书公证书》的情况下，债权人李某是否有权不经执行程序，直接向法院起诉。**根据《民事诉讼法》第二百三十八条和相关司法解释的规定，具有强制执行效力的公证债权文书与生效判决书、仲裁裁决书一样，是人民法院的执行依据。在不存在公证债权文书确有错误和法院不予执行的裁定（法院裁定不予受理，实际上是认为公证文书存在错误）的情况下，债权人应当向公证处申请出具《执行证书》，并持该《执行证书》向有管辖权的法院申请强制执行。债权人不经执行程序，直接向法院提起诉讼要求还款付息的，法院不予支持。**

实务要点总结

前事不忘，后事之师。我们就最高法院有关本案的判决所涉及的实务要点梳

理如下，以供实务参考。

1. **有强制执行效力的公证债权文书与判决书、裁定书、调解书一样，是法院启动执行程序的依据，如一方当事人不履行的，对方当事人有权申请法院强制执行。当事人不经执行程序，直接向法院起诉，要求另一方当事人履行债权文书约定的内容的，法院不予支持。**公证程序具有证明当事人之间的法律行为、有法律意义的文书和事实真实性、合法性的作用。也就是说，银行和债权人双方自愿将《借款合同》《抵押合同》置于公证程序之下，事先确定了合同的真实性和合法性，而不必事后经由法院的诉讼程序去认定合同的效力。既然借款人在公证债权文书中表明了不履行借款合同愿意接受强制性的意愿，那么银行直接申请强制执行符合双方的约定，并无不当。

2. **公证证书和执行证书是银行（债权人）申请强制执行的必备文件。**根据《最高人民法院、司法部关于公证机关赋与强制执行效力的债权文书执行有关问题的联合通知》的规定，银行（债权人）需要持债权公证书及原公证机关出具的执行证书可以向有管辖权的人民法院申请执行。银行（债权人）在向法院申请强制执行之前，需向公证处申请执行证书，公证处在签发执行证书时需要核查合同履行情况等内容。

3. 公证处向双方当事人出具了《具有强制执行效力的公证债权文书》并不意味着银行（债权人）丧失了起诉的权利，在两种情况下银行仍可向法院起诉。**第一，银行（债权人）向原公证机关申请执行证书，公证机关不予出具的；第二，银行（债权人）持公证书和执行证书向法院申请强制执行，法院以公证书确有错误为由，不予强制执行的。**

相关法律法规

《中华人民共和国民事诉讼法》（2017年修订）

第二百三十八条 对公证机关依法赋予强制执行效力的债权文书，一方当事人不履行的，对方当事人可以向有管辖权的人民法院申请执行，受申请的人民法院应当执行。

公证债权文书确有错误的，人民法院裁定不予执行，并将裁定书送达双方当事人和公证机关。

《公证法》（2017年修订）

第三十七条 对经公证的以给付为内容并载明债务人愿意接受强制执行承诺的债权文书，债务人不履行或者履行不适当的，债权人可以依法向有管辖权的人民法院申请执行。

前款规定的债权文书确有错误的，人民法院裁定不予执行，并将裁定书送达双方当事人和公证机构。

《最高人民法院关于当事人对具有强制执行效力的公证债权文书的内容有争议提起诉讼人民法院是否受理问题的批复》[法释〔2008〕17号]

根据《中华人民共和国民事诉讼法》(注：2007年修订)第二百一十四条和《中华人民共和国公证法》第三十七条的规定，经公证的以给付为内容并载明债务人愿意接受强制执行承诺的债权文书依法具有强制执行效力。债权人或者债务人对该债权文书的内容有争议直接向人民法院提起民事诉讼的，人民法院不予受理。但公证债权文书确有错误，人民法院裁定不予执行的，当事人、公证事项的利害关系人可以就争议内容向人民法院提起民事诉讼。

《最高人民法院、司法部关于公证机关赋予强制执行效力的债权文书执行有关问题的联合通知》[司发通〔2000〕107号]

四、债务人不履行或不完全履行公证机关赋予强制执行效力的债权文书的，债权人可以向原公证机关申请执行证书。

五、公证机关签发执行证书应当注意审查以下内容：

(一)不履行或不完全履行的事实确实发生；

(二)债权人履行合同义务的事实和证据，债务人依照债权文书已经部分履行的事实；

(三)债务人对债权文书规定的履行义务有无疑义

七、债权人凭原公证书及执行证书可以向有管辖权的人民法院申请执行。

以下是本案判决书中“本院认为”部分，最高法院就《具有强制执行效力的公证债权文书》是否可不经执行程序直接提起诉讼的问题的论述：

最高法院认为：“一、关于有强制执行效力的公证债权文书所涉债务纠纷，未经执行程序，当事人能否直接提起诉讼的问题。《中华人民共和国民事诉讼法》(注：2012年修正)第二百三十八条规定：‘对公证机关依法赋予强制执行效力的债权文书，一方当事人不履行的，对方当事人可以向有管辖权的人民法院申请执行，受申请的人民法院应当执行。公证债权文书确有错误的，人民法院裁定不予执行，并将裁定书送达双方当事人和公证机关。’《最高人民法院关于当事人对具有强制执行效力的公证债权文书的内容有争议提起诉讼人民法院是否受理问题的批复》规定：‘根据《中华人民共和国民事诉讼法》(注：2007年修正)第二百一十四条和《中华人民共和国公证法》第三十七条的规定，经公证的以给付为内容并载明债务人愿意接受强制执行承诺的债权文书依法具有强制执行效力。债权人或者债务人对该债权文书的内容有争议直接向人民法院提起民事诉讼的，人民法院不予受理。但公证债权文书确有错误，人民法院裁定不予执行的，当事人、公证事项的利害关系人可以就争议内容向人民法院提起民事诉讼。’**根据上述规定，具有强制执行效力的公证债权文书与生效判决书、仲裁裁决书一样，是人民法院的执行依据，当事人可以据此申请强制执行。对于有强制执行效力的公证债权文书，发生争议后债权人应当申请强制执行，直接提起诉讼的，人民法院不予受理。前述司法解释的明确规定，排除了当事人对直接提起诉讼这一方式的选择权。由于本案亦不存在公证债权文书确有错误，人民法院不予执行的裁定，故李某关于其提起本案诉讼符合法律规定的主张，不能予以支持。**”

案件来源

《最高人民法院公报》2016 年第 4 期（总第 234 期）：李某与辽宁金鹏房屋开发有限公司金融不良债权追偿纠纷上诉案［最高人民法院（2014）民二终字第 199 号］

延伸阅读

有关《具有强制执行效力的公证债权文书》是否可不经执行程序直接提起诉讼的问题，以下是我们在写作中检索到与该问题相关的最高法院案例及裁判观点，以供读者参考。

1.《委托贷款合同》是经过公证处办理强制执行公证，具有强制执行力的债权文书，且该公证债权文书并没有被法院认定确有错误，裁定不予执行，故合同当事人向法院起诉，请求确认该债权文书无效，法院依法裁定不予受理起诉并无不当。

案例一：德州阳光置业有限公司与中国中投证券有限责任公司、恒丰银行股份有限公司德州分行等金融借款合同纠纷申请再审案［最高人民法院（2016）最高法民申 2069 号］

最高法院认为：“本案再审申请人德州置业公司一审提出的诉讼请求及再审申请均主张确认双方当事人之间签订的《委托贷款合同》无效以及由此引发的返还手续费的问题。**因双方当事人均认可且经一审法院查明该《委托贷款合同》是经过北京市方正公证处办理强制执行公证，具有强制执行力的债权文书，且该公证债权文书并没有被人民法院认定确有错误，裁定不予执行，故德州置业公司作为合同当事人向法院起诉，请求确认该债权文书无效，一审法院依法裁定不予受理**

起诉并无不当。德州置业公司二审及再审时主张《咨询顾问服务协议》、《资金监管协议》未经公证，其以该协议起诉，法院应当受理。经审查，德州置业公司一审时并未请求确认《咨询顾问服务协议》、《资金监管协议》效力，也没有以两份协议的签订及履行情况作为其主张返还 3 340 942.23 元所依据的事实和理由，其在二审中予以更正，二审法院裁定不予审查并无不当。”

2. 在没有证明自己已经依法申请强制执行而未获批准的情况下，向法院起诉，法院以该起诉行为违反了《民事诉讼法》第二百三十八条规定，不属于人民法院受理民事诉讼的范围为由，裁定驳回起诉。而后，公证处出具《不予出具强制执行证书的决定》，使得该公证债权文书不再具有强制执行力，当事人向法院出示新证据，就该部分债权再次提起诉讼，法院应当予以受理。

案例二：鄯善县农村信用合作联社、新疆金汇新型建材有限公司金融借款合同纠纷上诉案［最高人民法院（2016）最高法民终 817 号］

最高法院认为：“案涉农信社贷字（2011）第 27 号《社团借款合同》项下的债权已由新疆维吾尔自治区鄯善公证处出具了（2012）新鄯证字第 044 号《具有强制执行效力的债权文书公证书》，**该债权文书具有给付内容，并载明被告愿意接受强制执行。债权人可向公证机关申请执行证明书后，持执行证明和公证债权文书，向人民法院申请执行。上诉人在没有证明自己已经依法申请强制执行而未获批准的情况下，向人民法院起诉，一审法院以该起诉行为违反了《中华人民共和国民事诉讼法》第二百三十八条规定，不属于人民法院受理民事诉讼的范围为由，裁定驳回起诉，并无不当。因为上诉人收到一审民事裁定书前，鄯善县公证处出具了《不予出具强制执行证书的决定》，使得该公证债权文书不再具有强制执行力，上诉人向本院出示新证据，就该部分债权提起诉讼，法院应当予以受理。**案涉（2011）第 04 号《社团借款合同》未经公证机关公证并赋予强制执行效力。债权人就履行合同与债务人发生的纠纷，向人民法院起诉，属于人民法院受理民事诉讼范围。”

3. 借款合同虽然经过了公证，但债权人未能取得执行证书，无法申请强制执行。故债权人就案涉借款合同向法院提起民事诉讼，法院予以受理并无不当。

案例三：郑州鸿盛商贸有限公司、王某与郑州鸿盛商贸有限公司、王某等保证合同纠纷申请再审案［最高人民法院（2016）最高法民申 473 号］

最高法院认为：“案涉借款合同虽然经过了河南省郑州市黄河公证处（以下简称公证处）公证，但借款合同签订后，双方当事人的履约情况尚待核实，需要强制执行的给付内容尚待确定。根据《最高人民法院、司法部关于公证机关赋予强制执行效力的债权文书执行有关问题的联合通知》第四条、第五条、第七条规定，**债权人在向人民法院申请强制执行之前，需向公证处申请执行证书，公证处在签发执行证书时需要核查合同履行情况等内容，债权人凭原公证书及执行证书可向人民法院申请强制执行。本案中，根据二审判决书记载，王某提交了公证处出具的《不予出具执行决定书的决定》，鸿盛商贸公司对此证据的真实性亦无异议，即案涉借款合同虽然经过了公证，但王某未能取得执行证书，无法申请强制执行。故王某就案涉借款合同向人民法院提起民事诉讼、人民法院予以受理并无不当，鸿盛商贸公司关于此点的申请再审的理由不成立。**”

083 存在有效公证债权文书的情况下，又约定部分债权可经诉讼解决的有效

阅读提示

存在有效的具有强制执行效力的公证债权文书的情况下，债务人不履行或者不完全履行债务的，债权人应通过向法院申请强制执行的方式实现债权，未经强制执行程序直接起诉的法院不予受理。

如当事人在出具公证债权文书之后，另行达成还款协议，就当中的部分债权又约定可以直接提起诉讼的，应当认定双方当事人变更了公证债权文书中直接申请强制执行的内容，放弃了对债权的特殊保护，该约定合法有效。

裁判要旨

合同当事人的意思表示是赋予强制执行效力的公证债权文书强制执行效力的重要来源，当事人可以通过合意的方式约定直接申请强制执行的内容，法律亦不禁止当事人变更直接申请强制执行的内容，放弃对债权的特殊保障。在存在有强制执行效力的公证债权文书的情况下，双方当事人又对部分债权约定可以采取诉讼方式解决纠纷，是通过合意的方式变更了可以直接申请强制执行的内容，银行就该部分债权提起诉讼法院应予支持。

案情简介

1. 2001 年 3 月 8 日，金鹏公司与工行常德支行签订《中长期借款合同》和《抵押合同》，借款金额 4000 万，约定以金鹏公司所有的在建工程为上述借款提供

抵押担保，并办理了抵押登记。

2. 2001 年 4 月 4 日，沈阳市公证处分别出具两份《具有强制执行效力的债权文书公证书》，制作《谈话笔录》，内容为金鹏公司同意在不履行义务或者不完全履行义务时接受强制执行，并由法定代表人陈某签字。

3. 2001 年 5 月 31 日，金鹏公司与工行常德支行签订《房地产业借款合同》和《抵押合同》，金额 1000 万元，约定以金鹏公司所有的在建工程为上述借款提供抵押担保，办理了抵押登记。

4. 2001 年 6 月 6 日，沈阳市公证处分别出具两份《具有强制执行效力的债权文书公证书》，制作《谈话笔录》，载明：债务人在不履行义务或者不完全履行义务时，同意接受强制执行，并由金鹏公司代理人陈某签字。

5. 2004 年 1 月 5 日，工行常德支行向金鹏公司送达《催收欠息通知书》，载明：**至 2003 年 12 月 31 日，贵单位已积欠我行贷款利息 241 万元，请抓紧筹措资金，偿还欠息。否则，我行将采取下列相应措施：……五、依法向法院申请支付令、申请强制执行或直接提起诉讼，追偿欠息。金鹏公司对内容无异议，并于 2004 年 1 月 6 日签章确认。**

6. 2005 年 7 月 15 日，工行辽宁省分行将前述欠款转让给长城沈阳办。2012 年 12 月 3 日，长城公司沈阳办将该债权转让给李某。

7. 一审：2014 年 2 月 25 日，原告李某起诉被告金鹏公司，诉请偿还借款本息。辽宁省高院认为本案存在有效的债权文书公证书，除 241 万元利息因重新达成还款协议可选择起诉方式外，对原告其他部分的诉讼请求不予支持。

8. 二审：原告李某不服一审判决，提起上诉，诉称案涉公证的债权文书存在严重瑕疵，不具有执行效力，故有权就全案直接提起诉讼。金鹏公司亦上诉称原审法院认定 241 万元利息重新达成还款协议是错误的。最高法院判决驳回上诉，维持原判。

裁判要点及思路

本案的争议焦点是，**在存在有效的强制执行公证债权文书的情况下，当事人对部分债权又约定可以通过诉讼方式解决的是否有效**。最高法院认为，**合同当事人之间意思表示的合意是赋予强制执行效力的公证债权文书强制执行效力的重要来源，当事人可以通过合意的方式约定直接申请强制执行的内容，法律亦不禁止当事人变更直接申请强制执行的内容，放弃对债权的特殊保障**。本案中，虽然涉案债权存在有强制执行效力的公证债权文书，但双方当事人在《催收欠息通知书》

中对部分利息又约定可以采取诉讼方式解决纠纷，是通过合意的方式变更了可以直接申请强制执行的内容，因此最高法院判决债权人可直接以诉讼方式主张该部分已重新达成还款协议的债权。

实务要点总结

前事不忘，后事之师。我们就最高法院有关本案的判决所涉及的实务要点梳理如下，以供实务参考。

1. 依据公证债权文书直接向法院申请强制执行的前提是，当事人双方明确在公证书中约定一方不履行或者不完全履行债务，另一方当事人可直接申请法院强制执行。如果仅有公证的形式，而没有当事人关于“不履行就强制执行”的特殊合意，也不能产生可以申请强制执行的效果。在实务操作中，除当事人在经公证的合同中明确约定愿意接受强制执行外，公证过程中还会形成《谈话笔录》，记录双方愿意直接经由强制执行程序解决债权债务关系的陈述，并由双方签字确认。

2. 既然合同当事人之间的合意可以赋予公证债权文书以强制执行效力，那么当事人当然也可以通过合意的方式变更直接申请强制执行的内容，放弃对债权的特殊保障，以诉讼方式解决双方的债权债务关系。也就是说，在存在有强制执行效力的公证债权文书的情况下，双方当事人又对部分债权约定可以采取诉讼方式解决纠纷，是通过合意的方式变更了可以直接申请强制执行的内容，当事人就该部分债权提起诉讼的，法院应当予以支持，而不必强制性的要求债权人只能采取申请法院强制执行的方式。

相关法律法规

《最高人民法院、司法部关于公证机关赋予强制执行效力的债权文书执行有关问题的联合通知》[司发通〔2000〕107号]

一、公证机关赋予强制执行效力的债权文书应当具备以下条件：

（一）债权文书具有给付货币、物品、有价证券的内容；

（二）债权债务关系明确，债权人和债务人对债权文书有关给付内容无疑义；

（三）债权文书中载明债务人不履行义务或不完全履行义务时，债务人愿意接受依法强制执行的承诺。

以下是本案判决书中“本院认为”部分，最高法院就变更具有强制执行效力的公证债权文书内容问题的论述：

最高法院认为：“**二、关于存在有强制执行效力的公证债权文书，当事人对部分债权又约定可以通过诉讼解决纠纷，当事人能否就该部分债权提起诉讼的问题。**

《最高人民法院、司法部关于公证机关赋予强制执行效力的债权文书执行有关问题的联合通知》第一条规定：‘一、公证机关赋予强制执行效力的债权文书应当具备以下条件：（一）债权文书具有给付货币、物品、有价证券的内容；（二）债权债务关系明确，债权人和债务人对债权文书有关给付内容无疑义；（三）债权文书中载明债务人不履行义务或不完全履行义务时，债务人愿意接受依法强制执行的承诺。’**根据该规定，赋予强制执行效力的公证债权文书必须符合当事人已经就强制执行问题在债权文书中达成书面合意的条件。换言之，如果仅有公证的形式，而没有当事人关于执行问题的特殊合意，也不能产生可以申请强制执行的效果。**

因此，合同当事人的意思表示是赋予强制执行效力的公证债权文书强制执行效力的重要来源，当事人可以通过合意的方式约定直接申请强制执行的内容，法律亦不禁止当事人变更直接申请强制执行的内容，放弃对债权的特殊保障。金鹏公司主张申请强制执行是“法定前置程序”而不考虑当事人的意思表示，没有法律依据。**本案中，虽然涉案债权存在有强制执行效力的公证债权文书，但双方当事人后对部分利息又约定可以采取诉讼方式解决纠纷，是通过合意的方式变更了可以直接申请强制执行的内容，故一审法院对该部分内容进行审理并无不当。**

李某主张双方当事人系对全部债权归还方式进行重新约定。但金鹏公司签收涉案欠息通知书时，涉案两份长期借款合同均未到期，从涉案欠息通知书的内容看，涉及的仅为241万元利息。故李某提出双方当事人对全部债权归还方式进行重新约定的主张，本院不予支持。**涉案欠息通知书对于部分债务约定了诉讼等纠纷解决方式，变更了原来的约定，金鹏公司收到前述通知书之后并未提出异议，而是签章确认，应视为双方就欠息部分归还的方式达成了新的合意。**金鹏公司否认前述通知书，认为同时约定了诉讼等三种方式属约定不明即视为没有约定的主张，缺乏事实依据。金鹏公司主张即使认定达成了新的协议，所涉及241万元利息部分也已过诉讼时效。最高人民法院《关于审理民事案件适用诉讼时效制度若干问题的规定》第十一条规定：‘权利人对同一债权中的部分债权主张权利，诉讼时效中断的效力及于剩余债权，但债权人明确表示放弃剩余债权的情形除外。’涉案241万元利息是涉案两份合同之债的部分孳息，根据本案查明的事实，在李某提起诉讼之时，上述两合同的主债权诉讼时效期间均未届满，故金鹏公司关于该部分利息超过诉讼时效的主张，与事实不符，本院不予支持。”

案件来源

《最高人民法院公报》2016年第4期（总第234期）：李某与辽宁金鹏房屋开发有限公司金融不良债权追偿纠纷二审民事判决书［最高人民法院（2014）民二终字第199号］

084 债权人可对公证赋予强制执行效力的担保合同申请法院强制执行

阅读提示

公证债权文书强制执行程序指各方当事人为符合法律、法规规定的债权文书办理强制执行公证后，如一方当事人违约，对方当事人有权持公证处制作的公证证书和执行证书，直接向有管辖权的法院申请强制执行的程序。

因该程序无须经诉讼程序便可以直接申请法院强制执行，具有快速、便捷的特点，在实务中被金融机构频繁使用。

经各方当事人协商一致，并在债权合同和相应的担保合同中明确约定后，可申请公证处出具具有强制执行效力的公证书，在债务人不履行或者不完全履行约定义务的，债权人依据该公证书和执行证书，向法院申请强制执行。

现行法律、司法解释并未对公证债权文书所附担保协议的强制执行效力作出限制性规定，因此银行可对公证处赋予强制执行效力的担保合同申请法院强制执行。

裁判要旨

各方当事人均认可委托贷款借款合同、抵押合同、保证合同等合同约定的内容，并明确表示在不履行或不完全履行还款义务的情况下，放弃诉权，自愿直接接受法院强制执行的，因此债权人可对经公证赋予强制执行效力的担保合同申请法院强制执行。

案情简介

1. 2013年9月4日，阳光新天地公司、华夏银行与根德公司签订委托贷款借款合同，约定阳光新天地公司委托华夏银行向根德公司发放委托贷款1.2亿元。

2. 同日，华夏银行与港信公司、豪第投资公司、豪第建筑公司、三元豪第公司、澳润百货、胡某、王某 1、王某 2、王某 3 分别就上述贷款签订了相应的抵押合同和保证合同。

3. 2014 年 8 月 6 日，十二方当事人再次签订补充协议，约定借款人及担保人不能履行或者不能完全履行委托贷款借款合同项下的还款义务，委托贷款人可向公证处申请出具执行证书，并持该证书法院申请强制执行。

4. 同日，十二方当事人分别填写公证申请表，记载申请公证事项为“委托贷款借款合同、抵押合同、保证合同赋予强制执行效力”。公证处为十二方当事人作了接谈笔录，笔录记载，各方当事人均表示知晓赋予强制执行效力公证的法律意义及法律后果，如有纠纷同意直接进入强制执行程序。

5. 2014 年 8 月 22 日，公证处作出具有强制执行效力的债权文书公证书，赋予案涉委托贷款借款合同、抵押合同、保证合同强制执行效力。

6. 申请执行：阳光新天地公司、华夏银行就上述公证债权文书申请执行，山东高院于 2014 年 11 月 21 日立案执行。被执行人辩称本案所涉抵押合同属物权合同，不属于《联合通知》规定的可以赋予强制执行效力的债权文书范围。山东省高院裁定公证赋予强制执行效力的担保合同可申请法院强制执行。

7. 复议：港信公司、豪第投资公司不服执行裁定，申请复议称，担保合同系物权合同，不属于债权文书，本案公证债权文书应不予执行。最高法院驳回复议申请，维持原裁定。

裁判要点及思路

本案的争议焦点是，公证赋予强制执行效力的担保合同是否可申请法院强制执行。最高法院认为，现行法律、司法解释并未对公证债权文书所附担保协议的强制执行作出限制性规定。**根据《最高人民法院关于人民法院办理执行异议和复议案件若干问题的规定》第二十二条第一款规定，公证债权文书对主债务和担保债务同时赋予强制执行效力的，人民法院应予执行。从本案所涉补充协议、股东会及董事会决议、公证申请表、公证机关所作接谈笔录看，各方当事人均认可案涉委托贷款借款合同、抵押合同、保证合同等合同的约定，并明确表示在不履行或不完全履行还款义务的情况下放弃诉权，自愿直接接受法院强制执行。因此，在担保人明确表示债务人不履行或不完全履行义务时自愿接受强制执行，公证机关据此制作公证书并赋予担保合同强制执行效力并无不当。**

实务要点总结

前事不忘，后事之师。我们就最高法院有关本案的判决所涉及的实务要点梳理如下，以供实务参考。

1. 最高法院 2015 年发布的司法解释扩大了可办理强制执行公证文书的范围，明确担保合同也可以在经公证后申请法院强制执行（“公证债权文书对主债务和担保债务同时赋予强制执行效力的，人民法院应予执行”）。此前，不论是最高法院的司法解释、司法部的规章、公证领域行业性规定、地方规范性文件还是司法实务领域，都长期存在两种观点。一种认为担保合同可经公证获得强制执行效力，可直接向法院申请执行；另一种观点认为，担保合同不能直接申请法院强制执行，应经过审理程序确定双方的权利义务之后主张权利。根据最高法院的司法解释，抵押合同作为设定担保债务的合同，其可以与主债务同时办理公证并赋予强制执行效力，在此情况下其强制执行效力可以获得法院认可，争议多年的问题也得以尘埃落定。

2. 根据最高法院司法解释的规定，当事人应当同时办理借款合同和担保合同的强制执行公证，如仅办理了借款合同强执公证，法院对担保合同的强执申请不予受理，如仅办理了担保合同公证，法院对借款合同的强执申请也不予受理。实务中，当事人往往会分别签订借款合同和担保合同，在办理公证时也存在两种做法：第一种，针对借款合同和担保合同出具同一份公证文书；第二种，分别对借款合同和担保合同出具两份公证文书。根据实务中公证员惯常的处理经验，也为了避免后续执行中被执行人提出执行异议，建议将借款合同和担保合同纳入同一份公证文书中。

相关法律法规

《最高人民法院关于人民法院办理执行异议和复议案件若干问题的规定》[法释〔2015〕10 号]

第二十二条 公证债权文书对主债务和担保债务同时赋予强制执行效力的，人民法院应予执行；仅对主债务赋予强制执行效力未涉及担保债务的，对担保债务的执行申请不予受理；仅对担保债务赋予强制执行效力未涉及主债务的，对主债务的执行申请不予受理。

人民法院受理担保债务的执行申请后，被执行人仅以担保合同不属于赋予强制执行效力的公证债权文书范围为由申请不予执行的，不予支持。

以下是本案判决书中“本院认为”部分，最高法院就赋予强制执行效力的担保合同应当如何行使权利问题的论述：

最高法院认为：“**（一）关于担保合同能否由公证机关赋予强制执行效力的问题。**人民法院对公证债权文书的执行监督应从债权人的债权是否真实存在并合法，当事人是否自愿接受强制执行等方面进行审查。《中华人民共和国民事诉讼法》第二百三十八条第二款规定，公证债权文书确有错误的，人民法院裁定不予执行，并将裁定书送达双方当事人和公证机关。**但现行法律、司法解释并未对公证债权文书所附担保协议的强制执行作出限制性规定。《最高人民法院关于人民法院办理执行异议和复议案件若干问题的规定》第二十二条第一款明确规定，公证债权文书对主债务和担保债务同时赋予强制执行效力的，人民法院应予执行。根据上述规定，公证机关可以对主合同和担保合同的真实性与合法性予以证明，并赋予其强制执行效力。**合法有效的公证债权文书及执行证书理应作为人民法院执行依据之一。**从本案所涉补充协议、股东会及董事会决议、公证申请表、公证机关所作接谈笔录看，各方当事人均认可案涉委托贷款借款合同、抵押合同、保证合同等合同的约定，并明确表示在不履行或不完全履行还款义务的情况下，放弃诉权，自愿直接接受人民法院强制执行。**港信公司、豪第投资公司现又主张原由其自愿申请的公证事项不合法，对公证机关出具公证债权文书及执行证书提出抗辩，不应予以支持。至于港信公司、豪第投资公司主张的保证人仅对物的担保以外的债权承担保证责任，该问题在执行程序中涉及的是采取执行措施的范围和顺序问题，不影响港信公司、豪第投资公司作为抵押人及保证人所应承担的担保责任的认定。**因此，本案公证债权文书内容与事实相符且不违反法律强制性规定，担保人明确表示债务人不履行或不完全履行义务时自愿接受强制执行，公证机关据此公证并赋予强制执行效力并无不当。**港信公司、豪第投资公司关于公证债权文书不应予以执行的主张，不能成立。”

案件来源

青岛港信地产有限公司、豪第投资置业有限公司等与青岛港信地产有限公司、豪第投资置业有限公司等执行裁定书［最高人民法院（2015）执复字第26号］

延伸阅读

有关赋予强制执行效力的担保合同申请强制执行的问题，以下是我们在写作

中检索到与该问题相关的部分省高院的案例及裁判观点，以供读者参考。

1. 公证债权文书不仅对《综合授信合同》在内的主债务合同赋予了强制执行效力，同时对《最高额抵押合同》在内的担保债务合同也赋予了强制执行效力。在法院受理执行后，担保人提出抵押合同不属于公证文书赋予强制执行效力的范围，申请不予执行，法院不予支持。

案例一：上海浦东发展银行有限公司榆林分行与延某 1、鲁某 3、延某 2、张某、榆林市众鑫汽车经销有限公司、鲁某 1、曹某 2、刘某、韩某借款担保合同纠纷执行裁定书［陕西省高级人民法院（2016）陕执复 34 号］

陕西省高院认为："**本案复议人鲁某 1、曹某 2 在异议审查程序中对公证申请表、告知书、询问笔录、承诺书以及《个人最高额抵押合同》上本人签字捺印的真实性明确表示认可；在公证承诺上也明确表示，若当债务人（包括担保人）不履行或不适当履行债务时，愿意接受强制执行措施。对此，公证机构对《个人最高额抵押合同》赋予强制执行效力符合法律规定。**鲁某 1、曹某 2 在异议、复议中提出公证程序严重违法以及公证债权文书确有错误等事由，因其未向法院提供相应的证据予以证明，本院不予支持。依据《关于人民法院办理执行异议和复议案件若干问题的规定》第二十二条的规定，公证债权文书对主债务和担保债务同时赋予强制执行效力的，人民法院应该支持。人民法院受理担保债务的执行申请后，被执行人仅以担保合同不属于赋予强制执行效力的公证债权范围为由申请不予执行的，不予支持。**本案公证债权文书，不仅对浦发银行与延某 1 签订的包括《个人综合授信合同》在内的主债务合同赋予了强制执行效力，同时对浦发银行与抵押人鲁某 1、曹某 2 所签署的《个人最高额抵押合同》在内的担保债务合同也赋予了强制执行效力。榆林中院受理执行后，鲁某 1、曹某 2 提出抵押合同不属于公证文书赋予强制执行效力的范围，申请不予执行，不符合上述司法解释规定，本院不予支持。**本案借款人延永安的借款数额及借款期限，均在复议人鲁某 1、曹某 2 所签署的《个人最高额抵押合同》约定的担保金额及担保期间之内，鲁某 1、曹某 2 作为担保人应对其承诺的担保债务承担法律责任。鲁某 1、曹某 2 在复议中提出以其未在《个人综合授信合同》上签字，不应对其产生执行效力的事由，与其所签署同意的《个人最高额抵押合同》约定不符，本院不予支持。综上，榆林中院（2015）榆中法执异字 00034 号执行裁定书，认定事实清楚、适用法律正确，应予维持。"

2. 公证债权文书可以对主债务和担保债务同时赋予强制执行效力，被执行人仅以担保合同不属于赋予强制执行效力的公证债权文书范围为由申请不予执行，

法院不予支持。

案例二：成都青羊中融汇小额贷款有限责任公司与简阳金磊投资开发有限公司、四川可卜尔饮业有限公司、陈某公证债权文书一案执行裁定书［四川省高级人民法院（2015）川执复字第98号］

四川省高院认为："二、关于本案公证债权文书是否超过法律规定的公证范围的问题。最高人民法院《关于人民法院办理执行异议和复议案件若干问题的规定》第二十二条规定：'公证债权文书对主债务和担保债务同时赋予强制执行效力的，人民法院应予执行。……人民法院受理担保债务的执行申请后，被执行人仅以担保合同不属于赋予强制执行效力的公证债权文书范围为由申请不予执行的，不予支持'。依据上述司法解释规定，**公证债权文书可以对主债务和担保债务同时赋予强制执行效力，被执行人仅以担保合同不属于赋予强制执行效力的公证债权文书范围为由申请不予执行，人民法院不予支持。**故申请复议人关于赋予强制执行效力的公证债权文书超过法律规定的公证范围，应不予强制执行的理由与法律规定不符，不能成立。"

3. 公证机构根据当事人的申请，对《委托贷款借款合同》、《最高额抵押合同》、《最高额保证合同》等合同进行公证并出具了《具有强制执行效力的债权文书公证书》。在债权人申请强制执行后，申请复议人却以担保合同不属于赋予强制执行效力的公证债权文书范围为由请求不予执行，法院不予支持。

案例三：青岛澳润百货有限公司、青岛豪第建筑工程有限公司等执行复议裁定书［山东省高级人民法院（2016）鲁执复81号］

山东省高院认为："关于第一个焦点问题。《最高人民法院关于人民法院办理执行异议和复议案件若干问题的规定》第二十二条第一款规定：'公证债权文书对主债务和担保债务同时赋予强制执行效力的，人民法院应予执行。'该条第二款同时规定：'人民法院受理担保债务的执行申请后，被执行人仅以担保合同不属于赋予强制执行效力的公证债权文书范围为由申请不予执行的，不予支持。'**本案公证机构根据各方当事人的申请，对本案所涉《委托贷款借款合同》、《最高额抵押合同》、《最高额保证合同》等合同进行公证并出具《具有强制执行效力的债权文书公证书》，根据上述法律规定，对该公证债权文书，人民法院应予执行。本案债权人申请强制执行后，申请复议人却以担保合同不属于赋予强制执行效力的公证债权文书范围为由请求不予执行，根据上述法律规定，该请求应不予支持。**另，本案中公证机构只是依各方当事人申请，对当事人之间签订的《委托贷款借款合同》以及相关抵押合同及担保合同进行公证并赋予强制执行效力，申请复议人提出的

《担保法解释》第一百三十条以及《担保法》第二十八条不适用本案情形，不能作为对本案执行公证合法性的抗辩。”

085 展期协议办理强执公证后可直接申请强制执行

阅读提示

经强执公证的债权文书可直接申请强制执行，从内在原理上是由于当事人双方自愿承诺并经带有国家公权力色彩的公证机关背书后，当事人放弃了对直接（首先）选择起诉这一纠纷解决方式的权利。

当事人之间针对还款期限、借款金额、利率水平等条款的变更属于对借款合同的实质性变更，应认定形成了新的权利义务关系。因此，原具有强制执行效力公证债权文书的效力已经无法涵盖变更后的借款合同，故当事人有必要针对变更事项办理补充公证，避免因原债权公证文书失效产生权利落空的风险。

裁判要旨

银行和借款人双方自愿签署借款展期协议，承诺自愿赋予该协议强制执行效力，并由公证处出具有效的公证债权文书的，应当认定当事人排除了对直接提起诉讼这一方式的选择权，借款人未按期还款的，银行应直接向法院申请强制执行。

案情简介

1. 2013 年 12 月 27 日，富滇银行营业部与佳达利公司签订《固定资产投资借款合同》，约定向佳达利公司提供 3.5 亿元借款，借款期限为两年。该 3.5 亿元借款已经实际发放。

2. 因佳达利公司不能按期偿还借款，双方于 2015 年 12 月 31 日签订《借款展期协议》，展期后的借款到期日为 2018 年 4 月 2 日。

3. 展期协议约定：“现自愿向昆明市华信公证处申请赋予债权文书（《借款展期协议》）强制执行效力。如甲方按债权文书约定不履行或不完全履行应偿债务，丙方有权向昆明市华信公证处申请执行证书，并持该债权文书、本《补充协议》及执行证书，依法向有管辖权的人民法院申请执行”。云南省昆明市华信公证处出具《公证书》赋予强制执行效力。

4. 原告富滇银行营业部起诉被告佳达利公司，诉称，佳达利公司未按约偿还本息的行为已构成违约，根据合同约定，合同项下贷款本息全部立即到期，富滇银行营业部有权解除上述借款合同及展期协议。

5. 云南省高院认为本案的借款合同和展期协议存在有效的具有强制执行效力的债权公证文书，原告富滇银行营业部应向法院直接申请强制执行，故裁定驳回原告的起诉。

裁判要点及思路

本案的裁判要点是，银行和借款人双方自愿签署展期协议变更还款期限后，是否应当补充办理债权公证文书，如未办理，原债权公证文书是否仍具有强制执行力。云南省高院认为，案涉借款展期协议中明确约定了双方自愿赋予该协议强制执行效力，并由公证处出具了有效的公证债权文书。应当认定，双方补充公证的行为排除了当事人对直接提起诉讼这一方式的选择权，富滇银行营业部应直接向法院申请强制执行，故法院了驳回银行的起诉请求。

实务要点总结

前事不忘，后事之师。我们就法院对本案的判决所涉及的实务要点梳理如下，以供实务参考。

1. 具有强制执行效力的公证债权文书不经执行程序直接向法院起诉，法院不予受理，这是公证强制程序的基本原理，其内在的合理性是源于当事人自愿并由国家公权力背书后，放弃了直接起诉的选择权，只有当强制执行程序无法继续时，当事人才有权利选择起诉。

2. 在实务中存在一些情形，银行和借款人签订借款合同，并由公证处出具具有强制执行效力的公证债权文书之后，双方又自愿签署了一系列针对原借款合同的补充合同，构成了对原合同内容的变更。那么该变更的内容是否超出了原公证过债权文书的范围，如未办理补充公证是否仍可直接申请强制执行？结合法院判决和实务经验，笔者建议应当针对变更内容的性质划分为两种情况：

（1）补充协议构成了对原合同的实质性变更。就借款合同的条款构成来看，针对借款金额、还款期限、利率水平等能够影响借贷双方实体性权利的变更，应当认定超出了原公证债权文书能够囊括的效力范围，达成了新的权利义务关系，双方有必要就该变更办理补充公证，否则债权人无权依照公证债权文书直接向法院申请强制执行。

（2）补充协议仅是对原合同形式变更，不影响双方当事人的实体性权利和利益，如因原合同记载有误，调整个别错字、错误编号等。这样的变更没有改变原合同的性质，并没有形成新的权利义务关系，因此不应认定越出了原公证债权文书的效力范围。

但应当注意，对展期协议等补充协议是否必要办理补充强执公证，现行公证法律法规并没有统一、明确的规定，因此从策略上讲，为了避免万无一失，银行等金融机构在对借款合同做出任何变更时，都应当尽量并及时办理补充公证，否则该直接申请强制执行的权利很可能有失效的风险。

相关法律法规

《民事诉讼法》（2017年修订）

第二百三十八条 对公证机关依法赋予强制执行效力的债权文书，一方当事人不履行的，对方当事人可以向有管辖权的人民法院申请执行，受申请的人民法院应当执行。

公证债权文书确有错误的，人民法院裁定不予执行，并将裁定书送达双方当事人和公证机关。

《公证法》

第三十七条 对经公证的以给付为内容并载明债务人愿意接受强制执行承诺的债权文书，债务人不履行或者履行不适当的，债权人可以依法向有管辖权的人民法院申请执行。

前款规定的债权文书确有错误的，人民法院裁定不予执行，并将裁定书送达双方当事人和公证机构。

《最高人民法院关于当事人对具有强制执行效力的公证债权文书的内容有争议提起诉讼人民法院是否受理问题的批复》[法释〔2008〕17号]

根据《中华人民共和国民事诉讼法》第二百一十四条和《中华人民共和国公证法》第三十七条的规定，经公证的以给付为内容并载明债务人愿意接受强制执行承诺的债权文书依法具有强制执行效力。债权人或者债务人对该债权文书的内容有争议直接向人民法院提起民事诉讼的，人民法院不予受理。但公证债权文书确有错误，人民法院裁定不予执行的，当事人、公证事项的利害关系人可以就争议内容向人民法院提起民事诉讼。

以下是本案判决书中“本院认为”部分，法院就借款展期协议是否可未经强制执行直接起诉问题的论述：

云南省高院认为："首先，富滇银行营业部与佳达利公司于2015年12月31日签订了901011301201003—1号《借款展期协议》及《补充协议》，根据该《补充协议》第一条的约定，即'各方共同确认：甲（佳达利公司）、乙（佳达利公司）、丙（富滇银行营业部）三方已经对强制执行公证的含义、内容、程序、效力等具有了明确的了解，经慎重考虑，现自愿向昆明市华信公证处申请赋予债权文书（《借款展期协议》）强制执行效力。如甲方按债权文书约定不履行或不完全履行应偿债务，丙方有权向昆明市华信公证处申请执行证书，并持该债权文书、本《补充协议》及执行证书，依法向有管辖权的人民法院申请执行。'**云南省昆明市华信公证处根据当事人的申请出具了（2016）云昆华信证字第185号《公证书》明确'《借款展期协议》及《补充协议》经双方申请人签字之后生效，根据《中华人民共和国民事诉讼法》第二百三十八条、《中华人民共和国公证法》第三十七条的有关规定，本公证机关依法赋予该《借款展期协议》及《补充协议》具有强制执行效力，自前面的《借款展期协议》及《补充协议》生效及债权债务形成之日起，本公证书具有强制执行效力。借款人不履行或不完全履行债务的，贷款人应在还款期限届满之日起二年内向本公证机关申请签发执行证书，并凭本公证书及执行证书向有管辖权的人民法院申请执行。'**因此，根据《中华人民共和国民事诉讼法》第二百三十八条'对公证机关依法赋予强制执行效力的债权文书，一方当事人不履行的，对方当事人可以向有管辖权的人民法院申请执行，受申请的人民法院应当执行。公证债权文书确有错误的，人民法院裁定不予执行，并将裁定书送达双方当事人和公证机关。'及《最高人民法院关于当事人对具有强制执行效力的公证债权文书的内容有争议提起诉讼人民法院是否受理问题的批复》的规定，具有强制执行效力的公证债权文书与生效判决书、仲裁裁决书一样，是人民法院的执行依据，当事人可以据此申请强制执行。对于有强制执行效力的公证债权文书，发生争议后债权人应当申请强制执行，直接提起诉讼的，人民法院不予受理。**前述司法解释的明确规定，排除了当事人对直接提起诉讼这一方式的选择权。在公证债权文书没有被人民法院裁定不予执行的情况下，其具有法律强制力，当事人不能再次提起民事诉讼。由于本案并不存在公证债权文书确有错误，人民法院不予执行的裁定，故富滇银行营业部未经过执行程序直接提起诉讼，应不予受理，本案已经受理，故应裁定驳回起诉。其次，因本案所涉《借款展期协议》及《补充协议》系赋有强制执行力的债权文书，不属于法院受理范围，故对于建立在《借款展期协议》之上的担保关系，因系从属法律关系，且要判断晓安公司、李某1及李某2是否承担担保责任，势必涉及对《借款展期协议》的审理，这也违反了**

上述法律及司法解释的规定精神，因此本案应全案驳回富滇银行营业部的起诉。”

案件来源

富滇银行股份有限公司营业部与昆明佳达利房地产开发经营有限公司、昆明晓安拆迁经营有限责任公司金融借款合同纠纷案［云南省高级人民法院（2016）云民初80号］

延伸阅读

有关借款展期协议是否可未经强制执行直接起诉的问题，以下是我们在写作中检索到与该问题相关的部分法院的案例及裁判观点，以供读者参考。

1.《展期协议》、《补充协议》均由公证处出具了有效的具有强制执行效力的公证债权文书，故银行不得直接向人民法院提起民事诉讼，本案不属于法院受理民事诉讼案件范围。

案例一：平安银行股份有限公司昆明分行与云南青峰房地产开发有限责任公司、青海兴旺建工贸（集团）有限责任公司金融借款合同纠纷案［云南高级人民法院（2017）云民初43号］

云南省高院认为：“本院经审查认为，**在本案中，昆明平安银行与各被告就本案涉及的《展期协议》、《补充协议》在云南省昆明市中衡公证处，作出了（2016）云昆中衡证字第3124号公证书，对本案债权赋予了强制执行效力。根据2008年12月26日起实行的《最高人民法院关于当事人对具有强制执行效力的公证债权文书的内容有争议提起诉讼人民法院是否受理的批复》‘经公证的以给付为内容并载明债务人愿意接受强制执行承诺的债权文书依法具有强制执行效力。债权人或债务人对该债权文书的内容有争议直接向人民法院提起民事诉讼的，人民法院不予受理’之规定，本案诉争债权文书具有强制执行效力，昆明平安银行不得直接向人民法院提起民事诉讼，本案不属于人民法院受理民事诉讼案件范围。**据此，依照《中华人民共和国民事诉讼法》第一百一十九条、第一百五十四条第一款第三项，《最高人民法院关于适用〈中华人民共和国民事诉讼法〉的解释》第二百零八条第三款，《最高人民法院关于当事人对具有强制执行效力的公证债权文书的内容有争议提起诉讼人民法院是否受理的批复》的规定，裁定如下：驳回平安银行股份有限公司昆明分行的起诉。”

2. 展期合同是双方自愿约定，并由公证书出具了具有强制执行效力的公证债

权文书。还款期限届满后，借款人未能按期还款的，债权人有权依据公证债权文书向法院申请强制执行，故应驳回借款人的执行异议申请。

案例二：新疆福宁房地产开发有限公司与余某借款合同纠纷执行裁定书［新疆维吾尔自治区伊犁哈萨克自治州塔城地区中级人民法院（2015）伊州执异字第18号］

伊州塔城地区中院认为：“本院认为，**福宁房地产公司和余某签订借款合同和展期合同是自愿约定达成的，乌苏市公证处作出的（2013）乌证经字第1238号和（2014）乌证经字第088号赋予强制执行效力债权文书公证书时，异议人福宁房地产公司对债权文书约定的履行义务未提出疑义，并签名认可全部条款。还款协议期满后，异议人福宁房地产公司未履行全部还款义务。为此，乌苏市公证处根据余某的申请，审查核实相关证据内容后签发的（2015）乌证执字第33号执行证书并不违反法律的强制性规定。故乌苏市公证处出具的（2013）乌证经字第1238号和（2014）乌证经字第088号公证书及签发的（2015）乌证执字第33号执行证书审查程序符合法律规定。异议人新疆福宁房地产开发有限公司异议理由不成立。**依照《中华人民共和国民事诉讼法》第二百三十八条，《最高人民法院关于人民法院办理执行异议和复议案件若干问题的规定》第十条的规定，裁定如下：驳回异议人新疆福宁房地产开发有限公司的异议申请。”

086 被刑事判决认定为非法所得的存款，银行是否可申请执行？

阅读提示

在处理“刑民交叉”案件时，“先刑后民”原则已经成为法院在处理该类问题时的惯性思维。最高法院发布的《关于刑事裁判涉财产部分执行的若干规定》第十三条第一款规定，“被执行人在执行中同时承担刑事责任、民事责任，其财产不足以支付的”，应按照“退赔被害人损失”优先于“其他民事债务”的原则分配被执行财产。但适用该条解释应当有严格条件限制，即只有在被执行人财产被生效的民事裁判和刑事裁判同时执行，且该部分财产不足以全部支付的情况下才有适用该分配原则的必要性。

也就是说，如果生效的民事裁判已经将案涉财产执行完毕，即使该部分财产涉及另案刑事案件，且被后续生效的刑事判决确认属于违法犯罪所得应当退赔给被害人，在财产已经被生效的民事裁判执行完毕的情况下，没有适用“先刑后民”

并申请执行回转的空间，在先的民事部分执行结果应当得到尊重和保护。

同时应当注意，尽管民事部分已经执行完毕，银行顺利实现债权，还应当考虑银行对该部分财物属于赃款赃物的事实是否知情，若知情则应当被追缴。本案的特殊之处在于刑事判决是在民事部分执行完毕以后才作出，因此不符合银行知晓被执行人存款系“刑事裁判认定为赃款赃物”仍然接受还款的法定予以追缴情形的适用前提。

裁判要旨

最高法院司法解释规定的“被执行人在执行中同时承担刑事责任、民事责任”情况下执行财产“先刑后民”的分配原则是指刑事裁判涉财产部分与民事案件被同时执行时，退赔被害人损失应优先于其他民事债务执行。执行民事生效裁判的法院已经扣划存款并执行完毕后审理刑事案件的法院才作出刑事判决，不应适用前述司法解释规定的“先刑后民”的分配顺序。

案情简介

1. 2013 年 8 月 27 日，南通市中院作出调解书：中航船板公司应于 2013 年 12 月 4 日前一次性归还建行唐闸支行借款本金 400 万元及利息，蒋某对中航船板公司上述债务承担连带清偿责任。

2. 调解书生效后各方均未履行义务，银行申请执行。2013 年 12 月 27 日，南通中院作出执行裁定：冻结、划拨被执行人中航船板公司、蒋某存款人民币 432.2 万元。

3. 2013 年 12 月 28 日，被执行人蒋某死亡。2014 年 1 月 21 日，南通中院向农行中南世纪城支行作出协助冻结存款通知书，轮候冻结蒋某账户 432.2 万元。查明该账户余额为 630 余万元。南通市公安局前一冻结期至 2014 年 7 月 11 日。

4. 2014 年 7 月 17 日，南通市中院续冻蒋某账户，轮候冻结 432.2 万元。2014 年 7 月 23 日，因南通市公安局未立案也未续封，成为首封。当日，南通中院向农行中南世纪城支行作出协助扣划存款通知书，将蒋某 432.2 万元存款扣划至南通中院账户。2014 年 11 月 19 日，南通中院作出《结案通知书》，本案执行完毕。

5. 2014 年 11 月 20 日，南通市崇川区法院作出刑事判决，认定蒋某账户内 630 余万元系违法所得。2015 年 1 月 29 日，被害人武汉天科公司向南通中院提交《执行异议书》，称蒋某账户存款为违法所得，民事案件不能参与分配。

6. 南通市中院认为，划扣蒋某账户上的存款时对存款属于首封状态，崇川区法院刑事判决尚未作出，本次执行并无不当，故裁定驳回执行异议申请。

7. 武汉天科公司不服裁定申请复议，称蒋某存款为赃款，根据先刑后民原则，应先返还被害人。江苏省高院认为，武汉天科公司并未提供证据证明建行唐闸支行存在法定应予追缴的情形，南通中院扣划被执行人蒋某存款并无不当，故驳回复议申请，维持原裁定。

裁判要点及思路

江苏省高院认为本案的争议焦点是，被执行人的银行存款为另案刑事犯罪违法所得的情况下，银行是否可基于民事债权债务关系执行该部分存款。根据最高法院发布的《关于刑事裁判涉财产部分执行的若干规定》第十三条第一款的规定，仅在刑事裁判涉财产部分与民事案件同时执行的情况下，才存在退赔被害人损失优先于其他民事债务执行的情形。本案中，南通中院扣划存款并执行完毕后崇川法院才作出刑事判决，故不能适用上述规定。同时，根据该《解释》第十一条的规定，刑事犯罪被害人并未提出证据证明申请执行人建行唐闸支行存在应予依法追缴的情形，故南通中院扣划被执行人蒋某存款并无不当。

实务要点总结

前事不忘，后事之师。我们就本案中法院的判决所涉及的实务要点梳理如下，以供实务参考。

1. 最高法院法院发布的《关于刑事裁判涉财产部分执行的若干规定》第十三条第一款规定的“被执行人在执行中同时承担刑事责任、民事责任”的情况是指同时存在生效的刑事裁判和民事裁判，且被执行人财产同时被刑事裁判和民事裁判执行，这种情况下才有被执行财产在刑事和民事部分按法定顺序分配的问题。本案中刑事判决是在民事部分执行完毕以后才作出，且民事部分早已在刑事判决生效前执行完毕，故不涉及执行财产在刑民两部分之间分配的问题。

2. 本案中刑事被害人之所以未能获得退赔，一个主要的问题是未能争取到案涉财产的首封地位。尽管公安局经侦部门在审理民事借款案件的法院之前冻结了蒋某的存款，但在本次冻结期 6 个月期满后，公安局未及时续冻使民事借款案件的轮候冻结自动上升为首封并被法院即时执行完毕，刑事案件被害人失去了获得退赔的机会。从刑事被害人角度来看，公安机关首次冻结期过短以及未及时申请续冻是失去获得退赔机会的主要原因。而从债权人银行的角度来看，应当在民事裁判生效后及时申请执行并争取首封地位，其债权才能获得更有效保障。

3. 银行通过执行程序实现了债权，但并不是说刑事被害人没有回转的余地。根据最高法院发布的《关于刑事裁判涉财产部分执行的若干规定》第十一条规定，被执行人将刑事裁判认定为赃款赃物的涉案财物用于清偿债务，第三人明知而接受的，应当予以追缴，但善意第三人取得该财物的不予追缴。本案中刑事被害人并未能提交证据证明银行在申请执行时知晓该笔存款属于非法所得赃款，同时刑事判决是在民事案件执行完毕时才作出，不符合本条解释规定的被“刑事裁判认定为赃款赃物”的构成要件，故江苏省高院驳回了刑事被害人的执行异议申请。

相关法律法规

《最高人民法院关于刑事裁判涉财产部分执行的若干规定》(法释〔2014〕13号)

第十一条 被执行人将刑事裁判认定为赃款赃物的涉案财物用于清偿债务、转让或者设置其他权利负担，具有下列情形之一的，人民法院应予追缴：

(一)第三人明知是涉案财物而接受的；

(二)第三人无偿或者以明显低于市场的价格取得涉案财物的；

(三)第三人通过非法债务清偿或者违法犯罪活动取得涉案财物的；

(四)第三人通过其他恶意方式取得涉案财物的。

第三人善意取得涉案财物的，执行程序中不予追缴。作为原所有人的被害人对该涉案财物主张权利的，人民法院应当告知其通过诉讼程序处理。

第十三条 被执行人在执行中同时承担刑事责任、民事责任，其财产不足以支付的，按照下列顺序执行：

(一)人身损害赔偿中的医疗费用；

(二)退赔被害人的损失；

(三)其他民事债务；

(四)罚金；

(五)没收财产。

债权人对执行标的依法享有优先受偿权，其主张优先受偿的，人民法院应当在前款第(一)项规定的医疗费用受偿后，予以支持。

以下是本案判决书中“本院认为”部分，法院就民事部分执行是否合法有效问题的论述：

江苏省高院认为："武汉天科公司关于案涉款项属于赃款南通中院不得扣划的主张不能成立。《最高人民法院关于刑事裁判涉财产部分执行的若干规定》第十三条第一款规定：'被执行人在执行中同时承担刑事责任、民事责任，其财产不足以支付的，按照下列顺序执行：（一）人身损害赔偿中的医疗费用；（二）退赔被害人的损失；（三）其他民事债务；（四）罚金；（五）没收财产'，**故仅在刑事裁判涉财产部分与民事案件同时执行的情况下，才存在退赔被害人损失优先于其他民事债务执行的情形。本案中，南通中院扣划完毕后崇川法院才作出刑事判决，故不能适用上述规定。**另外，《最高人民法院关于刑事裁判涉财产部分执行的若干规定》第十一条规定：'被执行人将刑事裁判认定为赃款赃物的涉案财物用于清偿债务、转让或者设置其他权利负担，具有下列情形之一的，人民法院应予追缴：（一）第三人明知是涉案财物而接受的；（二）第三人无偿或者以明显低于市场的价格取得涉案财物的；（三）第三人通过非法债务清偿或者违法犯罪活动取得涉案财物的；（四）第三人通过其他恶意方式取得涉案财物的。第三人善意取得涉案财物的，执行程序中不予追缴。作为原所有人的被害人对该涉案财物主张权利的，人民法院应当告知其通过诉讼程序处理'，**本案中，武汉天科公司并未提供证据证明建行唐闸支行存在上述应予追缴的情形，故南通中院扣划被执行人蒋某存款并无不当。**"

案件来源

武汉天科煤化有限公司、中国建设银行股份有限公司南通唐闸支行与南通中航船板工程有限公司、江苏爱科新能源科技有限公司等金融借款合同纠纷、申请承认与执行法院判决、仲裁裁决案件执行裁定书［江苏省高级人民法院（2015）苏执复字第00089号］

087 银行对已经被刑事判决没收的抵押物是否继续享有抵押权？

阅读提示

在处理"刑民交叉"的案件中，"先刑后民"已经成为法院裁判时固有的处理模式，这样的思维被贯穿于法院从审理到执行的全过程。在审理过程中，法院经常要求民事案件的判决应当等待刑事案件的裁判结果，造成民事案件审判期限被无故延长。在执行过程中当被执行人需要同时承担民事责任和刑事责任时，执行法院又往往以刑事被害人作为优先退赔的对象，而否认设定有抵押权的债权优先受偿的权利，没有体现对民事债权人合法权利的尊重和保护。

根据《最高人民法院关于刑事裁判涉财产部分执行的若干规定》第十一条第二款和第十三条第一款的规定，即使抵押物已被生效的刑事判决查封甚至没收，并不影响已经合法成立的抵押权优先受偿的效力。

裁判要旨

借款人对银行所负债务为合法债务，抵押房屋已办理抵押登记，故银行对该抵押登记房屋应具有优先受偿权。抵押房屋虽被列入刑事案件没收财产的财产范围，但根据最高法院的司法解释，银行作为债权人主张对借款人提供的，刑事案件中的执行标的即抵押房屋享有优先受偿权的，应予以支持，且该优先受偿权的顺位优于刑事被害人获得退赔的权利。

案情简介

1. 2013 年 1 月 9 日，永宁县农信社与吉某、闫某签订《借款合同》，额度 300 万，期限自 2013 年 1 月 9 日至 2014 年 1 月 8 日。同日，永宁县农信社与吉某、闫某签订抵押合同，约定以闫某所有的房产为上述借款本息提供抵押担保，办理了抵押登记。2013 年 1 月 9 日，永宁县农信社照约发放贷款 300 万元。贷款到期后，吉某、闫某不能按期清偿贷款本金及利息。

2. 2015 年 5 月 21 日，银川市中院作出刑事判决，没收了上述抵押贷款房屋。被告吉某上诉后，2016 年 3 月 8 日，宁夏自治区高级法院作出判决维持中院判决。判决生效后，将案件移送执行庭，涉案房屋尚未拍卖、变卖或折价。

3. 一审：原告永宁县农信社起诉被告吉某、闫某，请求偿还借款本息，并对案涉闫某提供的抵押房产享有优先受偿权。宁夏永宁县法院判决吉某、闫某应偿还借款本息，但因案涉抵押财产已被生效刑事判决予以没收，故对该项请求不予支持。

4. 二审：原被告双方均不服一审判决提起上诉，双方均主张尽管刑事判决没收了案涉抵押财产，但并不影响永宁县农信社对案涉抵押物拍卖、变卖价款享有的优先受偿权。银川市中院判决驳回上诉，维持原判。

5. 再审：双方均不服二审判决申请再审，双方均主张二审法院认定事实错误，适用法律错误，永宁县农信社对案涉抵押房产拍卖、变卖价款享有优先受偿权。宁夏自治区高院再审裁定一、二审法院适用法律错误，指令银川市中院再审，并中止原判决的执行。

裁判要点及思路

本案的争议焦点是，案涉抵押房产被另案生效的刑事判决认定为使用违法所得购置并判决予以没收，在该刑事判决作出前成立的不动产抵押权是否受影响，抵押权人是否仍然享有优先受偿权。根据《最高人民法院关于刑事裁判涉财产部分执行的若干规定》第十三条的规定，“被执行人在执行中同时承担刑事责任、民事责任，其财产不足以支付的……债权人对执行标的依法享有优先受偿权，其主张优先受偿的，人民法院应当在前款第（一）项规定的医疗费用受偿后，予以支持。”也就是说，即使生效刑事判决将案涉抵押房产没收，但不影响成立在先的债权人基于抵押权享有的优先受偿权。

实务要点总结

前事不忘，后事之师。我们就本案中法院的判决所涉及的实务要点梳理如下，以供实务参考。

1. 即使案涉抵押房产是由借款人使用违法所得购置，银行享有的抵押权仍合法有效。《最高人民法院关于刑事裁判涉财产部分执行的若干规定》第十一条规定，被执行人将刑事裁判认定为赃款赃物的涉案财物用于清偿债务、转让或者设置其他权利负担……第三人善意取得涉案财物的，执行程序中不予追缴。也即是说，成立在先的银行享有的抵押权如果符合善意取得的构成要件，即银行已按约发放足额贷款，房产已办理抵押登记且银行对抵押物的违法性瑕疵不知情的情况下，即使另案刑事判决已经将该房产以违法所得为由予以没收，也不应影响银行就该抵押物享有的优先受偿权的。

2. 银行基于债权债务关系享有的优先受偿权应优先于刑事案件被害人获得退赔的权利。最高人民法院《关于刑事裁判涉财产部分执行的若干规定》第十三条第二款规定，对执行标的享有的优先受偿权应当在人身损害赔偿的医疗费用赔付之后受偿，但并没有规定同样排在医疗费用之后的“退赔被害人的损失”与对执行标的优先受偿权孰先孰后受偿的问题。时任最高法院执行局局长刘贵祥及最高法院法官闫燕在《人民司法》2015 年第一期发表的《〈关于刑事裁判涉财产部分执行的若干规定〉的理解与适用》中认为，“债权人对执行标的享有抵押权的，对其抵押权应优先予以保护，但是，其优先受偿权不得优先于医疗费用的支付”，同时“由于刑事案件的被害人对于遭受犯罪侵害的事实无法预测和避免，被害人对被非法占有、处置的财产主张权利只能通过追缴或者退赔予以解决，在赃款赃物追缴不能的情况下，被执行人在赃款赃物等值范围内予以赔偿”，因此可认为抵押权的优先受偿权应优先于刑事退赔。

相关法律法规

《最高人民法院关于刑事裁判涉财产部分执行的若干规定》（法释〔2014〕13号）

第十一条　被执行人将刑事裁判认定为赃款赃物的涉案财物用于清偿债务、转让或者设置其他权利负担，具有下列情形之一的，人民法院应予追缴：

（一）第三人明知是涉案财物而接受的；

（二）第三人无偿或者以明显低于市场的价格取得涉案财物的；

（三）第三人通过非法债务清偿或者违法犯罪活动取得涉案财物的；

（四）第三人通过其他恶意方式取得涉案财物的。

第三人善意取得涉案财物的，执行程序中不予追缴。作为原所有人的被害人对该涉案财物主张权利的，人民法院应当告知其通过诉讼程序处理。

第十三条　被执行人在执行中同时承担刑事责任、民事责任，其财产不足以支付的，按照下列顺序执行：

（一）人身损害赔偿中的医疗费用；

（二）退赔被害人的损失；

（三）其他民事债务；

（四）罚金；

（五）没收财产。

债权人对执行标的依法享有优先受偿权，其主张优先受偿的，人民法院应当在前款第（一）项规定的医疗费用受偿后，予以支持。

以下是本案判决书中“本院认为”部分，法院就信用社是否就案涉抵押物享有优先受偿权问题的论述：

宁夏自治区高院认为：“《中华人民共和国刑法》第六十条规定：没收财产以前犯罪分子所负的正当债务，需要以没收的财产偿还的，经债权人的请求，应当偿还。最高人民法院《关于刑事裁判涉财产部分执行的若干规定》第十三条规定：被执行人在执行中同时承担刑事责任、民事责任，其财产不足以支付的，按照下列顺序执行：（一）人身损害赔偿中的医疗费用；（二）退赔被害人的损失；（三）其他民事债务；（四）罚金；（五）没收财产。债权人对执行标的依法享有优先受偿权，其主张优先受偿的，人民法院应当在前款第（一）项规定的医疗费用受偿后，予以支持。**本案吉某、闫某对永宁信用社所负债务为合法债务，涉案抵押房屋已办理抵押登记，永宁信用社对该抵押登记房屋应具有优先受偿权。涉案抵押房屋虽被列入刑事案件没收财产的财产范围，但依据上述二规定，对永宁信用社作为债权人主张偿还其对吉某刑事案件中的执行标的即涉案抵押房屋享有优先受偿权的，应予以支持。故一、二审法院以涉案房屋已被刑事判决予以没收为由驳回该项诉讼请求，适用法律错误。综上，再审申请人永宁信用社、吉某、闫某的再审申请符合《中华人民共和国民事诉讼法》第二百条第六项规定的情形。”**

案件来源

永宁县农村信用合作联社、吉某等金融借款合同纠纷二审民事判决书［银川市中级人民法院（2017）宁 01 民终 730 号］；永宁县农村信用合作联社、吉某等金融借款合同纠纷再审审查与审判监督民事裁定书［宁夏回族自治区高级人民法院（2017）宁民申 863 号］

延伸阅读

有关抵押物涉及刑事犯罪时银行是否可行使优先受偿权的问题，以下是我们在写作中检索到与该问题相关的法院案例及裁判观点，以供读者参考。

1. 银行在办理抵押贷款过程中，尽到了审慎审查和合理注意的义务，因此即便借款人在设定抵押时存在无权处分的情形，银行对案涉房屋的抵押权也构成善意取得。刑事裁判并未否定抵押合同的效力，故合法成立的抵押权应受法律保护。

案例一：中国银行股份有限公司丽水市分行为与陈某、孟某、董某金融借款合同纠纷案［浙江省丽水市中级人民法院（2016）浙 11 民终 330 号］

丽水市中院认为：“**因刑事裁判未否定案涉抵押合同的效力，基于物权公示公信原则，中行丽水分行基于信赖不动产登记簿上的记载而发生的交易，应受法律保护**。第一，虽然刑事裁定认定案涉房屋系丽水市隆泰担保投资有限公司用其所吸收的款项以陈某的名义购置，但该裁定并未否定案涉抵押合同的效力。因此在案涉借款合同、抵押合同未被认定为无效合同的情况下，不能仅因案涉房屋系赃款购置来直接否定中行丽水分行基于房屋抵押享有的优先受偿权。第二，案涉房屋权属登记在陈某名下，该登记具有公信力，根据物权公示的权利推定效力，只要在不动产登记簿上记载的权利都应推定为真实。鉴于案涉抵押贷款并非房屋按揭贷款，中行丽水分行在审核过程中只能通过权属登记，在形式上审核房屋产权的真实状况。中行丽水分行与陈某签订《个人循环贷款最高额抵押合同》时，对陈某提供的产权证等抵押所需的各类材料已经做了形式审查，当时陈某也未因涉嫌犯罪被采取刑事强制措施，中行丽水分行有理由相信陈某是该房屋的合法所有人，且在设立该房产抵押时依法进行了抵押权登记，取得了他项权证。可见，**中行丽水分行在办理抵押贷款过程中，尽到了审慎审查和合理注意的义务，因此即便陈春华在设定抵押时存在无权处分的情形，中行丽水分行对案涉房屋的抵押权也构成善意取得。**基于以上分析，依据《中华人民共和国物权法》和《最高人民法院关于刑事裁判涉财产部分执行的若干规定》第十一条第二款'第三人善意取得涉案财物的，执行程序中不予追缴'，以及第十三条第二款'债权人对执行标的依法享有优先受偿权，其主张优先受偿的，人民法院应当在前款第（一）项规定的医疗费用受偿后，予以支持'的规定，**在没有证据证明中行丽水分行知道或应当知道案涉房屋系赃款购置以及在贷款审核过程中存在过错的情况下，中行丽水分行作为善意第三人，其对案涉房屋享有的抵押权，依法应予以保护。**"

2. 申请执行人银行是被执行人名下房产的抵押权人，对房产享有合法的抵押权，即使异议人是刑事受害人，银行作为抵押权人依法优先于刑事受害人受偿。

案例二：深圳市汇业集团有限公司、中信银行股份有限公司深圳分行与深圳市金来顺集团有限公司、陈某等金融借款合同纠纷执行裁定书［广东省深圳市中级人民法院（2017）粤 03 执异 60 号］

深圳市中院认为："本院认为，根据《最高人民法院关于刑事裁判涉财产部分执行的若干规定》第十三条的规定，被执行人在执行中同时承担刑事责任、民事责任，其财产不足以支付的，按照下列顺序执行：（一）人身损害赔偿中的医疗费用；（二）退赔被害人的损失；（三）其他民事债务；（四）罚金；（五）没收财产。债权人对执行标的依法享有优先受偿权，其主张优先受偿的，人民法院应当在前款第（一）项规定的医疗费用受偿后，予以支持。**本案申请执行人中信银行深圳分行作为被执行人金融联公司名下位于深圳市福田区中心区东南部的时代财富广场 28A、28B、28C、28D、28E、28F、28G、28H 八套房产的抵押权人，对上述房产享有合法的抵押权。即使异议人汇业公司是刑事受害人，中信银行深圳分行作为抵押权人依法优先汇业公司等刑事受害人受偿。**异议人汇业公司的异议理由不成立，依法应予驳回。"

3. 已经生效的法院判决认定银行对借款人提供的抵押物享有优先受偿权，该判决认定案涉标的设置的抵押有效，故银行享有的优先受偿权其受偿顺位优先于

退赔案外人的损失。

案例三：平安银行股份有限公司行廖某等与涂某、陈某等借款合同纠纷执行裁定书［重庆市第五中级人民法院（2017）渝05执异1865号］

重庆五中院认为："《最高人民法院关于刑事裁判涉财产部分执行的若干规定》第十三条第一款规定：被执行人在执行中同时承担刑事责任、民事责任，其财产不足以支付的，按照下列顺序执行：（一）人身损害赔偿中的医疗费用；（二）退赔被害人的损失；（三）其他民事债务；（四）罚金；（五）没收财产。第二款规定：债权人对执行标的依法享有优先受偿权，其主张优先受偿的，人民法院应当在前款第（一）项规定的医疗费用受偿后，予以支持。**本案中，本院（2015）渝五中法民初字第01378、01379、01380号民事判决书判决茂函公司归还平安银行重庆分行贷款本金5700万元及利息、复利、罚息等，平安银行重庆分行对茂函公司、达峰服装公司、余某、潘某、蔚某、涂某提供的抵押物享有优先受偿权。该判决认定案涉标的设置的抵押有效，平安银行重庆分行作为抵押权人享有优先受偿权，其受偿顺位优先于退赔案外人的损失。**案外人未提供充分证据证明案涉标的系余某用赃款所购，其损失应当在重庆市南岸区人民法院（2017）渝0108执1423号执行案中按照刑事裁判认定的实际损失予以发还或者赔偿，其要求中止案涉标的及重庆市第五中级人民法院（2015）渝五中法民初字第01378、01379、01380号民事判决书的执行等的异议请求没有事实和法律依据，案外人认为上述判决有错误可通过审判监督程序处理。"

088 应以名义借款人而非实际借款人住所地确定管辖

裁判要旨

应以合同形式内容，而不是以实质关系来确定管辖法院。作为被告的借款人以其系名义借款人为由，主张应按实际借款人或用资人的住所地来确定管辖法院的，不予支持。

案情简介

1. 2003年1月2日，生物港公司（甲方）与深圳民生银行（乙方）签订《借款合同》，其中第十五条约定，借贷双方发生的关于本合同的一切争议，双方可协商解决；协商不成需诉讼的，由乙方（出借方）所在地法院管辖。同时，普天公司与深圳民生银行签订的《保证合同》第十一条也约定了具有同样内容的管辖条款。

2. 深圳民生银行以借款合同发生纠纷为由向广东省高院提起诉讼，立案受理后，生物港公司和普天公司分别提出管辖权异议，称生物港公司向深圳民生银行贷款后，该款实际使用人是否为普天公司，应以普天公司所在地确定管辖。

3. 一审：广东省高院认为本案应根据主合同确定案件管辖，实际用款人是否为普天公司属于法院受理该案后对事实的审理认定问题，不影响管辖法院的认定，故裁定驳回管辖权异议。

4. 二审：生物港公司不服一审裁定提起上诉，诉称本案实际借款人为普天公司，应以实际借款人所在地确定管辖法院。最高法院认为，确定管辖应以合同形式内容来确定，而不是以所谓实质关系来确定，故裁定驳回上诉请求。

裁判要点及思路

本案的争议焦点是：借款合同记载的借款人提出其非实际借款人，并主张应以实际借款人所在地确定管辖法院是否应予支持。最高法院认为，借款合同形式上是由深圳民生银行与生物港公司签订的，普天公司只是担保人，属于不同的法律关系。确定管辖仍然要以合同形式内容来确定，而不是以所谓实质关系来确定，故裁定驳回借款人生物港公司的上诉请求。

实务要点总结

前事不忘，后事之师。我们就最高法院有关本案的判决涉及的实务要点梳理如下，以供实务参考。

1. 确定管辖法院处于整体诉讼程序的起始阶段，当事人就管辖法院提出管辖权异议的，法院应以形式上的合同签署方作为确定管辖法院的认定依据。本案中被告生物港公司主张其为名义借款人，应以实际借款人认定管辖法院，应当认为，生物港公司是否为名义借款人属于法院受理该案后对事实的审理认定问题，该等事实问题不应当在管辖权异议程序中解决，据此认定管辖法院没有法律依据。

2. 名义借款人与实际借款人一般构成委托代理法律关系，使用间接代理（隐名代理）的方式，实际借款人委托名义借款人向银行借款，取得的借款由实际借款人使用。从形式上看，借款合同由名义借款人签署，银行并不知道实际借款人的存在。因借款合同发生争议时，根据《合同法》第四百零三条第二款的规定，如因实际借款人的原因名义借款人无法向银行偿还借款，名义借款人应向银行披露实际借款人，此时银行可以选择向名义借款人或者实际借款人主张要求偿还借款。

相关法律法规

《民事诉讼法》(2017年修订)

第二十一条　对公民提起的民事诉讼，由被告住所地人民法院管辖；被告住所地与经常居住地不一致的，由经常居住地人民法院管辖。

对法人或者其他组织提起的民事诉讼，由被告住所地人民法院管辖。

同一诉讼的几个被告住所地、经常居住地在两个以上人民法院辖区的，各该人民法院都有管辖权。

第二十三条　因合同纠纷提起的诉讼，由被告住所地或者合同履行地人民法院管辖。

以下是本案判决书中"本院认为"部分，最高法院、广东省高院就是否应以实际借款人坐在地确定管辖法院问题的论述：

最高法院认为："本案借款合同与保证合同所约定的关于发生纠纷形成诉讼的管辖法院是一致的，由乙方即出借方深圳民生银行所在地的法院管辖。而出借方深圳民生银行在本案中就是原审原告，该约定符合我国民事诉讼法第二十条以及本院法函［1995］157号《关于当事人在合同中协议选择管辖法院问题的答复》有关当事人协议管辖所选择范围的规定，本案合同中约定的管辖条款具有合法性，应当对当事人具有约束力。上诉人生物港公司关于本案合同管辖约定条款没有充分地得以告知或者自由协商，属'霸王条款'违反了其意志的理由，不能成立，本院不予支持。由于本案主、从合同约定的管辖条款的一致性，不存在原告如果分别或者单独仅仅起诉主债务人和担保人的情况下应适用不同管辖约定的问题。本案当事人的协议管辖条款没有违反民事诉讼法关于级别和专属管辖的强制性规定。该案不能构成在全国范围内有重大影响的案件，不应由最高人民法院将其作为第一审民事案件自行审理。该案应由广东省高级人民法院作为第一审民事案件进行受理，且符合本院关于高级人民法院作为第一审民事案件受理条件的规定。本案亦不涉及我国民诉法有关专属管辖的问题。

关于本案应否由实际的借款人或者用资人所在地法院管辖案件，由于本案借款合同形式上表现出来的仍然是深圳民生银行与生物港公司之间签订的，普天公司只是担保人，属于不同的法律关系。至于普天公司所称本案合同存在以合同形

式掩盖非法目的，这需要由实体审理后予以查明。但确定本案管辖仍然要以合同形式内容来确定，而不是以所谓实质关系来确定。生物港公司及普天公司关于要将该案由北京市高级人民法院或者最高人民法院来管辖的上诉请求，缺乏事实和法律依据，本院不予采纳。原审裁定其对该案具有管辖权正确，本院予以维持。”

广东省高院认为：“根据《最高人民法院关于适用〈中华人民共和国担保法〉若干问题解释》第一百二十九的规定，本案应当根据主合同确定案件管辖。深圳民生银行与生物港公司及普天公司在借款合同和担保合同约定，如发生纠纷，由乙方即深圳民生银行所在地法院管辖。因合同当事人在约定地域管辖时不可能对争议的标的金额进行约定和预测，不能约定具体的法院管辖，本案当事人对地域管辖的约定并没有违反民事诉讼法关于级别管辖和专属管辖的规定，应认定有效。由于该案借款合同纠纷标的额超过人民币一亿元，原告深圳民生银行和被告生物港公司均在广东省，本案并不属于全国有重大影响的案件，且级别管辖是上下级法院就一审案件审理的内部分工，因此，原审法院受理该案既符合《中华人民共和国民事诉讼法》第二十二条、第二十四条、第二十五条的规定，也符合最高人民法院《关于各高级人民法院受理第一审民事、经济纠纷案件问题的通知》的规定。**至于生物港公司向深圳民生银行贷款后，该款实际使用人是否为普天公司，则属于法院受理该案后对事实的审理认定问题，故生物港公司与普天公司就本案提出的管辖权异议不成立，不予采纳。**该院依照《中华人民共和国民事诉讼法》第一百四十条第一款第（二）项的规定，裁定：驳回生物港公司与普天公司对本案管辖权提出的异议。”

案件来源

深圳市生物港投资有限公司、中国普天信息产业集团公司与中国民生银行股份有限公司深圳分行借款担保合同纠纷管辖权异议上诉案［最高人民法院（2005）民二终字 124 号］

089 同一授信合同项下签订的多份借款合同，银行可一并起诉，以合并后的标的额确定管辖

阅读提示

大额的金融借款关系中银行会首先与借款人签订授信额度协议，约定在一定

时期内给予借款人一定的借款额度，借款人可以在约定的期间和额度内向银行申请贷款。也就是说，同一授信协议下一般都会产生多份的借款合同，以及与该等借款合同相对应的担保合同。那么在同一授信合同项下形成的若干份借款合同之间是何种法律关系？在确定诉讼管辖法院的时候是应当分别根据各个合同确定还是应当统一确定管辖法院？下文将就该问题做简要说明。

裁判要旨

同一授信合同项下形成的四份流动资金借款合同中的借款人、贷款人、担保主体等均相同，银行基于相同的法律事实，相同的法律关系，以相同的借款债务人、担保人为被告提起诉讼的，法院可以同一起诉讼案件予以审理，并以合并后的诉讼标的额确定级别管辖法院。

案情简介

1. 2013 年 9 月 13 日至 9 月 24 日期间，农行鹰潭市分行与中胜公司分别签订了四份流动资金借款合同，借款金额合计 7500 万元。合同签订后，银行履行了全部放款义务。

2. 江西省高院一审查明，农行鹰潭分行提供的授信审批“关于江西中胜粮油有限公司申请 7500 万元扩大授权授信的批复”说明，银行主张的 7500 万元债权是一份授信批复下分四次借款形成的，起诉时，该四笔借款均已经到期，双方之间形成的是一种债权债务法律关系，不存在多种或不同法律关系的情形。

3. 一审：因中胜公司未能按约偿还借款本息，农行鹰潭市分行诉至法院，请求借款人还款付息。中胜公司提出管辖权异议，认为案涉四份流动资金借款合同借款金额、还款时间及借款的情形不同，不应当合并审理。江西省高院认为四份借款合同形成的是一种债权债务关系，法院可以合并审理，故裁定驳回管辖权异议。

4. 二审：中胜公司不服一审裁定提起上诉，诉称我国法律没有规定相同法律关系、相同当事人之间的案件必须合并审理，因此本案应当根据四份合同分别确定案件管辖。最高院裁定驳回上诉请求，维持原裁定。

裁判要点及思路

本案的争议焦点是：一份授信合同项下形成的多份借款合同、担保合同法院是否可合并审理。最高法院认为，案涉四份流动资金借款合同中的借款人、贷款人、担保主体等均相同，因此双方之间形成的是相同的借款合同以及借款担保的主从合同法律关系。银行基于相同的法律事实，相同的法律关系，以相同的借款债务人、担保人为被告，起诉要求偿还借款，承担担保责任的，法院可以同一诉讼案件进行审理，并以合并后的诉讼标的额确定级别管辖法院。

实务要点总结

前事不忘，后事之师。我们就最高法院有关本案的判决涉及的实务要点梳理如下，以供实务参考。

1. 首先要区分诉讼请求、诉讼标的和诉讼标的物的概念。诉讼标的是当事人之间产生争议的民事权利义务法律关系，也即诉讼客体，在本案中便是借贷双方形成的金融借款关系。诉讼标的物是民事权利义务指向的对象，仅存在于给付之诉之中，本案中便是金钱。诉讼请求是当事人基于争议的实体权利义务关系向人民法院提出的，责令义务人履行义务以实现自己合法权益的具体要求。本案其实是借贷双方在一份金融借款合意之下，分别订立了四份具体合同，借款人没有履行这四份借款合同的金钱返还义务所产生的诉讼。因此，本案诉讼标的只有一个，因此法院可以同一诉讼案件进行审理。

2. 是可以合并审理而不是必须应当合并审理。同一授信项下形成的多份借款合同中每一份合同均可构成独立的借贷关系，因此如银行和借款人之间仅就一份借款合同产生争议，银行只需起诉该份合同即可，不涉及法院合并审理问题。也即是说，在多份借款合同实际上可分解为多个独立诉讼的情况下，该纠纷属于普通共同诉讼，而非必要共同诉讼，法院出于加快审判效率、节约审判资源的角度，可以合并审理而非应当合并审理。

相关法律规定

《民事诉讼法》(2017 年修订)

第五十二条 当事人一方或者双方为二人以上，其诉讼标的是共同的，或者诉讼标的是同一种类、人民法院认为可以合并审理并经当事人同意的，为共同诉讼。

共同诉讼的一方当事人对诉讼标的有共同权利义务的，其中一人的诉讼行为经其他共同诉讼人承认，对其他共同诉讼人发生效力；对诉讼标的没有共同权利义务的，其中一人的诉讼行为对其他共同诉讼人不发生效力。

《最高人民法院关于适用〈中华人民共和国民事诉讼法〉的解释》（法释〔2015〕5号）

第二百二十一条　基于同一事实发生的纠纷，当事人分别向同一人民法院起诉的，人民法院可以合并审理。

以下是本案判决书中“本院认为”部分，最高法院就本案是否可以合并审理问题的论述：

最高法院认为：“一审中，鹰潭分行营业部提供农发银授信审批（2013）00242号‘关于江西中胜粮油有限公司申请7500万元扩大授权授信的批复’的证据，证明其向法院起诉所主张的本金人民币7500万元债权是一份授信批复下分四次借款形成的，鹰潭分行营业部起诉时，该四笔借款均已经到期。**尽管双方签订有四份借款合同，但是，双方之间就四笔借款所发生的纠纷是基于同一事实，且该四笔借款法律关系中的借款债权人、债务人、担保主体相同，双方之间形成是相同的借款合同以及借款担保的主从合同法律关系。鹰潭分行营业部基于相同法律事实，相同的法律关系，以相同的借款债务人、担保人为被告，起诉其偿还借款，承担担保责任，法院可以同一诉讼案件进行审理。**本案的诉讼标的额7000余万元，一审被告瑞华公司住所地在山东省。根据本院2008年《关于调整高级人民法院和中级人民法院管辖第一审民商事案件标准的通知》（法发［2008］10号）关于江西省高级人民法院可管辖‘诉讼标的额在5000万元以上且当事人一方住所地不在本辖区或者涉外、涉港澳台的第一审民商事案件’的规定，江西省高级人民法院有权作为一审法院受理本案。”

案件来源

中国农业发展银行鹰潭市分行营业部与汪某、江西中胜粮油有限公司等管辖裁定书［最高人民法院（2015）民二终字第288号］

延伸阅读

有关同一授信合同项下形成的多份借款合同、担保合同是否合并审理的问题，以下是我们在写作中检索到与该问题相关的最高法院案例及裁判观点，以供读者参考。

1. 固定资产借款债务和银行承兑汇票垫款债务是在同一授信合同项下产生的金钱债务，应当认为是主债务下的两个分债务，故法院作为一个案件合并审理，

有利于查明案件事实、节约诉讼成本，也不违反相关法律规定，处理并无不当。

案例一：广西汇轮汽车贸易有限公司、赵某金融借款合同纠纷再审审查与审判监督民事裁定书［最高人民法院（2017）最高法民申4450号］

最高法院认为："关于固定资产借款纠纷与银行承兑汇票垫款纠纷合并审理的问题。**本案中，汇轮公司先与桂林银行签订了《额度授信合同》，在此基础上根据合同约定签订了《固定资产借款合同》和《银行承兑协议》，其中《固定资产借款合同》与《额度授信合同》的合同编号一致，《银行承兑协议》也明确表明该协议是根据《额度授信合同》签订。因此，涉案固定资产借款债务和银行承兑汇票垫款债务是基于主合同关系产生的金钱债务，应当认为是主债务下的两个分债务，与主合同相关的保证担保和抵押担保均合法、有效，原审法院作为一个案件合并审理，有利于查明案件事实、节约诉讼成本，也不违反相关法律规定，处理并无不当。**汇轮公司、赵某认为两者是根据不同的合同关系产生的金钱债务，要求将本案划分为两案审理的请求，不符合案件事实，于法无据，本院不予支持。"

2. 案涉抵押合同与借款合同编号对应，签订日期相同，可以相互印证。同时授信合同项下仅有一个担保人，与案涉抵押合同与借款合同均存在关联，故法院合并审理并无不当。

案例二：甘肃金洲房地产开发有限公司、甘肃银行股份有限公司兰州市七里河支行金融借款合同纠纷再审审查与审判监督民事裁定书［最高人民法院（2017）最高法民申4113号］

最高法院认为："（二）本案是否存在两个独立的借贷抵押法律关系，原判认定基本事实是否缺乏证据证明。金洲公司申请再审称，本案涉及两个独立的借贷抵押法律关系，一是甘肃银行七里河支行与致远集团签订的《融资授信合同》，为此致远集团、张某、万源公司提供了保证或担保；二是致远集团与甘肃银行七里河支行之间签订的《流动资金借款合同》，金洲公司签订了《抵押合同》。**本院认为，从金洲公司和甘肃银行七里河支行签订的《抵押合同》与致远集团和甘肃银行七里河支行签订的《流动资金借款合同》来看，两份合同签订日期相同，编号对应，可以相互印证。但同时，致远集团与甘肃银行七里河支行签订的《融资授信合同》第二部分商业条款第四项担保中明确记载，抵押人：甘肃金洲房地产开发有限公司。在金洲公司为致远集团仅提供了一笔抵押担保的情况下，《抵押合同》与《融资授信合同》亦存在关联。金洲公司关于本案存在两个独立的借贷抵押法律关系，《抵押合同》与《融资授信合同》相互独立，原审合并审理两个独立的诉错误的主张，依据不足，本院不予支持。"**

3. 同一授信合同项下签订的三份借款合同是基于同一事实，且该三笔借款法律关系中的借款债权人、债务人相同，双方之间形成是相同的借款合同法律关系。银行基于相同法律事实，相同法律关系，以相同的借款债务人为被告，起诉偿还借款的，法院可以同一起诉讼案件予以审理。

案例三：中信银行股份有限公司洛阳分行与三门峡市海联成品油零售有限责任公司、平陆县海联房地产有限责任公司等管辖裁定书［最高人民法院（2015）民二终字第316号］

最高法院认为："本院审理认为：被上诉人中信银行洛阳分行向上诉人海联成品油公司提供三笔贷款，是**基于双方签订的《综合授信合同》项下发生的借款关系，双方之间就三笔借款所发生的纠纷是基于同一事实，且该三笔借款法律关系中的借款债权人、债务人相同，双方之间形成是相同的借款合同法律关系。中信银行洛阳分行基于相同法律事实，相同法律关系，以相同的借款债务人为被告，起诉其偿还借款，法院可以同一起诉讼案件予以审理。**河南省高级人民法院于2015年4月22日受理该案后，中信银行洛阳分行于2015年4月24日预交案件受理费，该案诉讼标的额在2亿元以上，根据本院2008年《关于调整高级人民法院和中级人民法院管辖第一审民商事案件标准的通知》（法发［2008］10号）关于河南省高级人民法院可管辖'诉讼标的额在1亿元以上的第一审民商事案件'的规定，河南省高级人民法院有权作为一审法院受理本案。"

第九章 与债权转让有关的法律问题

090 法院审理结束后判决作出前，银行转让债权但未申请变更诉讼主体，债权转让是否有效？

阅读提示

根据《合同法》第八十条规定，“债权人转让权利的，应当通知债务人。未经通知，该转让对债务人不发生效力。”诉讼中债权人可以转让债权，在债权人和受让人达成转让合意，签署转让协议时即发生债权转让的效果，而无须通知债务人，也无须征得法院同意。诉讼中转让债权后，受让人应及时申请变更诉讼主体，参与到诉讼中，继受原债权人享有的一切实体性权利和程序性权利。即使受让人未申请变更诉讼主体，法院在不知债权已经转让的情况下，仍将原债权人列为诉讼当事人作出判决的，基于原债权人与受让人之间的承继关系，不影响受让人已经实际享有该债权的事实，不影响债权转让行为的效力。

裁判要旨

法院审理结束后判决作出前，银行转让案涉债权，受让人未及时向法院申请变更诉讼主体的，不影响受让人已经实际享有案涉债权的事实，也不影响债权转让行为的效力。债务人以银行不具有原告资格为由主张原审判决存在程序瑕疵，要求发回重审的，法院不予支持。

案情简介

1. 2012 年 9 月 28 日，中行石河子分行与新疆江海三泰公司签订了一份《流动资金借款合同》，2013 年 8 月 20 日，借款人归还该合同项下 500 万元借款本金，合同履行期内，借款人又支付了部分借款利息。2013 年 9 月 27 日，借款人、银行及保证人签订《贷款展期合同》，借款人到期未偿还债务。

2. 一审：原告中行石河子分行起诉被告新疆江海三泰公司，请求偿还欠款。新疆高院兵团分院判决新疆江海三泰公司应向中行石河子分行偿还借款。

3. 二审另查明：本案一审于2015年6月25日开庭审理，庭审结束后，中行新疆分行与信达新疆分公司于7月28日签订了《债权转让协议》。二公司于8月19日刊登《债权转让暨债务催收联合公告》，就涉诉债权进行催收，10月10日，新疆高院兵团分院作出一审判决。

4. 二审：保证人经济建设总公司不服一审判决，提起上诉。诉称，案涉债权在一审期间已经转让，中行石河子分行不具有原告资格，一审判决未变更诉讼请求，属程序错误，应当发回重审。最高法院认为债权人在诉讼中变更不影响保证人承担保证责任，因此判决上诉人败诉，保证人仍应当承担保证责任。

裁判要点及思路

本案的争议焦点是：银行在一审开庭结束后判决前转让债权，银行是否享有原告资格，受让人未及时向法院申请变更诉讼主体是否影响受让人最终享有该债权？债务人或者其他利害关系人能否以程序错误为由要求发回重审？

最高法院认为，银行在起诉时以及一审开庭审理时均是案涉债权的债权人，因此是本案适格的原告。案涉债权受让人在受让债权后未及时向法院申请变更诉讼主体，存在不当。但就案涉债权而言，银行与受让人之间存在承继关系，即使受让人未及时向法院申请变更诉讼主体，也不应影响受让人实际享有该债权的事实，即未及时申请变更诉讼主体的瑕疵不影响债权转让的效力。故，保证人上诉请求将本案发回重审的法律依据不足，法院不予支持。

实务要点总结

前事不忘，后事之师。我们就最高法院有关本案的判决涉及的实务要点梳理如下，以供实务参考。

1. 债权转让与债务承担虽然都是债务人、债权人与第三人之间的三方法律关系，但因权利转移与义务转移的性质不同，在生效要件上二者存在显著差异。根据《合同法》第八十条规定，“债权人转让权利的，应当通知债务人。未经通知，该转让对债务人不发生效力。”也即是说，是否通知债务人并不是债权转让的生效要件，未通知债务人仅只是债权转让对债务人不发生效力，债务人向原债权人履行义务仍能产生债务清偿的效果。既然未通知债务人都不影响债权转让行为的效力，那么本案中债权转让后受让人未及时告知法院申请变更诉讼主体等程序性瑕疵，更不应影响受让人实际享有债权的事实。而根据《合同法》第八十四条的规定，“债务人将合同的义务全部或者部分转移给第三人的，应当经债权人同意。”也即是说，债务转移的生效条件更加严格，必须事先征得债权人的同意，否则不发生债务转移的效果。

2. 虽然债权受让人未及时向法院申请变更诉讼主体并不影响受让人实际享有该受让债权的事实，即不影响债权转让行为的效力。但是如受让人要依据已生效判决行使权利，因为未变更诉讼主体，裁判文书主文未记载受让人姓名和债权转让的事实，将产生行权障碍，债务人不履行债务时受让人无法依据该判决文书申请法院强制执行。因此，建议如受让人在法院庭审过程中受让债权是应当及时申请变更诉讼主体参与诉讼，避免不必要的程序诉累。

相关法律规定

《合同法》

第八十条 债权人转让权利的，应当通知债务人。未经通知，该转让对债务人不发生效力。债权人转让权利的通知不得撤销，但经受让人同意的除外。

《担保法》

第十三条 有下列情形之一的，保证人不承担民事责任：

（一）主合同当事人双方串通，骗取保证人提供保证的；

（二）主合同债权人采取欺诈、胁迫等手段，使保证人在违背真实意思的情况下提供保证的。

以下是本案判决书中“本院认为”部分，最高法院就庭审中转让债权后原债权人是否享有原告资格问题的论述：

最高法院认为：“中行石河子分行在本案起诉时以及一审法院开庭审理时均是涉诉债权的债权人，故其有权就涉诉债权向债务人新疆江海三泰公司及保证人经济建设总公司等提起诉讼。经济建设总公司提出的中行石河子分行不具有原告资格之主张，不能成立。中行新疆分行与信达公司新疆分公司于 2015 年 7 月 28 日签订的《债权转让协议》及随后在《新疆法制报》上刊登的相应通知可以表明，在本案一审开庭后涉诉债权已由中行石河子分行转移至信达公司新疆分公司且该转移已对债务人和保证人生效，涉诉债权的出让方或受让方应及时向原审法院告知债权转让事实并申请法院变更诉讼主体。**作为债权受让方的信达公司新疆分公司在本案二审中才告知本院并请求变更诉讼主体，存有不当。但是，由于中行石河子分行与信达公司新疆分公司间就涉诉债权构成承继关系，所以本案一审时中**

行石河子分行与信达公司新疆分公司未请求变更诉讼主体，不影响信达公司新疆分公司实际享有涉诉债权，债务人新疆江海三泰公司及保证人经济建设总公司等应向信达公司新疆分公司履行义务。本院二审审理中将被上诉人变更为信达公司新疆分公司，亦不会影响上述债务人及保证人的权利。

故，本院将本案被上诉人由中行石河子分行变更为信达公司新疆分公司。经济建设总公司据此主张将本案发回重审，法律依据不足，本院不予支持。"

案件来源

中国信达资产管理股份有限公司新疆维吾尔自治区分公司与新疆石河子开发区经济建设总公司、新疆江海三泰番茄制品股份有限公司等金融借款合同纠纷二审民事判决书［最高人民法院（2015）民一终字第425号］

延伸阅读

有关债权转让的效力有关的问题，以下是我们在写作中检索到与该问题相关的最高法院案例及裁判观点，以供读者参考。

1. 债权转让协议未明确约定债权受让人，实际受让人仍有权请求债务人履行还款义务。

案例一：净雅食品股份有限公司、山东易商百货有限公司股权转让纠纷再审审查与审判监督民事裁定书［最高人民法院（2017）最高法民申3962号］

最高法院认为："**案涉协议虽未明确1.9亿元债权人变更为吴某、宋某，但原判基于对案涉协议的分析，认为吴某、宋某有权作为权利主体向徐某、张某主张2亿元的合同价款，并无不当。**净雅公司关于只有安某有权依据协议主张1.9亿元债权，吴某、宋某无权依据协议主张还款，净雅公司对1.9亿元债务承担保证责任没有合同依据的主张，本院不予支持。"

2. 合同转让的，合同的管辖协议对合同受让人有效，但转让时受让人不知道有管辖协议，或者转让协议另有约定且原合同相对人同意的除外。

案例二：王某、昆明腾信投资有限公司金融借款合同纠纷二审民事裁定书［最高人民法院（2017）最高法民辖终276号］

最高法院认为："（一）根据《中华人民共和国合同法》第八十条规定，债权人转让权利的应当通知债务人，未经通知该转让对债务人不发生效力。丹羿合伙企业于本案提供的《债权转让协议》和《债权转让通知书》显示，丹羿合伙企业受让兴业信托公司对腾信公司、明志公司、经典公司、王某、杨某等享有的主债权及担保合同项下的全部权利，兴业信托公司就该债权转让通知了各债务人。**《最高人民法院关于适用〈中华人民共和国民事诉讼法〉的解释》第三十三条规定：'合同转让的，合同的管辖协议对合同受让人有效，但转让时受让人不知道有管辖协议，或者转让协议另有约定且原合同相对人同意的除外。'**在丹羿合伙企业已经受让兴业信托公司的全部合同权利，且无证据证明转让时受让人不知道有管辖协议或者各方对管辖协议另有约定的情形下，案涉《信托贷款合同》及担保合同的管辖协议对受让人丹羿合伙企业有效。兴业信托公司住所地的人民法院有权管辖本案。王某和腾信公司关于《信托贷款合同》中有关管辖法院的约定不在《债权转让协议》转让范围内的主张不能成立，本院不予支持。"

3. 金融资产管理公司受让国有银行债权后，原债权银行在全国或者省级有影响的报纸上发布债权的转让公告或通知的，人民法院可以认定债权人履行了《合同法》第八十条第一款规定的通知义务。

案例三：中国信达资产管理股份有限公司黑龙江省分公司与哈尔滨四海数控科技股份有限公司、刘某金融借款合同纠纷二审民事判决书［最高人民法院（2014）民二终字第251号］

最高法院认为："一、关于本案应否变更诉讼主体的问题。本案中，建行黑龙江分行、建行新阳支行在一审判决作出后，将涉案债权本金及利息全部转让给了信达黑龙江省分公司，信达黑龙江省分公司在《黑龙江日报》上发布债权转让及催收公告，通知债务人四海公司及保证人刘某。**《最高人民法院关于审理涉及金融资产管理公司收购、管理、处置国有银行不良贷款形成的资产的案件适用法律若干问题的规定》(以下简称《规定》)第六条规定：'金融资产管理公司受让国有银行债权后，原债权银行在全国或者省级有影响的报纸上发布债权的转让公告或通知的，人民法院可以认定债权人履行了《中华人民共和国合同法》第八十条第一款规定的通知义务。'**根据上述规定，建行黑龙江分行、建行新阳支行与信达黑龙江省分公司之间签订的《债权转让协议》对于债务人四海公司及保证人刘某已发生债权转让的法律效力，应予以确认。此外，《规定》第二条规定：'金融资产管理公司受让国有银行债权后，人民法院对于债权转让前原债权银行已经提起诉讼尚未审结的案件，可以根据原债权银行或者金融资产管理公司的申请将诉讼主体变更为受让债权的金融资产管理公司。'信达黑龙江省分公司在本案二审期间请求将建行新阳支行变更为其公司，根据上述规定，本院予以准许。"

091 银行可否将其享有的金融债权转让给非金融机构的社会投资者？

阅读提示

在20世纪初的国有银行股份制改造进程中，大批量的呆账、坏账等银行不良资产通过剥离、出售给几大特别成立的国有金融资产管理公司的形式，完成了国有银行从全民所有制向公司制改革，直至登陆资本市场的华丽转身。《贷款通则》规定商业银行不良贷款包括呆账贷款、呆滞贷款和逾期贷款，商业银行通常可以将不良贷款进行剥离，将债权转让给金融资产管理公司，由后者帮助拍卖、变卖相应资产。那么，商业银行可否将金融债权转让给非金融机构的社会投资者呢？最高院认为贷款银行可以将贷款债权转让给金融机构之外的社会投资者。

裁判要旨

现行法并未禁止商业银行向金融机构以外的自然人、法人或者其他组织等社会投资者转让金融债权，该类债权的转让行为不违反合同法有关债权转让的规定，属合法有效。

案情简介

1. 2013年12月30日，盛京银行天津分行与华圣源公司签订《盛京银行流动资金借款合同》。

2. 2014年10月17日，盛京银行天津分行与敬业公司签订《债权转让合同》，将其对华圣源公司享有的全部债权转让给敬业公司，并且履行了债权转让的通知义务。债权到期，债务人未履行清偿义务。

3. 一审：原告敬业公司起诉被告华圣源公司以及担保人宏业公司、武某，要求偿还债务。天津市高院判决被告华圣源公司应当向原告敬业公司偿还欠款，宏业公司、武某应承担担保责任。

4. 再审：一审判决生效后，担保人宏业公司、武某不服一审判决，申请再审。辩称，敬业公司作为非金融机构不具有受让银行金融债权的资格，故案涉债权转让行为应属无效，不应承担担保责任。最高法院裁定驳回再审申请。

裁判要点及思路

本案争议焦点：敬业公司作为非金融机构受让银行金融债权的行为是否有效。

针对这一争议焦点，再审申请人主张根据《银行业监管法》第十九条规定，“未经国务院银行业监督管理机构批准，任何单位或者个人不得设立银行业金融机构或者从事银行业金融机构的业务活动”，敬业公司作为非金融机构不具有受让银行金融债权的资格，故案涉债权转让合同应属无效。最高法院再审认为，现行法律法规均未禁止银行将债权给社会投资者，因此再审申请人的申请理由不成立。

本案的法律关系是转让债权债务，不涉及从事贷款业务的资格问题，因此债权受让人无须具备从事贷款业务的资格。

实务要点总结

前事不忘，后事之师。我们就最高法院有关本案的判决涉及的实务要点梳理如下，以供实务参考。

1. 商业银行所享有的不良债权属于普通债权，应当适用《合同法》关于债权转让的规则。《合同法》第七十九条规定，“债权人可以将合同的权利全部或者部分转让给第三人，但有下列情形之一的除外：（一）根据合同性质不得转让；（二）按照当事人约定不得转让；（三）依照法律规定不得转让。”金融借款债权在性质上不具有专属性，借贷双方并未在合同约定该债权不得转让，我国法律也并未有相关的强制性规定，因此，银行金融债权属于可转让的债权。

2. 银行转让金融债权的行为属于债权人将合同权益转让给第三人，并非向社会不特定对象发放贷款的运营性活动，不设从事贷款业务的资质问题。因此，将银行金融债权转让给非金融机构的行为并不要求受让人拥有相关金融业从业资质，一般的企业甚至个人都可以作为转让对象。但从风险管理的角度，商业银行应当建立风险管理制度、内部控制制度等相应的制度和内部批准程序，在转让金融债权时应当采取拍卖等公开方式，以形成公允的价格，接受社会监督，并及时向银监会或其派出机构报告。

相关法律规定

《中华人民共和国银行业监督管理法》

第十九条 未经国务院银行业监督管理机构批准，任何单位或者个人不得设立银行业金融机构或者从事银行业金融机构的业务活动。

《中国人民银行办公厅关于商业银行借款合同项下债权转让有关问题的批复》（银办函〔2001〕648号）

根据《合同法》第七十九条关于合同债权转让的规定，商业银行贷款合同项下的债权及其他权利一般原则上是可以转让的，但由于金融业是一种特许行业，金融债权的转让在受让对象上存在一定的限制。按照我国现行法律法规的规定，放贷收息（含罚息）是经营贷款业务的金融机构的一项特许权利。因此，由贷款而形成的债权及其他权利只能在具有贷款业务资格的金融机构之间转让。未经许可，商业银行不得将其债权转让给非金融企业。

《关于商业银行向社会投资者转让贷款债权法律效力有关问题的批复》（银监办发［2009］24号）

一、对商业银行向社会投资者转让贷款债权没有禁止性规定，转让合同具有合同法上的效力。社会投资者是指金融机构以外的自然人、法人或者其他组织。

二、转让具体的贷款债权，属于债权人将合同的权利转让给第三人，并非向社会不特定对象发放贷款的经营性活动，不涉及从事贷款业务的资格问题，受让主体无须具备从事贷款业务的资格。

三、商业银行向社会投资者转让贷款债权，应当建立风险管理制度、内部控制制度等相应的制度和内部批准程序。

四、商业银行向社会投资者转让贷款债权，应当采取拍卖等公开形式，以形成公允的价格，接受社会监督。

五、商业银行向社会投资者转让贷款债权，应当向银监会或其派出机构报告，接受监管部门的监督检查。

《最高人民法院印发〈关于审理涉及金融不良债权转让案件工作座谈会纪要〉的通知》（法发〔2009〕19号）

十、关于诉讼或执行主体的变更

会议认为，金融资产管理公司转让已经涉及诉讼、执行或者破产等程序的不良债权的，人民法院应当根据债权转让合同以及受让人或者转让人的申请，裁定变更诉讼主体或者执行主体。在不良债权转让合同被认定无效后，金融资产管理公司请求变更受让人为金融资产管理公司以通过诉讼继续追索国有企业债务人的，人民法院应予支持。人民法院裁判金融不良债权转让合同无效后当事人履行相互返还义务时，应从不良债权最终受让人开始逐一与前手相互返还，直至完成第一受让人与金融资产管理公司的相互返还。后手受让人直接对金融资产管理公司主张不良债权转让合同无效并请求赔偿的，人民法院不予支持。

十一、关于既有规定的适用

会议认为，国有银行向金融资产管理公司转让不良债权，或者金融资产管理公司受让不良债权后，通过债权转让方式处置不良资产的，可以适用最高人民法院《关于审理金融资产管理公司收购、管理、处置国有银行不良贷款形成的资产的案件适用法律若干问题的规定》、《关于贯彻执行最高人民法院“十二条”司法解释有关问题的函的答复》、《关于金融资产管理公司收购、管理、处置银行不良资产有关问题的补充通知》和《关于国有金融资产管理公司处置国有商业银行不良资产案件交纳诉讼费用的通知》。受让人受让不良债权后再行转让的，不适用上述规定，但受让人为相关地方人民政府或者代表本级人民政府履行出资人职责的机构、部门或者持有国有企业债务人国有资本的集团公司除外。

国有银行或者金融资产管理公司根据《关于贯彻执行最高人民法院“十二条”司法解释有关问题的函的答复》的规定，在全国或省级有影响的报纸上发布有催收内容的债权转让通知或公告的，该公告或通知之日应为诉讼时效的实际中断日，新的诉讼时效应自此起算。上述公告或者通知对保证合同诉讼时效发生同等效力。

以下是本案判决书中“本院认为”部分，最高法院就案涉银行债权转让是否有效问题的论述：

最高法院认为：“根据宏业达公司、武某申请再审的主要理由，本案的审查重点是，案涉债权是否发生、数额是多少，案涉《债权转让合同》是否有效。

关于案涉债权是否发生以及数额问题，一审法院认定的依据有盛京银行行内支付系统专用记账凭证，足以证明盛京银行天津分行已经实际履行了其与华圣源公司于 2013 年 12 月 30 日签订的《流动资金借款合同》。宏业达公司、武某此项申请理由不能成立。

关于盛京银行天津分行与敬业房地产公司于 2014 年 10 月 17 日签订的《债权转让合同》的效力问题，**宏业达公司、武某主张的《中华人民共和国银行业监督管理法》第十九条的规定系对单位或个人从事银行金融机构业务活动的规定，即非经批准不得设立银行业金融机构或者从事银行业金融机构的业务活动。但本案涉及的是银行贷款债权的转让问题，从该规定得不出其他单位或者个人不得受让银行债权的结论。并且，中国银行业监督管理委员会于 2009 年 2 月 5 日作出的《关于商业银行向社会投资者转让贷款债权法律效力有关问题的批复》（银监办发［2009］24 号）明确说明，对商业银行向社会投资者（指金融机构以外的自然人、法人或者其他组织）转让贷款债权没有禁止性规定，转让合同具有合同法上的效力。转让具体的贷款债权，属于债权人将合同的权利转让给第三人，并非向社会**

不特定对象发放贷款的经营性活动，不涉及从事贷款业务的资格问题，受让主体无须具备从事贷款业务的资格。据此可知，即使从银行业监管的角度看，案涉合同债权转让也不违反《中华人民共和国银行业监督管理法》第十九条的规定。因此，宏业达公司、武某以此主张合同无效的申请理由，亦不能成立。”

案件来源

天津市宏业达物业发展有限公司、武某等与天津市宏业达物业发展有限公司、武某等金融借款合同纠纷申请再审民事裁定书［最高人民法院（2016）最高法民申577号］

延伸阅读

有关银行金融债权是否可以转让给社会投资者的问题，以下是我们在写作中检索到与该问题相关的最高法院及部分地方法院的案例及裁判观点，以供读者参考。

1. 农信社将金融债权转让给社会投资者的行为符合《合同法》有关债权转让的规定，合法有效。

案例一：济宁龙源建材有限公司、邹城市时风经贸有限公司与济宁龙源建材有限公司、邹城市时风经贸有限公司等债权转让合同纠纷申请再审民事裁定书［最高人民法院（2015）民申字第2494号］

最高法院认为：“本案是债权转让合同纠纷。**农信社与时风公司签订《债权转让协议》转让其对丰泉公司的债权，符合《中华人民共和国合同法》第七十九条的规定。**时风公司以代丰泉公司向农信社清偿贷款的方式取得本案债权，不违反法律规定。时风公司代丰泉公司还款的行为与时风公司与农信社之间的债权转让行为之间并无矛盾，《债权转让协议》是有效的。龙源公司称本案的《债权转让协议》因债权灭失而未生效，没有事实和法律依据。”

2. 现行法对从事贷款业务的主体作出了规定，但并未明确禁止从事信贷业务的银行将金融债权转让给第三人，故受让主体无须具备从事贷款业务的资格，即非金融机构可受让银行金融债权。

案例二：湖南绿兴源糖业有限公司、丁某等与湖南绿兴源糖业有限公司、丁某等借款合同纠纷申请再审民事裁定书［最高人民法院（2015）民申字第2040号］

最高法院认为：“绿兴源公司、丁某申请再审认为，绿兴源公司与农发行怀化分行签订的《流动资金借款合同》系商业银行贷款合同，而城建投公司并非金融机构，不具有受让银行债权的资格，故依据合同法第七十九条关于根据合同性质不得转让之规定，农发行怀化分行与城建投公司签订的《债权转让协议》不具有效力。**本院认为，虽然《贷款通则》等对从事贷款业务的主体作出规定，但并未明确禁止从事信贷业务的银行将相关金融债权转让给第三人。银监办24号批复第二条明确规定，'转让具体的贷款债权，属于债权人将合同的权利转让给第三人，并非向社会不特定对象发放贷款的经营性活动，不涉及从事贷款业务的资格问题，受让主体无须具备从事贷款业务的资格。'**本案中城建投公司并未直接与绿兴源公司签订贷款合同，发放贷款，而系受让农发行怀化分行对绿兴源公司依法享有的债权，符合银行业关贷款债权合法转让的规定。此外，银监办24号批复第一条规定，'对商业银行向社会投资者转让贷款债权没有禁止性规定，转让合同具有合同法上的效力。社会投资者是指金融机构以外的自然人、法人或者其他组织。'据此，贷款债权属于可转让债权，案涉《债权转让协议》在合同性质上并非不得转让的合同，绿兴源公司、丁某此项申请理由不能成立。另外，案涉债权虽未采取拍卖形式转让，但城建投公司系实际全额支付了《流动资金借款合同》项下本金及利息而受让债权，充分保证转让方的权益，亦未损害第三人利益，故绿兴源公司、丁某关于债权转让未公开竞价，不具有合法性的主张亦不能成立。"

3. 现行法对商业银行向社会投资者转让金融债权没有禁止性规定，债权转让合同合法有效。

案例三：凌海花园集团有限责任公司与凌海市自来水公司、第三人锦州银行股份有限公司凌海支行借款合同纠纷一案一审民事判决书［辽宁省凌海市人民法院（2015）凌海民二初字第01499号］

凌海市法院认为："根据我国《合同法》第七十九条的规定，除根据合同性质不得转让、当事人约定不得转让、法律规定不得转让外，债权人可以将合同的权利全部或者部分转让给第三人。**本案中，原告凌海花园集团有限责任公司与第三人锦州银行股份有限公司凌海支行之间签订的《债权转让合同》是双方真实的意思表示，且第三人为在等额对价的基础上出让债权，未损害国家、集体及第三人的利益，未有违反法律法规的强制性规定，亦符合《中国银行业监督管理委员会关于商业银行向社会投资者转让贷款债权法律效力有关问题的批复》第一条：'对商业银行向社会投资者转让贷款债权没有禁止性规定，转让合同具有合同法上的效力。社会投资者是指金融机构以外的自然人、法人或者其他组织'的规定，故应为合法有效。**据此，原告依法取得合同项下对被告所享有的债权，即本金债权597万元、利息债权1 106 807.67元（至2012年12月10日）及其他相关从权利。

另，根据我国《合同法》第八十条第一款的规定，债权人转让权利的，应当通知债务人。未经通知，该转让对债务人不发生效力。本案中，第三人已举证证明通过邮寄方式通知被告，故债权转让对被告发生法律效力，被告虽予以否认但未提供相关证据予以证明，故被告应当对原告履行清偿义务。综上，对原告请求被告履行本金债权 597 万元及利息债权 1 106 807.67 元的诉讼请求予以支持。”

092 不良债权转让的，相关担保一并转让，无须征得担保人同意

阅读提示

债权债务关系与保证担保、物权担保之间的从属关系是指担保关系从属于债权债务关系，是一种单向的从属关系，不存在反推的可能。基于此基本法理，债权人转让其基于借款合同享有的有效的债权，从属于债权债务关系的担保关系也将一并转让，而无须征得担保人的同意，担保人需在原先承诺的担保范围内向受让人承担担保责任。担保合同中合同变更须经担保人同意的约定，仅是针对担保关系的特殊约定，无法反向作用于债权债务关系，因此债权人转让债权不受该特殊约定的约束。

裁判要旨

银行向金融资产管理公司转让不良资产，担保债权同时转让，无须征得担保人的同意，担保人仍应在原担保范围内对受让人继续承担担保责任。附不动产抵押权的债权转让，抵押权随债权一并转让，无须另行办理抵押权变更登记。

案情简介

1. 2012 年 9 月 12 日，工行南开支行与民丰科技公司签订《小企业借款合同》，金额 3000 万元。同日，北方投资公司与工行南开支行签订《最高额抵押合同》，以其自有房产为 2012 年 9 月 13 日至 2018 年 9 月 12 日期间产生的，在 3000 万元的最高债权余额内提供担保，并办理登记。因民丰科技公司未能按期还款，工行南开支行于 2013 年 7 月 15 日宣布贷款提前到期。

2. 2015 年 1 月 5 日，工行南开支行与信达天津分公司签订《债权转让协议》，将本案债权转让给信达天津分公司，并于 2015 年 1 月 27 日在《金融时报》发布债权转让公告。

3. 一审：原告天津信达公司起诉被告民丰科技公司、北方投资公司，要求偿还借款并承担担保责任。天津市一中院判决支持原告诉请。

4. 二审：北方投资公司不服一审判决，提起上诉，称信达天津分公司不享有对抵押物的优先受偿权。天津市高院认为信达天津公司受让工行南开支行的债权，一并受让抵押权，判决驳回上诉维持原判。

5. 再审：北方投资公司不服二审判决申请再审，称信达天津分公司仅受让了案涉债权并未受让抵押权，不应享有优先受偿权。最高法院认为，信达天津分公司已一并受让抵押权，故享有优先受偿权，裁定驳回再审申请。

裁判要点及思路

本案的争议焦点是：金融资产管理公司受让不良债权是否一并受让抵押权并据此享有优先受偿权？最高法院认为，银行将案涉债权转让给了信达天津分公司，并在《金融时报》上发布了债权转让公告，根据最高人民法院有关金融资产管理公司收购银行不良资产问题的相关规定，信达天津公司已经依法受让了案涉债权，并同时受让了从属于债权的不动产抵押权，因此信达天津分公司对案涉房产享有优先受偿权。

实务要点总结

前事不忘，后事之师。我们就最高法院有关本案的判决涉及的实务要点梳理如下，以供实务参考。

1. 根据《最高人民法院关于金融资产管理公司收购、处置银行不良资产有关问题的补充通知》第二条的规定，不良资产转让的，担保债权同时转让，无须征得担保人的同意，担保人仍应在原担保范围内对受让人继续承担担保责任。担保合同中关于合同变更需经担保人同意的约定，对债权人转让债权没有约束力。担保合同与借款合同之间是从属关系，应当明确的是借款合同是主合同，担保合同是从合同，借款合同权利义务关系的变化会直接影响担保合同，但不存在担保合同的变化导致借款合同发生相应变化的问题。因此，担保合同中合同变更需经担保人同意的约定并不能约束债权人基于有效的借款合同对外转让债权的行为。

2. 债权转让，从属于该债权的抵押权、保证债权应一并转让。保证担保因不涉及登记问题，无需经保证人同意，自主债权转让之日起保证人应继续对受让人承担担保责任。不动产抵押权因涉及设立登记问题存在一定争议，即债权转让是否需要办理抵押权变更登记，未经变更登记是否发生抵押权权属转移的效果。

《合同法》第八十七条规定，“法律、行政法规规定转让权利或者转移义务应当办理批准、登记等手续的，依照其规定。”《物权法》第九条规定，“不动产物权的设立、变更、转让和消灭，经依法登记，发生效力；未经登记，不发生效力，但法律另有规定的除外。”根据该两条规定，似乎可以得出不动产抵押权伴随债权转让时需要办理抵押权变更登记这一结论。但应当注意的，《物权法》第九条虽然规定抵押权自设立时生效，但该条结尾的“但书”同时规定“法律另有规定的除外”。而《物权法》第一百九十二条规定，“抵押权不得与债权分离而单独转让或者作为其他债权的担保。债权转让的，担保该债权的抵押权一并转让，但法律另有规定或者当事人另有约定的除外。”应当认为物权法第一百九十二条恰恰属于“法律另有规定”的情形，即附抵押权的债权受让人是因第一百九十二条的规定取得抵押权，而非依第九条的规定因登记取得抵押权。如果机械地要求附抵押权的债权转让必须办理变更登记手续，否则受让人不享有抵押权，则与抵押登记制度设立的本意背道而驰。特别是实践中，经常出现抵押物被第三方债权人查封而无法办理抵押变更登记的情形，如强制要求必须办理抵押变更登记，只会打击债权转让双方的交易积极性，徒增交易成本。

相关法律规定

《担保法》

第五条第一项 担保合同是主合同的从合同，主合同无效，担保合同无效。担保合同另有约定的，按照约定。

第二十二条 保证期间，债权人依法将主债权转让给第三人的，保证人在原保证担保的范围内继续承担保证责任。保证合同另有约定的，按照约定。

《物权法》

第一百七十二条第一款 设立担保物权，应当依照本法和其他法律的规定订立担保合同。担保合同是主债权债务合同的从合同。主债权债务合同无效，担保合同无效，但法律另有规定的除外。

《最高人民法院关于金融资产管理公司收购、处置银行不良资产有关问题的补充通知》(法〔2005〕62号)

第二条 国有商业银行（包括国有控股银行）向金融资产管理公司转让不良贷款，或者金融资产管理公司收购、处置不良贷款的，担保债权同时转让，无须征得担保人的同意，担保人仍应在原担保范围内对受让人继续承担担保责任。担保合同中关于合同变更需经担保人同意的约定，对债权人转让债权没有约束力。

《最高人民法院关于审理涉及金融资产管理公司收购、管理、处置国有银行不良贷款形成的资产的案件适用法律若干问题的规定》（法释〔2001〕12号）

第九条 金融资产管理公司受让有抵押担保的债权后，可以依法取得对债权的抵押权，原抵押权登记继续有效。

以下是本案判决书中"本院认为"部分，最高法院就不良债权转让，抵押权是否一并转让问题的论述：

最高法院认为："原审判决依据相关借款合同、借款凭证、提款通知书、委托支付协议和特种转账凭证等证据认定案涉当事人签订了借款合同，且工商银行南开支行已经实际履行了借款合同中约定的3000万元的放款义务，对相关事实的认定有证据证明，并无不当。工商银行南开支行与北方投资公司虽然签订了两份《最高额抵押合同》，但是，当事人均未否定该两份合同的真实性，且该两份合同在合同编号、合同主体、被担保的债务人、被担保的主债权期间、被担保的最高债权额等主要条款完全一致。原审判决依据该两份《最高额抵押合同》的约定和当事人为设定该抵押权办理的他项权证的记载内容，认定案涉抵押的性质系最高额抵押以及抵押物的范围包括案涉房产和土地，均有证据，并无不当。北方投资公司关于原审判决认定本案基本事实缺乏证据证明以及认定案涉抵押的性质和范围有误的理由均不能成立。工商银行南开支行在本案一审中提出了要求北方投资公司承担案涉抵押担保责任的诉讼请求，原审判决依法判令工商银行南开支行在案涉他项权证登记范围内享有优先受偿权并未超出当事人的诉讼请求。北方投资公司以原审判决判处的抵押担保责任与工商银行南开支行诉讼请求的具体措辞不同、存在超出诉讼请求的程序违法的理由，没有事实和法律依据，不能成立。

本案二审期间，工商银行南开支行将案涉债权转让给了信达天津分公司，并在《金融时报》上发布了债权转让公告。**根据《最高人民法院关于金融资产管理公司收购、处置银行不良资产有关问题的补充通知》第二条'国有商业银行（包括国有控股银行）向金融资产管理公司转让不良贷款，或者金融资产管理公司收购、处置不良贷款的，担保债权同时转让无须征得担保人的同意，担保人仍应在原担保范围内对受让人继续承担担保责任。担保合同中关于合同变更需经担保人同意的约定，对债权人转让债权没有约束力'的规定，原审判决认定信达天津分公司合法受让了案涉债权、北方投资公司应当向信达天津分公司承担抵押担保责任，均有相关事实和法律依据。**北方投资公司关于信达天津分公司并未合法受让案涉抵押权、判令其承担担保责任有误的理由亦不能成立。"

案件来源

天津市北方投资有限公司、中国信达资产管理股份有限公司天津市分公司与天津市北方投资有限公司、中国信达资产管理股份有限公司天津市分公司等金融借款合同纠纷申请再审民事裁定书［最高人民法院（2015）民申字第1608号］；天津市北方投资有限公司与中国信达资产管理股份有限公司天津市分公司、天津民丰科技有限公司、刘某金融借款合同纠纷二审民事判决书［天津市高级人民法院（2014）津高民二终字第0106号］

延伸阅读

有关债权转让相关担保是否一并转让的问题，以下是我们在写作中检索到与该问题相关的最高法院案例及裁判观点，以供读者参考。

1. 金融资产管理公司受让有抵押担保的债权后，可以依法取得对债权的抵押权，原抵押权登记继续有效。

案例一：四川医药包装股份有限公司与欣正投资发展有限公司借款合同纠纷二审民事判决书［最高人民法院（2013）民二终字第95号］

最高法院认为："工行峨眉山支行与医药公司签订的编号为2003年峨眉抵字第0047号、2003年峨眉抵字第0051号、2003年峨眉抵字第0052号《抵押合同》，分别为合同编号为2003年峨眉字第0040号借款人民币1200万元、2003年峨眉借字第0056号借款人民币570万元、2003年峨眉字第0057号借款人民币1300万元的3份《流动资金贷款合同》提供抵押担保，是双方真实意思表示，并办理了抵押登记。因此，工行峨眉山支行对上述抵押财产依法享有抵押权。**根据最高人民法院《关于审理涉及金融资产管理公司收购、管理、处置国有银行不良贷款形成的资产的案件适用法律的若干问题的规定》第九条关于'金融资产管理公司受让有抵押担保的债权后，可以依法取得对债权的抵押权，原抵押权登记继续有效'以及最高人民法院《关于金融资产管理公司收购、处置银行不良资产有关问题的补充通知》第一条、第二条的规定精神，工行四川分行、长城公司成都办事处、欣正公司在借款合同主债权转让的同时已履行了抵押权转让的通知义务，因此欣正公司依法享有医药公司为上述3份《流动资金借款合同》设立的抵押权。**其要求以折价或拍卖、变卖2003年峨眉抵字第0047号、2003年峨眉抵字第0051号、2003年峨眉抵字第0052号《抵押合同》提供的抵押物的价款在担保范围内优先受偿的诉讼请求成立，予以支持。"

2. 金融不良债权转让属于我国合同法所规范的债权转让，应当适用债权转让的一般规定，法律法规及司法解释有特别规定的除外。

案例二：福萨投资基金公司、温州西山联合陶瓷有限公司、温州西山面砖厂借款及担保合同纠纷民事判决书［最高人民法院（2012）民提字第181号］

最高法院认为："关于第一个争议焦点。投资基金公司系境外公司，其通过受让信达公司对外处置的金融不良资产包的方式取得本案债权，办理了国家发展和改革委员会《对外转让不良债权备案确认书》，并获得国家外汇管理局的批准，在指定的地方外汇管理分局办理了相应的备案登记手续，所提交的备案登记材料中注明了包括本案债权在内的各债权担保的具体情况。**根据最高人民法院《关于审理涉及金融不良债权转让案件工作座谈会纪要》第六条第（八）项以及最高人民法院《关于审理金融资产管理公司利用外资处置不良债权案件涉及对外担保合同效力问题的通知》第一条的规定，该金融不良债权及所涉抵押权的转让合法有效。**投资基金公司因受让金融不良债权而产生的与西联公司及西山面砖厂之间的借款及抵押法律关系明确，债权数额清楚，当事人对此并无异议。**金融不良债权转让属于我国合同法所规范的债权转让，应当适用债权转让的一般规定，法律法规及司法解释有特别规定的除外。最高人民法院《关于审理涉及金融不良债权转让案件工作座谈会纪要》第九条规定：'受让人向国有企业债务人主张不良债权受让日之后发生的利息的，人民法院不予支持。'**本案投资基金公司仅请求债务人西联公司偿还债权本金以及截至不良债权受让日2006年12月12日的利息，人民法院对其诉请应予支持。浙江高院对投资基金公司主张的债权仅予部分支持，缺乏相应的法律依据，适用法律不当，本院予以纠正。《中华人民共和国合同法》第八十一条规定：'债权人转让权利的，受让人取得与债权有关的从权利，但该从权利专属于债权人自身的除外。'**投资基金公司依债权转让取得相应的抵押权，西山面砖厂应当承担抵押担保责任。**西联公司提供的浙江高院就同类型的其他案件所作出的判决不是本案再审审理的对象，本案中不作审查及评判。"

第十章　其他与金融借款合同纠纷有关的法律问题

093 分公司对外借款总公司能否免责？

阅读提示

实践中经常有总公司、分公司经由一系列授权和协议，通过分公司向银行获得授信，并以分公司独立经营、自负盈亏，分公司具有一定的财产，可以对外承担民事责任为由，企图将分公司打造成事实上的“独立法人”，进而达到免除总公司承担对外民事责任的目的。

应当明确的是，不论市场主体怎样“八仙过海，各显神通”，也不论看似如何精美复杂的交易结构，并不能从根本上否定分公司非独立法人的根本属性，分公司财产不足以清偿债务的，其出资人或者设立人应承担无限责任。

裁判要旨

分公司不具有法人资格，其民事责任由总公司承担，除非债权人明确放弃追究总公司的民事责任。总公司与分公司之间签订的内部承包经营合同约定分公司实行独立核算，自负盈亏，该合同仅是总、分公司之间权利义务关系的内部约定，对外部债权人不产生约束力。尽管通过总公司授权、应收账款质押等方式的特殊安排，分公司具有了一定财产，但并不能等同于其可以独立对外承担民事责任，故不能免除总公司的民事责任。

案情简介

1. 2012 年 10 月 30 日，江林建设公司与资兴公司签署《棚户区改造施工合同》。同日，江林建设公司和陈某签订《内部经营管理承包合同》，约定江林建设公司成立湘阴建筑资兴分公司，陈某为负责人。江林建设公司授权陈某以分公司名义对工程进行经营管理，独立核算，自负盈亏。

2. 2013 年 1 月 23 日，江林建设公司通过股东会决议，同意分公司向浦发银行融资 2000 万元；同意将工程款直接支付到分公司在资兴浦发银行开立的账户，并优先用于偿还在资兴浦发银行的借款；同意分公司将棚户区改造项目形成的全部应收账款为分公司在资兴浦发银行的借款债务提供质押担保。

3. 2013 年 1 月 24 日，资兴公司与分公司、浦发银行、金塑管业公司、何某、易某及江林建设公司签订《五方协议》：资兴公司承诺将全部工程款支付至分公司在浦发银行开设的账户；分公司同意浦发银行对账户进行监管，未经浦发银行同意分公司不得动用；浦发银行承诺工程款打入约定账户后，放弃向资兴公司和江林建设公司追索分公司欠款本息的责任，仅能向分公司主张。

4. 2013 年 1 月 24 日，湘阴建筑资兴分公司与浦发银行签订《流动资金借款合同》，额度 1700 万元，于 25 日放款。同日，双方签署《应收账款质押合同》并办理登记。

5. 借款到期后，2014 年 7 月 25 日双方签署《展期协议》。资兴焦电公司与银行签署《保证合同》同意为该笔 1700 万元贷款提供连带责任保证，并向江林建设公司出具承诺书，承诺资兴焦电公司为展期提供担保，如担保物被资兴浦发银行或法院处置，资兴焦电公司则放弃对江林建设公司的追偿权。

6. 一审：原告浦发银行起诉被告江林建设公司、分公司、资兴公司、资兴焦电公司，请求偿还欠款。郴州市中院判决分公司应偿还欠款，资兴焦电公司应承担连带保证责任。

7. 二审：资兴焦电公司不服一审判决提起上诉，请求改判由江林建设公司、分公司共同承担本案的全部债务。关于江林建设公司是否应承担责任，湖南省高院认为分公司是经依法设立的民事主体，具有独立承担民事责任的能力，属民诉法规定的“其他组织”，结合各方当事人在《五方协议》中的约定，江林建设公司不应承担偿还责任，故判决驳回上诉，维持原判。

8. 再审：资兴焦电公司不服二审判决申请再审，称二审法院认定江林建设公司为“其他组织”错误，分公司不具备法人资格，无独立偿债能力，故江林建设公司应承担还款责任。最高法院认为江林建设公司应对湘阴建筑资兴分公司的债务承担连带清偿责任，故判决撤销一、二审判决，并依法改判。

裁判要点及思路

本案的争议焦点是，总公司、分公司、银行、保证人为分公司在银行的借款架构了一套复杂的交易关系的情况下，是否能免除总公司对分公司借款的偿还义务。

最高法院认为针对本次交易结构的几个关键点做出了详细的分析论述：

1.《五方协议》第四条的约定是否免除了江林建设公司（总公司）的还款责任？最高法院认为，根据《公司法》第十四条规定“分公司不具有法人资格，其民事责任由公司承担”，因此总公司当然的应承担分公司的对外借款偿还责任，只有银行明确放弃向总公司追偿时才可免除。根据查明的案情事实并未达到《五方协议》第四条约定的银行放弃向总公司追偿的条件，同时在庭审中银行明确否认放弃向总公司追偿，故总公司的责任不应免除。

2. 总公司与分公司负责人签订的《内部经营管理承包合同》虽然约定分公司实行独立核算，自负盈亏，但该合同属内部协议，仅对签署双方具有约束力，不能当然免除总公司的对外偿还责任。

3. 虽然《内部经营管理承包合同》约定分公司独立核算，自负盈亏，且将本次全部工程款以应收账款的方式质押给了银行，可以认定分公司具有一定的财产，但并不代表分公司可以对外独立承担民事责任。

4. 保证人虽向总公司出具了《承诺书》，承诺一定情形下放弃在承担保证责任之后向总公司追索的权利，但是该承诺生效的特定情形并未发生，故该《承诺书》并不能免除总公司的责任，同时即使保证人放弃了向总公司追偿的权利并不代表银行也放弃了主张债权的权利，故总公司的偿还责任不能免除。

实务要点总结

前事不忘，后事之师。我们就最高法院有关本案的判决所涉及的实务要点梳理如下，以供实务参考。

1. 分公司能否作为独立的银行授信主体？中国人民银行于 1996 年发布的《贷款通则》第十七条规定：“借款人应当是经工商行政管理机关（或主管机关）核准登记的企（事）业法人、其他经济组织、个体工商户或具有中华人民共和国国籍的具有完全民事行为能力的自然人。”显然分公司应归入“其他经济组织”，也即是说，分公司虽然不具备法人资格，但只要领取了营业执照，在法定的经营范围内，能够以自己的名义从事民事活动，该民事活动当然的应包括以自己的名义向银行申请授信。《民法总则》第一百零二条也规定“非法人组织能够以自己的名义从事民事活动”。

2. 分公司能够作为独立的授信主体并不意味其能独立对外担责而免除总公司的民事责任。实践中总公司、分公司、银行及担保人经过一系列的授权和协议安排，企图将分公司打造成实行独立核算自负盈亏的事实上的“独立法人”，进而免除总公司的民事责任。应当明确这类复杂的交易结构安排并不能改变分公司非独立法人的根本属性，也不能凭几份协议就掐断总公司与分公司之间的勾连关系，除非银行主动放弃向总公司追偿的权利，否则不能免除总公司的还款责任。

3. 总、分公司之间签署分公司独立核算、自负盈亏的内部承包经营协议，并通过总公司授权的方式将分公司经营所得截留在分公司账户的方式，试图使分公司拥有一定财产（实际上很多分公司确实拥有一定的偿还能力），但是这并不等于分公司具备了独立对外担责的资格和能力。总、分公司之间内部权利义务关系的安排并不能对抗外部第三人，更不能赋予分公司独立的法人人格，当分公司财产不足以清偿债务时，其出资人或者设立人应承担无限责任。

相关法律法规

《民法总则》(2017 年 10 月 1 日起施行)

第一百零二条 非法人组织是不具有法人资格，但是能够依法以自己的名义从事民事活动的组织。

非法人组织包括个人独资企业、合伙企业、不具有法人资格的专业服务机构等。

第一百零四条 非法人组织的财产不足以清偿债务的，其出资人或者设立人承担无限责任。法律另有规定的，依照其规定。

《公司法》

第十四条 公司可以设立分公司。设立分公司，应当向公司登记机关申请登记，领取营业执照。分公司不具有法人资格，其民事责任由公司承担。

公司可以设立子公司，子公司具有法人资格，依法独立承担民事责任。

《中国人民银行贷款通则》(中国人民银行令〔1996 年 2 号〕)

第十七条 借款人应当是经工商行政管理机关（或主管机关）核准登记的企（事）业法人、其他经济组织、个体工商户或具有中华人民共和国国籍的具有完全民事行为能力的自然人。

以下是本案判决书中“本院认为”部分，法院就总公司是否应承担分公司债务问题的论述，最高法院进行了近两千字的论证和说理，值得仔细品读。

最高法院认为：“综合资兴焦电公司的再审请求、江林建设公司的答辩意见以及资兴浦发银行、资兴实业公司的陈述意见，**本案的争议焦点为：江林建设公司是否应对湘阴建筑资兴分公司的债务承担连带清偿责任。**

根据查明的事实以及相关法律规定，江林建设公司应对湘阴建筑资兴分公司的债务承担连带清偿责任。

第一，湘阴建筑资兴分公司是江林建设公司依法设立并领取营业执照的法人分支机构。依据公司法第十四条第一款"公司可以设立分公司。设立分公司，应当向公司登记机关申请登记，领取营业执照。分公司不具有法人资格，其民事责任由公司承担'之规定，江林建设公司应对湘阴建筑资兴分公司的债务承担民事责任，除非债权人明确放弃追究江林建设公司的民事责任。本案中，湘阴建筑资兴分公司尚欠银行贷款1179万元及利息未偿还，因此，江林建设公司是否承担民事责任的关键在于债权人资兴浦发银行是否明确放弃追究其民事责任。根据原审查明的事实，2013年1月24日，资兴实业公司委托资兴实业公司棚户区项目改造指挥部与江林建设公司、湘阴建筑资兴分公司、资兴浦发银行、金塑管业公司、何某及易某签订《五方协议》。资兴实业公司棚户区改造项目指挥部在第一条中承诺将应支付给湘阴建筑资兴分公司的所有款项支付到湘阴建筑资兴分公司开立在资兴浦发银行的专门结算账户（账号：14××56）。资兴浦发银行在第四条中承诺，在资兴实业公司按照协议第一条的约定拨付工程款的前提下，向湘阴建筑资兴分公司追偿借款本息的责任由资兴浦发银行自行承担，否则，造成湘阴建筑资兴分公司未能依约履行还本付息义务的后果由资兴浦发银行自行承担，与资兴实业公司棚户区项目改造指挥部和江林建设公司无关，资兴浦发银行绝不向资兴实业公司棚户区项目改造指挥部或江林建设公司追索贷款本息。**结合《五方协议》第一条和第四条的约定可知，如资兴实业公司棚户区改造项目指挥部将应支付给湘阴建筑资兴分公司的所有款项支付到湘阴建筑资兴分公司开立在资兴浦发银行的专门结算账户（账号：14××56），资兴浦发银行便放弃向江林建设公司主张偿还案涉借款的权利。原审查明，资兴矿区棚户区改造项目指挥部在2013年1月至12月期间，共向湘阴建筑资兴分公司支付工程款1044万元，其中向湘阴建筑资兴分公司开立在资兴浦发银行的专门结算账户（账号：14××56）仅支付55万元。因此，资兴浦发银行并未放弃追究江林建设公司责任的权利，资兴浦发银行在再审庭审中亦否认放弃对江林建设公司的追偿，故江林建设公司不能依据《五方协议》第四条免除其偿还案涉借款的责任。**

第二，江林建设公司与陈某签订的《内部经营管理承包合同》，**虽然约定江林建设公司授权陈某以湘阴建筑资兴分公司名义对资兴实业公司棚户区改造工程第一期第六段工程进行经营管理，实行独立核算，自负盈亏；陈某的投入归陈某所有，在陈某经营过程中的所有债权债务即法律责任全部由陈某负责承担。但该承包合同系湘阴建筑资兴分公司与江林建设公司之间有关权利义务的内部约定，对资兴浦发银行无约束力。**湘阴建筑资兴分公司与江林建设公司的约定并不能免除江林建设公司的民事责任。

第三，湘阴建筑资兴分公司是江林建设公司依法设立并领取营业执照的法人的分支机构，是民事诉讼法第四十八条规定的“其他组织”。**虽然根据《内部经营管理承包合同》的约定，湘阴建筑资兴分公司实行独立核算，自负盈亏，且为案涉借款与资兴浦发银行签订《应收账款质押合同》，可以认为湘阴建筑资兴分公司具有一定财产，但这并不等同于其可以独立对外承担民事责任。**

第四，**资兴焦电公司出具《承诺书》并未放弃对江林建设公司的追偿权。**根据查明的事实，湘阴建筑资兴分公司因案涉借款到期后，尚有1179万元及利息未偿还。2014年7月25日，湘阴建筑资兴分公司与资兴浦发银行签署《贷款展期协议书》，将1179万元借款展期到2015年1月25日。金塑管业公司、何某、陈某、资兴焦电公司在担保人处签字或盖章。2014年7月25日，资兴焦电公司与资兴浦发银行签订《保证合同》，为2013年1月24日湘阴建筑资兴分公司与资兴浦发银行签订的《流动资金借款合同》担保。2014年7月25日，资兴焦电公司向江林建设公司出具《承诺书》，内容为：为了合作开发资兴实业公司的资产，进行融资，湘阴建筑资兴分公司在资兴浦发银行贷款进行展期，资兴焦电公司提供保证担保，如担保物被资兴浦发银行或法院依法处置，资兴焦电公司则放弃对江林建设公司的追偿权。**因此，从上述资兴焦电公司为案涉贷款展期提供保证的过程看，其虽然为债务人仅为湘阴建筑资兴分公司的借款合同提供保证，但其放弃对江林建设公司追偿权的前提是担保物被资兴浦发银行或者法院依法处置，而本案中担保物被处置情形并未发生。因此，资兴焦电公司出具《承诺书》并不能免除江林建设公司的民事责任。而且资兴焦电公司为案涉借款的保证人，即便其放弃向江林建设公司主张权利，也不能认为债权人资兴浦发银行放弃其权利。**”

案件来源

湖南省资兴焦电股份有限公司、湖南省江林建设有限公司金融借款合同纠纷再审民事判决书［最高人民法院（2017）最高法民再311号］

094 股东虚假清算注销公司，应对公司借款承担清偿责任

阅读提示

清算是公司退出市场之前的一道屏障，目的在于了结公司存续期间的债权债

务和其他权利负担，并借此督促公司诚信合法经营，承担社会责任。根据《公司法》及其司法解释的规定，合法清算是有限责任公司的股东、股份有限公司的董事和控股股东，以及公司的实际控制人应当承担的法定义务，虚假清算或者未经清算即注销公司，致使债权人无法主张权利或者主张权利面临重大障碍的，违法注销公司的股东应当就公司债务向债权人（银行）承担赔偿或者清偿责任。

裁判要旨

在清算、注销公司过程中，股东存在没有通知已知债权人和以虚假的清算报告等骗取公司登记机关办理公司注销登记行为，使资不抵债、不符合注销条件的债务人公司注销登记，并使银行可以随时要求其清偿债务的权利落空的，虚假清算的股东应当对公司的全部债务承担清偿责任。

案情简介

1. 2004 年、2006 年法院两份民事判决，判决债务人康宇公司应偿还烟台银行欠款 600 万元、800 万元，保证人永恩公司承担连带清偿责任。

2. 2006 年根据烟台银行的申请，执行法院作出执行裁定，执行到部分财产后因康宇公司和永恩公司无财产可供执行，2007 年执行程序终结。

3. 林某 1 和林某 2 为夫妻关系，均系康宇公司和永恩公司股东。康宇公司法定代表人是林某 1，永恩公司法定代表人是林某 2。2011 年 11 月 15 日，康宇公司和永恩公司均召开股东会，决定公司成立清算组进行清算。同年 11 月 28 日，康宇公司和永恩公司清算组均在报纸上刊登公告，通知债权人申报债权。2012 年 1 月 12 日和 1 月 16 日，两公司清算组形成两份清算报告，并经股东会一致决议通过，均载明“债务清偿完毕”。

4. 另查明，康宇公司和永恩公司的清算组没有向烟台银行送达申报债权的书面通知，并没有委托相关部门对两公司的资产进行审计。

5. 一审：原告烟台银行起诉被告林某 1、林某 2，要求二人承担清偿责任。二被告称在两公司的注销登记中，履行了公告、清算等法定义务，注销登记符合法律规定不应承担还款责任。烟台市中院认为林某 1、林某 2 以虚假的清算报告骗取公司登记机关办理注销登记，故判决应承担清偿责任。

6. 二审：林某 1、林某 2 不服一审判决提起上诉，称没有证据证明二人的清算行为造成了烟台银行的损失，故不应承担偿还责任。山东省高院认为，二被告的虚假清算行为使不符合注销条件的康宇公司和永恩公司注销登记，使银行可以随时要求二公司清偿债务的权利落空，二被告应当就全部债务承担清偿责任。故判决驳回上诉，维持原判。

裁判要点及思路

本案的争议焦点有两个：1. 股东林某1、林某2是否应对公司债务承担清偿责任；2. 如应承担责任，责任的范围是多少。针对两个争议焦点，山东省高院认为：

1. 林某1、林某2作为清算组成员，在清算、注销公司过程中，存在没有通知已知债权人和以虚假的清算报告骗取公司登记机关办理公司注销登记行为，应当对公司的债务承担相应赔偿责任。

2. 关于赔偿范围问题，林某1、林某2以虚假的清算报告，使资不抵债、不符合注销条件的债务人公司注销登记，使债权人可以随时要求其清偿债务的权利落空，因此林某1、林某2应当对债务人公司的全部债务承担清偿责任。

实务要点总结

前事不忘，后事之师。我们就法院有关本案的判决涉及的实务要点梳理如下，以供实务参考。

1. 股东在进行公司清算时应尽到法定的通知债权人的义务。根据《公司法》（2013年版）一百八十五条规定，清算组应当在成立10日内通知债权人，并在60日内在报纸上公告。也即是说，股东在组织公司清算时除了在报纸上公告外，还应当书面通知债权人，这是两个并行的义务，缺一不可，仅在报纸上公告不能认定股东尽到了通知义务。违反该通知义务违法清算，致使债权人权利落空的，股东应当承担赔偿义务。

2. 依法清算是全体股东应当承担的法定义务，并不会因部分股东仅是登记股东未参加实际经营、未参加清算组或者未在注销登记时签字而免责。

3. 公司被吊销营业执照处于经营异常状态时，股东或者实际控制人应当妥善保管公司账册，维护公司财产不受损失。因股东未尽合理的注意义务甚至擅自处分财产造成公司总资产总规模下降，使得债权人的权利得不到平等保障，股东或者实际控制人应当在其处置行为造成公司财产减损的数额范围内就公司对外债务承担相应的赔偿责任。

相关法律法规

《最高人民法院关于适用〈中华人民共和国公司法〉若干问题的规定（二）》（2014 年 2 月 17 日修订）

第十九条　有限责任公司的股东、股份有限公司的董事和控股股东，以及公司的实际控制人在公司解散后，恶意处置公司财产给债权人造成损失，或者未经依法清算，以虚假的清算报告骗取公司登记机关办理法人注销登记，债权人主张其对公司债务承担相应赔偿责任的，人民法院应依法予以支持。

第二十条　公司解散应当在依法清算完毕后，申请办理注销登记。公司未经清算即办理注销登记，导致公司无法进行清算，债权人主张有限责任公司的股东、股份有限公司的董事和控股股东，以及公司的实际控制人对公司债务承担清偿责任的，人民法院应依法予以支持。

公司未经依法清算即办理注销登记，股东或者第三人在公司登记机关办理注销登记时承诺对公司债务承担责任，债权人主张其对公司债务承担相应民事责任的，人民法院应依法予以支持。

以下是本案判决书中“本院认为”部分，法院就股东虚假清算注销公司后的责任承担问题的论述：

山东省高院认为：“**本案争议的焦点问题是，一、林某 1、林某 2 是否应对康宇公司、永恩公司所负烟台银行的债务承担赔偿责任以及赔偿范围如何确认。**《中华人民共和国公司法》第一百八十九条第三款规定：‘清算组成员因故意或者重大过失给公司或者债权人造成损失的，应当承担赔偿责任’；《最高人民法院关于适用〈中华人民共和国公司法〉若干问题的规定（二）》第十一条规定：‘清算组未履行通知和公告义务，导致债权人未及时申报债权而未获清偿，债权人主张清算组成员对因此造成的损失承担赔偿责任的，人民法院应依法予以支持’；第十九条规定：‘有限责任公司的股东在公司解散后，恶意处置公司财产给债权人造成损失，或者未经依法清算，以虚假的清算报告骗取公司登记机关办理法人注销登记，债权人主张其对公司债务承担相应赔偿责任的，人民法院应依法予以支持’。**林某 1、林某 2 作为清算组成员，在清算、注销康宇公司和永恩公司过程中，没有通知已知债权人烟台银行申报债权，并且没有将康宇公司和永恩公司所欠烟台银行的贷款列入清算报告，根据上述规定，林某 1、林某 2 存在没有通知已知债权人和以虚假的清算报告骗取公司登记机关办理康宇公司和永恩公司注销登记行为，应当对康宇公司和永恩公司的债务承担相应赔偿责任。关于赔偿范围问题，林某 1、林某**

2 以虚假的清算报告，使资不抵债、不符合注销条件的康宇公司和永恩公司注销登记，使债权人可以随时要求康宇公司和永恩公司清偿债务的权利落空。因此，林某 1、林某 2 应当对康宇公司和永恩公司的全部债务承担清偿责任。”

案件来源

烟台银行股份有限公司与林某 1、林某 2 清算责任纠纷、金融借款合同纠纷二审民事判决书［山东省高级人民法院（2014）鲁商终字第 346 号］

延伸阅读

有关虚假清算或者未经清算即注销公司后股东应承担的责任的问题，以下是我们在写作中检索到与该问题相关的最高法院和部分地区法院案例及裁判观点，以供读者参考。

1. 未参与实际经营的登记股东也负有法定的清算义务，未经依法清算即办理注销登记，致使公司已不具备清算条件的，股东因负有法定清算义务而应当对公司债务承担清偿责任。

案例一：杨某、曾某金融借款合同纠纷再审审查与审判监督民事裁定书［最高人民法院（2017）最高法民申 4771 号］

最高法院认为：“本院经审查认为，本案再审审查的重点是二审判决认定杨某、曾某和吴某对案涉债务承担清偿责任是否正确。《公司法司法解释（二）》第二十条第一款规定，公司解散应当在依法清算完毕后，申请办理注销登记。公司未经清算即办理注销登记，导致公司无法进行清算，债权人主张有限责任公司的股东、股份有限公司的董事和控股股东，以及公司的实际控制人对公司债务承担清偿责任的，人民法院应当依法予以支持。**二审判决认定杨某、曾某和吴某对案涉债务承担清偿责任的基础是世纪天中公司和浩诚佳扬公司未经依法清算即办理注销登记，而目前两公司已不具备清算条件，杨某、曾某和吴某分别作为两公司股东，因负有法定清算义务而应当对公司债务承担清偿责任。**杨某、曾某和吴某再审中并不否认其未对上述两公司组织清算，亦未提供证据证明该两公司目前具备清算条件，基于此事实，二审判决适用上述规定，并无不当。**杨某、曾某和吴某主张其仅是世纪天中公司和浩诚佳扬公司登记股东，并未参与公司经营管理，签订保证合同行为系由两公司实际控制人梅某操作，其三人不应承担责任。对此，本院认为，公司章程和工商登记信息具有对外公示效力，与公司进行市场交易的相对**

人对此享有的信赖利益应予保护。而作为完全民事行为能力人，杨某、曾某和吴某应当对挂名公司股东所产生的法律后果清楚，并为此承担相应的法律责任。至于杨某、曾某、吴某与梅某之间基于挂名所产生的权利义务关系，各方可通过其他法律途径解决。”

2. 虽不是办理注销登记时签字的股东，但公司清算是全体股东的法定义务，公司未经清算即办理注销登记，致使债权人未得到债权清理及受偿，侵害了债权人的合法权益，全体股东应承担相应的民事责任。

案例二：中国农业银行股份有限公司济南天桥支行与张某1、张某2等金融借款合同纠纷一审民事判决书［山东省高级人民法院（2013）鲁商初字第4号］

山东省高院认为：“济南清河家具城有限公司于2012年2月15日未经清算即办理注销登记，不再具有民事行为能力和民事责任能力，其民事主体资格消灭。**虽然办理注销登记时的股东签字均不是被告张某1、被告刘某、被告张某2所签，但该三被告作为公司股东，是公司的清算义务人，公司注销前负有对公司债权债务进行清算的义务。济南清河家具城有限公司未经清算即办理注销登记，致使债权人未得到债权清理及受偿，侵害了债权人的合法权益，该三被告应承担相应的民事责任。**被告张某1、被告刘某、被告张某2未能提交证据证实济南清河家具城有限公司现尚具备清算条件，根据《最高人民法院关于适用〈公司法〉的司法解释二》第二十条的规定，被告张某1、被告刘某、被告张某2应对济南清河家具城有限公司的债务按照出资比例承担清偿责任。对原告要求被告张某1、被告刘某、被告张某2对本案债务承担清偿责任的诉讼请求，本院予以支持。”

3. 公司被吊销营业执照后处于解散状态，公司股东或者实际控制人应妥善保管各类资产及财务账册等，并依法进行清算，以保障债权人的利益。股东擅自处置公司财产，导致债权人的债权得不到平等受偿，应在其处置行为造成公司财产减损的数额内承担清偿责任。

案例三：黄某与广东南海农村商业银行股份有限公司罗村支行金融借款合同纠纷二审民事判决书［广东省佛山市中级人民法院（2014）佛中法民二终字第383号］

佛山市中院认为：“**关于黄某须否对案涉债务承担连带清偿责任的问题。**……本院认为，首先，黄某于二审期间提交书面证明，因证明人未出庭作证及接受诉讼各方质询，且证明内容没有其他相关证据补强印证，其真实性及证明力等难以确认。至于黄某于二审期间提交的佛山市翔某拍卖有限公司《通知》、《拍卖成交确认书》及（2005）南民二初字第325、325、327号三案贷款归还情况说明等证据材料，其内容亦不足以支持己方的抗辩主张，故对黄润显二审提交的证据材料本院均不予采纳。其次，农商行罗村支行于2010年发现塑料粉末厂的机械设备等财产下落不明，而该厂于2004年12月18日被吊销营业执照，结合黄某在原审诉讼期间关于其未向债权人农商行罗村支行告知而处置了该厂的机械、办公设备等财产用于向案外第三人抵债的自认陈述，农商行罗村支行已就其诉请主张完成了初步的举证责任。如黄某认为其未在塑料粉末厂被吊销营业执照后恶意处置该厂的财产，且无因相关财产处置行为而致农商行罗村支行损失，则应提交该厂被吊销营业执照时的资产状况及各类财务账册等有力证据予以反驳，但其未能提供证据证明前述抗辩主张，故对其抗辩主张本院不予采纳。再者，**塑料粉末厂被吊销营业执照后处于解散状态，黄某作为该厂的实际控制人应妥善保管该厂的各类资产及财务账册等，并依法进行清算，以保障债权人的利益，但黄某并没有履行其应尽之义务，而是擅自处置该厂财产，导致债权人的债权得不到平等受偿，参照《最高人民法院关于适用〈中华人民共和国公司法〉若干问题的规定（二）》第十九条的规定，黄某应对农商行罗村支行诉请的案涉债务承担赔偿责任。**最后，黄某对塑料粉末厂的资产状况比债权人农商行罗村支行更清楚，获取证据也更为方便，如黄某认为其无需对农商行罗村支行诉请的案涉债务承担连带清偿责任，则应提交充分的证据予以证实，**但其未能提供证据证明该厂被吊销营业执照时的资产状况和其处置行为造成该厂财产价值减损的数额，依据《最高人民法院关于民事诉讼证据的若干规定》第二条的规定，其应承担举证不能的不利法律后果。据此，原审认定黄某应对农商行罗村支行诉请的案涉债务承担连带清偿责任并无不当，本院予以维持。**”

095 借款人与其关联公司人格混同的，关联公司应承担连带偿还责任

阅读提示

法人独立性和有限责任原则是现代公司制度的基石，公司应当也仅对自己的债务承担偿还责任。但该原则并不是绝对的，如不同公司之间构成人格混同，尤其是当关联公司之间因股权结构交叉、人员重叠、财务无法区分等原因造成不同公司之间各自财产无法区分的，或者因混同导致债务人公司偿还能力下降，损害债权人利益的，各公司应当对债务承担连带偿还责任。

裁判要旨

虽表面上是彼此独立的公司，但各公司之间存在股权交叉、法定代表人和高管同一、工作人员重叠、财务支出无法区分等情形的，应认定已实际构成了人格混同，其行为违背了法人制度设立的宗旨，违反了诚实信用和公平原则，损害了债权人利益，故各公司应为借款承担连带偿还责任。

案情简介

1. 1999 年 10 月 18 日，装饰公司、房屋公司、娱乐公司与中行蜀都支行签订《债务重组协议》，对装饰公司原在中行成都分行的逾期贷款 2200 万元进行债务重组。

2. 1999 年 10 月 18 日和 2000 年 12 月 13 日，三公司两次出具《还本付息计划书》，承诺以装饰公司、房屋公司、娱乐公司的经营收入和其他资金来源履行还款义务。

3. 1999 年 11 月 12 日，装饰公司与中行蜀都支行重新签订《借款合同》，借款金额为 2200 万元。

4. 中行蜀都支行先后于 2003 年 1 月 28 日、2004 年 5 月 17 日向装饰公司、房屋公司、娱乐公司发出《贷款催收通知书》和《催促尽快履行担保责任通知书》。截至 2004 年 5 月 17 日装饰公司尚欠借款本金 1991 万元，利息 14173340.44 元。

5. 另查明，装饰公司系 1993 年由沈氏兄弟投资有限公司设立，2004 年股东变更为娱乐公司和沈氏公司。房屋公司于 1992 年由沈氏公司投资成立。娱乐公司于 1995 年设立，股东为房屋公司和装饰公司。三公司法定代表人均为沈某，地址、电话号码均相同，财务管理人员在同一时期内存在相同的情况。

6. 娱乐公司 1998 年度审计报告表明，其在为装饰公司和房屋公司支付贷款利息，对装饰公司的欠款 7392 万元和房屋公司的欠款 1086 万元以负债转投资的方式形成资本公积金 8478 万元。装饰公司审计报告反映，2003—2005 年度装饰公司对娱乐公司的投资有 2795 万元。

7. 一审：原告中行蜀都支行起诉被告装饰公司，诉请返还借款本息，并要求娱乐公司、房屋公司承担连带还款责任。四川省高院以三公司人格混同为由，判决娱乐公司、房屋公司应承担连带还款责任。

8. 二审：三公司均不服一审判决，提起上诉。诉称，三公司法人结构独立、清晰，不存在人格混同，不应承担连带还款责任。最高法院判决驳回上诉，维持原判。

裁判要点及思路

本案的争议焦点是，借款人装饰公司与关联公司娱乐公司、房屋公司是否存在法人人格混同，而应当为案涉借款承担连带还款责任。最高法院认为，**案涉三公司股权结构交叉为关联公司，均为沈氏公司出资设立，沈某作为公司的董事长，同时身兼三公司的法定代表人，其利用对三公司的控制权，将三公司的财产交叉使用，致使银行无法区分三公司的人员及财产。三公司还存在同一地址办公、联系电话相同、财务管理人员在一段时期内相同的情况。上述事实表明，三公司虽然表面上彼此独立，但是实际已构成人格混同，其行为，违背了法人制度设立的宗旨，违反了诚实信用和公平原则，损害了债权人利益。**故，三公司应为案涉借款承担连带偿还责任。

实务要点总结

前事不忘，后事之师。我们就最高法院关于本案的判决所涉及的实务要点梳理如下，以供实务参考。

1. 我国《公司法》为并未明确规定关联公司，但第二百一十六条定义了关联关系，它是指公司控股股东、实际控制人、董事、监事、高级管理人员与其直接或者间接控制的企业之间的关系，以及可能导致公司利益转移的其他关系。关联公司之间的人格混同是指，关联公司之间表面上虽彼此独立，但实际在人员、财务等存在严重的交叉、重合关系，在实质上无法区分。

2. 根据法院的既往判例，实践中的公司人格混同的形式主要表现为以下几类：第一，人员混同，是指关联公司之间的组织结构和工作人员存在交叉任职，甚至在一定时期内完全重合。如法定代表人同一、董监高等高级管理人员交叉任职、财务人员、业务人员重合等；第二、财务混同，是指形式上关联公司之间的混用账簿和账户，实质上混用资金，无法区分各自财产等；第三，其他情形，包括了公司地址、联系方式、业务形态、经营活动、管理形式等存在相同或者重叠的情形。

3. 但应当注意，并不是只要关联公司出现了上述人员、财务等混同的情形，就一定能够否认公司法人独立性。现代企业集团为了统一管理的需求，往往会建立统一的管理、考评体系和财务制度，高级管理人员交叉任职的情形也很普遍。只要这样的重叠和混同控制在一定的限度内，不侵犯下属公司的法人独立性，不损害外部债权人的利益，就不构成公司法意义上的人格混同。也就是，认定人格混同除了前述的形式要件，还应当结合是否存在滥用公司控制权和股东权利，侵犯了债权人利益的情形。

4. 也就是说，只有当关联公司之间人员混同、财务混同的行为损害了外部债权人的利益，显著降低了债务人公司的偿债能力，如果仅向借款人公司主张债权将对债权人造成极大的不公平时，才可适用法人人格否认制度，让关联公司为债务承担连带偿还责任。

相关法律法规

《公司法》

第二十条公司股东应当遵守法律、行政法规和公司章程，依法行使股东权利，不得滥用股东权利损害公司或者其他股东的利益；不得滥用公司法人独立地位和股东有限责任损害公司债权人的利益。

公司股东滥用股东权利给公司或者其他股东造成损失的，应当依法承担赔偿责任。

公司股东滥用公司法人独立地位和股东有限责任，逃避债务，严重损害公司债权人利益的，应当对公司债务承担连带责任。

第二百一十六条　本法下列用语的含义：

（四）关联关系，是指公司控股股东、实际控制人、董事、监事、高级管理人员与其直接或者间接控制的企业之间的关系，以及可能导致公司利益转移的其他关系。但是，国家控股的企业之间不仅因为同受国家控股而具有关联关系。

以下是本案判决书中“本院认为”部分，最高法院就借款人与关联公司人格混同问题的论述：

最高法院认为：“二、关于装饰公司、房屋公司、娱乐公司是否存在人格混同的问题。**根据原审查明的本案事实，装饰公司、房屋公司、娱乐公司股权关系交叉，均为关联公司，实际均为沈氏公司出资设立，沈华源作为公司的董事长，同时身兼三公司的法定代表人，**其利用对三公司的控制权，将装饰公司贷款大量投入娱乐公司中国酒城项目；**在未办理工商变更登记的情况下，将娱乐公司对装饰公司欠款7392万元和对房屋公司欠款1086万元转为两公司对娱乐公司的投资款，且2003年以后装饰公司对娱乐公司的投资只有2795万元，装饰公司的3597万元投资款去向不明；并将中国酒城项目的经营收益用于支付所谓泰来集团名下所有公司的房租、水电费、员工工资；将沈氏公司对房屋公司的投资用于支付中国酒城项目设计费；装饰公司、房屋公司、娱乐公司还共同为装饰公司贷款还本**

付息，装饰公司、房屋公司、娱乐公司均认为对‘流金岁月’及‘茵梦湖’项目的资产享有处分权，以并不存在的泰来集团名义向贷款人出具函件，致使贷款人也无法区分三者间的人员及财产。装饰公司、房屋公司、娱乐公司还存在同一地址办公、联系电话相同、财务管理人员在一段时期内相同的情况。上述事实表明，装饰公司、房屋公司、娱乐公司表面上是彼此独立的公司，但各公司之间已实际构成了人格混同。其行为，违背了法人制度设立的宗旨，违反了诚实信用和公平原则，损害了债权人利益。因此，原审法院判令装饰公司的债务应由娱乐公司和房屋公司承担连带清偿责任并无不当，本院予以维持。”

案件来源

中国信达资产管理公司成都办事处与四川泰来装饰工程有限公司、四川泰来房屋开发有限公司、四川泰来娱乐有限责任公司金融借款合同纠纷上诉案［最高人民法院（2008）民二终字第 55 号］

延伸阅读

有关借款人与关联公司人格混同时责任承担的问题，以下是我们在写作中检索到与该问题相关的部分省高院案例及裁判观点，以供读者参考。

1. 三个公司虽在工商登记部门登记为彼此独立的企业法人，但实际上相互之间界线模糊、人格混同，其中川交工贸公司承担所有关联公司的债务却无力清偿，又使其他关联公司逃避巨额债务，严重损害了债权人的利益。上述行为违背了法人制度设立的宗旨，违背了诚实信用原则，故川交机械公司、瑞路公司对川交工贸公司的债务应当承担连带清偿责任。

案例一：徐工集团工程机械股份有限公司诉成都川交工贸有限责任公司等买卖合同纠纷案［江苏省高级人民法院（2011）苏商终字第 0107 号］（最高法指导性案例第 4 批）

江苏省高院认为：“川交工贸公司与川交机械公司、瑞路公司人格混同。**一是三个公司人员混同。**三个公司的经理、财务负责人、出纳会计、工商手续经办人均相同，其他管理人员亦存在交叉任职的情形，川交工贸公司的人事任免存在由川交机械公司决定的情形。**二是三个公司业务混同。**三个公司实际经营中均涉及工程机械相关业务，经销过程中存在共用销售手册、经销协议的情形；对外进行宣传时信息混同。**三是三个公司财务混同。**三个公司使用共同账户，以王永礼的签字作为具体用款依据，对其中的资金及支配无法证明已作区分；三个公司与徐工机械公司之间的债权债务、业绩、账务及返利均计算在川交工贸公司名下。因此，三个公司之间表征人格的因素（人员、业务、财务等）高度混同，导致各自财产无法区分，已丧失独立人格，构成人格混同。

川交机械公司、瑞路公司应当对川交工贸公司的债务承担连带清偿责任。公司人格独立是其作为法人独立承担责任的前提。《中华人民共和国公司法》（以下简称《公司法》）第三条第一款规定：‘公司是企业法人，有独立的法人财产，享有法人财产权。公司以其全部财产对公司的债务承担责任。’公司的独立财产是公司独立承担责任的物质保证，公司的独立人格也突出地表现在财产的独立上。当关联公司的财产无法区分，丧失独立人格时，就丧失了独立承担责任的基础。《公司法》第二十条第三款规定：‘公司股东滥用公司法人独立地位和股东有限责任，逃避债务，严重损害公司债权人利益的，应当对公司债务承担连带责任。’**本案中，三个公司虽在工商登记部门登记为彼此独立的企业法人，但实际上相互之间界线模糊、人格混同，其中川交工贸公司承担所有关联公司的债务却无力清偿，又使其他关联公司逃避巨额债务，严重损害了债权人的利益。上述行为违背了法人制度设立的宗旨，违背了诚实信用原则，其行为本质和危害结果与《公司法》第二十条第三款规定的情形相当，故参照《公司法》第二十条第三款的规定，川交机械公司、瑞路公司对川交工贸公司的债务应当承担连带清偿责任。”**

2. 三公司在营业场所和经营范围、财产、人员方面高度混同，彼此权利外延界限模糊，在公司人格方面由赵某全面实质控制，丧失了公司独立人格与意志，形成了人格混同，故三公司应当为案涉债务承担连带责任。

案例二：吉林经济技术开发区管理委员会与赵某等借款合同纠纷［吉林省高级人民法院（2017）吉民初 11 号］

吉林省高院认为：“综合以上情况，吉林沱牌、龙谷物流、龙谷生科未能按《最高人民法院关于适用〈中华人民共和国民事诉讼法〉的解释》第九十条之规定证明各自人格独立，以及彼此之间不存在人员、财产之混同，应承担举证不能的不利后果。**从现有情况看，可以认定吉林沱牌、龙谷物流、龙谷生科在营业场所和经营范围、财产、人员方面高度混同，彼此权利外延界限模糊，在公司人格方面由赵某全面实质控制，丧失了公司独立人格与意志，形成了人格混同。根据《中华人民共和国公司法》第二十条第三款的规定，龙谷物流、龙谷生科应对本案吉林沱牌债务承担连带责任。”**

3. 豪骏公司与绿洲公司虽然在工商登记部门登记为两个独立的企业法人，但

实际上相互之间界线模糊、人格混同。故参照《公司法》第二十条第三款的规定，豪骏公司对绿洲公司的债务应当承担连带清偿责任。

案例三：山东费县农村商业银行股份有限公司、山东郯城农村商业银行股份有限公司金融借款合同纠纷上诉案［山东省高级人民法院（2016）鲁民终2021号］

山东省高院认为："关于豪骏公司与绿洲公司是否构成法人人格混同的问题。本院认为应综合以下几点进行分析：**第一，公司人员混同。**根据两公司的工商登记信息和公安机关对孙某1、孙某2的询问笔录、费县法院对杨某、侯某的调查笔录以及巨野县公安局对徐某的询问笔录，可以相互印证两公司的法定代表人均为孙某1，两公司均由孙某1担任执行董事。在两公司的工商登记变更过程中，工商手续经办人员均为符某。绿洲公司和豪骏公司的实际控制人均为徐某。**第二，公司业务混同。**豪骏公司与绿洲公司的经营范围基本重合，均有绿化、设计、施工。**第三，公司财务混同。**绿洲公司、豪骏公司的财务负责人、报税人员均为赵某。徐某不是绿洲公司的法定代表人和股东，但在绿洲公司缴纳社保。豪骏公司向徐某无偿转款6500万元，在无其他合同约定的情况下，绿洲公司无偿为豪骏公司缴纳土地出让金1.35亿元，银行单据显示，该资金由绿洲公司通过费县农商行的账户直接转入临沂市经济开发区财政局的账户，对其中的资金及支配无法证明已作区分。综上，豪骏公司与绿洲公司之间表征人格的因素（人员、业务、财务等）高度混同，导致各自财产无法区分，已丧失独立人格，构成人格混同。故上诉人费县农商行、郯城农商行主张两公司构成法人人格混同的上诉理由成立，本院予以支持。

关于豪骏公司应否对绿洲公司的债务承担连带清偿责任的问题。《中华人民共和国公司法》（以下简称《公司法》）第三条第一款规定：'公司是企业法人，有独立的法人财产，享有法人财产权。公司以其全部财产对公司的债务承担责任。'公司人格独立是其作为法人独立承担责任的前提，当关联公司的财产无法区分，丧失独立人格时，就丧失了独立承担责任的基础。《公司法》第二十条第三款规定：'公司股东滥用公司法人独立地位和股东有限责任，逃避债务，严重损害公司债权人利益的，应当对公司债务承担连带责任。'**本案中，豪骏公司与绿洲公司虽然在工商登记部门登记为两个独立的企业法人，但实际上相互之间界线模糊、人格混同。故参照《公司法》第二十条第三款的规定，豪骏公司对绿洲公司的债务应当承担连带清偿责任。**一审法院对此认定错误，本院予以纠正，但本院认定的主要依据是上诉人二审中提交的新证据，因此一审判决不应认定为错案。"

096 委托贷款的性质是什么？（上）

阅读提示

《贷款通则》规定了三种银行贷款方式，分别是自营贷款、委托贷款和特定贷款。其中，委托贷款的产生有着特殊的意义。众所周知，属于企业直接融资的民间借贷存在着交易隐蔽、风险难以监控的特点，极容易因高利贷引发资金链断裂、企业破产的风险，进而产生非法集资、暴力催收导致人身伤害等违法犯罪问题，因此我国法律长期禁止非金融机构之间互相拆借资金。最高院早年的《关于对企业借贷合同借款方逾期不归还借款应如何处理问题的批复》更是将企业之间的借贷合同定性为无效合同。而通过借道银行，将委托人的资金贷款给借款人，一方面可以解决企业融资难的难题，另一方面还可以对企业借贷进行监管，因此，委托贷款便成为企业的重要融资方式。

尽管2015年最高院颁行了《关于审理民间借贷案件适用法律若干问题的规定》，允许企业之间进行借贷，似乎已经扫除了企业融资难的障碍，但是委托贷款仍然有其存在的重要意义。那么委托贷款到底是属于民间借贷关系还是金融借款关系？在2015年，最高院曾在7天内给出了两份完全相反的判决，本文将梳理其中一篇判例，在（下）中为读者梳理另外一篇完全相反的判决，并结合司法实践，为读者厘清委托贷款的法律属性。

裁判要旨

委托贷款关系中存在三方当事人，三方之间的委托贷款关系由两种具体的法律关系所构成，即委托人与银行之间的委托关系，以及银行与借款人之间的借贷关系。虽然委托贷款协议的具体内容实际上是由委托人和借款人事先协商确定，但一旦双方采取委托贷款形式，该法律关系即因银行的加入而被纳入了国家金融监管的范围，其性质亦不再是当事人双方之间的企业借贷关系。

案情简介

1. 2013年11月18日，借款人中裕公司、委托人天地方中公司及受托行吉林银行大连分行签订《委托贷款合同》及《三方合作协议》。2013年10月17日，中裕公司为吉林银行大连分行设立抵押担保，2013年11月18日，张某、李某为天地方中公司提供连带责任保证。随后，银行于当年11月20日、12月18日先后发放了两笔贷款。借款人到期均未依约给付贷款利息。

2. 一审：原告吉林银行大连分行起诉被告中裕公司及保证人张某、李某，请求借款人偿还借款本息，抵押人、保证人承担担保责任。辽宁省高院判决银行胜诉。

3. 二审：借款人中裕公司、保证人李某不服原审判决，向最高院提起上诉，其上诉理由中认为原审法院对本案定性错误，本案系企业借贷关系，并非委托贷款关系，委托人天地方中公司没有经营金融贷款的资质，因此《委托贷款合同》《三方合作协议》《抵押合同》《保证合同》均系无效合同，请求驳回吉林银行大连分行的起诉。最高院认为，本案系委托贷款关系，案涉合同均真实有效，因此借款人应当承担还款责任，担保人应当承担担保责任。

裁判要点及思路

1. 首先，《贷款通则》第七条规定我国合法贷款有三种，包括自营贷款、委托贷款和特定贷款。本案中，天地方中公司、吉林银行大连分行、中裕公司签订了《委托贷款合同》，其主要内容就是吉林银行大连分行根据天地方中公司的委托，将天地方中公司提供的贷款资金，按照天地方中公司指定的贷款对象、用途、金额、期限、利率等事项发放给借款人中裕公司。

2. 委托贷款关系中存在三方当事人，即委托人、银行和借款人，三方存在两种法律关系，即委托人与银行之间的委托关系，银行与借款人之间的借贷关系。委托贷款关系因为银行的加入所以被纳入了国家金融监管的范围，并非当事人之间的企业借贷关系。

3. 案涉《委托贷款合同》《三方合作协议》《抵押合同》《保证合同》均系当事人各方真实意思表示，未违反法律、行政法规的效力性禁止性规定，因此借款人应当按照委托贷款合同及时返还借款，担保人亦应当承担担保责任。

实务要点总结

前事不忘，后事之师。我们就最高法院有关本案的判决涉及的实务要点梳理如下，以供实务参考。

1. 委托贷款法律关系发生在借款人、贷款人、委托人三者之间，在该法律关系中，借款人的借款并非直接来源于银行，而是社会资本转道银行，经银行审查后发放到借款人账户，这是在企业之间互相借贷违法的特殊背景下产生的企业融资方式。这也是委托贷款区别于银行自营贷款最直接的特点。

2. 本案二审中，上诉人之所以主张将案涉合同定性为借款合同，是试图以提供资金的天地方中公司没有经营金融贷款的资质为由，否定借款合同的效力，从而达到拒绝偿付借款本息的目的。尽管委托借款关系中的资金来自非金融机构性质的企业一方，银行仅作为整个交易流程中的中间通道环节，并不直接提供资金，但应当明确的是，一旦该部分资金利用了国家授予银行许可经营的放贷资质，就意味着其整个资金流转过程也必须纳入到国家整体的金融流通和监管秩序当中，也因此委托贷款关系也就不再是单纯的民间借贷，而转变为金融借款关系，需要接受银行业相关法律法规的调整和管制。

相关法律规定

《商业银行委托贷款管理办法》（银监发［2018］2号）

第三条 本办法所称委托贷款，是指委托人提供资金，由商业银行（受托人）根据委托人确定的借款人、用途、金额、币种、期限、利率等代为发放、协助监督使用、协助收回的贷款，不包括现金管理项下委托贷款和住房公积金项下委托贷款。

委托人是指提供委托贷款资金的法人、非法人组织、个体工商户和具有完全民事行为能力的自然人。

现金管理项下委托贷款是指商业银行在现金管理服务中，受企业集团客户委托，以委托贷款的形式，为客户提供的企业集团内部独立法人之间的资金归集和划拨业务。

住房公积金项下委托贷款是指商业银行受各地住房公积金管理中心委托，以住房公积金为资金来源，代为发放的个人住房消费贷款和保障性住房建设项目贷款。

《贷款通则》（中国人民银行令［1996年2号］）

第七条第二项 委托贷款，系指由政府部门、企事业单位及个人等委托人提供资金，由贷款人（即受托人）根据委托人确定的贷款对象、用途、金额期限、利率等代为发放、监督使用并协助收回的贷款。贷款人（受托人）只收取手续费，不承担贷款风险。

《合同法》

第四百零二条 受托人以自己的名义，在委托人的授权范围内与第三人订立的合同，第三人在订立合同时知道受托人与委托人之间的代理关系的，该合同直接约束委托人和第三人，但有确切证据证明该合同只约束受托人和第三人的除外。

《最高人民法院关于如何确定委托贷款协议纠纷诉讼主体资格的批复》(法复〔1996〕6号)

在履行委托贷款协议过程中，由于借款人不按期归还贷款而发生纠纷的，贷款人（受托人）可以借款合同纠纷为由向人民法院提起诉讼；贷款人不起诉的，委托人可以委托贷款协议的受托人为被告、以借款人为第三人向人民法院提起诉讼。

以下是本案判决书中“本院认为”部分，最高法院就委托借款合同的性质问题的论述：

最高法院认为：“根据中国人民银行颁布的《贷款通则》第七条的规定，合法贷款包括‘自营贷款、委托贷款和特定贷款’三种，‘委托贷款，系指由政府部门、企事业单位及个人等委托人提供资金，由贷款人（即受托人）根据委托人确定的贷款对象、用途、金额、期限、利率等代为发放、监督使用并协助收回的贷款。贷款人（受托人）只收取手续费，不承担贷款风险。’**本案中，天地方中公司、吉林银行大连分行、中裕公司于2013年11月18日签订了案涉《委托贷款合同》，主要内容为：吉林银行大连分行根据天地方中公司的委托，将天地方中公司提供的贷款资金，按照天地方中公司指定的贷款对象、用途、金额、期限、利率等事项，发放给借款人中裕公司，吉林银行大连分行收取相应手续费，并协助天地方中公司收回贷款。根据《贷款通则》的上述规定，结合本案三方当事人之间所签订合同的内容，可以认定三方之间所形成的法律关系为委托贷款关系。委托贷款关系中存在三方当事人，即委托人、银行和借款人，三方之间的委托贷款关系由两种具体的法律关系所构成，即委托人与银行之间的委托关系，以及银行与借款人之间的借贷关系。虽然委托贷款协议的具体内容实际上是由委托人和借款人事先协商确定，但一旦双方采取委托贷款形式，该法律关系即因银行的加入而被纳入了国家金融监管的范围，其性质亦不再是当事人双方之间的企业借贷关系。**因此，原审法院认定吉林银行大连分行与中裕公司之间系金融借款关系，而非企业借贷关系，符合法律规定，并无不当。因案涉《三方合作协议》系天地方中公司、吉林银行大连分行及中裕公司就《委托贷款合同》中的未尽事宜所作出的补充约定，其合同性质与《委托贷款合同》并无差异。

案涉《委托贷款合同》《三方合作协议》《抵押合同》《保证合同》均系各方当事人自愿协商签订，意思表示真实。天地方中公司依据合同约定委托具有金融贷款资质的吉林银行大连分行向中裕公司发放贷款，三方之间的委托贷款行为和方式均不违反法律、行政法规的效力性禁止性规定，合法有效。中裕公司、李某上诉认为，吉林银行大连分行的贷款资金来源于天地方中公司，案涉《委托贷款合同》《三方合作协议》在性质上属于企业之间的借贷，应认定为无效合同，作为《委托贷款合同》《三方合作协议》从合同的《抵押合同》《保证合同》亦应无效，缺乏相应的事实和法律依据，不能成立，本院不予支持。"

案件来源

吉林银行股份有限公司大连分行与大连中裕嘉合房地产开发有限公司、李某等金融借款合同纠纷二审民事判决书［最高人民法院（2015）民二终字第420号］

延伸阅读

有关委托借款关系的性质问题，以下是我们在写作中检索到与该问题相关的部分法院案例及裁判观点，以供读者参考。

1. 案涉借款系基于银行与借款人双方之间签订的《委托贷款借款合同》所发生的借款，案由应为金融借款合同纠纷。

案例一：原告中国民生银行股份有限公司泉州分行与被告福建中盛房地产建设有限公司、上海九川投资（集团）有限公司、程某、钱某、吕某金融借款合同纠纷一审民事判决书［福建省泉州市中级人民法院（2014）泉民初字第1388号］

泉州市中院认为："一、关于本案借款的性质是民间借贷还是金融借款或者委托贷款以及原告民生银行泉州分行是否有实际向被告中盛房地产公司发放贷款800万元问题。**本院认为，本案所发生的借款过程系案外人陈某委托民生银行泉州分行向中盛房地产公司发放贷款800万元**，该事实有陈某与民生银行泉州分行签订的《委托贷款委托合同》为据，民生银行泉州分行与中盛房地产公司签订的《委托贷款借款合同》及依该合同约定民生银行泉州分行汇入中盛房地产公司账户800万元。庭审中，中盛房地产公司对其账户收到民生银行泉州分行汇入的800万元，不持异议。因此，应确认民生银行泉州分行已实际向中盛房地产公司发放贷款800万元。**本案借款虽然是案外人陈某委托民生银行泉州分行放贷给中盛房地产公司，但民生银行泉州分行与中盛房地产公司有另签订《委托贷款借款合同》，借贷双方是依该合同约定履行各自的权利义务，应受该合同约定内容约束，故民生银行泉州分行作为原告，依该借款合同提起本案诉讼，有合同依据**；根据最高人民法院法复（1996）6号《关于如何确定委托贷款协议纠纷诉讼主体资格》的批复：'在履行委托贷款协议过程中，由于借款人不按期归还贷款而发生纠纷的，贷款人（受托人）可以借款合同纠纷为由向人民法院提起诉讼；贷款人坚持不起诉的，委托人可以委托贷款协议的受托人为被告、以借款人为第三人向人民法院提起诉讼'。**因委托贷款人陈某对民生银行泉州分行提起的本案诉讼，并未提出异议，故本案借款虽是陈某委托放贷，但本案借款系基于民生银行泉州分行与中盛房地产公司双方之间签订的《委托贷款借款合同》所发生的借款，案由应为金融借款合同纠纷。"**

097 委托贷款的性质是什么？（下）

阅读提示

[委托贷款的性质到底是什么？（上）] 一文引述的最高法院判例认为，委托贷款关系不是企业间的借贷关系，而是金融借款关系，法院应以金融借款纠纷作为案由进行审理。这种裁判观点是从国家整体金融监管的角度出发，认为既然银行加入了资金的放贷流转过程，就应当以金融借款关系认定。而最高法院的另一公报案例中则认为，委托贷款关系实质上是委托人与借款人之间的民间借贷关系，应适用有关民间借贷的相关法律法规，下文将引述最高法院的相关判例。

裁判要旨

委托人、受托银行与借款人三方签订委托贷款合同，由委托人提供资金、受托银行根据委托人确定的借款人、用途、金额、币种、期限、利率等代为发放、协助监督使用并收回贷款，受托银行收取代理委托贷款手续费，并不承担信用风险，其实质是委托人与借款人之间的民间借贷。委托贷款合同的效力、委托人与借款人之间的利息、逾期利息、违约金等权利义务均应受有关民间借贷的法律、法规和司法解释的规制。

案情简介

1. 2013 年 9 月 27 日，长富基金与兴业银行武汉分行、中森华房地产公司、中森华投资公司、郑某、陈某签订《投资合作协议》，约定长富基金以委托贷款方式委托兴业银行武汉分行向中森华公司发放贷款 6.3 亿元。同日，长富基金、兴业银行武汉分行与中森华房地产公司签订《委托贷款合同》。

2. 嗣后，兴业银行武汉分行与中森华房地产公司签订五份《抵押合同》，中森华房地产公司提供抵押担保。兴业银行武汉分行与中森华投资公司又签订了《股权质押合同》，中森华投资公司以股权设定质押。2013 年 9 月 27 日，中森华投资公司、郑某、陈某与兴业银行武汉分行签订《连带保证合同》，以上各方提供连带保证。

3. 因中森华房地产公司未办理部分地块及在建工程的抵押登记，兴业银行武汉分行因此未发放第二期借款。

4. 一审：原告长富基金向湖北省高院起诉，请求提前终止《委托贷款合同》，被告中森华房地产公司应立即还本付息并支付违约金，各担保人承担担保责任。一审法院判决长富基金胜诉，但未支持其主张违约金的诉讼请求。

5. 二审：长富基金不服一审判决，向最高院提起上诉，请求借款人支付违约金并承担案涉鉴定费，并要求改判徐东集团放弃债务清偿顺位的《承诺函》的有效性。中森华房地产公司亦不服原审判决，向最高院提起上诉，诉称一审判决的 24% 利率过高。最高院二审改判承认徐东集团《承诺函》的有效性，其他部分予以维持。

裁判要点及思路

最高法院认为本案的争议焦点有以下几点：第一，委托借款关系的性质是什么；第二，委托贷款关系中利息、违约金等的计算使用何种标准。

1. 委托贷款关系是由委托人提供资金，受托人银行根据委托人的要求确定的借款人、用途、金额、币种、期限、利率等代为发放、协助监督使用并收回贷款，银行仅收取代理委托贷款手续费，并不承担信用风险，实质是委托人与借款人之间的民间借贷关系，委托贷款合同的效力和委托人与借款人之间约定的权利义务内容均应受相关民间借贷的法律、法规和司法解释的规制。

2. 关于案涉借款利息、罚息、违约金等的计算，因借款人对委托贷款合同的解除应承担违约责任，法院综合合同约定的违约金、罚息等因素酌定借款人应按年利率 24% 承担利息损失。委托人在法院已经判决年利率 24% 逾期利息基础上另外依照合同约定主张 1.26 亿元违约金，实质是要求逾期罚息和固定违约金并行，因委托人并未提供证据证明其实际损失超过原审判决确定的逾期利息，故对委托人的上诉请求不予支持。

实务要点总结

前事不忘，后事之师。我们就最高法院有关本案的判决涉及的实务要点梳理如下，以供实务参考。

1. 委托贷款与商业银行的自营贷款有显著区别，主要表现在以下五个方面：

（1）参与的主体不同。委托贷款包括委托人、受托人 / 贷款人（金融机构）和借款人三方，传统的金融借款主体仅包括借款人和贷款人两方；

（2）资金来源不同，委托贷款的资金由委托人提供，金融借款的资金来源是金融机构通过合法的途径筹集的；

（3）贷款人的获利方式不同。委托贷款中，贷款人只能根据人民银行的规定收取一定的手续费。金融借款中，贷款人按照人民银行的规定收取利息而获得经营利益；

（4）贷款利益归属不同。委托贷款的全部收益归属于委托人，金融借款中全部收益归属于贷款人；

（5）风险的承担者不同。如果贷款不能收回，委托贷款关系中由委托贷款人承担风险，金融借款关系中由贷款人承担这个风险。

2. 基于上述委托贷款与商业银行贷款的最显著差别，最高法院认为不宜仅以银行加入到借贷关系中就当然认定委托贷款属于金融借款关系，从本质上讲，银行并不提供资金，也不承担资金损失的风险，银行仅是以一个中间商的角色，在委托人选定借款人并商定具体的借款金额、用途、期限、利率等借贷关系中的核心条款之后，为其提供放款、收款等服务，并据此收取服务费或者手续费。因此从实质的法律关系上来看，委托贷款关系应认定为委托人与借款人之间的民间借贷关系，相应的，委托贷款合同的效力、委托人与借款人之间的利息、逾期利息、违约金等权利义务均应受有关民间借贷的法律、法规和司法解释的规制。

3. 实践中还存在另外一种委托贷款形式，在其三方关系中受托人并不是银行，而是近几年广泛兴起的小额贷款公司，最高法院在涉及该类公司的委托贷款关系的判决中认定应属于民间借贷关系，也就是说，同样是委托贷款关系，如果仅仅只是（受托人）中间商从民间小额贷款公司变成了银行，并不足以使委托借款关系的性质从民间借贷变成金融借款关系。

相关法律规定

《合同法》

第五十二条 有下列情形之一的，合同无效：

（一）一方以欺诈、胁迫的手段订立合同，损害国家利益；

（二）恶意串通，损害国家、集体或者第三人利益；

（三）以合法形式掩盖非法目的；

（四）损害社会公共利益；

（五）违反法律、行政法规的强制性规定。

《最高人民法院关于审理民间借贷案件适用法律若干问题的规定》(法释〔2015〕18号)

第十四条 具有下列情形之一,人民法院应当认定民间借贷合同无效:

(一)套取金融机构信贷资金又高利转贷给借款人,且借款人事先知道或者应当知道的;

(二)以向其他企业借贷或者向本单位职工集资取得的资金又转贷给借款人牟利,且借款人事先知道或者应当知道的;

(三)出借人事先知道或者应当知道借款人借款用于违法犯罪活动仍然提供借款的;

(四)违背社会公序良俗的;

(五)其他违反法律、行政法规效力性强制性规定的。

《中国人民银行关于调整金融机构存、贷款利率的通知》(银发〔2004〕251号)

第二条第一款 金融机构(城乡信用社除外)贷款利率不再设定上限。商业银行贷款和政策性银行按商业化管理的贷款,其利率不再实行上限管理,贷款利率下浮幅度不变。

以下是本案判决书中"本院认为"部分,最高法院就委托贷款合同的性质以及应适用的利息标准等问题的论述:

最高法院认为:"本案中,长富基金、兴业银行武汉分行与中森华房地产公司三方签订《委托贷款合同》,由长富基金提供资金,兴业银行武汉分行根据长富基金确定的借款人、用途、金额、币种、期限、利率等代为发放、协助监督使用并收回贷款,兴业银行武汉分行收取代理委托贷款手续费,并不承担信用风险,**实质是长富基金与中森华房地产公司之间的民间借贷,委托贷款合同的效力和长富基金与中森华房地产公司之间约定的权利义务内容均应受相关民间借贷的法律、法规和司法解释的规制。**最高法院《关于认真学习贯彻最高人民法院〈关于审理民间借贷案件适用法律若干问题的规定〉的通知》第一条规定,'人民法院确认民间借贷合同效力时,应当按照《最高人民法院关于适用〈中华人民共和国合同法〉若干问题的司法解释(一)》第三条规定的精神,对本《规定》施行前成立的民间借贷合同,适用当时的司法解释民间借贷合同无效而适用本规定有效的,适用本规定。'《最高人民法院关于审理民间借贷案件适用法律若干问题的规定》第十一条规定,'法人之间、其他组织之间以及它们相互之间为生产、经营需要订立的民间借贷合同,除存在合同法第五十二条、本规定第十四条规定的情形外,当事人主张民间借贷合同有效的,人民法院应予支持。'第十四条规定,'具有下列情形之一，人民法院应当认定民间借贷合同无效:(一)套取金融机构信贷资金又高利转贷给借款人，且借款人事先知道或者应当知道的;(二)以向其他企业借贷或者向本单位职工集资取得的资金又转贷给借款人牟利，且借款人事先知道或者应当知道的;(三)出借人事先知道或者应当知道借款人借款用于违法犯罪活动仍然提供借款的;(四)违背社会公序良俗的;(五)其他违反法律、行政法规效力性强制性规定的。'

本案中长富基金与中森华房地产公司之间通过兴业银行武汉分行签订《委托贷款合同》，并不违反《中华人民共和国合同法》第五十二条和《最高人民法院关于审理民间借贷案件适用法律若干问题的规定》第十四条关于合同无效的规定，无论在《最高人民法院关于审理民间借贷案件适用法律若干问题的规定》施行前后，案涉《委托贷款合同》均应合法有效。

三、关于违约利息和违约金问题。中森华房地产公司上诉主张原审判决确定的利息按 24% 年利率计算过高，自 2014 年 9 月 10 日至本案判决确定的给付之日止的利息损失应当按年息 16% 计算，长富基金上诉主张中森华房地产公司还应按约承担 1.26 亿元的违约金。本院认为，首先，长富基金在原审中诉讼主张 2014 年 3 月 22 日至 6 月 21 日的年利率按 16% 计算、自 2014 年 6 月 22 日起的年利率按 24% 计算，并要求中森华房地产公司支付 1.26 亿元的违约金。原审判决基于弥补长富基金因解除合同所遭受实际损失的考量，判令中森华房地产公司自本案原审受理之次日即 2014 年 9 月 10 日至本案判决确定的给付之日止赔偿的利息损失按照年息 24% 计算，对长富基金关于 1.26 亿元违约金的诉讼请求未予支持。原审判决关于利息损失计算起止日期及利率标准虽与长富基金不一致，但长富基金对此并未提出上诉请求，应视为其对相关权利的放弃。**因中森华房地产公司对案涉《委托贷款合同》的解除应承担违约责任，原审判决判定的逾期利息按年利率 24% 计算也是违约责任承担的一种方式，原审判决综合合同约定的违约金、罚息等因素酌定中森华房地产公司按照年利率 24% 承担利息损失，并不明显高于市场融资成本，对中森华房地产公司并无不公，因此，中森华房地产公司关于利息损失的年利率标准应按 16% 计算的上诉主张，本院不予支持。**其次，《最高人民法院关于适用〈中华人民共和国合同法〉若干问题的解释（二）》第二十七条规定，'当事人通过反诉或者抗辩的方式，请求人民法院依照合同法第一百一十四条第二款的规定调整违约金的，人民法院应予支持。'第二十九条规定，'当事人主张约定的违约金过高请求予以适当减少的，人民法院应当以实际损失为基础，兼顾合同的履行情况、当事人的过错程度以及预期利益等综合因素，根据公平原则和诚实信用原则予以衡量，并作出裁决。'《最高人民法院关于审理民间借贷案件适用法律若干问题的规定》第三十条规定，'出借人与借款人既约定了逾期利率，又约定了违约金或者其他费用，出借人可以选择主张逾期利息、违约金或者其他费用，也可以一并主张，但总计超过年利率24%的部分，人民法院不予支持。'最高人民法院关于认真学习贯彻《最高人民法院〈关于审理民间借贷案件适用若干问题的规定〉的通知》第三条第三项，'本《规定》施行后，尚未审结的一审、二审、再审案件，适用《规定》施行前的司法解释进行审理，不适用本《规定》'。虽然按照最高人民法院关于认真学习贯彻《最高人民法院〈关于审理民间借贷案件适用若干问题的规定〉的通知》第三条第三项的规定，本案长富基金与中森华房地产公司之间的民间借贷关于利息、违约金等问题不应适用《最高人民法院关于审理民间借贷案件适用法律若干问题的规定》，此前相关法律、法规和司法解释也并未对出借人是否可以就逾期利息和违约金同时主张及二者的限额进行限制，但根据《最高人民法院关于适用〈中华人民共和国合同法〉若干问题的解释（二）》第二十七条、第二十九条规定精神，对《最高人民法院关于审理民间借贷案件适用法律若干问题的规定》施行前的民间借贷中逾期利息和违约金等明显过高的，在当事人主张约定的违约金过高请求予以适当减少的情况下，也可参照《最高人民法院关于审理民间借贷案件适用法律若干问题的规定》确定的年利率24%司法保护上限进行调整。**长富基金在原审判决年利率24%逾期利息基础上另外依照合同约定主张1.26亿元违约金，该主张实质是要求逾期罚息和固定违约金并行。本案中长富基金因中森华房地产公司违约遭受的损失主要是利息损失，因长富基金并未提供证据证明其实际损失超过原审判决确定逾期利息，故对其关于中森华房地产公司应当在原审判决确定的逾期利息基础上再给付1.26亿元违约金的上诉请求，本院不予支持。"**

案件来源

《最高人民法院公报》2016年第11期（总第241期）：北京长富投资基金与武汉中森华世纪房地产开发有限公司等委托贷款合同纠纷案［最高人民法院（2016）最高法民终124号］

延伸阅读

有关委托贷款关系的性质及法律适用等问题，以下是我们在写作中检索到与该问题相关的最高法院案例及裁判观点，以供读者参考。

1. 委托贷款实质上属于民间借贷，出借人与借款人既约定了逾期利率，又约定了违约金或者其他费用，出借人可以选择主张逾期利息、违约金或者其他费用，也可以一并主张，但总计不能超过年化利率24%。

案例一：刘某、中国工商银行股份有限公司鹰潭分行保证合同纠纷二审民事判决书［最高人民法院（2016）最高法民终221号］

最高法院认为："关于利息数额。二审期间，对工行鹰潭分行提供的鑫华公司、品景公司已付利息数额，刘某予以确认，本院对此予以认定，即鑫华公司已支付利息5 710 134.76元、品景公司已支付利息7 546 667.35元。根据借款数额、年化利率、支付利息数额及贷款实际交付时间，鑫华公司已支付利息的天数应为326天=5 710 134.76元 ÷（4000万元 ×16%÷365天/年），支付利息期间应为2013年11月12日起至2014年10月3日止，2014年10月4日后，应视为鑫华公司未给付利息；品景公司已支付利息的天数应为287天=7 546 667.35元 ÷（6000万元 ×16%÷365天/年），支付利息期间应为2013年12月12日起至2014年9月4日止，2014年9月5日后，应视为品景公司未给付利息。贷款逾期后，虽然刘某、工行鹰潭分行与鑫华公司、品景公司未分别再行订立三方协议对原贷款予以展期，但刘某均按原约定的利息标准接收了鑫华公司、品景公司部分利息，其诉讼请求的利息也是按照贷款期内利息标准为根据，符合《最高人民法院关于审理民间借贷案件适用法律若干问题的规定》（以下简称《民间借贷司法解释》）第二十九条第二款第二项之规定，本院予以支持。据此，工行鹰潭分行应分别承担鑫华公司、品景公司自2014年10月4日、2014年9月5日后的借款利息。"

关于违约金数额。刘某通过委托贷款借款与鑫华公司、品景公司形成的借款关系，本质上为民间借贷。《民间借贷司法解释》第三十条规定，出借人与借款人既约定了逾期利率，又约定了违约金或者其他费用，出借人可以选择主张逾期利息、违约金或者其他费用，也可以一并主张，但总计超过年化利率24%的部分，人民法院不予支持。鑫华公司及品景公司未按时归还借款构成违约后，刘某既根据委托贷款借款合同之约定按1‰主张逾期付款罚息，又主张违约金，但其主张逾期利息的标准和违约金额过高，本院根据其已按年化利率16%收取贷款利息之事实，另行酌定未付款金额的年化利率8%为鑫华公司和品景公司的逾期付款违约金。

098 委托贷款合同诉讼主体资格问题之谁是适格原告

阅读提示

委托贷款是法定的银行贷款种类之一，区别于商业银行自营贷款，委托贷款涉及三方之间的关系，委托人将资金交付给受托人商业银行，商业银行再将资金以贷款的形式发放借款人。在借款人到期未清偿债务之时，银行可以依据与借款人之间的借贷关系直接起诉借款人，那么作为委托人的资金提供方是否享有直接起诉借款人还款的权利呢？最高法院的裁判观点认为，在委托借款关系中，受托人（银行）和委托人（资金提供方）均享有直接起诉的权利。

裁判要旨

根据《合同法》第四百零二条规定，借款人与委托贷款的委托人和受托人银行共同签订了委托贷款协议，银行已经向借款人披露了委托人的身份，因此，委托人可以自己的名义直接向将借款人主张贷款协议项下的权利，是适格的原告。

案情简介

1. 2011 年 6 月 24 日，融投担保公司与吉祥煤业公司签订《投融资咨询服务合同》，融投担保公司为吉祥煤业公司提供 2 亿元投融资咨询服务。同日，融投担保公司与石家庄汇融农村商业银行维明街支行（以下简称汇融银行）签订一份《委托贷款总协议》。同时，吉祥煤业公司、融投担保公司、汇融银行三方又签订一份《委托贷款单项协议》及补充条款，约定融投担保公司委托汇融银行向吉祥煤业公司发放贷款 2 亿元。

2. 2011 年 6 月 20 日，融投担保公司与吉祥煤业公司、戴某三方签订《保证担保合同》，该合同约定，戴某自愿为吉祥煤业公司 2 亿元的借款提供连带责任保证。

3. 2011 年 8 月 9 日，以上三方又签订了第二份《投融咨咨询服务合同》、《委托贷款总协议》及《委托贷款单项协议》。

4. 上述贷款到期后，吉祥煤业公司未按约偿还贷款本息和支付咨询服务费，戴某亦未按约履行保证义务，原告融投担保公司诉至河北省高院。

5. 一审：河北省高院判决被告吉祥煤业公司败诉，需要履行还款付息的义务。被告吉祥煤业公司不服原审判决，向最高法院提起上诉，其上诉理由之一是“诉讼主体不适格”，即认为本案适格原告应当是汇融银行，而非融投担保公司。

6. 二审：最高法院认为原告融投担保公司有权以自己的名义直接向被告吉祥煤业公司主张权利，故最终判决驳回上诉，维持原判。

裁判要点及思路

《合同法》第四百零二条规定了委托合同关系中委托人的介入权，根据这一规定，由于本案中借款人吉祥煤业公司与委托人融投担保公司及受托人汇融银行三方共同签订了《委托贷款协议》，因此应当认为汇融银行已经向吉祥煤业公司披露了委托人融投担保公司的身份，故融投担保公司可行使介入权，以自己的名义直接起诉吉祥煤业公司主张权利。

实务要点总结

前事不忘，后事之师。我们就最高法院有关本案的判决涉及的实务要点梳理如下，以供实务参考。

基于委托贷款关系涉及的三方主体和借贷、委托代理两种法律关系，如借款人未能按期偿还借款本息，委托人（资金提供方）和受托人（银行）均有权依照其在各自所处的法律关系中地位直接向借款人主张权利：

1. 委托借款关系中是由受托人（银行）根据委托人的授权，以受托人自己的名义与借款人签订借款合同，并为委托人提供放款、收款等服务。因此从表层的法律关系上看，受托人（银行）与借款人构成了最直接的借贷关系，基于该法律关系，银行有权在借款人不按约偿还借款本息时直接起诉借款人主张权利。

2. 委托人（资金提供方）与借款人并未构成最直接的法律关系，而是通过与受托人之间的委托代理关系，实现间接的法律上的关联。为了能够保证委托人的利益，防止因受托人不积极行使合同权利，造成委托人权利落空，合同法特别规定了委托代理关系中委托人的介入权。《合同法》第四百零二条规定，“受托人以自己的名义，在委托人的授权范围内与第三人订立的合同，第三人在订立合同时知道受托人与委托人之间的代理关系的，该合同直接约束委托人和第三人，但有确切证据证明该合同只约束受托人和第三人的除外。”也就是说，委托贷款关系中如果借款人在签订借款合同时知晓银行与资金提供方之间的委托代理协议，该借款合同的效力便可直接约束委托人和借款人，也即委托人有权直接起诉借款人主张借款合同项下的权利。

3.《合同法》第四百零二条在赋予委托人介入权的同时，也规定了如果借款人或者银行“有确切证据证明该合同只约束受托人和第三人的”，这里的情形主要是指，受托人与第三人约定该合同只约束第三人与受托人，不涉及其他人；有交易习惯表明该合同只约束受托人与第三人，如行纪合同；有证据证明如果委托人作为该合同的当事人，第三人就不会订立该合同等等。

相关法律规定

《合同法》

第四百零二条 受托人以自己的名义，在委托人的授权范围内与第三人订立的合同，第三人在订立合同时知道受托人与委托人之间的代理关系的，该合同直接约束委托人和第三人，但有确切证据证明该合同只约束受托人和第三人的除外。

《最高人民法院关于如何确定委托贷款协议纠纷诉讼主体资格的批复》(法复〔1996〕6号)

在履行委托贷款协议过程中，由于借款人不按期归还贷款而发生纠纷的，贷款人(受托人)可以借款合同纠纷为由向人民法院提起诉讼；贷款人不起诉的，委托人可以委托贷款协议的受托人为被告、以借款人为第三人向人民法院提起诉讼。

以下是本案判决书中“本院认为”部分，最高法院就问题的论述：

最高法院认为：“本院对原审查明的事实予以确认。另查明：根据汇融银行出具的情况说明和对账单载明的内容，2011年6月24日，吉祥煤业公司向河北龙城房地产开发有限公司转账199 700 000元；2011年6月24日，融投担保公司委托汇融银行向吉祥煤业公司发放贷款2亿元；2011年8月9日，融投担保公司委托汇融银行向吉祥煤业公司发放贷款5000万元；2011年8月10日，吉祥煤业公司向河北建设集团盛宇房地产开发有限公司转账5000万元。本院认为，根据双方当事人诉辩主张及理由，本案二审争议焦点在于：吉祥煤业公司是否应对借款合同承担还款责任。本案诉讼主体是否适格；本案是否应追加汇融银行为第三人；融投担保公司对两份《服务合同》是否应另行起诉。

二、关于本案诉讼主体是否适格的问题。

根据《中华人民共和国合同法》第四百零二条之规定，本案吉祥煤业公司作为借款人与委托贷款的委托人融投担保公司和受托人汇融银行共同签订了《委贷协议》，汇融银行已经向吉祥煤业公司披露了融投担保公司的身份，因此，融投担保公司可以自己的名义直接向吉祥煤业公司主张权利，吉祥煤业公司关于融投担保公司主体不适格的主张，不能成立。”

案件来源

河北融投担保集团有限公司与内蒙古吉祥煤业有限公司金融借款合同纠纷二

审民事判决书［最高人民法院（2014）民二终字第 136 号］

延伸阅读

有关委托贷款诉讼中适格的原告的问题，以下是我们在写作中检索到与该问题相关的最高法院案例及裁判观点，以供读者参考。

1. 根据最高法院的批复，在履行委托贷款协议过程中，贷款人（银行）可以借款合同纠纷为由向法院提起诉讼。

案例一：福建海峡银行股份有限公司、福州广迪实业有限公司与福州长辉家饰有限公司金融借款合同纠纷申请再审民事裁定书［最高人民法院（2014）民申字第 1359 号］

最高法院认为："一、关于海峡银行是否为涉案借款的债权人问题。**首先，《最高人民法院关于如何确定委托贷款协议纠纷诉讼主体资格的批复》中明确规定，在履行委托贷款协议过程中，贷款人可以借款合同纠纷为由向人民法院提起诉讼。故根据本院批复的规定，贷款人海峡银行可以直接向借款人广迪公司主张债权。**其次，《委托贷款借款合同》中明确约定广迪公司直接向海峡银行承担还款责任。广迪公司（甲方）与海峡银行（乙方）在《委托贷款借款合同》第八条'借款偿还'中约定'甲方应于本合同约定的还本日或付息日前在乙方开立的账户上备足当期应付款项并转款还贷。甲方未按期还本或付息的，乙方有权直接从甲方在乙方或福建海峡银行股份有限公司其他机构开立的账户中划收'。根据上述约定，涉案借款资金由广迪公司直接偿还给海峡银行，海峡银行也有权直接扣划广迪公司的资金账户内的款项。因此，广迪公司申请再审称海峡银行不是涉案借款的债权人，有违法律规定及合同约定。"

2. 借款人与委托人、受托人银行签订《委托贷款合同》的行为及合同内容，表明中借款人在签订《委托贷款合同》时明知银行与委托人之间的代理关系，借款人并未提供证据证明《委托贷款合同》只约束银行和借款人，因此委托人可以自己名义直接向借款人主张权利。

案例二：北京长富投资基金与武汉中森华世纪房地产开发有限公司等委托贷款合同纠纷案［最高人民法院（2016）最高法民终 124 号］

最高法院认为："一、关于长富基金是否系本案适格原告问题。中森华房地产公司在二审庭审中提交补充上诉状，依据《委托贷款合同》第 1.4 条的约定和最高人民法院《关于如何确定委托贷款协议纠纷诉讼主体资格的批复》主张原审法院不应受理长富基金作为原告直接对中森华房地产公司提起的诉讼。长富基金答辩认为，中森华房地产公司的该上诉请求超出上诉期限，《委托贷款合同》第 1.4 条的约定是选择性条款，受托银行也在原审中明确表示同意长富基金主张权利，中森华房地产公司关于长富基金不是本案适格原告的上诉主张不能成立。**本院认为，首先，《中华人民共和国合同法》第四百零二条规定，‘受托人以自己的名义，在委托人的授权范围内与第三人订立的合同，第三人在订立合同时知道受托人与委托人之间的代理关系的，该合同直接约束委托人和第三人，但有确切证据证明该合同只约束受托人和第三人的除外。’中森华房地产公司在 2013 年 9 月 27 日与长富基金、兴业银行武汉分行、中森华投资公司、郑某、陈某签订《投资合作协议》，以及与长富基金、兴业银行武汉分行签订《委托贷款合同》的行为及合同内容，表明中森华房地产公司在签订《委托贷款合同》时明知兴业银行武汉分行与长富基金之间的代理关系，中森华房地产公司并未提供证据证明《委托贷款合同》只约束兴业银行武汉分行和中森华房地产公司，因此，《委托贷款合同》直接约束长富基金和中森华房地产公司，原审判决认定长富基金可以自己名义直接向中森华房地产公司主张权利，有事实和法律依据。**其次，《委托贷款合同》第 1.4 条受托人承诺中约定，‘借款人不能按期偿还本金及利息时，受托人应按照委托人的书面要求以受托人的名义向借款人、担保人及相关联人提起诉讼’，该约定是受托人兴业银行武汉分行对委托人长富基金的承诺，只约束兴业银行武汉分行和长富基金，与中森华房地产公司无关；就约定内容而言，是否以兴业银行武汉分行作为原告对借款人、担保人及相关联人提起诉讼，是该约定赋予长富基金的权利，而非系限制其行为的义务，长富基金既可以自行起诉，也可要求受托人兴业银行武汉分行提起诉讼。此外，最高人民法院《关于如何确定委托贷款协议纠纷诉讼主体资格的批复》对请示的相关问题答复，‘在履行委托贷款协议过程中，由于借款人不按期归还贷款而发生纠纷的，贷款人（受托人）可以借款合同纠纷为由向人民法院提起诉讼；贷款人坚持不起诉的，委托人可以委托贷款协议的受托人为被告、以借款人为第三人向人民法院提起诉讼。’该答复意见规定委托人可以作为原告提起诉讼和对受托人的被告地位的明确，旨在对委托人权利的保护。中森华房地产公司依据前述约定和批复上诉主张长富基金不是本案适格原告，系对合同约定和批复的错误理解，不能成立。第三，中森华房地产公司在原审中并未以反诉或抗辩方式就长富基金不是本案适格原告提出主张，其在 2016 年 3 月 21 日二审开庭时才提出这一上诉请求，而本案的最后上诉期是 2015 年 12 月 25 日，中森华房地产公司在二审庭审中提出长富基金不是本案适格原告的上诉请求，不符合《中华人民共和国民事诉讼法》第一百六十四条关于 15 日上诉期的规定和最高人民法院《关于适用〈中华人民共和国民事诉讼法〉的解释》第三百二十八条关于在第二审程序中原审原告不得增加独立诉讼请求或者原审被告提出反诉的规定。综上，长富基金是本案适格原告，中森华房地产公司关于长富基金不是本案适格原告的上诉主张，本院不予支持。”

099 社团贷款关系中未经明确授权代理社是否有权代表其他成员社提起诉讼？

阅读提示

《中国银监会关于印发农村合作金融机构社团贷款指引的通知》第二十条规定，社团贷款中，代理社是社团贷款的管理人，由牵头社或借款人开立基本结算账户的社担任，全面负责社团贷款的贷后管理事务。那么代理社是否有权代理成员社提起诉讼？

《民事诉讼法》第五十九条规定，“委托他人代为诉讼，必须向人民法院提交由委托人签名或者盖章的授权委托书。授权委托书必须记明委托事项和权限。诉讼代理人代为承认、放弃、变更诉讼请求，进行和解，提起反诉或者上诉，必须有委托人的特别授权。”然而，如果社团贷款的授权委托书仅仅载明代理社全权代理贷款事项，并未明确载明包含代为诉讼的权利，代理社是否有权代理成员社起诉呢？最高法院认为，代理社代为起诉行为符合各成员社的意思表示，符合行业规范和交易惯例，不因社团代理协议未明确约定而无效。

裁判要旨

代理社就社团贷款合同项下的全部欠款及利息起诉有各成员社的授权，符合合同的约定及实际履行情况，且代理社统一对外行使包括起诉的社团权利符合社团贷款的行业规范和惯例，即使社团贷款协议未明确授予代理社代为起诉的权利，代理社也有权代理成员社起诉请求欠款人归还欠款本息。

案情简介

1. 2011 年 3 月 30 日，城区农信联社作为牵头社及代理社，与千禧公司签订《社团贷款合同》，合同约定由城区农信联社与古交农信联社、阳曲农信联社、娄烦农信联社、清徐县农信联社共同向千禧公司发放贷款 43000 万元，贷款期限为 3

年，贷款利率为年利率 12.63%。合同约定城区农信联社为代理社，统一办理发放贷款、催收欠款等业务。

2. 城区农信联社分期分批将款项发放到位，千禧公司仅于 2012 年 5 月 21 日归还农信联社 6000 万元借款本金，剩余 37000 万元本金及相应利息未清偿。

3. 一审：原告城区农信联社起诉被告千禧公司，要求偿还借款本息。山西省高院判决城区农信联社胜诉，千禧公司应偿还欠款。

4. 二审：被告千禧公司不服一审判决提起上诉，诉称原告城区农信联社诉讼主体不适格，其他各贷款社作为独立法人，城区农信联社未经授权无权代其他贷款社行使诉讼权利。最高法院驳回千禧公司上诉请求。

裁判要点及思路

本案的争议焦点是：社团贷款中代理社是否有权代表其他成员社提起诉讼，是否是适格的原告。最高法院认为：

1. 代理社城区农信联社起诉符合其他成员社的意思表示，千禧公司在签订合同时及合同履行中对此应当知情。《社团贷款合同》及《社团贷款补充合同》约定，各贷款人授权农信联社为代理社，各贷款人应通过代理社行使合同规定的权利。同时，案涉借款借据有借款人、贷款人、担保人的签章，证明借款真实有效。其他成员社均在一审中出具授权委托书，授权城区农信联社“在千禧公司社团贷款过程中的一切行为均代表本单位，与本单位的行为具有同等法律效力”。

2. 城区农信社起诉还款符合社团贷款的行业规范及交易惯例。《农村合作金融机构社团贷款指引》第三十一条、第三十六条授权给代理社在社团贷款中统一放款，收取本息的权利。案涉借款合同均系该指引发布之后签订，合同亦约定了相关授权条款，因此代理社统一对外行使社团的权利包括但不限于放款、接受还款、催收、提起诉讼等，对内代理社与各成员社按合同约定比例行使权利义务的特征，也符合社团贷款的行业规则和交易惯例。

实务要点总结

前事不忘，后事之师。我们就最高法院有关本案的判决涉及的实务要点梳理如下，以供实务参考。

1. 农村信用社社团贷款应当由代理社全面负责社团贷款的贷后管理事务，社团各成员社的债权如到期无法得到借款人部分或者全部清偿，应通过代理社向借款人、担保人进行追索，除非合同特别约定代理社不得直接向借款人、担保人追索。同理，在银团贷款中，代理行也应当向借款人、担保人行使追索权，除非成员行授权不得直接向借款人、担保人追索。

2. 建议金融机构在办理社团贷款或银团贷款之时，不应仅概括性约定“全权代理”，而应当具体约定成员社授权代理社或代理行有权代为起诉、承认、放弃、变更诉讼请求，进行和解，提起反诉或者上诉等诉讼权利。避免因概括性授权导致代理权限不明而产生不必要的争议。

相关法律规定

《中国银行业监督管理委员会关于印发农村合作金融机构社团贷款指引的通知》(银监发〔2006〕37号)

第二十条 代理社是社团贷款的管理人，由牵头社或借款人开立基本结算账户的社担任，全面负责社团贷款的贷后管理事务，具体履行下列基本职责：……（六）对贷款可能出现的风险，及时向成员社进行通报，必要时，提议召开社团会议共同提出解决措施;（七）根据社团会议决定，管理、清收或处置所形成的不良贷款，积极协助成员社采取保全措施，督促借款人偿还贷款本息；

第三十一条 借款人应直接向代理社归还贷款本息。代理社收到借款人归还的各期贷款本息后，应严格执行协议约定，在规定时限内，按照各成员社承担的贷款比例同时将资金划付各成员社账户。

代理社不得擅自截留或挪用借款人归还的社团贷款资金。

第三十二条 借款人出现违约行为，代理社应迅速提议召开社团会议，议定对借款人的处理意见，对其采取停止贷款、提前收回贷款、实行联合制裁、向人民法院提起诉讼等措施。

第三十六条 社团各成员社的债权如到期无法得到借款人部分或全部清偿，应通过代理社向借款人、担保人进行追索，除非授权不得直接向借款人、担保人追索。

《中国银监会关于印发〈银团贷款业务指引〉(修订)的通知(2011)》(银监发〔2011〕85号)

第十一条第一款 银团代理行是指银团贷款合同签订后，按相关贷款条件确定的金额和进度归集资金向借款人提供贷款，并接受银团委托按银团贷款合同约定进行银团贷款事务管理和协调活动的银行。

第十二条 代理行应当依据银团贷款合同的约定履行代理行职责。其主要职责包括:(一)审查、督促借款人落实贷款条件,提供贷款或办理其他授信业务……(七)密切关注借款人财务状况,对贷款期间发生的企业并购、股权分红、对外投资、资产转让、债务重组等影响借款人还款能力的重大事项,在借款人通知后按银团贷款合同约定尽早通知各银团成员;(八)根据银团贷款合同,在借款人出现违约事项时,及时组织银团成员对违约贷款进行清收、保全、追偿或其他处置……

以下是本案判决书中“本院认为”部分,最高法院就代理社是否有权提起诉讼问题的论述:

最高法院认为:“一、城区农信联社就案涉《社团贷款合同》及《社团贷款补充合同》的全部欠款及利息诉请偿还,其主体是否适格。

千禧公司上诉主张《社团贷款合同》及《社团贷款补充合同》的签订主体是千禧公司与包括城区农信联社在内的古交农信联社、阳曲农信联社、娄烦农信联社签订,城区农信联社无权代表其他贷款人起诉。对此,本院认为:

(一)城区农信联社就案涉《社团贷款合同》及《社团贷款补充合同》的全部欠款及利息起诉偿还符合其他成员社的意思表示,千禧公司、宝瑞达公司在签订合同时及合同履行中对此亦应知晓。

1.《社团贷款合同》第12.4条,及《社团贷款补充合同》第12.4条均约定,各贷款人授权城区农信联社为代理社,各贷款人应通过代理社行使合同规定的权利,代理社履行代理职责的行为对各贷款人均具有法律约束力。代理社是社团贷款的管理人,全面负责社团贷款的贷后管理事务。

2. 案涉合同履行过程中,案涉3笔贷款均系由城区农信联社下属金胜信用社向千禧公司发放,借款借据上借款人签章处有千禧公司公章及千禧公司法定代表人史某1的签名及名章,担保人签章处有宝瑞达公司公章及宝瑞达公司法定代表人史某2签名及名章,信用社签章处有金胜信用社的公章。

3. 娄烦农信联社、阳曲农信联社、古交农商行一审中均出具授权委托书,授权城区农信联社‘代表我单位签署文件和处理相关活动的事务’,‘在千禧公司社团贷款过程中,该授权人的一切行为,均代表本单位,与本单位的行为具有同等法律效力’。

(二)城区农信联社就案涉《社团贷款合同》及《社团贷款补充合同》的全部欠款及利息起诉,符合社团贷款的行业规范和交易惯例。

中国银行业监督委员会《农村合作金融机构社团贷款指引》第三十六条规定:

‘社团各成员的债权如无法得到借款人部分或全部清偿，应通过代理社向借款人、担保人进行追索，除非授权不得直接向借款人、担保人追索。’第三十一条规定：‘借款人应直接向代理社归还贷款本息。代理社收到借款人归还的各期贷款本息后，应严格执行协议约定，在规定时限内，按照各成员社承担的贷款比例同时将资金划付各成员社账户。’该指引为2006年5月29日发布，自发布之日起实施，现行有效。**案涉《社团贷款合同》及《社团贷款补充合同》均系该指引发布后签订，在合同约定及履行中均体现了上述指引要求的统一划款至代理社账户，由代理社统一放款，借款人直接向代理社归还贷款本息等内容。上述指引及本案当事人的合同履行均体现出社团贷款中，对外，由代理社作为社团的代表，统一对外行使社团的权利，包括但不限于放款、接受还款、催收、提起诉讼等；对内，代理社与各成员社按合同约定比例行使权利义务的特征，符合社团贷款的行业规则和交易惯例。**

由上，城区农信联社提起本案诉讼符合合同的约定及实际履行情况，亦有各成员社的授权；且城区农信联社作为代理社统一对外行使包括起诉的社团权利符合社团贷款的行业规范和惯例，故千禧公司关于城区农信联社无权就案涉合同全部欠款及利息起诉的上诉理由不成立，本院不予支持。”

案件来源

山西千禧投资集团有限公司、太原市城区农村信用合作联社金融借款合同纠纷二审民事判决书［最高人民法院（2016）最高法民终660号］

延伸阅读

有关社团贷款中代理社提起诉讼的问题，以下是我们在写作中检索到与该问题相关的最高法院和部分省高院案例及裁判观点，以供读者参考。

1. 实际贷款行、牵头行及其他贷款行授权的代理行，以自己的名义依据贷款欠收总额提起起诉，有合同根据和法律依据，应予支持。

案例一：克州恒泽投资有限公司、新疆喀什农村商业银行股份有限公司金融借款合同纠纷二审民事判决书［最高人民法院（2017）最高法民终190号］

最高法院认为：“（一）关于喀什农商行以自己名义诉讼并主张权利有无事实和法律根据的问题。

根据一、二审查明的事实，本案克州恒泽公司所涉贷款由喀什农信社（牵头社，后更名为喀什农商行)、莎车县农信社、麦盖提县农信社、吐鲁番市农信社、阿克苏市农信社等九家信用联社提供。上述贷款虽由各贷款人分别贷出，各行的贷款时间、贷款金额也不相同，但各贷款人共同与克州恒泽公司签订一份社团借款合同，并约定了总借贷金额，统一将贷款划入牵头社借款人开立的账户，实行统一的利率、贷款归还、逾期等规则，在贷款本息回收或贷款逾期时，由牵头社按照合同约定的贷款比例统一划付、收取等；同时，由克州恒泽公司、恒泽煤化公司及王某提供统一的抵押担保、保证担保。根据各方签订的社团借款合同第十八条约定，牵头社不仅负责贷款的组织、贷款的发放、回收，而且有权监督、检查借款人的合同履行情况，并可以根据合同规定和社团会议决定采取相应的行动和办理成员社委托办理的有关社团贷款的其他事项。社团借款合同第十九条 19.3 约定，'各成员社授权牵头社根据本合同约定行使贷款人的权利，其行为对各成员社均具有法律约束力。'**据此，喀什农商行作为实际贷款行、牵头行及其他贷款行授权的代理行，以自己的名义依据贷款欠收总额予以起诉，有合同根据和法律依据；同时，根据合同约定，克州恒泽公司亦同意喀什农商行作为牵头行以自己的名义行使贷款人权利，由该行行使贷款人权利对克州恒泽公司亦未增加任何负担**。据此，原审将喀什农商行作为涉案贷款的原告，以社团贷款合同所涉未归还各贷款行欠款为根据，提起本案诉讼，并不违背立案及管辖之相关法律规定；克州恒泽公司认为喀什农商行无原告主体资格、新疆高院无管辖权等理由，均于法无据，本院不予支持。"

2. 社团贷款原则上应当由代理社统一起诉，但是为了便于诉讼审理也可以分开起诉。

案例一：轮台县农村信用合作联社与轮台艾尔帆商贸有限责任公司金融借款合同纠纷二审民事判决书［新疆维吾尔自治区高级人民法院（2015）新民一终字第 40 号］

新疆自治区高院认为："(一)关于本案诉讼主体是否适格的问题。2008 年 3 月 3 日由轮台县农村信用社牵头，轮台县农村信用社、博湖县农村信用社、若羌县农村信用社三家联社共同组成社团向轮台艾尔帆公司贷款 900 万元，**三家联社共同在《农村信用社社团借款合同》、《农村信用社社团贷款抵押担保合同》、《农村信用社借款保证担保合同》上签字盖章，并且艾尔帆公司也在《农村信用社社团借款合同》、《农村信用社社团贷款抵押担保合同》、《农村信用社借款保证担保合同》上签字盖章，但是该借款共计 900 万元，轮台县信用社 600 万元，博湖县、若羌县信用社各借款 150 万元，各借款数额是各信用社的资金，并不是轮台县信**

用社的一家的资金。原审法院认定时要求分开起诉，主要考虑便于当事人诉讼、便于人民法院审理案件。故信用社单独就自己出借款项提起诉讼符合法律规定。”

3. 基于《社团借款合同书》约定，代理社可以自己的名义向起诉欠款人主张合同项下的权利。

案例三：叶城县农村信用合作联社与叶城县兴祚矿业开发有限责任公司、颜某等金融借款合同纠纷一审民事判决书［新疆维吾尔自治区高级人民法院（2016）新民初 50 号］

新疆自治区高院认为：“农村合作金融机构社团贷款中的代理社应当可以以自己名义单独就农村合作金融机构社团贷款合同向人民法院提起诉讼，而并不需要牵头社、成员社作为诉讼当事人参加诉讼。《社团借款合同书》约定‘本合同生效后，成员社分别与借款人开立借款借据发放贷款’、‘贷款发放时，各成员社应根据本合同约定，将款项划到借款人牵头社开立的专门账户’、‘各成员授权牵头社根据本合同的约定行使贷款人的权利，其行为对各成员社均具有法律约束力，各成员社应通过牵头社行使本合同规定的各项权利。’故，**叶成农信社可以基于《社团借款合同书》仅以自己的名义向人民法院提诉讼，以自己的名义主张上述合同项下的权利。**”

4. 银团贷款中各个借款合同针对同一借款关系，属于内容不可分割的单一性合同，各成员行不能因自己提供的借款数额而主张其与借款人之间存在单独的借款合同民事关系。代理社有权以自己的名义单独就社团贷款合同向法院提起诉讼，并主张该合同项下的权利。

案例四：新疆喀什农村商业银行股份有限公司与塔什库尔干县赞坎磁铁矿有限责任公司、新疆同维投资有限公司等金融借款合同纠纷一审民事判决书［新疆维吾尔自治区高级人民法院（2017）新民初 7 号］

新疆自治区高院认为：“一、关于喀什农商行是否具备原告主体资格的问题。中国人民银行于 1996 年 6 月 28 日发布、自 1996 年 8 月 1 日起施行的《贷款通则》允许中资金融机构从事银团贷款业务。中国银行业监督管理委员会于 2006 年 5 月 29 日印发并于同日执行的《农村合作金融机构社团贷款指引》（以下简称《贷款指引》）第二条规定：‘本指引所称的社团贷款，是指由两家及两家以上具有法人资格、经营贷款业务的农村合作金融机构，采用同一贷款合同，共同向同一借款人发放的贷款’、第五十一条规定：‘本指引所称农村合作金融机构指农村信用社、联社、农村合作银行、农村商业银行。本指引所称社是指组成社团的内部成员单位’、第二十七条规定：‘社团的各成员社应共同与借款人、担保人签订社团贷款合同，社团贷款合同是借贷双方依法签订的单一贷款合同’。本案中，喀什市农村信用合作联社作为牵头社，组织其他农村合作金融机构作为成员社，共同与借款人赞坎公司签订九份《社团借款合同》，约定为其提供总额为2.2亿元的借款。依据上述《贷款指引》的规定，其所签订的九份借款合同均为农村合作金融机构社团贷款合同。**即便九份借款合同中载明的负责提供贷款的成员社以及各成员社承诺的借款金额各自有所不同，但九份借款合同所针对的系同一借款关系，即该九份合同应当属于内容不可分割的单一性合同，而并非各成员社分别作为贷款人与借款人签订的若干借款合同的简单合并，且不能再拆分成若干可以相互独立的合同，各成员社亦不能因自己提供的借款数额而主张其与借款人之间存在单独的借款合同民事法律关系。**该《贷款指引》第二十条规定：‘代理社是社团贷款的管理人，由牵头社或借款人开立基本结算账户的社担任。全面负责社团贷款的贷后管理实务，履行基本职责’。**依据上述规定，本案所涉《社团借款合同》中均已明确约定喀什市农村信用合作联社系该社团贷款合同中各成员社授权的代理社，故其有权以自己的名义单独就农村合作金融机构社团贷款合同向人民法院提起诉讼，并主张该合同项下权利，而喀什农商行作为喀什市农村信用合作联社终结后的权利义务的继受人其理应享有喀什市农村信用合作联社的所有权利义务，包括以原告身份就案涉的社团贷款合同提起诉讼的权利，故喀什农商行具备本案原告主体资格。**”

100 社团贷款关系中代理社是否有权代理成员社变更贷款合同？

阅读提示

社团贷款中的贷款人分为代理社和成员社，由所有贷款人统一与借款人签订一份贷款合同，而由代理社负责放款、催款、收款等贷后管理事务。作为内容不可分的单一性合同，社团贷款合同的成立和变更均需要获得所有贷款人和借款人的同意，代理社单方与借款人签订的变更协议、补充协议因未经其他成员社同意或授权，欠缺生效要件，自始无效。

裁判要旨

社团贷款合同属于内容不可分割的单一性合同，所有成员社作为社团贷款合同的一方当事人，而并非各成员社作为贷款方各自与借款人订立的若干借款合同的简单合并，因此社团贷款合同需要所有成员社及借款人同意方能成立，故未经

其他成员社同意，代理社单方与借款人签订的贷款合同变更协议应属无效。

案情简介

1. 2012 年 3 月 20 日，中东集团与三亚农商行等六家银行签订了《固定资产社团贷款合同》，贷款金额 5 亿元。自 2014 年 12 月 21 日起，中东集团未能每月向三亚农商行等六家银行足额清偿利息。2015 年 3 月 30 日，六家银行向中东集团发出《关于宣布贷款提前到期的通知》。

2. 2014 年 4 月 16 日，三亚农商行与中东集团签订了《合同变更协议》，变更原合同约定的还款方式及还款时间。

3. 一审：2015 年 6 月 29 日，三亚农商行等六家银行将借款人诉至法院，请求判决合同提前到期，借款人按约偿还借款本息。海南省高院判决借款人应偿还借款本息。

4. 二审：中东集团等不服一审判决，提起上诉，诉称案涉《合同变更协议》合法有效，还款期限尚未届至，故请求撤销一审判决。最高法院认为该《合同变更协议》没有得到所有债权人同意，协议无效，故判决驳回上诉请求，维持原判。

裁判要点及思路

本案的争议焦点是：未经成员社全体同意，代理社单方与借款人签订的《合同变更协议》是否有效。最高法院从三个方面进行了论证：

1. 从现有法律规定的角度。根据《农村合作金融机构社团贷款指引》第二十七条规定，社团贷款合同的成立需要得到全体贷款人和借款人在合同上签字、盖章，同理，有关社团贷款合同主要条款的变更也需要得到全体合同当事人的一致同意才能成立。

2. 从合同约定的角度。社团贷款合同仅赋予三亚农商行贷后管理的权利，并未赋予其可以代表全体贷款成员变更社团贷款合同主要条款的权利，借款人对此应当明知。因此在没有得到所有贷款人同意的情况下，该《合同变更协议》应属无效。

3. 从社团贷款合同的性质角度。社团贷款合同属于内容不可分割的单一性合同，所有成员社作为社团贷款合同的一方当事人，而并非各成员社作为贷款方各自订立的若干借款合同的简单合并，亦不可拆分成若干独立合同。因此，单方签署的《合同变更协议》应属无效。

实务要点总结

前事不忘，后事之师。我们就最高法院有关本案的判决涉及的实务要点梳理如下，以供实务参考。

1. 社团贷款是指由两家及两家以上具有法人资格、经营贷款业务的农村信用联社、农村合作银行、农村商业银行，采用同一贷款合同，共同向同一借款人发放贷款的融资形式。由于贷款人众多，为了方便管理通常由一家农信社作为代理社，一般由牵头社或借款人开立基本结算账户的社担任，全面负责社团贷款的贷后管理事务，进行统一的放款、催款、收款等。

2. 从社团贷款合同的性质上看，社团贷款合同属于内容不可分的单一合同而并非各成员社与借款人签订的单一的借款合同。借款人分别向各成员社贷款人出具借据，以及作为从合同的质押合同分别由借款人与各贷款人分别签订的做法，并不能否定社团贷款合同作为统一借贷合同关系的主要特征。

基于该单一性特征，社团贷款合同需要所有成员社和借款人签字盖章方能成立，同样的，如需变更社团贷款合同的主要条款，也需要征得所有合同当事人的同意。从诉讼的角度来看，如无合同特别约定或者授权，各成员社不能单独向借款人主张权利，各贷款人（成员社）回收贷款的诉讼权利需要共同行使。以单一的社团贷款合同为基础提起的诉讼，其诉讼标的是共同的，是必要共同诉讼，而非普通共同诉讼，不涉及征得所有成员社同意才能合并审理的问题。

相关法律规定

《合同法》

第五十七条　当事人协商一致，可以变更合同。法律、行政法规规定变更合同应当办理批准、登记等手续的，依照其规定。

《农村合作金融机构社团贷款指引》（银监发〔2006〕37号）

第二十七条　社团的各成员社应共同与借款人、担保人签订社团贷款合同。社团贷款合同是借贷双方依法签订的单一贷款合同。社团贷款各有关当事人分别在贷款合同上签字、加盖单位印章后，社团贷款合同成立。

《中国银监会关于印发〈银团贷款业务指引〉（修订）的通知（2011）》（银监发〔2011〕85号）

第二十五条　银团贷款合同是银团成员与借款人、担保人根据有关法律法规，经过协商后共同签订，主要约定银团成员与借款人、担保人之间权利义务关系的法律文本。

以下是本案判决书中“本院认为”部分，最高法院就补充变更协议效力问题的论述：

最高法院认为：“根据中国银行业监督管理委员会《农村合作金融机构社团贷款指引》第二十七条关于‘社团的各成员社应共同与借款人、担保人签订社团贷款合同。社团贷款合同是借贷双方依法签订的单一贷款合同。**社团贷款各有关当事人分别在贷款合同上签字、加盖单位印章后，社团贷款合同成立’的规定，社团贷款合同应当经贷款方的社团所有成员与借款方共同签章确认方为成立，相应的，有关社团贷款合同主要条款变更的合同也应当经社团贷款合同各方当事人协商一致并共同签章才能成立。**

本案中，《固定资产社团贷款合同》系经中东集团与三亚农商行等六被上诉人共同签章予以确认始成立的事实，表明涉案借贷双方确认采用由贷款方所有成员社与借款方共同签章确认的方式订立社团贷款合同。

《固定资产社团贷款合同》虽约定三亚农商行作为代理社负责涉案贷款的贷后管理，但未授予三亚农商行可以代表全体贷款成员社变更社团贷款合同的主要条款的权限。因此，中东集团应当明确知晓，在《合同变更协议》仅加盖三亚农商行、中东集团的印章，未经涉案《固定资产社团贷款合同》全部合同当事人签章确认的情况下，涉案贷款的借贷双方并未达成对还款日期等合同主要条款予以变更的合意。

故原判决认定《合同变更协议》未成立生效，并无不当。中东集团提出三亚农商行签订《合同变更协议》属有效代理或构成表见代理，借贷双方应履行《合同变更协议》等主张，事实和法律依据不足，本院不予支持。

同时，**社团贷款合同属于内容不可分割的单一性合同，并非各成员社作为贷款方各自订立的若干借款合同的简单合并，亦不可拆分成若干独立合同，其所有成员社系共同作为社团贷款合同的一方当事人。**因此，在《合同变更协议》未成立生效，不对涉案贷款借贷双方发生法律效力的情况下，中东集团等上诉人关于三亚农商行作为社团贷款的成员社之一应就其签订《合同变更协议》的行为单独承担履约责任的主张，事实和法律依据不足，本院不予支持。”

案件来源

三亚农村商业银行股份有限公司、万宁市农村信用合作联社等与海南中东集团有限公司、钟某等金融借款合同纠纷二审民事判决书［最高人民法院（2016）

最高法民终 219 号]

延伸阅读

有关社团贷款中代理社是否有权代表其他成员社变更贷款合同的问题，以下是我们在写作中检索到与该问题相关的最高法院和部分地方法院的案例及裁判观点，以供读者参考。

1. 社团贷款是内容不可分的单一合同，并非各成员社与借款人之间单独的借贷关系。借款人分别向各成员社出具借据以及与各成员社分别签订质押合同的做法并不能否定社团贷款合同的单一性特征。因此如无特别的授权或者约定，社团贷款合同项下贷款人的权利应当统一行使，是必要共同诉讼，而非普通共同诉讼。

案例一：琼海市农村信用合作联社、海口农村商业银行股份有限公司等与海南千博乐城开发有限公司、海南兴瑞泰实业有限公司等金融借款合同纠纷二审民事裁定书［最高人民法院（2016）最高法民辖终 166 号］

最高法院认为："本案上诉人千博公司与被上诉人琼海市农信社等十五家单位签订的《固定资产社团贷款合同》约定的内容与中国银监会发布的《农村合作金融机构社团贷款指引》的相关规范的要求一致，符合代理社全权负责贷款的评估、发放、管理、风险控制和回收，各成员社贷款需要统一通过在代理社开立的专门账户进行发放和回收等社团贷款特点。**该种社团贷款合同属于内容不可分割的单一性合同，代理社和成员社共同作为社团贷款合同的一方当事人，所形成的借贷关系并非如上诉人所称的是十五个单独的借贷关系，而是上诉人与被上诉人之间就 5 亿元贷款金额形成的单一借贷关系。借款人分别向各成员社贷款人出具借据，以及作为从合同的质押合同分别由借款人与各贷款人分别签订的做法，并不足以否定统一借贷合同关系以及其作为社团贷款的主要特征。按照合同要求，各成员社未经授权不能单独向借款人主张权利，而本案事实上亦并未发生代理社授权成员社单独主张权利的情况，故各贷款人回收贷款的诉讼权利需要共同行使。因此本案琼海市农信社等十五家单位以单一的社团贷款合同为基础提起的诉讼，其诉讼标的是共同的，是必要共同诉讼，而非上诉人所称的普通共同诉讼，也不属于上诉人所称的为达到级别管辖标准而将原本独立存在的各单笔贷款数额合并计算，故不涉及征得上诉人同意才能合并审理的问题。**上诉人称被上诉人应当就各成员社的贷款数额分别向不同的地方法院起诉的上诉理由不能成立。根据《最高人民法院关于调整高级人民法院和中级人民法院管辖第一审民商事案件标准的通知》第二条关于海南高院管辖当事人一方住所地不在受理法院所处省级行政辖区、诉讼标的额为 1 亿元以上的第一审民商事案件的规定，海南高院对本案有管辖权。”

2. 根据各成员社出具的授权委托书，均载明授权代理社进行社团贷款的全权工作，并承担代理人行为的全部法律后果和法律责任。故此可认定代理社提起诉讼的行为其得到其他成员社的认可和明确授权，是适格的原告。

案例二：太原市城区农村信用合作联社与山西千禧投资集团有限公司及太原市宝瑞达房地产开发有限公司金融借款合同纠纷一审民事判决书［山西省高级人民法院（2015）晋商初字第 11 号］

山西省高院认为：“关于原告城区农信联社是否有权代理其他联社提起诉讼的问题，双方所签《社团贷款合同》以及《社团贷款补充合同》均约定：各贷款人授权太原市城区农村信用合作联社为代理社，各贷款人应通过代理社行使本合同规定的各项权利，代理社履行代理职责的行为对各贷款人均具有法律约束力。代理社是社团贷款的管理人，负责社团贷款的贷后管理事务。**庭审中原告提供了阳曲县农村信用合作联社、娄烦县农村信用合作联社，山西古交农村商业银行股份有限公司出具的授权委托书，均载明授权原告城区农信联社进行千禧公司社团贷款的全权工作，并承担代理人行为的全部法律后果和法律责任。本案中合同的签订、贷款的发放、逾期贷款的催收等行为均发生在原告与千禧公司之间，结合合同约定以及授权委托书的内容，可认定原告城区农信联社提起诉讼的行为已得到其他信用社的认可及明确授权，其有权代理其他联社提起诉讼，原告诉讼主体适格。**”

图书在版编目（CIP）数据

金融借款纠纷案件胜诉实战指南：典型案例办案思路和实务要点详解 / 唐青林，李舒编著 . —北京：中国法制出版社，2019.11

ISBN 978-7-5216-0653-9

Ⅰ . ①金… Ⅱ . ①唐… ②李… Ⅲ . ①金融—经济纠纷—案例—中国—指南 Ⅳ . ① D922.280.5–62

中国版本图书馆 CIP 数据核字（2019）第 249402 号

责任编辑 赵 燕　　封面设计 杨泽江

金融借款纠纷案件胜诉实战指南：典型案例办案思路和实务要点详解

JINRONG JIEKUAN JIUFEN ANJIAN SHENGSU SHIZHAN ZHINAN：DIANXING ANLI BAN'AN SILU HE SHIWU YAODIAN XIANGJIE

编著 / 唐青林 李 舒

经销 / 新华书店

印刷 / 三河市紫恒印装有限公司

开本 / 710 毫米 ×1000 毫米 16 开　　印张 / 38　　字数 / 696 千

版次 / 2019 年 11 月第 1 版　　2019 年 11 月第 1 次印刷

中国法制出版社出版

书号 ISBN 978-7-5216-0653-9　　定价：155.00 元

北京西单横二条 2 号　　值班电话：010-66026508

邮政编码：100031　　传真：010-66031119

网址：http://www.zgfzs.com　　**编辑部电话：010-66066627**

市场营销部电话：010-66033393　　**邮购部电话：010-66033288**

（如有印装质量问题，请与本社印务部联系调换。电话：010-66032926）